首届向全國推薦優秀古籍整理圖書

牧齋雜著

〔清〕錢謙益 著
〔清〕錢曾 箋注
錢仲聯 標校

上

上海古籍出版社

圖書在版編目(CIP)數據

牧齋雜著/(清)錢謙益著;(清)錢曾箋注;錢仲聯標校.—上海:上海古籍出版社,2007.6(2020.8重印)
(中國古典文學叢書)
ISBN 978-7-5325-4714-2

Ⅰ.牧… Ⅱ.①錢…②錢…③錢… Ⅲ.雜著—中國—清代 Ⅳ.Z429.49

中國版本圖書館CIP數據核字(2007)第054923號

中國古典文學叢書
牧齋雜著
(全二册)
[清]錢謙益 著 [清]錢曾 箋注
錢仲聯 標校
上海世紀出版股份有限公司
上海古籍出版社 出版、發行
(上海瑞金二路272號 郵政編碼200020)
(1)網址:www.guji.com.cn
(2)E-mail:gujil@guji.com.cn
(3)易文網網址:www.ewen.co
新華書店上海發行所發行經銷 常州市金壇古籍印刷廠有限公司印刷
開本850×1168 1/32 印張31.875 插頁10 字數557,000
2007年6月第1版 2020年8月第7次印刷
印數:4,451-5,200
ISBN 978-7-5325-4714-2
I·1952 平裝定價:128.00元
如有質量問題,請與承印公司聯繫

出版説明

錢謙益(一五八二——一六六四),字受之,號牧齋,後自稱牧翁,又自稱蒙叟、絳雲老人、敬他老人,最後號東澗遺老,江南常熟(今江蘇省常熟市)人。明萬曆三十八年進士。官禮部右侍郎,革職後南歸。福王時,官禮部尚書。入清官禮部右侍郎管祕書院事,充修明史副總裁。任職僅六月,即告病歸。康熙三年卒,年八十三。

錢謙益一生,四分之三以上的時間在明王朝度過。他是政治家、學者、古文家、詩人。早年列名東林黨,身受黨禍。晚年成了貳臣。他的功過是非,文史界評價不一,有待於最後論定。但他在中國文學史上的地位,則久爲人們所公認。明代前後七子擬古之風泛濫文壇,雖經公安派的反擊,但餘燄未熄,明末復社、幾社依然抱着七子的旗幟。錢謙益出而大力加以掃蕩,給後來清初詩文開創了一個新局面。他主張詩文要本性情、導志意,又須是從動蕩的時世、連蹇的遭遇中迸發而出。反對摹仿,反對幽眇淒冷脱離現實的寫作傾向,强調鋪張排比的大家格局,贊揚公安三袁,提倡向民歌學習。這一切主張都見於他的文集中,并於創作中得到體現。

錢謙益的作品有初學集、有學集、投筆集、苦海集、牧齋晚年家乘文、錢牧齋先生尺牘、牧齋有學集文鈔補遺、有學集文集補遺、牧齋外集、牧齋集補、牧齋集再補等。其中投筆集以下九種，併爲上下兩册出版，定名曰牧齋雜著。

投筆集上下兩卷，錢曾箋注。用清宣統二年庚戌順德鄧氏風雨樓假虞山麗氏藏舊鈔的排印本爲底本，用邃漢齋校印的無注本作校。此書在此以前無刊本，鈔本亦罕見，現在鄧印本也已難得。集中存詩一百八首，十三疊杜甫秋興韻，凡一百有四首，自題前後四首。從順治十六年己亥秋鄭成功入長江進攻金陵開始，下逮南明桂王殉國，詩中系統作了反映。特別是鄭氏進軍長江時，謙益似身在事中，故有投筆從軍之意。鄭氏兵敗東退，謙益至江口與鄭會晤，又至松江與馬進寶聯繫，痕跡隱約可尋。以前又有與柳如是共同從事抗清活動，與黄毓祺、姚志卓、舟山義軍的聯繫，上書桂王規畫三局等事，穿插於詩中。詩筆沉鬱蒼涼，近人陳寅恪稱爲「明清之詩史，較杜陵尤勝一籌，乃五百年來之絶大著作」（柳如是別傳），良非溢譽。

苦海集（一名歡喜集）一卷，用虞山瞿氏所藏婁東王氏舊藏鈔本爲底本，以瞿氏所藏又一苦海集（題錢牧齋先生集外詩）、虞山丁氏光緒三十三年丁未排印佚叢甲集本苦海集、瞿藏鈔本牧齋外集卷一、邃漢齋排印有學集補遺卷上作校。此集所收皆詩，最重要的是甲申端陽感懷十四首，作於明崇禎帝死於景山後纔一個半月，填補了初學、有學二集編詩不及的空缺。此外，不少是應酬之作，但其中有獻贈清廷疆吏郎廷佐、梁化鳳等的作品，可以瞭解謙益爲人的另一方面。

牧齋晚年家乘文一卷，用清宣統三年辛亥上海國學扶輪社據虞山錢氏藏舊鈔排印本校點，簡端原有少數幾則按語，與該書無關，删去。後附彭城退士撰錢牧齋先生年譜，太簡，亦删去。本書後附録另有金鶴沖所編年譜。

錢牧齋先生尺牘三卷，用康熙虞山顧氏如月樓刊本校點。其中有數通已收在有學集者，删文存題，出校記於有學集。又有若干通，收於有學集文鈔補遺、有學集文集補遺、牧齋外集等鈔本中，即用以校勘，出校記，尺牘文不删。此書不僅可見謙益筆札之妙，兼可見謙益與不同人物周旋的心情，如與朱長孺爲杜詩注的糾紛經過，對同時盲禪的論諍等，是知人論世的重要材料。

牧齋有學集文鈔補遺，用虞山瞿氏所藏舊鈔殘本六册爲底本。此書所謂文鈔，即是有學集的鈔本，偶有溢出於諸本外，而與金匱本大致相合。補遺則是有學集未收之文，亦有少數見於金匱本。六册中凡已收於有學集、尺牘中的，現在都删去，校記出彼處。這裏只保存其中的集外文，而以復見於文集補遺、外集、邃漢齋有學集補遺等作校。

有學集文集補遺上中下三卷，用虞山瞿氏所藏鈔本爲底本，凡已見於有學集、尺牘、文鈔補遺中的文章，俱删去，出校記於彼。這裏只保存其題以備考。復見於牧齋外集的，取以校勘。

牧齋外集二十五卷，據虞山瞿氏所藏嘉興沈曾植海日樓舊藏鈔本校點。卷一爲詩，除婁江謡五首外，全見於邃漢齋校印有學集、有學集補遺卷上、苦海集中，茲不復出而存其題之次序以備考，校記出彼處。卷二至卷二十五爲文，删去其已見於有學集、尺牘、有學集文鈔補遺、有學集文集補遺中之作，存其題以備考。外集兼收一些甲申以前之文，如福王即位時所上矢愚忠以裨中興疏，可以考知謙益當時結附馬士英、阮大鋮的事實。

牧齋集補一卷，據虞山瞿氏藏虞山丁祖蔭所輯稿本校點。所輯有文無詩，輯自各種總集、別集、方志、墨跡。

牧齋集再補一卷，錢仲聯輯。除上面四種集外詩文外，邃漢齋校印之何焯舊藏有學集補遺上下二卷，丁祖蔭所印佚叢甲集中之牧齋集外詩補，大部分都已見於上面四種集外詩文或本集中，茲將其中溢出於本集及上面兩種補遺、外集的詩文連同輯者自己蒐輯所得，編爲牧齋集再補。青鶴雜志第三卷曾刊載黄孝紓據南潯劉氏嘉業堂所藏有學集無名氏精校外輯出的牧齋有學集佚稿十數篇，已分別見於邃本有學集、邃印有學集補遺、外集。現在只取以校勘文字上的異同。

除了錢謙益本人的著述外，還在書末編了一些有關的附録，主要的是牧齋先生年譜一卷，金鶴沖撰。此譜旨在闡述謙益的抗清活動，有助於知人論世。舊有彭城退士、葛萬里兩譜，彭城退士譜附刊於牧齋晚年家乘文之後，葛譜載於虞陽説苑甲編及國粹學報第六十五期。金譜已包括二譜内容，茲不刊入，前已説明。

其他則爲舊刊本的各家序跋、別傳、祭文、校印緣起、校印例言等。至諸書末録的有關錢謙益資料，概不輯入，以免繁冗。

本書的校勘和標點，均由蘇州大學錢仲聯教授擔任。

上海古籍出版社

牧齋雜著目録

投筆集（卷上）

投筆集（卷下）

苦海集

牧齋晚年家乘文

錢牧齋先生尺牘

卷第一

卷第二

卷第三

牧齋有學集文鈔補遺

有學集文集補遺(上)

有學集文集補遺(中)

有學集文集補遺（下）

牧齋雜著目録

【校記】

以上各題，上加*號者，其文已分別見於有學集、有學集文鈔補遺、牧齋先生尺牘中，其文字異同，已在彼處出校記。兹删去複出之篇，仍存原目以備考。

牧齋外集

卷第一　詩集

【校記】

本卷各題，上加*號者，其詩已見於苦海集，其文字異同，已在彼處出校記。茲刪去複出之篇，仍存原目以備考。

卷第二　雜文

卷第三　序一

卷第四　序二

卷第五　序三

卷第六　序四

卷第七　序五

卷第八　序六

卷第九　贈序

卷第十　壽序一

卷第十一　壽序二

卷第十二　壽序三

卷第十三　記

卷第十四　行狀

卷第十五　墓誌銘一

卷第二十一 募緣疏 引

卷第二十二 書一

卷第二十三 書二

【校記】

〔一〕自第二卷至第二十五卷，題上加*號者，其文已分別見於有學集、有學集文鈔補遺、文集補遺、牧齋先生尺牘中，其文字異同，已在彼處出校記。茲刪去複出之篇，仍存原目以備考。又文鈔補遺、文集補遺乃補有學集所遺，俱爲入清後所作。此外集則兼補初學、有學二集集外之文，故其中部分作品，乃甲申明亡前作。

牧齋集補

牧齋集再補

附録

投筆集（卷上）

金陵秋興八首次草堂韻 己〔一〕亥七月初一日作

龍虎新軍舊羽林①，八公草木氣森森②。樓船蕩日三江湧③，石馬嘶風九域陰④。掃穴金陵還地肺〔二〕，埋胡紫塞慰天心。太白樂府詩云：「懸胡青天上，埋胡紫塞旁。」長干女唱平遼曲，萬户秋聲息擣碪。

【校記】

〔一〕遼漢齋校印無注本作「已」，順德鄧氏印箋注本作「乙」，誤。

〔二〕鄧本作「肺」，遼本作「脈」。

【箋注】

① 程大昌雍録：「左右龍武軍，睿宗時置，即太宗時飛騎。武者，虎也。唐祖諱虎，故曰龍武。龍武者，龍虎也。言其人材質服飾，有似龍虎。其軍皆中官主之。」漢書宣帝紀：「及應募佽飛射士羽林孤兒。」應劭曰：「天有羽林大將軍之星，林喻若林木之盛。羽，羽翼，鷙鳥之意，故名武官焉。」

②晉書苻堅傳：「堅入寇，會稽王道子以威儀鼓吹，求助於鍾山之神，奉以相國之號。及堅北，望八公山上草木，皆類人形，神若有力焉。」

③漢武帝紀：「元豐二年，遣樓船將軍楊僕，左將軍荀彘，將應募罪人擊朝鮮。」應劭曰：「樓船者，作大船，上施樓也。」水經注：「江水奇分，謂之三江口。庾□初揚都注曰：『今太湖東注於松江，下七十里有水口分流，東北入海爲婁江，東南入海爲南江，江與松江而爲三也。』」

④唐會要：「上欲闡揚先帝徽烈，乃令匠人，琢石寫諸蕃君長十四人，列於陵司馬北門内。又刻石爲常所乘破敵馬六匹於闕下也。」安祿山事跡：「潼關之戰，我軍既敗。賊將崔乾祐領白旂，引左右馳突。我軍視之，狀若神鬼。又見黄旂軍數百隊，官軍潛謂是賊，不敢逼之。須臾，又見與乾祐鬭，黄旂軍不勝，退而又戰者不一，俄不知所在。後昭陵奏：是日靈宫前石人馬汗流。」韋莊閿再幸汴梁詩：「興慶玉龍寒自躍，昭陵石馬夜空嘶。」九域見潘元茂册魏公。

雜虜横戈倒載斜，依然南斗是中華。金銀舊識秦淮氣，雲漢新通博望槎。黑水游魂啼草地，白山戰〔一〕鬼哭胡笳。十年老眼重磨洗，坐看江豚蹴浪花。

【校記】

〔一〕鄧本作「戰」，邃本作「新」。

大火西流漢〔一〕再暉，金風初勁〔二〕朔風〔三〕微。溝填羯肉那堪臠，竿掛胡頭豈解飛。高帝旌旆如在眼，長沙子弟肯相違。名王俘馘生兵盡，敢道秋高牧馬肥。

【校記】

〔一〕遼本作「漢」，鄧本作「再」。　〔二〕遼本作「勁」，鄧本作「逕」。　〔三〕鄧本作「風」，遼本作「聲」。

九州一失算殘棋，幅裂區分信可悲。局内正當侵劫後，人間都道爛柯時。住山師子頻申久，起陸龍蛇撇捩遲。殺盡羯奴纔斂手，推枰何用更尋思。

壁壘參差疊海山，天兵照雪下雲間。生奴八部〔一〕憂懸首，死虜千秋悔入關。自注：僞四王子遺言戒勿入關。東人至今傳之。箕尾廓清還斗極，鶉頭送喜動天顔。枕戈席藁孤臣事，敢擬逍遥供奉班。

【校記】

〔一〕遼本「部」下注：「一作『百』。」鄧本無。

戈船十萬指吴頭，太白芒寒八月秋。肥水共傳風鶴警，臺城無那紙鳶愁。白頭應笑皆遼豕，黄口誰容作海鷗？爲報新亭垂淚〔一〕客，却〔二〕收殘淚覽神州。

【校記】

〔一〕鄧本作「淚」，遼本作「涕」，注：「一作『淚』。」　〔二〕鄧本作「却」，遼本作「聲」。

鈴索驚傳航海功，秋宵蠟炬井梧中。馮夷怒擊前潮鼓，颶〔一〕母誰〔二〕催後鷁風？蛟吐陣煙掀〔三〕浪黑，猩殷袍血射波紅。秦淮賣酒唐時女，醉倒開元鶴髮翁。

【校記】

〔一〕鄧本作「颶」，遂本作「颸」。　〔二〕鄧本作「誰」，遂本作「歡」。　〔三〕鄧本作「吹」，遂本作「掀」。

金刀復漢事逶迤，黃鵠俄傳反覆陂。鴻源陂謡曰：「反乎覆，陂當復。誰言者？兩黃鵠。」武庫再歸三尺劍，孝陵重長萬年枝。天輪只傍丹心轉，日駕全憑隻手移。孝子忠臣看異代，杜陵詩史汗青垂。自注：「少陵詩云：『周宣、漢武今王是，孝子忠臣異代看。』」

後秋興八首之二 八月初二日聞警而作

王師橫海陣如林，士馬奔馳甲仗森。戎備偶然疏壁下，偏師何意〔一〕潰城陰。憑將按劍申軍令，更插鞾刀儆士心。野老更闌愁不寐，誤聽刁斗作秋碪。

【校記】

〔一〕遂本作「意」，鄧本作「竟」。

羽檄橫飛建旆斜，便應一戰決戎華。戈船迅比追風騎〔一〕，戎壘高於貫月槎。編户争傳歸漢籍，死聲早已入胡笳。江天夜報南沙火，簇簇銀燈滿盞花。

【校記】

〔一〕遂本作「騎」，鄧本作「驃」。

龍河漢幟散沈暉①，萬歲樓邊候火微②。卷地樓船横海去③，射天鳴鏑夾江飛④。揮戈不分旄頭在⑤，反旆其如馬首違⑥！嚙指奔逃看靺鞨⑦，重收魂魄飽甘肥⑧。

【箋注】

①應天府志：「護龍河，宋鑿，即舊子城外三面濠。今自昇平橋達於上元縣，至虹橋西南，出大市橋而止。」史記淮陰侯傳：「拔趙幟，立漢赤幟。」

②樂史寰宇記：「萬歲樓：京口記云：『晉王恭爲刺史，改創西南樓爲萬歲樓，西北名芙蓉樓，樓之最高也。至今傳焉。』又按輿地志：『俗傳此樓飛向江外，以鐵鎖縻之方已。』」

③東坡望湖樓醉書絶句：「卷地風來忽吹散，望湖樓下水如天。」

④戰國策：「宋康王射天笞地斬社稷，而楚滅之。」漢書匈奴傳：「冒頓乃作鳴鏑，習勒其騎射。令曰：『鳴鏑所射，而不悉射者斬。』」應劭曰：「鐃箭也。」師古曰：「鏑，音嫡。」

⑤史記天官書：「昴曰旄頭，胡星也。」

⑥左傳襄公十四年：「荀偃令曰：『雞鳴而駕，塞井夷竈，惟余馬首是瞻。』欒黶曰：『晉國之命，未聞有是也。余馬首欲東。』乃歸。」

⑦洪适松漠紀聞：「女真即古肅慎國也。東漢謂之挹婁，元魏謂之勿吉，隋、唐謂之靺鞨。」

⑧漢書匈奴傳：「壯者食肥美，老者飲食其餘。」

由來國手算全棋，數子抛殘未足悲。小挫我當嚴警候，驟驕彼是滅亡時①。中心莫爲斜飛動，堅壁休論後起遲。換步移形須着眼②，棋於誤後轉堪思。

【箋注】

①左傳宣公十二年：「鄭皇戌使如晉師，曰：『楚師驟勝而驕，其師老矣，而不設備。子擊之，鄭師爲承，楚師必敗。』」

②蜀志譙周傳：「智者不爲小利移目，不爲意似改步，時可而後動，意合而後居，故湯、武之師，不再戰而克。」

兩戒關河萬里山①，京江天塹屹中間②。金陵要奠南朝鼎③，鐵甕須争北顧關④。應以縷丸臨峻坂⑤，肯將傳舍抵孱顔⑥。荷鋤父老雙含淚，愁見横江虎旅班⑦。

【箋注】

①新唐書天文志：「貞觀中，淳風撰法象志，因漢書十三次度數，始以唐之州縣配焉。而一行以爲天下山河之象，存乎兩戒。北戒自三危、積石，負終南地絡之陰，東及太華，踰河，並雷首、砥柱、王屋、太行，北抵常山之右，乃東循塞垣，至濊貊、朝鮮，是爲北紀，所以限戎狄也。南戒自岷山、嶓冢負地絡之陽，東及太華，連商山、熊耳、外方、桐柏，自上洛南踰江、漢，携武當、荆山，至於衡陽，乃東循嶺徼，達東甌、閩中，是爲南紀，所以限蠻夷也。故星傳謂北戒爲胡門，南戒爲越門。」

②樂史寰宇記：「潤州，禹貢揚州之域。爾雅云：『絶高爲京。』其城因山爲壘，緣山爲境，因謂之京口。」隋書五行志：「孔範曰：『長江天塹，古以爲限隔南北，今日北軍豈能飛渡耶？』」

③建康實録：「建康者，本楚金陵邑，秦改爲秣陵，吴改爲建業，晉愍帝諱業，改爲建康。元帝即位，稱建康宫。五

代仍之不改，故其書舉南朝之事。」劉孝標運命論：「成王定鼎于郟、鄏。」

④程大昌演繁露：「潤州城，古號鐵甕。人但知其取以喻堅而已，然甕形深狹，取以喻城，似爲非類。乾道辛卯，余過潤，燕於江亭，亭據郡治前山絶頂，顧子城雉堞□岡，彎環四合，其中州治諸廨在焉。圓深之形，正如卓甕。予始知喻以爲甕者，指子城也。時適有老校在前，呼問其故。校曰：『子城面面因山，門之西出而達於市者，蓋隧山置闉，故門道長而厚，不與常城等。郡治北面出水之瀆，兩旁斗起，峻峭如壁，仍更向北行十餘丈，乃趨窪地。以是知因山而城，故能深厚如此也。』予始信鐵甕者，專以子城言之。」樂史寰宇記：「潤州北固山，在丹徒縣北一里。南徐州記云：『城西北有别嶺，斗入江，三面臨水，號曰北固。』劉楨京口記云：『回嶺入江，懸水峻壁。』舊北顧作『固』字，梁高祖云：『作鎮作固，誠有其語。然北望海口，實爲壯觀。以理而推，宜改爲顧望之顧。』輿地志云：『天景清明，登之望見廣陵城，如在雲霄中，相去鳥道五十餘里焉。』」

⑤漢書蒯通傳：「范陽令先下，而身富貴，必相率而降，猶如坂上走丸也。」師古曰：「言乘勢便易。」

⑥漢書酈食其傳注：「師古曰：『傳舍，人所止息，前人已去，後人復來，轉相傳也。一音張戀反，謂轉置之舍也。』」司馬相如大人賦：「放散畔岸，驤以孱顔。」師古曰：「孱顔，不齊也。」

⑦張平子西京賦：「陳虎旅於飛廉。」

吴儂看鏡約梳約梳，一作笑飛。頭，野老壺漿潔早秋。小隊誰教投刃去？胡兵翻爲倒戈愁。自注：「嘗卒從諸首長，皆袖網巾氈帽，未及倒戈而還。」首長一作□者，網巾氈帽一作□□□口。争言殘羯同江鼠，自注：「萬曆末年，有北鼠渡江之異，近皆啣尾而北。」忍見遺黎逐海鷗①。京口偏師初破竹②，蕩船木梯下蘇州③。

【箋注】

①詩大雅雲漢章：「周餘黎民，靡有孑遺。」南越志：「江鷗，一名海鷗。在海漲中，隨潮上下。常以三月風至，乃還洲嶼。頗知風雲，若羣至，岸必風。」

②晉書杜預傳：「今兵威譬如破竹，數節之後，迎刃而解。」

③晉書王濬傳：「濬造船於蜀，其木梯蔽江而下。」

十載傾心一旅功①，御槍原廟夢魂中②。自注：「南內舊存高皇帝手御鐵槍。」每思撤豆添營壘③，更欲吹毛布雨風④。淮水氣連天漢白⑤，鍾離雲捧帝車紅⑥。南宮圖頌丹鉛在⑦，辜負秋窗老禿翁⑧。

【箋注】

①李翱幽懷賦：「當高祖之初起兮，提一旅之羸師。順天而用衆兮，竟掃寇而戡隋。」

②高皇帝御用槍二，大者幾盈握，修可丈六尺，疑即用以步戰者也。小者修圍皆少殺四之一，疑所謂馬矟也。滁、和之間，蓋無日不親御焉。此槍樹之御座右，以示子孫毋忘王業艱難。太宗槍有號帶，在五鳳樓。漢書禮樂志：「至孝惠時，以沛宮爲原廟。」師古曰：「原，重也。言已有正廟，更重立之。」

③晉書郭璞傳：「璞取小豆三斗，繞主人宅散之。主人晨起，見赤衣人數千圍其家，就視則滅。」

④班孟堅西都賦：「風毛雨血，灑野蔽天。」

⑤隋書天文志：「天漢起東方，經尾箕之間，謂之漢津。乃分爲兩道，其南經傳說魚天籥天弁河鼓，其北經龜貫箕

下，次絡南斗魁左旗，至天津下而合南道，乃西南行。」

⑥太祖實録：「高皇帝以天曆元年戊辰九月十八日，誕降於鍾離。」漢書天文志：「斗爲帝車，運於中央，臨別四海，分陰陽，建四時，均五行，移節度，定諸紀，皆繫於斗。」

⑦後漢中興二十八將論：「永平中，顯宗追感前世功臣，乃圖畫二十八將於南宫雲臺。」

⑧漢書灌夫傳曰：「蚡召韓安國曰：『與長孺共一禿翁，何爲首鼠兩端？』」

艱難恢復勢逶迤，蟻穴何當潰澤陂①？駝馬已臨迤北路②，礮車猶護向南枝③。雷驚犀象牙方長④，雨送蛟龍宅屢移⑤。最喜伏波能整旅⑥，封侯印佩許雙垂。自注：「是役，惟伏波殿後，全軍而反。」

【箋注】

①淮南子人間訓：「千里之隄，以螻蟻之穴漏。百尋之屋，以突隙之煙焚。」

②沈休文齊故安陸昭王碑文：「偵諜不敢東窺，駝馬不敢南牧。」

③魏志袁紹傳：「太祖發石車，擊紹樓皆破。紹衆號曰霹靂車。」潘安仁閒居賦：「礮石雷駭。」李善曰：「礮石，今之抛石也。皆四孝切。」陸容菽園雜記：「嘗聞□地草皆白色，唯王昭君葬處草青，故名青塚。朱温弑唐昭宗於椒蘭殿前，血漬地處，今生赤草。岳武穆墳，樹枝皆南向。前二事皆不可見，岳墳常往拜謁，南枝之事，乃親見焉。」

④段柯古酉陽雜俎：「象牙生理，必因雷聲。」

⑤少陵又觀打魚歌：「日暮蛟龍改厥宅。」

⑥詩小雅采芑章：「伐鼓淵淵，振旅闐闐。」爾雅釋天：「入爲振旅，反尊卑也。」

後秋興之三 八月初十日，小舟夜渡，惜別而作

負戴相攜守故林①，繙經問〔一〕織意蕭森②。疏疏竹葉晴窗雨，落落梧桐小院陰。白露園林中夜淚③，青燈梵唄六時心。憐君應是齊梁女，樂府偏能賦藁砧④。

【校記】

〔一〕鄧本作「問」，邃本作「聞」。

【箋注】

①莊子讓王篇：「夫負妻戴，攜子以入於海。」成玄英疏曰：「古人荷物，多用頭戴。如今高麗，猶有此風。」

②宋書沈慶之傳：「慶之曰：『耕當問奴，織當問婢。今論爭伐，問白面書生，事何由濟？』」

③少陵洞房詩：「萬里黄山北，園林白露中。」

④吳兢樂府古題要解：「藁砧今何在，藁砧，砆也，問夫何處也？山上復有山，重山爲出字，言夫不在也。何當大刀頭，刀頭有環，問夫何時當還也。破鏡飛上天，言月半當還也。」

丹黄狼藉鬢絲斜，廿載間關歷歲華。取次鐵圍同穴道①，幾曾銀浦共仙〔一〕槎。吹殘別鶴三聲角，迸散棲烏半夜笳。錯記窮秋是春盡，漫天離恨攪楊花。

【校記】

〔一〕鄧本作「仙」，遂本作「雲」。

【箋注】

①永明壽禪師心賦：「陷鐵圍而非損。」

北斗垣墻闇赤暉①，誰占朱鳥一星微②？破除服珥裝羅漢，自注：「姚神武〔一〕有先裝五百羅漢之議，内子盡橐以資之，始成一軍。」減損虀鹽餉佽飛〔二〕③。娘子繡旗營壘倒④，自注：「張定西謂阮姑娘：『吾當派汝捉〔三〕刀侍柳夫人。』阮喜而受命。舟山之役，中流矢而殞，惜哉。」將軍鐵矟鼓音違。自注：「乙未八月，神武血戰，死崇明城下。」鬚眉男子皆臣子，秦越何人視瘠肥⑤？自注：「夷陵文相國來書云云。」

【校記】

〔一〕遂本作「神武」，鄧本空缺。案：姚志倬封仁武伯，「神」當作「仁」。　〔二〕鄧本作「佽飛」，遂本作「次妃」。

〔三〕鄧本作「捉」，遂本作「抱」。

【箋注】

①王氏星經：「長垣四星，在少微西，南北列。主界城域邑墻，防□夷之入，即今長城是也。」

②爾雅釋天：「咮謂之柳。」郭璞曰：「咮，朱鳥之名。」疏曰：「柳，南方之宿名。南方七宿，井爲朱鳥之形。柳爲朱鳥之□，故名咮。咮即朱鳥之□也。」

③漢書宣帝紀：「應募佽飛射士。」師古曰：「取古勇力人以名官，熊渠之類是也。亦因取其便利輕疾若飛，故名佽飛。」

④長安志：「唐高祖第三女平陽公主舉兵於司竹，□號娘子軍。」

⑤昌黎諍臣論：「觀政之得失，若越人視秦人肥瘠，忽焉不加喜戚於心。」

閨閣心縣海宇棋，每於方罫繫歡悲①。乍傳南國長馳日，正是西窗對局時。漏點稀憂兵勢老②，燈花落笑子聲遲。還期共覆金山譜，桴鼓親提慰我思③。

【箋注】

①韋弘嗣博弈論：「所務不過方罫之間。」李善曰：「桓譚新論曰：『下者守近趨，作罫自生於小地，猶薛公之言黥布反也。』」

②楊慎：「日夜漏，五五相遞，爲二十五。唐李郢詩：『二十五聲秋點長。』韓退之詩『雞三號，更五點』是也。至宋世，國祚長短，讖有『寒在五更頭』之忌。宮掖及州縣，更漏皆去五更後二點，又並初更去其二以配之。首尾止二十一點，非古也。至今不改。」

③宋史韓世忠傳：「及金兵至，世忠軍已先屯焦山寺，約日大戰。梁夫人親執桴鼓，金人終不得渡。」

水擊風摶山外山①，前期語盡一杯間②。五更噩夢飛金鏡③，千疊愁心鎖玉關④。人以蒼蠅汙白璧⑤，天將市虎試朱顏⑥。衣朱曳綺留都女，羞殺當年翟茀班⑦。

【箋注】

①莊子逍遥遊篇：「鵬之徙於南冥也，水擊三千里，摶扶摇而上者九萬里。」

②謝玄暉別范安成詩：「生平少年日，分手易前期。」

③李白答高山人詩：「太微廓金鏡，端拱清遐裔。」

④漢書西域傳：「既以玉門、陽關。」孟康曰：「二關皆在燉煌西界。」

⑤陳子昂宴胡楚真禁所詩：「青蠅一相點，白璧遂成冤。」

⑥韓非子內儲説上篇：「龐恭與太子質於邯鄲，謂魏王曰：『今一人言市有虎，王信之乎？』曰：『不信。』『二人言市有虎，王信之乎？』曰：『不信。』『三人言市有虎，王信之乎？』曰：『信之。』恭曰：『夫市之無虎也明矣，然而三人言而成虎。今邯鄲之去魏也遠于市，議臣者過于三人，願王察之。』龐恭從邯鄲反，竟不得見。」

⑦詩國風碩人章：「翟茀以朝。」毛萇傳曰：「翟，翟車也。夫人以翟羽飾車。茀，蔽也。」

歸心共折大刀頭，別淚闌干誓九秋①。皮骨久判猶貰死，丁亥歲有和東坡西臺韻詩。容顏減盡但餘愁。摩天肯悔雙黃鵠②，貼水翻輸兩白鷗③。更有閒情攪腸肚④，爲余輪指算神〔一〕州。

【校記】

〔一〕鄧本作「神」，遂本作「并」。

【箋注】

①少陵彭衙行：「相視淚闌干。」趙次公曰：「闌干，淚連續不斷之貌。」

②少陵寄題江外草堂詩：「蛟龍無定窟，黃鵠摩蒼天。古來賢達士，寧受物外牽？」

③惠洪冷齋夜話：「山谷寄傲山林，而意趣不忘江湖。其作詩曰：『夢作白鷗去，江湖水滿天。』又作演雅曰：

『江南野水碧於天，中有白鷗閒似我。』」

④昌黎答孟郊詩：「腸肚鎮剪熸。」

此行期奏濟河功①，架海梯山抵掌中②。自許揮戈迴晚日③，相將把酒賀春風④。牆頭梅蕊疏窗白，甕面葡萄玉盞紅⑤。一割忍忘歸隱約⑥，少陽原是釣魚翁⑦。

【箋注】

①左傳文公三年：「秦伯伐晉，濟河焚舟。」

②後漢書西域傳論：「梯山棧谷，繩行沙度之道，身熱首痛，風災鬼難之域，莫不備焉。」

③淮南子覽冥訓篇：「魯陽公與韓搆難，戰酣，日暮，援戈而揮之，日爲之返三舍。」

④虬髯客傳：「虬髯謂李靖曰：『此後十餘年，東南數千里外有異事，是吾得事之秋也。妹與李郎，可瀝酒相賀。』」

⑤史記大宛列傳：「宛以葡萄爲酒，富人藏至萬餘石，久者數十歲不變。」

⑥後漢書班超傳：「超上疏請兵，曰：『昔魏絳列國大夫，尚能和輯諸戎。況臣奉大國之威，而無鉛刀一割之用乎？』」

⑦太白贈潘侍御論錢少陽詩：「雖無二十五老者，且有一翁錢少陽。」

臨分執手語逶迤，白水旌心視此陂①。一別正思紅豆子，雙棲終向碧梧枝。盤周四角言難罄②，局定中心誓不移③。趣覲兩宮應慰勞，紗燈影裏淚先垂。

【箋注】

①左傳僖公二十四年：「所不與舅氏同心者，有如白水。」

②玉臺集傳玄盤中詩：「今時人，智四足。與其書，不能讀。當從中央周四角。」

③陸游筆記：「呂進伯考古圖云：『古彈棋局狀如香爐，蓋謂其中隆起也。』李義山詩：『玉作彈棋局，中心自不平。』今人多不能解，以進伯之說，則粗可見，然恨其藝之不傳也。」

後秋興之四 中秋夜，江村無月而作

淅淅斜風回〔一〕隔林，悲哉秋氣倍蕭森。過禽啁哳銜兵氣，宿鳥離披逗〔二〕暝陰。人倚片雲投海角，天收圓月護江心。今宵思婦偏悽緊〔三〕①，幸少清光照夕碪②。

【校記】

〔一〕鄧本作「回」，邃本作「迴」。 〔二〕鄧本作「逗」。邃本作「逼」，注：「一作『隔』。」 〔三〕鄧本作「緊」，邃本作「惻」。

【箋注】

①殷仲文南州桓公九井詩：「風物自悽緊。」李善曰：「緊，猶實也。」

②少陵月夜詩：「今夜鄜州月，閨中只獨看。」又云：「清輝玉臂寒。」

穴紙江風吹面斜①，槿籬門内尚中華。蒼涼伍員蘆中客②，浩蕩張騫海〔一〕上槎。弦急撞胸懸杵臼，火炎衝耳簇簫笳。刀尖劍吷懵騰度③，瞪目猶飛滿眼花。

【校記】

〔一〕遂本作「海」，鄧本作「漢」。

【箋注】

①東坡次定慧欽長老見寄詩：「鈎簾歸乳燕，穴紙出癡蠅。」

②吴越春秋：「伍員脱至江，漁父渡之，視有飢色，曰：『爲子取餉。』漁父去後，子胥潛身深葦之中。有頃，漁父來不見，因歌而呼之曰：『蘆中人！蘆中人！』子胥乃出。食畢欲去，子胥曰：『請丈人姓字。』漁父曰：『何用姓字爲？子爲蘆中人，吾爲漁丈人，富貴莫相忘也。』」

③莊子則陽篇：「吹劍首者，吷而已矣。」

牛背寒鴉卸夕暉①，夜烏啼罷暗蛩微。酒醒乍訝孤燈爆，夢斷猶驚折翼飛②。貝闕珠宫何處是？漁莊蟹舍與心違。衹應老似張丞相，捫摸殘骸笑瓠〔一〕肥③。自注：「余身素瘦削，今年腰圍忽肥，客〔二〕有張丞相之謔〔三〕。」

【校記】

〔一〕鄧本作「瓠」，遂本作「體」。

〔二〕鄧本有「客」字，遂本無。

〔三〕鄧本作「謔」，遂本作「謡」。

【箋注】

①吴正仲優古堂詩話：「張雲叟詩：『夕陽牛背無人卧，帶得寒鴉兩兩歸。』與東坡所寄蘇叔黨詩『葉隨流水歸何

處？牛帶寒鴉過別村』相類。」

②晉書陶侃傳：「侃少時夢生八翼，飛而上天，見天門九重，已登其八，惟一門不得入。閽者以杖擊之，因墜地，而折其左翼。」

③漢書張蒼傳：「蒼當斬，解衣伏質。身長大，肥白如瓠。時王陵見而怪其美士，乃言沛公赦勿斬。」

身世渾如未了棋，桑榆策足莫傷悲①。孤燈削柹丸書夜②，間道吹簫乞食時③。雨
暗〔一〕蘆中雙槳急，月明江上片帆遲。荒雞喚得誰人舞④？只爲衰翁攬夢思。

【校記】

〔一〕鄧本作「雨暗」，邃本作「暮雨」。

【箋注】

①後漢書馮異傳：「失之東隅，收之桑榆。」

②顏氏家訓：「後漢書楊由傳：『風吹削柹。』此是削札牘之柹耳。古者書誤則削之，故左傳云『削而投之』是也。或即謂札爲削，王褒僮約曰：『書削代牘。』蘇竟書云：『昔以摩研編削之才。』皆其證也。」通鑑：「顏真卿以蠟丸達表於靈武，以真卿爲工部尚書兼御史大夫，依前河北招討採訪處置使，並致赦書，亦以蠟丸達之。」

③漢書高帝紀：「從間道走軍。」師古曰：「間，空也。從空隙而行，不公顯也。」御覽：「春秋後語：『伍子胥橐載而出昭關，夜行晝伏，無以糊其口。鼓腹吹簫，乞食於吳市。』」

④晉書祖逖傳：「逖與劉琨同寢，中夜，聞荒雞鳴，蹴琨覺曰：『此非惡聲也。』因起舞。」

石龜懷海感昆山①，二老因依板蕩間②。自注：「懷雲間許給事也。陸機詩：『石龜尚懷海，我寧忘故鄉？』蓋不忘宗國之詞〔一〕。」最好竹枝歌一曲，共憐荷葉限雙關③。自注：「君與余皆苦耳聾，故云。」三年章武紆殘淚④，半字開元慰別顏⑤。携手行宮應有日⑥，看君重點日華班⑦。

【校記】

〔一〕鄧本作「詞」，邃本作「意」。

【箋注】

①任昉述異記：「海畔有大石龜，俗云魯班所作。夏則入海，冬則止於山上。陸機詩云云。」

②劉孝標辨命論：「自金行不競，天地板蕩。」

③楊慎禪林鉤玄：「六根，眼如蒲桃朵，耳如新卷荷，鼻如雙垂瓜，舌如初偃月，身如腰鼓顙，首如楞嚴經，體如新卷葉。」

④蜀志後主傳：「章武三年夏四月，先主殂於永安宮。五月，後主襲位於成都。大赦改元。是歲魏黃初四年也。」元遺山蜀昭烈廟詩：「一縣山陽堯故事，三年章武魏長編。」

⑤沈括筆談：「昆陵郡士人家有一女，姓李氏，方年一十六歲，頗能詩，有拾得破錢詩云：『半輪殘月掩塵埃，依稀猶有開元字。想得清光未破時，買盡人間不平事。』」南部新書：「武德四年，廢五銖錢，行開元通寶錢。歐陽詢製及書，廻環讀之，其義皆通。初進錢樣，文德皇后掐一甲跡，故錢背上有一甲掐文。」

⑥蔡邕獨斷：「天子自謂曰行在所，猶言今雖在京師，行所至耳。巡狩天下，所奏事處，皆曰宮。」

⑦唐六典：「宣政殿前有兩廡，各自有門，其東曰日華。日華以東，則門下省也。以其地居殿廡之左，故又曰左省也。凡兩省官繫銜以左者，如左散騎、左諫議、給事中，皆其屬也。」

銀輪衹在屋西頭①，一掌偏能障好秋②。剪紙不消人世暗③，撥灰難掃月宮愁④。黑雲有壘迷烏鵲，金水無波洗白鷗⑤。最是三分明月夜，二分應不屬揚州⑥。自注：「是夕中秋無月，兼聞揚州空國避去。」

【箋注】

①起世經：「月天子宮殿，純以天青、天銀琉璃而相間錯。二分天銀，清浄無垢，明甚光曜。餘之一分天青琉璃，亦甚清浄，表裏映徹，光明遠照。」

②翻譯名義集：「羅睺長八萬四千由旬，舉手掌障日月，世言日月食。」

③張讀宣室志：「弘農楊晦之謁王先生，先生召其女七娘曰：『汝爲我刻紙狀今夕之月，置於室東之垣上。』有頃，七娘以紙月施於垣上。夕有奇光自發，洞照一室。」段柯古酉陽雜俎：「長慶初，山人楊隱之尋訪道者唐居士，留楊止宿。及夜，呼其女曰：『可將一下弦月子來。』其女遂貼月於壁上，唐起祝曰：『今宵有客，可賜光明。』言訖，一室朗若張燭。」

④淮南子覽冥訓：「畫隨灰而月暈闕。」許慎曰：「有軍士相圍守，則月暈。以蘆灰環，闕其一面，則月暈亦闕於上。」

⑤漢書禮樂志郊祀歌：「月穆穆以金波。」師古曰：「月光穆穆，如金之波流。」

⑥容齋隨筆：「唐世天下之盛，揚爲一而蜀次之。徐凝詩云：『天下三分明月夜，二分無賴是揚州。』其盛可知。」

幡沈竿折好論功，自注：「宋祖討盧循，將戰，麾竿折幡，沈於水。笑曰：『覆舟之役亦如此，吾勝必矣。』」願借前籌玉帳中①。夜度放螢然堠火，宵征依鵲嘯檣風。鬢稀尚要千莖白，心折惟餘一寸紅②。莫忘指麾淮蔡語，天津橋畔倚闌翁③。

【箋注】

① 説苑善謀篇：「張良曰：『且請借前籌而謀之。』」張淏雲谷雜記：「玉帳乃兵家厭勝之方位，謂主將於其方置軍帳，則堅不可犯，猶玉帳然。其法出於黄帝遁甲。以月建前三位取之，如正月建寅，則巳爲玉帳，主將宜居。」

② 少陵過鄭廣文詩曰：「白髪千莖雪，丹心一寸灰。」

③ 康駢劇談録：「裴晉公度，微時羈寓洛中，嘗乘蹇驢上天津橋。有老人傍橋柱而立，語云：『蔡州用兵日久，未知何日得平定。』忽覩裴公，驚愕而退。有僕者後行，聞是人云：『適憂蔡州未平，須待此人爲將。』後公平淮西，入朝居廊廟。洎留守洛師，每話天津橋老人之事。」

菰鄉蘆渚路逶迤，竹杖迢迢度葛陂①。柏柳未紓離別緒，庭梧先曳却回枝。途危祇仗心魂過，路劣纔容脚指移②。自注：「夢度險岸，劣容脚指。江鄉夜行，光景宛然。」莫道去家猶未遠，朝來衣帶已垂垂③。

【箋注】

① 後漢書費長房傳：「長房辭歸，翁與一竹杖曰：『騎此，任所之，則自至矣。既至，可以杖投葛陂中也。』長房策杖，須臾來歸，即以杖投陂，顧視則龍也。」

②南史胡藩傳：「從征司馬休之，於馬頭岸渡江，江津岸壁立數丈，無由可登。藩以刀頭穿岸，劣容脚指，竟上，隨之者稍多。」

③古詩：「相去日以遠，衣帶日以緩。」

後秋興之五 中秋十九日，暫回村莊而作

三匝驚烏未出林①，危柯荒楚鬱蕭森②。一區環堵方朝雨③，四野穹廬尚夕陰④。自喪亂來餘破膽，除君父外有何心？石城又報重圍合⑤，少爲愁腸緩急碪。

【箋注】

①魏武帝短歌行：「月明星稀，烏鵲南飛。繞樹三匝，無枝可依。」

②張景陽雜詩：「荒楚鬱蕭森。」說文：「森，林叢木也。」

③莊子庚楚篇：「尸居環堵之室。」成玄英疏曰：「四面各環一堵，謂之環堵，所謂居丈室也。」

④漢書蘇武傳注：「孟康曰：『穹廬，旃帳也。』」

⑤左太沖吳都賦：「戎車盈於石城。」劉淵林曰：「石城，石頭隖也，在建業西，臨江。」

禾黍離離蘆荻斜，裹頭遺老問京華①。共傳淮水吹商律，却指張星望〔一〕漢槎②。宛轉牛闌通夜柝，參差牧笛咽霜笳。濁醪更酌鄰雞下〔二〕③，挂壁龍身〔三〕夜吐花④。

【校記】

〔一〕鄧本作「望」，遂本作「問」。　〔二〕鄧本作「下」，遂本作「卜」。　〔三〕鄧本作「身」，遂本作「泉」。

【箋注】

①少陵兵車行：「去時里正與裹頭。」

②樂府徐陵雜曲：「張星舊在天河上，由來張姓本連天。」

③少陵書堂飲絶句：「遮莫鄰雞下五更。」

④太白獨漉篇：「雄劍挂壁，時時龍吟。不斷犀象，鏽澀苔生。」少陵蕃劍詩：「龍身寧久藏？」

五嶺三湘皓〔一〕景暉①，西方誰謂好音微②？烏瞻華屋謀重止，燕語雕梁悔別飛。妖鼠浮江占地改③，歲星去國報天違④。高曾奕葉恩波在⑤，忍忘乘堅〔二〕與策肥⑥。

【校記】

〔一〕鄧本作「皓」，遂本作「告」。　〔二〕鄧本作「堅」，遂本作「軒」。

【箋注】

①漢書陳餘傳：「南有五嶺之戍。」師古曰：「嶺者，西自衡山之東，南窮於海。一山之限耳，而別標名，則有五焉。裴氏廣州記云：『大庾、始安、臨賀、桂陽、揭陽，是爲五嶺。』」樂史寰宇記：「湘潭、湘鄉、湘源，是爲三湘。」

②詩魯頌泮水章：「食我桑椹，懷我好音。」

③葉奇草木子：「乙未年中，江淮間羣鼠擁集如山，尾尾相銜，渡江過東，來湖東郡。鼠數十萬渡洞庭湖，望四川而去。夜行晝伏，路皆成谿。不依人行正道，皆遵道側。其羸弱者走不及，多道斃。」

④史記天官書：「歲星以其舍命國。所在，國不可伐，可以罰人。其趨舍而五曰贏，退舍曰縮。贏，其國有兵不復。縮，其國有憂，將亡國傾敗。其所在，前星皆從，而聚於一舍。其下之國，可以義致天下。」

⑤邱希範侍宴樂遊苑應詔詩：「參差別念舉，肅穆恩波被。」

⑥漢書食貨志：「乘堅策肥，履絲曳縞。」

起手曾論一着棋，明燈空局黯生悲①。蕭疏齒髮凋殘日，突兀乾坤賭賽時②。海水怒飛龍起急，天梁橫截雁來遲③。盤鍉大有中原約④，酌酒加餐慰爾思。

【箋注】

①樂府讀曲歌：「明燈照空局，悠然未有期。」

②昌黎過鴻溝絶句：「龍疲虎困割川原，億萬蒼生性命存。誰勸君王迴馬首？真成一擲賭乾坤。」

③史記天官書：「兩河天闕間爲關梁。」

④後漢書隗囂傳：「奉盤錯鍉，遂割牲而盟。」臣賢按：「蕭該音引字詁，鍉即題音。方言曰：『宋、楚之間，謂盎爲題。』據下文云：『鍉不濡血。』明非盆盎之類。前書匈奴傳云：『漢遣韓昌等與單于及大臣俱登諾水東山，刑白馬。單于以徑路刀金留犂撓酒。』應劭曰：『留犂，飯匕也。撓，攪也。以匕攪血而歃之，今亦奉盤錯鍉而歃也。』以此而言，鍉即題字，錯，置也。」

警蹕遥聞出楚山①，奮飛直欲詣行間②。荒墩木葉誰家戍？淺水蘆花何處關？未得星馳追御宿③，只憑露布涴愁顔④。腐儒錯莫從人笑，遲暮猶論耿鄧班⑤。

【箋注】

①崔豹古今注：「警蹕，所以戒行徒也。周禮蹕而不警，秦制出軍者皆警戒，入國者皆蹕止也。故云出警入蹕。一曰：蹕，路也。謂行者皆警於塗路也。」

②漢書吴王濞傳：「諸賓客皆得爲將校也，行侯司馬。」師古曰：「在行伍間。」

③揚子雲羽獵賦序：「御宿昆吾。」三輔黄圖：「御宿川在長安城南。武帝離宫别館，禁館人不得往來。上宿其中，故曰御宿。」

④通鑑：「李晟遣于公異作露布上行在曰：『臣已肅清宫禁，祗謁寢園，鐘簴不移，廟貌如故。』上泣下曰：『天生李晟爲社稷，非爲朕也。』」

⑤少陵謁先主廟詩：「功臨耿鄧親。」

頭白那禁更白頭，況逢秋月又添秋。自注：「本朝曆日，置閏在八月，今正是閏月。」笛飛瓜步空傳恨①，刀剪吴淞始斷愁②。半壁東南餘虎兕③，百年臣子總梟鴟④。兎園斷去爛芝蔴鑑⑤，臨極猶聞起一州。

【箋注】

①李肇國史補：「李牟秋夜吹笛於瓜州，舟檝甚隘。初發調，羣動皆息。及數奏，微風颯然而至。又俄頃，舟人賈客，皆有怨歎悲泣之聲。」

②少陵戲題山水圖歌：「安得并州快剪刀，剪取吴淞半江水？」

③詩小雅何草不黃章：「匪兕匪虎，率彼曠野。」箋云：「兕虎，比戰士也。」

④屈原卜居：「將氾氾若水中之鳧乎？」

⑤五代史劉岳傳：「兎園册者，鄉校俚儒，教田夫牧子之所誦也。」王錡寓園雜記：「吳人愛以芝蔴點茶。鬻者必以紙裹而授。有一鬻家藏舊書數卷，旋摘爲用。市人得其所授，積至數葉，視之，乃通鑑也。其人取以熟讀，每爲人言。或叩其蘊，則曰：『我得之芝蔴紙上，僅此而已，餘非所知也。』故諺曰芝蔴鑑。」

亂流深惜濟川功①，靜嘯悲吟土室中②。策杖却追夸父日③，扁舟還載庶人風④。戎戎山雨蒙頭白⑤，颭颭漁燈過影紅。秋老夜深龍睡熟，河邊無恙緯蕭翁⑥。

【箋注】

①爾雅釋水：「正截流曰亂。」郭璞曰：「直横渡也。書曰：『亂于河。』」書説命：「若濟巨川，用汝作舟楫。」

②漢書匈奴傳：「嗟土室之人，顧無喋喋沾沾，冠固何當。」

③博物志：「夸父與日相逐走，渴飲於河渭，不足，北飲大澤，未至，渴而死。棄其策杖，化爲鄧林。」

④宋玉風賦：「故其風中人，狀直憞溷鬱邑，毆温致濕。中心慘怛，生病造熱。中脣爲胗，得目爲蔑。啗齰嗽獲，死生不卒。此所謂庶人之雌風也。」

⑤少陵放船詩：「江市戎戎暗，山雲淰淰寒。」

⑥莊子列御寇篇：「河上有家貧恃緯蕭而食者。其子没於淵，得千金之珠。其父謂其子曰：『取石來鍛之。』夫千金之珠，必在九重之淵，而驪龍頷下。子能得珠者，必遭其睡也。使驪龍而寤，子尚奚微之有哉？』」成玄英疏曰：「葦，蘆也。蕭，蒿也。家織葦蒿爲蒲，賣以供食。」

孤篷〔一〕信宿且逶迤，白水柴門返故陂。丹桂月舒新結子，蒼梧雲護舊封枝。歌闌長夜秋方盛①，語到胥閭日每移②。小飲折花重剪燭③，參旗長並酒旗垂④。

【校記】

〔一〕邃本作「篷」，鄧本作「蓬」。

【箋注】

① 樂府寧戚商歌：「長夜漫漫何時旦？」

② 穀梁成公元年冬十月：「季孫行父禿，晉郤克眇，衛孫良夫跛，曹公子手僂，同時而聘於齊。齊使禿者御禿者，使眇者御眇者，使跛者御跛者，使僂者御僂者。蕭同叔子處臺上而笑之，聞於客。客不説而去，相與立胥閭而語，移日不解。齊人有知之者，曰：『齊之患，必自此始矣。』」范寧集解曰：「胥閭，門名。釋曰：即周禮二十五家也。」

③ 纂異記：「田璆、鄧韶遇二書生，曰有瑞露酒，釀於百花之中。謂小童折燭夜花，傾於竹葉中，凡飛數巡，其甘香不可比狀。」

④ 石氏星經：「酒旗三星，在軒轅左角南。」

後秋興之六　九月初二日，泛舟吴門而作

槎枒枯枿矗平林，刺眼渾疑戰戟森①。朔氣亘天圍大陸②，金風掠地戰重陰。覆蕉野

鹿年年夢③，啼枕吟蛩夜夜心。漏盡木魚聲策策，依然木葉響寒碪。

【箋注】

①少陵陪鄭駙馬韋曲詩：「藤竹刺眼青。」

②爾雅釋地：「高平曰陸，大陸曰阜。」

③列子周穆王篇：「鄭人薪於野，遇駭鹿，擊斃之，藏諸隍中，覆之以蕉。俄而遺其所藏之處，以爲夢焉，順塗詠其事。旁有聞者，用其言而取之。薪者歸，其夜真夢藏之之處，又夢得之之主。旦案所夢而尋得之。遂訟而争。歸之士師。士師請二分之，以聞鄭君。鄭君曰：『噫！士師將復夢分人鹿乎？』」

愁心落雁共横斜，九月繁霜罨鬢華①。淮水尚沈龍虎氣②，漢津猶隔斗箕槎③。夜闌漁蟹篝中火，日夕牛羊隴上笳。徙倚東籬難撥悶④，判將竹葉負黄花⑤。

【箋注】

①詩小雅正月章：「正月繁霜，我心憂傷。」毛萇傳云：「繁，多也。」

②少陵喜聞盜賊蕃寇總退口號：「北極轉愁龍虎氣，西戎休縱犬羊羣。」

③爾雅釋天：「箕斗之間，漢津也。」郭璞曰：「箕，龍尾。斗，南梁。」

④東坡立春日邀安國詩序：「僕雖不能飲，當策杖倚几，于其間觀諸公醉笑，以撥滯悶也。」少陵有撥悶詩。

⑤張景陽七命：「乃有荆南烏程，豫北竹葉。」五臣曰：「豫北竹葉，酒名。」

秋陽黯淡比寒暉，硯匣書牀生事微。簾幕霜前新燕去，窗櫺日隙凍蠅飛。吹葭自候雷風動①，煉石誰揩天水違②？躍馬揮戈竟何意？相逢應笑食言肥③。

【箋注】

① 後漢書律曆志：「候氣之法，爲室三重，户閉，塗釁必周密，布緹縵室中，以木爲案，每律各一，内庳外高。從其方位，加律其上，以葭莩灰抑其内端，按律而候之。氣至者其灰動，爲氣所動者，其灰散，人及風所動者，其灰聚。」易恒卦：象曰：「雷風相與巽而動。」正義曰：「雷之與風，陰陽交感，二氣相與更互而相成。震動巽順，所以可恒也。」

② 淮南子覽冥訓篇：「女媧煉五色石以補蒼天。」許慎曰：「三皇時天不足西北，故補之。」易訟卦：象曰：「天與水違行，訟。」正義曰：「天道西轉，水流東注，是天與水相違而行，象人彼此兩相乖戾，故致訟也。」

③ 左傳哀公二十五年：「公宴於五梧，武伯爲祝，惡郭重，曰：『何肥也？』季孫曰：『請飲彘也。以魯國之密邇仇讎，臣是以不獲從君，克免於大行，又謂重也肥。』公曰：『是食言多矣，能無肥乎？』」

棋罷何人不説棋，閒窗覆較總堪悲。故應關塞蒼黄候，未是天公皂白時。自注：「宋天文志：『庚翼與兄冰書云：「歲星犯天關，江東無他故。而石虎頻年向關，此復是天公憒憒，無皂白之徵也。」』」火井角芒長燄燄①，日宫車輦每遲遲②。腐儒未諳楸枰譜，三局深慚厪帝思。

【箋注】

① 樂史寰宇記：「火井，在臨邛縣古城八里。博物志云：『臨邛火井，諸葛丞相往視之後，火轉盛。入以家火即滅，迄今不復然。蜀都賦云「火井沉熒於幽泉」是也。』華陽國志云：『人欲其火出，先以家火投之，頃許如雷，火

井燄出，通耀數十里。』又十道要記：『火井有水，郡人以竹筒盛之，將以照路。蓋似今人秉燭，即水中自有燄耳。』」

②起世經：「日宫殿中，有閻浮檀金，以爲妙輦，高十六由旬，方八由旬，莊嚴殊勝。天子及眷屬，在彼輦中。」

十年戎馬暗青山，自竄江村水島間。錯置漁灣排信地，橫栽虎落抵重關①。兵殘蝸角頻搔首②，樂闋龍宫一破顔③。倚杖步檐還失笑④，天街畢昴若爲班⑤？

【箋注】

①漢書晁錯傳：「置藺石，布渠答，爲中州虎落。」師古曰：「虎落者，以竹篾相連，遮落之也。」

②莊子則陽篇：「有國於蝸之左角者，曰觸氏。有國於蝸之右角者，曰蠻氏。時相與争地而戰，伏尸數萬，逐北，旬有五日而後反。」

③異聞集：「洞庭龍君醼柳毅於凝碧宫，張廣樂，舞萬夫於其右。中有一夫前曰：『此錢塘破陣樂。』復舞千女於其左，中有一女進曰：『此貴主還宫樂。』龍君大悦。」

④少陵夜詩：「步檐倚杖看牛斗，銀漢遥應接鳳城。」

⑤漢書天文志：「畢昴間天街也。街北，胡也。街南，中國也。」

黄葉紛飛溝水頭，白雲蕭瑟自高秋。餘年且問雞豚社①，故國空餘稻蟹愁②。匣裏兵符憑語雀，鏡中衰髮亂羣鷗。荒陂誰惱眠鵝鴨？午夜喧聲似蔡州③。

【箋注】

①東坡次曹九章見贈詩：「雞豚異日爲同社。」

②國語：「稻蟹不遺種。」韋昭曰：「蟹食稻。」

③通鑑：「李愬夜引軍出門曰：『入蔡州，取吴元濟。』時大風雪，人人自以爲必死。夜半雪愈甚，行七十里，至州城。近城有鵝鴨池，愬令擊之，以混軍聲。四鼓，愬至城下。」

全軀喪亂有何功①？雇賃餘生大造中②。心似吴牛猶喘月③，身如魯鳥每禁風④。驚弓旅雁先霜白⑤，染血林楓背日紅⑥。閒向侏儒論世事，欲憑長狄扣天翁⑦。是歲，有長人起遼海，大掠而去。

【箋注】

①子長報任少卿書：「今舉事一不當，全軀保妻子之臣，隨而媒孽其短。」

②左傳成公十三年：「使吕相絶秦曰：『秦師克還無害，則是我有大造於西也。』」杜預曰：「造，成也。」

③世説言語篇：「滿奮畏風，在晉武帝坐，北窗作琉璃屏，實密似疏。奮有難色。帝笑之。奮曰：『臣猶吴牛，見月而喘。』」

④國語：「海鳥曰爰居，止於魯東門之外三日。展禽曰：『今茲海其有災乎？夫廣川之鳥獸，恒知避其災也。』是歲也，海多大風，冬暖。」

⑤戰國策：「更羸與魏王處京臺之下，雁從東方來，更羸以虚發下之，曰：『此瘡未息而驚心未去也。聞弦者音烈而高飛，故瘡隕也。』」

⑥少陵涪城縣香積寺官閣詩：「背日丹楓萬木稠。」

⑦淮南子說山訓：「侏儒問徑天高於修人。修人曰：『不知。』曰：『子雖不知，猶近之於我。』」

長吟坦腹笑逶迤①，清濁誰量千頃陂②。馬櫪可能隤莫齒③？鷦棲聊復揀深枝④。班荆地上秋風過⑤，仆表花間日影移⑥。要勒浯溪須老手⑦，腰間硯削爲君垂⑧。

【箋注】

①少陵江亭詩：「坦腹江亭暖，長吟野望時。」

②世說德行篇：「林宗曰：『叔度汪汪，如萬頃之陂，澄之不清，擾之不濁。其器深廣，難測量也。』」

③樂府碣石篇：「老驥伏櫪，志在千里。烈士暮年，壯心不已。」

④莊子逍遥遊篇：「鷦鷯巢於深林，不過一枝。」

⑤左傳襄公二十六年：「班荆相與食，而言復故。」杜預曰：「班，布也。布荆坐地。」

⑥史記司馬穰苴傳：「日中而賈不至，穰苴則仆表決漏。」索隱曰：「仆，音赴。仆者，卧其表也。」

⑦山谷書磨崖碑後詩：「春風吹船着浯溪，扶藜上讀中興碑。」任淵曰：「浯溪在今永州。中興頌，元次山所作，顔魯公書，磨崖鐫刻。蓋言安禄山亂肅宗復兩京事。」

⑧後漢書蘇竟傳：「竟與龔書曰：『走昔以摩研編削之才，與國師公從事出入，校定秘書。』」臣賢曰：「削謂簡也，一曰削書刀也。」

後秋興之七 庚子中秋

八桂盤根珠樹林①，蜑煙蠻雨助蕭森②。天高星紀連環衛③，日入神光起燭陰④。交脛百夷齊舉踵，貫胸萬國總傾心⑤。辛勤争似三桑女，歐盡機絲應擣碪⑥。

【箋注】

①山海經：「桂林八樹，在番郡東。」郭璞曰：「八桂而成林，言其大也。」

②范成大桂海虞衡志：「蜑，海上水居蠻也。以舟楫爲家，採海物爲生，且生食之。入水能視。合浦枝池蚌蛤，惟蜑能没水探取。旁人以繩繫其腰，繩動摇則引而上。先炙毳衲極熱，出水急覆之。不然，寒慄而死。或遇大魚蛟黿諸海怪，爲鬐鬣所觸，往往潰腰折支，人見血一縷浮水面，知蜑死矣。」桂海虞衡志：「蠻，南方曰蠻，今郡縣之外羈縻州洞。雖故皆蠻地，猶近省。民□税役，故不以蠻命之。遇羈縻，則謂之化外真蠻矣。區落連亘，接於西戎。種類殊詭，不可勝記。今志其近桂林者。宜州有西南蕃、大小張、大小王、龍、石、滕、謝諸蕃，地與牂牁接。人椎髻跣足，或着木屐，衣青花斑布，以射獵讐殺爲事。又南連□州南江之外者，羅殿、自杞等以國名，羅、孔、特磨、白衣九道等以道名。而峩州以西，别有酋長，無所統屬者，蘇綺、羅坐、夜面、計利、流求、萬壽、多嶺、阿悮等蠻謂之生蠻。酋自謂太保，大抵與山僚相似，但有首領耳。羅殿等處，乃成聚落，亦有文書公文，稱守羅殿國王。其外又有大蠻落，西曰大理，東曰交趾。大理，南詔國也。交趾，古交州，治龍編，又爲安南都護府。」

③爾雅釋天：「星紀，斗，牽牛也。」郭璞曰：「牽牛斗者，日月五星之所終始，故謂之星紀也。」史記天官書：「環之匡衛十二星藩臣，皆曰紫宫。」

④漢書武帝紀：「祭后土，神光三燭。」山海經：「鍾山之神，名曰燭陰。視爲晝，瞑爲夜，吹爲冬，呼爲夏。不飲，不食，不息，息爲風。身長千里。」

⑤山海經：「貫胸國，其爲人胸有竅。交脛國，其爲人交脛。」郭璞曰：「言脚脛曲戾相交，所謂雕題交趾者也。」

漢書司馬相如傳：「南夷之君，西僰之長，常效貢職，不敢怠惰。延頸舉踵，喁喁然皆嚮風慕義，欲爲臣妾。」

⑥山海經：「歐絲之野，在大踵。一女子跪據樹歐絲。三桑無枝，在歐絲東。其木長百仞，無枝。」

軒轅丘畔矢欹斜①，望盡窮山隱翠華②。却喜九隆〔一〕歸日御③，誰從三保〔二〕訪星槎④。願同笮馬扶車輦⑤，欲傍旄牛聽鼓笳⑥。清酒一鍾拚倒醉，恰如重探杏園花⑦。

【校記】

〔一〕鄧本作「隆」。邃本作「龍」，注：「一作『隆』。」　〔二〕鄧本作「三保」。邃本作「三室」，注：「一作『天寶』。」

【箋注】

①山海經：「軒轅之國，在此窮山之際。其不壽者八百歲，在女子國北，人面蛇身，尾交首上。窮山在其北，不敢西射，畏軒轅之丘。」郭璞曰：「言敬畏黃帝威靈，故不敢向西而射也。」

②相如上林賦：「建翠華之旗。」張揖曰：「以翠羽爲葆也。」李商隱詠史詩：「終古蒼梧哭翠華。」

③後漢書西南夷傳：「哀牢夷者，其先有婦人名沙壹，居於牢山，嘗捕魚水中，觸沈木。若有感，因懷姙。十月，産子男十人。後沈木化爲龍出水上，沙壹忽聞龍語曰：『若爲我生子，今悉何在？』九子見龍驚走，獨小子不能去，背龍而坐，龍因舐之。其母鳥語，謂背爲九，謂坐爲隆，因名子曰九隆。及後長大，諸兄以九隆能爲父所舐，而黠，遂共推以爲王。」離騷：「吾令羲和弭節兮。」王逸曰：「羲和，日御也。」

④古今識鑒：「内侍鄭和，即三保也。雲南人。以靖難功，授内宫太監。永樂初，欲通東南夷，上以問三保，領兵如何？忠徹對曰：『三保姿貌材智，内侍中無與比者。臣察其氣色，誠可任使。』遂令統督以往，所至畏服焉。」

⑤庾子山哀江南賦：「況復舟檝路窮，星漢非乘槎可上。」

⑤漢書西南夷傳：「巴蜀民或竊出商賈，取其筰馬僰僮旄牛。」
⑥後漢書西南夷傳：「冉駹夷有旄牛，無角，一名童牛。肉重千斤，毛可爲毦。」
⑦李綽秦中歲時記：「進士園林初醼，謂之探花醼。差少俊二人爲探花使，遍遊名園。若他人先折花，二使皆被罰。」

重華又報日重暉①，中路何曾歎式微②。高廟肅將三矢命③，定陵快覩五雲飛④。即看靈武收京早⑤，轉恨親賢授鉞違⑥。自注：「指甲申春李忠文監國分封之議。」翹首南天頻送喜，丹魚紅蟹亦争肥⑦。

【箋注】

①崔豹古今注：「漢明帝爲太子，樂人作歌詩四章，以贊太子之德。其一曰日重光，其二曰月重輪，其三曰星重暉，其四曰海重潤。」
②詩國風式微章：「微君之故，胡爲乎中路？」
③五代史伶官傳：「晉王之將終也，以三矢賜莊宗，而告之曰：『梁吾世仇也，燕王吾所立，契丹與吾約爲兄弟，而皆背晉以歸梁。此三者，吾遺恨也。與爾三矢，爾其無忘乃父之志。』莊宗受而藏之於廟。其後用兵，則遣從事，以一少牢告廟，請其矢，盛以錦囊，負而前驅，及凱旋而納之。」
④少陵重經昭陵詩：「再窺松柏路，還見五雲飛。」
⑤少陵惜别行：「肅宗昔在靈武城，指揮猛將收咸京。」
⑥甲申二月，李忠文公邦華，具疏請用成祖朝仁宗皇帝監國故事，急遣皇太子監國南京。越數日，又請分封永、定王於南京。皆不報。少陵有感詩云：「授鉞親賢往。」

⑦左太沖魏都賦：「丹魚爲之生沼。」樂史寰宇記：「豐州、丹水出丹魚。先夏至前十日夜伺之，魚浮水，有赤光上照如火，網而取之。割其血以塗足，可以步行水上。」段公路北户録：「儋州出紅蟹，大小殼上，多作十二點深燕支色，亦如鯉之三十六鱗耳。」

破碎山河〔一〕惜舉棋①，斜飛一角總堪悲。可憐紙上楸枰局，便是軍前畫笏時②。帳殿咨嗟如宿昔③，芒鞵奔赴轉稽遲④。誰將姑婦中宵語⑤，借箸從容啓〔二〕睿思⑥。

【校記】

〔一〕遂本作「山河」，鄧本作「江山」。〔二〕遂本作「啓」，鄧本作「起」。

【箋注】

①少陵登慈恩寺塔詩：「秦山忽破碎。」

②蘇鶚杜陽雜編：「奉天尉賈隱林，謁上於行在。上觀隱林器宇雄俊，兼是忠烈之家，因延於卧内，以探籌略。隱林於御榻前，以笏板畫地，陳攻守之策，上甚異之。」

③少陵得家書詩：「二毛趨帳殿，一命侍鸞輿。」庾子山馬射賦：「帷宫宿設，帳殿開筵。」唐六典：「尚舍奉御，凡大駕行幸，預設三部帳幕，皆烏氈爲表，朱綾爲覆，下有紫帷方坐，金銅行牀，覆以簾。其外置排城，以爲蔽捍。」

④少陵述懷詩：「今夏草木長，脱身得西走。麻鞵見天子，衣袖露兩肘。」

⑤薛用弱集異記：「玄宗南狩，王積薪從焉。宿於山中孤姥之家。夜間不寐，忽聞堂内姑謂婦曰：『良宵無以爲適，與子圍棋一賭可乎？』婦曰：『諾。』堂内素無燭火，婦姑各處東西室，俄聞婦曰：『起東五南九置子矣。』姑應曰：『東五南十二置子矣。』婦又曰：『起西八南十置子矣。』姑又應曰：『西九南四置子矣。』每置一子，皆

良久思維。夜將盡四更，積薪一一密記，共下止三十六。忽聞姑曰：『子已敗矣，吾止勝九枰耳。』婦亦甘焉。積薪遲明問之，孤姥教以常勢，笑曰：『止此，已無敵於人間矣。』自是積薪布所記婦姑對敵之勢，罄竭心力，較其九枰之勝，終不得焉。因名鄧艾開蜀勢。」

⑥書洪範：「思曰睿。」

扶桑〔一〕高柱大荒山①，交會朱明在此間②。神向南條廻地絡③，帝於北户啓天關④。

雨疏象跡周嚴警，日射蛟涎展御顔⑤。五服諸侯休後至，司徒先領入朝班⑥。

【校記】

〔一〕鄧本作「桑」，邃本作「來」。

【箋注】

① 山海經：「大荒之中，有山名曰大荒之山，日月所入，是謂大荒之野。」

② 宋玉招魂：「朱明承夜兮，時不可以淹。」王逸曰：「朱明，日也。承，續也。」

③ 書禹貢：「導岍及岐。」正義曰：「地理志云：『禹貢北條荊山，在馮翊懷德縣南；南條荊山，在南郡臨沮縣東北。』是舊有三條之説也。故馬融王肅皆爲三條。導岍北條，西傾中條，嶓冢南條。鄭玄以爲四列，導岍爲陰列，西傾爲次陰列，嶓冢爲次陽列，岷山爲正陽列。鄭玄創此説，孔亦當爲三條也。」新唐書天文志：「東井居兩河之陰，自山河上流，當地絡之西北。與鬼居兩河之陽，自漢中東盡華陽，與鶉火相接，當地絡之東南。」

④ 水經注：「區粟建八尺表，日影度南八寸，自北景以南，在日之南，故以名郡。望北辰星落在天際，日在北，故開北户以向日。」新唐書天文志：「陽氣自明堂漸升，達於龍角，曰壽星。龍角謂之天闕。於易氣以陽決陰。夬象

也。升陽進踰天闕，得純乾之位。」

⑤柳子厚嶺南江行詩：「山腹雨晴添象跡，潭心日暖長蛟涎。」

⑥譚賓録：「光弼自河中入朝，復拜太尉，出鎮臨淮。至徐州，史朝義退走，田神功遽歸河南，尚衡、殷仲卿皆懼其威名，相繼赴闕。」

星星斷髮不遮頭①，霜鬢何須怨凜秋②。攬鏡頻過五嶺路，挽眉常綰九疑愁③。山家寨栅憑麋鹿，海户封提畫鷺鷗④。莫指職方論徼〔一〕塞⑤，炎州今日是神州⑥。

【校記】

〔一〕鄧本作「徼」，邃本作「邊」。

【箋注】

①史記吳泰伯世家：「文身斷髮，示不可用。」

②宋玉九辨：「皇天平分四時兮，竊獨悲此凜秋。」

③太白遠别離：「九疑聯緜皆相似，重瞳孤墳竟何是？」

④漢書刑法志：「提封萬井。」李奇曰：「提，舉也，舉四封之内也。」

⑤崔豹古今注：「丹徼，南方赤色，故稱外徼，謂南之極也。塞者，塞也，所以擁塞戎狄也。徼者繞也，所以繞遮蠻夷，使之不得侵中國也。」

⑥劉禹錫經伏波神祠詩：「筋力盡炎州。」

棧鐘掘地報成功①，王氣還占牛斗中②。入日自應歸出日③，朔風那許競炎風④。連雲法從鰲身黑，照水神燈魚眼紅⑤。閒把竹書論運命⑥，寒窗絕倒白頭翁。

【箋注】

① 晉書郭璞傳：「元帝初鎮建鄴，導令璞筮之。遇咸之井，璞曰：『東北郡縣，有武名者，當出鐸，以著受命之符。西南郡縣有陽名者，井當沸。』其後晉陵武進縣人於田中得銅鐸五枚，歷陽縣中井沸，經日乃止。及帝爲晉王，又使璞筮，遇豫之睽，璞曰：『會稽當出鐘，以告成功，上有勒銘。應在人家井泥中得之。繇辭所謂先王以作樂崇德，殷薦之上帝者也。』及帝即位，大興初，會稽剡縣人果於井中得一鐘，長七寸二分，口徑四寸半，上有古文奇書十八字云：『會稽嶽命。』餘字時人莫識之，璞曰：『王者之作，必有靈符。觀五鐸啓號於晉陵，棧鐘告成於會稽。瑞不失類，出皆以方。豈不偉哉！』」

② 清類天文分野書：「斗牛爲星分之首者，日月五星，起於斗宿。古之言天者，由斗牛以紀星，故曰星紀。則星紀爲十二次之首，而斗牛又二十八舍之首也。」

③ 後漢書西南夷傳：「遠夷慕德歌詩曰：『蠻夷所處，日入之部。慕義向化，歸日出主。』」

④ 少陵諸將詩：「炎風朔雪天王地，只在忠臣翊聖朝。」

⑤ 王摩詰送秘書晁監還日本詩：「鰲身映天黑，魚眼射波紅。」

⑥ 任彦昇爲蕭揚州薦士表：「竹書無落簡之誤。」李蕭遠運命論注：「李善曰：運謂五德更運，帝王所稟以生也。春秋元命苞曰：『五德之運，各象其類。興亡之名應籙，以次相代。』宋均曰：『運，籙運也。』春秋元命苞曰：『命者，天之命也。』」

元戎師律整逶迤，誓旅先期度芍陂①。一柱補天搘大厦②，九陽浴日選高枝③。名王獻馘圖新繪，叛帥焚屍櫬久移。薄海兒童知李令④，肯教唐史獨昭垂。

【箋注】

① 水經注：「芍陂，周一百二十里許，在壽春縣南八十里，楚相孫叔敖所造。魏太尉王陵與吳將張休大戰於芍陂，即此處也。陂有五門，吐納川流。西北爲香門，陂水北逕孫叔敖祠下，謂之芍陂瀆。又北分爲二水，一水東注梨漿水東，逕梨漿亭南。文欽之畔，吳軍北入，諸葛緒拒之於梨漿，即此水也。東注肥水，謂之梨漿水口。」

② 東方朔神異經：「崑崙有銅柱焉，其高入天，所謂天柱也。」文中子事君篇：「大厦將顛，非一木所支也。」

③ 後漢書仲長統傳：「沆瀣當餐，九陽代燭。」臣賢曰：「九陽，日也。」山海經：「暘谷上有扶桑，十日所浴，在黑齒北，居水中。有大木，九日居下枝，一日居上枝。」

④ 李商隱復京詩：「天教李令心如日。」

投筆集（卷下）

後秋興之八　庚子陽月初一，拂水拜墓作

短棹輕簑黃葉林，天涯戰戟自森森。朝陽已躍南離日①，晝靄猶停北陸陰②。笛裏關山牽昔夢③，燈前兒女負初心④。遐方巡守無消息，樹樹啼烏夜夜碪。

【箋注】

① 淵明述酒詩：「重離照南陸，鳴鳥聲相聞。秋草雖未黃，融風久已分。」

② 隋書天文志：「日循黃道東行，一日一夜行一度，三百六十五日有奇而周天。行東陸謂之春行，南陸謂之夏行，西陸謂之秋行，北陸謂之冬行。」

③ 少陵洗兵馬：「三年笛裏關山月，萬國兵前草木風。」

④ 黃山谷寄上叔父夷仲詩：「兒女燈前語夜深。」

秋風摵摵帽簷斜，野老籬前數物華。青鏡百年雙白鬢〔一〕①，黃河千里一孤槎②。挽回

兵氣霜前雁，吹動雄心日暮笳。有客經過論漢史，西京曾記上林花③。

【校記】

〔一〕遂本作「鬢」，鄧本作「髮」。

【箋注】

① 少陵寄上漢中王詩：「百年雙白鬢，一別五秋螢。」

② 庾子山枯樹賦：「建章三月火，黄河千里槎。」

③ 劉歆西京雜記：「余就上林令虞淵得朝臣所上草木名二千餘種，鄰人石瓊，就余求借，一皆遺棄，以所記憶列於篇。」

水國冥濛秋日暉，渚宫行殿遠霏微①。巡迴每歎林烏宿，促數頻看社燕飛。戰決蟻封多勝負②，卜占雞骨少從違③。頻年射獵無朋侶，贏得高原雉兔肥。

【箋注】

① 左傳文公十年：「王在渚宫。」杜預曰：「小洲曰渚。」

② 北齊書神武紀：「自東西魏構兵，鄴下每先有黄黑蟻陣鬭。占者以爲黄者東魏戎衣色，黑者西魏戎衣色。人間以此候勝負。」

③ 段公路北户録：「南方殺雞擇骨爲卜，傳古法也。龜圖曰：『每取雄雞一隻，以香米祝之，後即生折其腿，削去皮肉，或烹取之，卜男左，卜女右，看之，其骨有二竅或七八竅，左爲人、右爲鬼，取陰陽之理也。乃以竹篸刺於竅

中，而究其兆。如人在上，鬼在下，爲吉。人在下，鬼在上，爲凶。如人鬼頭相背，事遲緩。相就，事速疾。』」

撼户秋聲剥啄棋①，驚心局外轉傷悲。每於典籍論終古，只道乾坤似昔時。已破關河惆悵在，未招魂魄却迴遲。長明燈上諸天近，時有空音答仰思。

【箋注】

① 東坡觀棋詩：「小兒近道，剥啄信指。勝固欣然，敗亦可喜。」

滄江茅屋舊家山，身與秋容共數間。三卷陰符留麥飯①，一丸函谷掩柴關②。黄沙馬革羞垂涕③，白首鷹揚笑駐顔④。夢到紅雲深殿裏，玉皇新點侍宸班⑤。

【箋注】

① 集仙録：「李筌得陰符，至驪山下，逢一老母，説陰符玄義。語畢，日已晡矣，曰：『吾有麥飯，相與爲食。』因袖中出一瓢，令筌取水。筌往谷中盛水，其瓢忽重，可百餘斤，力不能制，更沈於泉，隨覓不得。久而却來，已失母所在，唯留麥飯一升。筌食而歸，漸覺不飢，氣力自倍於常。」

② 後漢書隗囂傳：「元請以一丸泥爲大王東封函谷關。」

③ 後漢書馬援傳：「援曰：『男兒當死於邊野，以馬革裹屍還葬耳。』」

④ 詩大雅大明章：「維師尚父，時維鷹揚。」毛萇傳曰：「鷹揚，如鷹之飛揚也。」

⑤ 真誥運象篇：「必三事大夫，侍宸帝躬。」

溝水流離似隴頭①，疏籬斷彴不禁秋②。關心風月鈎牽恨，開眼江山挾帶愁。龍鬬捎天悲穴鼠③，鳶飛跕水羨眠鷗④。茫茫禹跡無憑準，自剔殘燈畫九州⑤。

【箋注】

① 樂府隴頭歌辭：「隴頭流水，流離山下。念吾一身，飄然曠野。」

② 東坡同王勝之游蔣山詩：「略彴横秋水。」施宿曰：「略彴，獨木橋也。」

③ 漢書彭越傳：「兩龍方鬭，且待之。」

④ 後漢書馬援傳：「援封新息侯，謂官屬曰：『吾在浪泊西里間，虜未滅之時，下潦上霧，毒氣熏蒸。仰視飛鳶，跕跕墮水中。今紆佩金紫，且喜且慚。』」

⑤ 左傳襄公四年：「於虞人之箴曰：『茫茫禹跡，畫爲九州。』」

配天列聖萬年功，弓劍衣冠覆載中①。赤羽九烏齊捧日②，白翎一鳥亦呼風③。金山御氣千年紫，銀海神燈乙夜紅④。看盡諸皋應拊手，官家終古屬劉翁。自注：「酉陽諸皋記：『天翁姓張名堅，漁洋人。』蜀志：『張温問秦宓曰：「天有姓乎。」宓曰：「劉。」温曰：「何以知之？」宓曰：「其子姓劉，故知之。」』」

【箋注】

① 太白飛龍引：「軒轅去時有弓劍，古人傳道流其間。」抱朴子内篇：「按荆山經及龍首記，皆云黄帝服神丹之後，龍來迎之。羣臣追慕，或取其杖几，丘廟而祭之。或取其衣冠，葬而守之。」

② 家語：「子路曰：『由願得白羽若月，赤羽若日。』」錢起闕下贈裴舍人詩：「霄漢長懸捧日心。」

③陶宗儀輟耕録：「白翎雀者，國朝教坊大曲也。始甚雍容和緩，終則急躁煩促，殊無有餘不盡之意。余嘗病焉。後見陳雲嶠，云白翎雀生於烏桓朔漠之地，雌雄和鳴，自得其樂。世皇因命伶人碩德閭製曲以名之。曲成，上曰：『何其末而有怨怒哀嫠之音乎？』時譜已傳矣，故至今莫能改。」

④秦始皇本紀：「以水銀爲百川江河大海，以人魚膏爲燭。」緗素雜記：「蔡質漢儀曰：『衛士甲乙徼相傳，甲夜畢，傳乙夜，相傳盡五更。』」

江村隈隩水逶迤①，白首長吟憶〔一〕渼陂②。籠鳥疏窗温漢〔二〕語，林烏密葉揀南枝。狐驚構火鳴呼數③，犬直傳更戍守移④。莫笑牧兒思曲蓋⑤，夢闌腰帶有魚垂⑥。

【校記】

〔一〕鄧本作「憶」，邃本作「漢」。　〔二〕鄧本作「漢」，邃本作「憶」。

【箋注】

①爾雅釋丘：「崖内爲隈，外爲隩。」

②少陵渼陂行：「岑參兄弟皆好奇，携我遠來游渼陂。天地黯慘忽異色，波濤萬頃堆琉璃。」

③漢書陳勝傳：「又間令廣之次所旁叢祠中，夜構火狐鳴，呼曰：『大楚興，陳勝王。』卒皆夜驚恐。」

④宋雷西吴里語：「宋畢再遇嘗與敵對壘，度敵衆，難與争鋒，一夕拔營去。慮再來追，乃留旂幟於所拔營，並縛生羊，置其前二足於鼓上，擊鼓有聲。敵不覺其空營，復相持竟日，始覺，欲追之，則已遠矣。」

⑤東坡夢齋銘：「人有牧羊而復者，因羊而念馬，因馬而念車，因車而念蓋，遂夢曲蓋鼓吹，身爲王公。夫牧兒之與王公，亦遠甚矣，想之所因，豈足怪乎？」

⑥程大昌演繁露：「今之魚袋，本唐制，所以明貴賤、應宣召。左二右一，其飾有玉、金、銀三等。魚飾之下，有黑韋渾裹方木，附身以垂，書其官姓名於木，中分爲二。」

後秋興之九　庚子十月望日

桂樹參差覆羽林，天容玉册自森森①。甘淵自有長生日②，冥谷終無不散陰③。命將出車小雅頌，磨崖刻石老臣心。元和盛事看圖畫，鹵簿前頭夾斧碪④。

【箋注】

①少陵八哀詩：「際會清河公，間道傳玉册。」注曰：「清河公，房琯也。時自蜀奉太上皇册命至。」

②山海經：「東南海之外，甘水之間，有羲和之國。有女子名曰羲和，方浴日於甘淵。羲和者，帝俊之妻，生十日。」

③天問：「日安不到？燭龍何照？」王逸曰：「言天之西北，有幽冥無日之國，有龍銜燭而照之也。」

④昌黎元和聖德詩：「解脱攣索，夾以斧碪。」

規外星辰落落斜①，參旗井鉞建高華②。洱河北上通雲漢③，遼水東廻接海槎④。嘯月嶺猿催畫角⑤，嘶風胡馬咽悲笳。吴儂莫向天南笑，鐵樹頻年已放花⑥。自注：「吴人笑事難成者云鐵樹開花，不知南中實有之。」

【箋注】

①元微之和樂天送客游嶺南詩：「規外布星辰。」注曰：「交廣間南極浸高，北極浸低。圓規度外，星辰至衆，大如五曜者數十，皆不在星經。」

②新唐書兵志：「武德三年，更以萬年道爲參旗軍，醴泉道爲井鉞軍。」

③新唐書南蠻傳：「爨蠻西有昆明蠻，一曰昆彌，以西洱河爲境，即葉榆河也。」東坡題馮道直明月湖詩後詩：「莫道牂江空抱珥。」坡公自注曰：「南詔有西洱河，即古牂河江也。河影如月抱珥，故名之曰西珥。」

④水經注：「遼山在玄兎高句麗縣，遼水所出。」

⑤趙璘因話録：「李約，汧公之子也。琴道酒德詩調，皆高絶，嘗得古鐵一片，擊之清越。又養一猿，名山公，嘗以之隨逐。月夜泛江，登金山，擊一鐵片鼓琴，猿必嘯和。」

⑥王濟日詢手鏡：「吴、浙間嘗有俗諺云：見事難成，則云須鐵樹花開。余於横之馴象衛殷指揮貫家園中，見一樹高可三四尺，幹葉皆黑色，葉小類石楠樹，質理細厚。余問之，殷云：『此鐵樹也。每遇丁卯年乃花。其花四瓣，紫白色如瑞香，一開累月不凋，嗅之乃有草氣。』」

開元三葉正流暉①，桂社梧封應紫微。追急稻畦鳩杖指②，寢甘榕殿鳥工飛③。五銖當復神咸許④，十世將興帝不違⑤。日角共傳如烈祖⑥，遐方遥喜御容肥。

【箋注】

①劉越石勸進表：「三葉重光。」

②水經注：「風俗通曰：『俗説高祖與項羽戰於京索，遁於蒲中，羽追求之。時鳩止鳴其上。追之者以爲必無人，遂得脱。及即位，異此鳩，故作鳩杖以扶老。』」

③竹書紀年注：「沈約曰：『舜父母憎舜，使其塗廩，自下焚之。舜服鳥工衣飛去。又使浚井，自上填之以石。舜服龍工衣自旁而出。』」

④後漢書公孫述傳：「蜀中童謠言曰：『黄牛白腹，五銖當復。』好事者竊言，王莽稱黄，述自號白。五銖錢，漢貨也。言天下當并還劉氏。」

⑤鄭語：「史伯曰：『臣聞之，天之將啓，十世不替。夫其子孫，必光啓土不可偪也。』」羅大經鶴林玉露：「宋靖康之亂，元祐皇后手詔曰：『漢家之厄十世，宜光武之中興；獻公之子九人，唯重耳之尚在。』讀之感動，蓋中興之一助也。」

⑥劉孝標辨命論：「龍犀日角，帝王之表。」李善曰：「朱建平相書：『額有龍犀入髮，左角日、右角月，王天下也。』」

三陣凋殘御製棋①，自注：「宋太宗御製棋譜，三陣三勢，皆有深旨。」祖宗眷〔一〕顧不勝悲。可知仙仗巡游日②，還是鈞天謁請〔二〕時③。八樹分茅朱噣永④，六龍擁駕赤烏遲⑤。殊方未及櫻桃薦，寢廟應深白露思⑥。

【校記】

〔一〕鄧本作「眷」，邃本作「睠」。　〔二〕鄧本作「謁請」，邃本作「請謁」。

【箋注】

①楊文公談苑：「太宗作弈棋三勢，使内侍裴愈持以示館閣學士，莫能曉者。其一曰獨飛天鵝勢，其二曰對面千

里勢，其三曰大海取明珠勢。皆上所製。上親指授愈，令語諸學士，始能曉之，皆歎服神妙。前後召待詔等對，變多能覆局爲圖，藏於秘閣。古棋圖之法，以平上去入分四隅爲記，交雜難辨。徐鉉改爲十九字，一天、二地、三人、四時、五行、六官、七干、八方、九州、十日、十一冬、十二月、十三閏、十四雉、十五望、十六相、十七笙、十八松、十九容。以爲易古圖之法，甚爲簡便。」

②少陵洗兵馬：「還思仙仗過崆峒。」

③史記趙世家：「趙簡子疾，五日不知人。醫扁鵲視之，曰：『不出三日，疾必間，間必有言也。』居二日半，簡子寤，語大夫曰：『我之帝所，甚樂，與百神游於鈞天，廣樂九奏萬舞，不類三代之樂，其聲動人心。』」

④史記天官書：「南宮朱鳥。」正義曰：「柳八星爲朱鳥咮。」謝皋羽招魂詞：「化爲朱鳥兮，有噣焉食。」

⑤楚辭劉向九歎：「維六龍於扶桑。」洪興祖補注曰：「春秋命歷序曰：『皇伯登扶桑日之陽，駕六龍以上下。』」

⑥少陵解悶絶句：「炎方每續朱櫻獻，玉座應悲白露團。」

徼外行宮隔萬山，朱光祇在兩河間①。可令末派龜魚種②，却踞中原虎豹關③。槃木自〔一〕來歌漢德④，哀牢先許識天顔⑤。於今垣市無推步，雲漢遥佔鶉首班⑥。

【校記】

〔一〕遂本作「自」，鄧本作「日」。

【箋注】

①張孟陽七哀詩：「朱光浮北陸。」李善曰：「朱光，日也。楚辭：『陽杲杲其朱光。』」新唐書天文志：「河源自北紀之首，循雍州北徼，達華陰而與地絡相會。並行而東，至太行之曲，分而東流，與涇、渭、濟、瀆，相爲表裏，謂

之北河。江源自南紀之首，循梁州南徼，達華陽而與地絡相會。並行而東，及荆山之陽，分而東流，與漢水、淮瀆，相爲表裏，謂之南河。故於天象則弘農分陝，爲兩河之會，五服諸侯在焉。」

②新唐書天文志：「自渤海九河之北，得漢河間、涿郡、廣陽，及上谷、漁陽、右北平、遼西、遼東、樂浪、玄菟、古北燕、孤竹、無終、九夷之國，尾得雲漢之末派，龜魚麗焉。」

③宋玉招魂篇：「虎豹九關，啄害下人。」

④後漢書西南夷傳：「益州刺史朱輔宣示漢德，威懷遠夷。自汶山以西，白狼、槃木、唐菆等百餘國，舉踵奉貢，稱爲臣僕。」

⑤班孟堅東都賦：「遂綏哀牢，開永昌。」李善曰：「東觀漢記：『以益州徼州，哀牢率衆慕化，地曠遠，置永昌郡也。』」

⑥新唐書天文志：「五月一陰生，而雲漢潛萌於天稷之下。進及井鉞間，得坤維之氣，陰始達於地上，而雲漢上昇，始交於列宿，七緯之氣通矣。東井居百川上流，故鶉首爲秦、蜀墟，得兩戒山河之首。」

發兵每歎白人頭①，況復艱危歷九秋。比景即看成内地②，瀾滄能免爲他愁③。衣冠
未許羣羌僰④，國土終難寄海鷗。歎息祖宗規畫遠，西南容易棄交州⑤。

【箋注】

①後漢書岑彭傳：「勑彭書曰：『每一發兵，頭鬚爲白。』」

②水經注：「比景縣，日中頭上，影當身下，與景爲比。如淳曰：『故以比景名縣。』闞駰曰：『比讀蔭庇之庇。影在身下，言爲身所庇也。』林邑記曰：『渡比景至朱吳。』旨意地道記曰：『朱吳縣，屬日南郡。』」

③華陽國志：「孝武時，遁博南山，渡瀾滄水，人歌之曰：『漢德廣，開不賓。渡博南，越蘭津。渡瀾滄，爲他人。』」

④揚子雲長楊賦：「羌僰東馳。」服虔曰：「僰夷名也。」

⑤洪武二年，安南國王陳日煃率先歸化。永樂初，嗣王陳日煃爲其臣黎季犛所弑，更姓名胡一元。其子黎蒼曰胡奃，自謂爵係胡公滿之後，僭國號大虞，改元紹聖，僞稱陳氏絶嗣，奃爲其甥，表請權署國事。未幾，又請襲王爵。太宗不逆其詐，許之。二年，陳氏孫添平，從老撾遁至京師，愬其實。太宗遣使讓之，季犛僞請迎歸。四年春，命使者護送添平還國。至芹站，季犛伏兵並使者殺之。太宗震怒，命朱能爲帥，張輔副之。七月乙酉，親禡於龍江，誓師征討。十月庚子，朱能遘疾卒於軍，張輔代統其衆。五年五月，擒季犛父子，獻俘闕下。先是，輔等受命時，詔令求陳氏子孫立之。至是徧訪國中，咸稱爲黎賊殺戮已盡，無可繼承者，請依漢、唐故事，立郡縣。如內地，以復古。輔疏聞，太宗從其請，乃於其地立交趾等處承宣布政使司、都指揮使司、按察使司。分其地爲十七府四十七州一百五十七縣，據其要害，設衛十一，守禦千户所三。又於交、廣分界處，如潼關衛例，設丘溫衛及坡壘隘留三守禦所，軍隸廣西，民屬交趾，以相制馭。命黄福掌交趾布政司事，董其政。策國行賞，晉封新城侯張輔爲英國公，其餘以次叙陞。已而其地數叛，張輔累討平之。自漢武元鼎五年廢南越置郡邑，設官分守，歷代因之。梁貞明中，土豪曲承美、楊廷藝、皎公羡、吴權相繼篡奪。宋初，丁部領與其子璉，遣使入貢。宋太祖封以王爵。交州土宇，從此不入中國版圖者四百四十六年。太宗神武天斷，誓旅成功，一旦復古郡縣，其威稜豈不度越元、宋哉！宣德元年，黎利叛，王通柳升同沐晟討之，頻失利。三年，黎利僞稱陳氏三世嫡孫暠，表乞立爲陳氏後。宣宗示英國公輔，對曰：「此表出黎利詭譎，斷不可從。將士勞苦數年而得之，今當益發兵誅此賊耳。」尚

書蹇義、夏原吉亦以爲與之無名，徒示弱於天下。宣宗召楊榮、楊士奇，出表示之，並諭以二人之言。榮曰：「永樂中費數萬人命，至今勞者未息。發兵之説不可。不若因其請而與之。」士奇亦曰：「求立陳氏後，乃太宗之初心。求而不得，故郡縣其地。昔漢棄珠崖，前史爲榮，何謂示弱？」宣宗意遂決，詔封暠爲安南王，俾復其國。使者至，詭云：「暠已死，今利權國事。」利遂僭號，改元天順。按是時交州復爲中國有者幾二十年，雖交人狙詐數叛，然甚憚英國威名。使廟堂大臣，能具卓識，議令英國開府交趾以鎮之，如黔國之在雲南，雖百黎利亦何能爲？乃計不出此，而徒藉口於珠崖之説，致捐已成之業，竟令祖宗規畫，棄於謀國者之片言。卒至豆田何在，飛走都窮，寧不遺恨於後日乎？

麟閣今誰第一功①？康侯三錫在師中②。洗兵已驗軍前雨③，仗鉞先佔夢裏風④。劍負斗文芒氣白⑤，香蟠心字篆煙紅。玄漿匏脯相傒切⑥，扶杖應憐未死翁。自注：「豫州父老歌祖逖云：『玄酒忘勞甘匏脯，何以咏思歌且舞。』」

【箋注】

① 漢書蘇建傳：「上思股肱之美，乃圖畫其人於麒麟閣。」張晏曰：「武帝獲麒麟時作此閣，圖畫其像於閣，遂以爲名。」師古曰：「漢宫閣疏云：『蕭何造。』」

② 易晉卦：「康侯用錫馬蕃庶。」正義曰：「康者，美之名也。侯謂昇進之臣也。臣既柔進，天子美之，錫以車馬，繁多而衆庶。」易師卦：「九二，在師中，吉无咎。王三錫命。」

③ 韓詩外傳：「武王伐紂，至於邢丘。天雨，三日不休。武王心懼。太公曰：『欲洗吾兵也。』」姚寬西谿叢話：「杜甫洗兵馬。左太沖魏都賦云：『洗兵海島，刷馬江州。』六韜：『武王問太公：「雨輜重至軫，何也？」』云：

「洗甲兵也。」』魏武兵要云：『大將將行，雨濡衣冠，是謂洗兵。』」

④史記齊太公世家：「武王東伐，以觀諸侯集否。師行，師尚父左仗黃鉞，右把白茅以誓。」

⑤晉書張華傳：「斗牛之間，常有紫氣。雷煥曰：『此寶劍之精，上徹於天，當在豫章豐城。』華即補煥爲豐城令。煥到縣掘獄屋基，得一石函，中有雙劍，一曰龍泉，一曰太阿。」

⑥廣韻：「徯，待也。」

舊京城闕勢逶迤①，玄武湖清皇子陂②。玉燕龍宮將數子③，金燈雁塔湧千枝。星依御幄垣牆列，日按行營次舍移④。種柳合圍同望幸⑤，殘條禿鬢總交垂。

【箋注】

①盧子諒贈崔溫詩：「南望舊京路。」

②樂史寰宇記：「玄武湖，在上元縣西北七里。徐爰釋問云：『湖本桑泊，晉元帝大興中，創爲北湖。』輿地志云：『齊武帝理水軍於此池中，號曰昆明池。』宋元嘉末，有黑龍見湖內，故改爲玄武湖。」程大昌雍録：「皇子陂，在萬年縣西南二十五里，周七里。長安志曰：『秦葬皇子，起冢於陂之北原，故曰皇子陂。』」

③呂氏春秋音初篇：「有娀氏有二佚女，爲之九成之臺，飲食必以鼓。帝令燕往視之，鳴若謚隘，二女愛而争搏之，覆以玉筐。少選，發而視之，燕遺二卵，北飛不返。二女作歌，始爲北音。」

④左太沖魏都賦：「次舍甲乙。」

⑤元遺山爲鄧人作詩：「擕犂渭水堪流涕，種柳金城已合圍。」

後秋興之十　辛丑二月初四日，夜宴述古堂，酒罷而作

光風〔一〕忽漫轉寒林，歲旅重光氣蔚森。八極地標銅柱界①，四遊天覆鐵橋陰②。關河夜採還宮曲，花鳥春回望帝心③。長白一山仍漢塞，卅年松漠怨秋碪④。

【校記】

〔一〕邃本作「風」，鄧本作「陰」。

【箋注】

① 漢書王褒傳：「周流八極，萬里一息，何其遼哉！」水經注：「鬱水又南，自壽冷縣注於海。昔馬文淵積石爲塘，達於象浦，建金標爲南極之界。俞益期箋曰：『馬文淵立兩銅柱於林邑崖北，有遺兵十餘家不返，居壽冷南，而對銅柱，悉姓馬，自婚姻，今有二百户。山川移易，銅柱今復在海中，正賴此民以識故處也。』林邑記曰：『建武十九年，馬援樹兩銅柱於象林南界，與西屠分，漢之南疆也。士人以之流寓，號曰馬流，世稱漢子孫也。』」

② 張茂先勵志詩：「天迴四游。」李善曰：「河圖曰：『地有四游，冬至，地上行，北而西三萬里。夏至，地下行，南而東三萬里。春秋二分，是其中矣。地常動不止，而人不知。譬如閉舟而行，不覺舟之運也。』」寶滂雲南別録：「劍川在苴咩西北十五日程，接吐蕃界。有鎮曰鐵橋，有城曰寧城，以禦吐蕃。」

③ 左太沖蜀都賦：「鳥生杜宇之魂。」劉淵林曰：「蜀記曰：『昔有人姓杜名宇，王蜀，號曰望帝。宇死，俗説云：宇化爲子規。子規，鳥名也。蜀人聞子規鳴，皆曰望帝也。』」

④遼史營衛志：「遼起松漠，經營竟有唐、晉帝王之器。典章文物，施及橫海之區。」

閣道新移鶉尾斜①，朔南寰宇仰重華。星弧日矢天王陣②，鳳蓋龍舟帝子槎③。遼海月明傳漢箭④，榆關秋老斷胡笳⑤。而今建女無顔色，奪盡燕支插柰花⑥。

【箋注】

①史記天官書：「紫宫後六星，絶漢抵營室，曰閣道。」

②揚子雲羽獵賦：「熒惑司命，星弧發射。」

③班孟堅西都賦：「乘龍舟，張鳳蓋。」李善曰：「淮南子：『龍舟鷁首，浮吹以虞。』桓子新論：『乘車，玉瓜華芝及鳳凰三蓋之屬。』」

④少陵後出塞詩：「雲帆轉遼海。」

⑤大明一統志：「山海關，在撫寧縣東，其北爲山，其南爲海，相距不數里許，實險要之地。徐達移榆關於此，改今名。」

⑥樂府匈奴歌：「失我燕支山，令我婦女無顔色。失我祁連山，使我六畜不蕃息。」晉書成恭杜后傳：「三吴女子，相與簪白花，望之如素柰。傳言天公織女死，爲之着服。至是而后崩。」

碧天朗朗見餘暉，自注：「武肅王還鄉歌云：『碧天朗朗兮愛日暉。』」把酒前除酹太微①。梁燕睡翻新曲語，林烏棲趁急觴〔二〕飛②。津河絡角蓬星遠③，牛斗光芒孛氣違。自注：「歌云：『牛斗無孛人無欺。』」却笑帝羓成倒載④，髑髏生草不能肥。

【校記】

〔一〕鄧本作「急觴」，邃本作「忽雙」。

【箋注】

①少陵遊江東詩：「清夜置酒臨前除。」漢書翼奉傳：「太微四門，廣開大道。」孟康曰：「太微，天之南宮也。」

②謝靈運擬魏太子鄴中集詩：「急觴盪幽默。」

③漢書天文志：「孝景中元年，六月壬戌，蓬星見西方。占者曰：『必有亂。』」

④五代史四夷附録：「德光行至欒城，得疾，卒於殺胡林。契丹破其腹，去其腸胃，實之以鹽，載之北。晉人謂之帝羓。」

毳帳喧呼夜賭棋，朝來剺面枕尸悲①。那知霧塞颷回候②，乍見天開地裂時③。草外流人歡服匿④，御前和尚泣軍遲⑤。銜鬚引頸多元老，哭到穹廬輟論思⑥。

【箋注】

①通鑑：「甲寅，上皇崩。羣臣發哀於太極殿。蕃官剺面割耳者四百餘人。」左傳襄公二十五年：「晏子立於崔氏之門外，門啟而入，枕尸股而哭。」

②後漢書光武紀贊：「九縣飇回，三精霧塞。」

③少陵劉顥宅飲散醉歌：「天開地裂長安陌，寒盡春生洛陽殿。」

④南齊書陸澄傳：「竟陵王子良得古器，小口方腹而底平，可容七八升。以問澄。澄曰：『此名服匿，單于以與

蘇武。』子良詳視器底有字，彷彿可識，如澄所言。人服其博。」

⑤翻譯名義集：「軍遲，此云瓶。寄歸傳云：『有二，若磁瓦者是淨用，若銅鐵者是濁用。』」

⑥漢書匈奴傳注：「師古曰：『其形穹隆，故曰穹廬。』」班孟堅兩都賦序：「朝夕論思，日月獻納。」

雲臺高築點蒼山①，異姓勳名李郭間②。整束交南新象馬，恢張遼左舊河關。蓬蒿茇舍趨行在③，布帛衣冠仰帝顔④。鄭璧許田須努力⑤，莫令他日後周班⑥。

【箋注】

①竇滂雲南別録：「閣羅鳳徙都苴咩，城倚點蒼山，臨西珥河。山甚高峻，水極深闊。」

②少陵聞諸節度入朝歡喜口號：「李相將軍擁薊門，白頭唯有赤心存。」又曰：「神靈漢代中興主，功業汾陽異姓王。」

③周禮夏官司馬：「中夏教茇舍。」鄭氏曰：「茇，讀如萊沛之沛。茇舍草止之也。軍有草止之法。」

④左傳閔公二年：「衛文公大布之衣，大帛之冠。」杜預曰：「大布，粗布。大帛，原繒。」

⑤左傳桓公元年：「鄭伯以璧假許田，爲周公祊故也。」

⑥左傳桓公十年：「齊人餼諸侯，使魯次之。魯以周班後鄭。」

辮髮胡姬學裹頭①，朝歌夜獵不知秋。可憐青塚孤魂恨②，也是幽蘭一燼愁③。銜尾北來真似鼠④，梳翎東去不如鷗⑤。而今好擊中流楫，已有先聲達豫州⑥。

【箋注】

①左太沖魏都賦：「纍纍辮髮。」

②樂史寰宇記：「青塚，在金河縣西北，漢王昭君葬於此。其上草色常青，故曰青塚。」

③宇文懋昭大金國志：「義宗傳位丞麟之後，即閉閣自縊。遺言奉御絳山，使焚之。其自縊之後曰幽蘭軒，火方熾，子城陷，近侍皆走，獨絳山留，掇其餘燼，裹以敝衾，瘗於汝水之旁。」

④新唐書李密傳：「密將敗，屯營羣鼠相銜尾，西北度洛，經月不絶。」

⑤東坡過何道士宗一問疾詩：「病鶴不梳翎。」

⑥晉書祖逖傳：「逖爲豫州刺史，渡江，中流擊楫而誓曰：『不能清中原而復濟者，有如大江！』」

旄頭摧滅豈人功，太白新占應月中①。掃蕩沈灰元夕火，吹殘朔氣早春風。揭空鐃鼓催花白②，攪海魚龍避酒紅③。從此撐犂辭別號④，也應飛餞賀天翁。

【箋注】

①段成式酉陽雜俎：「祿山反，李白製胡無人，言『太白入月敵可摧』。及祿山死，太白蝕月。」

②樂府集：「鼓吹曲，一曰短簫鐃歌，軍樂也。黄帝、岐伯所作，以建威揚德，風敵勸士。」

③翻譯名義集：「雜寶藏法華疏云：『阿修羅採四天下華，醖於大海。魚龍業力，其味不變。嗔妬誓斷，故言無酒。』」

④漢書匈奴傳：「單于姓攣鞮氏，故其國稱之曰撐犂孤塗單于。匈奴謂天爲撐犂，子爲孤塗。單于者，廣大之貌也。言其象天單于然也。」

營巢抱繭歎逶迤①，憑仗春風到射陂②。日吉早時論北伐，月明今夕穩南枝。鞍因足弱攀緣上，檄爲頭風指顧移③。傳語故人開口笑，莫因晼〔一〕晚歎西垂④。

【校記】

〔一〕鄧本作「晼」，邃本作「花」。

【箋注】

①東坡石芝詩：「老蠶作繭何時脱，夢想至人恐激烈。」

②樂史寰宇記：「山陽縣：射陽湖，在縣東南八十里。漢書：『廣陵王胥有罪，其相勝之奏奪王射陂。』即此也。與鹽城、寶應三縣，分湖爲界。」

③魏志王粲傳注：「典略曰：『陳琳作諸書及檄，草成，呈太祖。太祖先苦頭風，是日疾發，卧讀琳所作，翕然而起曰：「此愈我病。」』」

④宋玉九辨：「白日晼晚其將入兮。」王逸曰：「年時欲暮，才力衰也。」洪興祖補注曰：「晼，音宛，景昳也。」後漢書鄭玄傳：「日西方暮，其可圖乎？」

後秋興之十一　辛丑歲逼除作。時自紅豆江村徙居半野堂絳雲餘燼處

當風一葉戰層林，撫己孤懷抱鬱森①。屋老空亭籠壁響，窗疏隙紙劃燈陰。雞豚麥飯荒江淚②，粔籹椒盤故舊〔一〕心③。噩夢驚回成獨語，誰於寒夜擣孤砧？

【校記】

〔一〕鄧本作「舊」，遂本作「老」。

【箋注】

① 太白古風：「撫己忽自笑，沈吟爲誰故？」

② 昌黎南溪始泛詩：「願爲同社人，雞豚燕春秋。」

③ 宋玉招魂：「粔籹蜜餌，有餦餭些！」王逸曰：「餦餭餳也。言以密和米麵，熬煎作粔籹，擣黍作餌，又有美餳，衆味甘美也。」

分野條分〔一〕界畫斜，數行朱墨攬中華。小樓騁望一作「登樓不蔽」。巢車陣①，故紙橫穿一作「穴紙頻穿」。鑿空去槎②。醉唱鐃歌當伐鼓，一作「騰漢塞」。閒拈蘆管壓吹笳。一作「風吹〔二〕畫角轉胡笳」。竹窗永夜猶焚誦，燈火青熒禮白花。

【校記】

〔一〕鄧本作「條分」，遂本作「分條」。　〔二〕鄧本作「風吹」，遂本作「吹風」。

【箋注】

① 漢書陳勝傳注：「師古曰：『所謂巢車者，亦於兵車之上爲樓，以望敵也。』」

② 漢書張騫傳：「騫鑿空。」蘇林曰：「鑿，開也。空，通也。騫始通西域道也。」師古曰：「空，孔也。猶言始鑿其孔穴也。」

冬日荒一作「蒼」。涼淡〔一〕夕暉，晨光猶喜報熹微①。潛虬自護滄江卧②，退鷁仍依故國飛③。

捫舌齒牙驚互搰④，一作「乍擊」。扶頭腰領恐相違⑤。隻雞近局關心處⑥，却羨僧園菜把肥⑦。

【校記】

〔一〕鄧本作「淡」，邃本作「憺」。

【箋注】

① 淵明歸去來辭：「恨晨光之熹微。」李善曰：「聲類曰：『熹亦熙字也。熙，光明也。』」

② 左太沖蜀都賦：「丁高鵠，出潛虬。」謝靈運登池上樓詩：「潛虬媚幽姿。」

③ 左傳僖公十六年：「六鷁退飛過宋都，風也。」

④ 晉語：「齒牙爲猾。」韋昭曰：「猾，弄也。」

⑤ 戰國策：「恐其不終於下吏，自使有腰領之罪。」

⑥ 淵明歸園田居詩：「漉我新熟酒，隻雞招近局。」

⑦ 少陵園官送菜詩：「清晨蒙菜把，常荷地主恩。」

廿載光陰四度棋，流傳斷句和人悲。冰凋木介侵分候①，霜戛風箏決戰時②。觚竹懸車多次舍③，皐蘭輕騎尚逶遲④。燈前歷歷殘棋在，全局悠然正可思。一作「一年四度永觀棋，斷句流傳和者悲。姑婦未殘侵角勢，樵人已告爛柯時。千秋豪傑推枰早，一局乾坤劃紙遲。莫向老僧論四句，長明燈下攬殘思」。

【箋注】

① 漢書五行志：「長老名木兵爲木介。介者甲。甲，兵象也。」

②李商隱燕臺曲：「西樓一夜風箏急。」高駢風箏詩：「夜静絃聲響碧空，宫商信任往來風。依稀似曲纔堪聽，又被移將别調中。」

③爾雅釋地：「觚竹北户。」郭璞曰：「觚竹在北，北户在南。」正義曰：「北户即日南郡是也。」漢書吴王濞傳：「治次舍須大王。」師古曰：「次舍，止息之處也。」

④漢書武帝紀：「遣驃騎將軍霍去病出隴西，至皋蘭，斬首八千餘級。」師古曰：「皋蘭，山名也。」霍去病傳：『三過焉支山，千有餘里，合短兵鏖皋蘭下』，即此山也。」

少日囊書坐北山，輕狂自一作「便」。喜試兵一作「踐行」。間。殘棋樓櫓思横海，卧一作「竹」。馬城闉説一作「憶」。散關。汗竹紓一作「横檻嶺」。餘淹素髮①，一作「新黛色」。寒松孤直伴一作「推窗人改舊」。蒼顔②。白顛未了一作「遺經猶抱」。書生債〔一〕③，昔夢長隨漆管班④。

【校記】

〔一〕「書生債」下，邃本注：「一作『端門命』。」鄧本無。

【箋注】

①僧釋之金壺記：「漢劉向，字子正，日殺青竹簡書之。新竹有汗，後皆蠹。故作者於火上炙乾以書之。」

②太白古風：「松柏本孤直，難爲桃李顔。」

③爾雅釋畜：「豹顙白顛。」

④蘇易簡文房四譜：「王羲之筆經云：『有人以緑沉漆竹管及鏤管見遺，録之多年，亦可愛玩。』」

年年楚尾望吴頭，四序平分總是秋。赤羽黄塵猶未盡，青陽白髮不須愁①。漏穿地脈餘羣鼠②，砥柱天吴仗一鷗③。接〔一〕一作「倚」。户軍遲多老衲，憑將若個問添州④？

【校記】

〔一〕鄧本作「接」，遂本作「倚」。

【箋注】

① 漢書禮樂志郊祀歌：「青陽開動，根荄以遂。」

② 班叔皮北征賦：「何夫子之妄説兮，孰云地脈而生殘？」山海經：「湘水入洞庭下。」郭璞曰：「洞庭，地穴也。穴道潛行水底，云無所不通，號爲地脈。」

③ 山海經：「朝陽之谷，神爲天吴，爲水伯。虎身人面，八尾八足，背青黄色。」

④ 僧文瑩湘山野録：「禪月貫休嘗以詩投吴越國王，有『滿堂花醉三千客，一劍霜寒十四州』之句。王愛其詩，遣客吏諭之曰：『教和尚改十四州爲四十州，方與見。』休性偏介，謂吏曰：『州亦難添，詩亦不改。然閒雲野鶴，何天而不可飛耶？』遂飄然入蜀。」

開天牛斗首神功，分佈星辰手掌中。八駿未迴西極雪①，六龍仍〔一〕扈大江風。一作「廓清誰比聖神功，一旅神堯牛斗中。萬馬並驅餘漢極，六龍齊扈大江風」。南條日駕黿鼉紫②，北落一作「極」。星摧魚鼈紅③。數卷殘一作「獨守丹」。書遺石室④，犂眉翁與一作「百年誰記」。鐵冠翁⑤。自注：「聖祖清類天文分野，始於牛斗，終於尾箕。無終九夷之地，居雲漢之末流，龜魚麗焉。」

【校記】

〔一〕鄧本作「仍」，邃本作「齊」。

【箋注】

①王子年拾遺記：「周穆王巡行天下，御八龍之駿。一名絶地，足不踐土；二名翻羽，行越飛禽；三名奔宵，夜行萬里；四名越影，逐日而行；五名踰輝，毛色炳耀；六名超光，一形十影；七名騰霧，乘雲而趨；八名挾翼，身有肉翅。」

②江文通恨賦：「駕黿鼉以爲梁。」

③三氏星經：「石申氏曰：『魚一星，在箕星南河中。鼈十四星，在斗南。』」

④漢書高帝紀：「金匱石室。」師古曰：「以金爲匱，以石爲室，重緘封之，保慎之義。」

⑤天文分野書，相傳劉青田與鐵冠道人屬稿。青田自號犂眉公。都穆譚纂：「鐵冠道人張景華，精天文地理之術。太祖定鼎金陵，相地多出道人。後無故投大中橋水而死。後潼關守臣奏道人以某日出關，計之，即投水之日也。蓋異人云。」

流年老去付逶迤，取次春生僕射陂①。才子朱絃歌絳雪②，佳人錦字問瓊枝③。一龕燈永魚聲静一作「寂更方永」。三疊琴繁〔二〕鶴舞一作「日每」。移④。莫爲牛衣頻歎息⑤，與君容易鬢絲垂。

【校記】

〔一〕「繁」下遂本注：「繁一作『煩』。」

【箋注】

① 李上交近事會元：「後唐明宗天成二年十一月，詔册故僕射李靖爲太保，改鄭州僕射陂爲太保陂。魏孝文賜僕射李沖，因以爲名，今改之，誤也。」羅隱送鄭州嚴員外詩：「尚書磧冷鴻聲晚，僕射陂寒樹影秋。」大明一統志：「僕射陂在鄭州東南四里。魏孝文帝以此陂賜僕射李沖，後人因名。」

② 漢武内傳：「其次藥有玄霜絳雪。」

③ 離騷：「折瓊枝以繼佩。」洪興祖補注曰：「瓊，玉之美者。傳曰：南方有鳥，其名爲鳳，天爲生樹，名曰瓊枝。」江文通雜體詩：「願一見顔色，不異瓊樹枝。」李商隱韓同年新居餞韓西迎家室戲贈詩：「瘦盡瓊枝詠四愁。」

④ 黄庭内景經：「琴心三疊舞胎仙。」

⑤ 漢書王章傳：「章爲諸生，學長安，獨與妻居。章疾病，無被，卧牛衣中，與妻訣涕泣。妻曰：『疾病困阨，不自激昂，乃反涕泣，何鄙也？』章爲京兆，欲上封事，妻止之曰：『人當知足，獨不記牛衣中涕泣時耶？』」

後秋興之十二　壬寅三月二十三日以後，大臨無時，啜泣而作

滂沱老淚灑空林①，誰和〔一〕滄浪訴鬱森②？總向沉灰論早晚③，空於墨穴算晴陰。皇天那有重開眼，上帝初無悔亂心。何限朔南新舊鬼，九疑山下哭霜碪。

【校記】

〔一〕鄧本作「和」，邃本作「扣」。

【箋注】

①詩國風澤陂章云：「涕泗滂沱。」

②古辭漁父歌：「滄浪之水清兮，可以濯吾纓。滄浪之水濁兮，可以濯吾足。」郭茂倩曰：「清喻時明，可以振纓而仕。濁喻世亂，可以抗足而去。」

③三輔黄圖：「武帝初穿昆明池，得黑土。帝問東方朔，朔曰：『西域胡人知。』乃問胡人，胡人曰：『燒劫之餘灰也。』」

焦中昏黑豆田斜①，猶望殷憂啓帝華②。句町路窮難渡馬③，蜻蛉川斷不通槎④。關山月暗三年笛，草木風腥四面笳。庭際石榴紅綻血⑤，可憐猶是日南花。

【箋注】

①昌黎隴州節度使李公墓誌：「惟簡從幸梁州，天黑失道，識焦中人聲，得見德宗於盩厔西。」晉書愍帝紀：「初有童謡曰：『天子何在豆田中。』及帝如曜營，營實在城東豆田壁。」

②劉越石勸進表：「或多難以固邦國，或殷憂以啓聖明。」書舜典：「重華協於帝。」

③後漢書杜篤傳：「論都賦曰：『南羈句町，水劍强越。』」臣賢曰：「句町，西南夷也。音劬挺。」

④水經注：「蜻蛉縣上承蜻蛉水，逕葉榆縣，又東南至邪龍，入於僕水。」樂史寰宇記：「蜻蛉縣即雲南郡廢邑，有禹穴，穴内有金馬碧雞，其光倏忽，人皆見之。漢王褒入蜀祀之。」

⑤博物志：「張騫使大夏，得石榴。」段柯古酉陽雜俎：「南詔石榴，子大，皮薄如藤紙，味絶於洛中。」

凌晨野哭抵斜暉，雨怨雲愁老淚微。有地祇因聞浪吼①，無天那得見霜飛②。廿年薪膽心猶在，三局楸枰算已違。完卵破巢何限恨③，啣泥梁燕正爭肥。

【箋注】

①李商隱送崔珏往西川詩：「一條雪浪吼巫峽，千里火雲燒益州。」

②江文通上建平王書：「昔者賤臣扣心，飛霜擊於燕地。」

③世說言語篇：「孔融被收時，融二兒，大者九歲，小者八歲。融謂使者：『二兒可得全否？』兒徐進曰：『豈見覆巢之下，復有完卵乎？』」

百神猶護帝臺棋①，敗局真成萬古悲。身許沙場橫草日②，夢趨行殿執鞭時③。忍看末運〔一〕三辰促④，苦恨孤臣一死遲⑤。惆悵杜鵑非越鳥⑥，南枝無復舊君思。

【校記】

〔一〕鄧本作「運」，邃本作「劫」。

【箋注】

①山海經：「中次七經：苦山之首，曰休與之山，其石小而圓，名曰帝臺之棋，五色而文。其狀如雞卵。帝臺之石，所以禱百神者也。」

②漢書終軍傳：「軍無横草之功。」師古曰：「言行草中，使草偃卧，故云横草也。」

③左傳僖公二十三年：「其左執鞭弭，右屬櫜鞬，以與君周旋。」

④左傳昭公十七年：「三辰有災。」杜預曰：「三辰，日、月、星也。」

⑤王偁東都事略范質傳：「太宗嘗言：近世輔弼，循規矩、惜名器、持廉節，無與質比者，但欠世宗一死爲可惜耳。」

⑥少陵杜鵑行：「古時杜宇稱望帝，魂作杜鵑何微細？」古詩：「胡馬依北風，越鳥巢南枝。」

橘中何地有商山①？隻影孤拳蓋載間。十日焚天人少種②，九幽持地鬼爲關③。詰盤〔一〕周誥封京觀④，雕琢淮〔二〕碑頌伯顔⑤。歎息申胥重趼後⑥，報吴異〔三〕策尚班班⑦。自注：「越語：『句踐語大夫曰：「申胥許我矣。」』知亡吴之策，決於申胥也。」

【校記】

〔一〕鄧本作「盤」，邃本作「磐」。　〔二〕鄧本作「淮」，邃本作「韓」。　〔三〕鄧本作「異」，邃本作「遺」。

【箋注】

①玄怪録：「巴邛人家有橘園，有兩大橘，如三四斗盎。摘下剖開，每橘有二叟，相對象戲。身長尺餘，亦不驚怖。一叟曰：『橘中之樂，不減商山。但不得深根固蒂，爲愚人摘下耳。』」

②淮南子：「堯時十日並出，草木焦枯。堯令羿仰射十日，中其九日。九烏皆死，墮其羽翼。」法苑珠林劫量篇：「是時劫末，唯七日在。於七日中，無量衆生死盡。時有一人，合集閻浮提内男女，唯餘一萬，留爲當來人種。惟此萬人，能持善行，諸善鬼神，欲令人種不絶，故擁護是人，以好滋味令入毛孔。以業力故，人種不斷。」

③黄庭内景經：「九幽日月洞虚元。」御覽：「十道志曰：『鬼門關在容州北流縣南三十里。兩石相對，狀若關形，闊三十餘丈。昔馬援討林邑，經此立碑，石碣猶存。昔時趨交趾皆由此。關以南尤多瘴癘，去者罕得生還。

故諺曰：「鬼門關，十人去，九不還。」」

④左傳宣公十二年：「潘黨曰：『君盍築武軍而收晉尸，以爲京觀。』」杜預曰：「積尸封土，謂之京觀。」

⑤陶九成輟耕録：「宋未下時，江南謡云：『江南若破，白雁來過。』當時莫喻其意。及宋亡，蓋知指丞相伯顔也。」

⑥班孟堅幽通賦：「申重趼以存荆。」師古曰：「吴師入郢，申包胥如秦，乞師救楚。昭王反國，將賞包胥。包胥辭曰：『吾所以重趼，爲君耳，非爲身也。』逃不受賞。」

⑦後漢書趙壹傳：「不敢班班顯言。」臣賢曰：「班班，明貌。」

飛走都窮瘴海頭①，而今人説國亡秋。食殘鬼母方知苦②，酒醒天公亦解愁③。奴〔一〕醜時來皆市虎，英雄運去總沙鷗。老人生角君休誚④，八百終期啓汴〔二〕州⑤。

【校記】

〔一〕鄧本作「奴」，邃本作「戎」。　〔二〕鄧本作「汳」，邃本作「汴」。

【箋注】

①左太沖吴都賦：「籠烏兎於日月，窮飛走之棲宿。」

②任昉述異記：「南海小虞山中，有鬼母，能産天下鬼，一産千鬼。朝産之，暮食之。今蒼梧有鬼姑神是也。虎頭蛇足，蟒目蛟眉。今吴越間防風廟，土木作其形，龍首牛耳，連眉一目。」

③張平子西京賦：「昔者大帝説秦穆公而觀之，饗以鈞天廣樂。帝有醉焉，乃爲金策，錫用此土，而翦諸鶉首。」

④去紅豆莊數里，地名鮎魚口，有一老人，於乙未正月一日，鼻端忽生一角。

⑤永樂六年，姚廣孝奉旨勒碑於乾清宫之左廡，末云：「敬他老人頭似雪，汴梁城中造宫闕。從此天下皆太平，周朝八百人重説。未猴年，青龍月。此碑一出天下裂。」

枕戈坐甲荷元功①，一柱孤擎溟渤〔一〕中。整旅魚龍森束伍，誓師鵝鸛肅呼風②。三軍縞素天容白③，萬騎朱殷海氣紅④。莫笑長江空半壁，葦間還有刺船翁⑤。

【校記】

〔一〕鄧本作「溟渤」，邃本作「渤海」。

【箋注】

①晉書劉琨傳：「琨與親故書曰：『吾枕戈待旦，志梟逆虜。』」左傳文公十二年：「秦軍掩晉上軍，趙穿追之不及，反怒曰：『裹糧坐甲，固敵是求。敵至不擊，將何俟焉？』」

②左傳昭公二十一年：「鄭翩願爲鸛，其御願爲鵝。」杜預曰：「鸛、鵝，皆陣名。」

③漢書高帝紀：「寡人親爲發喪，兵皆縞素。」師古曰：「縞，白素也。」陸士衡漢高祖功臣頌：「三軍縞素，天下歸心。」

④少陵諸將詩：「曾閃朱旗北斗殷。」

⑤莊子漁父篇：「延緣葦間，刺船而去。」

夷山填海莫逶迤①，復漢争如丈尺陂？故國樓桑團羽蓋②，上林仆柳發條枝③。坐看河鼓雲旗〔一〕動④，笑指漸臺斗柄移⑤。金粟堆前空翠裏⑥，金燈猶傍玉衣垂⑦。

【校記】

〔一〕邃本「旗」下注：「一作『旌』。」

【箋注】

①庾子山哀江南賦：「豈冤禽之能塞海，非愚叟之可移山。」

②樂史寰宇記：「幽州安次縣樓桑村，即蜀先主劉備宅於此村，今有廟存。幽都記云：『劉備幼時，宅中有桑樹，如車蓋，云：「我當乘此寶蓋。」後果王蜀。』」

③漢書五行志：「昭帝時，上林苑中大柳樹斷仆地，一朝立起生枝葉。有蟲食其葉成文字，曰：『公孫病已立。』後昭帝崩，立衛太子之孫，是爲宣帝。帝本名病已。」

④隋書天文志：「河鼓三星，在牽牛北，主軍鼓，主鈇鉞。一曰三武，主天子三將軍。中央爲大將軍，左星爲左將軍，右星爲右將軍。所以備關梁而拒難也。」

⑤漢書王莽傳：「莽就車之漸臺，欲阻池水，猶抱持符命威斗。」

⑥少陵韋諷宅觀畫馬歌：「金粟堆前松柏裏，龍媒去盡鳥呼風。」長安志：「明皇泰陵，在蒲城東北三十里金粟山。」

⑦少陵行次昭陵詩：「玉衣晨自舉，石馬汗常趨。」

吟罷自題長句撥悶二首 壬寅三月二十九日

孤臣澤畔自行歌①，爛熳篇章費折磨。似讔似俳還似讖，非狂非醉又非魔。嘔心自笑才華盡②，捫腹其如倔强何③？二祖歷宗恩養士，幾人吟咀淚痕多？

【箋注】

①屈原漁父：「屈原既放，游於江潭，行吟澤畔。顔色憔悴，形容枯槁。」

②李商隱李賀小傳：「是兒要當嘔出心始已耳。」南史江淹傳：「夢一丈夫，自稱郭璞，謂淹曰：『吾有筆在卿處多年，可見還。』淹探懷中，得五色筆一，授之。爾後爲詩，絶無美句。時人謂之才盡。」

③前漢書陸賈傳：「乃欲以新造未集之越，倔强於此。」師古曰：「倔，音其勿反。倔强，謂不柔服也。」

不成悲泣不成歌，破硯還如墨盾磨①。拚以餘生供漫興，欲將禿筆掃羣魔。途窮日暮聊爲爾②，髮短心長可奈何③？賦罷無衣方卒哭④，百篇號踴未云多⑤。

【箋注】

①北史文苑傳：「荀濟謂人曰：『會楯上磨墨作檄文。』」

②吴越春秋：「申包胥亡在山中，使人謂子胥曰：『子之報仇，其已甚乎？』子胥曰：『爲我謝申包胥曰：日暮途窮，倒行而逆施之於道也。』」

③左傳昭公三年：「齊侯田於莒，盧蒲嫳見，泣且請曰：『余髮如此種種，余奚能爲？』公曰：『諾！吾告二子。』歸而告之子尾，欲復之。子雅不可，曰：『彼其髮短而心甚長，其或寢處我矣。』」

④左傳定公四年：「申包胥如秦乞師，秦哀公爲之賦無衣。」記曲禮：「卒哭乃諱。」

⑤記檀弓：「辟踴，哀之至也。」正義曰：「撫心爲辟，跳躍爲踴。」

後秋興之十三 自壬寅七月至癸卯五月，謡言繁興，鼠憂泣血，感慟而作，猶冀其言之或誣也

地坼天崩桂樹林①，金枝玉葉痛蕭森②。衣冠雨絶支祈鎖③，閶闔風淒紂絶陰④。醜虜貫盈知有日⑤，鬼神助虐果何心⑥？賊臣萬古無倫匹，縷切揮刀候斧碪⑦。

【箋注】

① 史記魯仲連傳：「天崩地坼，天子下席。」

② 崔豹古今注：「黄帝與蚩尤戰於涿鹿之野，當有五色雲氣，金枝玉葉，止於帝上，常有花葩之象。故因而作華蓋。」

③ 江文通雜體詩：「雨絶無還雲，花落景留英。」李善曰：「鸚鵡賦曰：『何今日之雨絶？』」李肇國史補：「楚州有漁人，忽於淮中釣得古鐵鎖，挽之不絶。以告官。刺史李陽冰大集人力引之，鎖窮，有青獮猴躍水出，復沒而逝。後有驗山海經云：『水獸好爲害，禹鎖之軍山之下，其名曰支祈。』」

④ 史記律書：「閶闔風西方。閶者倡也，闔者藏也，言陽氣道萬物，闔黄泉也。」真誥闡幽微：「羅酆山有六宮，第一宮名爲紂絶陰天宮。人初死，皆先詣紂絶陰天宮中受事。」

⑤ 詩大雅常武章：「鋪敦淮濆，仍執醜虜。」左傳宣公六年：「使疾其民，以盈其貫，將可殪也。」

⑥ 左傳昭公二年：「無助天爲虐。」

⑦ 潘安仁西征賦：「饔人縷切，鸞刀若飛。」昌黎元和聖德詩：「揮刀紛紜，争刌膾脯。」

海角崖山一線斜①，從今也不屬中華。更無魚腹捐軀地②，況有龍涎泛海槎③。望斷關河非漢幟，吹殘日月是胡笳。嫦〔一〕娥老大無歸處，獨倚銀輪哭桂花④。

【校記】

〔一〕鄧本作「嫦」，邃本作「姮」。

【箋注】

① 龔開陸君實傳：「祥興繼立，兩君相見於崖山。前鋒失利，波濤掀舞，部伍混亂。君實出，倉卒仗劍，驅妻子先入海。號哭抱幼君，以匹練束如一體，君臣赴水而死。己卯歲二月六日癸未也。」

② 龔聖予輯方回輓陸君實詩：「曾微一坏土，魚腹葬君臣。」

③ 元汪煥章島夷志：「龍涎嶼，值天氣清和，羣龍游戲，時吐涎沫於其上，故以得名。涎惟有腥氣，用之合諸香，味尤清遠。此地前代無人居之。間有他番之人，用完木鑿舟駕駛以拾之，轉鬻於他國。」

④ 羅浮咏月詩：「嫦娥老大應惆悵，倚泣蒼蒼桂一輪。」

庸蜀經營付落暉①，宮車消息轉依微②。空留赤〔一〕血從三后③，無復遺言詔六飛④。馬角烏頭期已誤⑤，龍姿虎步識俱違⑥。逆臣送喜猖狂甚，趣與燃脂照腹肥⑦。

【校記】

〔一〕鄧本作「赤」，邃本作「丹」。

【箋注】

①書牧誓：「及庸、蜀人。」孔安國曰：「庸在江漢之南。」

②江文通恨賦：「一旦魂斷，宮車晚出。」

③詩大雅下武章：「三后在天。」

④漢書袁盎傳：「今陛下騁六飛。」如淳曰：「六馬之疾若飛也。」

⑤博物志：「燕太子丹質於秦，秦王遇之無禮，思欲歸，請於秦王。王曰：『令烏頭白，馬生角，乃可。』丹仰而歎，烏即頭白。俯而嗟，馬生角。秦王不得已而遣之。」

⑥宋史太祖紀：「帝每對近臣言：太宗龍行虎步，生時有異，他日必爲太平天子。」

⑦後漢書董卓傳：「乃尸卓於市。天時始熱，卓素充肥，脂流於地。守尸吏燃火置卓臍中，光明達曙。如是積日。」

自古英雄恥敗棋，靴刀引決更何悲？君臣鼇背仍同〔一〕國①，生死龍胡肯後時？事去終嗟浮海誤，身亡猶歎渡河遲②。關張無命今猶昔，籌筆空煩異代思③。

【校記】

〔一〕鄧本作「同」，邃本作「開」。

【箋注】

①陶九成草莽私乘：「方鳳輓陸君實詩：『作微方擁幼，勢極尚扶顛。鼇背舟中國，龍胡水底天。鞏存周已晚，蜀盡漢無年。獨有丹心皎，長依海日懸。』」

②宋史宗澤傳：「時澤憂憤，疽發於背，無一語及家事，但呼過河者三而卒。」

③李商隱籌筆驛詩：「管樂有才終不忝，關張無命欲何如！」

夢廻猶傍五谿山，歷井捫參吐霧間①。却指帝星臨楚分②，如聞王氣滿吴關。地翻黑水才伸足，天轉青城始破顔③。辛苦蒼梧舊留守，忠魂常領百僚班。

【箋注】

①太白蜀道難：「歷井捫參仰脅息，以手撫膺坐長歎。」莊子秋水篇：「子不見夫吐者乎？噴則大者如珠，小者如霧，雜而下者，不可勝數。」

②耆舊續聞：「南渡後，辛巳歲，洪容齋草親征詔曰：『歲星臨於吴分，定成淝水之勳；鬭士倍於晉師，可決韓原之戰。』是時歲星在楚。」

③元遺山癸巳四月二十九日出京詩：「興亡誰識天公意？留着青城閲古今。」注曰：「國初取宋，於青城受降。」

麻衣如雪白盈頭，六月霜飛哭九〔一〕秋。兩耳也隨風雨劫，半人偏抱古今愁①。地閒沮洳教魚鳥，天濶煙波養鷺鷗。誰上高臺張口笑？爲他指點舊皇州。

【校記】

〔一〕鄧本作「九」，邃本作「幾」，注：「一作『九』。」

【箋注】

①高僧傳：「苻堅謂權翼曰：『朕取襄陽，唯得一人半。』翼曰：『誰耶？』堅曰：『安公一人，習鑿齒半人也。』」樂天詠月詩：「漢上羸殘號半人。」

踰沙軼〔一〕漠百王功①，二祖威稜浩劫中②。高廟石龜晴吐雨③，長陵鐵馬夜呼風。南臨日駕千重紫，北伐霓旌萬隊紅④。葛藟綿綿周祚遠⑤，明神豈誑白頭翁。

【校記】

〔一〕鄧本作「軼」，邃本作「越」。

【箋注】

① 顏延年曲水詩序：「棧山航海，踰沙軼漠之貢。」

② 漢書李廣傳：「威稜憺乎鄰國。」李奇曰：「神靈之威曰稜。憺，猶動也。」

③ 沈周客座新聞：「高廟造陵鍾山，誌公和尚舊穴也。發鑿時，見一石肖龜而左顧，令藏之寢廟，以黃袱覆之。」異譜曰：「皇祖陵寢，掘土見一石龜，令藏太廟。久晴而腹下有水則雨，久雨而腹下乾則晴。」

④ 相如上林賦：「拖霓旌，靡雲旗。」

⑤ 詩大雅旱麓章：「莫莫葛藟，施於條枚。豈弟君子，求福不回。」

蛟宮螭窟勢逶迤，蹙浪排波似越陂。荷鼓虛危新氣象，白茅青社舊孫枝①。磨刀雨過看兵洗②，舶艑風來想檄移。昨夜江天聊舉首，寒芒二八已昭垂。

【箋注】

① 漢書武五子傳：「皇帝使御史大夫湯廟立子閎爲齊王，曰：『嗚呼！小子閎，受茲青社。』」張晏曰：「王者以五色土爲之社，封四方諸侯，各以其方色土與之。苴以白茅，歸以立社。」

②重編義勇武安王集：「今吴俗相傳五月十三日爲侯生日，是日必有快雨，呼爲磨刀雨。」

癸卯中夏六日重題長句二首

漫漫長夜獨悲歌，孤憤填胸肯自磨。敵對災星憑酒伯，破除愁壘仗詩魔。逢人每道君休矣，顧影還呼汝謂何。欲共老漁開口笑，商量何處水天多。

百篇學杜擬商歌，墨瀋頻將漬淚磨。世難相尋如鬼疰，國恩未報是心魔。射潮霸主吾衰矣，觀井仙人奈老何？取次長謠向空濶，江天雲物爲誰多？

苦海集

江右蔡中丞新建滕王閣寄題四首〔一〕

高閣臨江著永徽，中天金碧又翬飛。參差鶴嶺增朝爽，迴抱龍沙長夕暉。舊館笙簫雲外駐，長洲鸞珮月〔二〕中歸。吾衰亦似〔三〕昌黎老，登望何當與願違？

登高能賦起遐思，勝餞争傳絶妙詞。聳翠流丹仍此地，物華天寶又何時？千年劍氣龍來遠，半夜簫聲雁去遲。宴罷使君仍弔古，蝸横〔四〕苔緑訪殘碑。

雕闌朱檻俯南昌，萬井風烟擁豫章。五老過〔五〕雲流几席，九江去雁接帆檣。仙家鐵柱淩灰劫，帝子珠簾送夕陽。却憶道園燈火夜，隔籬呼酒説干將。

締〔六〕構争傳蔡撫軍，飛樓傑閣起氤氲。檻簷小試擎天手，礎碣平看拄〔七〕地勳。雨霽西山邀落日，虹〔八〕銷南浦數飛雲。襜帷棨戟君何有？佇看千秋琬琰文。

【校記】

〔一〕此詩苦海集各本外，亦收於外集卷一。邃漢齋印有學集補遺中。 〔二〕瞿藏錢牧齋先生集外詩鈔本（下簡稱瞿本）、佚叢甲集·苦海集排印本（下簡稱佚叢本）、外集、補遺作「月」，瞿藏婁東王氏舊藏牧齋苦海集鈔本（下簡稱王本）作「日」。 〔三〕外集、補遺作「似」，苦海各本作「是」。 〔四〕各本作「横」，補遺作「黄」。 〔五〕各本作「過」，補遺作「遏」。 〔六〕各本作「締」，補遺作「崇」。 〔七〕王本、外集作「拄」，瞿本、佚叢本、補遺作「柱」。 〔八〕各本作「虹」，王本作「紅」。

和宋子建二首〔一〕

【校記】

〔一〕此二首王本有詩，佚叢本無，瞿本有題無詩，題下注：「見高會堂集『秋漏沉沉』『幾樹芙蓉』兩首。」按：詩見有學集卷七雲間諸君子再饗予於子玄之平原北皐子建斐然有作次韻和答四首之其三、其四，茲不複出，仍存其題。

十月望日西山掃墓過孟芳故居慨然有作

草木餘生似轉蓬，龍鍾拜掃已成翁。昔年廬墓憐同調，今日登高悵異踪。羨爾先知逃劫外，悔予後死羇〔一〕去聲塵中。長松見落重擡〔二〕手，揾淚含悽過故宮。

【校記】

〔一〕王本作「羇」，瞿本、佚叢本作「羈」。　〔二〕王本作「擡」，瞿本、佚叢本作「僮」。

題達摩像 一作偈

隻〔一〕履西飛且暫停，天容道貌儼丹青。袈裟藤葛無多許，只有楞伽四卷經。

【校記】

〔一〕佚叢本作「隻」，瞿本、王本作「雙」。

贈友〔一〕

扁舟蕩漾錦峯文，細雨冥冥翠靄〔二〕分。有客藏身如橘叟，何人度世似桐君？魚麗丁水浮兵氣，咮〔三〕響庚臺叫陣雲。何事狂奴空咄咄？昆陽龍戰不知聞。

【校記】

〔一〕此詩亦收於外集卷一。邃漢齋印有學集補遺中。此詩前，瞿本尚有送趙秋屋遠遊一題，無詩，題下注：「此詩入正集第四卷之末，故此未載。」　〔二〕各本作「靄」，王本作「藹」。　〔三〕瞿本、佚叢本、外集作「咮」，王本、補遺作「味」。

送王楚先大行〔一〕

絳節朱衣驛路香，桃花細雨帶恩光。使臣計日趨薇省，才子行春上柏梁。風暖螭頭吟芍藥，塵清豹尾賦長楊〔二〕。漢庭〔三〕更祝班聯近，雲母屏深御座旁。

【校記】

〔一〕此詩亦收於外集卷一。邃漢齋印有學集補遺中。各本題作「王楚先」，瞿、王二本無注。外集作「蘭陔」。佚叢本「楚先」下有小注：「一作『蘭陔』，係其字。」　〔二〕各本作「楊」，王本作「揚」。　〔三〕瞿、王二本作「庭」，佚叢本、外集、補遺作「廷」。

題白塔寺〔一〕

【校記】

〔一〕此首王本有，佚叢本無。瞿本有題無詩，題下注：「此首見秋槐別集卷首之第二首。」按：詩見有學集卷六乙未小至日宿白塔寺與介立師兄夜話辛卯秋慰友蒼石門院扣問八識規矩屈指又五年矣感而有作二首之其二，茲不複出，仍存其題。

秋日遇廣陵顧舍人於虎丘別後却寄〔一〕　丁酉

蕭蕭短髮下晨流，公子停車問昔遊。四世聲塵惟一老，二陵風雨又三秋。金鐃酒暖悲龍塞，鐵壁花〔二〕寒弔〔三〕虎丘。鹿苑露殘鈴索引，夢回猶憶鳳池頭。

【校記】

〔一〕此詩亦收於外集卷一。　〔二〕王本、外集作「花」，瞿本、佚叢本作「光」。　〔三〕各本作「弔」，外集作「釣」。

爲汪然明題宛仙女史午睡圖〔一〕

卧君沉檀之方牀，嗅君天棧之名香。釵挂袖拂羅帶地，文簟玉枕齊鋪張。腰酥〔二〕欲融倚無力，黛消〔三〕曼睩〔四〕圖疑當作「額」〔五〕。褪〔六〕黄。楊花燕子相勾引，栩栩一夢隨春陽。護惜〔七〕依然守窮綺，寱囈誰敢褰羅裳？陽臺雲雨無處所，横陳何以留君旁？留君旁兮魂周章，我所思兮在高唐。身外有身君不見，夢中説夢誰能詳？牀頭侍女莫相妒，妾身自遇楚襄王。

【校記】

〔一〕此詩亦收於外集卷一、邃漢齋印有學集補遺中。　〔二〕王本作「酥」，瞿本、佚叢本作「蘇」。外集、補遺作「疎」。　〔三〕各本作「消」，王本作「淺」。　〔四〕王本、外集、補遺作「緑」，瞿本、佚叢本作「渌」。按：與「曼」連文，當作「睩」，本楚詞招魂，兹改正。　〔五〕王本有此小注，瞿本、佚叢本無。　〔六〕各本作「圖褪」，補遺作「圓退」。　〔七〕各本作「惜」，外集、補遺作「情」。

秋日小敘〔一〕

叢桂淮南招隱新。秋風瓜圃會嘉賓。經年種菜青春老，前度看花紫陌塵。九日正憐吹帽客，黄花猶賦漉巾人。酒闌不盡英雄思，跨下橋邊酹一尊。

【校記】

〔一〕此詩亦收於外集卷一、邃漢齋印有學集補遺中。

和陸彦修改歲之作八首 乙未〔一〕

金輪世界委沙塵，麥飯清明慟甲申。燕子楊花如昨日，年年愁殺渡江人。

孤山何處宋人家？放鶴亭前馬柳〔二〕魚浪切斜。還向岳王墳北望，南枝不是舊梅花。

圖史横披忘判年，三間老屋墨莊〔三〕鮮。倦來自寫皇輿志，燕有招〔四〕余鄭圃田。

但見愁雲不見山，棹頭迎望日車還。可應坐甲巢車候，博換燈窗半日閒。

黄紙紅箋昔夢遥，欹傾席帽記先朝。長明燈下支頤坐〔五〕，猶似三條燭未銷。

猿猴猶自惱王孫，蜀魄花殘古帝魂。風雨雞鳴誰唱曉〔六〕？一作「晚」〔七〕。有人蹴踏舞〔八〕荒村。

檻外扶桑是漢家，初移北户照梅花。東南日出高樓畔，紅袖當風玉笛斜。

照眼鶯花惜晚春，風鬟雪虐總無因。長筵才酌餘杭酒，猿鶴沙蟲又一新。

【校記】

〔一〕瞿本、佚叢本作「未」，王本作「酉」。按之詩中時地，與乙酉年不合，當作「未」。此詩亦收於外集卷一，作「未」。亦收於遼漢齋印有學集補遺中，題作「和陸彦脩孝廉徵君乙未改步漫興之作」。〔二〕瞿本、佚叢本外集作「枊」，王本、補遺作「柳」。〔三〕各本作「莊」，補遺作「牀」。〔四〕各本作「招」，補遺作「昭」。〔五〕各本作「坐」，補遺作「畔」。〔六〕王本、補遺、外集作「曉」，瞿本、佚叢本作「晚」。〔七〕王本作「晚」，瞿本、佚叢本作「曉」。〔八〕各本作「舞」，補遺作「到」。

辛卯初夏辱朗翁社兄過我話舊贈此〔一〕

格法巍峨老蒯緱，文章聲價壓〔二〕江州。尊前國器添黃口，翁年六十六〔三〕，喜添寧馨。海内門生半白頭。百日〔四〕冰銜唐判〔五〕事，一作「百日冰銜唐判事」〔六〕五湖龍卧漢留侯。泥牛竹馬成塵夢，好〔七〕向那伽定裏求。

【校記】

〔一〕此詩亦收於別集卷一、遼漢齋印有學集補遺中。〔二〕各本作「壓」，王本作「饜」。〔三〕各本作「六十六」，王本作「六十」。〔四〕各本作「日」，王本作「口」。〔五〕別集、補遺作「判」，苦海集各本作「從」。〔六〕王本有小注，各本無。〔七〕各本作「好」，補遺作「請」。

朗翁携紫輕再過小飲時將判〔一〕袂賦此志感

名場戰地謝驅馳，禪榻茶烟颺鬢絲。君似少陵辭幕府，予慚吉甫賦銅池。嘗餐兎〔二〕

藥抄雲子，自囀〔三〕鶯歌教雪兒。翁教小史度曲〔四〕。失笑結童皆白首，莫教携手又臨歧。

【校記】

〔一〕此詩亦收於外集卷一，邃漢齋印有學集補遺中。各本作「過」，補遺作「造」，各本有「將」字，補遺無。各本作「判」，佚叢本作「分」。〔二〕各本作「兎」，王本作「免」。〔三〕瞿本、王本、補遺作「囀」，佚叢本、外集作「轉」，佚叢注云：「一本從『囀』。」〔四〕佚叢本、外集、補遺有小注，補遺小注「教」下多「紫輕」二字。瞿本、王本無小注。

孫迂公移居詩〔一〕

清冷詩脾天放閒，移居是處愛看山。南州百六新從事，西竺多羅舊閉關。玩世無機〔二〕塵鞅脱，懷人有句雁鴻還。捲簾自對谿邊樹，楓葉偏誇霜雪顏。

【校記】

〔一〕此詩亦收於外集卷一。〔二〕瞿本、佚叢本、外集作「機」，王本作「羈」。

長筵〔一〕

長筵鋪席海塵開，錦字麻姑信却迴。家有兩朝新棨戟，身爲三代舊尊罍。其家多藏古器。寒禁翠幄將辭柳，春候紅幡〔二〕欲報梅。寶髻珠衣齊獻壽，不知誰捧紫霞杯？

【校記】

〔一〕此詩亦收於外集卷一。　〔二〕各本作「幡」，王本作「蟠」，誤。

程以中移居二首〔一〕

篁墩家世播清芬〔二〕，傾蓋流風自昔聞。摇筆天都千嶂月，横琴虞嶺一牀雲。龍沙舊署登真籙，虹景新披度世文。從此石城論大隱，千秋高護〔三〕可同羣。

招真仙治近西偏，共羨移家似稚川。絳雪玄霜無長物，丹書緑字有新編。腰間雙劍猿公授，肘後千金龍子傳。欲向青黏求服食，懸蛇早已識車前。

【校記】

〔一〕此詩亦收於外集卷一。　〔二〕瞿本、佚叢本作「芬」，王本、外集作「棻」。　〔三〕瞿本、佚叢本作「護」，瞿本注：「一作『獲』。」王本、外集作「獲」。

贈張將軍〔一〕

玉帳牙旗細柳營，戟門南面具區清。旄倪〔二〕萬象歡聲湧，組練千羣紀律明。傳檄狼烟消尺幅，端居卉服仰長城。自今東海無驚浪，手挽天河洗甲兵。

【校記】

〔一〕此詩亦收於外集卷一、邃漢齋印有學集補遺中，題無「張」字，作「某」。　〔二〕瞿本、佚叢本作「旎」，王本、外集、補遺作「倪」。

贈孫子長五十二首丁亥秋〔一〕

荷衣蕙帶想〔二〕風流，少日聲華在鳳樓。得句標題新甲子，著書削稿舊陽秋。昭明臺畔龍吟杳，齊女墳前鳳吹愁。北陌東阡共還往，莫臨陳跡感悠悠。

持螯把菊好行杯〔三〕，眼底滄桑付劫灰。越國自驚〔四〕章甫異，吴儂偏〔五〕一作「漫」。詑好冠來。空傳石馬嘶唐去，誰見金人別漢迴？吟〔六〕一作「明」。想天台應有賦，江關莫作子山哀。

【校記】

〔一〕此詩亦收於外集卷一、邃漢齋印有學集補遺中。瞿本、佚叢本、補遺有小注「丁亥秋」三字，王本、外集無。　〔二〕瞿本、佚叢本、補遺作「想」，王本、外集作「相」。　〔三〕各本作「杯」，王本作「林」，誤。　〔四〕各本作「驚」，王本作「矜」。　〔五〕苦海各本作「偏」，外集、補遺作「漫」。　〔六〕苦海各本作「吟」，外集、補遺作「明」。

贈楊子常七十生子〔一〕

明珠光照海東偏，仙子生遲事果然。此日講堂看鯉〔二〕集，他年〔三〕一作「時」。玄草得烏傳。楊梅已綻〔四〕君家果，湯餅兼開七十筵。抱送不須誇孔釋，老夫摩頂是彭籛。

【校記】

〔一〕此詩亦收於外集卷一。邃漢齋印有學集補遺中。補遺「贈」作「賀」。〔二〕補遺作「鯉」，各本作「鱣」。〔三〕各本作「年」，補遺作「時」。〔四〕各本作「綻」，補遺作「詫」。

壽鄧母六十〔一〕

節母清一作「仙」〔二〕。貞〔三〕帝子遺〔四〕賢郎能補〔五〕白華詩〔六〕。百年黃鵠羈棲日，七夕青鸞燕喜時。霜鬢如銀明漢水，冰心化石傍機絲。表門雙闕烏頭在，莫訝桑田變海遲。

【校記】

〔一〕此詩亦收於外集卷一，題作「鄧母六十壽詩」，亦收於邃漢齋印有學集補遺，題作「鄭母六十壽」。〔二〕王本有小注，瞿本、佚叢本無。〔三〕補遺作「貞」，各本作「喬」。〔四〕各本作「遺」，王本作「道」，誤。〔五〕各本作「補」，王本作「誦」。〔六〕各本作「詩」，佚叢本作「篇」，誤。

佟中丞壽詩八首 有序〔一〕

匯〔二〕白佟公，秉鉞閩、虔，移旌江、浙。當元戎啓行之候，正皇覽初度之辰。蓬矢桑弧，應周弓之錫予；雕軒文駟，媲晉馬之便蕃。共悦嚶鳴，聊申燕賀。改十四州爲四十，何妨花醉滿堂；由八百歲而八千，應見塵飛滄海。心乎愛矣，歌以言之。戒中堂且勿喧，聽初筵之致語。善頌善禱，以獻以酬。壽千金而奉萬年，喜踰雀躍；稱未晞而言既醉，歡極烏栖。戲後樵歌，固當叶於鼓吹；功成飲至，庶可被之[三]管絃。

斗牛餘孛尚論兵，臨遣元戎仗鉞行。簜節星移龍尾道，牙璋風發虎頭城。鮫人蛋户横戈數，海若天吴列隊迎。羽扇指揮談笑裏，征南仍是舊書生。

數卷圖書一水香，鬱孤臺畔理新裝。江梅並詠新詩卷，海月長懸舊印牀。桃葉後庭紅豆曲，梨花前隊緑沈槍。壽筵携得天厨酒，千里何須走鶴觴。

玉帳牙旂累策勳，黑頭麟閣早知聞。三方節鉞推開府，一半河山屬使君。閩海舊諳魚鳥陣，越江新領鸛鵝軍。懸弧正應彤弓錫，遥[四]指醫閭拜五雲。

六琯陽回朔氣和，燭光[五]如月酒如波。金章競奏清風頌，鐵騎齊揮挽日戈。一宿崇朝朝紫極，雙星永夕傍銀河。碧桃午夜開花遍，遼鶴争知幾度過？

鋒[六]車鄭重詔東巡，紫誥黄封燕喜頻。天上小紅花不夜，人間重碧酒長春。客如彭叟羹斟雉，家有麻姑脯擗麟。記取良常開宴候，嘉平終古是芳辰。

華筵綺席逼除開，玉律青陽應候催。斗下彤雲籠棨戟，河中碧落瀉尊罍。寒禁翠幄先舒柳，春逗紅幡早綻梅。最是轅門多送喜，鐃歌鼓吹已如〔七〕雷。

魚鑰金壺莫浪催，齊眉齊送紫霞〔八〕杯。合歡樹倚三眠柳，燭夜花傾四照梅。戴勝杖從金母授，羽衣曲自月妃來。當筵介壽多詩筆，授簡逡巡避玉臺。

長筵開罷即長征，飲至論功在此行。銀箭頻傳籌整暇，金杯數舉令分明。酒旗走馬晨催陣，火樹飛鴉夜點營。莫笑書生歌命將，憑將笳鼓壯先聲。

【校記】

〔一〕此詩亦收於外集卷一、邃漢齋印有學集補遺中。　〔二〕各本作「匯」，王本作「滙」，誤。　〔三〕各本有「之」字，瞿本脱。　〔四〕各本作「遥」，王本作「進」。　〔五〕王本作「光」，各本作「花」。　〔六〕各本作「鋒」，佚叢本作「絳」。　〔七〕各本作「如」，王本作「知」。　〔八〕各本作「霞」，瞿本作「微」。

長句爲與公詞丈七十初度〔一〕

鼓篋傳經閲歲年，枕書應笑腹便便。王維自愛詩中畫，蘇晉兼逃酒後禪。鳴磬鳥分停午食，拂琴鶴應半牀絃。吳門近説麻姑過〔二〕，擲得丹砂莫浪傳。

【校記】

〔一〕此詩亦收於外集卷一，目録題作「王異公七十」，卷内題作「長句爲異公詞丈七十初度」。亦收於補遺，題作「壽友人」。　〔二〕各本作「過」，王本作「遇」。

孫本芝方伯七十〔一〕二首

京雒聲華動玉階，飄然結隱寄青谿。賦家白鳳新銜口，經學蒼龍舊入懷。雨屋明燈禪丈室，晴窗潑墨扁〔二〕蕭齋。閩天榕荔皆棠蔭，處處豐碑瞰石厓。

雲衣月扇列仙家，丹井銀筒路不遐。老眼光欺青簡雪，佳兒文並赤城霞。池魚泳〔三〕水閑吞墨，庭鶴梳風静煑茶。燕喜最憐吾谷好，丹楓長似碧桃花。

【校記】

〔一〕此詩亦收於外集卷一，題作「奉祝本芝年丈古稀初度」，亦收於補遺，題作「孫光甫七十」。　〔二〕各本作「扁」，補遺作「偏」。　〔三〕各本作「泳」，補遺作「戲」。

陳確菴六十

棄繻南國早知名，被褐居然守玉貞。陳氏家風何媿長，蘭陵儒者故高卿。然藜〔一〕學以傳經著，繁露書先對〔二〕策成。莫道平津猶未遇，五絲吾已券鄒生。

【校記】

〔一〕瞿本、佚叢本作「藜」，王本作「黎」，誤。　〔二〕瞿本、佚叢本作「對」，王本作「射」。

贈閩帥王振宇〔一〕

擎天一柱仰純忠，節鉞人瞻郭令公。八陣龍蛇開壁壘，萬靈風雨護元戎。箭傳析木鑾烟靜，弓挂扶桑海日紅。河鼓將星朝斗極，即看芒角照江東。

【校記】

〔一〕此詩亦收於外集卷一、邃漢齋印有學集補遺中。王本、外集、補遺作「帥」，瞿本、佚叢本作「將」，注云：「一作『帥』。」

次沈石田韻壽葉白泉二首〔一〕

竹柏高標豈易零，北窗晞髮理星星。任教物論梟爲乙，猶紀生年〔二〕斗指丁。命侶許浮新釀緑，攤書惟賸舊毡青。杖藜容與神仙樂，服食寧須草木靈？

貞元朝士總凋零，南極芒寒見一星。天地烽烟猶帶甲，衣冠鄉里但呼丁。宣雲古鎮旌麾赤，棗竹高齋汗簡青。檻外玉山常對酒，移文不媿草堂靈。

【校記】

〔一〕此詩亦收於外集、邃漢齋印有學集補遺中。瞿本、佚叢本、外集有「沈」氏，王本無。補遺「沈石田」作「白石翁」。　〔二〕各本作「生年」，補遺作「平生」。

贈土開府誕日三首〔一〕

休光籍籍著一作「出」。蘭臺，爲靖全吴特簡來。千里行師如枕席，南方生聚出栽培。擎天共仰霜中檜，愛日催開雪後梅。聞道仙喬殊〔二〕未散，相將一泛紫霞杯。

即看玉燭幾迴調，騶輻輕塵絳節遥。輿誦新傳晉開府，雄風舊數漢嫖姚。樂郊寒近時驅馬，挾纊情深好賜貂。爲報懸弧春正永，緗〔三〕衣釋仗教吹簫。

兩年節鉞惠吾吴，袍血初乾待剖符。南國競傳慈母頌，西京遥望慶雲呼。酬〔四〕功指水稱如帶，獻壽增山擬佩壺。會待黄金看鑄像，誰容畫入五湖圖？

【校記】

〔一〕此詩亦收於外集卷一、邃漢齋印有學集補遺中。瞿本、佚叢本、外集作「土」，王本作「王」。補遺作「某」。

〔二〕瞿本、佚叢本、補遺作「殊」，王本作「珠」。　〔三〕瞿本、王本、補遺作「緗」，佚叢本作「湘」。　〔四〕瞿本、王本、補遺作「酬」，佚叢本作「訓」。

壽王庸若七十二絕句〔一〕

古稀强半是殷頑，嘉遯林泉豈等閒。奕葉槐陰風氣厚，自然仁者壽如山。

東晉蘭亭號墨王，輞川妙畫冠三唐。而翁兼擅停雲法，舉止端方貌古蒼。

【校記】

〔一〕此詩亦收於外集卷一。

壽周母郟夫人〔一〕

君家老嫛今大姑，相夫教子世所無。年踰古稀神愈王，白髮朱顏却杖扶〔二〕。佳兒不失呼老萊，斑衣舞綵日幾迴。山中金母稱大耋，方瞳炯炯顏如孩。今年清秋届悦辰，門庭雜沓車轔轔〔三〕。萼緑雙成連袂至，金莖特〔四〕一作「持」〔五〕。進祝長春。

【校記】

〔一〕此詩亦收於外集卷一。

〔二〕王本、佚叢本、外集作「杖扶」，瞿本作「扶杖」。

〔三〕佚叢本、外集作「轔轔」，瞿本作「鄰鄰」，王本作「粼粼」。

〔四〕王本、外集作「特」，瞿本、佚叢本作「持」。

〔五〕王本作「持」，瞿本、佚叢本作「特」。外集無注。

壽淳化禪師〔一〕

天上烏飛兔能走，世人玄髮旋皓首。始信空門意味長，萬年一念亦何有？布〔二〕衲時聞戒定香，繩牀肯醉聲聞酒？ 剎塵説法誰共聞？ 爲憑塔鈴舉似人〔三〕。

【校記】

〔一〕此詩亦收於外集卷一。 〔二〕汪本作「布」，瞿本、佚叢本、外集作「有」。 〔三〕瞿本、汪本、外集作「舉似人」，佚叢本作「似人舉」，誤。

壽鶴如五十〔一〕

如蓮半偈一燈遥，雪被冰牀護寂寥。石壁寒雲人世在，禪房花木劫塵消。枝頭怖鴿依潭影，鉢裏眠龍應海潮。天眼定中常〔二〕不昧〔三〕，金輪時見鬼神朝。

【校記】

〔一〕瞿本有小注云：「邁公」，佚叢本小注云：「邁弓」，汪本無小注。此詩亦收於外集卷一，亦收於遂漢齋印有學集補遺，題作「邁公壽」。 〔二〕各本作「常」，佚叢本作「人」。 〔三〕各本作「昧」，汪本作「寐」。

喜鶴如上人還破山寺〔一〕

應器浮囊總息機，孤雲還往本無依。即看白鶴〔二〕凌空去，又見青猿洗鉢歸。席上龍參〔三〕三諦法，階前虎守七條衣。禪房花木渾如故，莫道滄桑劫已非。

【校記】

〔一〕瞿本有小注云：「邁公」。王本、佚叢本無小注。此詩亦收於外集卷一。亦收於遂漢齋印有學集卷一，題作「邁公還山」。〔二〕各本作「鶴」，佚叢本作「髮」。〔三〕各本作「參」，佚叢本作「孫」。

贈張伯起六十〔一〕

蟹舍牛欄伴侶同，呼鷹臺畔〔二〕老英雄。百錢羞貯奚囊裏，一飯頻分複壁中。眼底操蛇嗤北叟，尊前逐鹿問南翁。杏花麥粥〔三〕治聾酒，笑指桑田見海東。

【校記】

〔一〕此詩亦收於外集卷一，題「贈」字作「壽」，亦收於遂漢齋印有學集補遺，題無「贈」「壽」字。〔二〕王本、外集作「畔」，瞿本、佚叢本作「下」，小注云：「一作『畔』。」補遺作「下」。〔三〕各本作「粥」，補遺作「飯」。

贈陳于到六十二首〔一〕

秋風瓜圃會比鄰，旨〔二〕酒長筵燕喜新。走〔三〕馬看花論壯歲，閉〔四〕門種菜笑閑身。塵中度世非今我，劫外觀河是昔人。狼五山中仙侶在，朱顏應與駐餘春。

琴心閒静鶴身輕〔五〕，塵榻茶烟一縷清〔六〕。映日珠簾看氣象，摩天銅柱想風聲。江妃解頌觀濤賦，雲將能知食蛤情。却羨孔璋飛檄手，肯抛書劍事躬耕。

【校記】

〔一〕此詩亦收於外集卷一、邃漢齋印有學集補遺中。〔二〕補遺作「旨」，各本作「昔」。〔三〕各本作「走」，補遺作「老」。〔四〕瞿本、佚叢本作「閑」，注：「一作『闕』。」王本、外集、補遺作「闕」。〔五〕〔六〕各本「輕」「清」二字如此，補遺二字先後互易。

壽徐彥博七十〔一〕

清琴濁酒傍林泉，城北徐公世並傳。企脚胡牀閒歲月，過頭拄杖小神仙。妻儲斗粟供炊餉，兒舁籃輿候醉眠。却喜黄楊常遇閏，從他桃李自芳年。

【校記】

〔一〕此詩亦收於外集卷一、邃漢齋印有學集補遺中。兩書有個別誤字，茲不出校記。

贈女道士二絶句〔一〕

秋風偏向蕊珠清，一片銀河畫不成。俗殺陳王神女賦，月明吹作步虛聲。

羅袖當風憶舞腰，雙蛾不逐黛痕消。雲鬟霧髻依稀似，只是冰心未許描。

【校記】

〔二〕佚叢本有注云：「見歸上惆悵詞。」瞿本、王本無小注。亦收於遼漢齋印有學集補遺，無小注。

袁孝子五十〔一〕

袁子奉節母，顧養刻骨肌。硯田供甘旨，節腹自忍飢〔二〕。古稱庶人孝，於今真見之。今當而慕年，索我介壽詞。我喜欲點筆，執簡仍齎咨。親在不言老，經義良可思。高堂有壽母，稱壽非所宜。五十未舉子，商瞿豈無兒。側聞徵蘭信，吉夢維〔三〕熊羆。明年蚌生珠，呱呱慰哀慈。我爲賀充閭，侑以南陔詩。

【校記】

〔一〕此詩亦收於外集卷一。佚叢本題下注：「己亥」，瞿本、王本、外集無注。〔二〕瞿本、王本、外集作「飢」，佚叢本作「饑」，誤。〔三〕瞿本、佚叢本、外集作「維」，王本作「惟」。

嘉定潘雨臣六十〔一〕

江天猶喜少微明，鄉里衣冠見老成。問事長鬚〔二〕無後輩，褒〔三〕衣皤腹似先生。石壕吏去青門在，花信風來白袷〔四〕輕。莫向麻姑問東海，且開春酒看春耕。

【校記】

〔一〕此詩亦收於外集卷一。〔二〕瞿本、佚叢本作「鬚」，王本作「頭」，注：「一作『鬚』。」外集亦作「頭」。

〔三〕王本作「褒」，佚叢本作「褎」，瞿本、外集作「裒」。〔四〕王本、佚叢本作「袷」，瞿本、外集作「帢」。

題漢聞陳君引兒走馬看桃花小像〔一〕

挾筴橫經自妙年，陳琳書記本翩翩。白猿劍術枝頭授，黃石兵符圯上傳。玉雪佳兒遺虎爪，胭脂侍女試〔二〕一作「拭」。龍泉。若耶谿畔春遊日，萬樹桃花照錦韉。

【校記】

〔一〕此詩亦收於外集卷一、遂漢齋印有學集補遺中。〔二〕苦海各本作「試」，外集、遂印補遺作「拭」。

陳漢聞四十壽〔一〕

幕府優閑歎〔二〕陸沉，蒯緱彈罷每長吟。蘭亭墨擅臨池妙，禹穴書窺宛委深。劍術白猿傳篋笥，兵符黃石付韜鈐。東南竹箭如〔三〕君幾？招〔四〕隱無煩賦入林。

【校記】

〔一〕此詩亦收於外集卷一、遂漢齋印有學集補遺中。瞿本、佚叢本「陳」字前有「題」字，「壽」字後有「詩」字，王本、外集無。各本作「聞」，補遺作「間」。〔二〕補遺作「歎」，各本作「笑」。〔三〕瞿本、佚叢本、外集作「如」，王本作「知」。　〔四〕補遺作「招」，各本作「松」。

贈郎制臺二首〔一〕

牙旗玉帳指江鄉，絳節朱函載路光。里國九秋常潤露，水村十月不飛霜。粘天蜃氣銷烽〔二〕燧，薄海狼星斂角芒。野老未能迎馬首，但歌蔽芾拜甘棠。

頻年杖履滯江鄉，鈴客迢遥想末光。傳食後人違雨露，徵歌前席阻星霜。歲寒江閣資襦袴，夜静臺階吐翼芒。别後桂陽凡幾樹？攀援今比召甘棠。

【校記】

〔一〕佚叢本題下注：「一柱，名廷佐。」瞿本、王本無注。　〔二〕瞿本、佚叢本作「烽」，王本作「鋒」。

上梁提督翀霄　甲辰仲春〔一〕

戴斗崆峒事不誣，歡聲喜氣滿東吴。八方象緯瞻龍節，萬乘風雷應虎符。鯨海烽烟天際静，狼星芒角日邊孤。降神崧嶽知今日，莫展稱觴愧老夫。

【校記】

〔一〕王本題及小注如此。瞿本題作「上梁提督壽」，注：「翀霄」，無「甲辰仲春」四字。佚叢本題及注與瞿本同，注多「名化鳳，江南提督　甲辰仲春」十一字。

贈管提督懷赤二首

帝遣元侯出禁庭，擎天隻手鎮南溟。扶桑日暖臨師壘，太白秋高護將星。龍虎新軍環棨戟，麒麟高閣畫丹青。橫江自此無傳箭，胙土分茅早勒銘。

琨琪自昔產醫閭，玉帳牙旗仗鉞殊。命將出師周召虎，一匡九合管夷吾。八方象緯瞻龍節，萬乘風雷應虎符〔一〕。野老扶藜迎馬首，德星今喜照東吳。

【校記】

〔一〕「八方」二句，與前上梁提督翀霄詩重複，疑有誤。

贈高元侯振生

傳箭牙旗肅雁翎，江天萬户仰神鈴。天狼角短徵師律，太白芒寒護將星。龍虎新軍雄棨戟，麒麟高閣畫丹青〔一〕。鳳毛早著箕裘美，争羨春風孔雀屏。

【校記】

〔一〕「龍虎」二句，與前贈管提督懷赤第一首重複。

贈蔡總河二首

臺階星指斗牛躔〔一〕，旌節重臨比潁川。半壁東南收蛋户，長淮西北走狼烟。雲帆鐵甕千艘〔二〕集，羽檄金堤〔三〕萬戟傳。鈴閣蕭閒尋舊許，胡牀猶向後堂懸。

三年龍節離淮陽，野老扶笻黯自傷。茅屋秋風懷廣厦，華門春樹守甘棠。白頭漫許題鸚鵡，青女頻催典鷫鸘。數日向公開口笑，車茵醉吐莫辭狂。

【校記】

〔一〕王本、佚叢本作「躔」。瞿本作「纏」，誤。　〔二〕瞿本、佚叢本作「艘」。王本作「般」，誤。　〔三〕瞿本、佚叢本作「堤」。王本作「提」，誤。

贈義翁父母五十初度四首〔一〕

曲江風度美琳瑯，通德標名閥閱長。浴日亭臺占氣象，粘天碑版見文章。千秋金鏡徵玄鑑，萬里珠崖毓夜光。南斗近來占德耀，遥從鶉尾借星芒。

隼旟〔二〕熊軾挂金章，玉尺冰壺姓氏香。行省臺階推右轄，諸侯符節領東方。褰帷淮水飛春雨，卧閣鍾山對夕陽。靈谷早梅千〔三〕萬樹，盡從庾嶺借餘芳。

金章紫綬擁朱旛，管轄江南第一藩。綸綍〔四〕遙連東壁〔五〕府，臺階近接太微垣。徵書百里通青海，杼軸〔六〕千家省白門。自昔中書出行省，鋒〔七〕車徵馬〔八〕仰殊恩。

醫閭文譽重琨璜〔九〕，遼海神珠覺夜明。牛斗恩波覃半壁，夘金藜火照西京。端居皓月臨鍾阜，坐嘯光風滿石城。官燭宵焚簾閣静，銅籤猶應讀書聲。

【校記】

〔一〕此詩亦收於外集卷一、邃漢齋印有學集補遺中。補遺「翁」下有「張」字，各本無。　〔二〕瞿本、佚叢本、外集作「旗」，王本、補遺作「輿」。　〔三〕瞿本、佚叢本有注：「一作『春』」，王本、外集、補遺無。　〔四〕各本作「綍」，王本作「紼」。　〔五〕各本作「壁」，王本作「璧」。　〔六〕各本作「軸」，王本作「柚」。　〔七〕瞿本、王本、別集作「鋒」，佚叢本作「絳」，補遺作「緯」。　〔八〕補遺作「馬」，各本作「爲」。　〔九〕補遺作「琨璜」，各本作「璜琨」。不協韻，係誤倒。

贈某明府〔一〕

月波水並使君清，鼙鼓停桴卧治一作「冶」。成〔二〕。一作「城」。興到横琴惟素〔三〕壁，憂來綬帶爲蒼生。桃花析米埋羹熟，薤葉裁書判牘精。官燭膏焚〔四〕鈴索静，銅籤猶應讀書聲〔五〕。

【校記】

〔一〕此詩亦收於外集卷一、邃漢齋印有學集補遺中。各本題作「明府」，補遺作「使君」。　〔二〕各本作「治成」，外集、補遺作「冶城」。　〔三〕各本作「素」，補遺作「赤」。　〔四〕各本作「膏焚」，王本作「焚膏」。　〔五〕末二句與前詩基本雷同，疑有誤。

贈舊父母鍾黄初〔一〕

兒童竹馬鬧江鄉，枳棘重看下鳳凰。去日扁舟餘片石，來時東壁有胡牀。意珠尚洒行車雨，心燭猶分比屋光。老病末由攀轍跡，摩挲庭樹想甘棠。

【校記】

〔一〕此詩亦收於外集卷一、遂漢齋印有學集補遺中。王本、外集作「舊父母」。瞿本、佚叢本作「邑侯」，瞿本注：「一作『舊父母』。」補遺作「舊令」。

贈周邑侯

拂袖風清海國塵，下車立見六條新。秋霜已肅無言教，冬日争看有脚春。心燭吐花垂蔀屋，意珠飛雨潤黎民。東南藉甚循良譽，召杜於今并一人。

朱璞菴遊虞賦贈〔一〕

儒者風流百代尊，紫陽奕葉有聞〔二〕孫。菁莪久擅虞庠譽，苜蓿仍銜豐芑恩。夢裡褒衣猶魯衛，懷中素簡自乾坤。好從言子盟壇跡，歸與諸生共討論。

【校記】

〔一〕此詩亦收於外集卷一、遂漢齋印有學集補遺中，補遺題作「紫陽朱璞菴來遊虞山賦贈」。　〔二〕瞿本、佚叢本、外集、遂印補遺作「聞」，王本作「文」。

贈不二仙翁〔一〕

玉顏〔二〕金骨碧方瞳，亦有妻孥與世同。好住千年如寶掌，更添六百即彭翁。三盃入手常邀月，兩脚隨身祇御風。塵壒啁啾何足算，共君遊戲玉壺中。

【校記】

〔一〕此詩亦收於外集卷一。　〔二〕佚叢本作「巔」，誤。

贈石谷大雅　已見前十二卷東澗集上卷末〔一〕

【校記】

〔一〕按：有學集卷十二末題作贈王石谷。王本有題無詩，瞿本、佚叢本有詩，今從王本，避複出。

癸卯佛日隨喜桃源澗贈睿公講席十韻　一作「桃源澗佛日爲是詩」，中無贈睿公語也〔一〕

隨喜出郊壥，忻同浴佛緣。可堪〔二〕三劫後，重記二莊年。夏日明金像，春城湧〔三〕法筵。灌缾分大海，澡豆雨諸天。烏語參歌笑，人聲夾管絃。看場支〔四〕項背，遊女踏行躔〔五〕。巢燕營林木，飢烏集豆田。新歌綠水外，舊曲白楊邊。華表虛傳鶴，枝頭怯〔六〕聽鵑。且扶春病去，歸擁一燈眠。

【校記】

〔一〕王本有小注，瞿本、佚叢本無。此詩亦收於外集卷一，題作「桃源澗佛日」，亦收於遂漢齋印有學集補遺，題作「浴佛十韻」。　〔二〕苦海各本作「堪」，外集、補遺作「應」。　〔三〕各本作「湧」，王本作「誦」。　〔四〕各本作「支」，瞿本作「走」，注云：「一作『支』。」　〔五〕各本作「纏」，王本作「躔」。　〔六〕各本作「怯」，補遺作「恰」。

施母胡太君六十壽

釣渭歸來已二年，菊花香裏坐璚筵。瑤池宴罷人稱母，函谷車迴客是籛。萬歲觴開雛養鳳，百城書在蝨生毡。神仙授我長生藥，分餉麻姑玉乳泉。

贈許〔一〕母壽

瑤碧璿瑰入望重，紫泥香水著花濃。人間乞食憑雙鳥，天上聽歌記二龍。榆樹早移銀漢種，槐眉應徙玉山封。枝頭戴勝仙郎見，扶侍何勞九節筇。

【校記】

〔一〕瞿本、佚叢本有小注：「一作『繆』。」王本無注。

懷長姑夫人二首〔一〕 時蔡爲贑撫

列戟毬門繡幰開，春風〔二〕先到鬱孤臺。洗粧緑净章江水，顧影紅鸞大庾梅。紫玉簫頭鶯乍囀，碧油幢裏燕初回。採蓮夜奏西湖曲，畫角鐃歌取次催。

乳燕將雛集杏梁，捲簾如坐鬱金堂。紅箋共養芙蓉粉，彩筆雙栖翡翠牀。遶逕珠蘭銜雪放，編籬茉莉逆風香。江村憔悴頻西笑，酸棗〔三〕窮天此一方。

【校記】

〔一〕此詩亦收於外集卷一、邃漢齋印有學集補遺中。各本作「夫人」，補遺作「大人」。〔二〕各本作「風」，補遺作「光」。〔三〕各本作「棗」，補遺作「早」。

和元微之雜憶詩十二首〔一〕

春燈試罷早梅開，風景催〔二〕人次第來。憶得隔牆明月夜，滿身花露立蒼苔。

黃綾方勝繫紅絲，裏疊相思在此時。憶得玉環初解贈，叮嚀記我耳邊垂。

愁到無愁恨轉生，侍兒欲喚却忘名。憶得阿圓來送酒，隔樓聞詠玉臺〔三〕聲。

粧成忽報櫓聲催，欲別堂前首重迴。憶得徘徊難寄語，向人佯道幾時來。

雁頭箋杳却三秋，惆悵佳晨似水流。憶得早寒鬟未整，爐香親送一停眸。

經年信〔四〕隔似銀河，一見相看掩翠蛾。憶得門前方問訊，憑欄低語淚痕多。

相思無地恨偏長，斂衽纖纖拜覺王。憶得證明通姓氏，因緣都仗一爐香。

全憑雙鯉寫相思，二六時中數寄詞。憶得封緘編甲乙，要予〔五〕裁報莫參差。

情魔難遣病魔侵，不謂陽明變厥陰。憶得良醫都〔六〕未識，凡方何用寫黃芩。

姊妹行中笑語稀，春懷都被野蜂知。憶得掩關寒食夜，月明人靜〔七〕兩相疑。

晚涼天氣麥秋時，手折花枝慰所思。憶得奚奴傳好〔八〕信，平安欲報幾驚疑。

香焦金鴨是離情，三月花開百媚城。憶得樓中人乍起，曉鶯殘月半天明。

【校記】

〔一〕此詩亦收於遂漢齋印有學集補遺中。　〔二〕苦海各本作「催」，補遺作「吹」。　〔三〕苦海各本作「臺」，補遺作「樓」。　〔四〕苦海各本作「信」，補遺作「阻」。　〔五〕王本、補遺作「予」，瞿本作「余」，佚叢本作「餘」。　〔六〕王本作「都」，瞿本、佚叢本、補遺作「多」。　〔七〕瞿本、佚叢本、補遺作「靜」，王本作「潔」。　〔八〕瞿本、佚叢本、補遺作「好」，王本作「巧」。

甲申端陽感懷十四首

蕭條節序夕陽斜，草莽淒然憶翠華。熒入斗南驚下殿，髯攀天上泣升遐。迎風空惜蒲如劍，向日深慚葵有花。憔悴不須憐澤畔，故宫離黍正如麻。

三百年來曆未過，如何闕下起風波？無端拍案心俱碎，有恨填胸劍欲磨。雲暗燕山迷玉鼎，雨淋宗社咽銅駝。普天蒙恥終須雪，望望英雄早荷戈。

日日憂勤頌智臨，堂堂四海百神欽。數當窮處山河碎，妖正興時天地沉。佐命升朝名世事，銜哀閉户老人心。西風幾點包胥淚，吹向秦庭作短吟。

貔貅十萬積如山，鵷鷺臨朝列近班。誰主逆謀歌楚曲？坐看宗廟泣秦關。普天蒼赤皆流涕，四海英雄盡厚顔。莫道衰殘空恤〔二〕緯，頑民今日老尤頑。

日月荒涼大地昏，山川悲嘯百神奔。楚囚空洒新亭淚，望蜀誰招故主魂？厲鬼一朝終殺賊，蒼生百歲敢忘恩。憂勤十七年心事，定有英靈護子孫。

年年郊壘兩眉顰，恐恐干戈漸震隣。今日神京嗟失守，争教薄海不揚塵。白頭豈有埋身處，黄口誰爲活路人？燈下老妻相對語，淒然回首欲沾巾。

一統山河百二重，等閒小醜忽乘墉。英明見忌臣憎主，奸禍成羣蟻食龍。新市絳袍除莽亂，建炎泥馬拓堯封。矧今狂逆干天討，海内人人恨滿胸。

四國無援百雉危，六龍抱恨〔二〕入崦嵫。管絃凝碧天銜恨，麥飯唐陵我獨悲。渺渺身家飄似梗，紛紛世界戰如棋。朋奸縱賊真堪痛，董筆千秋肯放誰？

文武充庭誤九重，天王獨力守孤墉。帑虚無計儲庚癸，兵散何人衛鼎鐘？羞殺北轅空見辱，氣陵南渡自從容。雷霆日月山河在，靈魄何慚見祖宗。

聖明遭變亦希聞，萬户愁心入暮雲。漢德即今論率土，殷頑瀕死憶先君。龍臨四七應爲主，虎旅三千早策勳。倉卒滹沱休退轉，佇看熊耳甲紛紛。

曩日文皇靖難時，金川直日盡離披。太孫謙弱原無過，今上神〔三〕明更有爲。事去天崩如一轍，兵臨内潰有同悲。新蒲細柳依稀是，重詠當年長樂詩。

滿朝肉食曳華裾，殉節區區二十餘。名誼居平多慷慨，身家倉卒自躊躇。當年靖難屠忠義，今日捐軀媿革除。方景鐵黄生氣在，一回瞻拜一唏嘘。

紫微雲掩頓生災，羣小開門揖〔四〕盜來。九廟逡巡遭漢阸，六宮慷慨付秦灰。血書點點蒼生淚，正氣轟轟天上雷。成敗世情何足論，皇靈千古自昭回。

喜見陪京宫闕開，雙懸日月照蓬萊。漢家光武天潢近，江左夷吾命世才。地自〔五〕龍興留勝概，人乘虎變勒雲臺。王師指日梟凶逆，露布高標慰九垓。

【校記】

〔一〕王本作「恤」，瞿本、佚叢本作「惜」。　〔二〕王本作「恨」，瞿本、佚叢本作「憤」。　〔三〕王本作「神」，瞿本、佚叢本作「仁」。　〔四〕瞿本、佚叢本作「揖」，王本作「謁」。　〔五〕王本作「自」，瞿本、佚叢本作「目」。

題族孫遵王破山斷句詩後二首丙申中秋十二日〔一〕

每觀吳越間名流詩，句字襞績，殊苦眼中金屑。秋燈夜雨，泊舟吳門，從扇頭得遵王破山斷句十二首〔二〕不覺老眼如月。因語郭指曰：「詩家之鋪陳攢儷〔三〕，裝金抹粉，可勉而能也。靈心慧眼，玲瓏漏穿，本之胎性，出乎豪端，非有使然也。如〔四〕『莫取琉璃籠眼界，舉頭争忍見山河。』取出世間妙義，寫世間感慨，正〔五〕如忉利天宫殿樓觀，影現琉璃地上。殆亦所謂非子莫證，非我莫識也。」正欲摘取時人清詞麗句，隨筆鈔略，取次諷詠，以自娱樂，遂鈔此詩壓卷，名爲〔六〕吾炙集。復戲題二絶句於左〔七〕。

籠眼琉璃映望奇，詩中心〔八〕眼幾人知？思公七尺屏風上，合寫吾家斷句詩。

高樓額粉笑如雲，還鉢休隨〔九〕慶喜羣。大叫曾孫莫驚怖，老夫仍〔一〇〕是武夷君。

【校記】

〔一〕瞿本、佚叢本無。王本有題無詩。詩與題識收於牧齋外集第一卷、邃漢齋排印有學集補遺卷上、佚叢甲集、淑照堂校補牧齋集外詩補。王本及外集題下無「丙申中秋十二日」七字，邃印補遺及淑照堂校補有。　〔二〕外集、淑照堂校補作「破山斷句十二首」，邃印補遺祇作「新句」。〔三〕外集、邃印補遺作「儷」，淑照堂校補作「麗」。〔四〕外集、淑照堂校補有「如」字，邃印補遺無。〔五〕外集、淑照堂校補有「正」字，邃印補遺無。〔六〕外集、淑照堂校補作「爲」，邃印補遺作「曰」。〔七〕淑照堂校補作「左」，外集作「右」，邃印補遺作「後」。〔八〕淑照堂校補、邃印補遺作「心」，外集作「新」。〔九〕外集、邃印補遺作「隨」，淑照堂校補作「題」。〔一〇〕邃印補遺作「仍」，外集、淑照堂校補作「還」。

余宗老蘭泉居士貧老耽詩以賦遠湖詩得名諸孫㠩字梅仙好古能詩畫書〔一〕舫小像予爲題於圖右

吾家宗老際休明，放飲狂歌了一生。留與孫枝無長物，傳來詩骨有餘清。半篷落日天邊坐，兩岸新秋鏡裏行。蘭泉句。書舫祇應題此句，長吟因見古人情。

【校記】

〔一〕此詩亦收於外集卷一。王本、佚叢本、外集有「書」字，瞿本脱。

壽葉母張夫人七十

陽和門開春日長，三泉水洌春醪香。清時化日産麟鳳，蒼崖白日潛鰋魴。共知賢星聚庭户，還見孫枝成棟梁。蔡經宅畔仙車轡，擗脯沽酒丹砂長。樓鯖不茹五侯尊，堂饘自兆三公象。君家阿母今上壽，輕軒板輿誠何有？眉紺瞳碧顔桃花，骨青髓緑筋楊柳。緑浪紅闌〔一〕圖畫中，綵〔二〕衣玉筆摇春風。幾枯天下蓬萊水，長駐人間冰雪容。

【校記】

〔一〕王本、瞿本作「闌」，佚叢本作「蘭」。

〔二〕佚叢本作「綵」，王本、瞿本作「緑」。

壽史辰翁八十〔一〕

蠹辟螢乾鶴髮翁，褒衣應杖信飄蓬。聚書尚比銜蘆雁，識字渾如蝕木蟲。倚偏桂枝嗟月老，拾來酸棗笑天窮。史家謫籍人知否？記取飛書〔二〕向碧空。

【校記】

〔一〕此詩亦收於外集卷一。

〔二〕瞿本、佚叢本、外集作「書」，王本作「來」。

子羽携文孫孝直過訪口占爲贈〔一〕

褎衣戍削表青綾，老眼摩挲見未曾。人物早看千頃水，官銜終羡一條冰。白沙汗血花騣馬，素練愁胡玉爪鷹。却笑含飴成故事，客兒還記謝〔二〕公稱。

【校記】

〔一〕此詩亦收於外集卷一。　〔二〕佚叢本、外集作「謝」，王本、瞿本空缺。

爲范郎戲題妓館之一、二〔一〕

偕馮雲將觀妓於傅園，見陸麗京贈范郎詩，用范蠡、西施事，戲題絶句〔二〕。紅豆三集所載二首，是其三、四。此則删去之〔三〕一、二也。

蓬藋荒池桃李姿，争將梳掠並西施。盤龍玉鏡君須挂，早拂雙蛾看掃眉。

多少黄衫問酒壚，目成誰惜解明珠？越王枉用黄金鑄，祇道人間范蠡無？

【校記】

〔一〕佚叢作「之一二」，王本作「二首」。瞿本「二首」二字在注末。亦收於外集第一卷。題無「之一二」三字。

〔二〕外集「句」字下有「四首之一二」五字。　〔三〕瞿本、佚叢本作「之」，王本作「祇存」。

桂殤七言斷句之九、十〔一〕

破窗風〔二〕雨灑寒灰，孤櫬誰將尺土埋？欺进不須防夜鬼，料無人送紙錢財〔三〕。

心香一縷焫高穹，無計營齋恨老窮。百日已餘還漢臘，祇彈雙淚與東風〔四〕。

先生柬潛在云：「在九、十絶句中，纖兒指老窮、尺土等字，譏誚豚兒，不覺發風動氣，旋亦付之一笑。」又云：「細閲九、十兩絶句，殊亦淡率，無怪乎纖人以爲口實。因易以『銅山』『大野』二首，屬潛在改刻焉。」

【校記】

〔一〕王本脱此二詩及題。瞿本、佚叢本有。瞿本無「之九十」三字，佚叢本有。亦收於外集卷一。　〔二〕各本作「風」，外集作「凍」。　〔三〕瞿本詩末注「其九」。　〔四〕瞿本詩末注「其十」。

伏波弄璋歌二首 即敬他老人集中删餘之作〔一〕

曼延都盧百戲場，弓腰舞女踏春陽。參差竹馬兒郎〔二〕笑，須〔三〕跨初平舊叱羊。

照一作「欸」日珠衣珮委風，金釭銜璧〔四〕燭花紅。洞房齊唱將雛曲，十二明珠在掌中。

【校記】

〔一〕此詩亦收於外集。瞿本、佚叢本俱有此小注，王本、外集無。　〔二〕瞿本、佚叢本、外集作「郎」，王本作「童」。　〔三〕各本作「須」，外集作「便」。　〔四〕王本作「璧」，瞿本、佚叢本、外集作「壁」。

程九如徵君五十〔一〕

谼中佳氣識金銀，歷落鬚眉見偉人。坐向雞鳴感風雨，卧看麟閣動星辰。松枝爲路丹臺月，竹葉如船黄海春。記取篁墩有家史，故應重記宋遺民。

【校記】

〔一〕佚叢本作「九如」，王本、瞿本作「九十」。此詩亦收於外集，題亦作「九如」。

和伊菴七十自壽詩二首〔一〕

盛代含香自昔年，至今袍笏大瓜緜。家居不碍秦源隱，身放何期雒鼎遷。樂志仲長疏後沼〔二〕，達生莊叟泛虚船。他年定兆飛熊夢，久把綸竿笠澤邊。

燕喜時時夜度歌，春風偏拂後堂多。仙家日月留朱户，帝杼雲霞曳絳河。禹柱祇看三極近，朔桃不畏六丁訶。嵩高特爲生申祝，寧待斜陽一挽戈。

【校記】

〔一〕此詩亦收於外集第一卷，各本題俱有「詩」字，王本無。　〔二〕外集作「沼」，各本作「詔」。

菊花詩　并序〔一〕

源之胡兄，新安產也。高懷遠韻，推重士林。於我故友孟陽，有渭陽之誼，其淵源漸漬遠矣。且精於藝菊，邑中名流，多爲詩篇以誦〔二〕美之，余亦屬和焉。惜不得吾孟陽一品題也。泚筆慨然，情見乎詞。

新安形勝天下奇，名家傑出多師資。自從孟陽舍我去，山水良朋縈夢思。孟陽有甥安定裔，玉潤珠輝姿穎異。故人不見見伊人，虎賁中郎可無媿。胡爲逸氣不可當？一生心事爲花忙。種花但種霜前蕊，笑他桃李空芬芳。高秋氣候何蕭爽！千枝萬朵諧心賞。入門步步聞幽香，爛熳庭除陋盆盎。吾聞胡君愛苦吟，詩篇盈軸等兼金。安得喚起孟陽作賦手，老夫與爾同招尋。

【校記】

〔一〕此詩亦收於外集第一卷。各本旁注「并序」，佚叢本「并」作「有」。〔二〕各本作「誦」，佚叢本作「頌」。

爲金爾支題孝章墨梅一絶〔一〕

兎苑叢殘少一枝，羅浮消息早春知。江南驛使空相憶，憑仗高樓玉笛吹。

【校記】

〔一〕此詩亦收於外集卷一、遂漢齋印有學集補遺中。

虎丘同王德操諸君賦〔一〕

登臨佳日淡忘歸，況復招尋興不違。返照故隨遊客騎，落霞偏散美人衣。紅顔想像孤墳是，白日荒涼講席非。千古消沉向誰問？晚山黄葉亂烏飛。

【校記】

〔一〕此首亦收於外集第一卷。

題青牛老子圖〔一〕

髮鬢如雪跨牛青，墨盡金壺筆未停。携到流沙惟一卷，囊中那有化胡經。

【校記】

〔一〕此詩亦收於外集第一卷。

贈馮闓之〔一〕

緩帶褒衣鼓篋餘，草玄人比子雲居。博文定許過袁豹，識字還能辨魯魚。蕙帳風和方丈室，竹窗月照半牀書。老人不淺三冬興，汗簡相從計未疎。

【校記】

〔一〕此詩亦收於外集第一卷。此詩之後，瞿本、佚叢本俱有丁亥夏爲清和公題海客釣鰲圖四首之四，王本無。按詩已見有學集卷一，兹不補。

孫孝若三十初度〔一〕

吾谷梅椒〔二〕壓酒香，華堂玉律轉新陽。風塵聖水荒燒尾，雲物昌門叶夢腸。人柳旋如青眼媚，筆花應共翠眉長。餘杭醞美吴歌緩，閑殺珠簾午夜霜。

【校記】

〔一〕此詩亦收於外集第一卷、邃漢齋印有學集補遺中。〔二〕各本作「椒」，王本作「花」。

和楊曰補幽居圖韻贈管調陽〔一〕

雲北雲南祇一山，偶緣施藥到人間。清琴濁酒知吾意，流水桃花相對閑。燕玉種來成白璧，辰砂煉就養朱顔。度生擬著千金論，龍子持方早扣關。

【校記】

〔一〕此詩亦收於外集第一卷、邃漢齋印有學集補遺中。王本、外集、補遺題文俱作「楊」，瞿本、佚叢本作「陽」。各本作「曰補」，補遺作「古農」。各本有「贈」字，瞿本缺。

顧仲白六十〔一〕

君不見堯年九州十日出，火雲〔二〕突兀焦金石。苦思赤脚踏層冰，旋見牛目雪三尺〔三〕。白鳧黄鵠紛迴换，玉兎金烏恣跳躑〔四〕。昨日少年今老翁，等閑寒暑相促逼。尊前不放朱顔酡，鏡裏其如華髮何！君看海畔栽桑地，曾是滔滔東逝波。齊頭六十但飲酒，啓期樂事良云多。

【校記】

〔一〕此詩亦收於外集第一卷、邃漢齋印有學集補遺中。

〔二〕王本、瞿本作「雲」，佚叢本、補遺作「輪」，外集缺。

〔三〕各本作「雪三尺」，補遺作「三日雪」。

〔四〕各本作「躑」，王本作「擲」。

族姪用佛六十〔一〕

傲兀人間六十秋，颼風劫火任悠悠。牀頭已盡吾生在，甕面常新萬事休。斟雉何須求享帝，持螯〔二〕不用畏監州。長亭莫惜千杯醉，八百行年是酒籌。

【校記】

〔一〕此詩亦收於外集第一卷、邃漢齋印有學集補遺中。

〔二〕各本作「螯」，瞿本作「鰲」，誤。

邵母錢太君九十壽 已見卷九紅豆初集卷末〔一〕

【校記】

〔一〕瞿本、王本俱有題無詩，佚叢本有詩。按：詩已見有學集卷九，題爲「九旬五代詩壽邵母錢太孺人」，茲不補。

坐雨胎仙閣偶懷覺凡上人漫賦小詩寄贈〔一〕

梅花深處一蘧〔二〕廬，中有孤僧誦梵書。幽鳥無聲山寂寂，殿門終日避軒車。

【校記】

〔一〕此詩亦收於外集第一卷。

〔二〕佚叢本作「蘧」，瞿本、外集作「籧」，王本作「篷」。

題壽圖〔一〕

一飲瓊漿便得仙，丹砂擲地遍桑田。羊家舊贈看條脱，茅氏新宫傍易遷。金母玉妃爲伴侶，星娥月姊是齊肩〔二〕。飈〔三〕輪降處花千朵，歷亂官梅插素〔四〕筵。

【校記】

〔一〕瞿本、佚叢本題如此。王本祇有一「壽」字，此詩亦收於外集第一卷、遂漢齋印有學集補遺中。外集題爲「長筵」。〔二〕各本作「肩」，遂印補遺作「年」。〔三〕各本作「颸」，補遺作「畫」。〔四〕各本作「素」，補遺作「壽」。

贈邑侯張闇然〔一〕

冬日秋霜並一天，循良蒼赤頌蒲鞭。意珠分雨流滄海，心燭舒光照列廛。齋閣卧看三疊石，鳴琴坐撫七條絃。丹書緑字留遺爱，片石招真許並鐫。

【校記】

〔一〕此詩亦收於外集第一卷。各本題同，惟佚叢本「然」作「公」，下注：「一作『然』。」瞿本「然」下注：「一作『公』」。

嗣隆姪孫起自孤生育於祖母劉克有成立娶於趙生子皆美秀而文辛夘閏二月五十初度詩以祝焉〔一〕

阿隆生辰閏二月，閏月今逢五十週。遺腹子能如父在，藐諸孤亦號婆留。連城白璧咸歸趙，奕葉青編總報劉。司曆爲君專置閏，百壺莫惜醉添籌。

【校記】

〔一〕王本有，瞿本、佚叢本無。

次前韻祝嗣隆六十〔一〕

昔年單閼爲君壽，彈指俄看甲子週。世事總如青史換，春光長爲緑尊留。千絲鐵網沉吴越，萬樹紅芳贈阮劉。却笑仙人學蒙叟，也蒐窮韻慶添籌。

【校記】

〔一〕王本有，瞿本、佚叢本無。

牧齋晚年家乘文

海虞錢氏藏本

錢氏譜圖序

錢氏之譜，肇於武肅王大宗譜。文僖公繼録爲慶系譜，其序曰：錢氏之先，出於少典。少典生黄帝，黄帝生昌意，昌意生顓頊，顓頊生稱，稱生老童，老童生重黎，重黎生吴回，吴回生陸終。陸終生子六人，第三子曰籛鏗，封於彭城，是爲商伯，世本云彭祖是也。壽八百歲，生子五十四人，第二十八子孚，爲周文王師，官於錢府上士，因去竹而稱錢氏，爲受姓之始。自孚凡四十二世至林公，漢平帝元始三年爲烏程長。自林公七世生讓公，江東第一代祖也。仕後漢爲征東大將軍、廣陵伯、徐、兖二州刺史，謚富春哀侯，見於先賢傳。讓公生四子，第二子京，後漢高密太守。生五子，第二子寶，事吴爲前軍司馬越騎校尉。生二子，次睦，吴黄門侍郎、東郡太守。生三子，長秀，仕吴爲太常卿。生二子，長廣，西晉初，察孝廉，終揚威將軍、江州刺史。生四子，次彌，仕晉爲大司農。生四子，長瑋，字瑞暎，左中郎將。生五子，第四子興德，晉平樂令、關内侯。生三子，次伯仁，仕梁爲員外散騎侍郎，臨川王常下詔旌表，女爲陳景帝后，即陳高祖母。生五子，長肅之，爲邵陵王文學。生二子，長道始，陳東都太守。生子六人，各居湖頭，謂之湖頭六宅。六宅者，東西南北上下也。第六子智昌，是爲下宅祖，官至宣城太守。生二子，長瓛，仕隋爲殿中將軍，卒於唐貞觀十九年。子三人，長元修，儀鳳中爲本郡太守。生二子，長孝憬，始移居安國里，號茅山祖。生七子，長師賨。生二子，次仁昉。生三子，長碩亶，生宣州旌德縣令累贈吏部尚書公諱沛。尚書公生太尉公諱宙。太尉公生第二子太師公諱寬，即尚父之父也。

自此而上，武肅王所撰大宗譜，記之詳矣。今慶系譜所載，始於武肅王者，尊大功，正始統也。武肅王有子三十八人，文穆王襲封國。别爲王者一人，秉鈞衡者六人，建旌鉞者四人，尚公主者二人，其餘多至大將軍、二千石。文穆王有子十四人，世謂之十房忠懿。忠懿，名仁佐。忠懿王襲封國，二升台鉉，三分節制，四爲刺史。忠懿王有子八人，一封王爵，一領藩鎮，三團練使，今惟演、惟濬，又忝文武之任，皆慶善之所屬也。

謹按：我錢氏自少典以降，商伯封彭城，爲始封之祖。周太師爲錢氏受姓之祖。又四十九世富春侯由下邳徙長城，爲江東之祖。二十一傳武肅王，奄有吴越，爲立國之祖。忠懿王奉國後，諸房子孫，奏名有司者近三千人，得官者殆半。不得官者，王分俸禄養之於京師。自是八十年不得展省墳墓。高宗初，榮國公忱，奉母秦魯公主南渡，賜第於台。生三子，長端仁，次端義、端禮。端義、端禮子孫皆在浙，而端仁子孫家常熟。劉文恭公鉉譜序曰：「海虞之錢，起自華文閣待制端仁，爲始祖。」此宗譜之可據，而慶系應續載者也。自端仁五世千一公渡江後，十二世孫體仁，重修族譜，依慶系譜，斷以武肅王立國始祖，爲吴越第一世。以第十二世千一公玄孫爲海虞始祖。以十七世通九公鏞爲鹿園始祖。通十公琛爲奚浦始祖。

體仁有曾孫曰謙益，於武肅王爲第二十五世。承祖宗之餘休，沐國家之恩寵，舊待罪太史氏，老而退耕於野。兵火叢殘，譜牒散佚，謹訪求舊譜，考正同異，條列世次，作譜圖一篇。其諸考訂宗法，推明本支旁支之統，别有圖序，具在末簡。

宗法附議

宗人有問於余曰：「吴越大宗之義，既聞命矣，祁國之别立爲祖也，禮歟？」曰：「禮也。榮國二祕閣之後，早世式微，播越去國。祁國子孫，奕葉守台，光大先業，爲榮國之宗子者，安得執大宗之虚名，掩尊祖之宗位，捨公子復封之例，而以身自起爲卿大夫者，比諸侯之别子。祁國之别立爲祖，誰曰不宜？賀循曰：『雖非别子，起於是邦，而爲大夫者，便爲大宗。其嫡繼之，亦百世不遷。』此其義也。貴爵也，論功也，原其本所以重宗也。祁國再世鄭國，以世爵特興，亦可以自爲祖，而不當越祁國以立祖，則賀循所謂『其嫡繼之，亦百世不遷』者也。」

又問曰：「祁國既爲別祖矣，姚、越皆宗之，可乎？」答曰：「豈惟姚、越，雖吴、越皆宗之，可也。鄭氏曰：『大宗之庶子，則皆爲小宗。傳曰：大宗者，尊之統也。大宗，收族者也。故大宗之服，族人與之絶族者五世外，皆爲之齊衰三月。』今以敬宗收族之義，立祁國爲台、越之始祖。榮國之後，散在四方者，皆大宗之庶子也，夫焉得而勿宗？假令吴、越之子孫，有崛起爲卿大夫者，糞除先王之遺烈，如榮國以使相臨郡，訪葺墓祠，如魏國以宰相修譜，上承宸翰，則亦將身爲始祖，吴、越之子孫，其有不宗之者乎？」

曰：「若是，如大宗之法何？」答曰：「自秦、漢以來，天下無世卿。大宗之法，不可以復立。此所以通大宗之變而濟其窮也。雖然，祁國既許立爲別祖，序昭穆於榮國之廟，則端仁仍爲宗子，端義、端禮仍爲庶子、分子，固百世而不可改也。吴、越之子孫，雖以統族序親，奉祁國爲宗子，而不當没其所自出。端仁之後，爲榮國之大宗，百世而不遷者，固自若也。祖遷宗易，大宗小宗之法，固可以並行而不悖也。」

問曰：「慶系之宗魏國，昉於德洪。德洪，姚江之高第弟子，世所謂緒山子也，斯不亦習於禮矣乎？」答曰：「主臣有之，子雖齊聖，不先父食，未有祧祖而可以稱孫者也。若以魏國世爵啓封，譜延族屬論功，而先祁國，臧文仲之縱逆祀也，仲尼不當以爲不知。世廟年中，姚江之議禮者如是。吾何譏焉？」謹議。

吴越錢氏旁支圖序

序曰：吴越子孫，見五代史記者，武肅王有弟銶、鋸、鏢。鏢擅殺，奔淮南。銶、鋸後無聞。見五代史補、九國志者，廣陵王元璙子文奉也。見宋史世家者，忠懿王子惟治、讓王長子，特進檢校太師，封彭城郡王。世子惟濬、檢校太保，封祁王。惟渲、惟灝、俱團練使。惟溍、左龍武將軍。惟演、惟濟。保靖軍留後。惟濬子守吉、西京作坊使。守讓。東染院使。守讓子恕。娶曹王女。惟治子丕。光禄少卿。忠懿王兄偡、知湖州。儀、金州觀察使。仰，台州刺史。異母弟儼、贈昭化軍節度使。偓。衢州刺史。仰子昭序，如京副使。偓子昭度。東頭供奉。儼曾孫藻，字醇老。樞密直學士。又忠獻王長子昱，贈兵部尚書。生子百數，涉、雍熙中進士及第。絳、累典郡。附昱後。見宋史列傳者，文僖子曖、直史館太常少卿。晦、郡牧副使。暄。暄子景臻，孫忱。讓王子昆，字裕之，祕書監。易，字希白，知制誥翰林學士。子彦遠，字子高，起居舍人，直集賢院。明逸，字子飛。翰林學士，知永興軍。彦遠子勰，字穆父。龍圖閣直學士。子杲卿、東美、朝隱、魯望、伯言、德輿，相繼登科，賜上舍第。見李伯紀墓志。又景臻從兄景諶，朝請郎，知瀛洲。吴越王諸孫即，字中道。龍圖學士，謚忠定。見南渡列傳者，忠肅公端禮、忠靖公象祖也。見傳芳集者，江淮提管澤、大府少卿應孫、浙東提刑熹、宋亡，不屈死。將仕郎世珪、國子博士宰、青田教諭尚。德澤以下，皆忠靖後。凡此皆吴越後裔，載在史策者也。

其史與譜互異者，譜載武肅十二子，元珦生仁儴，仁儴生四世宣惠公若水，列傳云：錢若水，河南新安人，東都事畧、琬琰録同。父文敏，漢青州帥劉銖辟爲從事參軍，歷長水鄠都尉、扶風令、相州録事參軍。韓重贇領節制，文敏不爲屈，太祖嘉其有守，授右贊善大夫，知瀘州，三遷司封員外郎。若水父文敏，非仁儴也。武肅子孫，國中爲官，何由爲劉銖從事，又爲韓重贇參軍？譜全録史傳，而竄易其世系，其傳會明矣。

譜又載八世待制公輔，讓王倧五世孫。倧生偭，偭生庸，庸生公舉，公舉生仲堪，仲堪生公輔，史但書常州武進人。考王介甫公輔母永安縣太君蔣氏墓志，公輔父屯田員外郎贈兵部員外郎治。歐陽公錢屯田墓表云：「君諱治，字良範，世爲彭城人，後徙吴興。七世祖寶，又徙常州之武進。唐末、五代，錢氏據浙東西爲吴越王，而武進錢氏連三世不仕，君始以州進士舉，中景德三年甲科。子五人：公瑾、公輔，皆進士及第。」公輔族出遷徙子姓葬地，志表詳覈具載，而譜稱讓王之後，歷舉其世系，矯誣亂真，莫此爲甚。廟門之碑，取次收録，其傳疑難盡信者多矣。

吴越之錢，可以序昭穆，列世次者，唯榮國後三支，其他則禮所謂繫之以姓而弗别，綴之以食而弗殊，百世而昏姻不通者也。余入翰林，會稽相君在右坊，相戒勿私通譜牒，詞垣四錢，皆不稱宗。及再入長安，四方舉子以子姓通刺，伏謁如家人禮，不知所由來也。閭閻小子，竊負宗盟，裨販祖先，博易聲勢，流俗相沿，以爲故事。不及百年，華戎同貫，胥行路之人而兄弟之，而伯叔之，而祖父之，禽獸知母而不知父，野人曰父母何算焉，天下蕩蕩，無紀綱文章，此之謂也。禮有之，聖人南面而治天下，以治親爲首。一物紕繆，民莫得其死。古之儒者，講求宗法，凛凛於絶俗移服，不以是爲舊坊而無所用也，其亦早有見於此矣乎？嗚呼！辛有伊川之嘆，於吾身親見之矣。其庸敢不懼？是用敍次宗支二圖，而謹書其後，以申告當世之君子。鴻朗莊嚴壬寅二月重序。（旁支圖，會稽廟門刻碑二十一派。餘姚慶系續圖，計六派。）

族譜後録上篇

族譜之例，昉於歐、蘇。歐陽氏之譜，自吉州府君琮已下譜亡，至八世孫萬始復見於譜。蘇氏之譜，自益州長史味道至於釿，二百有餘年，世次皆不可紀。故其譜圖之法，斷自可見之世爲高祖，下至五世而止。惟錢氏自得姓以來，四十九世至讓公，公二十三傳至武肅王，大宗、慶系二譜，載之詳矣。自是以降，世次犁然，固不得援歐、蘇之例，以五世爲斷也。吴越有國之事，朝有世家，國有備史，誠非家人譜牒可得而私載也。然吾常熟之錢，發源於漢南東舊矣。餘姚裔孫刑部郎德洪識慶系譜後云：「七世公榮國公忱扈駕南渡，賜第天台，賜葬護國寺。榮國子三人，端仁生於汴京，賜第，其子孫家於常熟。端義、端禮皆生於台之賜第。端義四世孫璋遷姚，端禮孫魏國公象祖，子孫至今奕葉於台，而第三子之孫應孫徙越。此榮國後三支子孫之流派也。」錢氏自納土以後，彭城王尚主開封，比復封之諸侯，而榮國爲嫡長子。今之譜系，斷自榮國之後，分爲三支。如德洪所記。謙益竊考宗法，參諸國故，以彭城當禮之别子，以榮國當繼别之子，而端仁之子孫，世世爲大宗之宗子。若千一之居常熟，則禮所謂異姓公子，由他國而來。後世子孫，但繼此别子者，其爲百世不遷之宗，又可知也。由元孫已上泝，而至於端仁。更由端仁已上泝，而至於武肅，水之有源也，木之有本也，夫安得而遺諸？自千一南渡，以逮吾父十有三世，視歐、蘇之譜，上下而得五世者，則遠矣。彼之限於五世者，窮於其所不知也。錢氏渡江以來，世有次，墓有表，蓽路未遐，辛木相望。我之十三世，猶彼之五世也，夫安得而闕諸？渡江之族，自鏞、珍而分。鏞之後爲大宗，今無聞焉。珍之後二世而有四祖，又一世而有五祖。第三祖則我高祖王父，下逮謙益，則禮所謂宗其繼高祖者也。謹考正舊文，作爲譜傳，武肅以降則畧，千一以降則詳；鹿園支則畧，奚浦支則詳。蓋參倣歐、蘇之例。其有徵於國故者，則參用史法。

吴越三世五王，傳八十四年。武肅爲一世，文穆爲二世，忠獻、忠遜、忠懿爲三世，文僖公，諱惟演，字希聖，忠懿王第六子也。少補牙門將，入朝，累遷左神武將軍。咸平中，獻所爲文章，拜太僕寺卿，擢知制誥、翰林學士。天僖四年，擢樞密副使。仁宗即位，進兵部尚書，爲樞密使。罷爲保大軍節度使，知河陽。請覲，加同中書門下平章事。判許州。天聖七年，改鎮武勝。明年來朝，上言先隴在雒陽，願守宮鑰。即以判河南府，尋改鎮泰寧。帝耕籍田，留爲景靈宮使。以御史劾擅議宗廟，落平章事，改鎮崇信。歸鎮未幾卒。特贈侍中。宋宰相編年：景祐元年卒。東都事畧：年五十八。譜云：「治平乙巳七月十六日卒，年六十有八，葬杭州龍山。」公童年召見，自以文學進身。爲詩與楊億、劉筠齊名，天下宗爲西崑體。常謂宰相之重，皆可雜以他才處之。惟翰林學士，非文章不可。家聚書侔於秘府。修册府元龜，凡千篇，詔與楊億分爲之序。獎勵後進，歐陽、梅、尹諸賢，皆出幕下。官兼將相，階勳品皆第一。樞密三年，不歷中書，以不得黄紙後著名爲恨。而人之指摘公者，謂其與丁謂結婚，助逐寇準，既而與之水火，擠以自解。尅定交結之初詞，曲遮悔改之末路。將使人懲從義、勸怙終、憚改絃、甘死黨，殆非法之平也。公初卒，太常請加惡謚。章得象等覆議，謂晚節率職自新，取追悔前過之文，改謚曰思。慶曆間，子曖復請，又改文僖。都堂定謚，駁議再三，固已論定蓋棺，冤申草索矣。梅聖俞挽詞曰：「可憐飛語後，擠恨九幽深。」悠悠千載，不能不俛仰揮涕也。李忠定公記公與翰林學士易、知諫院彥遠、樞密直學士藻、龍圖學士緦，三世而掌綸命者五人。藻，文穆後；易、彥遠、緦，忠遜後也。文僖子六人，晦、暄宋史附傳。第六子暄之後最盛，暄子景臻孫忱在外戚傳。今吳越錢氏本支，皆祖文僖。

冀國公，諱暄，字載陽，以父蔭，累官駕部郎中，知撫州，移台州。台城惡地下，秋潦暴集，輒圮溺。人多即山爲居，公爲增治城堞，壘石爲臺，作大堤扞之。進少府監，權鹽鐵副使。鈎考諸路逋租，兩浙轉運使負租課，當坐，公上言浙部仍歲飢，故租賦不登籍，今使者獲罪，必亟斂於民，民不堪矣。神宗即詔釋之。官制行，爲光禄卿，出知鄆州。拜寶文閣待制。卒年八十有八。葬河南北邙山，封吳國公，贈太師冀國公。或云：冀國子十二人。謙益曰：忠懿奉國人入覲，换節改封，恩禮寖削。其薨也，文僖以先壠在雒陽，願司宫鑰。羣從之才賢者，皆不見録。希白西遊曲云：「十年辭家勤獻書，王孫不許延公車。江頭祖廟祭無血，重門生草寒離離。」而文僖之亡也，禮賢之宅，不保一廟，諸子流涕冗官。梅聖俞雍丘逢錢寺丞載陽詩云：「殷勤魏公子，落寞吴王孫。下客獨垂淚，傷心感舊恩。」恩門故府，秋風摇落，淒涼情事，可以想見。自非熙寧尚主，假寵昭陵，吴越之子孫微矣。嗚呼天哉！

彭城王，諱景臻，字道邃，鎮國第九子。熙寧七年，以進士尚秦魯國賢穆明懿大長公主。初，神宗諭宰相王岐公：「昭陵二女，皆朕之姑，可選勳賢後有福者尚之。」公補試入太學，與岐公子敏甫同齋。敏甫私啓公：「錢少監子風骨不凡，文采富贍，似可以應詔。」岐公就啓聖院設齋，令敏甫盡召同舍。飯罷會茶，熟視公良久，令敏甫竊取所業，携以進御。上云：「待共太皇商量。」後數日，詔三班奉職曹詩、進士錢景臻同候宣押。詩以本服色，景臻服布衣。巳時入内，至一小殿，引二人立簾前。上小帽出簾外，熟視云：「簾外與簾内一般。」顧左右，止御樂，聽聖旨。簾外宫人傳旨：「景臻可尚慶壽公主，詩可尚承壽公主。」引入幕次更衣，賜襲衣玉帶。至殿下謝恩。慈聖謂詩：「你是我姪，曾見。」拊景臻背曰：「錢郎好女壻。」上云：「是個享福節度使。」上同三殿登步輦還内，入幕次，賜酒，詔仗下御馬崇政殿親從二十人導歸第。除金紫光禄大夫、檢校司空、左領軍衛大將軍兼御史大夫、上柱國、駙馬都尉。朝參踰年，魯國公主下嫁，三殿護送就第，太常鹵簿迎引。故事，下降三日，貴主上堂垂簾坐，舅姑拜簾外。魯國奏乞行家人禮，上與慈聖大喜。辛相上殿稱賀。改光州團練使。六年，遷防禦使。歷官開府儀同三司、檢校太傅、武安軍節度使。政和四年，進封康國公，邑加至萬户。宣和六年，加少師，致仕。靖康元年十月，薨於賜第。遺命不請謚，不乞銘。年七十二。建炎二年五月，葬鎮江丹徒縣山。遷葬天台南山。贈會稽郡王，追封彭城王。公主，仁宗皇帝第十女，母周貴妃。封魯國大長公主。治平四年下嫁。徽宗朝，進秦、魏兩國。政和三年，更封令德景行大長帝姬。靖康之難，姬以先朝女，匿民間得免。避地南渡，賊張遇掠其家，殺中子愕。高宗駐蹕東平，間道奉表勸進。至揚州朝謁，改封秦魯國主。避地之閩。紹興自閩至會稽，請見，賜第台城崇和門内。先是，和陵鐵券及武肅廟宗器在昭化坊賜第。彭城尚幼，悉以畀主家。公主載以南奔，世藏於台之美德坊。紹興十二年薨，年八十四。上輟朝一日，幸第臨奠。子孫皆進官一等。謚賢穆，加謚明懿。上敬公主行尊年高，每入見，必先揖。靖康中，戚里例納節。詔從王請，復忱瀘州節度使。主三子，恤、愷非己出，又爲忱請推恩，命加開府儀同三司，仍戒之曰：「仁宗皇帝四十二年，深仁厚澤，鍾壽考於長主，主宜均愛諸子，勿替鳲鳩一視之德。」主亦感服。初，公主未有子，慈聖問乳母永嘉董夫人：「何不詣玉仙聖母祠請老陳道士祈嗣？」奏曰：「都尉不信，須是官家娘娘處分。」後數日，欽聖顧彭城笑云：「董婆來娘娘處説都尉來。」彭城惶恐謝。上云：「别没事，娘娘要教主去玉仙求嗣，婆云『都尉不信』。」彭城拜領旨。擇日奉主玉仙。知觀陳道士焚香拜見貴主車服，心動，願捨壽做兒子。主歸而有娠。明年四月十五日，語都尉：「夢玉仙知觀來與我做孩兒，亟詣廟祈禱。」陳道士自主上廟，不下牀踰年。房中聞人聲言錢大主臨蓐祈禱，笑云：「來催我也。」熙怡而逝。是夕，榮國公生。既長，風姿骨相，居然老陳道士。生平不好繁華，不畜媵妾。老示微疾，書偈長寢，生年亦七十九。宋史年八十餘。朝散大夫任古墓志，備載其事。

榮國公，諱忱，字伯誠，神宗命賜名。除莊宅副使、騎都尉。帝常諭彭城：「主賢，宜有子。」爲擇嘉配。娶唐介孫女，晁迥之外孫也。而伯父勰在翰院，遊於内外家，識一時名士大夫。哲宗愛之，常使侍左右。徽宗朝，歷官瀘州軍節度使。欽宗加檢校少保，尋納節。高宗立，復舊官，加檢校少保、中太一宮使。紹興七年七月丁卯，詔奉母秦國大長公主入見。十月辛未，制授開府儀同三司。十一月癸巳，入謝内殿，上諭以秦魯戚屬，遠屢徒御來覲闕庭，故有是寵。中使至邸，賜御書「忠孝之家」四大字，自撰記刻石，其詞甚美。紹興十五年，以秦魯主終喪，除少保，封榮國公。紹興三十年，遷少師，仍舊節致仕。詔内殿免拜，公拜起益謹。上解御服道衣靈壽杖玉環以賜，御書「草堂」二字榜丹丘别墅。明年八月十六日卒，贈太師。葬天台護國寺先塋化山之麓。自冀國下三世，皆能詩，見傳芳集，而冀國尤有名。梅聖俞在太尉府，有和載陽登廣福寺閣郊外二詩。榮國子三人，端仁、端義、端禮。端仁爲嫡長子，母周國夫人唐氏，服習兩家風教，以文學知名，授朝奉大夫、直祕閣，權發遣郢州。建炎四年五月卒，年三十一。端義、端禮皆以恩補官，直秘閣。端義以早卒，端禮歷官參知政事，兼權知樞密院事，女爲皇長子鄧王夫人，以帝姻執政。鄧王爲太子，引嫌去位。卒謚忠肅。孫魏國忠靖公象祖，嘉定元年爲左丞相。端仁生三子，長符，字合父，次竽、次箴。符生三子，長奉議郎揚祖，字致遠。按任古榮國墓志，端仁、端義並直秘閣，皆早世。孫三，符、簹皆先公卒，竽見任右朝散郎，通判明州。竽詳書其官，而符、簹不書，皆云先榮國卒。則未授官而先卒也。譜稱符浙西安撫使，何所援據？此其可削者也。志又云：「曾孫五，榮祖、慶祖、揚祖、象祖、光祖，皆已補官。」譜稱以榮國遺表補官，誤也。榮國之後，自端仁至揚祖，皆早世，故其官爵壽年葬地，譜皆闕略。吳文恪公訥武肅畫像跋云：「小傳載景臻而下五世，皆窆於台也。」

通州公，諱邁，字伯高，奉議之子，榮國五世宗子也。公守通在南宋咸淳、德祐間。公卒官，元兵塞路，千一遂奔常熟。榮國南渡，賜第於台，至千一五世，歷百五十餘年。而譜稱公隨宋南渡，守通州，此譜之大謬也。浙譜不載公事跡，廣陵官師志亦佚其名。宋人撰四六藂珠建安葉蕡字子實，編四六藂珠第九十九卷。載通州太守錢君輓詩云：「舞鳳來天目，乘熊並海門。盡捐牛犢口，争詠袴襦恩。雁塔名猶在，棠郊芰故存。龍池飛霹靂，空記刻舟痕。」詩稱公通州爲循良吏，「雁塔名猶在」，蓋曾中進士，科譜不書，闕也。符未嘗官安撫使，而云以安撫恩補宣義郎，譌也。其卒年與葬地無考。

常熟始祖千一公，諱元孫，字亨父，通州長子，榮國六世宗子也。隨父官通州，渡江徙居奚浦。年五十九。葬浦西南三千里塋，而弟思孫、憲孫、奕孫、文孫、詒孫留台，喪亂後互不相聞，故浙譜及海虞譜，兄弟不並載。萬曆丙申，海虞裔孫御史始訪求浙譜合焉。元孫之與應孫，皆吴越十二世孫字下兄弟。應孫徙越，元孫徙虞，皆在宋將亡之日。自此榮國一支，海虞與台、越分矣。奚浦鎮故南沙縣地，前臨奚浦塘，後負大江。塘蜿蜒北向，環遶若襟帶。尾閭有壤十丈，横亘於北。青烏家云：坎脈也。塘東通福山，西則毗陵之江陰，地宜稌菽，旁多罟户。川陸墳衍，兵燹罕及。千一公自福山南渡，相其風土深厚，胥宇於兹。舊宅在奚浦西，前衢通鎮，沿衢有溪，溪上植柳，水汩汩引潮汐經其前，以入於海，東貫以橋。雖其室廬不存，而夕陽流泉，景岡相度之初意，可以想見。泰和蕭祭酒鎡祠堂記云：「剪荆食田，誅茅蔽雨。託籍編氓，越四世而家聲大振。非奇偉雄駿之人，而能若是乎？」

行十五公，諱綺，千一長子，字號俱佚。以行呼。弟紱、紳。夫人劉氏。公事跡無可考，葬父於三千里塋。面勢相宅，攬大江數千折之勝，所謂度其旁可置萬家者。王侯之孫子，固與常人殊耶？子諱渚，字以清，年六十一。子諱煜，皇慶初，例補大都主司都事，壽九十三。夫人康氏。子諱昌宗，字通寶，生於皇慶二年，納粟補都官。楊循吉君謙先塋記曰：「千一五世，至元都官，富冠州閭。」至正二十四年十二月卒，年五十二。公有權畧，以氣俠立名。至正中，盜起江淮，民間奔逃。戒閭左勿動，吾能扞爾。捐倉庾，市牛酒，團練丁勇。盜生發輒知其處，所至禽獮，鄉井賴以保全。性好賓客，折節延經術士。多行陰德，槥死梁涉、餔餒絮凍，爲之恐後。家世延襲成風，自公始也。夫人周氏。生二子，鏞、璽。鏞傳鹿園，璽傳奚浦，稱二祖，公猶合祖也。自公以上四世，皆葬三千里塋。千一公爲主穴，而以次附。

通九府君，諱鏞，字國器，都官長子，榮國房十一世之宗子也。都官卒，羣盜復熾，洶洶謀報復。公嘆曰：「吾方畧不及先人，而盜心不已，何忍以垂白老母嘗虎口乎？」乃棄萬金産，奉母逃竄。母老不能行，身自負之以走。越六年，亂定，奉母歸里。人以爲古巨孝。年八十又四。附葬三千里塋。夫人顧氏。子三人，德、智、信。是爲鹿園支錢氏。自元入明，得見我太祖開國受命，自府君兄弟始。

八世祖通十府君，諱琛，字時用，都官仲子，於榮國房爲十一世之介子。子友安撰壙志曰：「先君性孝友，事兄如父。不喜浮華，治生教子，鄉黨稱善士。生元天曆二年，永樂十年十一月十四日卒，享年八十四。元配邵氏，繼室顧氏，所謂顧義婦者也。」張修撰洪撰顧義婦傳曰：「元末遊寇四掠，璽扶病奔避。孺人負抱前妻子友安及己子虎躡其後，不能兩活，泣告璽曰：『寧棄虎。』置强家灣而去。入城七日，兵退，返收虎骨葬之，哭聲撼江村。」修撰，永、宣間篤論君子也。黄少保淮、王宗伯英、吴祭酒節，撰述義婦事，咸以修撰爲徵。而友安即義婦所活之襁負兒也。其言有不信乎？舊譜多所疑難，謂不應兄負母逃，而弟挈妻子避寇。遂曲爲之辭曰：兄弟共負母奔竄，中途相失，而有此事。則非事實矣。兵刃交加，骨肉崩潰，步武錯遷，死生呼吸，寧得以安居暇豫之身，指空臆斷，而評論其短長？元季辛卯兵興，十七年而後定。鏞負母在庚申失馭之初，璽挈家在丙丁平吴之日。或避大寇，或避遊兵，或六年始歸，或七日遄返。寇亂非一，時日有異。假令果有携母携妻可疑可諱之跡，諸公皆偉望碩儒，必不肯輕易載筆明矣。是故謹從實録，不敢以文。義婦諱妙貞，字淑清，棄虎後生二子，友仁、友義，家益大起。晚年篤信因果，念通十公奄忽泉壤，乳哺兒暴骨溝壑，仗佛菩薩慈力拔濟，捐貲修宋紹定普福菴，丹青金碧，照耀人天。塑立像尺許於大士旁，以識皈依。慈容晬穆，知爲佛地中人也。後府君六年永樂乙未十二月八日卒，年亦六十四。臨終戒子孫曰：「爾先世讀書積善，天不虧人，爾等勉之。」與府君合葬奚浦西趙麻園新塋，族人謂之西古墳。三千里塋爲東古墳。

七世祖祥五府君，諱友義，字子華，通十府君第三子。國初富家苦糧長役，弱冠代父領稅，一切治辦。日擊鮮洗腆，臂韝上食。伯兄卒，撫稚孤如子。仲兄年七十，事以父。族人以難告，傾身赴之。賑人之急，不責償，鄉人皆以爲母。宣德壬子十二月二十七日卒，年六十三。葬趙麻園塋。夫人龔氏，宋解元廷懷女孫，讀書知古列女事，以顧義婦爲母師。晚爲子孫擇配，曰：「必求先哲之後。」子婦范、孫婦華，宋文正公及南齊孝子後也，皆以儀法著稱。

祥五府君有子四人，長廣，次柳溪、竹深二府君也。廣字伯廣，少有才氣，饒心計。相度浦上土疆沃衍，舟輿交會，可以置市。與其二弟謀割浦地三之，竹深先濬奚浦，甃石爲廣利橋，廛屋數千，氓旅集居，貿布絲魚鹽蜃蛤百物者輩，以數十萬計。起家數千金，藏鏹千石者，以數十計。海船江檣，日過宿其下。旗亭列繸，殷然爲邑巨鎮。三家競修第宅，伯廣宅重厦廣竣，翼以榮序，齋房砥室，姸麗如圖畫，郡邑甲第弗如也。浦上通商置市，經營規畫，皆本伯廣，年才三十而卒。厥後奚川風景益盛，釐爲八景。吳原博、沈啓南歌詩圖繪，咸曰理容、理平，伯廣無稱焉。譜云：「伯廣後流徙入燕。」今不可考。

柳溪公諱寬，字理容，長身鵠立，進止詳華，與竹深府君同學，涉獵經史，議論風發，比肩遊賢豪間，嶽嶽如也。家世素封，束修自勵，扁其堂曰寶善、曰振德。儉而好施，賙族賑鄉。歲多凶飢，流人餓夫，蒙袂習屨者，咸以兩家爲歸。吴郡楊長史翥爲振德堂記曰：「一門百口，庭無間言。東西七十里，無争訟焉。左右百餘家，無凍餒焉。」楊公名德君子，不妄譽人者也。景泰中，奉詔補官，黄冠道衣，婆娑柳陰下，詠邵子觀物篇，人呼柳溪處士則應。諳曉星學，以範圍策之，曰歲值屠維困敦，其已矣乎！成化戊子八月二十五日卒，年六十五。葬垣墩塋。

柳溪長子頤，字吉昌，少從羣兒嬉，頎然秀出。吴文恪公異之，妻以兄女。鄉俗任俠，習聞文恪緒論，以儒行治家。僮奴千指，飭以禮法。子弟入家塾，夕必考問學業，夜分乃罷。闊達好施與，能平亭鄉人曲直，面折其過失。成化中，輸粟千石，授冠帶。年七十四。子四人，鶴年、彭年、椿年、舜年。椿年，字賓桂，人稱友蘭翁。以田爲業，用儉嗇拓父産。妻妾自紡績，臧獲皆有手技，作事累積纖微。富而好禮，修祠墓，置祭田，輯譜系。歲飢，設粥給槥，率先其鄉人。性好賓客，擊牲張宴，一醉累月。多問遺餽謝四方文士，父喪致客數千人。少恨失學，多金市書，以教子孫。正德丙子，子學中順天鄉試。嘉靖辛卯，孫兑繼舉。學爲烏程令，以親老投劾歸。兑爲順天推官。兑弟允入貲官省幕。翁年九十，學七十餘，斑白一堂，組綬相屬。學先爲翁拜伏上壽，退而舉兒子之觴。吉祥善事，人世所希有也。性嗜茶，集古今茶事爲譜，而爲之序曰：「蓬萊山下，清風之夢倘來；盧石家中，金莖之杯暫輟。」吴中小説家至今傳之。質賦堅强，冬月不御裘傅火，亦不解導引。晚年欵客，夜分露零，客霑醉跛倚，堅坐如初筵時。年九十一，無疾而逝。學字汝明，後四年卒，年七十四。學貌修偉，燕尾髭，面赬如赭，奮髯戟口，噴唾拂人面，竟以强直去官。兊字仲貞，授應天府推官，改北，出爲道州刺史，徙潮州同知。居鄉居官，皆以馴謹稱。友蘭翁次子庠，出爲兄鶴年後。撫寧侯朱騏征兩廣，辟記室，以軍假吏，授錦衣衛百户。參軍遼左，晉千户。里居好談遼事，畫地抵掌，如在行間。季子應隆，廣頟豐下，人呼四羅漢。參軍憐愛之，垂髫援例入監，語人曰：「他家學進士業，辛苦場屋，刺促拜除，豈若我家兒子，裁能書記，銀帶緑綬，比二千石，年未及艾，宦成告老？且吾行天下，制科官不及貲郎多矣。」應隆免父喪，選浙江按察司經歷，屢遷雲南楚雄府同知，歷官有異政，四十餘即致仕。是爲楚雄公。友蘭翁仲兄彭年子校，家駐江上，流賊乘桴突下，疋馬立江口，大呼鄉兵殺賊。賊錯愕驚潰，獲其酋馘之。校子甸，甸子受徵，世以孝弟聞。受徵用子達道封灞州知州，退然布素，不欲乘車擁蓋，與他封君齒。達道字五卿，萬曆癸酉，以春秋魁其經。除新昌知縣，歷兖州府同知。所在好題詩刻石，數詿吏議見抵罷官。楚雄公懸車無恙，二子用貲算得官，過家上壽，光動道路。宗老歎曰：「制科官良不如貲郎，參軍言不誣也。」

楚雄倜儻曉吏事，凡財賦經制，胥吏並緣爲奸，與夫有司建置，爲名美而實厲民者，苗薅而髮櫛之。以次實行。以浙幕舉卓異，擢永州通判，假守零陵，署郡篆。革倉庾斗裁銀米各二千計，除預備倉飛派，禁里甲倍徵，酌岷江南渭諸府祿，兑換輦輸，後先以數萬計。量移通判承天。半載，遷雲南鹽井司提舉。夢關壯繆侯衣金鎖甲，跨青馬，大聲告曰：「汝無薄滇，汝不難瑶峒而難鹽井，吾遣官將助汝。」詰朝，當陽令饋辭曹歸漢圖，衣甲如夢中，肅拜奉之以行。舊井竈丁穿井澗河，下流以受野鹵，滲漉熛結，以資熬煉。鹺使用奸民策，鑿新井上流，高舊井四丈，上流鹵脈斷，下井漸枯，運道梗塞無所出，黑井額課萬五千兩，鹵水遲耗一月，闕鹽課四十四兩，而新井增課，僅三千兩。公策之曰：「欲新鹺政，莫先於復舊井。欲復舊井，莫先於通運道。俾舊井不坐困，而新井不得窟穴牟利。」峒箐盤互，崖石撐拒，即山水僦功，役費不貲。虔禱於神，倦而假寐，神扶其首曰：「起！起！神兵助汝矣。」鳩民竈八百丁，仆大木，轉巨石，雷騰雲奔，若拉朽壞。自辰至午，呀然坦途。鬼工來併，甘鹵瀵湧，竈民讙呼。乃大建壯繆祠廟，以報以祈，以無忘公勞。事竣，升楚雄府同知，銀場面勢庳濕，火爐礦烟，觸喉立斃。礦夫入洞，厢木崩塌，填咽山腹者，月數十人。乃卜東山冢地，安爐高敞，礦烟四達，人無毒死。立表架木，進止如令。束火縻繩，計口往返。丱人謳歌，場利翔踊。冗官黠吏，營求管榷，公請專設銀大使曰：「餧百餒羊，不若飼一飽虎。」其指陳利病，明白曉暢，皆此類也。楚人段給事然，語謙益曰：「秀才官游口弄舌，握算子不知横從。君家楚雄，腕有力，心有膽，爬搔鈎剔，可爲縣官佐緩急者也。」江右熊尚文撫楚，列公治狀，請祀名宦。有司具報，襄陽數十年來，未有此丞。每撫膺歎息。晚年作楚雄傳，累數萬言。當是時，段老且瞽矣，猶不忘人才國計如此。

六世祖竹深府君，諱洪，字理平，祥五府君第三子。正統己巳，赴京進鞍馬備邊，賜章服以歸。館閣鉅公及名士劉原博、卞華伯諸公，皆賦詩寵行。府君讀書汲古，倜儻好義。修家規，立宗法，葺世譜。宗人之鰥者婦，露者屋，餓者餔，遊者耕，逋責者折券。負經世才，無所試，周知土俗，訪求水利，以康濟一鄉爲己任。瀕江地廣斥，仰奚浦諸塘溉田。正統中，周文襄公按部條上開濬事宜，請身董其役。灌田倍多鄉，以殷富輸常盈倉。海運由福山達維揚，八年春，颶風漂溺，流屍没人，生死枕籍。緣江浮浦，望如蟻織。府君具舟撈救，全活無算。景泰甲戌、乙亥，祲厲交作，流殣塞路，傾困設粥，三月乃止。發穀豆數百石，賑嫠老董添孫等四百餘家，買棺斥地，給時阿官等百餘人。朗城諸河，胔肉骨漂泊，給槥櫝，置義塚，耆老名其堂曰尚義，吴祭酒節、晏御史鐸爲記。府君輕財重義，緣手散數千金。夫人范氏助之施，人或甚之：「不憂漏卮乎？」范笑應曰：「佛家以布施爲藏，此金入我藏中矣。」天順辛巳九月卒，府君哭之哀。衰晚多憂，虞永千志狀及譜皆不書，或曰：

「以行役不淹時，故署之也。」癸未閏七月二十九日卒，年五十八。丙戌十一月，與夫人合葬鳳山北麓懺墩之右，是爲河陽阡。府君兄弟皆能詩，景泰才子劉草窗、湯東谷皆結社唱和。東谷知府君尤深，下榻竹深堂，判年乃去。贈遺詩文，互載本集及家譜。南州徐庸用理撰湖海耆英集，柳溪、竹深二公詩，録在第四卷。謙益輯列朝詩集，謹採耆英集及竹深遺稿列乙集，附劉、湯卷中。

五世祖益齋府君，諱泰，字松嶽，竹深之長子。湯胤勣益齋記曰：「年及冠，英華焕發，日讀五千言，夜習一萬言，以爲常，力業三場文字，每有問難，應聲鑴解。問其志向，曰：『所慕在聖賢，所好在經史，所志在忠孝，所樂在山水。』東谷喜曰：『錢氏有子矣。』名其齋曰益。」與崑山沈先生魯各爲文以記。讀易至蠱卦辭子克家曰：「子能克家，蠱可幹矣。奚以榮進爲？」遂罷去舉業，遷其身以代父役。授七品散官以老。府君生平孝友，爲人興利卹患，一以先府君爲法。父殁，媵育子方晬，推燥居濕，以底成立，畀以家之半，不私一錢。猶子邦靖嗜酒，隆冬脱衣貰酒，裸而卧酒家。府君解袍衣之。數衣數裸，人或以告。府君笑曰：「吾能忍其裸，不忍其無以貰酒也。」族子鎡早夭，語其婦包曰：「傷哉婦也！能提二呱呱者矢靡他乎？則衣食在我。」包哭應曰：「能。」卒賴公以立。成化初，請旌焉。天順庚子，歲飢。明年，又飢。其設饘施棺，一如先府君故事。應邑令勸，諭賑穀千二百斛。邑令蘭公，樹碑以諷邑人。壬寅，奚浦塘復塞，府君曰：「是吾先子之緒業也。」亟建白疏之。汚萊之地，皆灌漑成上腴。人謂公之孝及一鄉矣。修輯府君譜，請永嘉黄少保、同郡徐武功爲序，以大其事。被服造次，必歸儒者。修河陽觀音殿，建虞山老子堂，斥千金結世外緣，意豁如也。詩文清麗，有益齋稿及名家唱和詩。正德庚午六月六日卒，年八十四。夫人華氏，出無錫孝子之門。生長子元禄，再索皆得女，勸府君廣置媵妾。側室四人，各舉一子，是爲四世五祖，我高祖，黄氏出也。華夫人晚病痺，不良行，乘兩婢輿，持鑰以庀内政。妾媵有子者，左右扶持，如娣姒然。卒年七十七。與府君合葬河陽塋，而黄孺人附。

益齋府君長子元禄，字臣爵，席家世豐腴，揮霍馳騁，供御華盛，姬媵殊麗，意氣蠭湧。遇事必求上人，土梗千金，鄉人莫敢忤視。以貲入太學，授鴻臚寺序班。好造請士大夫，而凌籍儕偶。拳毆大璫之姪於班中，璫心恨欲死之。壽寧侯張鶴齡常朝失儀，具疏糾劾。壽寧惶恐待罪，已戟手怒駡曰：「渠官如芥子許，亦欲效李夢陽公。么麽何足辱詔獄，但飽黥奴一拳耳。」自分必不免，亟引疾避歸。錢氏自祥五府君在永、宣時，鄉里稱五大人，爲之謡曰：「常熟知縣印，不如錢五大人信。」諸錢在浦上，擊鐘鼎食，比於府君。諸生秀才，有事謁見，穿藍衫，候簷下，升堂肅拜，命茶而退。邑屋氓庶，叩頭伏謁，如事大府。而序班之歸也，每自詑壽寧侯尚無奈我何，以故家居益張，自謂京僚宜受邑丞尉參拜。縣丞景某來見，禮節稍倨，直前搏碎其頰，謝死罪乃已。暇日擁婦女倚門觀稼，有鼓吹乘馬而過者，問曰：「誰也？」曰：「市南小姓，新充府吏，迎賀而過此也。」叱童奴追執之，脱騎勒其項令謝，裸而笞之三十，仍令披花紅去，曰：「以此狥汝於市。」吏昏夜亡命走京師，投匭叫冤。前巨璫啣恨者司章奏，乃教吏曰：「以若所云上奏，事細碎，仍下所司。欲上省者，須反耳。」吏如指上變，言謀反大逆狀。上震怒，將下詔收捕，籍其家。近侍舊居停者，乘間爲上言：「錢元禄二年前引糾儀，每侍御前。今言謀反五年，豈三年反闕下耶？」孝宗意解，命繫元禄詔獄，遣部使者吴某按治吏所奏治家舍、築墩臺僭規分野，構無梁寢殿，一如山陵。按驗皆無狀。當吏絞論，出元禄詔獄。逮繫時，某都御史同日下獄。都御史自倚大僚，徒手見獄吏。獄吏稍侵辱之，元禄出衣帶中賄吏餘金，代都御史爲獄吏壽。都御史乃得頌繫請室，共槖饘焉。出獄數年，家居失勢，怨家齮齕蜂起。仰屋欷歔，不知所出。會都御史行縣，家兒與市人鬨，聲撼行署，扞掫者捕之入，操北音。都御史訶而詰之，曰：「某實錢序班家人，少從序班入京師，故音北也。」都御史乃大驚曰：「錢序班非元禄乎？」曰：「然。」「序班無恙乎？」曰：「無恙。」立命駕趨里門謁謝，曰：「向居犴圄中，大德久不報。今得公家人自言，此天使也。」鄭重再拜而去。有司以都御史故，争來慰藉，因是以借交報仇，躪蹂諸怨家。都御史去，怨家羣起覆之，卒及於難。配沈氏，大理評事廷璧之女。序班媵妾三十餘人，脂盝粧具，逾於孺人。晨起櫛盥，諸姬奉水授巾，舒雁行列，退莫敢有後言。每勸戒其夫，如晉伯宗妻，而不能用也。子三人，劵、勅、勷。

勅，字恩卿，爲人嚴冷寡言笑，中藏機辨。習騎射，畧講孫吴韜畧。正德中，以貲補太倉衛千户，從諸將擊劉七於楚。泊湘江套中，夢關將仗劍指之曰：「可速西。」乃移舟西去。賊燄至，縱火焚套中舟，無得脱者。從陸總制殪賊狼山，俘五人以獻。邑東北陬劇賊胡某，聚衆千人，都御史伍文定命捕之，乃縱兵翱翔四野，而傾身結好於胡。一日屏左右獨詣胡，飲酒歡笑，酒酣握手，登燧臺眺海，伏兵四起，遂就禽。嘉靖甲辰，寇王勒、高慶聚慶安，御史馮璋檄重兵往勦，屬爲前導。出賊不意，夜半搗其穴，遲明而賊平。勅弟子勷，字世卿，譜稱少爲衛學生，入貲爲太學生，選授光禄寺録事。世廟入繼大統，踵張桂議禮，上善之，擢順天宛平知縣。方不次擢用，竟得疾亡，嘉靖九年庚寅二月也。年僅三十九。丁參議仁撰墓志曰：「録事爲首領官，兼綜四署，秩滿遭妻喪，用送幼子例，告歸家居。五月以病卒。」謹按世廟實録，嘉靖三年九月，錦衣衛革職百户隨全、光禄寺革職録事錢子勳希旨言獻皇帝山陵宜改葬天壽山事，下兵部。尚書趙璜等以爲「改葬不可者三：皇考體魄所安，不可輕犯，一也。山川靈秀所萃，不可輕泄，二也。國家根本所生，不可輕動，三也。如錢子勳言，上啓寶山，下瞰金井，梓宫摇撼，聖躬震驚，數千里外，跋涉山川，蒙冒霜露，非仁人孝子所忍言者。臣等博詢衆論，咸謂顯陵形勝，帝皇幽宅，先帝封藏已久，不宜輕動。錢子勳謟諛小人，妄議山陵，宜下法司提問。」上曰：「先帝陵寢，遠在安陸。朕朝夕瞻望，不勝哀痛。其再會羣臣熟計以聞。」十月，禮部集廷臣會議，復極言其不可，乃寢。此子勳建議遷陵之本末也。又按五年十一月，閑住光禄寺録事錢子勳以世廟成，乞陞職。聶能遷、陳紀、王价、隨全等皆奏乞恩典。禮部議能遷與价往畧，采其言，乞陞職矣。子勳三人，託名建言，冀倖復職。但可量與賞賚，不當遂其私請。上命能遷陞副千户管事，紀、全各加一級，价以京職敍用，子勳復原職致仕。六年正月，詔閑住教授王价、光禄寺録事錢子勳，仍以原官致仕。先是上以价、子勳議禮，故有旨復用。給事中解一貫等言「价、子勳自知考察見黜，不復敍，假議禮以圖進用，非真忠於陛下也。今復用，壞祖宗百年之制，啓小人僥倖之門」。尚書席書、廖紀等，皆執以爲不可，乞從部議，令其致仕。吏部亦謂「考察黜官，使得復用，將來人相援比，臣等無所據守」。上乃從之。是年十一月致仕。東昌府學教授王价、光禄寺録事錢子勳先以議禮得録用，尚書廖紀等奏罷之。至是上疏陳乞，禮部爲請。上命授价國子監學録，子勳光禄寺典簿。此子勳乞恩復官之本末也。宛平之擢，當在六年十一月後，而實録不載。若丁仁之志，則但書官光禄寺録事，而議禮與擢宛平皆不書。嘉靖初，議禮者凡三等。議繼統名號者，張、桂、席書等五人也。議遷陵者，隨全及子勳也。議立世室入太廟者，何淵也。當子勳等建議時，五人之首功已定，「大禮尊稱」之詔已布告中外矣。譬諸賈豎，彼既射時鬬捷，以牟大利，如猛獸鷙鳥之發，而以販脂洗削之餘智，踵其後而規與分功，不已末乎？淵困於張、桂，子勳困於席，同浴而譏裸裎，反資口實，宜也。作志者以書不書爲筆削，書其人而不書議禮之事，削也。書其官而不書陳乞之官，亦削也。不書其考察奏罷，隱也。永嘉之熾也，命世大儒，唱言聖人復起不能易，而老生腐儒如丁氏者，斤斤筆削，不少假藉，此所以知孝廟百世之德澤終不可斬，西河喪服之傳終不可改。而司馬光、程頤之論，終不可以王莽爲羅而斥爲邪説也。禮失求野，敢私論之如此。子勳歸里，病已劇，强自力娶妾周氏，年才破瓜。浹旬歿，族人欲奪而嫁之。輿馬花燭及門，帕首淬刃，跨門大呼：「爲我砍殺諸賊奴。」即欲自剄，衆狼狽散去。孤文梅，四歲，嫡母欲殺之百端，周與其生母柴力護之得免。文梅年十六，恨族人侵漁，一日夜跣行三百里，奔愬上官，盡復其故業。以儒士選建寧檢校，數强項與監司抗辨，投劾歸，以聲色自娱。無子，寵妾抱他人子爲子，族人噪而逐之，瓜分其家。子勳之後遂絶。

序班有四弟，次元祜，次吾高祖，次元祥、元祾。元祜字口爵，自號采樨，沈石田爲畫采樨障子。負笈北上，登黃金臺，挾燕、趙女高歌。補鴻臚通事，東歸，及見孫之選舉進士而没。子詔，號石屋山人，嗜酒苦吟，以一室終老。孫繼科，字元登，以目眵去諸生，豁達饒酒德，常有詩曰：「飲盡牀頭酒，看餘屋後山。」先君喜誦之，以爲似其爲人。先君作聱隅子自傳，梁溪顧端文而下，有友六人，其第六人曰：「從兄元登，吾酒友也。」元祥，字天爵，浦上田宅豐腴，棄而居周莊，誅鉏草茅，室廬焕然，人以爲能。子尚仁，歷任荆府審理。謝歸，遍遊金陵、吴、越山水，修白雀寺，飯僧普陀，以能施予聞於四方。元祾無子，以采樨季子表爲後。表生之選，是爲武選公。

高祖濱江府君，諱元禎，字仕爵，嘗以貲補郎。夫人江陰趙氏，清獻公後也。府君勁質偉幹，身長八尺，髯鬒黑，魁梧倜儻男子也。爲人仁義强幹，事生嚴，事死哀，五宗三黨，無不戴德。終身陰行善，不使人知，而竟不壽以死。府君事伯兄甚共，伯信讒，推刃於府君，府君走匿於所親顧氏。伯求之不得，遣其大奴白晝持斧執炬，攻射門牆，砍破器物，盡毁其薪木。居數年，伯難作，收繫婁江。府君重趼赴難，夜走百里。伯已殁，負其尸歸，慟哭殮葬，而厚撫其子。正德癸酉，葬父河陽山北，引窐於堩，天大雨雪，深數尺，夫婦徒跣扶柩哭，挽引綍者前。將下窆，雪益甚，役人噤慄不能出手。府君撫棺號慟，脱婦簪珥勞役人，且爲酒食遍觴之，曰：「天誠沍寒，不肖孤以大事勞苦公等，幸得盡力卒事，敢忘厚報。」役人感奮，堅板築，瘞牆翣，膚裂手龜，得告成事。葬後二十餘年，吾家甲第繼起，父老談故事，指綽楔而歎曰：「天固有眼也！」弟宜止，相得甚歡。一日意小失，被酒過别墅，隳其屋數十椽。守者以告，府君徐謂曰：「屋敝，久欲葺之。趣爲我具畚鍤。」族有孤兒，里人困以重役。府君引大義諍之，得免。代役者甚恨，除夕率家衆礪挺刃，躝門辱詈。府君鍵户與家人讙呼飲酒，失氣引去，其闊達大度，不爲人吐茹，皆此類也。好讀書史，知古今興亡大故，忠孝大節，楷書纂録踰時，籍以寸許。好遊覽，巾車蠟屐，遍吴、越佳山水。好卜築，疏峯疊石，湧出户牖間。好交遊，供張釃酒，坐致千里客。久之，家益落，不爲衰止。厭苦徭役，以多田爲重累，寫券數十紙，問人欲得田幾何，探篋中券徒手與之。旬月中減田以千計。田去而役踵至，歲大祲，里中豪啣府君，中以巨役。官吏搥搪，叫號隳突。憤懣中痰厥病，三日而卒，正德辛巳七月二十日也。年四十二。卒之日，曾祖甫十二齡，豪右新怨下石，網絡四布。夫人誓死慟哭，部署羣從僮僕，分道抵應。敵知不可犯，乃止。曾祖以孤童嶄嶄自立，兩孫皆少雋，而夫人乃以考終，嘉靖甲寅四月十一日也。年七十七。夫人殁之明年，而吾祖舉於鄉，夫人不及見也，嗚呼傷哉！夫人之疾革也，曾祖第二女許字而未行者，晨夕炷香，匍伏請命。入夜竊庖中刀割左臂，肉血淅瀝洒地，兄妹呼家人共引其裾。搖手曰：「勿止我。」肉下三寸許，皮綴如綫，引刀斷落。殞仆少時，截爲羹，置麥湯以進。夫人食之而甘，病少間。三月而卒。女擗踊痛絶，故瘡割裂，竟不可療。踰二年卒，年二十六。曾祖合葬府君夫婦於河陽塋，以孝女附。先君爲作主，終其身祀焉。

益齋府君弟艮，艮生儀賓元祺，補郡博士弟子員，美秀而文，與吴中陸太守家有連，時時往還其家。寧府樂安王妃，太守女也。妃愛憐其女，訪擇吴中名家子爲壻。太守家人往告曰：「無如錢郎者矣。」廣信人謝御史按吴，王以屬之。諸生旅見御史，鼓樂起於庭，披紅簪花，擁上馬，登樓船而去，遂配崇陽郡君，改名浙，字東原，進階朝列大夫。公在藩邸，邑邑不得志，日飲亡何。庶人濠蓄異謀，語其人曰：「錢翳子一酒徒耳，慎勿與計事。」濠敗，得不坐。後以冤請復官。年七十二。葬新建之歷溪。子鳳梧，孫伯麟、仲麟。女適石城王孫輔國將軍拱樴，生二子，多烼、多熒，俱奉國將軍。鳳梧父子失禄貧甚，依石城家以食。鳳梧老，遣其子告急於宗人。先君曰：「吾從曾祖祖父之後，戚里之子孫也。雖寒乞，其忍棄諸？」乃授館於家，治裝遣之。三五年常一再至。

曾祖贈宮保虚菴府君，諱體仁，字長卿。少孤，無强近可倚。閭里謂覆巢遺卵，争蹈藉之。府君奮起赴愬，條列諸怨家凌侮不法狀，請一切案治。諸强有力者、佞有口者，咋舌曰：「勿易錢孺子，彼雖小，能以氣吞我。」稍長，重自淬礪，通經史，習書法。端重果決，以然諾聞鄉里。早夜呼憤，恨不得射策甲科，以大其門。吾祖兄弟以髫穎稱，乃一意教子，延請名師宿儒，自爲除舍，朝夕上食，如事家大人。屬有緩急，貧士攢眉無所出，脱簪珥不給，舉倍稱之息以應，家由是益落。二子相繼成進士，稱封君，乃喟然而歎曰：「潘生有言：孝乎惟孝，友於兄弟，是亦拙者之爲政也。吾乃今可以小試於爲政矣。」自千一公以下，墳墓祠堂，靡不修葺。置祠田，樹丘木，皆令子孫世掌。族之貧者老者寡者，各有掌簿籍記，歲時賑給。重修竹深友蘭之譜，家給一編，謂宗法既亡，宜推本始祖一人，世存墓祭。倣古别子以樹大宗之法。宗子之後，流落江陰，告諸祖廟，絡以廬舍，命名曰復成。族人亡失官錢累千金，其孫以典負坐死，白上官出之。其爲政於宗如是。奚浦渠斥鹵彌望，請部使者濬治，率先畚鍤，陳莊靖公伐石爲記。里人苦徭役，破家唱議，捐己田，輸租數百石，謂之公田，里無逋賦，無遷民。宿仇坐法過當，屬所司爲平反，曰：「彼自不當死。」其爲政於鄉如是。居家敦崇孝友，歲時冢祭，伏地哀哭，涕淚覆面。母歿，島夷猝至，奉柩權厝，握鉏碎首，號籲神天。寇及門而去，殯宫帖然。人以爲孝感。申明唐、宋以來義門家法，鳴鼓振鐸，居家如官庭。子孫少失意，長跪竟日。家僮指千，蒲伏受事，寂無人聲。其爲政於家如是。卒於萬曆甲戌閏十一月十二日，年六十六。夫人趙氏，歸時值家中衰，延師饗客，取辦十指。既貴盛，勸府君忘宿怨、樹陰德。晚而好佛，與家人言，必諄諄因果。辛巳六月廿八日卒，年七十五歲。合葬長興阡。在讓塘内九房橋。府君以隆慶六年子順德覃恩，封承德郎、刑部廣西清吏司主事，趙封安人。萬曆二年大婚，恩贈奉政大夫、河南清吏司郎中，趙晉封太宜人。弘光元年，曾孫謙益覃恩三代，贈光禄大夫、太子太保、禮部尚書兼翰林學士，趙贈一品夫人。謙益曰：我曾祖規言矩行，步武先民。勤學博聞，不自滿假。晚知老氏致虚之學，扁其室曰虚菴。採集古今名臣鉅儒，前言往行，風世礪俗者，名曰虚窗手鏡。從祖春池府君官比部，時郵書訓誡曰：「汝在仕途，勞苦奔走，自是本等。凡百只以手鏡爲心，廉介自守，清白相傳，光前耀後，吾志足矣。盤費缺少，吾當接濟。」昔人云：「子賢，要錢做甚麽？」誠格言也。洪武初，嘉興舉人王軫官於平涼，其父有家書轉寄曰：「清心潔己，食貧處儉，儒者之常，慎勿以富貴爲念。古人云：貧乏不能存，此是好消息也。」高皇帝獲其書，特詔褒奬，賜白金川椒附子，以旌其賢。我曾祖訓子之書，與王叟何異？高皇帝教忠訓廉，聖謨洋洋。百年故老，流風遺俗，至於今未艾。觀斯譜者，可以矍然而興起矣。嚴文靖公曰：「公於手鏡一書，所謂非苟知之，亦允蹈之者也。」

封駕部公，諱表，字忠卿，曾祖從父兄也。生三子，長武選公之選，字舜臣。公少忤强族，中危法，適戍遼東鐵嶺衛。遼東人不知書，教授大學、四子，逐字爲句。公爲塾師，經史瀾翻信口，通曉詩律醫卜雜技，衛弁家争迎致之。識李寧遠於童稚，以爲大將才也。武選從公於鐵嶺，舉進士，歷官駕部，拜疏訟公冤，脱戍籍還吴。封車駕清吏司主事。公少夢神贈詩曰：「萬里馳驅蘇武節，百年勳業子陵鈎。」自適戍迄歸，先後經十九年云。武選請告歸養，凡三年而卒。公自爲行狀曰：「兒三歲能誦五言詩，十歲通經史。十四歲，予遘訟下獄，兒朝夕入侍，奔走控告，而益攻苦爲文。北虞邵先生憐之，録爲入室弟子。予奔愬京師，兒避仇江上，仇家縛置厠溷旁，患腹疾，一手摩腹，一手把書，呻吟與雒誦相雜。母物故，同門生劉可立以身代繫，暫出視殮埋。壬寅春，予戍遼左，兒從行，補衛弟子員，歷試皆第一。督學王公，建書院於關原，擁臯比爲大師。嘉靖己酉，舉順天鄉試。庚戌舉進士，知晉江縣。下車三日，釋豪家私禁三百餘人。晉邑麗郡，監司部使，凡百取辦。里中議均之。七邑徭役，免富役貧，請上自縉紳，下至胥徒，十年止免一户。全閩著爲絜令，政聲籍甚。以執法忤豪貴，調簡固始。己未，升刑部主事，請益囚糧，冤囚活者無算。出理漕刑，有清勝淮水之謡。轉兵部車駕主事，歷武選郎中。請假歸省，日扶侍予左右。讀二十一史，講求經濟。杜門高枕，雖郎官重於卿貳。隆慶戊辰三月，病卒，年五十一。兒亡之日，司馬以才望推備兵寧夏。訃音與薦剡同日，嗚呼痛哉！」公以父狀其子，詳而有文，讀者皆傷之。而先君每言武選公遺事，公令晉江，貴人介弟殺人亡匿，公捕之急。諸公争來講解，公曰：「我寧有意欲窮竟此獄哉？身爲大邑令，捕一犯法小生不可得，何顔面踞吏民上？第令少屈節出見，事即解矣。」諸公曰：「當令肉袒貫耳，詣廷門謝罪。」公又曰：「既如言，請將以榎楚從事。如學官教勑子弟，藉口以解衆，可乎？」諸公皆曰：「幸甚！」比出謝，命抶之十，決死杖下。諸公慚恚，謡諑四起，遂有固始之調。民勒石頌德，仇家三仆，民三樹之。理淮刑入朝，持一縑謁分宜相。分宜笑曰：「此郎安所得縑？從何人貸來耶？」比部例提牢一月，封閉邸舍。妻妾婢女六人，相向縊於牀，竟莫知其由。或曰：「公封識窗户麗密，疾風破裂，恐而自縊也。」或曰：「所居凶宅中惡鬼也。」流聞入大内，世廟廉知其清勤，置不問。公生平孤峭，家人嗃嗃，有唐人撒灰之誚，亦通人之一蔽也。狀稱劉生可立者，字弘業，與公俱師邵先生。公往遼左，劉生手寫邵先生課試文字及點定制義，作小本緘寄。己酉，邵先牛上公車，與公遇長安市中，抱頭痛哭。驚動市人，刷涕相問，乃知偕舉於鄉，交相賀，又相泣也。公登第歸，巾箱小本累累，流涕語人：「此皆劉生寄我。」故邵、劉之後，卹之如親子弟。劉喪母，不勝毁而卒。邵先生爲立傳，如先君之云。公一子湜，娶悍婦，自縊破家。子早夭，遂無後。弟之逵，有子希言，字簡棲，棄舉子業，攻詩，爲王伯穀所稱，遂有聞於時。强識多聞，詩筆繁富。爲人傲兀任性，不諳世務，而好學干謁，所至輒抵戾其詩，取投贈悅俗，遂無可傳。著書曰松樞十九山，感憤遼事，撰遼記，捃摭瑣碎，可資載記，今散佚不存。旅寓吳門，父母妻柩寄虎丘僧廊。殁後五載，歸故里，族葬於虞山西麓。

先祖贈宫保府君，諱順時，字道隆，生於嘉靖壬辰十月二十六日。誕之夕，太公夢登喬木，手執鸜鵒。卜者曰：「吉。鸜鵒來巢，書於春秋。生兒當以春秋舉。巢者窠也，窠者科也，鸜鵒巢居木杪，其高科之象乎？」稍長，清揚白皙，秀穎照座。讀書記他生之所習。太公喜曰：「是可以應鸜鵒之占矣。」春秋經義，浩穰疑互，不踰年輒熟爛。貫穿經史綱鑑諸書。爲文章，空靈吞吐，橫見側出。長老皆驚怪之。試童子科於江陰，餘姚趙端肅公執手稱國士，延入後堂。每出入，遣二吏稱娖前行以寵異之。提學御史試王武俊殺李惟岳論，條列唐末藩鎮事，如畫圖録牒。御史嘆曰：「世固有丘仲深、程克勤也。」嘉靖乙卯舉於鄉，己未成進士，皆同里嚴文靖公主考。而會試常熟得雋惟府君一人。文靖喜語房考關西馬文莊公：「此館閣才也。」殿試二甲，觀政刑部。比選館，語所知曰：「吾志在小明之卒章矣。」是冬，奉詔賫金數十萬給遼陽軍。遼大祲，人咽草土脹死相屠以食。抵山海關，關吏傳進人肉，見之心悸。關外飢軍呼囂，傳遞相告，乃冒冰雪以往。隆冬絶塞，馳驅顛頓。驚恐擣心，朔風襲骨。竣事歸省，病已中五内。疫癘傳染，抵家五日而卒。

庚申四月二十二日也。年二十九。府君弱冠卓犖，謂士當博通典故，儲峙有用之學，不應雕章繪句，爲蟲魚小儒。舉凡古今物變、天人經紀、世務便宜，部州條次，勒成一書，命曰資世文鑰。其系七，曰輿象、君臣、政事、藝文、禮樂、戎備、田賦。其目凡一百三十。其自叙以謂上自軒轅，下迄昭代，興衰是非得失之故，悉備筆削。沿革釐然有徵，可以裨皇猷於萬一。戎備一門，於兵制陣法，邊鎮海防，尤爲詳覈，曰：「吾有所用之也。」出關，與秦人孟豐麓職方，極目遼海，抱女真外連之憂，咨嗟慷慨，賦詩數十章，手跡具在。嗚呼！比及百年，誰疆戎索？鶴表隤没，鴨江沸騰。吾祖有靈，能無下河山之淚？斯可爲慟哭已矣！祖母卞夫人，生先君纔七歲，截髮納棺，以鞠藐孤於成。泣血茹荼，四十餘年，萬曆甲辰九月初三卒，年七十四。合葬夏臯新阡。祖母方嚴剛正，熟小學、女訓諸書，謦欬抗越，凛然如丈夫。好奇偉畫策，決疑解難，則男子無如也。謙益爲兒時，教以古忠孝名節立身勵世之事，負劍提命，聲音落落貫心耳。少長指文鑰遺編告曰：「汝祖課讀窮日夜，焚膏繼晷，篝燈下作蠅頭細楷，無一筆塗乙。啖兩酥餅，一盂茶，丙夜始輟簡。吾從旁蠟紙磨墨，聞其語曰：『儒者閱歷世務，鈎貫如開鎖，此書爲之鑰也。』今祖鑰在是，孺子其善啓之。」治家嚴而不劌，寬而不縱，闊達持大體，不纖嗇句計。餔飢衣寒，收邺單貧以日計。修葺宗祧，問遺親族故舊以時計。助婚姻，賻祭葬，甓治橋道，賑救飢凶以歲計。

振廩傾橐，家無餘財，而未嘗告匱。每語謙益曰：「汝能如范文正公設義莊義田，澤及百世，乃盈吾志耳。」既而曰：「汝才取甲第何難，恐如人言，你做官時我做鬼。」愀然而罷。祖母歿三載，謙益舉於鄉，每拜殯宫，未嘗不慟絶也。先君爲人，不疑人欺我。中表黠滑者，争來暱就。祖母數之曰：「某也邪視，某也哆口，某也委身厮養，强者螫，柔者膩，不遠之必重傷。已而果然。里人教女伎燕客，聞而戒謙益曰：「脂粉兩般迷眼藥，笙歌一派敗家聲。汝得志，勿昧此語。」歸田後，讀石田警悟詩，知所由來，爲黯然隕涕也。中年歸心佛乘，講解壇經諸書，能了其義。破山古寺傾圮，命先君延僧營建。破殿數椽，四天王側坐泥土中，拮据二十年，復還舊觀。甲辰秋，痺病劇，夢舌根先離，作偈辭衆，有「打疊身心早歸去」之句。覺而曰：「吾其行矣，幸好送我。」遷榻西向，供觀佛念佛。作觀側卧，不少解，越兩日夜，沐浴披衣，端坐而逝。比大殮，頂門温熱，兩拳握印，侍婢手展之彌固。謙益卧柩前，恍惚見祖母頭面現大圓鏡中，斯往生之徵也。謙益舉進士及第，先君趣令上疏，奏祖母苦節請旌門，未報。崇禎元年，謙益三品覃恩，追贈先祖禮部右侍郎兼翰林院侍讀學士協理詹事府事，祖母爲淑人。弘光元年覃恩贈宫保如今官，而祖母贈一品夫人。嗚呼！

我先祖母弟四人，次憲副春池府君，諱順德，字道克。先祖殁四年而舉於鄉，明年乙丑成進士。隆慶戊辰釋褐，授刑部廣東清吏司主事，廉平無害。尚書奉新鄭指，議出論死御史路楷阿分宜曲殺諫臣沈鍊。時公不肯平署，爰書卒從他曹郎出。歷員外、郎中，陞湖廣常德知府。丁母艱，補福建興化知府。所部職辦。在化亢旱，徒步禱於盤泉，歸及半山，雨如注，跣行橫潦中。父老歡呼曰：「太守其乘矣！」公不可，步禱益虔。三日而霑足。莆人作靈雨頌。陞浙江副使，備兵嘉興。屠吏部者，族兄楚雄壻也。公詣屠，坐廳事。屠夫人遣蒼頭出，叩頭問起居。公不懌，疾趨而出，請從金衢。以病調簡，補山東武德道。時方急倭，御史言公老成馴謹，當徙內地，遂不復出。萬曆庚子十二月初六日卒，年六十六。初公與吾先祖，念家業中落，太公刺促鄉井，鏃礪修業。夏夜苦蚊蚋，共納足酒甕中，以避嗜嚙。先祖業先就，公以元兄爲師資，遂相繼鵲起。先祖精支干祿命家言，病革，執手而語曰：「吾命最不利金，而金相刃尅，天也。汝命必第，其在困敦赤奮若之年乎？兩大人信眉不遠矣。惟是七歲兒以累汝。」公慟哭受命唯謹。公與季存虛翁，垂白友愛。先君性伉俠，公每骫骳從之。家大奴少拂意，先君輒批其頰，掩耳不敢告公。曰：「老人爲郎君護前，往愬無爲也。」性恭謹，飲不過三爵。嘗把酒讀謙益文，喜而沾醉，憑侍兒肩起舞，家人傳以爲奇。宜人趙氏，生四女子。側室沈氏生二子，長世臣，字忠甫，次世顯，字令甫，皆有雋才。萬曆乙未，令甫卒，戊戌，忠甫亦卒。公晼晚盡傷以死。

卒之日，幼子世熙，與令甫之子謙貞，孺幼在抱，奉縗即位。先君爲文以祭曰：「所不盡瘁鞠躬，相子若孫於成，以報叔父於九京者，有如日！」後卒踐其言。公歿後二十四年，天啓丙寅，始克葬墅橋之新阡。余奉先君行狀，請於晉江何稚孝、京山李本寧，爲之志表。

先祖之母弟次順治，又次順理。先曾祖譜録曰：「順理少靈悟，兄弟從羣兒嬉，順德削竹爲鞬，順理刻木爲斗，精巧絶人。稍長，代余治事，事輒辦好。踏月遊廛市，一童子持長箠隨行。有物黑色伏厠左，驚取箠撲之，物即幻爲人，黝面長數丈。得病卒，年二十二。妻徐氏，以仲兄順德子世顯爲後。順治十歲能屬文，與仲兄偕補博士弟子員。有羸病，既婚，以病廢學，益怏怏不樂。庚申，哭伯兄過，遂不起，年二十四。」譜輯於萬曆元年癸酉。三十六年四月，禮部覆奏巡按御史楊廷筠疏，旌表常熟縣故民錢順理妻徐氏爲貞節之門。是年十月卒，年七十。節婦年二十而寡，寡居十四年，始抱嗣子世顯。世顯夭，復抱其子謙貞守節。五十年而旌，旌未逾年而歿。崇禎中，世顯妻徐氏、世臣妻王氏，亦相繼得旌。一門三闕，漆書相望，事皆具志傳。

存虚翁，諱順化，字道光，吾祖季弟也。我曾祖性嚴重，教伯仲二子成名，謂科第可戾契取。翁不好爲儒，雜學參同、悟真諸道家言。太公恚，命罷去，而以家政苦之。賓筵餽問，應酬百須，皆倚辦於翁。翁不善心計，困於無訾省，口期期艾艾，語不能了。太公病奇右，不良於行。清晨篗輿出中門，翁俯躬候闌右，一語不當意，巾綱碎裂委地，捧面婞娶而退，納質劑於子錢家，以支晨夕。太公殁，積逋累千金，計無所出。我祖母命先君曰：「季叔以供養太公積逋，非私債也。用太公遺槖，償太公遺逋，於季叔何與？亦於我何與？汝但從我，闔户聽汝叔父自摒擋耳。」憲副公奔喪歸，亦曰：「大嫂言是也。」翁廢箸出居，田産稍豐，傾箱指囷，日以施予爲事。歲乙卯，大祲，斗粟百千，泛舟載粟，行水所豬，家給之。民强壯多鳥獸竄，老弱者謀牽連雉經，凌晨啓門，遺米委地，束薪蓐食，舉家宿飽，不知所由來也。修寺塑像，供佛飯僧，營齋刻經，施生掩骼，有爲功德，以一身肩荷。坐卧小樓，遊僧乞士，咸共牀被。所至手摸衣領，掐蟣虱擲地。索債者呼囂填門，或羣尾其後，口喃喃頌佛號不休。紫柏大師駐錫虞山，摩其頂曰：「吾行天下，見有一村一菴，數僧和合，無不頌錢季公檀施。勉之哉！無負諸方稱汝爲肉身菩薩也。」密藏開公亦讚翁此土須達長者。婁江兩王公居曇陽觀，聞人禮拜絮語，祈祝移時未已。太原曰：「豈非三家村老翁乎？」弇州笑曰：「必虞山錢存虛也。」已而果然。太原再召，翁詒書論事十餘條，請減東南財賦，禁百官筐篚。太原歎曰：「此藥料雖平平，實救時要藥也。」翁命相皆不應子，晚生一子霸，丱爲諸生，益自喜爲善。萬曆己酉某月某日卒，年七十八。夫人黄氏，合葬河陽祖塋濱江府君兆之穆穴。

先考贈宮保府君，諱世揚，字士興，一字偁孝，我王父之冢子，常熟縣增廣生，萬曆辛卯中乙榜，入國學，不第。庚戌年五月十六日卒，年五十七。先母顧氏，山東按察司副使諱玉柱之女。崇禎癸酉正月二十四日卒，年八十。謙益服官皇朝，先考妣凡四受命。先君以泰昌庚申贈翰林院編修，天啓甲子贈右春坊右中允，崇禎戊辰贈吏部右侍郎兼翰林院侍讀學士、協理詹事府事，弘光元年贈光禄大夫、太子太保、禮部尚書兼翰林院學士。先母初封太孺人，二封太安人，三封太淑人，四追贈一品夫人。先君幼孤，祖母斷機晝荻，督課如成人。既長，天才駿發，結交老成。其取友爲無錫顧端文憲成、松陵張尚友、同里瞿汝稷、陳禹謨、季喬新，讀書尚志，師友千古。端文於文，奇偉絶俗，先君能追風躡影，與之馳騁下上。而於春秋，稟承父叔之業，尤專門名家。四方執經麇至，貧不具束修羊者，假館致餼。講授之餘，酌加切脯，歡笑無間。士以此益附，數踏省門，不見收。鼓篋遊南雍，耀州王文肅公署司業，賞其文，頒示六館，著爲程式。試鎖院，復報罷，歸語謙益曰：「吾馬齒已長，思得一當，以慰慈母。而今已矣！王先生得汝行卷，遍告南中諸公，以爲半千間出，我其爲厲之人乎？汝無忘我所欲報母者矣。」甲辰，祖母以天年終，暗然神傷，聲入黃泉。縱酒自殘，血淚迸溢，啣哀七年而死。知先君者，咸以爲死孝也。先君性豪放，被酒跌蕩，歡呼呌呶。聞母謦咳聲，蹴然斂容，如未嘗飲者。祖母泛海謁大士，先君赴省試，夢郡城隍告曰：「汝母今夕有大難，免矣。」投試卷趨歸，徧走羣神，請以身代。祖母果以是夕遇颶風，檣摧柁折，有兩神燈先舡行，導之以免。先君賣田宅，修神祠以報謝。性易直坦率，不爲盤辟雅拜。洞朗軒闢，不施戟級，豁然偉人也。稱心而言，薄喉而語，多可少怪，不耐曲折。送往事居，不侵然諾。畫然矢金泐石，生死不與易也。天資仁恕，纖兒窮子，與通酒食，共笑噱，盡歡乃止。遇豪右勢要，不可於意，責數其過失，雖頰赤喘汗弗顧。丁丑長星之變，北望氣塡，恨不奮臂出其間。顧端文再罷吏部歸，先君往賀曰：「叔時再入吏部，吾爲天下喜。叔時再罷吏部，吾爲叔時喜。」叔時，端文字也。年家子爲邑令，貴倨，幾先君往謁，先君曰：「我兄弟行也，吾何忍重縣令而輕年家兄弟。我不往謁，乃所以重彼也。」趙端肅官留部，以先誼請見，語不及私。端肅歎曰：「吾故人有子。」爲古文辭，博洽雄健，於本朝獨好左輔王允寧，以爲能橅畫太史公也。楚黃鄒孚如見顧端文行卷序，郵書以千秋相勉。祖母六十爲文，乞言王元美、邢子愿，皆歎曰：「良史才也。」晚讀二十一史，鉤摘其奇聞異事，撰古史談苑三十四卷。大指在原本忠孝，聳善抑惡。臨終遺訓謙益：「汝當以三不朽自豎，勿以三不幸自狃。」吾師高陽公覽而嘆曰：「公深於春秋，真見天下撥亂大手。從大綱常着力，立身訓子，皆本春秋大義，非章句儒者所通曉也。」晚益厭薄里中兒，取謝康樂詩大署其門曰：「既秉上皇心，豈屑末代誚。」更自號聱隅子，作畸人自傳，李本寧撰家傳，援據爲實録。先母後吾父二十三年卒。謙益自枚卜罷歸五年矣，敬述太淑人德行，合古圖史信而可徵者有七，曰順、曰莊、曰貞、曰勤、曰儉、曰仁、曰慈。高陽公後先刻辭，昭於彤管。今不書，懼再告也。先君初葬夏皐，後遷墅橋，今改葬拂水新阡，與先母同穴。日月逾邁，劫火焚如，謹以視息之餘，修葺譜録，畧識其梗概如左，而虚其阡表，以俟後命。謙益曰：予爲兒時，侍先祖母側，習見家門故事。自曾祖殁後，先祖兄弟，惟存虚翁及憲副公在，二老皆莊事巨嫂，如其元兄。上日長至，相率具衣冠升堂肅揖，退而受家人朝謁。諸從叔及從諸姑之適人者，舒雁行列，以次登拜，如拜其大母。已而諸家僮奴數百指，拜賀堂簷下，叩頭聲喏而去。兒童少長，喧笑塞屋，紈綺雜遝，果餌狼藉。歲時伏臘，承平節物之盛事，五十年來，已與漢臘俱往，未嘗不顯然在目中也。我先君少孤，移其孝於叔父。兩叔父視兄之子猶子也。憲副公命其二子執經於先君，酒食徵逐嬉戲，則兄弟也。摳衣教授，則師也。仲叔新婚，抽矢射雉於庭，嬸鼓琴於室，余牽裙繞膝，不自知其非家兒也。余十二病痘疹，夜分危急，舉家啼哭。存虚翁已炳燭立榻前，禱神召醫，呼噪達旦。翁爲予病，風雪中一夕數往來，浹月未嘗就枕也。憲副公卒，徭役疊至，媒孽蝟起，孤嫠孩稚，岌岌累卵。先君傾一身爲枝柱，役肩其最煩者，怨敵其最强者，囚首公庭，攘臂私家，牽連頓瘁，一無顧卹，而後憲副公身後，安堵如平時。

逮余登甲第，四十餘年，寡者老，稚者長，蘭錡依然，南畝日闢。高門重閉，無有以指爪撼倉琅者。我先君葛藟之庇，蓋歿身而未艾。嗚呼！焉可誣也？詩不云乎：「既有肥羜，以速諸父。民之失德，乾餱以愆。」余爲譜牒之文，嗟齎申告，謂先君再世之劬勞不可歿，一門再從之友愛不可替，高、曾以來流風遺俗不可以不念。曾是莫聽，又反脣而相稽。今已灰飛烟燼，俛仰異世，猶嬋媛不少休者，誠謂祖宗奕世孝友惇睦，家門元氣，積厚流長，必不以一隙之食齧，一指之攻穴，而遂至於薄削澌盡。後世子孫，斬而思肄，如山木之有枿孼焉，其不可以莫之告也。昔我曾祖長安郵書云：「三月初，夢奚浦舊宅西北生二筍，大於盤欄，其餘如羅如斗，不可勝數。賴天地祖宗之賜，吾孫、曾中必將有大器。」今世四遷矣，而佳夢未踐，是予之罪也夫！雖然，吾慮夫篠簜筤簹之美不多見於世，而爲篾爲篣者側出而滋毒也。爾雅曰：「篙，箭萌。」郭氏曰：「萌，筍也。」吾子孫盍慎養其萌，以叶龍孫之祥，斯亦蘇明允所謂懼而請書者也。

族譜後録下篇

譜録之詳本支，詳吾之所自出也。我錢氏渡江以來，八世而分二支，皆吾先王先公之後，其初一人之身也。録本支而闕大宗，如人身之有二手，奇左右焉，其可乎？鹿園支繁衍不下數千指，其人之有賢不賢多矣。不賢者如蔓草，與時湮滅。而其賢者，不可以莫之紀也。其貴而不賢者，不可以莫之懲也。我曾祖修譜，發凡起例，一稟歐、蘇，尤留心於譜傳，有良史之志焉。謙益荏苒衰廢，不得紬書奮筆，以蒇汗青之業。今於譜録，竊用史法，不敢一字出入，用以紹明先志，抑亦職思其居，閭胥小史之所有事，不欲貽譏於籍氏也。錢氏自禮賢入覲，子孫漂零南北，榮國介戚里舊恩，歸榮安國。再世而端仁、端義、端禮三支漸分。其在浙，則台、越、姚又分。入蒙古而常熟與台、越大分。我太祖削平混一，開天受命，而後吴越之錢復歸於一。是故昔之譜志其分，而今之譜志其合。後有推明運會，考鏡四七之際者，於我錢氏之譜，分合之間，其知之矣。又何敢私吾之所自出，而闕世家不載乎？當入朝推恩之日，吴越子孫，佩印綬而侍丹墀者，可謂盛矣。真宗郊祀、東封二詔，收録吴越近屬，不過三十餘人，皆不得歸首丘、供拜掃。熙寧中，墳墓蕪穢，父老過之流涕。用趙忭言，立表忠觀於錢塘，使其孫爲道士者守之。墳墓在臨安者，付浄土僧守之。家王之子孫，曾不如皂隸乞丐得上祖宗之丘壟。太祖、太宗所以申誓山河，共保富貴，果安在哉！洪武二年，天下甫定，訪求和陵鐵券，召見武肅十五世孫尚德，宴賚有加。十七世孫汝賢抄劄到京都，察院官引見，上命「着孩子靠前來，恁祖宗忠孝券，與汝保守，田産家財，都給還汝。」我太祖待吴越子孫，視有宋何如也？嘉靖中，參政泮死倭難，贈司光，蔭金吾，子姓勝拜跪，皆爲羽林孤兒，食禄環衛，四世於此。國家卹死事之臣，視有宋之報我先王，厚薄又何如也？謙益老矣，偷生視息，慚負國恩。謹以假日，刊定譜録二篇，以告吾族屬。俾知垂三百年，食高厚，蔭科甲，戴天履地，仰父俯子，皆唯我國家之積慶，與先王先公之餘休是賴。武肅序大宗譜曰：「長源衍慶，累世承府。考本尋根，實由祖德。」昔者長沙之忠，著在甲令。今吾祖宗忠孝，與聖祖之謨訓，具在册府。嗚呼！吾子孫尚念之哉！

錢氏當蒙古時，吴越子孫，皆不肯出仕。居常熟者至鏞、珍二祖。入國朝而奚浦、鹿園始分。鏞生三子，德、智、信，分爲鹿園三支，德之後獨盛。德生三子，權、衡、經，衡在永樂間，以人材官稽勳主事，本朝入官者自衡始。權、衡、經皆有子，而衡一子建，建生三子，諤、諫、謹。德之後惟衡、諫爲最盛。鹿園之錢，子姓最爲繁夥。其取科第有聞者，皆德、衡、建之子孫也。今於譜圖，畧次其統系；而譜録所載，惟德、衡、建之後詳焉。德，字本忠，鏞長子，於宗法爲宗子，爲人通敏有心計。錢氏八世居浦上，族大而地陋，意小之，乃相土於鹿園徙焉。區種躬耕，以節嗇强力起家。田數萬畝，賈區魚市，栟駢延累，數十百椽，釜金窖粟，什物牣積，遂甲諸素封家。而又能緣飾儒雅，庀修脯，治厨傳，敬禮士大夫，招延文學書生，子衡遂以儒起家。宣德六年，追贈吏部稽勳司主事。德初徙鹿園，弟智字本立，自奚浦徙仲橋，從兄友安，亦同時徙慶安。一族分居四鎮，數十里内，擁高貲，美田宅，設財役貧，幾於跨州連邑矣。智弟信，字本道，亦居仲橋。會稽袁鉉記其所居，以爲林木清妍，良田繞舍，愛龐德公語，榜其堂曰遺安。架列琴尊，賓朋滿座，唔咿之聲連日夜。一家團圞於田野間。三公實鹿園三祖，爲盛世之富人。要其人才皆不碌碌，有大過人者。德長子權，字伯輿，馴行孝謹，身持門户，而縱其弟衡宦遊京師。其卒也，東陽少傅爲志其墓。衡，字叔平，家世應租役重，爲有司所困。妻朱氏涕泣謂曰：「公身長七八尺，魁梧有奇表，不努力爲諸生學問，拾取青紫，而效父兄攢頭仰口。爲盲官長作磨下驢，不亦傷乎！」稽勳感憤力學，永樂間，遊縣校，用賢良方正舉，署大理寺掾，久之，改詹事府。國初公卿，多起掾曹，皆用明經通法律之士。仁宗皇帝久在儲宫，稽勳掾詹事府歷年多，蓋仁宗詹事府從事也。仁宗即位，官僚咸被簡拔。宣德元年，拜吏部稽勳司主事，推先帝儲宫舊恩也。稽勳本富人子，歷事掾曹，與其婦朝烹夕炊，攻苦食淡，幹辦職業，請謝賓客。江右尹公昌隆，革除名臣也，遇之不以凡子，爲志其父墓。由詹事府歷吏部，凡二十二年，始領九品職。先後爲少傅楊文敏公、冢宰蹇忠定公所知。三十年，用蹇公薦，佐司勳，勾稽勳級，小心周密，蹇公倚爲左右手。宣德六年，三載考最，奉詔還鄉上冢。太守以下，會施散數百金，焚削逋券若干紙，鄉人以爲榮，長老紀焉。正統元年，自以久宦倦遊，託言體重腹垂，不便拜起，引疾致仕。羣公祖送甚盛。廬陵陳學士循謂：「世人之仕宦，如舟渡海，如車歷阪，没溺顛擠而不知止者，視叔平之歸休，可以少悟。」其企羨如此。家故雄武，稽勳以右職歸里，子孫縱誕多不法，田宅祠堂，皆逾典制。蒼頭奴華服怒馬，出入縱數十騎，傳呼辟人。嫁女於維揚曹氏，舳艫千艘，僮奴千人，絳帕朱衣，鉦鼓旌麾，蔽江而下。直指使者從狼山望見，大驚，檄邏卒捕二艘，械繫維揚，上章奏故稽勳主事衡家居無狀，縱子姓及舍人子不法事。上特原主事，詔逮族人雜治，並戍遼東三萬衛，子弟皆在行。嘆曰：「吾無所歸矣。」從之以往。居數年而卒。長子建，字景儀，以倜儻輕財自喜。常遊焦山，徘徊僧寮，問殿堂何以頹圮？僧曰：「過客如雲，苦乏布金長者耳。」建曰：「是不難，度旬日可辦。」僧以爲謾己也。周視殿址，暗記梓材磚石幾何，礱斵架構摶塑丹堊之工幾何，立遣人往維揚鳩材僦工，計程登築，未旬日簷牙翬飛，金浮碧明，乃設水陸道場，大齋四衆而去。侍稽勳於遼，朝夕娛侍稽勳，忘其客遼海也。稽勳卒，抵冒關禁，竊負其骨歸葬亢壘塋，請大理吕卿爲志，用大夫禮葬，儀文有加。葬畢，追者至，哭於墓而遂行，遂卒於遼。建第三子謹，字希慎，生於戍所，有膂力，能挽五百石弓。嘗乘欵段馬，至橋下，馬躄躠不能行，挾而過之。遼有力人遇而角力，謹堅坐，遼人盡其力起之不能。已而遼人坐，己起之亦不能也。兩人乃大笑，酹酒相結爲兄弟。天順初，有詔赦民戍遼，負其父骨歸葬。人謂稽勳兩世死絶域，間關萬里，負骸骨歸葬，如執券契，天之相錢氏未艾也。謹歸後，繕治甲第，前寢後廟，始不敢逾制。其家益大。

稽勳長子建，生三子，長諤，次諫，次謹。諤爲人長厚好禮，有子七人，五傳而子孫以千計。諤長子鯨，鯨子和，父子皆不事生産。和家徒壁立，好弈棋度曲，手植海棠梅桂，結陰如宇，下可坐數十人。花時命觴藉茵，坐卧其下。年八十九，按節高歌，嫋嫋出樹表。自號三華老人，與華爲四友。

諤第六子鯆，字雲澤，軀幹眇小，悛悛如不勝衣。爲甲賦長，歲旱蠲租，罷其未收者，而還其已入者。子泮，舉進士，執事如初，曰：「庶人往役，義也。」邑令亦不問，人以爲古。江鄉盜起，將出避。盜語人曰：「錢公長者，誓不傷其薪木，何避爲？」以泮貴，封刑部郎中。身不履城闉五十年而卒。卒踰年而泮死倭難。泮，字鳴教，嘉靖己未進士，除侯官知縣，調煩慈谿，入爲刑部主事，歷員外、郎中，出爲順慶府知府，進陝西按察副使，備兵漢中，升江西參政。未赴，以憂歸，死倭難，嘉靖乙卯五月廿四日也，年六十二。謹按世廟實録：倭寇常熟，知縣王鈇率兵乘城禦之。賊屢攻不克，移舟駐三里橋。鈇及鄉官參政錢泮，率耆民家丁，追賊及於上滄港，爲賊所掩擊，俱死，民丁僅有脱者。巡撫御史金浙上其事。上憫二臣死事，詔贈鈇太僕寺少卿，泮光禄寺卿，各廕一子錦衣衛，世襲百户，賜祭一壇，立祠死所，有司歲時享祀。翰林待詔文公徵明志其墓曰：「公修政卓絶，敏於割裁。兩令劇邑，庶務畢舉。在比部，權貴屬公置所仇於法，公曰：『殺人媚人，仁者不爲。』卒讞出之。邊帥執疑似數人爲虜奸細，傳致抵死，本兵不敢異。公察其非辜，特爲執奏，皆得不死。順慶僻遠，郡大而民龐，修黌宇，聚横塾，專務教化，郡俗丕變。城圮，重於動衆，召屬邑飢民僦工，民既得食，工亦告成。漢中偪戎羌，憲府每見虜，輒盛旗纛、列車乘，示中朝威重。公露冕行部，指揮號令，虜皆羅拜馬首，邊庭晏然。漢中飢，流莩屬路，力請於撫、按，便宜賑救，所全活數萬。他郡飢民，盜礦嘯聚，撫、按議發兵，公執不可，請身任其咎。檄所在官司，開倉賑民，榜示麥熟歸農，麥熟而不歸，殺無赦。民歡呼錢公生我，咸投刃散去。敭歷中外，餘二十年，勤官耆事，有可表見如此。」譜紀其死事曰：「倭蔓延内地，州縣閉城自守，不敢發一矢。令王公鈇北人，立馬而射，舞雙刀如輪，沾沾以殺賊自喜。公與扼腕談論，相得驩甚。賊來攻城，令自持强弩射却之。公家兩蒼頭，張弓矢爲兩翼。登陴耦射，兩人更酌酒相勞也。倭自吴淞江入郡，掠許墅關稅，取道尚湖，經讓塘入海。」公爲令畫策曰：「夷來送死矣。夷利野戰，今舍陸而水，又重載，我薄之，必大勝。不能殲，則繼之以火，此天亡夷之日也。」乃率衆急躡夷湖上，窮追至讓塘，夷匿其精鋭，使一二酋挑我，而四面設伏起，公陷伏中，身被數鎗，猶手刃二賊。與二蒼頭嚴肅、趙秀俱死，而令亦及於難。邑故無宿兵，募富家兒及市井少年領行伍，謂之耆民，未接戰，先踉蹌散去。公與令對坐舟中，浮白引滿，大呼左右殺賊，賊已躍入柁樓矣。公急起鬪，被戕。令奮身陷泥淖，賊攢刃之而死。是役也，有謂公不當引邑令浪戰取敗衄者。藉令如公初計，我以全師持重自保，用神機矢石，促夷舶入葭葦中，順風縱火，其不殲者餘幾？今夷已過湖，趣與野戰，而成其勢。天不假會，非畫策之過也。又謂公居薄江，家燬於賊，憤而敗於一逞者。賊沿江縱掠，先公初殯，牆翣焚毀，公號痛不欲生。墨衰即戎，血肉糜爛，死忠死孝，可謂兼之矣。而猥以顧恤田宅爲譏，韓子謂小人好議論，不樂成人之美，古今一轍也。文待詔曰：公非有官守，亦其素志敢爲，不欲苟且自恕，非邂逅倖功爲也。御史周如斗言：越浦之寇，流毒日深。諸臣防禦失策，致鎮撫孫憲臣身嬰賊鋒，知縣王鈇、鄉官參政錢泮繼及於難，請卹録憲臣等，而正失守慢防之罪。一時國論，凛於秋霜。人言如蠅鳴蟲奮，豈足述哉！公殉難時，母褚宜人年八十餘，撫其屍泣曰：「汝爲忠臣孝子，母願畢矣。」兵憲任公環，撫膺嗟歎，登其堂而拜焉。年九十三卒。子孫以百餘計，今繁衍至一千三百餘人，而長孫部襲父官。祠賜額曰褒忠，至今享祀不絶。

光禄公有二弟，仲激，字鳴善，季洽，字鳴治，皆以孝友著。父病疽，激禱君山神請代。神夢曰：「已奏上帝，還爾父魂矣。」洽別居張墅，去父母半舍許。調甘進旨，相逮於路。

術者言月谿翁夫婦壽並八十四，而已踰一紀。月谿翁卒如其書。洽焚香籲天，求奪算以益母壽。褚宜人年九十三而卒，洽猶健飯，一夕，夢星隕，化爲二婦，語曰：「吾年即汝年。」詰朝，一婦人來，詢其年，四十也。告人曰：「二婦，其八十乎？死期至矣。」告之之夕而卒。洽初析產，得甌脱地，計鹵地得水，可令畝一鍾。强本力穡，穿渠溉田，遂成上腴。及家大起，割所溉上田二千畝爲義田。無賴少年以事誣洽，病且死，語人曰：「吾厚誣錢翁，受地獄報，將奈何？」生九子，孫五十餘人。

諫有二子十孫，最小孫曰櫝。嘗挾貲賈維揚，賈人宴客，多貲者居上座。櫝歎曰：「人言賈無禮義，信哉！」乃棄歸，復事田業。子大法，字元常，以高才自負，乙卯秋試，病瘍幾殆，逼期乘疾而舸南，負痛入鎖院，膿血狼藉，筆墨酣飽，試畢而瘍差，遂得雋。三試春官不第，抱憤而卒。

謹有六子，禮、祖、綸、裕、祀、祜。禮長子琛，字國寶，正德中歲飢，貸於江上巨室，得穀千石以助賑。劉七寇江淮，以計擒其謀客范秋山，送軍門斬之。第六子班，字國序，率家人從王令追倭戰死，所謂耆民者也。綸長子浚，内行修飭，人有田冒匿户名，代輸糧數歲。科等，知其誤，弗與追。其爲長者如此。浚四世孫文光，字純中，孤貧力學，依外家居揚舍，與繆詹事西谿同里，鏃礪文行，西谿以爲畏友。兄文元往田舍，盛暑暴亡，親負其屍以歸，行數里，哭而告曰：「兄今抵某地，去家幾何矣。」路人皆爲隕涕。强學攻古文辭，詳贍有首尾，草國史紀傳，窮老無成而死。嘗從予遊京師，予爲志其墓。

謹六子，第五子祀之後最盛。祀年十七，棄石莊大第，徙横塘，芟舍三楹。里中笑爲白癡。拮据數年，百堵並作，棟宇宏麗，笑者咸吐其舌不能收。治田於塘上，塘上諸豪，禁比伍收鑄器，不許出一丁相助。公暮夜抵諸父兄所，告之故，期旦會塘上。明日，耕夫千人，耰粗棘钁千具，牛百頭，一朝而原隰釋釋，豪咋指以爲神。爲田賦長，豪相約不輸一錢，乃悉召會諸父兄，襜衣大帽，乘肥馬，人持銀璫，收捕諸不償國賦者，椎牛市酒，歡呼殷原隰。豪亦聚衆相抵拒，相持氣奪，不能支，散去，縛其魁六人，傳詣郡縣。六人叩頭求解，乃罷遣之。病革，屬其子昇曰：「吾弟抵負官租，久繫獄。幼子八歲孩稚，以二事累汝。」昇立輸數百金，出其叔於獄。且撫幼弟庶而哭，懼不立，欺死父也。昇字國明，人呼爲西湖翁。庶字國徵，是爲行人公。行人年九歲，兄命之入學，母憐愛不遣，日從羣兒黏雀竿、放風箏爲樂。年十六，猶不知書。從兄光禄卿入學，騶從鼓樂，喧迎於門，問塾師喬生何爲？喬曰：「汝能讀書，亦如是。否則執旗曳竿，爲彼伍伯前驅耳。」遂涕泣請受學，兄大喜，特牲告廟，延師教授。懸髮淬掌，倍日並夜，十年而學大就，舉嘉靖庚戌進士，官行人司行人。孤童失學，藉其兄卵翼以底成立，而西湖翁坐危法瘐死獄中，行人亦竟以哭兄死。西湖翁，豪舉俠放人也。少負意氣，饒畫策，奔人危急，輕出財力，禮賢下士，蹴踏里中兒，内行嶄嶄，不苟訾笑。客至則躧履迎門，開筵張樂，執杯持耳，談諧盡歡。無客則自爲客，列炬高坐，洪飲達旦。從兄自戍所亡歸，每宴客，先觴兄於謹舍，而後舉爵。詰旦復擊鮮以謝不敏。以高貲，推擇爲鄉老。瀕江多盗，豪宗通行爲囊橐。邑令以屬翁，翁知令與豪有連，大聲摧之曰：「盗易治耳，盗主近出巨族，則奈何？」令語塞，張目向翁曰：「公不庇族，我敢庇盗乎？」乃出方底書納令袖中，按籍逐名捕之，無得脱者。豪銜之刺骨，未有以中之。翁往徵民租，其子溺水死。豪關通後令，周内具讞，當抵死。獄久未決。行人既除官，促數請告歸，爲兄白冤狀。將行而訃至，投地大慟，傷肺嘔血。奉使汴藩，歸里逾年亦卒。亡何，豪病，舉家聞攣索聲，搏顙呼西湖饒我。血從鼻耳出，有頃死。鄉人叉手呼天曰：「猶有鬼神也！」子亨，字仲嘉，是爲封御史公。西湖獄急時，榜掠箠治，楚毒無生理。計無復之。從稠人中躍入堂皇，大呼代死，額血覆面，哀聲動牆壁。訊者心動，獄得少緩頌繫。父死，席薦枕塊，藉束薪而卧。人慰問之，輒哽咽不能置對。葬母天大雨，引春秋雨不克葬之文，引而復返。越二日乃殯，沍寒袒跣，肌肉皴皵，雨涕成冰稜，觀者泣下。官逋急，乞假得數金催科，隸尾之以行，中途遇從兄，遮訴曰：「親卧地不收兩日矣。」探袖中金與之，竟不反顧。客有坐死法來歸，藏之複壁，旦暮上食。人言是且連坐，應曰：「余終不以畏罪而棄所哀憐之交。」行之自若也。子岱，字汝瞻，隆慶辛未進士，除廣州府推官，以卓異拜湖廣道監察御史。天啓壬戌五月卒，年八十二。汝瞻易直弘亮，明允沉塞，遇事斧劈觿解，目無盤錯。狀貌魁偉，聲如巨鐘。抵掌談諧，聳動一座。驟而與之遊，無不傾倒，知爲通人快士也。汝瞻爲江陵舉士，江陵方急才，每得其章奏，輒稱善。故事，元輔不謁客，而江陵尤貴倨，顧獨枉駕過汝瞻，呼守邸人囑曰：「傳語主人，吾不以此禮加他御史也。」巡按山東、湖廣，再主鄉試，程文簡潔圓潤，文體一變。山東故多豪猾大駔，通關京輦，持監司郡邑長短。德府强近親賊殺不辜，急則亡匿王所，一切用間掩捕，按治論死，豪强慹服。言者請穿河梁地，通灌注，下齊、豫按臣議。汝瞻討覈原委，條上利害，謂：「當壞官亭廬舍千萬所，費水衡錢萬萬，兩省騷動而無補國計。」事乃寢。其能引大體、決大事，爲西臺眉目如此。壬午，楚闈事甫竣，而江陵歿。諸與江陵厚善者，皆詆諆爲張黨。汝瞻遂不復振，垂三十年。國成潰弛，戎醜牙孽，追思綜覈初政，咸歎息於江陵，思其所録用之才，皆精强幹辦，可資緩急，不若近世愞臣鄙夫，憒眊蠹國家者，而汝瞻則已老矣！中年歸田，氣力壯甚，斥其精神才術，從事於田園聲伎，以耗壯心、遣餘年。寵姬鄭氏，美而慧，能操持管鑰，綜理纖密，庀治洗湔，徵歌教舞，以娛汝瞻於老。二八遞代，履綦錯雜，優人管弦，鏗鏘極樂。於甲第之南，架山鑿池，爲園曰小輞川。弈棋飲酒，談笑大噱。信眉坦腹，爲主人翁。門下客奉觴稱賤子，以次上壽。如是者四十餘年，鄭殁，汝瞻亦厭世去，俗所謂如意眷屬也。汝瞻内行淳備，以尊祖敬宗收族爲事。建五王祠，修族譜，宗人貧老，破衣芒履，蒙袂登堂，與金章朱履雜坐，稱孫稱侄，不敢少自假易。蓋其祖、父家風如此。晚與余談江陵時事，舉其決疑斷國者數十條，以相策發。新城王司馬象乾，同年生也。天啓中，以欸虜開鎮薊遼，汝瞻笑曰：「王霽宇遂作擎天一柱，朝家可謂乏人矣。」先君嘗言：「汝瞻不坐廢，當任邊督，爲名本兵。晉溪、虞陂，其季孟之間乎？」汝瞻舉酒屬先君而笑，以爲知言也。子時俊，字用章，萬曆甲辰進士，歷官湖廣按察司副使。居官醇謹，管武林南關，以清惠聞。歸田後，園池伎女之奉，不減汝瞻，其才情揮霍弗如。

衡之伯兄曰櫂。櫂生八子，第三子怡，生文周、文吉。文周醇謹自好，子廷珍，曠達嗜酒，每日晏治肴榼，與姬妾痛飲，既醉，扶入卧内，就枕鼾睡。兩侍婢以酒沃灌，酒活活入喉嗉，咀嚼如醒時。每指其腹笑曰：「揚子雲頌鴟夷殷如大壺，盡日盛酒，殆謂我也。」文吉子廷彦、廷佐。文吉廓落自喜，口不言阿堵，錢穀出入，不能訾省。家益富，而廷彦讀老子書，自謂能節嗇持盈，以守遺自號，田産視父時漸落。季子籌，字汝猷，家益貧，依雙鳳周氏家焉。賦遠山詩曰：「半篷落日天邊坐，兩岸新秋鏡裏行。」爲時所稱。廷彦弟廷佐，以子籍貴，封御史。嘗之閶門，有人牽衣拜曰：「我因陸清也，賴公得活。」願奉杯酒爲壽而不敢言。笑曰：「汝欲飲我乎？」即牽清手入酒壚，豪飲而別。

籍字汝載，嘉靖壬辰科進士。錢氏入國朝，以進士登科自此始。除嚴州遂安知縣，治有聲跡。拜南京廣西道監察御史。清理屯田，窮治齊庶人獄過當。中蜚語罷歸。汝載負才氣，豪詩酒。罷官歸，治田宅，構園亭，招延賓客，盛飾聲伎，務爲豪侈，以自愉快。子弟桀黠奴恣爲奸利，以氣力漁食鄉里。家故瀕海，習於魚鹽蜃蛤之利，通鹽艘估商舶，盜販私榷，以潮汐爲市。歲時輸納，不問所從來。江海亡命，黄頭赤幘，皆戴其名以行。盜劫金壇庫，酋長緋袍大冠，乘八人輿，列炬如白晝，大聲傳呼，稱錢御史公子。竟莫得其主名也。王元美作虞山謡云：「虞山山頭日欲黄，誰家健兒出南塘？」孝廉船泊淮上，隣舟問知虞山錢氏，皆相戒刺船引去。御史温某按吴，飛章上其事。二子及家奴皆下獄考訊。邑令縱百姓籍其家，琴書牀几，狼藉道路，歌姬侍兒，膏首炫服者，廬兒養卒，徒手攜去，數萬金之産，崇朝而盡。壻家在吴門，賃居寄食，年八十餘乃卒。汝載初登第，賦江南春詞，爲貴溪相所賞。同里楊儀夢羽以詞倖貴溪，遂相妬，老相謗也。爲詩，有海山集。皇甫司勳摘取數十聯，有云：「月瀉湘江水，花明楚岫雲。」「月寒暗渡飛鴻影，山静遥聞落木聲。」其佳句如此。嘗闢虞山劍門，架危樓，題其柱曰：「無邊風月供嘲弄，有主江山任剪裁。」獄吏指爲反詩，可一笑也。第四子審言字仲思，少好聚異書，從皇甫兄弟、周山人學，余兒時聞其言曰：「『猿啼洞庭樹，人在木蘭舟。』此子安五言詩法也。」攻選體詩，刻畫字句。孤貧倔强，寄居五王祠廡下，依侍御汝瞻以老。仲思有季弟，貧益甚，其妻爲女紅師。歸安茅坤，汝載所舉士也，贈詩云：「彈鋏未應淹客舍，有人刺繡倚青樓。」先君每誦而哀之。

權第五子悦，娶於徐，贈工部侍郎訥之女，工部侍郎恪之女弟也。徐氏以家訓著稱。悦早世，孺人年二十七，養姑育子，孝節著稱。天順八年，詔旌其門，事在實録。錢氏入國朝，節婦旌門，自徐始。四世孫執中，妻顧氏，五世孫鎡，妻包氏，建四世孫蘭，妻桑氏，皆早寡勵志。包以成化元年得旌。自是厥後，閨門多以賢孝聞。祀與其子昪，皆娶於徐。祀之母季，老嬰惑疾，暴怒瞀亂。徐侍側則良已。年九十終。徐哭夫喪明，沈滯床褥，垂二十年。子婦左右扶侍，如徐所以侍季者，兩徐氏皆司空家女也。智七世孫繩，妻呂氏，奚浦農家女，晨夕操井臼，養其姑與祖姑。病瘵，骨稜稜矗立，不肯少自寢息。祖姑病脾，遺矢便溲，暑月穢惡不可近，辟人取厠牏，手自湔滌，更番薰沐，日數四不倦。曾祖作譜録，惜其匿處村落，躬履至行，世未有聞，特著其事於外傳。

智長子貤，字濟民，讀書治生，業用翕起。營仲橋莊堂與寢廟，皆宏傑。四世孫獬，拓其故而新之。呼鷹走馬，修承平王孫之樂。畜駿馬成羣，皆有名字。臂鞲鷹，價值數十金，鷹坊馬厩，架構皆異民間。獬殁，子孫散居塘南北，故業盡廢。而贈吏部宅在鹿園三丈浦者，甍朱瓦碧，列第數里。嘉靖末，亦燬於倭。錢氏第宅園池，彌亘南沙，至是而盡矣。貤有弟賆，賆五世孫以清，宗人稱澄吾翁。少長於舅氏漢陽盛太守家。漢陽爲廣李齎十萬金犒師清遠，身有事之旁郡，而屬翁典守曰：「有餘鎰千金，以勞汝。」比歸，翁不肯名一錢。漢陽病瘖不能言，捉筆畫紙，授腴田五十畝。翁泣受命，殁而返之。家有田四十畝，推以予弟。羸身出居，爲童子師以養母。母不茹葷，遂長齋斷酒以老。我先君口多月旦評，糞溲宗黨貴人，爲文序其懿行，曰：「兄也，師也。」宗人以爲篤論。子明芳，背僂，貌不揚。精於治田，耕耘收穫，捽草耙土，手足皸瘃，逾於老農，而不廢誦讀。善教婦人紡花，手練木棉，置書膝上，咿唔之聲，與紡織相上下。補博士弟子員，襴衫披紅，歸拜其父。村人聚觀，呼爲破天荒。田事急，短衣袒臂，相隨行糞田，田夫譁曰：「秀才官人，那可挑糞桶？」爲俚語應曰：「提學老子頒行太祖皇帝教條，何曾禁秀才挑糞耶？」卒以力田勤苦，病三日瘧，經年而死。

謙益曰：余爲族譜後録，取法曾祖虛菴府君舊譜。府君列傳敘曰：「錢氏自武肅來，二十有五世，爲宗人者，人物蓋森然夥矣。不論其世可乎？然有例焉，親者詳，而疏者非卓然有行業則畧。顯而賢、隱而賢者詳，而否則畧。豈惟畧之，又從而闕之。非忍之也，舊譜不傳其事，前乎此者，既無可據，今將就訪於宗人，而遺老不可復見，雖欲勿闕，焉得而勿闕？」今謙益猶是心也，而例則少異。詳吾之所自出，雖以親疏爲詳畧，而其實則以賢不賢爲詳畧也。其隱而賢者，則從其詳。而其顯而不賢者，不敢從其畧。以旌以戒，史家之遺法也。鹿園之宗，獨詳德、衡一支，而信之後行事不少概見，所謂焉得而勿闕者也。圖録至二十五世而止。自吾以上，至於高祖五世，遞而上之，雖百世猶五世也。而後乎吾者，各譜其五世，各詳其親，各繫其所自出。從吾譜而益廣之，可以至於無窮。此則歐、蘇之法也。

譜圖後序

昔者宋宣獻公綬稱我先王，世祚東夏，咸有烈光，奉國歸忠，勳蓋羣后。自入朝之後，子孫遂家於汴。榮國尚主，南渡後賜第臨海。十二世孫應孫，宋末爲紹興行軍司馬，知宋將亡，歸隱於家，遣長子國烈歸台守列祖墳墓，次子國衡居會稽守忠烈廟祀。國朝嘉靖壬辰，越之宗子祚、詔，大修先廟。考吴越子孫散在四方者，詳録其世系分派，志諸碑石，樹之廟門。曰會稽派，應孫由臨海徙居，其孫國子博士宰也。曰臨海派，自榮國至應孫世居賜第，宗子爲世珪尚德，世守鐵券者也。曰餘姚派，十世弘祖，卒官紹興，郡守子贅而徙家也。曰常熟派，十世揚祖子通州守邁之所分也。他如山陰營基派，出忠遜王。山陰西河、會稽范橋派，出越國公。蘇州派，出廣陵王。而在浙則又有嵊縣長樂、暨陽缸灶、湖州苕溪、嘉興、武林、寧波、嚴州七派。在南直則又有蘇州、澧湖、吴江、晉陵、無錫、宜興、松江、鎮江、徽州、寧國及江西十派。是二十四派者，除台、越、姚三支，雖均爲武肅後，各爲一族，繫姓綴食，昏姻不通，皆自命茂宗名族，固未嘗敍昭穆、列世次也。歐陽公撰屯田員外郎錢治基表云：「唐末、五代，錢氏起餘杭，據浙東西，而吴越王爲武進錢氏，獨不顯，連三世不仕。」則武進之錢，不出於武肅其可知也。常熟下宅之錢，亦出吴越。參政昕、布衣昌與吾祖詩文，皆繫錢而書字。嘉靖中北部有威，與大行、武選同籍，用宗生投刺，而不敍族。余初入翰林，會稽相公在右坊，語余曰：「吾家當稱宗，今筮仕服官，衙門有資地，科試有引避，故不敢也。」於時館閣遂有四錢皆不稱宗，亦猶行古之道也。余家居數年，四方錢姓舉子集都下者，往還暄熱，相與邀福假靈，招摇通譜，而以吾宗爲嚆矢。余再入長安，以子姓自通，傻而伏謁者，麾之不肯去，而莫知所由來也。邑之後門小生，介恃宗盟，侵漁閭里，擇人而食。上官或咎余不鉗束屬籍，而小民有侯詛相及者矣。通譜之爲宗法蠹也，豈不甚哉！文僖公有言曰：「王、謝之家，鮮有勳庸。崔、盧之家，惟務閥閲。以今方古，豈有慚德。冀傳寶訓，用示來葉。吾子孫尚念之哉！將黽勉糞除牆屋，惟塵世黜族，弗克稱先王先公之耳孫是懼。」彼諓諓者，雀喧鳩聚，徵逐酒食，矯誣服屬，稗販昭穆，固將弁髦宗法，以爲舊坊而無所用也。馴至於今，華戎同貫，胥行路之人而祖父之，伯叔而兄弟之。古昔帝王賜姓命氏，明宗合族，尊尊親親之大法，至是而斬然泯滅。斯大亂之道也。禮不云乎：「四世而緦，服之窮也。五世袒免，殺同姓也。六世親屬竭矣。絶族無移服。聖人南面而治天下，以治親爲首，一物紕繆，民莫得其死。」晚近之通譜，豈非紕繆之尤者。不及百年，伊川被髮之禍，於吾身親之。誰生厲堦？至今爲梗。嗚呼！吾子孫慎戒之哉！　鴻朗莊嚴重光赤奮若之歲陬月元夕，輟簡謹敘。

吴越錢氏本支圖序

謙益既作譜圖，參考會稽先廟吴越分派之碑，喟然歎曰：嗟乎！宗法不講，先王之子孫，日失其序，二百年於此矣。吴越有國，諸房子孫，爲官者數百人，不得官者，謂之孫侄班。設宗籍，賜別第，立班首以王國本支，放古者立宗收族之制，何其盛哉！奉國以後，降□□人。文僖諸公，以公子公孫之屬，隨牒得官。彭城王尚主，光啓□□，始比於復封之諸侯。禮稱別子爲祖，不但諸侯之公子，若異姓之公子，始來在此國者，與庶姓之起於是邦，爲卿大夫者，亦謂之别子。彭城當之矣。傳曰：「公子之子孫，有封爲國君者，世世祖是人也，不祖公子。」今於吴越失國之後，立會稽爲别子之祖，立榮國以後爲繼别之宗，則亦亡於禮者之禮也。榮國之子三人，端仁、端義兩祕閣，與其子孫皆早世。端仁後五世徙吴，端義後四世徙姚，而端禮之子孫再世滋大，分居台、越。本朝嘉靖中，會稽裔孫刑部員外郎德洪、御史應揚，大修忠烈廟，會稽宗人祚、詔徧考吴越子孫散在四方者，條列支派，刻碑廟門。自會稽、臨海、餘姚三房外，在浙者七派，在南直者十一派，在江西者一派，列吾宗端仁一支，置十世疏屬之後。夫亦曰固周室之末成子也，慬而收之云爾。雖然，榮國之後，爲繼别之子者，非端仁其誰？以宗法斷之，端仁則宗子也，端禮雖貴，其有事於宗廟，則介子也。記曰：「宗子爲士，庶子爲大夫，以上牲祭於宗子之家，祝曰：『孝子某，爲介子某薦。』」其常事用大夫之牲，是貴禄也。介子不敢當主，是重宗也。貴禄重宗，古今之通義也。若曰嫡長早世，不克奉承宗祧，則大宗不可以絶，雖無後，族人以支子後之，而况其有後乎？若曰兩祕閣之後，越在他國，守墓守祧，惟祁國祖孫是賴，則可援公子公孫復封及庶姓爲卿大夫之例，别立祁國爲祖，而不得以祁國之别祖，廢榮國之宗子。謙益敢竊取重宗貴禄之義，參之以論功而獻議曰：重宗則先端仁，次端義，次端禮，宗子介子，載在禮經，弗可改也。貴禄則有祭用少牢，言介不言庶之禮在。論功則台守墓，越守祧，有宗子居於他國，而介子攝主之禮在。若引古別子條例，立祁國爲台、越之別祖，則又參伍於貴禄論功之間，而禮以義起者也。今浙之宗譜，有三失焉。敍大宗則先宗而重介，一失也。敍本支則先越而後台，二失也。德洪敍慶系之宗，姚、越皆宗魏國，而不及祁國，舍其祖而禰其孫，何居？傳曰「學士及大夫」，則知尊祖矣，此其尤偭背者也。謙益不揆愚賤，衰耄奮筆，謹作本支旁支二圖，以告於宗人。吾宗人在此邦者，望家王之祠墓，愴春秋拜掃之無時，撫廟門之刻石，悲青油暢轂之失次，尚亦夙興夜寐，厚自封殖，以無忘首丘。無以後裔衰微，俾吾先人繼別之後，避亂出居者，不得比於有罪去國之宗子。披斯圖也，其有不肅然而恐、泫然而泣者乎？文信有言曰：「王、謝之家，尠有勳庸。崔、盧之家，惟矜閥閲。以今方古，豈有慚德。冀傳寶訓，用示來葉。」吾子孫尚三復於兹訓。嗚呼念哉！

錢牧齋先生尺牘　卷第一

賀黄陶菴

泥金報至，爲之酌酒相慶。喜制科之有人，國家可收聖賢豪傑之用也。此番英俊鋒出，然必欲如先生與子壹者，方可謂之真舉子，方可謂之真得士。此益之所以喜而不寐也。伯申傳佳卷至，真正經術大儒之文，所謂永嘉之後，復聞正始之音如此。猶以常格見收，南宫更不作第二人矣。預賀預賀。犬子童稚，不能登堂叩首，罪也何如？皐比之席，難乎其難，尚賴先生指示耳。一芹奉申燕賀，幸哂存之。

與項水心

柴荆晝閉，枉書見存。載懷盛雅，不忘寤嘆。不肖草土殘生，杳然無當世之志。前者僞報流傳，謬厠五十餘人之列，已明知踰分。今果化爲烏有先生，固其宜也。臺下毋深念我。兹有家叔世熙、舍侄孫裔嘉，奉檄來南雍，苟可培植，必多爲之地。是所望於老先生也。臨潁耿耿，不既願言。

復陳確庵 二首〔一〕

仁兄囊書橐筆，爲三湘、七澤之遊，吞雲夢八九於胸中。覩吾輩屏跡菰蘆，不啻蟣蝨。泛彭蠡，仰開天一戰之神功；過赤壁，弔古人三分之遺壘。悠然而深思，慨然而長嘆。懷古悲今，必有峥嶸奇偉之詩文，與江山争氣候，亦可使陳人得見其梗概，撫几而太息乎？梅仙來，深致記存之意。鹿筋蘄艾，昇平時爲楚人包茅之貢。二十年來，眼不見此物矣。拜嘉之餘，不禁潸然欲涕〔二〕也。紅豆和詩，風華映帶，尤深仞期望之厚。且感且愧。世事悠悠，日以繙經禮佛爲事，猶凛凛恐不終朝。何時得一把臂，盡此勞結耶？太公益健飯，喜賦詩，深幸得此老伴侍，間爲致聲〔三〕。草草馳謝，諸不多及。

【校記】

〔一〕此一通亦收於瞿氏藏有學集文集補遺卷下、沈氏藏牧齋外集卷二十二。　〔二〕文集補遺作「淚」。

〔三〕文集補遺、外集有「太公」至「致聲」十九字，尺牘無。

又〔一〕

自秋徂春，忽忽如魘人未寤。雖復暫遊西山，亦如夢中遊歷耳。梅仙來，得手教，知山中杖履，不能相值，更爲悵然。喜得讀觀梅詩〔二〕，玉顏素手，依稀在心目間，差足慰夢中識路也。梅仙文心道韻，信爲河汾之薛收、姚義，輒以數言題其詩卷。漫浪之語，欣慨交集。未識何時蘇姑〔三〕子真做好夢，相與酌酒一笑也。廣陵返櫂，正當兩月。把臂之期，當在涼風至日耳。信筆奉復，不一。謙益再拜奉啓。左素〔四〕。

【校記】

〔一〕此一通亦收於文集補遺卷下、外集卷二十三。　〔二〕外集有「詩」字。　〔三〕外集作「姑蘇」。　〔四〕文集補遺有「謙益」以下八字。

與吳梅村 三首

【校記】

「荒村草具」一通已見有學集卷三十九，茲不複出，校語見彼。

又

容城孫徵君鍾元，大集中爲作蘇門高士歌者也。此老爲高陽文忠公高弟，文學操修，在洙、泗當爲四科人物，不媿高明賞識也。頃有書來，盛稱敝邑新令君，北方姱修之士，掌教容城，彬彬有鄒、魯風。令君下車，穆如清風。慈祥愷悌，仁聲四佈。鍾元生平，不輕許可，其言足徵也。頃聞制府公祖，微有推敲之語。蓋以書生初任，地方繁劇，未能一切治辦。若其居身端謹，和易近民，當地方凋殘之後，正賴以撫綏瘵寡，培養元氣，則在敝邑百姓，不可一日無此令也。幸本道老公祖憐才察吏，加意噓借，庶可免於吏議。而虞山士民，喁喁待命，日夕仰望上臺，早爲鼓舞，俾得展佈四體，安心拊循，以活此一方民。謂不肖黄髮老民，宜代爲申籲。切念餘生暮年，不應置喙世事。公書則涉於套數，專啓則嫌於偏私。敢乞老先生俯念鄰壤，轉達本道公祖，矜恤窮鄉，保全賢令。洪河之庇，先及九里。此中兆民戴德無量矣。鍾元所撰去思碑，附致一通。老先生於鍾元有松茂柏悦之誼，知非不肖阿私所好也。情事惓惓，伏惟即日留意。顒望德音，憑楮馳企。

又

論社〔一〕

頃與閣下在郡城晤言，未幾遽分鷁首。竊有未盡之衷，不及面陳。比因沈生祖孝、雪樵、魏生耕、雪竇、顧生萬祺〔二〕庶〔三〕其三子，欲進〔四〕謁門下之便，敢以其私所憂者，獻於左右，以報閣下待〔五〕僕繾綣之萬一也。竊謂天下之盛，盛於士君子之同，而壞於士君子門户之未破。東漢之末，濟濟在朝；元祐以還，英賢傑出。而漢亡宋弱者，何哉？分別之見，持〔六〕之太甚故也。其始不過一二君子辨學術同異〔七〕、政事得失，其心皆出於公普。悲天憫人之切，不覺其過。而胸腑之間，毫末未釋。望風承響者，乘間佐鬭，病腓潰癰，遂至不可療治。清流白馬之痛，有心世道者，每每致咎於一二君子之不謹。嗚呼！一二君子之在當時，豈自知其爲禍之烈，至於如此也？今天下文人〔八〕，雖不獲方駕古哲，而靈蛇明月，十室而九。較弘、正、嘉、隆之際，似今日爲盛。然僕喜其盛，遽憂其衰。蓋吾吴，天下之望也。慎交、同聲兩社，吾吴之望也。若慎交之汪均萬、宋既庭、侯研德、宋右之〔九〕、吴弘人、計甫草、許竹隱、趙山子諸公，同聲之鄭士敬〔一〇〕、章素文、沈韓倬、趙明遠、錢鍊百、宫聲諸公，又吾吴兩社之望也。望者，天下之表也。望之所繫，豈可輕開嫌隙。諸公僕雖未獲盡與周旋，相爲磬折。挹其長〔一一〕論，知其皆道德君子，必無若僕所慮者。然僕聞其頗有異同，在諸公可諒其無他，正恐天下之傳會諸公者，不知諸公之意，天下後世之傳會諸公者，不知諸公之〔一二〕指，積釁漸深，安知其禍之〔一三〕極，不至於此。易曰：「履霜堅冰至。」太公曰：「兩葉不齊〔一四〕，將尋斧柯。」此僕之喜而遽憂者也。伏以閣下聰明特達，好善不倦之心，信於天下久矣。一日出而調和焉，則朋黨之釁消，而歸美閣下者無窮。且兩社之信閣下者尤至，一整頓於詩文，一解憾於杯酒，而固已磊磊明明，盡輸服於閣下。閣下則以談笑之頃，收作睹之功矣。僕年逾七十，時以醫藥自賴。近復箋注教典，於三藏十二部之文日親。萬事灑然，視天地皆旅泊。獨於朋友文字之好，不能盡忘，故欲急覩閣下之成，以伸其願，非有他冀也。若夫區區有所未達，則三子頗得其概，坐而問之可也。三子者，李翺、曾鞏之亞，今世士流，罕有其儔。而樸厚謹直，好義遠大，可與深言，故書尾及之。氣候增熱，伏惟善攝，不勝鄙劣之愛，不宣〔一五〕。

【校記】

〔一〕此一通亦收於瞿藏有學集文鈔補遺、文集補遺卷下、沈藏外集卷二十二。　〔二〕三本皆有「祺」字，尺牘無。

〔三〕文鈔補遺、尺牘作「庶」，文集補遺、外集作「鹿」。　〔四〕三本皆有「進」字，尺牘無。　〔五〕文集補遺、外集作「待」，文鈔補遺作「代」，尺牘作「聊申」。　〔六〕三本作「持」，尺牘作「存」。　〔七〕三本作「異同」。　〔八〕三本作「人文」。　〔九〕文鈔補遺「之」下有「陸翼王」三字。　〔一〇〕文鈔補遺「敬」下有「張無近」三字。

〔一一〕三本作「言」。　〔一二〕三本有自「意天下後世」至「諸公之」十六字，尺牘無。　〔一三〕三本「之」下有「所」字。　〔一四〕三本作「棄」。　〔一五〕三本有「不宣」二字，尺牘無。

與王煙客 四首

長至之後，便擬拏舟挐榼，登堂再拜，獻西方妙觀之圖，致南極老人之祝。月之十三日，舟至吳門，封船驅迫，勢如豺虎，宵遁晝伏，慬而得免，心悸魂摇。加以寒風砭骨，僵卧委頓，匍匐而返。祇得先遣一介，賫捧頌圖，九頓堂下，以告不寧。嚴寒稍解，賤體健飯，即當躬詣潭府，摶顙拜手，以請後至之罰。恃老先生道義骨肉，當憐其老病而恕其惰慢，不以爲非人而鄙遺之也。公郎俱不遑另啓，謹一一道意。孝逸、伊人，常在侍右，並道積悃。臨啓不勝瞻悚之至。

又

别後衰病日增，上氣結塞。藥多於食，眠多於起。筆牀硯匣，不復相親。昨始强起握管，作報書一通，並繕寫像贊，屬東牀遣信馳致。忽奉翰貺，珍羞錯列。寒廬病榻，暄如陽春。台丈念我愛我，不啻解衣推食。中心藏之，未知何以報稱也。商確文事，已具前札，不復累書。犬子重承垂念，深荷記存。草次奉謝，未盡百一。

又〔一〕

歲月逾邁，老病侵尋。陳人長物，不免引鏡自憎，且復自笑。每士友從〔二〕婁東來，流傳〔三〕仁翁記存之殷，獎借之過，欣慨〔四〕交并，感愧兼集。至於少壯失學，衰老無聞。文章之道，茫無識知。不謂謬妄流傳，以嗜痂之癖，仰累法眼。子羽每言仁翁〔五〕篤好之過，每得片紙，必篝燈拂几，手自繕寫。聞之不禁背汗橫流，身毛俱豎。弟當壯年，騁筆伸紙，不知古人述作之指，西塗東抹，浪費歲月。中年少知途徑，重自悔悟。歧路已深，回車彌遠。頃者衰遲潦倒，回向空門。禪誦之餘，益知四十年來，佔佔矻矻，曾未得古人少分。傳言「老將知而耄及之」，良可爲之三嘆。以平生知己，莫如老仁翁，故輒道其底裏若〔六〕此，想當爲破顔一笑也。祝嘏之文，仰體仁人君子一腔忠孝，遂放筆而極言之，亦自分必有當於高明。頃見自壽詩云：「恩波太液浩無津，每詠秋槐倍愴神。」斯可謂豐山九鐘，應霜而鳴。旋觀鄙作，真不覺〔七〕撫卷自失〔八〕也。孝逸爲其尊人乞銘，涕泗橫集。何忍顧惜老鈍，不爲載筆？少間當具草請政，用以廣老仁翁錫類之孝也。荒村節物，重辱嘉貺。脯醢餅餌，事事精絶〔九〕。既醉〔一〇〕飽德，不但辛盤生色也。逼除匆匆，率筆奉謝。諸俟面時九頓，不〔一一〕多及。

【校記】

〔一〕此一通亦收於文集補遺卷下、外集卷二十二。　〔二〕文集補遺、外集作「自」。　〔三〕文集補遺、外集「傳」下有「老」字。　〔四〕外集作「慨」，文集補遺作「感」，尺牘作「憾」。　〔五〕文集補遺、外集「仁翁」作「老先生」。〔六〕文集補遺、外集作「如」。　〔七〕外集作「啻」。　〔八〕文集補遺、外集作「失」，尺牘作「喜」。　〔九〕文集補遺、外集此句下有「一一皆出老仁翁指撝」九字。　〔一〇〕外集作「醉酒」。　〔一一〕文集補遺、外集「不」下有「敢」字。

又

【校記】

〔一〕此一通已見有學集卷三十九，茲不複出，校語見彼。

致龔芝麓 三首〔一〕

仁兄以台衡宿望，正席柏臺。雙籐倚户外，海内想望風采。又好語喧傳，將有賜履專征之命。江南山川草木，皆爲色飛。弟老如凍蠅枯蟬，不能執丈二殳從羽林佽飛之後。空門迂誕，匣中陰符，久已倦看，幕中借箸，又非其任。惟有摩厲〔二〕老手，磨墨盾草檄，軍前作壯士歌，凱還撰鐃歌鼓吹曲，或可陪侍後車〔三〕，少償書劍從軍宿願，知老仁兄不以老耄而舍我也。從孫侍御，深荷國士之知。頃歸葬母，願邀千秋不朽之筆，以報少孤罔極之恩，其誠孝一念，良可感也。弟先爲表墓，以代乘韋。所託重者，在隧道銘章耳。弟樸學不文，衰晚廢學。初學一集，賴海内鉅公大匠，過分贊許，得厠於詞壇邾、莒之末，心實媿之。不意三家村中，突出一作家，放筆批抹。每有撰述，爲之心悸手戰。敢借重如椽大筆，畧爲掃除。正恐雷車輷輘，此輩便生[四]身埋泥沙中[五]耳。一笑！一笑！近況稍具密僧函中，不復多及。輦下諸公，煩相念者，一一致聲[六]。聞敬齋著作甚富，便郵索付，以慰老眼。洞老想不日[七]啓事矣。敝郡侯深道囑累，卧榻不能擁篲。近狀大率爾爾。知深念，並及。

【校記】

〔一〕此一通亦收於外集卷二十二。　〔二〕外集作「厲」，尺牘作「犖」。　〔三〕外集作「乘」。　〔四〕外集作「坐」。　〔五〕外集無「中」字。　〔六〕外集「聲」下有「不待贅及」四字。　〔七〕外集作「日」，尺牘作「得」。

又

日者從孫郵筒，畧附數行金石之文。此中仰望，如赤文緑字，計當尅日領教，並得傳示空中書也。邑子陳生某，本儒家之子，頗負才諝，饒有幹辦。此中監司郡邑，皆知其能，殊不欲輕寄廡下。頃挾策遊長安，慨慕一世龍門，思呈身於左右，以見其短長，斯亦可取也。陳生之友，爲嚴參戎某，倜儻自好，緩急有用之才，每推許陳生，引爲臭味，則其人可知。嚴某夙爲翁兄器重，其在陳生，亦可謂已經平子目也。秉鈞當國，正須料理人才。牛溲馬渤，亦是藥籠中物。況有法眼天眼，明鏡高懸。則弟之片言，或亦可備下體之採耳。年來多暇，採輯釋門文字，爲内典文藏，差足繼弘明之後，恨未由一請正。江鄉初寒，穹鼠塞户，頗倣豳風故事，且作雞窠中老人，爲卒歲之計。蔗境蕭索，菟裘荒蕪。獻春擬遣豚犬奉叩所借東壁餘光，此未敢闌及也。諸公乞致相念，不一。

又〔一〕

寒窗病榻，剥啄叩門。寒暄甫竟，促膝致詞，必云將入長安，乞數行致大憲公。又或袖出親知尺書〔二〕，殷勤諈諉，亦惟此一事而已。雀羅門户，因此名刺填塞，殊覺暄暖。應之不可勝應，辭之不可勝辭。病夫當此，猶〔三〕不勝其煩苦，況柏烏之門，榆柳齊列，豈能以倚户雙籐，作鐵門限耶？族孫燕喜，挾策遊燕市。渠曾於洙、泗親炙休光，曾〔四〕以入室印可。此來欲覓一館地，或曳裾於王門，或掌記於節使，飛書草檄，皆所優爲。知不惜齒牙餘論，玉成此子，不令作萬卷書生劉魯臣也。貧老近況，侍間或能少〔五〕陳其概。西巘〔六〕

近託沈友聖相聞，似不以吹噓餘論作春風過耳，須留神更一付囑〔七〕耳。聞孫北海著述甚富，閑中思得以發皇耳目。可惜翁兄大力，搜其副本見示否？又搜採釋門文字，急欲得耶律楚材集。長安中尚有人藏内閣鈔本，可爲〔八〕一訪求否？致臺閣大貴人書牘末，帶此冷淡生活，聊可發退食之餘，噴飯一笑也。諸俟後郵，不盡。

【校記】

〔一〕此一通亦收於外集卷二十二。〔二〕外集作「書尺」。〔三〕外集有「猶」字，尺牘無。〔四〕外集無「曾」字。〔五〕外集作「稍」。〔六〕外集作「巘」，尺牘作「序」。按：西巘，顧姓，爲沈友聖至友，作「巘」是。

〔七〕外集作「囑付」。〔八〕外集作「爲」，尺牘作「得」。

與李楙明

留都根本重地，仁兄以揩天馭日之才，爲戎樞厚寄，行見兵化耰鋤，民歌襦袴也。但此地人情紛雜，庶務叢脞。緩之則養必潰之癰，急之則有沸羹之患。調劑棘手，進退費思。幸福德祚宋，河清可卜。仁兄以凌霜傲雪之質，而值天眷人歸之候，無涯事業，詎異人任耶？但邇來奸回當軸，倚附爲私。紅案將翻，清流殆盡。然幸彼自鬭穴中，相尋覆敗，亦由天心欲轉，默啓宸衷。小往大來，漸漸已有機會。頃者吴橋相公有手札至，具道本末，深相囑付。轉致敝門生玉笥撫公，照應仁兄，以爲天南雙柱。若弟菰蘆朽物，釜鬵餘材。重承見委，何報萬一？兹者陳生璧，效用於玉笥門下，以公務入都。遣申左右，惟仁兄諒之。率爾素緘，統希丙鑒。

致蔡魁吾 四首

春初摳衣奉謁，得覩台顔，深慰積想。以病疥趣理歸棹，不遑叩别戟門，殊耿耿於懷也。兹啓舍姪孫某，深荷台臺累年培植。今羈宦彰德，旅況蕭條。其妻兒欲往覲省，道路迢遥，恐有艱阻。特求老公祖一符驗護行，庶關津不致留滯。舍姪孫蒙老公祖道義骨肉之愛，知不吝批發也。恃愛冒瀆，伏惟慈照，不盡馳企。

又

自老公祖旌節還朝，不肖弟瞻企德輝，雲泥迥絶。宵旦於禪燈佛火前，焚香合掌，祝誦萬壽。頃者恭聞榮命，再涖長淮。不惟東南半壁，仰賴長城，而衰老故人，重依宇下，沾洪河九里之潤，藉廣厦萬間之庇。餘生暮年，踴躍稱慶，當如何也？歲聿云暮，未能即叩堂階，謹裁里言，具粗幣，附敝相知黄甫及便郵，奉候萬福。青陽發春，便當扁舟野服，躬詣雉門，祗聆教言，申寫契闊。知祖臺定不以爲菰蘆長物，麾而斥之也。甫及感誦覆載洪恩，不啻口出。老祖臺深仁雅誼，沾濡士林，此亦可占其概矣。憑楮九頓，不盡馳企。

又

弟以老病衰頹，瘡疥作苦，委頓舟次。伏承老祖臺設席寵招，萬萬不能趨赴，用敢九頓固辭，伏祈慈照。軍務旁午，戟門森嚴，不敢躬詣叩辭，以溷典謁。即日解維南下，楞嚴疏謹泊舟候領，伏乞立賜簡發，以便啓行。臨楮不勝馳企之至。

又

奉别台顔，忽已隔歲。荒村匿跡，日與蒲團貝葉作緣。惟有向長明燈前，遥祝覆載而已。一室蕭然，復遭盜刦。殘年衣食，俯仰無計。幸少知禪理，萬法俱空，五月披裘，付之一笑而已。楞嚴注已刻就，因石臺公祖便郵，附呈法眼，以求教正。石臺文章品望，頭頭第一，知老祖臺自能圓賞也。憑楮馳企不一。

寄李秀東〔一〕

恭諗老仁翁臺下〔二〕，道裕濟舟，才雄遊刃。頃者毘輔〔三〕賢王，出鎮八閩。横海樓船之績，全收於牙旗玉帳中。恨未能參預前箸，觀鐃歌鼓吹之盛耳。客歲花甲初周，有介壽鄙言，託大哉兄郵致。此後福履日增，勳庸滋茂，尚當抖擻老筆，頌述盛美〔四〕也。敝親家趙太史月潭，赴貴同〔五〕年臯司之約，單車入閩，爲武夷、九曲之遊。企慕盛德，願納履於門下，屬不肖爲介紹。太史才品〔六〕卓犖，爲藝林之領袖。故知一見，當把臂入林，叶金蘭之契也。太史深憐〔七〕不肖衰老貧病〔八〕，參苓之資，與饘粥俱窘。介恃通家厚愛，思謀於左右，稍爲津濟之計〔九〕。聞賢藩垂念故舊，每勤清問。敝親家倘一叩尊嚴，得侍鈴閣，或可少悉近況，借東壁餘光也。山川迢遞，遥企德音〔一〇〕。一芹附致，聊同片紙。憑楮不盡馳企。

【校記】

〔一〕此一通亦收於外集卷二十二。　〔二〕外集「仁」下有「兄」字，無「翁臺下」三字。　〔三〕外集作「轉」。

〔四〕外集作「德」。　〔五〕外集無「同」字。　〔六〕外集作「筆」。　〔七〕外集無此四字。　〔八〕外集「病」下有「屏跡江村真人世一長物」十字。　〔九〕外集無「參苓」至「之計」二十六字。　〔一〇〕外集「音」下有「日遠」二字。

答楊鎮臺

江村荒僻，重辱玉趾過存。蔬食菜羹，輶褻長者。方歆然負罪，而台貺儼然臨之，何存念之厚也？拜嘉之餘，感愧交集，尚容九頓，以盡鄙懷。昨縣父母見顧，深荷高雅，了無芥蒂。真所謂淑人君子，民之父母也。楮末附及，草草馳謝，未盡百一。

致梁鎮臺 三首

恒山、琴水，雲樹蒼茫。懷想哲人，如侍函丈。僕衰齡弱質，穨廢晼晚。燭武如人，師丹多忘。惟有拋撇世念，回向空門。貝葉數行，禪燈一盞，送老送窮，更無餘事。江南多警，風鶴遥傳。網羅彌天，風波匝地。所幸烏紗巾上，自有青天。知己俟命，實四字護身符也。斗南箕北，久缺聞問。兹因趙通府涖任貴郡，託其奉候起居。通府爲文毅公定翁之曾孫，太史景之之子。文毅與趙忠毅公有金石之契，於先冢宰公爲通家。通府少年博學，刻勵自好。其在楚中，賢聲籍甚。遷官畿輔，幸在宇下，幸無惜金篦之導，以爲指南。若貴宗金吾、奉常、詞林諸世丈，咸賜獎成，俾無顛墜。文毅將額手九京，弟亦藉東壁餘光矣。内子念尊夫人厚愛，寢食不忘。此中郵筒不乏，即容耑候萬福。令甥吴公祖，循異著聞，深荷屋烏之愛，晤間希爲道意。空函信筆，馳企何已！

又

海晏亭記，得見松陵相公大作，莊重典雅，信是館閣鉅手。碑刻之示，不容有一，謹作頌序一篇。頌者，所以頌功德之盛，可以傳之金石。有記，似不可以無頌也。文成專力奉上，幸照入之。諸俟面盡。

又

春間以杖藜野老，晉謁戟門。猥蒙車乘之招，重荷鼓鐘之饗。德意崇重，恩禮優渥。春風淑氣，至今沁入心腑中，不但既醉且飽德也。墓銘躬承台命，深愧謭劣。令兄世丈，以碩德雅望，謹於列名下添入兩行。文體已定，不克多有揄揚也。惟祈原而照之。揮汗草草，不盡馳企。

致倪制臺

與臺下不相聞問，十五易寒暑矣。老躭空門，近益纏綿衰病之中，遂與天涯老知己闊絶無似。江右彭達生，三十年來宿名之士，與黎左嚴爲石交。頃遊吳閶，欲一登龍門，乞不肖之言紹介。病榻爲作數行問訊。此兄以文行推重西江，今更精堪輿術，思借重鼎言，薦引於席寧侯諸郎君，筆底春風，知不難噓枯吹生也。力疾草次，不盡馳企。

致郎制臺

治某，奉辭鈴閣，已四易歲。感誦明德，匪朝伊夕。江村屏居，焚香禮佛。但於長明燈下，遥祝萬壽而已。恭聞牙旗玉帳，時蒞江濱。菰蘆草木，咸有生色。獻歲發春，景物暄美。當從百年父老，執壺漿以候前車也。兹有啓者，敝邑新任張知縣，北方素著才品。敝邑逼近江海，吏治刓敝，盜劇民窮。所望於良吏保綏，真如倒懸之望解也。老祖臺察吏安民，洞若觀火，豈藉人言。而敝邑爲海濱荒僻之區，下史頌聲，恐未能遽達於左右。治某恃在知愛，是以敢推士民之意而公言之。伏惟老公祖曲賜培植，令其殫力從事，又安凋瘵，敝邑兆民幸甚！野人芹曝之獻，聊以奉候起居，不敢言侑緘，伏望笑涵。臨楮，不盡馳企之至。

答張鎮臺

老公祖臺下以孫吴重望，節鎮三吴。江海肅清，軍民綏服。不肖欽仰德威，江村門户，朝夕瞻望軍府，未敢有一行千謁左右。頃承台諭漁船一事，此必出奸人假託，伏乞老公祖重加懲治，以警將來，則治益亦受賜多矣。衰病少間，尚當面謝。不盡馳企。

致李石臺

某屏跡水村，江天寥廓。每占福德星下臨吴地，烏目山頭，紫氣坌拂。今果聞節鉞近涖虞山，瞽史之言有徵。仰拜明霞，瀝酒相賀，喜可知也！台旌下車，草木皆爲動色。禮當隨黄髮父老後，壺漿奉迎。年來絶跡城市，足疾新愈，須人而行。先奉尺素，布其區區。鈴閣伊邇，從容函丈，沐清風而就冬日，固不敢以疎遠自外也。心經小箋一册，奉求法眼印正。村居多暇，料理宿逋，草得貴鄉李忠文、劉文端二公碑志，稍閑當繕寫以求斧削。新篇富有，知不靳賜教，諸俟遣犬子恭候。不盡馳企。

送李道尊

恭聞天書内召，鋒車戒行。通家老叟，久荷廣厦萬間之庇。一旦雲泥相隔，可勝扳卧之懷。惟是東南半壁，徼有天幸。不日即借重開府，以使相新銜，重臨舊地。菰蘆老民，惟日夕向佛燈遥祝而已。頃在淮上，喧傳前旌將至。沿途迎候，未能相值。抵家眩暈大作，潦倒支牀。謹遣一介奉候道左，伏惟垂鑒。不勝馳仰之至。

致盧澹巖 四首

老公祖以遷、固雄文，發軔蕲志，樸學謏聞。謹承台命，聊援禿管，以弁簡端。幸如椽之筆，削而教之。承分清俸，本不敢承。久病纏綿，資生參朮。藉手嘉惠，以償藥券。拜賜弘多，感謝何已！不腆草具，出之家厨，聊申野人芹曝之獻，伏惟莞存。不盡悚仄。

又

不肖屏跡蓬茅，齋居禮佛，高枕承平，仰荷如天之貺。惟晨夕於長明燈下，遥祝萬壽而已。頃蒙翰教，謹於尊府君志中，添入合葬一段。以文體冗長，但撮畧序次，不能如梅村志文之詳贍也。知老公祖具眼能裁鑒耳。腆貺鄭重，不敢重違台意，敢再拜登受。金風戒涼，黄花漸發。當泛扁舟，扣謝鈴閣，秖聆揮麈餘論。不盡馳企。

又

老公祖深仁厚澤，頌聲載道。虞邑萬人，家户頌祝。昨者推士民之意，勒碑頌德。恨拙筆無文，不足以發揚萬一，殊自愧也。頃有請者，里人張某，乃孝廉鴻所之孫。其子出嗣於伊嫂陳氏，本一家至戚。事甚渺而構大訟，以致骨肉傷殘，主僕紊亂，此皆中間唆使者之罪也。老祖臺庭訊之下，細鞫三黨，自當洞悉情僞，究治唆棍，保全家門。一舉筆間，造福無窮也。孝廉係不肖舊交，輒爲一言，伏祈裁答，不盡。

又

衰病怯寒，遥想鈴閣，如在天際。重荷翰貺，禮當叩謝。辱委蘄志序，須數日内力疾載筆，當九頓首以復。臨楮草次，不盡馳悚。

復鄭撫軍

敬啓：敝邑諸生顧文蔚，讀書自好之士，遊於門牆久矣。茲以外家服賈，薄遊淮上。欲望見旌節之餘光，乞一言以通於典謁。老公祖折節好士，諸生布衣，望風仰德。山不厭高，水不厭深，吐哺歸心，此古人之流風，節鎮之盛事。敢爲一言通之。鈔關主事蕭鳴清，敝座師圓圃宗伯之子也。不知何故，遂致白簡。念其名家之子，可以委曲保全，仁人君子之用心，所不辭也。半舫身後，家門凌替可念。附問不一。

與石糧道

老公祖哀毁骨立，見星奔赴。猶能眷念先德，以不朽之責，屬之鄙人。此真仁人孝子之用心也。雖老耄失學，久謝筆研，何敢固辭？謹承命撰墓表一篇，援據行狀，不敢以一字粉飾。他日或可以徵諸惇史也。南北記事，敬題數語，不足以揄揚盛德，聊以致緇衣之好耳。素車西返，春寒尚嚴，伏惟節哀加飯，以襄大事，無蹈古人滅性之戒也。臨楮不盡馳企。

致吴通判

初聞視篆雲間，謂可長侍教言。不謂仍借重督漕，馳驅跋涉，爲國宣勞。賢者之爲時倚賴若此，知當有崇班殊擢，以相優異也。奸人飛誣，宋公祖徹底昭雪，實賴指南之力。更得撫公電斷，斬盡葛藤矣。知道義深念，輒用申慰。敝通家趙生，深荷國士之知，僕亦借東壁餘光，敢代爲手額。漕事竣後，當率竹馬兒童，奉迓使君。諸不多及。

致張邑尊

恭惟臺下，以金鐘玉鉉之品望，小試牛刀。蒞爾虞城，惠我良牧。德星所至，菰蘆草木，咸爲色飛。某衰殘卧病，屏跡江村。未能從黄髮父老，執瓣香以候飛舄。席門蓬户，反荷式廬。遥聆德音，感愧無地。老父母千金驥足，早空冀北之羣。而北地人倫模楷如鍾元先生者，金舂玉應，夙深臭味，湛道德而浮英華。用以撫字痌瘝，育養彫敝，爲此邦億兆造福，豈有既哉！衰晚餘生，脚病乍發。藥餌少間，尚圖曳杖扶藜，拜謁堂皇，親聆德教。鍾老回啓一函，敬煩記室，乞爲轉致。草草布懷，臨楮不盡馳企。

致嘉定李邑尊

專啓：練川僻邑，而讀書勵行之士，爲三吴逢掖之冠。此中先哲後雋，定交結契者，不下數十人，今皆邈然異世矣。如敝同年李長蘅、侯起東，敝相知金子魚、黄蘊生輩，其子弟皆好修力學，不隤其家聲。而敝門生張鴻磐，文行蔚然，今已爲老師宿儒。此輩皆幸在宇下，荷如天之覆。惟老父母曲加採訪，賜之盻睞，俾得以疎瀹眉目，鏃勵向往，則賢者存殁，皆仰荷覆露。而不肖借東壁餘光，亦與有榮施矣。恃道義之愛，冒昧奉啓，伏惟鑒照不一。

致吴江雷邑尊 二首

寒門羅雀，辱枉軒車，棄屣遺簪，重荷慈念。衰遲屏廢，無以裨益末光。惟是循異之聲，騰踊江左，陽春有脚，得借廣厦萬間之庇。私心抃舞爲何如也！吴門數君子，皆在高賢臭味中，其子弟皆束修自好，如張異度之子奕，文行兼美，食貧攻苦，爲諸生中眉目。特令奉謁鈴閣。所望念名賢之後，破例培獎，俾不至抱影寒廬，則不肖亦借光多矣。孝廉中如姚文初者，文學行誼，師友千古。當爲下陳蕃一榻，以單父之禮待之，所裨於彈琴之治，良非淺鮮。緇衣之好，當有同然，非敢以説項自命也。臨楮未盡馳企。

又

老父母循異之政，籍甚江左。均田之役，扶貧抑横，所利賴於民間。謂當有不次之擢，而不免反挂吏議，信哉良吏之不可爲也。此番會勘，知已澈底洗雪。昆岡之火，不但無損於連城，且令天球琬琰，焕然生色，良可爲鼓掌稱慶也。不肖衰老杜門，已爲廢人長物。郡公祖不敢輕以尺一相聞，無以仰副來命。然公論昭然，仁聲載道，當亦無藉於旁議也。病體衰頽，窮苦萬狀，不能申候左右，惟高明諒之。憑楮馳企，不盡百一。

與錢潤州

吳門邂逅，幸覿光儀。仁風披拂，如坐春陽。頃三峯姪孫回，備道記存衰朽。仁義之人，其言藹然，有中心感佩而已。兹有啓者：孔總戎孟文，雄才大畧，兵家之韓、白也。頃以撫局告竣，奉旨峻擢，候命京口。布衣蔬食，戟門蕭然。惟臺下爲國憐才，得賜青盼，俾得不困於薪桂。以經營戎務，即日仗鉞登壇，得有成績，皆臺下之賜也。以緇衣之好，僭爲一言，伏惟慈亮。臨楮不勝馳企。

復李夢沙〔一〕

謙益衰殘病廢，索居江村。闢門相望，一衣帶水。以大君子建節此邦，風流儒雅，映帶江表，而不能摳衣納屨，望見眉宇。燭武無能，師丹多忘，自分面目可憎，遂致門牆絶跡。瞻彼高山，有望塵遐〔二〕企而已。遠承慰〔三〕問，翰貺頻班〔四〕。子雲有載酒之資，杜陵無倒懸之慮。通懷若斯，啣佩何已。捧讀大集，驚歎交并。輟貝葉之餘工，繹粲花之緒論。禪定未深，獵心猶喜。輒拈長語，以綴〔五〕簡端。譬如盲人摸象，窮子問乳，雖復盡意摸索，豈能稱揚百一。或者憐其狂瞽，不爲賤媒，聊爲乘韋之先，俾充促娖之役，庶〔六〕幾附以不朽，與有榮施耳。小春餘日，負暄少暇，當奉扣丈函。臨楮草率，伏惟慈照〔七〕。

【校記】

〔一〕此一通亦收於瞿藏文集補遺卷下、外集卷二十二。　〔二〕文集補遺、外集作「遥」。　〔三〕文集補遺、外集作「示」。　〔四〕文集補遺、外集作「煩」。　〔五〕文集補遺、外集作「塵」。　〔六〕文集補遺、外集「庶」字前有「則亦」二字。　〔七〕文集補遺、外集有「小春」以下至末二十一字。

與周工部 二首

去秋避跡窮鄉，有失倒屣。門下不以爲罪，念及草木之年，殷勤稱壽，何記存之厚也？劫灰以後，皈心空門。禪燈一盞，貝葉數行。不讀世間書，不作世間文，不見世間人，不談世間事。一身如寄，萬念灰冷。門下猶以老謀壯事，漫相期許。意則美矣，未可以稱知己也。道間趨行，未致報章。特遣奴子馳謝。玉純亦久不相聞矣。近讀内典，深知一切怨親，皆是因緣業報。人世刀塗血路，種種可畏，以佛眼視之，正復了不異人也。聊以此言相廣知己爲一笑耳。

又

老公祖臺下以碩德台望，榮膺特簡，再涖江南。德音仁聲，宣佈遠邇，咸謂一佛出世。治某在吴門，深荷教愛。屏居江村，未能奉叩鈴閣，祇聆慈誨，惟有清夜爇香，於長明燈下，遥祝萬壽而已。歲籥洊更，馳想日積。謹裁咫尺之書，遣一介恭候起居，伏惟鑒涵。臨楮不盡馳企。

致王大哉 二首

客歲恭承示問，重以嘉貺。言念明德，時切馳想。所託撰秀東壽章，謹以具草書册，專力馳上。並致銀鼎一雙，以申遥祝。伏乞轉付郵筒，稍見區區萬里故人一念也。吴中喧傳□□移鎮八閩，老公祖定有確信，自可不致浮沉。其憨大師全集叙，有敝年姪回粤，已函送海幢華首和尚矣。江海清夷，歲時多暇。桃渡、花臺間，知老公祖優遊嘯歌，及時行樂。但東山久滯安石，有虚蒼生厚望耳。起居萬福，草次申候。臨楮馳企不一。

又

客歲冰雪載途，彼此相失，頗爲丁老所誤。頃以就醫過吴門，歸日得奉翰貺，深悔知之不早，又不獲把臂周旋，殊爲悵然也。年來衰病委頓，深以筆墨爲戒。承台命，不敢固辭，破例捉筆，殊媿不文。過承潤筆之賜，即付酒家，便可以數日醉飽，不憂硯田常荒矣。一笑！一笑！秀東車笠之誼，久而不替。但未悉弟衰老貧病，一至於此。敝親家行，託致近況，又不得達，更當與老公祖謀之也。鑑五公祖，夙仰高誼，不獲一識荆州，深用悵快，伏乞諄切致意。草次附謝，不盡覼縷。

致王符乾 三首

舟中訣别，涕淚覆面。别後思之，每爲耿耿。所望聖明洞照覆盆，元凶既除，生還有日，知知己者必爲開顔也。專城之地，正當寇衝。盤根錯節，可别利器。此地當淮、蔡之要，不獨一郡仰爲長城也。頃從侯六翁司農家報中，聞下車未幾，即相度要害，捐資築城，爲金湯永賴。士民讙呼祝誦，其聲塞塗。老年姪真心定力，爲地方長久之計，即日受不次之擢，建牙開府，其根基已定於此矣。預賀預賀。司農公海内正人，以司屬牽連，辱在請室。其一念孳孳，爲國家、爲地方，不啻飢渴之於飲食。至於教訓子弟，約束僮僕，家訓肅然，中州士大夫之所共仰也。頗聞其令伯光禄公高年盛德，足跡不出户庭，而其子弟多驕悍不守法度，未免爲家門之累。倘有干犯，不妨執三尺法以治之。事有相反而實相成者，此所以爲司農，即所以爲光禄，亦即所以爲其子弟也。不肖與司農公二十年道義之交，熟知其好修厲俗，一片雅意，故敢爲饒舌如此。萬惟垂鑒。金壇周介生，館於司農之家，此吴中第一名流也，幸老年姪破格厚遇之。到省城，晤張林宗，千萬爲不肖道意。此中不敢具名莊簡。臨楮馳念不一。

又

去歲有八行附司農公郵中相聞，未知到否？忍死幽囚，又復數月，亦殊懶通知已聞問。而司農次公赤社，歸覲其太翁，索此以紹介於門下。赤社才品，爲中州人士冠冕。叩閽上書，爲其尊人鳴冤，義風扇動海内，其人自足重也。當其家門衰落之時，門下必能越世俗之見，不因人爲寒熱，況赤社自足以重家門者乎！司農公家教清嚴，其約束親族僮僕雅意，前札中已具悉之，不復贅及，幸爲留神。冗次草草。

又

每從司農公所，得聞新政，真所謂頌聲載道。而兆登自邑中來，知城南數頃，盡割棄之，以爲築城治礟之用。視世之囊金櫝帛，以官爲郵傳者，何啻相去千里哉！增城浚池，屹然金湯。淮、宋之間，咸資保障，其利賴豈獨一郡而已。唯外池一役，關於一郡來龍者，浚鑿之舉，尚宜斟酌。不獨司農公，即許奉常、王詹端諸公，皆以爲慮。老年婭此舉，總爲地方經久之計。爲來龍，亦所以爲地方也。知高明自當周詳熟計。而縉紳中之名賢，如王銓部者，不妨與咨諏商訂，以求萬全。恃道義之愛，屬有所聞，不敢不盡，知不以爲狂瞽而吐棄之也。聖明漸次解網，生還有期。聞洛陽名花，多出貴治。而蠟梅之絶佳者，至十餘種。安得多致數本，輸我山中，佐老農老圃花時一笑乎？陸年姪在署中，幸與計之，何如？南冠中作此繁華想，可發知己一揶揄也。司農小啓附覽。某再拜。

答周彝仲

兵垣回，得手教，知元老記存之深，知己推挽之切，而聖意堅不可回，至於三四駁阻，其難其慎。則不肖生平本末，與晚節末路，終不可扠拭録用，主上固已知之深，見之確，而持之必不遺餘力矣。聖意即天意也，天可違乎？萬一知己不諒天心，朝夕力請之於元老，元老過聽，而力請於聖上，以聖上之聰明天縱，始而厭，久而疑，以區區一人之進退，而開明良枘鑿之端，則我之營進者終成畫餅，而所損於世道者不可言矣。又或主上虚己之過，强而從元老之言，以衰殘病廢之身，附贅班行，點綴冷局。面目可憎，語言無味。此時引身求去，進不能有補於時艱，退不能自全其晚節。人何以處我，而我何以自處，不當深長計之乎？爲不肖今日之計，斷斷乎當一意求退，不當復爲仕進之局。爲知己之深者，代爲不肖之計，惟有仰體聖心，俯察微尚，從長商榷，俾得優游田里，管領山林，則餘生没齒，受惠無窮矣。

復洪 天開〔一〕

僕〔二〕罪廢餘生，草土長物。滅影人世，遁跡空門。頻年以來，荒誕滋甚。非旁行四句之書，不登於几。非〔三〕軍持漉囊之侶，不遊於門。不惟壯年盛氣，一往無餘，血路刀塗，皆如幻夢，即自喪亂稍定，偶親筆研，未免評論聲律，伸寫鬱陶，今已一一捐棄沈灰，銷歸火聚。江村一枝，衡門兩版。胸中無撑腸一字，筆下無塞白數行。兀兀騰騰，悠悠忽忽，如抱繭之老蠶，如啄瘡之病馬。傍觀斯世，遠扳昔賢，蓋未有絶物畸人，迂愚頑鈍，至於如此之極者也！草木之年，忽復八旬。老而不死，自知可厭。不意曠代相感，重辱記存。先之以佳什，重之以長箋。金石鏗鏘，珠璣錯互。真使人應接不暇，忻〔四〕愧無地。至於學海横溢，出入三倉四部之書倉；詞源倒流，吐納六代三唐之筆陣。聽金奏而神摇，入玉府而目眩。惟有列諸屏幛，誇視賓朋，藏之篋衍，比於琬琰，重拜明德，傳爲美談而已。松陵一水，絳帳非遥。尚當趨侍函丈，親承誨廸。拙集一部，奉求斧削。手勒馳謝。

【校記】

〔一〕此一通亦收於外集卷二十二。「復」下有「新安」二字。　〔二〕外集作「某」。　〔三〕外集無「非」字。

〔四〕外集作「慙」。

致柯岸回

老世翁不遺簪履，篤念陳人，以隧道不朽之詞爲託。老歸空門，舊學荒落，樸學拙筆，又不工爲諛墓之文。謹援據行狀，補綴成篇。鼠唧有言，蟲書爲字，殊不足以副仁人孝子之用心。或取其紀載摭實，少異於浮詞窕言。以如椽之筆，大爲繩削，登之貞珉，附諸家乘，則衰朽實與有榮施矣。祥琴已終，化瑟攸賴。碧梧青瑣，封章獻納。泰山之雲，不崇朝而雨天下。江村野叟，實與被其澤。惟有扶犂把鋤，歌詠盛美而已。草次附候，不盡馳企。

復朱滄起

老先生以玉尺之才，金鉉之器，盛年偉抱，爲江潭之放臣，四十年於此。國無其人，邦家殆瘁。雒陽之啼鵑，翟泉之飛鵝，識者所以攢眉浩嘆，不在陵谷之時也。伏承隱居談道，閉户著書，以生平弘猷遠志，託寄於縹囊緗帙之中。榮華富貴，不過朝花日及。而名山大川之業，流播終古。無涯之智，結爲大年。所得失孰爲多少哉？遠辱示問，不遺衰朽。恭承嘉命，輒撰類纂序一篇呈正。真所謂佛頭著糞，知已當爲魏公藏拙也。不肖老歸空門，除貝葉旁行之書，不復寓目措手。拙刻行世者，惟初學集、歷朝詩二種，皆已成故紙矣。心經小箋及辭壽一通，奉呈台覽，亦可想見老人心跡也。嘉貺遠頒，稽首拜嘉。荒村鷄黍，重慢蘧使。新刻告成，乞惠一編，以慰老眼。臨楮不盡馳企。

與趙洞門

江村僻處，渺然天末。犬子北歸，荷手教盈紙，兼爲豚犬饘粥之計，闊扁盈篋衍中。骨肉至誼，每一念及，輒爲感嘆。至如友行大兄，以長驅遠馭之資，遭掩芒絶鍔之痛。忘年末契，一旦奄絶。老淚填咽，尚未能如退之作歐陽詹哀詞，以寫其存歿之恨，此所爲宵旦屏營者也。山中閉關，有人喧傳邸報，知翁兄與芝老遂有同升之喜。天地變化，草木蕃斯，世其有隆平之兆乎？雖不敢附貢公之喜，但與山妻稚孫，酌酒拜明霞耳。年來貧至徹骨，憂來填胸，折脚鐺邊，忍死過活。幸有貝葉禪燈，作護身符子，聊得偷閑送老耳。趙州八十行脚，弟耳聾如之，而齒尚多三十有九。腰包杖錫，行且發足於文殊道場，軍持踵門，或可相視一笑。餘語多在芝老札中，不能多及也。因族孫燕喜遊燕，願一登龍門，附候起居。德音不遐，徒有馳企。

致金豈凡

台翁賜沐錦旋，幸於西山舟次，一覿光儀。祥風瑞氣，與梅香俱馥。正擬趨侍函丈，追陪色笑，而衰遲蹤跡，留滯菰蘆，扶牀伏枕，倏過炎夏。頃乃聞玉節趨朝，鋒車塞路，不意昔年脚氣，頻煩發動，行步欹危，不能扶杖策足，參預金閶亭祖道之列。循念翹企，不能奮飛。伏惟台翁佩玉朝元，仙郎珥貂侍奉。補天浴日，並在門庭。國恩家慶，度越册史。敬裁長句，用祝修塗。不惟葑菲之言，遥希採納；抑上蒲葵之扇，仰塵袖懷。雲泥雖遥，斗山在望。長明燈下，繡佛齋中，惟有瞻望九霄，誦祝萬壽而已。力疾握管，語短情長。憑楮翹企，未盡百一。

與王貽上四首

玉峯郵中，忽奉長箋。温文麗藻，曄如春花。東風入律，青雲干呂。奉讀數過，笑繼以抃。自分以木桃之投，而致瓊瑶之報。私心怦營，愧無以仰副德音也。衰遲潦倒，賣身空門。舊學無幾，遺忘殆盡。惟有日繙貝葉，消閒送老。世間文字，茫然如前塵積刦。門下散花落彩，如卿雲在天，有目共覩。老人未免根觸童心，鼓動習氣，欲從蒲團上颺去，以此自笑耳。近日詩家，如稻麻葦粟，狂易瞀眩。今得法眼刊定，又有伯璣、玄覺，共爲鑒裁，廣陵當又築文選臺矣。西樵詩渴欲請教，郵中都未見寄，惄如調饑，我勞如何？邗溝一水，不能辦十日舂粮，趨侍鈴閣。京江間阻，便如明河天塹，可一嘆也。亂後撰述，不復編次，緣手散去，存者什一。荆婦近作當家老姥，米鹽瑣細，枕籍煙燻，掌簿十指如錐，不復料理研削矣。却拜尊命，慚惶無地。杜詩非易注之書，注杜非小可之事，生平雅不敢以注杜自任。今人知注杜之難者亦鮮矣，可嘆也！西江王于一，苦心學四大家文字，其佳者可謂合作。溘逝之後，遺文散佚。倘得屬伯璣蒐輯，序而傳之，俾此子不爲草亡木卒，誠藝林所仰望也。貴門人便郵，草率奉復。積懷縷縷，都無倫次，惟高明諒之。

又

僕與君家文水，爲同年同志之友，而司馬中丞暨令祖，皆以年家稚弟，愛我昴我。草木臭味，不但孔、李通家也。喪亂以來，故舊寥落。東望鵲山秋色，未常不低徊延佇。頃聞門下鵲起東海，整翮雲霄。一時才華之士，莫不手捧盤匜，奉齊盟於下風。私心鼓舞，竊喜我文水之家風，大振於刦灰之後也。舍甥北歸，奉大集見示。如遊珠林，如泛玉海。耳目眩運，且驚且喜。舍甥郵傳嘉命，謁索糠粃之導。屏營傍徨，未敢拜命。丁繼之自金陵來，道門下駐節水亭，燈炧酒闌，未常不顧念耄老，思以文事相商榷。以此知東郊老馬，猶以識道動伯主之物色。又重以累世氣誼，何敢以衰廢自外於門牆。遂力疾草序文一通，託丁老附呈侍史。僕老詩樸學，不善爲諛詞。繙閱佳什，包孕古今，證嚮風雅。竊欲以狂瀾既倒，望砥柱於高賢。雖言之不文，其意有獨至者。序有未盡，又别見於扇頭一章。老人多忘，信心信筆，惟吾丈心鑒之而已。貧病索居，關河多阻。未能舂粮買舟，奉叩鈴閣，班荆剪韭，以傾吐結轖。裁書草草，未盡馳企。

又〔一〕

餘生暮年，銷聲息影。風波瞥起，突如焚如。介恃天慈，得免腰領。噩夢已闌，驚魂未憖。遠承慰問，深荷記存。惟有向長明燈下，炷香遥祝而已。伏讀佳集，泱泱大風。青丘、東海，吞吐於尺幅之間，良非筆舌所能贊嘆〔二〕。詞壇有人，餘子皆可以斂手矣。老耄叢殘，仰承推許，三復德音，慚懼交并。輇〔三〕材樸學，本不敢建立門户，側足藝林。幸奉先生長者之訓，稍知撥棄俗學，别裁僞體。採詩餘論，聊爾發揮。遂使謡詠紛如，彈射横集。俗習沈痼，末學晦蒙。醯鷄井猿〔四〕，良可愍〔五〕嘆。日星在天，江河萬古。歐陽公有言，豈爲小子輩哉？八十老叟，餘年幾何。既已束身空門，歸心勝諦。義天法海，日夕研求。

刳心刻腎，如恐不及，何暇復沈湎筆墨，與文人才子争目睫之短長哉？非旁行之書不觀，非對法之論不作。世間文字，一一皆〔六〕迴向般若。唄讚之餘，遊戲諷詠。禪則寒山、梵志，儒則擊壤、江門，可以助發道情，消除蔭界。假年送老，如是而已。秋柳新篇，爲傳誦者攖去。枚〔七〕生已老，豈能分兔園一席，分韻忘憂。白家老嫗，刺促爨下，吟紅詠絮，邈若隔生，無以仰副高情〔八〕，思之殊惘惘也。不盡之私，尚容續布。臨楮依依，不勝馳企之至〔九〕。

【校記】

〔一〕此一通亦收於外集卷二十二。〔二〕外集無此八字。〔三〕外集作「輇」，尺牘作「輕」。〔四〕外集作「猿」，尺牘作「蛙」。〔五〕外集作「憫」。〔六〕外集無「皆」字。〔七〕外集作「枚」，尺牘作「伏」。〔八〕外集作「嘉命」。〔九〕外集無「思之」以下二十四字，别作：「徒有付之永歎爾。嘉貺侑緘，具悉盛雅。顧粗布暖身，瓦盆盛酒，幣爵之及，殊非所宜也。伯璣想尚在幸舍，乞道相念。寒窗裁答，臨風悵然！」

又

衰暮之年，荒村息影。筆墨兩字，了不挂心。恭承嘉命，惟有永嘆而已。嘉貺侑緘，具悉盛雅。粗布暖身，瓦盆盛酒。幣爵之賜，殊非所宜。謹拜嘉什襲，傳示子孫而已。令兄年翁大集，郵中未曾頒賜，恐有浮沈，敬胥後命。伯璣想尚在舍，幸道相念。寒窗裁謝，臨風悵然。不一。

致李條侯

每從淮海士友，問訊起居，知已載贄策名，觀光上國。雖陸機入洛，馬周遊秦，不足道也。頃接手書，記存衰老，賜以錦字，侑以良藥。開緘戛釜，飽飫明德。折脚鐺邊，遥想圯橋，詠太白但見碧流之詩，不覺兩腋風舉也。高堂眉壽，漫作短歌，以侑一觴。野人浪語，不足效千金萬年之祝，幸笑而置之。紅豆詩一册呈覽，其二册附致崔、吴二公，俾知老人迂誕如此，共一噴飯也。舍姪孫樸邀書生，深荷冶鑄，因其郵便，附此奉謝。南北間阻，恐未得執手，臨楮惘然。

復李膚公

老居人世，朋舊彫殘。江上故家，尤嘆衰落。得見足下，風神氣骨，宛然忠毅，眉目生動，不覺悲喜交集也。隧道之石，謹受嘉命，涕淚漬紙，久而削稿。往年作應山諸公文字，在天路坦夷之日，腸肥氣盛，筆墨馳騁。今世運而往，志氣衰颯。每一執筆，不勝山河陵谷之感。雖復敷衍成篇，亦往往如楚人之吟，楚囚之操，鼠憂蚓泣，豈足以舉揚遺烈，慰仁人孝子之深思乎？知足下義心苦調，亦當爲之掩卷而嘆息也。人事牽率，將有遠遊。遺集之弁，請俟異日。聽鸝佳什，感慨激昂，惜繼聲者無其人耳。遠承存念，草率附謝。心經小箋，附供法喜。餘不多及。

與王季和

張氏兄弟，告哀不止。而令公之意，不欲其縱舍之權，出於朱虚輩，此實意也。兄前云昇宇丈有菩提心，此其時矣，幸力勸成之。如此夜叉，不是老佛出世，救不得也。一笑！

與時伯和 二首

北平歸後，會晤殊闊。以弟既卧病山居，而兄亦多杜門故也。適往檇李，弔敝同年包儀甫；並往武林，拜雲棲大師之塔。仁兄榮行，不及一祖道，殊爲悵然。去家不百里，以青氈爲吏隱，藏身進德，俱第一義。願兄毋以清齋苜蓿，過自悒悒也。鄒彦吉先生，晤間爲道鄙懷。武林歸，尚當專人奉候耳。不腆溪毛，馳上以當一尊，惟笑而置之。不盡。

又

客歲風雨過錫山，不遑一謁高齋。再辱手教，深荷見存。仁兄優游廣文署中，讀書談道，真足娱樂。而師範清嚴，表表爲一時之羽儀，則賢者所至增重見一班矣。視弟之悠悠視蔭，空蝗粱黍者何如也？梁溪人文特盛，邇來頗奄奄不振。以士子多舊設俗套，不復知好古博文之病也。仁兄將何以振起之耶？至於士習，猶似稍勝吾邑。但須去其客氣歸之大雅耳，仁兄必自有妙用也。弟多病多愁，困衡之餘，稍有長進。人世糾纏結習，只是功名二字，已抛向東洋大海矣。向上一着，尚未夢見。聞憨山大師，惠然肯來。果然，則水邊林下，少日周旋，或不至終身作瞎漢矣。錫山多賢者，彦吉之禪學，雲從之道學，畢竟意味何如？仁兄盤桓其間，能作廣大教化主否？二馬翩翩才俊，亦從諸生中物色之否？後來之俊，更有何人？如韓省之、錢自若、吴虎侯者，皆妙才也，知仁兄定能一一奬成之。家居苦無佳況，元夕左右，將訪仙翁於雲陽，取道錫山，定須與仁兄快晤。第訪道之遊，頗畏邦君大夫物色，未免逡巡耳。或借彦吉作一主人，聽清歌以當邂逅，亦好事也。損餉不敢不承，草草附謝，不盡願言。

與翁兆吉

夏初辱手教記存，則弟方慅慅卧病，至今猶就醫不能去藥物也。風波之世，差藉此七尺自强，而病鬼揶揄乃爾。未知仁兄近況何如也？弟有道友雲洲戴翁者，的有長生之訣，爲今世之安期生，而其人真誠爽伉，絶不爲世俗婞阿態，想仁兄當耳而目之矣。其少子瑞麐，攻苦力學，應童子試。弟向已爲兄面言之，兹試期已近，有可提掇，幸仁兄惟力是視。此翁與撫、道二公祖，皆世外之交，得其一言不難，顧不屑耳。此亦可以觀其爲人矣。何父母高明府君，必能知戴翁於物外，則仁兄齒牙亦易爲力也。專此奉懇，餘俟續布。不一。

答張静涵

【校記】

此一通已收於有學集卷四十，兹删去，不複出，校語見彼。

與熊魚山 二首

老父母以宰官身現比丘相，開堂説法，如雷如震。四衆雲集，人天頂禮。弟以老病積疴，閉關服餌，遂不能躬詣獅座，沾被華雨。城東老姥，獨不見佛，惟有炷香遥祝而已。意欲從此結夏，了華嚴會鈔公案。腰包奉扣，尚未有期。謹先遣一介，殷勤禮足，用告不寧。歲儉俗薄，山門蕭然，惟祈爲法門珍重自愛。草草附達，不多及。

又

冰雪拒門，寒風砭骨。塞户伏枕，縮如蝟毛。且當支持老病，餞送殘臘。佳客遠臨，重以翰教。不能驅策扶曳出户，惟有諷誦高篇，聊當燕玉而已。呵凍草復，諸俟接足面盡。

與侯月鷺 四首

村莊多暇，訂正金剛、楞嚴二疏，已付梓人矣。因毛子晉去歲捐館，家計倥偬，刻貲未能相繼，不得不爲勸募之計，而又不能强干不相知者。席氏昆仲翩翩，能世其家，又聞頗留意法門。得吾丈與安卿昆仲出廣長舌相勸成圓滿功德，此經得流通世間，利益不淺。知必爲首肯，不笑其沿門持鉢也。刻成經本三册，希爲轉致，亦不敢輒具竿牘，統望致意。外附心經一册，祈法眼爲點正。諸不多及。

又

五日江村，衰殘屏跡。浴蘭搏黍，況味蕭然。信使遠存，得佳果佳品之貺。山妻稚子，歡笑閧堂。朝來喜蛛挂席，乾鵲噪簷。田家瑞應，良可開顔，不但食指欲動也。客秋至今，一往況味，如魔如病，口不能言。手教津津，一筆描畫。河上之歌，同病相憐。非箇中人，那能委悉如此。桑榆之收，良有厚望。拊髀嘆息，知有同心。太夫人不朽之託，已承尊命，敢復固辭？第泥坑迎鑾一事，不惟公家母子大節，亦是汗青中要緊事。道隱文殊爲簡畧，向日口語，未能一一記憶，乞爲詳悉手疏，以片紙見示，便可放筆作一篇大文字。期以長夏了此功課。並路文貞神道碑，次第具稿，假借腐毫，傾洒此一腔熱血也。海陵詩極羨談讌之樂，恨不厠賓從之末，泚筆相向。又深惜玉溪兄有此佳兒，文采映帶，而不及一見其眉宇也。白沙枇杷，飽噉甚快。秋間欲得洞庭葡萄釀酒，苦不能得其熟候。彼時得多餉以酬潤筆，知不厭其貪也。内子辱深念，並此馳謝。安卿昆仲，煩爲致聲。芙蓉莊詩絶佳，但籠中鸚鵡，未曾罵客，殊不肯伏罪耳。一笑！一笑！

又

太夫人志銘，伏承尊委，不揆固陋，勉强載筆。竊謂太夫人佐助□□，備承恩典，與尋常命婦大家迥别。臨終遺命，丹誠戀國，深心大義，可以激勸千古，不當漫用乘願見身，示比丘尼説法，合頭籠統之談。但自媿樸學拙筆，未能馳騁發揮，有辜仁孝盛心耳。太夫人南寧侍奉三宫，未知何時復抵會城？又不載年壽幾何？紀載之文，不應如此疎闊。今但影略序次，所謂依樣葫蘆，未知應參訂補入否？老病杜門，未能漬酒更生墓門，念之悵然。信筆率勒，不盡馳企。

又

文貞公墓隧之碑，伏承尊委，不辭固陋，謹草勒輒簡呈上。切念時世改遷，物情人事，未免多所觸忤。不肖老矣，頭童齒豁，一無建竪。惟此三寸柔翰，忝竊載筆，不用此表揚忠正，指斥奸回，定公案於一時，徵信史於後世，依違首鼠，模稜兩端，無論非所以報稱知己，取信汗青，其如此中耿耿者何哉！謹用古人陽秋之法，據事直書。雖自愧樸學拙筆，不能馳騁雕繪，以争雄於詞林，然自分鈍駑，亦可謂不遺餘力者矣。未知仁人孝子，以爲何如也？奸民告訐一案，文貞公本意，耑爲不肖昭雪，其説頗長，序次中亦畧有賓主，但不欲盡言耳。念臺云云，亦如命洗發，千秋公論，較如日星，殊不待饒舌也。老病杜門，未能漬酒墓門。素車白馬，彼亦何人？永言念之，徒有嘆息。憑楮不勝馳企之至。

與朱長孺 三首

比來世事偪側，苦惱萬狀。除繙經之外，不復料理筆硯。令親壽文，勉承嘉命，蒼皇捉筆，幸爲改削付之。假青黄之文以潤餙枯朽，或亦少遮人眼也。小壻自錫山入贅，授伏生書，欲得魯壁專門大師以爲師匠。恃知己厚愛，敢借重左右，以光函丈，幸慨然許之，即老朽亦可藉手沐浴芳塵也。草草附啓，伏俟德音。

又〔一〕

辱示草堂會箋，必欲首冠賤名，輾轉思之，彌增慚悚。此事發起於盧德水，牽引於孟陽，漫興隨筆，棄置已久。偶於集中覆視，見其影畧脱誤，每自哂昔學之陋。修遠不察，誤録一二册〔二〕，附時賢後，方爲顙泚背汗。況足下高明淵博，累年苦心攢集，以成此書。僕以伏生之老病，師丹之多忘，突出而踞其上，鵲巢鳩居，無實盜名。晚年學道，深識因果。此等虚名，皆足以摧年損算，僕所以深懼而不敢居也。此書之出，期於行遠。諺有之，身穿大紅圓領，頭戴開花氊帽。才一展卷，便令觀者揶揄一笑，可不慮乎？來教念及周餘，追思葦路，特承齒録，以存餼羊，其用意良厚。生平倔强，不受人憐。老眈空門，一切如幻。良不欲以編摩附名，取憐於知己。惟以我爲老耄而捨我，則憐我之深者耳。華嚴、宗鏡，方事研求。義門深微，卷帙浩繁。遵王刻杜之役，止之不獲，期以秋深歲盡。偷繙經餘晷，爲作一序，以副其意。僕之不敢自居注杜，與不欲成書之故，向爲兄作序，既已反復自明，撫卷三嘆，有識者皆能了其微意。今再一[三]申明，吾事畢矣。此中學者，多好摭拾利病，是非鋒起，雖老成人未免。義山注改竄之後，尚多剥啄。子長云云，當廣爲傳示風諭後來英少，俾皆塞聰蔽明，仍爲七日以前之渾沌，亦一大快也。毒熱少[四]退，當扁舟過池上，散髮快談。不復多及。

【校記】

〔一〕此一通亦收於外集卷二十二。〔二〕外集作「册」，尺牘作「則」。〔三〕外集作「再一」，尺牘作「日再」。

〔四〕外集有「少」字。

又

雲間之行，困於酒食。歸泊吴門，渴思會面。以家人稚子，尚淹荒村，須入城安居，方可洒掃候教，未敢卒卒相邀也。杜詩想復爲料理，已能繕寫成帙否？此番再一較訂，便可卒業。吴郡文獻稿，許氏已期相付，未知子晉曾往取否？昨於鹿城晤王懋明兄，知爲有道異人，曾以賤造託其推算，已許捉筆。今遣力領取，並欲邀之一談。借重片言，爲之勸駕，所深禱也。匆匆相聞，馳企如何！謙益再拜。

與周安期

鼎革之後，恐明朝一代之詩，遂致淹没，欲仿元遺山中州集之例，選定爲一集，使一代詩人精魂，留得紙上，亦晚年一樂事也。此事定當與仁兄共之。可先爲料理蒐輯，若空同、大復、弇州及劉子威輩，篇帙浩繁，先加丹鉛點定，俟弟歸告成之。元歎、子羽暨兩令弟，可與共蒐訪。一篇半紙，不可塗抹，而國初人爲尤要。想仁兄篋中，先有定本也。

與周安石 五首

吴門舟次，倉卒執手，復與撫軍周旋，深以農山後事爲囑。人情冷暖，鄙言殊不足爲軒輊，恐未必能破格相待也。閉户寫經，夜以繼日。寒燈殘漏，依然一兔園老書生耳。奴子過棲水，令覓蜜橘佳者，以潤枯喉，並以啖弱女幼孫，博其一笑。市中鬻者多不佳，乞命一介指引，覓其道地者，即是得甘露蜜也。時已逼臘，如有樹種可栽者尤佳。呵凍相聞，新歲或可得握手，不復多及。

又

承示司成公手書，歡喜無量。楞嚴經坊，從此獨有長城。紫柏、密藏及五臺諸老，弘法大願，當不至唐捐矣。佛法付囑大道，必須精明强幹有心血荷擔之人。當今之世，孰有如司成公者？觀此札料理擘畫，一一井然，古所謂有聖人之才者也。兄當會同刻藏諸護法，奉司成公爲導師，慫其横身奮臂，一力擔任，有力者負之而趨。此大事壽光朴誠可任，一聽司成公指揮，不憂孤子。弟老矣，只辦折脚鐺邊過活。老筆尚健，猶能隨喜因緣，合掌贊嘆也。

又

弟以明年八旬，痛絶稱壽之客，以此決不爲人作壽詩，而不能不爲仁兄破例，口占一律，以爲元歎績貂，並辭壽小箋奉上。此箋與介壽之詩，同函奉致，恐當爲歧舌國中人。明年仁兄爲守辭壽之戒，不必李桃之報也。江村如水，頗思賣文爲活。招牌已出，一鬼不肯上門。那得如司成公文債填門耶？元歎詩序，正是借冷淡題目，熱鬧衙門，良不滿知己一笑也。戚右朱附去小箋一紙，恐其愛我，不免依樣葫蘆，做子路乘肥馬對聯也。吳天章知爲英少，那得肯就江村老翁鑽研故紙？晤時多爲致意。徐敬可皆法門領袖，甚難希有。經坊事魔强佛弱，全仗一二有心血人，爲末法作砥柱。仁兄可致鄙意，力爲贊成。即黄觀止亦吾門之矯矯者，若肯作金湯，便是人天眼目，何必功歸於一臂耶？尚須邀朱子佩、馮茂遠諸公，合力護持，度紫柏老人一腔熱血，不致化作寒灰也。脚疾作苦，絮叨不已，種種壽光師能悉之。

又〔一〕

賤誕辱存念，貺以新刻合論，俾共遊華嚴法界中，其爲壽也亦大矣。敢不拜法乳之賜。虞山經板，壽光師已料理入山。浮圖合尖，希賢昆仲〔二〕努力唱導。仍輯成紫柏別集並藏師二書，共爲之序，頗於〔三〕法門小有關係也。大兄墓銘，逼除撥冗，自了平生心期，不復計其文之工拙。乞與二哥〔四〕及右朱、長孺共定之。記得紫柏入祖堂記文甚佳，當附入別集後也。壽光師〔五〕行，草附數行，諸俟面盡。廿一日，謙益再拜〔六〕。

【校記】

〔一〕此一通亦收於文鈔補遺、文集補遺卷下。外集卷二十三。　〔二〕外集作「玉」。　〔三〕外集作「有」。
〔四〕文鈔補遺作「可」。　〔五〕三本無「師」字。　〔六〕三本有「廿一」以下七字，尺牘無。

又

會令海門，是學佛作家，其文字殊洒落可喜。中甫英靈漢子，未知末後一著云何？損庵飽參紫柏，爲唯識一宗導師，其細密堪與尊翁老伯相匹。但觀其筆麈，盛稱西人之學，豈尚無正知見耶？如今安期少參紫柏，記莂法乘中，旁蒐近日狐禪涎唾，與本師並列，豈是眼内無珠？正不免將佛法作人情耳。仁兄鑒别，真具佛眼人，以爲何如？吴江法師浄行，作楞嚴廣注者，元末明初住此寺，號曰融室。未得其行履，乞留意訪之。

致程翼蒼　三首

山中草木之年，以不材而得全。俛仰人世，所謂臣亦自厭其餘生也。辱道義深愛，遠示記存，酌大斗以介眉壽，敢不拜嘉明德。俟過吴門，便當趨侍絳帳之下以踵謝盛雅。小刻二册，附呈台覽。不盡馳切。

又

衰殘多病，閉户繙經。企想絳帳緇帷，如在天外。頃承翰教，所索唐詩，以數十年編集之書，幸逃煨燼。禪誦之暇，晨夕檢括，不離几案。半千兄如欲校讐，必須身至虞山，假館數日，便可卒業而去。若欲取全本奉閱，則萬萬不能也。學使尊公詩序，乞屬門下能文者爲之，則衰朽借光多矣。敝門生吴興沈祖孝字雪樵者，博雅名流，制義詩篇，皆爲霅川領袖，即司馬何山相國銘緽之嫡姪也。喪亂之後，孤貧自守。百口嗷嗷，待命十指。今以遭喪失館，羈棲流寓，一時能人，無肯少爲援手者。仰韓慕李，人士所宗，實惟門下。倘得收置門牆，曲賜培植，目前以一館地資之，俾其稍濟涸轍。使洛陽名士，不爲翳桑之餓夫，則風流弘長，海内寒士，皆仰庇廣厦萬間，不獨沈生一人戴德而已也。緇衣之好，知有同心。不勝翹切，仰惟亮照。

又

屏跡荒村，如坐井底。久不獲摳衣請謁，奉教函丈。頃聞追鋒之車，旦夕就道。菰蘆老人，不能折柳長亭，以壯行色，燕樹江雲，徒有馳企耳。苕上沈生祖孝，以才品領袖三吴，爲此中之僑、肹。慨慕龍門，願一登陟。渠將挾策遠遊，驤首天路。後車之載，東壁之光，所仰望於門下不淺，茂倫當能詳言之。介恃緇衣之好，知有同心，故敢爲介紹，伏惟照鑒。寒窗捉筆，不盡縷縷。

致張元芳

初秋通家子黄晦木持數行奉謁。此子向抱奇節，不得已而相干，故知高明不以茂陵劉郎遇之也。武林沈廣文英多，敝社友無回先生之子也。無回向與令祖先生有紵縞之交，今英多蒐輯其遺文，來請正於記室，幸進而教之。英多才行端謹，老困寒氊，求一館地以糊其口。不識能少借齒牙否？介恃高誼，不罪多瀆。幸甚！

復馮秋水

恭承譽望，度越人表。皇甫湜之稱韓退之，所謂瑞人神士，朗出天外，不可梯接者也。蘭江令渡江而來，得奉大集，且謂龍門緒言，記及衰朽。孔北海亦知有劉備，不勝雀躍。冒昧載筆，僭爲珠玉之導。意滿詞拙，顧視慚汗。乃台臺不我鄙夷，儼然弁首。壽夢之鼎，以乘韋先之。通懷若斯，感悚何似？惟是潘江陸海，頃洒無涯。玉府珠囊，日新富有。所願得窮蒐寶藏，長侍丹鉛，扳陶、謝以同遊，比羊、何之屬和，庶可以掉鞅一時，執鞭異代矣。長公駒齒未落，已是龍文。觀其闈牘，篇錦百尺，字弩千鈞，非獨場屋之雄也。西浙俊髦，無如馮、范。研祥落落竹箭，文白亭亭明玕，故應盡入藥籠，欣同臭味也已。犬子某，頗於經學苦心，他日契分訥生，或可沾濡麟沫，參預雉盟耳。

與許青嶼

緑酒紅燈，風雨相對。子美荒村，夜闌秉燭，此光景約略相似。吾輩遭亂，甚於唐之天寶。吾兩人白首殘生，復得把酒而談，此時此世，良不易得。無謂四面石尤風，不是天涯老知己也。人從武林來，知彼中兵譁民亂，一日警報數至。殘兵敗卒，割鼻斷臂，悲啼痛哭，乞食於吴門者，以數千計。如此世界，豈得長高枕而卧、鼓腹而嬉乎？翁兄訏謨遠猷，何以教我？許旌陽拔宅時，鷄犬皆得昇天。此君家故事，千萬勿忘故人，令作拖腸鼠也。文應符英年殉義，不獨爲文起肖子，實吾輩畏友也。一棺蕭然，未歸坏土。二子孤窮，皆能自立。而次郎建威，尤爲貧困，賃外家敝屋半椽，不蔽風雨。今將謀葬應符，介恃翁兄高誼，生死肉骨，特來走謁。知翁兄必將側席涕洟，力爲經紀，不待弟爲之饒舌也。

與李緇仲

自讀佛書，不復料理世間文字。佳集之序，草率應教。情塵欲泥，當霜降水涸之時，了無可戀。有智人或可猛省，不以爲郢書燕説而憖置之也。辟地之舉，尚無定着。倘必欲遠携妻子，當就足下問鹿門也。夫己氏無他罪端，但詩題中恣意凌謔，侮辱無狀。見者皆爲髮竪，不得不少施筆伐也。與馮二老書，附上二紙，或便郵示之，令其清晨引鏡，或自省本來面目，真坡公所云此是唤醒他也。乾坤如許大，安肯與蚊蟲一輩，啾啾争鳴缾缶中耶？知足下爲一大噱也。中州多事，懷東書來，愴惶殊甚。此時殊以妻孥爲累，深恨去年勸挈家者之不忠也。此時仕宦不止，豈但車生耳耶？附及以供一哂。

寄姚文初

十八年謁撫公後，即趨赴虎丘。城外糧艘填塞，憒悶返棹。仍由婁、盤諸門城河，間道奔歸。世界促促，吾輩求一聚首不能得，可嘆也！不知爲何人逋負，以致遭訟？訟則事又不可知矣。不能出一臂相助，如何！所詢三世四方一段，以長水注用算法，無人能曉，黄太沖解爲即今算法，非古周髀算也，故列其言以質智者。大抵則長水爲正。而今師皆宗吴興，尤多曲折。愚意則如憨大師之解，以爲但取合數經義，緊關正不在此。故末後頗掃楞嚴三關之説，兄覽之可圓解也。其他有關經義者，不妨仔細商量耳。世事一切如幻，願勿以前塵自累。飽喫殘年飯，共看好經典也。諸俟面悉。

與黄甫及

當此蕭辰，寄居蕭寺。幸有賢地主謬恭長卿，當不至十分大落寞。僕脚氣乍發，晏卧維摩一榻，不能强起周旋，良自媿耳。鄉村一毛，聊餉從者，幸笑而置之。軒車如遄發，須一往晤，尚有多言欲面罄也。專此草草不一。

與宋玉叔

專啓：不肖在杭，有五十年老友曰馮鵷雛，字雲將者，故大司成開之先生之仲子也。年八十有七矣，杜門屏居，能讀父書。種蘭洗竹，不媿古之逸民。開之故無遺貲，雲將家益落，有薄田三十餘畝，在餘杭山中，僅給饘粥。意欲介恃寵靈片語，囑餘杭令君，以名賢之後，免其徭役，俾得優遊蔗境，脱追呼踐更之苦，拜賜無窮矣。老年丈惠顧風雅，不吝東壁餘光，一以爲開之先生恤其負薪之孤，一以爲不肖周其戴笠之友，知必欣然許可，不以請乞常例麾拒之也。挐舟將歸，留此數行奉瀆。伏惟垂鑒，敬候德音。臨楮不勝馳企之至。

與王内三〔一〕

滄桑改易，四海焚如。而青蓮花一枝，亭亭秀出於淤泥之中，清塵濁水，相望迢然。每一企想，殊有望古遥集之思〔二〕，未可謂今人不如古人也。老皈空門，香燈貝葉，日夕向折脚鐺邊過活。晤綵川士友，每道記存。頃見亡友徐女廉集〔三〕序，猶齒録衰朽，不勝足音蛩然之喜。若其文之爾雅淹博，迥越常流，故知頻年屏居，學殖深厚。天之成就斯人，固不以目睫爲榮落也。吴門袁子重其，白華之孝子，古之遺民也。而門下能賞識之，又飲食而教誨之，至於憐其母老〔四〕，恤其無兒，此真仁人君子之用心矣〔五〕。今重其之窮日甚，其自勵益苦，而又不肯仰面看人，徒有束手待命〔六〕。倘門下能〔七〕以潁封人錫類之孝，始終其德。俾節義之〔八〕母子，不至於〔九〕立槁。此鄙人所仰藉東壁餘光也。治文昆玉，共有緇衣之好，惟仁兄爲之倡，則無不和者矣〔一〇〕。春寒料峭，炙研命筆，殊不周謹。伏乞台慈垂照不一〔一一〕。季春九日謙益頓首再拜〔一二〕。

【校記】

〔一〕此一通亦收於文鈔補遺、文集補遺卷下、外集卷二十三。三本題作「與嘉定王内三進士」。〔二〕三本無

「之思」二字。〔三〕三本有「集」字，尺牘無。〔四〕三本有「老」字，尺牘無。〔五〕三本作「也」。〔六〕三本「徒有」前有「鄙人老矣」四字，「待命」作「嘆息」。語句有別，意亦殊異。〔七〕尺牘作「倘門下能」，三本作「何以恤我，我其恤之。」文鈔補遺「恤之」作「收之」。〔八〕三本無「之」字。〔九〕三本無「於」字。〔一〇〕三本無「者」字。〔一一〕三本俱無此句八字。〔一二〕文鈔補遺、文集補遺有「季春」以下十字，外集、尺牘無。

與盛珍示 二首

僕衰殘潦倒，人間長物，遥聞聲而相思，致高明有未見之嘆。若一撫塵接跡，則索然意盡矣。此言亦可發一笑也。司李公書，乞付郵筒。轉致壽詩，勉强塞白，那得有佳句，真操布鼓過雷門耳。累辱記存，附謝不既。

又

豐碑之役，勉承台命。枯腸禿筆，不堪覆瓿。而重爲貞珉之災，負媿多矣。胡公祖推屋烏之愛，鄭重見存，禮當渡江奉謁。衰老杜門，未能泛邗溝之棹。少陵云：「老病人扶再拜難。」此語殊可憐，諒知己者爲一喟也。舍甥葛雲靄，深荷宗師國士之知。近蒙批遇缺詳補，今該縣適有現缺具申，祈兄始終噓植，俾即照詳批頂實廩注册，感德不獨在舍甥也。百里相望，未克晤對。紫芝眉宇，固彷彿在目中矣。憑楮神馳。

簡祝茹穹

前舍姪遊婺，特附數行奉候，計此時正達高齋。而手書及丹藥遠至，知故人念我，不啻千里神交也。承賜藥九兩，即是九轉神丹，即當如法服食。頃有術者言，日下得刀圭秘藥，延年却老，知其言不誣矣。仲綱兄才品卓犖，一見知爲國士。匆匆北上，不及久淹。行色倉卒，慢去殊爲抱歉。來教示以初夏見訪，敬當掃門奉候。但如仲綱兄言，此時仁兄正附天垣郵傳，入對大廷，鋒車戒途，寧有餘晷暇日，討芝問桂，與野老結世外緣耶？信筆奉復，餘俟面悉。

答佟思遠

山中草木，幸脱餘生。晚歲桑榆，已爲長物。燭武抱無能之恨，師丹招多忘之譏。隨例稱觴，撫心自愧。深荷老姊丈惠顧殷勤，翰章重叠，遂令長筵生色，兒女抃舞。當賤誕之日，佳貺賁臨，故知吉人記存，即是慈光加被。可以招邀餘慶，敵退災星矣。拜嘉之餘，惟有銘勒。賢閫賢甥，並此馳謝。臨楮不盡馳企。

復張綏子 三首

閉户寫經，無寸晷之暇。却以三空四盡，官逋如火，譙訶催索，時復聒耳。雖復付之罔聞，不免時一懊惱也。來諭極欲相應，奈正當此窮極之時，倉箱未能充盈，已盡歸催科之吏，不能作無米之炊，以應水火之求也。如何？如何？武林之行，且待開歲更爲之計，未能預爲訂期。外附脱粟一石，聊充盤飧之敬，幸笑置之。食品二種，附謝。

又

年來老耄日甚，躭味空門。回首昔遊，一切如夢。忽接芳信，鄭重記存。扇頭佳詠，金春玉應，讀之如見枚生七發，氣浸滛滿大宅。所幸者，禪心已作沾泥絮，不復生見獵喜心也。梁翀老戟門森嚴，不便通書。兼以尊人之喪，尚未赴弔，未敢輕有引薦也。郵中草次附謝，不盡馳企。

又

武林得一把晤，再遣候掌亭，則聲跡邈然矣。悠悠世界，轉眼炎涼，慟西州而懷東閣者，復有何人？每一念及，輒黯然低徊也。此中崑良、金如，皆諄切念舊。崑良奉訪，附八行奉訊起居。雲山間阻，我懷如何！

致何二一如 二首

山中草木之年，重蒙遺賀。故人情誼，真與明聖湖俱長矣。承委小像傳贊，知吾丈以千秋爲託，用意深遠。禪誦之餘，不覺此心勃發，遂奮筆作像贊一篇。文不加點，詞多激昂，信是尉遲公不服老也。相知彦遠、冰修，可傳示之，共一抵掌。勿示俗人，資其齒冷也。拙集一部致郎君，但堪覆瓿，恃通家厚愛，不欲煩嗤點耳。令表弟誠朴端詳，當爲有用之才。荒村多冗，草草慢去。長至後切望其一來，庶吾兩人雖不獲把臂，可當千里面談也。切囑切囑。諸相知乞爲道懷念之私。不盡馳企。

又

不得音塵，有如饑渴。僕夫東歸，携得翰貺，不以芒鞋相贈，却以赤舄相詒。山民老脚，殊訝其不相稱。然門下視我之意，則深且厚矣。頃來謝絶人事，一意繙經。寒燈殘燭，鷄鳴月落，矻矻不休。西湖一水，盈盈如在天外。頃聞有受恩之人，欲反唇相向者，走奴子與辨析。知門下義薄雲天，定不惜拔刀相助也。種種事非筆墨所盡，但以窮老爲嘆。念子孫甚切，不能少爲援手，良可媿也。呵凍草草，相聞不一。

復吴時應 二首

一别八年，滄桑日改。僕已皈心空寂，頹然自廢。而足下志節益堅，詩篇益富，如茂之所云，良足嘆仰。蘆中草作一叙請教，乞爲傳示茂之，共一慨然。扇頭詩絶佳，薔薇露香氣入五雲深處矣。鄭老雖亡，豈無蜜楊梅可潤筆乎？一笑！梅友詩如乳山請爲作序，並爲郵致。

又〔一〕

客歲采詩南中，與林茂之評定雁字詩幾千首，蜂喧雀噪，獨賞伽陵頻伽和雅之音，謂二袁諸公，猶當讓一頭地。而門下顧超然玄〔二〕覽，不與詞壇争名，益知其所存者遠也。白法、素華二老，謂大法垂秋，惟門下爲須達長者，具有十德。一水相望〔三〕，又同出高陽先〔四〕師之門，而踪跡差殊，不獲一侍函丈，心甚愧之。頃因壽光上人載經東還，謹託通音問於左右。經藏改梵，是紫柏大師及陸莊簡諸公未了因緣。今已功在九仞，仁兄夙受靈山付囑，浮圖合尖，非大檀越誰能任之？壽光乃真實僧，非緇衣裨販者比〔五〕，知法眼能鑒別也。心經小箋，專呈求正。小根鈍品，盤桓注脚中如屈步蟲，未知高明何以加箴砭也？拙集一部，附塵〔六〕清覽。草次折簡，不盡馳企。名具單幅，尤素〔七〕。

【校記】

〔一〕此一通亦收於文鈔補遺、文集補遺卷下、外集卷二十三，題俱作「與馮秋水書」。〔二〕三本俱作「玄」。尺牘作「圓」。〔三〕三本俱作「望」，尺牘作「懸」。〔四〕三本俱作「先」，尺牘作「老」。〔五〕三本俱作「比」，尺牘作「必」。〔六〕兩補遺作「呈」。〔七〕文集補遺有六字側注。

與徐元歎 二首

楞嚴疏稿，五削草而未定。餘冬三月，重加刪定，了此因緣。老眼寒燈，殊爲艱苦。坐此未得過山中把盞稱壽，此中殊癢癢也。子晉逝後，子羽又以危篤見告。撥忙往看，見其志氣清强，可以昇際神明，尚可望有起色也。斗轉參横，坐中酒人多落落逃席，惟後去者顧影自憐耳。推心淨土，知兄已悟了自度。然相宗奧義，須一加研討，亦未必不是西來貲糧也。勸酒詩信口胡謅，不謂遂爲時賢傳誦，當是物以人重耳。雪北香南，以須彌山下有雪山、香醉山，愛其名美，所以喻高人所居，且僭以自況也。石鼓名句，得無應孫恩之讖乎？附及，以供一笑。

又〔一〕

近來索詩序者頗衆，每一捉筆，便爲攢眉。獨爲〔二〕吾元歎放筆，殊有生氣。果然有當於慧眼，亦可捧腹自笑也。日來脚氣作苦，想因日日〔三〕繙殘經，鑽故紙，便應作折脚法師。今幸少差矣，然畢竟嬾出柴門，視虎丘、天池，如在天外。未知中秋前後，能破此鐵門限否也〔四〕？新詩刻就，乞多惠幾册。閑中並欲覓舊刻一觀，能發興料理見付否？平論無續四之興，却有吾炙一集，隨意攬取，不復倫次少陵之數篇。今見古人詩，頗多彷彿此意，正須佳詠爲壓卷也。華山天池，便應草深一丈。欲介、立、雪、藏輩來此，作山中好主人，而雪老又化去矣。朂伊起華嚴講期，又須三年。那得有一二閑僧，占此閑地？言至此，可爲一喟也。新點殊慰饞口，荒村但有麥飯麪餅。小孫輩見之，以爲異物。此雖戲語，亦可以見老人之落莫也〔五〕。後香觀說，在上人〔六〕函中，可索一看。諸俟面時〔七〕方可傾倒耳。倘發興欲來，正不必以謝客爲解也。李秋孫常相見否？念之。昨有辭〔八〕壽詩文一首，即日當〔九〕呈看，却要求袁重其作說帖傳送也。一笑〔一〇〕！

【校記】

〔一〕此一通亦收於外集卷二十二。　〔二〕外集作「於」。　〔三〕外集「日日」作「是」。　〔四〕外集無「也」字。　〔五〕外集有「平論」以下至「落莫也」一百四十字，尺牘無，今補入。　〔六〕外集作「和尚」。　〔七〕外集作「一面」。　〔八〕外集「辭」下有「慶」字。　〔九〕外集無「當」字。　〔一〇〕外集無「一笑」二字。

復林茂之

洞庭郵中，得和詩長篇。詩出老手，不煩贊嘆。但喜其壯心生氣，湧出筆間。知乳山老人當亦如籛後人老而不死，苦駐人間，看盡滄桑世界也。詩集排纘已定，是大好事，此今日一部井中心史也。翁詩非吾，誰當序者？不但翁生平一腔熱血，非我不能發揮，即如弟年來苦心，灰頭土面，不求人知，惟兄爲海内一人知己，亦須借此序發揮一番。但以看經課程嚴，自朝至夕，無晷刻之暇。即如兄命作洞庭一友詩序，便費我繙經兩日工夫，殊爲懊惱。此序又不敢隨手應付，須待秋冬經課少緩，料理一年宿逋，定以兄序作黄巢開刀樹也。一笑！來札中有閶河蛙食其子，可後天地不死云云，上下文都不相屬，不知何謂？幸詳明再示之，俾知奉行也。弟年來窮困，都無人理。盜刦歲荒，催徵疊困。上下無交困，無斗粟，天地間第一窮人，人不知也。案頭無墨，每向人乞墨，如尺璧斗金，莫有應者，不能有餘墨奉寄也。可笑如此，亦復可嘆！爾止已遊齊矣，秋期未可刻定。奈何！奈何！

與李梅公

相知聚首，樂極生悲。山堂燕及之辰，即江村胠篋之夕。山妻稚子，匍匐荒田。片紙寸絲，遂無餘剩。幸以扁舟早出，免於白刃。關帝降靈呵護，靈響赫然。不然殆矣。以此自幸，餘生猶不爲神明所吐棄，知己者當開顔相慶也。被刦之後，五月披裘。石臺公祖推屋烏之愛，捐俸解槖，爲舉家製衣。絺兮綌兮，始得蔽體。更治裝爲武林之遊，此中士大夫，無不跂踵頌高誼也。杭城旬月，逼暑促回。遇賢公子南還，得一執手。鳳毛麟角，風采秀出，嘆老眼尚自有珠也。因其便，聊附數行。亢旱焦枯，兵塵未息。相見何日？執筆慨然。揮汗不能多及。

與趙月潭 二首

逆賊之來，焚如突如，意誠不在貨財也。僕以石臺公祖赴酌，倉卒入城，彼不及知，幸免於難。數日前，敝鄉迎關帝賽會，示夢社人云：「錢家莊上有大難。廿八至初二日，要往救護，過此方許出會。」則此日之得免，與一家之九死不死，大帝之救護昭昭矣。方以爲幸，方以爲感，豈復有芥蒂於中乎？舉家狼狽，五月披裘。石臺公祖分俸爲製絺綌，少可蔽體。而家中百物罄盡，賤内累年爲嫁女奩具，亦一卷而去。僕苦口勸諭，欲以義命爲解，而卒未可破除也。辱老親母台諭，即鄭重傳示。或一言金石，而可當百千言耳。雙老阻台駕之來，實出鄙意。以鄉城殘破，無一枝可依。親知枉臨，深爲不便。且吾輩休戚相關，正不在促數往還，以一執手唏歔爲親熱也。台翰正欲奉報，得台使來，甚慰。草草附報，不盡百一。老親母處，賤内遥致頂禮。復祈垂照爲禱。

又

阽危之後，重覩清平。信宿過從，契闊談燕。此世界中便是諸天善侶，共會普光明殿矣。别後掩跡荒村，自了緇經公案。寒燈午夜，鷄鳴月落，揩摩老眼，鑽穴貝葉。俯人世有八十老書生，未了燈窗業債，如此矻矻不休者乎？朔風日競，青陽逼除。俯仰乾坤，又將王正。雙白比來了無音耗，所云官星照吴，乃天官家剩餘之談。古人言：是非瞽史，安知天道？騰空難飛，説食不飽。德音拳拳，用此相慰。永言思之，徒增浩嘆而已。稚孫頑魯，未敢爲伉儷之計。承諭具見骨肉之愛，敢不銘切。但婚姻大事，未敢臆決，必須請諸明神，決之詹尹，然後鄭重奉復，想老親翁不哂其過慎也。蒙童初學，以讀注爲苦，承許惠忠憲公删定善本，乞即於歲前後見示，使黄口豎子，不爲都都平丈所笑，則作人之功遠矣。九頓奉懇，萬祈留意。呵凍草草，統希原宥。

致卓去病

湖干一别，聲塵寂然。年來閉户繙經，日與貝多羅作緣。寒燈老眼，鷄鳴烏啼，掩卷自笑，宛然一老書生也。僕夫東還，深傳足下相念，輒以近況報足下。垂天之雲，何時摶扶摇而上？折脚鐺邊，每爲矯首嘆息耳。世事悠悠，都付昔夢。却聞有昔年水火緩急之人，反唇相向，此理所必無，而人言頗爲娓娓，因遣奴子來爲剖析一番。足下畧知此事因由，公正發憤，當不惜慧燈一照，破彼迷亡也。呵凍相聞，便中幸附德音爲慰。草草不盡。

復申維志

弟老軀枯寂，懶結文字因緣。偶於扇頭行卷，得見一二佳什，金春玉應，每爲吟咀，不能去口。今得讀元氣集，如入珠樹之林，闚羣玉之府，賞心奪目，應接不暇。又復承嘉命，俾爲乘韋之先，得以挂名其間，何厚幸也！學植荒落，耄忘迂拙，不能贊揚萬一。第以餘民野叟，追維館閣故事，俯仰文定一門，箕裘弓治，以揄揚豐芑百世之盛，無溢美，無窕言，或亦大雅君子所不廢也。南中以執法被螫，事跡彰明，在人耳目間。纖人穢史，如蟾蜍擲糞，自其口出，又何足置辨哉！嘉貺鄭重，深荷記存。草率馳謝，不盡馳企。

與黄觀止[一]

壽光上人來，得手教，具知金湯護法盛心。大法垂秋，非得深心雄健男子，不能承受如來付囑。如吾觀止，真其人也。今毛氏經板，已一一送歸化成，合算已得什之八九。正浮圖合尖之日，惟足下努力唱導，即五臺了凡，再見於今日矣。望之祝之。憨山大師全集[二]，工[三]已告竣，須亟付經坊流通，此今日人天眼目也。計偕想已就道，數行屬壽光轉致。應身無量，正不妨現宰官身説法耳。令叔久不相聞，並此致意。諸不多及。陬月廿一日，謙益再拜[四]。

【校記】

〔一〕此一通亦收於文鈔補遺、文集補遺卷下、外集卷二十三。

〔二〕三本作「全集」，尺牘二字誤倒。

〔三〕外集無「工」字。

〔四〕三本有「陬月」以下九字，尺牘無。

復錢梅仙

日來偶有伸寫，皆出漫浪。每一落筆，輒爲人所傳笑，甚至加以詬駡。而吾子獨越衆而取之，在不肖以爲良知，而嗜痂逐臭之譏，恐不能免於時人矣。閑中抵掌，當共爲一笑也。京口、白門，似有微風摇動。江南黄葉村中，尚得高卧晚食，差足自幸，亦未知究竟如何也？涼風將至，倘得扁舟過從，尚可傾倒心曲。草草附復，未盡一言。謙益再拜。

與顧伊人 六首

畚鍤之役，三四人舌敝口乾，反增此輩謡諑。虞人難與言，不減互鄉。可惜辜負梅老一片老婆心耳。恐彼此擔閣，急遣信奉報，並以爲謝。匆匆不復致書，希爲叱名。謙益再拜。

又

衝寒拏舟，爲煙老稱壽。自吴門發舟，遇酋長封船，勢如哮虎。宵遁入滸關幸免。朔風切骨，驚魂悸心，寒噤委頓，幾有性命之憂。只得蒼黄返棹，以胥後期。山陰之櫂，不因興盡而返。想煙老橋梓，能心諒之，不致有專車之僇也。晤時千萬代致不寧，諄切！諄切！拙集未刻者，舍姪孫遵王近爲排纘繕寫，兄處藏本，可悉付來。彼此參訂，或可無闕落也。梅老尚未遑弔唁，老人闊疎如此，晤時先爲致聲。孝逸諸兄，不及專啓。一一叱致爲荷。

又

世界在熱沙地獄中，赤日炙人，亦助彼爲虐。幸有數卷宗鏡，可以消遣也。昔人論文，以當世得一人知我爲快，何忍有憫惜於足下。但年來文字，動筆便有觸忤。又草草命筆，煩芿滿紙。須待緇經少暇，寒窗無事，痛加删削，此時方可請教，以副知己惓惓至意。若前所録稿，大半皆出倩人，其真者亦祖龍之餘燼耳。正不必留之人間資姗笑也。庭表詩序，已託舍姪孫鄴致，幸爲改削付之。中秋得偕梅老促席談譙，差可少紓惡抱也。草復不一。梅仙不及弔唁，老人廢此禮久矣。相見爲致不安。

又

闕廟碑三篇領到。幽贊録隨來伻奉還。此書出楚人瞿九思之手，鏖糟鄙俚，可嘔可耻，不謂天地間有此等惡物也。然得一見而痛削之，亦有助於正神矣。諸不多及。

又

郡邑舊志，久付劫灰。必欲搜求，問之汲古可也。陶廬記信筆作一篇，未知可挤壁否？唱和册並題去。燈夕詩清綺多風，愧不能屬和也。消寒近什，多打油咬鐵之作，不欲傳遠，待足下來，當出以一笑也。關廟三記，領到當採入集中。弇州續集有一篇，即州治西門廟碑，便中幸録以見付。賤體尚頹然，力疾草復。

又

賤體憊甚，屢辱記存。兩王生傳，文覈體潔，描寫一種忠驅義感氣象，湧現筆端。字句之間，畧爲删定。竊效攻玉，勿嗤販針。沈休文謂王元禮曰：不謂疲暮，復逢於君。僕於伊人，良有同感。後來之秀，實在足下。願足下重勉之。衰老摧頹，未有以相長也。序文尚未屬稿，少間當力疾報命。沈兄希爲致聲。草復不一。

與施偉長 三首

吾炙集如吾家幼光，真不可多得。若節竹君則又當孤行天壤，弗宜以此集拘者。人但取容悦目前耳，身後定價，從不肯入夢。蠟黄梔，楦麒麟，明知其不可，而故澤之，故塗之，故安之，汩没於聲利，流浪於浮靡。悲哉！吾不知前乎此者，與後乎此者，亦如吾與若今日之相遇否也？故得光是集者惟幼光，不必光是集而望光欲熠者，惟篛竹君。此雖私語，然實千秋定評。今人聞者，未必樂舉是議而衷之也。一笑而已。

又

長安三布衣，累得合肥幾死。君去，又欲摻豚蹄而享。千金鮀雖澤，誰爲聽者？無已，連留幕府，高適、杜牧亦古之聞人也。然丈不耐，又不屑，世無嚴武、牛僧孺輩可語，不如還艤舟來吴，聽荷風稻香，喫折脚鐺冬舂米飯，閑挑冷語荒史，過却長夏三秋，再作計較若何？如必欲行，涿州雖謝政，手段還有一二分像，蒙當破格爲兄惓切數行也。

又

假髻詞，列朝詩誤刊張東海，僕心疑久矣。得君家世澤圖，定爲曾忠愍作。然是宋人詩也。此後遇此等，惟有一意刊去爲是耳。因思是集譌謬不少，貴鄉既無一人出而是正，至舉以相懂，則側目僕載高新鄭誦鬬鷄詩，不亦放飯流歠，而問無齒决耶？伯璣欲盡摘小傳，另爲錄行。丈固雅熟國朝文獻者，暇日能再爲點定，過我商榷。佳事佳話，正不在多。更不必引列傳家譜板實語襯拍，没却前人風華也。姚文初，吴之靈光，王雙白曾來介否？

與黄庭表

往從行卷中，得見新篇，珠光玉氣，湧現於行墨之間，輒爲採録，收入吾炙集中。時人或未之許，久而咸以爲知言也。介壽四章，雄健蒼老，在劉禹錫、杜牧之之間。至於嘘枯吹朽，使陳人宿物，比數於天球琬琰，深心雅致，銘感在千秋萬年矣。謹假銀爵，再拜酌新酒，以仰副胡耇之祝。近作學益富，才益老，從容卒業，當草數語爲序，聊當乘韋之先，新秋便可具草請政也。毒熱揮汗，幸恕草率。

與陳伯璣

寒燈竹窗，緇經送日。雖復胸次蕭然，不奈老景寂寞。每詠孟襄陽白髮、青陽之句，輒顧景自笑也。頃知即日返棹白門，歲暮作客，兼復善病，歸時擁罏煨芋，消遣旅懷，却勝參藥物也。尊府君志文，待料理行狀見付，便當命筆。遣銀鹿封致，亦不煩躬扣也。

回慈谿葛

不佞經年卧病，衰殘聾聵，已成廢人。上下無交，聞問都絶。足下高才博學，辱在泥塗，無能援手。遠承來教，有撫紙嘆息而已。世道休明，登用有日。静以需之，不必泣血以相明也。拜命之辱，馳企不盡。

與范眉生

草木餘年，偷生視息，殊以不死爲愧。乃重辱知己記存，寵以名篇，侑以嘉貺，深荷錯刀之贈，而愧無瓊英之報。惟有藏弆篋笥，永以爲好耳。令妹佳集，承命輒作一弁。日來有文字戒，破例命筆，欲爲古來閨秀洗濯本來面目，非漫爲許可也。知具眼能鑒别之。拙集因版久刓敝，少待修補，方可印出請教也。令伯來，正值閉關謝客，草草慢去，幸爲代請。冗次馳謝，不盡翹企。

與邵潛夫

瞿生渡江回，得手教滿紙。昔人以隔年書爲嘆，如來書所云，皆是塵沙劫中事，不能不俛仰嘆息也。佳集諷詠一過，居然正始之音。追思鄒、李二公，老成典刑，不免興中郎虎賁之悲。信筆作一序，□□已經斷手，不復增益，無可以報來命也。弟衰遲潦倒，屏跡江村，門屏蕭然，不能致千里之客。倘先生言念昔游，問渡覆釜，當不惜破鐵門限，掃雀羅以延佇。樵蘇不爨，白日千古也。久不得便郵，因思靈巖退老是貴地人，倩其便郵，以答芳訊。明年八十，有謝稱壽牋一通，附博一笑，勿謂此老倔强猶昔也。此中故舊，如范如顧，蹤跡落落。晤兩家後賢，胥爲致聲相問。雨窗捉筆，不盡馳企。

與陸羽明

京洛風塵，坌集耳目。杜門伏枕，杳若深山。待闖事稍有頭緒，即當乞骸而去，長爲農夫以没世耳。接尊教，深服仁兄老成之見。過於自信四字，此弟一生病痛。仁兄輕輕一筆描出，可謂知我矣。然事出意外，惟有信天，可以坦然信步。即仁兄處此，恐不能别有作用也。經、撫之獄，定於司寇一疏，畢竟是老手伯欽所持。以弟觀之，尚是秀才口氣耳。廣寧之失，可爲一笑。今遂以榆關爲天險，以西虜爲外護，而置奴酋於度外，恐非算也。吾鄉經略，綽有擔當，亦復沉細。但當此數敗之後，將有逃心，士無鬬氣，一局殘棋，雖有國手，恐亦難於收拾也。今之君子，以居官爲傳遽，年兄所至即有修舉，可謂今日對症之藥。冬曹之事，議論大明。河上新政，尤爲卓絶。職掌所關，自是照管人許多門面不得也。秋間倘得南還，握手當復不遠。草次奉復，不盡願懷。

弔顧

尊府君雄才正骨，冠冕夕垣，謂當繼司馬之後，建旂常之偉伐，不謂其遽遊岱宗也。祝予之慟，迴環五中。頻年思涉江奉弔，衰病中止，敬遣一价，致瓣香於殯宫，惟大孝宥而存之。祥琴已届，佇望烏飛弓冶之望。臨楮惘惘，不盡馳企。

答

南糧一事，曾爲門下郵致蔣父母，不敢輕置一喙。一則此事本末，未能了了，不敢强作解事。一則去歲南糧事，大爲話柄，恐又蹈故轍也。數日以來，悠悠之口，道路流傳，曰某紳若干，某紳若干，又波及不肖，多則云若干，少則云若干。不肖聞之駭愕，正言以明其不然。或曰：「此公事也。公言之而可以獲利，既遂人之欲，又救己之窮，奚爲而不可？」不肖竊以兩言斷之，公則無利，利則不公。若公私義利，可以兼營並收，此諺所謂

「東家食，西家宿」，有斷斷必無之事也。方今饑饉洊臻，盜賊伏莽。一旦有事，若平糶，若賑饑，若募兵，若城守，皆賴吾輩拮据倡率，使急公好義者信從，而吝嗇頑鈍者不得不聽，然後可爲保全鄉井之計。若平居不自愛重，臨事强爲牽率，彼將曰：是常染指某事，假公濟私者也；是常居間某事，干名犯義者也。心非巷議，實應且憎。大聲疾呼，其誰與我？人之不與，我不足惜，其如桑梓何？其如身家何？此不肖竊懷杞人之憂，恒用凛凛者也。然南糧事，不肖仍不敢置一喙，不敢以一人一口，定通國之議。但祈門下爲言於主事者，捨我一人，無以分惠兩家，納我於溪壑之中而已矣。頃遭亡妹之慽，眩暈牀蓐間，不能面陳，敢力疾布其區區，惟昭詧爲禱。仲夏朔旦，謙益再頓首啓。

致季滄葦

大江南北，有二老人。星翁兄五福渾圓，享麥丘封人之祝。而僕則皈依空門，從折脚鐺邊過活。枋榆九萬，相視不同，其爲逍遥遊則一也。吴門陶馨之精於鑒古，爲吴中第一人。今以所蓄，傾箱倒庋，求售於門下。非米元章、王晉卿一流，不能鑒别。海内名物，得有所歸，不致沉埋，亦可喜也。因便附候起居，不盡馳企。

答席

尊府君大葬，榮哀兼備。正擬扁舟執紼，從四方觀禮之後。江海騷動，風鶴震驚，株守荒村，不敢出柴門跬步。伏承來教，深荷體恤至情。待警報少息，湖波如練，生芻一束，漬酒於京兆之阡，固有日也。志文領教，重以金幣，謹對使祇領。諸凡節哀强飯，以襄大事。不悉。

致王

往年採詩，叙列吴中先哲，僅收録墨池公一詩，序傳數語，聊見顯微闡幽之意。頃承翰教，鄭重推挹，良有媿色矣。來書及詩，叙致典雅，知爲讀書汲古之士，墨池公可謂有後矣。絳雲一炬，遂無餘燼。先哲遺文，盡爲六丁收去，媿無以應來命也。草草附復不盡。

與丁

十二日衝寒冒險，星夜到吴門，踐老兄之約。不謂已先期逃去，竟無隻字相聞，真信人也，真好人也，真至誠君子，一言不苟者也。敬之服之，愛之信之。凡事且置不論，祇是大哉公祖，如此情誼，使我踪跡疏闊，不能申杯酒之敬，使我得罪於知己。老兄心上安乎不安乎？請老兄仔細思之，我不敢一字批點也。廣陵書信，早早寄去，慰彼遠念爲望，然亦不敢必之於吾兄也。便中幸示知之。

復　陶

別後觸熱還鄉，索居抱病，不謂業風輪火，日甚一日，驚魂噩夢，晨夕在刀塗血路中。賤降之日，長筵兒女，雖復喧闐，有顧影長嘆而已。遠承存念，重以瑶章。捧誦一過，不覺温風徐來，暄景照座。通懷若此，感銘可知。思老楚游返櫂，尚當圖把臂笑言，共醉白門梅雪耳。與京晤時，希爲致意。草草附謝，不盡欲言。

復　趙

一别七年，音徽遼絶。惟方爾止來，得聞起居，少慰契闊耳。神仙宗伯，夙負心知，介壽之詞，何煩徵索。但僕累年積疴，真病真衰，真聾真鬲，日啜粥糜半盂，兩臂瘦如削蔗，已自分飾巾待盡。醫者教以守心魂、斷筆墨，或可文綴餘生。今祇得謹守其戒。偶一犯之，頭眩脅脹，百病交作。恭承來命，責以飛文遺詞，實不能勉强從事，徒有浩嘆而已。經年一榻，斷絶交遊，又豈能招摇詞壇，徧徵歌頌。拜命之辱，並隨使附繳。力疾奉復，勿罪方命。幸甚！幸甚！

答楊

不肖衰殘老病，屏居江村。不知台旌渡江，有失餞送。遥望棨戟，徒有瞻企。頃承諭西關貴寓，舍姪孫得復祖業，深荷周旋雅誼。原價係明正交易，自當一一清楚，不煩台臺囑付也。草率奉復，惟爲海内長城，强飯自愛。

答馬 嘉標

恭惟老年翁門下，家風綿邈，世德作求，箕裘之盛，冠冕西浙。私心仰止，爲日久矣。伏承翰教，頒示先集。奉常公清名直節，炳著青史，流傳篇詠，良足鼓吹休明。但詩集竣事，已越數年。衰年繙閲内典，焚棄筆硯，不復能仰承台命，頌述先猷也。原稿恐有遺失，謹封識仍還典府。力疾草答，臨楮不盡馳企。

復嚴

荒村寂寥，重辱枉駕。別後繙閱大集，知南金東箭，固自有人，而不得試鉛刀一割之用，則時命將有待也。老人病瞶，自是血氣衰涸，恐非藥石所能治。蠅聲梟音，狺狺盈耳，頗以聾代掩耳，殊不思飲社酒也。大丹謹拜領，以識明德，恐又當作第四人耳。湖上自佟撫行後，彼中官長，無有知不祥姓名者矣。拜命之辱，惟有慚汗。脚氣忽發，力疾奉復。

錢牧齋先生尺牘　卷第二

致瞿稼軒　十四首

邸報一册馳上。魚婁全抄無有也。佳點謝謝。葉臺老曾作郭明龍文墓文，蒼霞前後集有之。鄴架中有此，乞檢出付看。

又

癸未詩一卷，乞付文華刻入文部，缺者即日補上也。墨似未必真，如真，則不如新墨多矣。賤内辱太親母寵招，何敢自外，第恐太費華筵耳。容伸謝不一。

又

撫臺書，適遇顧瑞老在郡，遂手致去，尚未得報也。若偕景之丈往晤，切須道及此事，萬萬不可肩任，萬萬不可輕易入告，更不可放鬆片字。因有人謂此舉出吾輩求題借徑，又多一番葛藤也。

又

僕一身之進退，如鴻毛耳，今已置之度外矣。世道不可不深慮，此足下與諸君子之責也。此稿宜急覓一人上之。

又

張平事墓志，草完奉看。此君死義事委曲，筆下頗費斡旋也。覽畢，即付梓人何如？

又

小樓卜築，重荷玉趾，但以輶褻爲媿耳。看菊自當如約，伯欽日下即到，少待之何如？

又

歐陽公祖，當力薦請見也。請致疎慢之意。宣梨分惠，甚感。此刀非倭，乃苗刀之不中用者耳。漁仲有數字，亦殊草草也。

又

出門數日，須有種種料理。觀梅之約，且待來年矣。昨夕承春酒之貺，與犬子共酌，以拜明德。未及致謝，歉甚。草草不一。

又

劇甚佳，不可不看。三山託相邀甚切，今日亦當一赴，以慰其意也。詩稿附去，即發下爲妙。精點領謝。歸期定在數日内也。

又

詢知貴恙已霍然，未及面晤爲愧。犬子亦向安矣，張君尚未枉顧也。此事容細商之，未可草草。似理公處已有先入，頃面破之也。

又

内人性頗沾濡，再三商榷，以爲必待小樓成後，奉屈太母，然後可以赴召。其意確不可回，似亦一念恪慎，非有他意，只得聽之也。更俟面謝，不盡。

又

和韻四首，風致婉麗，以巴人之唱。而辱陽春之和，吾滋媿矣。拙集已料理三卷，乞付文華，即當續補，以湊十卷之數。舊作似難再投也。

又

華堂曲宴，大費郇厨，附謝不盡。日來寂無所聞，得見西賓一紙，皆新奇，可喜之甚。世界安得不弄壞耶？泉酒領到，謝謝。

又

子求封事儘可觀，却多留中者，何也？伯申歸，若有新聞，幸見示爲禱。

答陳朱明

雒蜀之禍，不謂近出里社，不肖不能如市南宜僚弄丸而解兩家之難，有俛仰愾嘆而已。易曰：「近而不相得則凶。」左傳曰：「衆如水火焉，不可爲謀。」今攻者在近，援者在遠，其若之何？以理言之，則曰反躬。以事言之，則曰避地。僕之進於高明者，兩言而已。卧病信筆，不能多及。

與王德操 二首

前往石湖弔張六老，歸即遇雨，與孟陽對弈。中秋夜闔門殺死棋，可一笑也。臺從入城，詢知北信何如？乞詳示之。佳什即呈二兄共賞之矣。

又

紙窗竹屋，歲莫都無一事。篝燈爲吾兄作詩序，放筆蕭然，頗堪自傲也。專使奉覽，未知吾兄以爲何如？不至作佛頭着糞否？朱雲子詩絶佳，意象深厚，皆從古人得之。而其序乃稱述楚中傖父，殆英雄欺人耳。如何？如何？獻歲可放棹過拂水，弟與孟陽，當掃衡門以相候也。

與李孟芳 十三首

山中無主人，猿啼鶴怨，賴兄少慰山靈。至曲體廬墓一語，使我傷心痛骨。孝子不匱，永錫爾類。敬奉斯語以終身矣。地方疏多一番查核，識者以爲不如此則牆壁不固。總是災星未退，不得早離囹圄耳。種種近況，令弟能詳述之。窀穸之事，當已竣役。督工者知其勤勞，亦須吾兄時時教誡，並慰勉之。宋墳一事，不可不早爲了斷。非遷墳則還價，事無兩是，不得不責成言於培老也。光甫先志，日下酬應少閒，即當捉筆，幸爲致意。子晉並乞道謝。漢書且更議之，不能終作篋中物也。歸期想當在春夏之交，把臂亦非遠矣。附去二金，爲尊嫂椒盤之費，聊見遠懷也。山子、載兹仍在山中否？念之念之。

又

山中松桂，仗兄代爲主人。但累兄急難，五岳時起方寸，殊爲負愧也。不肖此行，藉聖明曲護，留得殘生。苦勘疏未到，翹首待放。要之期亦不遠。荷戈行戍，何減陸地昇仙。兄當覓靠壁清好酒，爲我洗塵耳。孟陽、德操、璧甫、子晉、山子諸兄，晤間須一一道意。顧孝柔仍住春暉否？山中事亦多煩照管也。鳴野歸，附數行奉謝，近況彼能悉之。

又

郵筒中得手教，不減會面。歸田以來，日惟屏居卧病，無可爲兄道者。令弟不得一子衿，遂鼓篋入橋門。貧士忽作壯遊，心頗奇之，愧無以爲助也。過嶺以南，山水奇秀，更有賢主人辰夕晤對，旅況知大不惡。便人草草附復。

又

兩過吴門，俱鹿鹿人事，不遑登堂奉謝。每一念及，如負芒刺也。弟日來賤恙稍減，次兒已逾百日，稍知嚬笑，正堪與賢郎作竹馬伴侣。第未知吾兄果遂携家之願否耳？所需告示，即如台意寫去，正恐不堪嚇鬼，徒滋揶揄。奈何！奈何！璧甫閒中可拉來一晤否？甚念之也。

又

當今世界，是處畏塗，況嘉禾、霅川之間，何處可一措手爲德操地耶？此等光景情事，諒吾兄所稔知。德操古心之人，吾兄何不從直相告，而又作此委曲耶？幸善爲我辭之。今日子晉入城，未知璧甫尚在此中否？

又

移居詩屬次韻，所謂珠玉在側，使我形穢也。宋玉叔所求文，當於十日内脱稿與之，且令其使者少待之爲妙耳。蒼師並乞致意。

又

案頭鼎爐，欵式精古，頗有類此者。知爲佳品，不敢奪韻士之清供也。山中所乏者，名花異卉，欲效眉道人乞花故事，幸祈轉致叔鳴兄，覓得一二種見惠，勝於日南太守多矣。佳扇少間即當書上。草復不一。

又

日來婦病未起，老夫亦潦倒倦卧，呻吟之音，如相唱和。未得偕子共觀拂水之奇，乃恨事也。丁卯集在馮二兄所，可從彼索之。子晉云云，竟不必挂齒矣。

又

小樓風雨，時時爲遠客所苦，舍此則無他事也。楊忠烈志，乞轉致子晉。奈觀者頗衆，得付梓以應之，甚便。王公書且徐徐，因序文未作，難於回札耳。餘面悉。

又

歲事蕭然，欲告糴於子晉。藉兄之寵靈，致此質物，庶幾泛舟之役，有以藉手，不至作監河侯也。以百石爲率，須早至爲妙。少緩，則不及事矣。

又

培老携榼見過，以清談雅集爲妙。萬萬不可用優戲，山中殊苦之也。希爲致意，至感。

又

空囊歲莫，百費蝟集，欲將弇州家漢書絶賣與子晉，以應不時之需，乞兄早爲評斷。此書亦有人欲之，意不欲落他人之手。且在子晉，找足亦易辦事也。幸即留神。

又

昨因兩耳暴痛，不能肅客。入夜兩腮俱腫，耳中蓬蓬然，不聞雷霆，恐爲濟老之續。苦甚。程年兄尚未能晤，須少間，然後擁彗。幸爲致意。並致意子晉，如有好停耳方，幸示之，省得用東坡截耳法也。

與陳益吾 三首

郵書甚難，即覓便羽之的者，可以致之，不必相促之頻煩也。所云送還之物，一一封識，必不敢爽分毫，前權收，本非吾意也，幸明告之。

又

事已有緒，而決裂至此，殆鬼神爲之也。陰陽消息，或有其候。静以俟之，不敢忘初念耳。一切護持，自當效力。此公未行之前，尚當遣力密致之也。手勒草草。

又

但當飄然遠引，豈可自投網羅，此歸真大誤矣。不肖之心力，已無所不盡。若道尊則與不肖無交，不能爲未同之言。乞別圖之可也。前尊帖中原數並帖奉趙，此本心如此，幸勿相訝。賤恙委頓，草草不一。

與陳昆良 二首

朱陳之約，舍表姪深以齊大非偶爲歉。僕謂道誼契合，重以婚媾。絲蘿喬木，有何彼此。況當渝色驚疑之日，正多昏殺禮之時。期以桂馥之時，請畢桃夭之好。仰候高明，俯成嘉禮，必不以宋子河魴，貽古人婚娶論財之議也。即有松行，草瀆奉訂，歸時即當奉賀，並領三千六百鍾之賜也。

又

湖上遊客如林，老人無處着脚。從宋玉叔索得百餘金，僅供往還之費。落得與一二名僧俊人，盤桓一番耳。洞庭舊遊，一切如夢，今歲亦無一人以片紙相聞者。八十老人，世皆唾爲長物，何堪爲人作曹丘生耶？　拜命之辱，幸勿以爲訝云云。　此格外存問之禮。當歲凶盜劫，百費蝟集之候，自謂不遺餘力矣。　味來教，似猶存乎見少，此非所望於知己也。　秋熱未退，伏枕草草。　歸時，幸一枉晤，爲荷。

與王雙白　二首〔一〕

別後念甚〔二〕。　頃得信，知已定山棲之計，收拾身心，親近知識。　此是中年第一好着數，更不可放袋裏猢猻東跳西跨也。　敬慎〔三〕二字，自是我輩安身立命。　若兄所云，畢竟從世界風波上起見，便與本分風光，都不相涉。　況人生有命，只須鷄猪魚蒜，逢着便喫，自有無量受用也。　老和尚中秋入院，虎丘酒肉道場，變作清淨佛國，聞之亦爲色飛，寧有不願隨喜耶？　静、魚二老，更得把晤，尤爲快事。　正恐有大護法宰官，如洪爐熾炭，不耐作一塊小小冷冰耳。　蒲萄已好，釀酒尚苦，漿水未足，更須數日方中用耳。　釀成，奉作西域第一供養，不須作畢吏部也。　一笑！

【校記】

〔一〕此一通亦收於外集卷二十二。　〔二〕外集「念甚」作「其念兄」。　〔三〕外集作「慎守」。

又

十九日之尅期赴會，不意中秋足疾又發，大抵腫脹之苦，時止時作，不可爲典要。行步欹危，足脛無力，恐其遂爲痼疾。只得扶牀繞榻，蹣跚而止。謹遣一价奉告堂頭和尚，兄當爲鄭重委曲，布此苦衷。憑仗神力，旦夕當趍奔頂禮，不敢逭愆期之罪也。草率奉瀆不一。

與陸孟鳧 二首

衰病之餘，重以寒疾，委頓牀蓐，屏居墐户，再失良晤。即邑侯軒車式廬，未遑擁彗，度知己能恕疏節也。頃聞里社諸生，文社蔚起。束修砥行，斌斌然復見鄒、魯遺風。而邑父母方留心教育，鼓吹大雅，鐘鳴谷應，實一時之盛事。兔園老生，誼當躬率子弟，摳衣鼓篋於琴堂之下，而病不克往。諸生多絳帳門徒，夙荷陶鑄，則仁兄宜先弟往矣。豈弟君子，遐不作人。扶杖以觀絃歌之治，則吾二老人之厚幸也。力疾草草，不復多及。

又

聞巫咸祠記即欲勒之於石，而吴門馬天遊適來，今之伏靈芝也。如以屬之，當令敝文增價，不媿寒山一片石矣。乞轉致王、邵兩公。爲荷。

與嚴伯玉 二首

舟次枉顧，不獲倒屣。朔風塞路，相望凄然。頃接手教，以毛氏糧務相聞。僕八十衰老，絶口不談户外事久矣。毛氏昆仲，以子晉遺命，許刻金剛箋注。間一會面，自刻經之外，不復關及他語，近亦久不聞問矣。舅甥至戚，豈須外人關説。況少年盛氣，老人多口，徒供其揶揄耳。拜命之辱，俟諸面請。

又

道尊頃以訟牒下詢，髫珠黍谷，當有成議，僕只藉手報命耳。雖有小忿，不廢懿親。兩家舉動，皆是畫蛇添足。惟望高明宥其童稚，嘉與更始，以仰副道尊質成盛意。想諸公定無後言也。惟即示報。不一。

與王兆吉 五首

新年掩關駐足，失迓軒車，知不以爲罪也。仲恭家事，自分寒灰枯木，不爲此輩所齒録，不敢漫置一喙。年丈偉望碩德，鄉評倚重，忍不出片言斷其曲直乎？景之丈爲顧氏懿親，得其立議，即玉書亦必信服，他可知也。爲亡友又復饒舌，當不惜知己一笑耳。諸不多及。

又

昨枉存失迓，爲媿。頃顧僧忍自睦州歸，備述其年來漂流之苦，痛自懲創，有少游欵段、下澤之思。其兄既遠遊，家門伶丁，不絶如綫。朗仲之後，淪替如此，深可念也。知年丈深加愍恤，幸爲加意護持。本芝子、張二兄，並爲致意。諸俟面悉。

又

昨金如枉顧，初不知大父母原稿云何。頃得捧讀，則見其援事據理，有倫有要。丹書較著，斧鉞凛然。一字一句，悉皆金科玉條也。在不肖惟有稟仰德音，首俯心戢。即銜佩之衷，口不能盡，豈有不静聽處分，反事推敲之理乎？若諸老兄丈，垂念衰劣，婉曲調停，則不妨合詞以請於大父母，求其於原稿中稍委蛇一二語，以開其一面之網。則在不肖無不降心以相從，而大父母覆幬深慈，諒亦不吝化工之筆也。若謂與公議不相照應，則殊失大父母主持風紀之深意，在不肖又豈敢聞命耶？燈下信筆草答，伏惟高明亮之。

又

老眼昏花，每一展卷，輒欲指摩，不能已已。承示金氏貞壽册子，的係國初時手筆，起部伯熙，在洪、永間爲一時名臣。張修撰止庵每嘆爲公忠廉介，通達治體。止於郎署，命也。今讀其示姪五言詩，孝友至性，奕奕紙上。惜乎見之晚，不及編入列朝詩選中，殊可嘆耳。容作數語跋其後，今姑歸上，俾其後裔，速爲整頓裝演成帙，藏弆爲拱璧可也。新茗領到。此覆。

又

生平有二債，一文債，一錢債。錢債尚有一二老蒼頭理直，至文債，則一生自作之孽也。承委南軒世祠記，因一冬來文字宿逋未清，俟逼除時，當不復云祝相公不在家也。一笑。

與陸勅先 九首

江村閉户，點注殘經。送老白雲，與世隔絶。每至寒窗静夜，落葉打窗，疎鐘殷牀。

未免流思舊遊，睠念知己。客歲見上巳文讌詩，勝流高會，猶念記存衰朽。吟咀數四，慨當以慷。每願思促席一話，以暢菀結，而未遑也。石林遺詩，深荷剪拂。悠悠世路，但思錦上添花，寧有肯啄冰嚼雪，從寒灰枯木中著眼者乎？承命自當效一言於簡端。若新篇郁郁，富有日新，則老眼枯腸，爲之焕然生色。更當從容題品，以識緇衣之好。非敢自附於玄晏也。鼓吹郝注，乃有兩天挻。荒村無書失攷，序須改正。何時得一握手？念之念之。

又

尊公去世，吾輩失此良友。邑中善類，亦遒盡矣。每與孟鳧談及，未常不徘徊嘆息也。僕老矣衰矣，餘生殘息，只欠一死。居此羅刹國土，一燈半炷，皈向空門。埋頭屏足，猶恐被黑風吹倒，尚敢向人前插牙樹頰，剖白是非耶？足下念我，尚知東阡北陌，有此一老。不知退院老僧，久在折脚鐺邊，作針孔藕絲活計也。信筆奉謝，聊發知己一笑耳。

又

西湖之行，天時人事，俱在爐炭地獄中。閉門閣筆，不能拈一韻。讀暮春薄遊詩，深情苦語，都在阿堵中。「令渠述作與同遊」，殊不勝少陵之嘆羡也。紅豆花絶句，婉而多風，可與吾家曾孫並美，此花真不負三千年一度矣。石林詩遂成佳集，此詞苑之美談，不獨此老開眉地下也。新涼乍雨，殘荷滿池。暇日偕同人一過，何如？

又

昨見遵王，知足下重有西河之慼，心爲之駭悼。此人生最不堪事，未知足下何以排遣？深爲念之。衰老才盡，不能如韓退之作失子詩以慰東野，亦恨退之局促世法中，不能以出世妙法，廣東野之志意。足下當曠然達觀，了知此是積劫窮塵情結所致，非皈心佛法，無以消蕩。大乘經典，如楞嚴、般若，卒難解悟，當先讀黄蘗、大慧語録，及寒山、拾得、龐居士詩，此是擺脱悲累第一上妙藥物也。未及過從，草草附訊，不及。

又

黄册歌不勝嘆賞，却效一語規砭，知高明不爲張目也。金剛刻工，幸爲催促令坦，有信示報。

又

選詩已及嘉、隆間。近代文集繁富，放失尤多，見聞固陋，不得不求助於博雅君子。聞仁兄收藏甚富，口吟手鈔，有數十大册。何不出以見示，省弟搜訪之勞，共成此勝事。若屠赤水、胡元瑞二公集，知已評點至再，並求惠教。待採録過，即日完璧，不致少稽滯，有借書一癡之嘆也。紙窗竹屋，歲晚蕭然。端居無事，作此冷淡生活，知不滿仁兄一笑。佳集風流映帶，當爲近代詞人領袖。選後將訪求時賢之作，定以此集爲壓卷矣。信筆不多及。

又

承示婁東顧君論文書序，深訝其胸次繁富，識見超越。又復記存衰朽，不惜告之話言，賜以箴砭，其用意良厚。惜乎僕已灰心空門，撥棄文字，向所撰述，流布人間者，不特味同嚼蠟，抑且賤比土梗，不復能扳附當世俊賢，相與拈弄翰墨，而上下其議論也。列朝詩人小傳，得加删削，幸甚。然古之神仙，但有點鐵成金者。若欲點糞溲爲金銀，雖鍾、呂不能。吾恐其勞而無功也。聊及之，以發足下一笑耳。日來從事華嚴疏鈔，謝客之禁甚厲，雖足下相過，亦不能數數延見。輒書此以道意，不悉。

又

寫經承惠佳墨，正所謂海墨書而不窮也。李奴事，小輩迎賽角口，想無大曲直。得教便更了然。但此奴平日風過便無浪，藐視主人，全不揪採，闔門皆恨之，不但爲近事也。草草附報。

又

鼓吹序，乘興改作一篇，以貶剥滄浪輩之語，前已數見，不欲重複耳。村莊杜門，但畏俗客，豈敢以此例拒賢士耶？拙集既經批抹，且付一看，斷不以直筆爲諱也。石塔書，日下即奉寄耳。

與孫子長　四首

人情惡薄，無甚於吾鄉。囹圄之中，四方走問者不絶。而吾鄉之人，惟恐其不身填牢户，何相過之深也！遠辱記存，相念篤摯，贈行之什，不減河梁，此詩千古，此誼千古矣。九死餘生，幸保首領，皆恃聖明護持。此番查核，似亦無他過求。幸得了局，便可解網。

握手之期，當在春夏之交耳。人便附一行不盡。

又

茸城詩和章盈帙，不必更煩仁兄。求作一小賦，冠於集端。以賦爲序，少變緣情之法，亦詞林一美談也。改詩乞即付下，但署更字面可耳。

又

別後卧疾十餘日，幾成鬼籙中去，今尚未全愈也。舍弟求侍函丈，其意甚切。而修來令郎之託，義亦不可辭。昨面商活局之説，似乎兩便。兩家俱親串，彼此可以相就。而絳帳之所臨，或以上下半年爲率，至於沐時雨之化，均也。專託會嘉弟相訂，幸有以副其意。諸不多及。

又

兄將有事於史館，二書堪備行笥，況不肖已多重本，敢虛尊貺乎？謹璧上。

與陳金如 十九首

撫臺公祖爲地方事，耑書相延。欲作一復啓，非如椽之筆，不足以相稱。貧女借光，其徼寵靈不淺。材官立俟，幸篝燈一揮，勿以爲賤事不容促追也。俟面不一。此字不必用回札，明晨候領也。

又

逼除爲文債所窘，頗似往年管外制，用寶攢迫時。然彼時潤筆殊可觀，今日則恰與枯腸相稱，可發一笑也。兆老所委二文具草，專人馳上。記中已點綴安吾一段。其少年，即敝同年翼老也。德符在粵，不意其竪立卓犖如此。頗爲極力描寫，已盡心思。但老筆秃拙，恐不能稱耳。如何！如何！經分續到者，已領付梓人矣。新正即入城拜墓，便可於福塔相揖，如今春故事可也。諸俟面悉不一。浮老晤爲致意。

又

彼親向伯璣丈營救老丈，昨在坐中，已面證確實矣。此一言可欺，孰不可欺？但欲以片紙遮飾，誰其信之？昨紙僕不欲寓目，即付小价持去，侯索回奉還。此後亦但付一笑，不復置喙矣。老僧不見不聞，無盡他非所知也。諸俟面悉不一。

又

薄遊湖上，蘭陔遇我甚厚。此中知己，稍稍盤桓，即謀返棹。西湖六月，非去意也。失盜一案，承縣父母留心，爰書已具，感甚！感甚！但此四人皆家生之子，背恩作逆，所犯雖有重輕，而平日懷奸作歹，無不串同。僕知之最真，言之最確。而爰書力爲出脱，曰「異居實不知情」。則僕爲主人，其言一無足取信，而反取信於二奴。長者爲行，不使人疑之。不足取信，何以至此？又云「廿九日，官屬錢相突有黑夜大盜之報」，盜情非常，不妨累報，非比他獄，但貴初詞耳。火光之下，楊志面認張璧，張璧亦口供確實，此可以突報爲疑乎？又云「王中靈、徐述各有生女楊佛歸寧」，此窩藏文飾之詞，而據以入招，暗爲他日翻案之地。此或者取供之巧妙，而非神明之本意也。縣父母道義之知，臭味之好，不後於他人。秦鏡當空，三尺在手，豈敢以堂下之人，敢望那移隻字。但此事，親丈備知本末，又爲里中太丘、彦方公議所自出，敢爲親知私言之。倘便中微露此意，無令仁聲播之後，獨有一人向隅，亦吾丈錫類之仁也。湖上與相知痛飲，不覺露醉。草草相聞，或多醉人謬誤之言，不妨付之一笑也。相見在近，不多及。

又

和詩富麗婉約，真所謂珠玉在側，使我形穢也。桃花浪暖，正魚龍變化之時，犬子不過是曝腮伴侶耳。撫公詩箋，乞致學師。郡侯元擬該學，似不應後致名刺也。諸侯面悉不一。

又

昨日，同內子自村莊泛舟過拂水，初不知從者候我於新塔，不及一艤舟相晤，殊爲怦怦也。頃以先塋修葺之始，偕二三紀度相謀，即日便欲歸鄉，允德師伊蒲之供。待此番來領之何如？帶水已疏道起手，改遷訂期，俱藉光、古二老及吾丈臺力也。更俟耑謝，不能縷縷。大學衍義補序，待之甚廹。貧女借光，幸即爲脱稿見付，所深望也。切切。

又

郡守之母，想已物故矣，未知二難俱是甲科否？今何故忽要作詩？昨放四屁，已不中用。今再放，恐又如前樣。乞詳示之。詩册中可鈔一二篇見示，以作樣子，尤所望也。詩題云「恭頌余太母」云云，又似現在之論，殊難作依樣葫蘆，幸無罪絮叨也。因往杭，匆匆奉教，一切未及端詳耳。喜賡託多致意，渠坐老梅下乘涼，作快活封君，便是老丈即日榜樣也。

又

昨見教糧事，深荷盛意，乞呼小僕喻以斡旋之法，庶不致疎失也。鄒郡公一時良吏，以小誤罪去，吏議不明如此。今有去思一碑，假手如椽，幸爲慷慨洗發，亦可少扶公論也。恃愛不罪頻煩，幸甚。來札並沈太史文馳上，乞速援筆爲望，以郡公望之亟也。

又

新正六日，設齋新塔，約楚老相晤，並附一二北訊。皇華期逼，匆匆治裝，不復敢煩材答也。若相知有欲拜年者，並於此日一揖，亦甚省便。耑此奉訂，不多及。

又

昨見庭表兄新詩，深爲嘆服。不意所造一至於此。因與梅村言之，亦深以爲然也。鄒奎服役已久，惡其心狠，近遂飽老拳二次矣。昨已遣犬子處分此事，吾丈可往與解其膠結，勿使大喫虧也。天寒足疾又發，日以擁爐閉關爲事。新塔道場，當遣犬子代往頂禮。諸俟面悉。

又

邑侯下車賀序，定有現成本子，但改一二句著題多矣，不須勞大匠締造。昨許另作，新發於硎，尤見奏刀之妙也。因促者迫，只得求救苦天尊耳。一笑。

又

不意老解元關閉在貢院門外，可爲扼腕。訪知已絶意棘闈，蕭然於丹鉛文字之間。達人大觀，視此輩如蜉蝣耳。豈不可爲一拊掌乎？新郡公到，欲作一四六賀啓，並小啓一通。四六不過套數，小啓只自叙老病鄉居，待少閒謁見之意耳。非借重如椽，不足以增東壁之光也。脚氣作苦，近方稍舒，得枉顧快談一日，望之。

又

昨往淮上，爲當事者極談邑侯循異之政。渠於匆冗中，亦爲首肯。不謂復有含沙之射，出於子衿中，殊可駭異。來諭朝士公論，分剖皂白，此不肖所願首先奮臂者也。幸爲偏致諸老，共襄此舉，似亦不當紆緩也。顧生鎧乃故交朗仲之孫，頗錚錚自立。縣父母加意保全，並爲致謝。草草不一。

又

老耄衰頽，過承華衮之褒。春寒方峭，不禁愧汗浹背。感銘之衷，又不待言矣。同事諸公，希一一叱名致謝。賤體少間，自當准扣耳。諸凡留意，荷荷！

又

連日毒熱如爇，賴寫經意切，得少結清涼法地耳。禹九面屬，繼以手札，而究不得一當，言之不足爲軒輊如此。江陰令公書寫去，乞即轉送兆老，不復更作答也。韓聖秋不知何日到吴？不免衝炎握手耳。草復不一。

又

時事駭聞，恐亦近於真矣。此中如井底，一無所聞。但有消息，希一一馳示。日下有西山看梅之約，歸時相晤也。

又

種種煩留意，甚感。鄉村盛傳邑侯有調任之信，知是齊東之語。果爾，可無保留之舉耶？沈、朱兩家，並係周親。昨光老特以公書相囑，遣信鄭重，已力辭之矣。墓道之訟，各爲其祖先。吾丈爲邦之司直，何不與兆、光兩老，共爲調停，俾當事者質虞、芮之成，豈非美事耶？村居禁足，收拾楞嚴付梓，不敢與聞户外片語。草草奉復，幸心諒之。

又

户糧事已悉其詳，所云欠至六十者，皆已付而未納，尚挂欠額，管糧人可恨如此。今盡數追清，度不致貽累也。震川先生集須得數日空閑，方可料理，幸爲轉致文老。塔房事前已批付張國賢，囑爲調處。吾丈可呼而問之，爲之裁定可也。郡侯碑文，早乞付下，並借送此文，了前件耳。想已知悉，不絮及也。

又

武林得手教，深感惓切。郡公壽詩，録金牋呈上。歸塗芒芒，俟少憩請教也。

與毛子晉 四十六首

湖上歸，渴欲一晤。孟老來，知有臂痛之恙，殊相念也。競渡喧闐，端居晏坐，却承粽米之惠，不無湘江角黍之思。浮大白，酌村醞，對柳敬亭劇談秦叔寶，差消魁壘耳。

又

荒村屏居，迥絶人事。邑子來，知有次公之變，不勝驚悼。通家契誼，禮當執手奉唁。衰殘病暑，不能命廿里之棹。因長孺行，輒附數行，以代瓣香，唯足下念之。賢郎英妙，遘此夭折，當是世緣淺薄，觀化而去。東門、西河，人情楚、越。佛言初生即有死，不爲愚者説。惟有無生之法，可以消除愛別離苦也。若欲撈漉三塗，惟金剛般若，幽冥爲功德經，當多禮誦，以資冥福。不然，骸山淚海，積劫相纏，一往悲哀，徒增沉墜耳。知兄是學佛人，敢以奉告，應知不河漢其言也。方與含師商榷佛法，又聞蒼公之訃，末法中又損一法將矣。感悼之懷，想同之也。

又

別後毒發右足，呼號竟日夜，足不履地。今幸無他，然尚在牀褥也。新安孫在公，其還丹大藥，呼爲無上真人。茲携雷孝廉書過訪，試一接席，面盡九轉之秘。僕亦願乞刀圭，作雲中雞犬也。病中不能多字，幸諒之。

又

輔教編夾注者甚佳，從來讀此老書，似平平耳，今乃爲心折，可見往日之粗浮也。周生未見其來，近日書賈多望崖而返，此輩亦善識金銀氣也。一笑。

又

辰伯壽詩，倉卒應命。文雖不工，然自是辰老之詩，不可那移也。呈上以博一粲，並求斧削爲幸。石老詩序，日下想已刻成。乞付數紙，欲以扣所知耳。

又

練川張君載元，精於方藥，其大丹可以却老返童而度世，爲人亦伉爽端謹，非凡流也。慨慕高誼，願一謁見。日下將卜居虞山，聞門下頗多空宅，思賃居度歲。伯鸞思賃舂傍伯通廡下，其意亦可思也。不多及。

又

荒村寂寂，四壁蕭然，不能淹留佳客。破窗風雨，殊媿昔人風味也。藉手松陵嘉惠，得少寬周赧築臺。承見諭，輒以一數往。幸得早言，稍遲又充質庫子錢矣。王一士賻儀些些，乞爲轉致其賢郎。窮途潦倒，頗媿古人脱驂之誼。每事如此，非獨爲季和一家也。歎之歎之！長孺、定遠，俱致意不一。

又

詩集之役，得暇日校定付去，所謂「因病得閑渾不惡」也。丁集已可繕寫。近日如丘長孺等流，欲存其人，卒未可得，姑置之可耳。鐵崖樂府，當自爲一集，未應入之選中，亦置之矣。小板漢書，只取賈山傳二葉，又殘佚年表一卷，餘悉封附還。如資治通鑑有殘本，並望惠示。

又

昨得泛兩湖而還，深賴導師之力也。羅浮一靈上座，真方袍平叔。其詩深爲于王所嘆，果非時流可及。浪老近泊吴門，欲徵曹洞舊語録，何以應之？

又

連日痔發，向夕大劇，兼以市有鎮兵，鄉村大擾，俟少定後，方可出門，此時尚未及即行也。南來炷香，少日定當躬致，不敢忘素車白馬於彼空門也。恐仙舟空載，特遣力奉告。山陰之棹，非爲興盡，幸深亮之。

又

京口之信，傳聞不一。城中紛紛，正是未荒先荒，乃吾邑常熟風如此。總之，吾輩水鄉人，家住江南黄葉村，且省此一番驚惶也。心經緣起領到，尚俟細閲以復。不一。

又

淹留水閣，未能即歸。主人敬客之意甚切，而待客之況過高，殊可爲一笑也。晤對之期，當在月杪。此時正與勗、伊諸師商榷般若，大有相長處。歸時當面詳之耳。老盧已大擾之，不知醉翁之意不在此也。藕茅連日不見，似刻集之興頗闌珊矣。別後當再扣之。十七史序，白下多來問者，不妨付梓流傳也。呵涷草草，不一。

又

老體畏熱，今年特甚。手足瘡疥，十指如錐，言之悶悶。大悲跋少留几上，稍閒當點筆也。心經序刻鏤甚佳，法寶爲之增重矣。昔昔鹽記得升庵詩話中有解，老學昏忘，苦不能記，問何士龍當知之。天童塔銘，是靈巖刻者，附上一册。手瘡，草草不盡。

又

蓉莊南望，文星正指湖南，郎君連袂歌鹿鳴，老人潔桂醑以介燕喜，其樂爲何如也？藕茅、孟昉附去二函，幸勿浮沉。春浮集扶病料理，放筆改抹，曲折如意，良可報吾友於九京矣。二書所屬，一一如命。惟十七史序，以灕下後頭涔涔不能屬思，必須少寬之。稍閑，當捉筆，不敢忘也。南中焦家釋典書尚在，可一訪之。釋摩訶衍論，二藏所無，彼中似尚可一訪求。又楊復輯訓行録，皆開國釋門事典，千萬覓一册見示，可問之丁函生也。沈雪樵一字奉覽。貧士孤踪，幸足下稍有以慰之。

又

今歲奇寒，老人如牛馬蝟毛，但爲孟晜祖行一出耳。老懷落落，但急欲覩續刻藏本，未卜流通在何時也？餽歲之貺，有加無已。寒齋杞菊，化爲天厨，拜賜多矣。草草附謝。

又

德操家藏詩卷，幸爲致之。乃郎見其氣宇昂然，殊爲故人喜不勝也。甲集前編方參政行小傳後，又考得數行，即附入之，庶見入此人於此卷，非臆見耳。鐵崖樂府稿仍付一閲，楊無補在此，殊爲寂寞。此公才品，畢竟今日一靈光，想當與周旋也。

又

八行復伯玉，幸致石濤師兄，並附齋銀一金，窮子老酸，正可一笑也。信筆作十四絶句，當令白家老媪誦之。兄見之，當爲一笑也。夏五集有抄本，可屬小史録一小册致伯玉，俾少知吾近況耳。乾集閲過附去，本朝詩無此集，不成模樣。彼中禁忌，殊亦濶疎，不妨即付剞劂，少待而出之也。

又

諸樣本昨已送上，想在記室矣。頃又附去閏集五册、乙集三卷。閏集頗費蒐訪，早刻之，可以供一時談資也。

又

孟老道相念甚切，感甚！感甚！臂痛何苦纏綿，將應羊叔子之兆耶？日來無衢人往還，未知是何物也。詩集來索者多人，竣業後，當備紙刷幾部應之，亦苦事也。

又

頃在吴門見朱長孺杜詩箋注，與僕所草，大畧相似。僕既歸心空門，不復留心此事，而殘稿又復可惜，意欲并付長孺，都爲一書。第其意欲得近地假館，以便商訂，輒爲謀之於左右，似有三便。長孺與足下臭味訢合，長孺得館，足下得朋，一便也。高齋藏書，足供繙閲。主人腹笥，又資讐勘，二便也。長孺師道之端莊，經學之淵博，一時文士，罕有其偶。臯比得人，師資相説，三便也。僕生平不輕薦館，此則不惜緩頰，知其不以蹇言相目也。旅次冗雜，信筆相聞。諸凡託重其口郵。適有服丹之事，少間即歸，面盡不一。

又

荒村索居，遂成野人。唯繙經功課，少分自在，爲可喜耳。聽講之作，不謂塵作者之目。兼得屬和，尤爲勝事。若可授梓人，樣式一惟尊裁，定無不佳也。吴郡文獻志舊稿在許伯宏處，久假不歸。若得足下與長孺輩博雅名流，共成一書，可省郡中修志，党枯謏朽，貽笑史乘也。但僕一志空門，不能復染指相助耳。蒼老龕到，當躬致瓣香。倘賤體少閑，附仙舟以行，尤快事也。將欒紙供寫經，即是法乳之惠。謝謝！

又

此世界中，得享蔗境，康强壽考，豈非仰仗佛力？正欲偕一二同人，携尊相祝，並致祝嘏之詞，何遜謝之深也？心經脱稿，頗爲含老許可，尚有一番校對工夫，新歲當奉致，以商流通。金剛亦取次就緒，卷帙少繁，似亦不妨並行也。圓談及聽講詩，俱領到，並謝餽歲之貺。長孺文獻之興頗高，而其稿孟宏堅不肯發，亦可笑事也。當更叶力徵之耳。郎君玉立，真昌黎言萬金産也。慢去，殊不安。並及。

又

載花詩聊以相試耳，不謂潘江陸海，斐然如此。昨有二律，卒卒應酬，不堪呈醜也。爲作一序，差可觀，少暇當録出請教。言夏兄序已削稿，伻即囬，不及作八行，希爲道意。德操墓文，待繙經有隙，即當命筆，不敢負諾責也。詩集箆紙，極荷嘉貺。室中已有人□取，老夫不得染指也。一笑！大悲咒跋，後一段要删改數句，乞仍付來改過，方可付梓，且勿裝裱入卷也。揮汗草謝。並爲致意僧佑，心經格紙，便中乞付數張，欲作寫楞嚴樣耳。

又

毒熱如甑，闔門病卧。仲德刀圭，所至立起。仲淳一燈重燄，吾輩可安枕矣。日來筆硯塵生，早起改定大悲咒跋，以觀音説咒處的在西竺，此中有誤故也。偶欲簡智昇釋教二書，乞命記室檢付，即乘便舟附來爲望。

又

荒村佳節，蒲榴寂寞，而吉中楊弱生、康長孺適來，舉盃相向，差不爲文人所笑也。弱生載花换書，是詞林一佳話，知必動斐然之興，僕亦願倚韻以和也。閒中已爲確庵作序，並更定大悲跋語。二兄促行，未及致，並及。

又

昨以清晨小飲，幾致瞑眩。雖不足爲慮，亦是元神未充，當預爲培補之計也。高僧傳宋刻絶佳，因此益思宋藏耳。

又

心經刻本已領到。夢園詩選得四首，借東壁之餘光，勿罪其不廉也。待書箋到用圖記耳。志書得易藏刻，是以搏黍博黄金也，何快如之？俟少間，不妨遣舟來載去也。餘語具別楮。

又

承枉唁，未及伸謝。頃以奴種侵伐墓脈致有殤孫之禍。傷心慘目，不得不與構訟。文宗未能面訴，恐尋常片紙，未能徼其斧斷。兄何以爲轉旋之計乎？欲來面商，因疲甚少息，先此奉控。憨大師集，日下料理畢，馳上。吴中文獻稿，在許孟宏家者甚備，多人間未見之文，必須盡力取之，方可成書。僕處如有所有，當取次覓出也。諸不多及。

又

腰肋作苦，手瘡如茨，甚苦之也。藏本皆家中所有，志書欲搜閲便可取去，不必相易也。夢園詩用圖記付去，借光多矣。回書甚好，不知何故尚未發也？

又

南雲舉止，如言法華，正未知爲凡爲聖也？志書不妨載去，俟小价下鄉，再面喻之，即可命舟來取也。病目，草草不次。

又

逼除，心緒不佳，遂有目花喉痖之病，坐此不能相聞也。南雲窮途可念，賣字亦非長策，何不留之近地小庵院中，少資薪水，令其度歲。待元夕，僕當津遣之，庶不負安期、茂之輩相託也。如何？如何？惟熟計其便，不敢强也。景濂處未辦阿堵，以拙集一部酬之。嗜痂者價頗昂，或不止於五金也。

又

吴門晤後，尚未一面。德操乃郎得一青衿否？恐難爲洪鑪點雪也。詩集索者甚衆，只得那貲刷印，以應其求。幸爲料理，勿令奴子冒破爲望。出三藏記，乞惠一册，尚欲盡印新藏，待少有貲糧，即從事也。

又

今歲風潮，出自意外。此中圩岸久堙，白浪打門。追呼日急，卒歲無計，徒有仰屋長嘆耳。孟昉四十，理當稱賀，得借東壁餘光，代草一敘，甚爲愜當。但伊使尅後日啓行，恐不能及，或少留之，待此文繕寫而後發也。司理之册，乃欲求佟處撫賀文也。今佟已移鎮於浙，此事已無干矣。若欲求贈司理之詩，亦須借重捉刀也。

又

壽文稿尚未妥當，彼中多有眼目之人，不如先發伊使行，另做一篇補祝，亦見吾輩一片真情也。如何？如何？若欲取給於目下，草草匆匆，不成事體，恐反爲所嗤耳。幸裁示之。

又

節中承存念，甚荷，葵榴之飲，不寂寞矣。牧㵕集及書目領到。拙集待印出，當奉致也。長孺今日歸，約數日即來。附謝。

又

拙集止覓得一部，即郵致孟昉矣。書值八金，斷不敢領，或留貯經坊，助刻般若，亦是無漏功德也。如何？如何？幸酌裁之。聞孟昉欲了伯老書藏因緣，此係人天眼目，不徒資亡友冥福也，宜共勸成之耳。

又

徐子能，吴中之俊人也。食貧介居，求一館地。勿齋諸公，咸以爲商榷風雅，勘讐書籍，於高齋最爲相宜，屬不肖爲一言。子能之文采性行，璧甫丈深知之。詢之璧甫，爲下一榻。賓主東南，傳爲美談，亦不虚諸公雅意也。耑此不多及。

又

約石老相晤，而石老忽以暴怒致疾，急歸慰問，並與商回復之語。兄可兼程速歸，□到舍下，共了此事。爲人須爲徹，知不憚僕僕也。仲修千萬拉到虞山，更一晤語而別。王、沈二老，可同之□。草草不一。

又

獄事牽連，實爲家兄所困。頃曾專信相聞，而反倩筆於下走者，老顛倔强，恥以殘生爲乞丐耳。未審亦能悉此意否也？羈棲半載，采詩之役，所得不貲，大率萬曆間名流篇什可傳，而人間不知其氏名者，不下二十餘人。可謂富矣。此間望此集者，真如渴飢。踵求者苦無以應。惟集名國朝兩字，殊有推敲。一二當事有識者，議易以列朝字，以爲千妥萬妥，更無破綻，此亦篤論也。板心各欲改一字，雖似瑣屑，亦不容以憚煩而不爲改定也。幸早圖之。歸期不遠，嘉平初，定可握手。曾託胡白叔尋訪郡中黄德水、沈從先詩，幸一促之。德水詩惟史辰伯有之，惡其吝而難與言也。莊樂近狀何如？希爲致意。仲冬四日。

又

桂殤詩實哀痛之餘，假此少遣鬱塞。又辱兄丹青妙筆，爲此兒傳神寫照。而此中頗有一二語爲傍人指摘者，殊非意中之事。然老年暮景，恐此詩一出，便有許多葛藤，却生家庭中荆棘。此實一往哀傷，點檢不到，悔之莫及。今乞仁兄爲我將此刻收起，萬勿流布。待面時一訴委曲，然後知此詩之不可出也。然道誼骨肉之感，則銘之無盡矣。心經既欲流通，似須照藏板爲妙。二跋日下心事少閑，即當屬筆也。含師已行矣。草草附謝，並祈鑒諒苦心。即此詩不行，亦勿露其所以爲人口實，尤見深愛也。即日面盡，不多及。

又

風雨連綿，都無春和節氣，殊爲悶悶，且惙惙也。王雙白兄，吾黨文章節義之友。慨慕風義，思一投分，知當把臂入林。渠住吴門，欲問星橋間道，幸遣一介爲指南，僕亦借爲前茅矣。楚詞四本附去，瞿有仲詩序一紙，乞轉致之。雲間已有回札否？諸俟面盡。

又

接輿負戴，賃舂裘褐，餘生偕隱，殊不爲宗黨所忘。足下獨鄭重枉存，稱千金之壽，世路悠悠，良未足以語此也。舟次草十七史序，老生常談，迂腐滿紙，恐未足增册府之光也。如何？如何？心經小鈔，閲完送去。卷首借重含老旁論，及細檢鈔中所録旁論，不滿數行，殊爲寥寥。或緣起引証私記，特爲鄭重，則旁論雖從省亦可也。出三藏記，乞借一閲。白門之行，定在二十左右。頃藉茅爲賤降遣信，已與訂之矣，更須一面而行也。

又

錫山高我止攜書畫漢玉，皆希世之寶也。僕適冒風困卧，不能賞鑒。如此奇物，非三代人與波斯胡不能别識也。力疾草草。

又

吴門殷乘六兄，攜仲雄書來，有家傳張玉田詞一册，欲貢之門下。玉田即著詞源上下卷者。元初隱士，與仇山村諸公，皆宋遺民。其於詞學最深，元人爲宋詞者，其甲乙也。此稿爲殷氏世傳，人間更無别本。珊瑚木難，非波斯胡不能賞識，宜乘六之汲汲也。昨一字附欽敘三，頃復及此，皆吴中佳士，故不憚煩耳。

又

藴生詩自佳，非午溪輩之比。須少待時日，與陳卧子諸公死節者並傳，已有人先爲料理矣。其他則一切以金城湯池禦之。此間聒噪者不少，置之不答而已。閏集四卷領到，日下總校過奉納也。

又

徐霞客千古奇人，遊記乃千古奇書，惜其殘闕，僅存數本。仲老携來，思欲傳之不朽，幸爲鑒定流通。使此等奇人奇書，不没於後世，則汲古之功偉矣。詩集序可付稿來，另寫登梓。未刻經目，並雲棲經直，乞借一看。

與王中恬〔一〕

武林署中，團圞度歲。湖上寒梅，關門老石，皆可以蕩洗襟懷，發皇興致。恨未能輕舟相從，握手一笑也。兹有徑山壽光上人載經板過關門，輒以一言通於長公。蓋書本刻藏，乃紫柏大師及陸五臺諸老未了公案，今已及什之八九，望爲慫慂長公，發心唱導，爲浮圖合尖之舉。八十年法門盛事，賢橋梓得收其成功，豈非靈山付囑一大事因緣耶？此僧真誠樸茂，肩荷佛法，殊非緇衣裨販之流，幸具隻眼待之。歸期想當過桃李之候，村中松花釀新熟，可引滿一醉也。篝燈捉筆，草草不盡。元夕後廿一日，謙益再拜〔二〕。

【校記】

〔一〕此一通亦收於文鈔補遺、文集補遺卷下、外集卷二十三。

〔二〕三本有「元夕」以下至末十字，尺牘無。

與王楚先[一]

江村屏居，窅然世外。武林人來，每道闗門如水，輿歌載塗，輒爲色喜。但冰署蕭然，惟是朝夕袍笏拜石丈，不太寒苦耶？湖上舊遊，落落如晨星，惟馮雲將、吴巽之二公，文采風流，尚是天寶遺民。輶軒多暇，時與往還，亦可以討論風雅，爲湖山生色也。徑山壽光上人，律行高峻，此土真清浄僧也。近以載經板經過闗門，輒以一言爲先容。不但求免榷税，意欲求爲金湯護法，了大藏浮圖合尖之舉，庶幾現宰官身，不負靈山付囑耳。萬惟真切留意，勿以尋常緣法應付也。心經小箋附求印證。篝燈捉筆，不盡馳企。燈後廿一日謙益再拜[二]。

【校記】

〔一〕此一通亦收於文鈔補遺、文集補遺卷下、外集卷二十三。〔二〕文鈔補遺有「燈後」以下九字，他二本及尺牘無。

與毛華伯奏叔黼季

逼除，爲文債所苦。兩日以來，頭涔涔然，擁被僵卧，遂不得倒屣相迎，深用爲愧。文債相逼，應是枯腸作祟，不知與頭腦何與？李代桃僵，殊可一笑也。尊府君墓志，謹具草呈上。文頗詳於學問大指，意欲推明所以刊正經史之故，以徵於儒者，故於尋常行履，未免濶略。此亦爲文之體如是，高明好古者，當一覽而知之也。

與潘憲甫

承贈佳墨，又是隱君子手製，磨用寫經，墨池上當生五朵吉祥雲也。許贈俚言，久而未就。更辱佳什枉存，不獨瑗玖之詒，亦几杖之賜也。慚負何如！卜居之説，已於長孺札中，畧知尊旨矣。南村晨夕，良非易事，當更圖之。草復不一。

與毛奏叔　四首

温如先生志文，力疾具草，乞爲轉呈確庵先生。老學荒眊，柴荆滿紙，但以相知見委，不敢爲世俗諛墓之文。未知可徼惠如椽大筆，削而正之否？金剛經想已卒業，有感應四則，全稿所無，幸補刻入之，亦頗有勸發也。

又

梅仙來，得手教。純金粟玉，果如所云，深喜吾黨有助，而賢者取友之不徒也。詩卷爲題數行，並書扇頭，且附確庵一函，幸爲轉致。心經小箋改正訛舛，幸命刻工細爲剜補，可便流通矣。大師夢遊集，繕書人多寫難字，不便誦讀，必須改正，此等尚是寒山之流毒也。楞嚴首册，乞付潘老。金剛稿已有次第，即日可奉覽也。冗次草草不一。

又

潘老來知憨大師全集梓工過半，賢昆仲乃心法門如此，爲之喜而不寐。大師小像，應刻卷首，並託生辨一篇，乞付潘老入梓。金剛疏解，亦即日刊正奉覽也。善生從山中來，託附此信，諸不多及。

又

脚病幸得痊可，苦無明醫診視耳。夢遊集諸刻，一一領到，因少遲，未及寄嶺南司理，且待後郵。唯集中爲繕書人多寫拗體别字，讀者殊爲不便，必須發令改正，以便流通，功德不淺也。尊公卜地事，不可不留心。江右熊渭生，今之名家，偶到郡中，似宜延之相宅，以迓元吉也。附聞不一。

與素昭 二首

犬馬之齒，重荷記存。江村寂寞，未能欵留，徒有心銘而已。余太尊以太夫人千秋之託下委，聞命悚慄。履歷未詳，不能立傳，謹作表節頌一首。以文體言之，則頌詞似鄭重於作傳也。專力奉上，敢乞代爲郵致。諸俟入郡面請。

又

昨小价回，辱示手札，縷縷千言。更惠名酒，小杯滿引，差足當河朔避暑矣。辱示張撫公墓文，極當載筆，以副盛意。但現任督撫大官金石之刻，必須當代館閣元老撰文，非山林廢退之人所敢代庖也。此係向日舊例，斷不可違，豈敢冒昧執筆，惟高明深諒之。

與君鴻

村居荒僻，繙經禮佛，居然退院老僧。與吾弟經年不相聞問，不謂吾弟記憶有此長物也。日月逾邁，忽復八旬，勅斷親友，勿以一字詩文枉賀。大抵賀壽詩文，只有兩字盡之，一曰罵，二曰咒。本無可頌而頌，本無可賀而賀，此罵也。老人靠天翁隨便過活，而祝之曰長年，曰不死，此咒也。業已遍謝四方，豈可自老弟破例耶？若盛意則心銘之矣。來詩佳甚，漫題數語，勿怪佛頭拋糞也。詩箋已領，不煩再加繕寫也。謝謝！題語並上。

余向題奚川八景詩云：「清平之世忠孝家，有此識字耕田夫。」今君鴻遭世界滄桑，躬耕讀書，作春農秋田絶句以詠歌其志意，吾祖風流，居然不墜，良可羨也。余退耕江村，日以繙經禮佛爲事，視君鴻乃不識字耕田耳。聊書以志余媿。

與湘靈

仲恭非死於其弟，乃死於其兄也。魚頭之論，言之詳矣。承示，此舉知爲師門篤摯，他日立朝風槩，可以預期。老人倦息，惟有徬徨感嘆耳。

與大可

邇來繙閱楞嚴，少窺前塵假合之理。搏沙眷屬，喻如幻人。伏承存念，教以達觀不二之言，可謂先得我心者矣。敬謝！敬謝！犬子居喪，頗能循禮。嘉其至性，亦頗以毀瘠爲憂，計必宗衮之所深念耳。郡齋如水，遊客如蝟，索書者喧闐如市，思欲以鐵門限禦之，良可一笑也。

與福先 二首

量移之後，聲塵寂蔑。頃才一接手書，欣慨交集，潸然欲涕。宦海升沉，人所時有。而此時此世，尤非所堪。加以物情澆惡，徵索填委，雖以尊閫賢能，能爲無米之炊，而剜肉補瘡，將火炙穴，既無點金之法，又無避債之臺，決意欲親抵任所，愬其苦辛，僕以關河間阻，干戈載道，再三轉囑山妻，力爲勸阻，而卒未肯轉圜。此僕心所深憂也。仕路險惡，業已備嘗，如欲循資依格，取次遷轉，昔人所謂鮎魚上竹竿，大爲費力。若得乞假移疾，脱身南歸，有田可耕，有子可教，吾輩朝夕相依，討論詩文，研窮佛法，便是三十三天，到處有隨身宫殿。何苦戀戀雞肋，碌碌馬蹄，側塞鼠穴中，作寠藪活計耶？雖功令嚴切，恐有鐫責，若其究竟，止於罷免，則吾以爲勝於一日九遷也。僕自戊戌秋殤一亢宗之長孫，自此益厭薄世事，專向空門。附去心經小箋並桂殤詩二種，聊以見老人近況。生計蕭然，賴荆妻課耕勸織，聊以卒歲。賤體幸尚强健，日噉米一升許，傳得仙酒釀法，神許可以延年，此皆足下所樂聞也。人便，信筆作字，家中一切安穩，亦殊不煩老人照管，但此心不敢不盡也。千言萬語，只以早得執手爲望。不多及。

又

頃得范三兄札，知有錦旋之信，爲之狂喜。此時得歸故園，骨肉團圞，此人世第一吉祥。八十衰翁，有種種事件，欲待足下商榷。今得遂此願，餘生暮年，亦第一可喜也。原約歸里之日，先到村莊，後入城市，此言萬萬不可爽約。專率稚孫，掃門酌春酒，以待車騎之至，勿令老人望眼欲穿也。呂小隱頃在村中，知足下歸信，不勝雀躍。故人朋舊，盼望如此。東阡南陌，殊不寂寞也。因范三兄行，草草附候，神與俱往矣。會面伊邇，不復多及。

與遵王 三十首

新堂名曰述古，名雖舊而意頗新。以吾家子孫，但知詫張錦車駟馬，無有追及於老人者，故爲此文，以洗後人勢利揀擇祖宗之誚，勿如唐人題壁，以玄元皇帝某代裔孫繼至爲口實也。逼除冗沓，頗無作詩況味。要必待登堂之日，飲酒既醉，方可撥枯腸、發老筆耳。勅先、石林二序，亦並脱稿，試一覽之。近爲文債所苦，撥忙弄筆，亦復有欣然處。多生習氣，未知何時得懺除也？新正許携樂府相訪，盍偕勅先一來？草草不盡。

又

既醉之後，草得十韻，殊不成章，但取市利十倍耳。諸俟面談。

又

端節損餉，皆精妙之品，不敢不拜，聊辭二幣，少解面長而已。宋刻藏書計十一種，共二百三十四册，沉閣有日，兹因順使，亦並完上。内人多致謝尊閫，並及二幣。女使傳内旨諄復改辭爲謝，無解面長也。一笑！

又

三事竟無可考，十四州已屬他家，雖有此物，亦是五渠村上十破靴，好换糖喫耳。一笑！道藏書目等，少間尋出，此兩日未暇也。

又

歲行盡矣，有兩窮爲苦。手窮欠錢債多，腹窮欠文債多。手窮尚可延挨，東塗西抹，腹窮不可撑補，爲之奈何？甫老壽文，前與其使者以望日爲期，正是祝相公又不在家時候也。一笑！一笑！

又

世譜是故家傳寫之本，今譜中止有四王之像，而此中有五，似是忠遜王像也，可勿失之。吴越備史後一段是緒山妄增，鈔本無之。今鈔本不存，可惜！可惜！

又

佳兒已彌月，承湯餅之惠，正愁錯寫弄麞書也。製得嘉名，當不愧西域同時。容另書以上。宋板十九卷，少日奉納。

又

别後遂有充閭之慶，不敢云抱送，亦願爲老人摩頂作湯餅客也。肇錫嘉名，當精思以復耳。和詩清麗婉至，所謂珠玉在側也。漢玉程墨皆上品，附謝不一。

又

張燈開宴，主人愛客，不減信陵虛左。愧非夷門老翁，無以報公子耳。詩稿改數字寫呈，意在屬和，不敢以抛磚自諱也。帝師經本附去，此亦墨莊中異物，幸寶愛之。

又

定老一册，便郵附去。前日得無受渠一拳撞碎烟樓耶？伊人尚在否？梅村亦有梁上之厄，便中須一寄慰也。荔枝詩少間奉和，即書小册呈政可耳。

又

涼風美饌，清談竟日，折福已甚。日來爲石壕吏激聒，固其宜也。長孺字附看，釀金不就，乃託詞耳。聖俞集有興可令侍史録出，欲標舉之，少爲狂且箴砭耳。杜詩留心箋補爲妙。

又

書值深荷緩急，謝謝！更許另日續處之説，幸爲千萬留意。待昏夜叩門時，不致空手回耳。時事汹汹，奔走赴愬，或可幸免，劫運中豈可逆料耶？日來料理續集，欲以編次相屬，亦早爲陵谷計耳。日下放忙來一晤。不盡。

又

前承見應之數，一一領訖。日來詩思苦澁，深待起予。能爲發端以便屬和否？

又

雨夜止宿，便如啓南之於匏翁，但彼無清樽妙舞，尚爲欠事耳。杜詩寫就首卷，須見示過，付梓爲望。

又

紅豆詩潦草捉筆，真所謂東家效顰，不若王玉映閣筆吟紅，差能免俗也。梅聖俞集，可覓一部見示。

又

明日有事於邑中，便欲過述古，了宿昔之約。但四海遏密，哀痛之餘，食不下咽，只以器食共飯，勿費内厨，所深囑也。先此訂。不一。

又

聞有奇本後漢書，可付一看否？杜詩注尚有種種欲商，須面盡也。偉長扶病而行，尚欲到此而去，可憐哉！

又

梅村處賀册，已料理完備否？諸詩可付來一看。長孺有一卷，欲附郵中。中有珠玉，殊爲珍重，深以浮沈爲慮。幸付一字確報，以慰安之。切囑。

又

梅村浴兒詩，具草附覽，中有一首，是借來者，試一辨何如？欲和但隨意拈韻，不必依韻自窘也。十子序容寫出付往。

又

勅先詩序，正欲捉筆，苦枯腸無佳思，又重以來命，益復縮手，容少撐扎具草也。潤筆太奢，没加料物相償，如何？

又

亂帙中檢出道德指歸，耑人馳去。此夕撫此殘書商榷，良可胡盧也。諸侯獻歲面盡。

又

松陵遇沛國，招提夜談，直述所聞，以相質正，遂無一語相撐柱。久之，蹙然曰：「如此則遂不當成書耶？」又久之，憤然作色曰：「如曠原二字，出穆天子傳，箋注不曾開出，豈亦門生誤耶？許多考訂，皆元本所無，便可一筆抹殺耶？」徐告之曰：「吾意不如取兄補注最用意處，爲元箋所未有者，開寫幾十欵，俟僕爲採酌，附之箋中，似爲兩便。」渠期期不答。以此觀之，則元本之必不可刻，斷可知矣。然必須仔細檢點一過，無多有闕誤，可爲彼口實，此則足下與二三子之責也。箋注二字，不如以小箋易之，以明不敢當注之意可也。類書學問，盛行於松陵，又與他處迥別，長孺其魁然者也。勿漫視之。湖上囂塵滿眼，少日盤桓，便作歸人。偶因便郵，附此以發一笑。

又〔一〕

杜箋〔二〕聞已開板，殊非吾不欲流傳之意。正欲病起面商行止，長孺來云：「松陵本已付梓矣。」繆相引重，必欲糠粃前列，此尤大非吾意。再三苦辭，而堅不可回，只得聽之。僕所以不欲居其名〔三〕者，其説甚〔四〕長。往時以箋本付長孺，見其苦心搜掇，少爲〔五〕規正，意欲其將箋本稍稍補葺，勿令爲未成之書可耳。不謂其學問繁富，心思周折，成書之後，絶非吾箋〔六〕本來面目。又欲勸其少少裁正，如昨所標舉云云。而今本已付剞劂，如不可待，則亦付之無可奈何而已。晚年學道，深知一切皆空，呼牛呼馬，豈憚作石林剩身。以此但任其兩行，不復更措一詞，若箋本既刻，須更加功治定。既已賣身佛奴，繙閲疏鈔，又欲參會宗鏡，二六時中，無晷刻偷閑。世間文字，近時看得更加嚼蠟矣。杜注之佳否，亦殊不足道也。或待深秋初冬，此刻竣事，再作一序，申明所以不敢注杜與不欲流傳之故，庶可以有辭於藝林也。昨夕〔七〕公云「義山注改竄後，又有紕繆許多」云云〔八〕。彼能爲義山功臣，獨不肯移少分於少陵乎？ 治定之役，令分任之，何如？ 熱毒欲死，揮汗作字，閱過毁之。

【校記】

〔一〕此一通亦收於外集卷二十三。 〔二〕外集作「詩」。 〔三〕外集作「名」，尺牘作「首」。 〔四〕外集作「頗」。 〔五〕外集有「爲」字。 〔六〕外集有「箋」字。 〔七〕外集作「夕」，尺牘作「石」。 〔八〕外集有「云云」二字。

又〔一〕

杜詩松陵悍然付梓，我竟作石林剃身矣，可爲一笑。 秋興舊本乞付看，即欲改定相商也。 皎然詩式，檢來一看。

【校記】

〔一〕此一通亦收於外集卷二十三。

又〔一〕

昨有一字復之，可謂痛切矣。 其意堅不可回，刻成必遺四方姍笑。 而彼意殊歸怨於此中之刻，謂我輩忌其分功而故阻之也。愚意不如且停此中之刻，使彼〔二〕無所藉口。然後申明不欲列名之正意，以分別涇渭，則彼無所辭矣。細思畢竟如此方爲制勝之上〔三〕策，不然〔四〕成一話柄也。如何？如何〔五〕？明日更須一面，或偕夕公來共商之〔六〕，如何〔七〕？

【校記】

〔一〕此一通亦收於外集卷二十三。　〔二〕尺牘「彼」下有「此」字，外集無。　〔三〕外集有「上」字，尺牘無。

〔四〕外集「然」下有「終」字。　〔五〕外集叠「如何」二字。　〔六〕外集有「之」字。　〔七〕外集無「如何」二字。

又〔一〕

昨晚匆匆，有數行却留几上。停刻之説，最爲有理。俟面談，方知其不謬〔二〕也。杜詩昨送去一本，再付一看，尚有好檢點〔三〕處也。

【校記】

〔一〕此一通亦收於外集卷二十三。　〔二〕外集作「誤」。　〔三〕外集作「點簡」。

又〔一〕

長孺引子長爲長城，盛誇其議論，可爲絶倒。覽過一笑，即付來手，以便作答也。即此一端，邪氛甚熾。吾黨寥寥，可爲歎息。晚凉可來一談，篋中有柏茂林五言古及過始興寺與〔二〕李秘書二首，檢來一看。

【校記】

〔一〕此一通亦收於外集卷二十三。〔二〕外集無「與」字。

又〔一〕

有人云：「子長之語殊可思。常熟人注詩，祇好常熟人看，正謂吴江人注詩，祇好吴江人看也。」雖爲子長解嘲，亦頗有致。舊序曾改正否？或可使之聞之，以寒其膽也。一笑！

【校記】

〔一〕此一通亦收於外集卷二十三。

又〔一〕

松陵信到，此人借重同里諸人氣焰，以舊序刦我。性發不能忍，作一書舒發憤懣，乞爲我詳定來稿，商榷停妥，方可繕寫致去。日下與長孺往返小札，亦有存稿否？有之，可爲檢出。前序稿乞改正刻好。

【校記】

〔一〕此一通亦收於外集卷二十三。

又〔一〕

杜箋一册，畧爲校對送去。恐中間疎誤處不少，更煩〔二〕詳細刊定，庶可不遺人口實耳。全本標題，仍云草堂詩小箋爲妥。下一小字，畧存箋者之意，不欲如彼以李善自居也。一笑！

【校記】

〔一〕此一通亦收於外集卷二十三。　〔二〕外集「煩」下有「高明」二字。

與繼起和尚　五首

菊月初過吴門，已擬登臺入院，践腰包扣訪之約。軍聲初解，干戈充斥。胥江毳帳，矗如儲胥。問訊友人，皆云不應以老命試虎吻。翹首望崖，悵然而别。教中言佛説法楞伽山，非有神通者不可往。以目前事驗之，信然。箋注首楞，已五易稿，而未能愜當。聲聞無大定力，聞乾闥婆王奏樂，心蕩不自持，忽忽閣筆。頃乃收召魂魄，誓以餘冬，了此宿債。寒燈老眼，尋行數墨，非夜分不就枕，笑謂雙白兄：「無謂我白衣説法，仍是老秀才之乎者也，業債未了，仗緣補足耳。」殘歲杜門禁足，以圖輟簡。獻歲發春，便當摳衣納屨，長侍法筵矣。陶輪世界，在浄名手掌中斷取，靈巖一席，便是東方不動國也。不出山門見趙王，消不得趙州老漢一杯茶耳。待禮足時，抵掌一笑也。糖菓之貺，老人翻經時，不覺中邊皆甜。敬謝法施。二老不敢另啓，容專信相聞也。

又

虎阜名藍，惠邀飛錫。緇白翕從，人天頂禮。而不肖以足病纏綿，不獲與摳衣捧足之列。不能奮飛，徒有瞻企。謹遣一介，專告不寧。葡萄漿一罌，此西域最上法供，謹用奉獻。獅座摇松握麈之餘，傾灑一滴，便可普潤大千，不但供牧女乳糜也。辭壽小箋一紙，附博破顔一笑。又二紙致静、白二老。稍間，即圖趨侍。不盡馳企。

又

日來脚氣作苦，幸兩腕尚健，稍稍料理筆墨，又作後香觀説，録呈奉博一笑。蒲萄楊梅，遂作包茅之貢，沾此法乳，不勝慚愧。中秋入院，當携一盞作供千人石上，庶可當西域葡萄漿，作老三藏上等供養也。草草附謝，不一。

又

地水火風，忽然抗手告別；勉强扳留，只得停住却復。氣息支綴，行步攲危，依傍病榻，不能出房櫳咫尺。從此閉關匿影，與人世隔絶。古人云「如我已死」，此頂門一針也。應酬詩文，雖復潦草，亦未免驅迫心神。遂用發誓，一切斷絶，胸中亦不留一元字脚矣。燒絶棧道，便請從報恩圖贊始，知當爲破顔印可也。扇頭二詩，如見道貌於寒香疎影中。福橘直是甘露蜜，不但療相如渴也。元歎欲叩問宗鏡落索，正苦未得一面，餘語雙白兄能詳之。世事不堪一笑，但有船子和尚掀翻白浪爲得便宜耳。會面茫然，徒有神往。此後往復，省用名刺，亦省事之一端也。

又

餘暑未除，兵塵乍起。荒村寂寞，息影杜門。擬即麻鞋竹杖，奉叩精廬，以謝飛錫之勞，尚未能腰包出門。遥望慈顔，徒有瞻企。世界如陶家輪，取次遷移，不出金粟左手。老人長眠三界，不知有旦夕遷訛。又或者交臂失之，以爲變異。皆不滿天眼一笑也。雙白居士行，託致鄙衷。竊欲其急往雞足山探金襴袈裟消息，不欲其淹留獅子座下也。幸老師兄速遣之。元歎生日，偶作勸酒詩，在雙白鄄中，可寓目以發一笑。

與含光師　十四首

蒼老龕到，元有心期。子晉拏舟共載，已束裝矣。忽苦痔發，逡巡中止。總俟入塔時，躬致瓣香，不必拘吊送之俗儀也。别後繙閲心經疏畧，忽有省晤，始知爲賢首寄釋法界之文。連珠記纂集雖勤，殊未克了此。此中一往開晤，似有冥加，非關智證也。但義門圓奥，引據浩博，必須法眼證明，方可自信信人耳。恨二豎爲祟，不能奮飛，是用悵悵。諮決一編，乞批削見示，勿以示人。抄畧次第，意欲先金剛而後佛頂，以佛法精深，流通不易，不同外典，可以聊爾卒業也。會圓記先奉還五册，其二册尚俟繕寫。秋間先會圓談，後理餘經，而會圓中多與疏鈔重複，必須大加芟削，方可和會，其中由致，亦須面商之也。會圓梵本，不妨先付校對，以小本譌謬，殊不堪讀也。子晉行，草草附此。晤元歎多爲致意。如説或可，從彼索之也。力疾草草，不成字，諒之。

又

世網煎逼，身事紲覊。風塵奔走，兩過吳門，不能巾車入山，摳侍講席。頗聞吳中宗師雲集，喝棒交馳。獨華山一席，唱演雜華，圓音洛落，法界迢然。風雪當門，甚難希有。此中宗趣，殊難與觀場拍肩者道也。弟以長夏屏居荒村，思卒業楞嚴蒙鈔，以了夙願。草本畧具，疑義弘多。非得面聆慈誨，手授筆削，故未可以會通諸家，折衷近德也。此書雖未成，頗爲諸方所知。亦有人謂白衣説法，多出彌天指授者。此鈔若得流通，似於法門有少分利益。如其義門不精，疑誤未削，則弘法之過，在龍象未免分任一二也。秋風已至，倘得飛錫村莊，盤桓數日，俾得從容扣擊，諮決積疑。此經得卒業流通，過恒河沙功德，故知無量無邊矣。又去冬發願會鈔金剛論疏，已具草本。是中章門，正待商榷。知爲法門弘度，不憚煩勞也。身非梵志，敢請法輪。楮短語長，伏惟慈念。

又

入春多病，更苦瘡痏。手足卷攣，幾成廢物。以此未得趨侍法座質疑問津也。首楞四録及經鈔首册，知已經繩削，幸即檢付。其餘幾册，日下到郡城，親携請教也。諮決十義及十門懸敘，如命點竄一過，亦俟晤時更求指示耳。所云推檢法出起信論者，徧檢論中，並無此文，想是教典未熟，不能檢出耳，乞詳細示之，以便舉筆。又七徵一偈，未知何人所作？並出何典？亦求見教也。因重其便，附此相訊，幸賜教言。諸俟面請，不復多及。

又

闔廬城中，在在設獅子座，嘯徒命侣，登壇説法。老師兄獨屏居深山，篋束肚皮，邀數十清衆，談論勝義，執松枝爲麈柄，列白石爲朋徒，此真正道人家風也。南嶽、天台，猶以領衆爲悔。若天眼遥觀，則時節因緣，亦應如是。此老夫所以焚香遥禮，喜而不寐者也。法門彫謝，素師兄又順世去矣。東南法將，非公其誰？幸爲努力承當，勿令刹竿倒却。世論悠悠，如百千蚊蚋置一器中，啾啾亂鳴，何足聽也。昨從袁生附一函，索首楞四録及蒙鈔首帙，今復託鄭莊置郵，幸即賜省發。或即付鄭郵，或耑遣一侍者持來，唯所命之耳。楞嚴廣注，曾一披覽否？楞伽注並覓付一覽，或可於此中根尋行公行履也。推檢法及七徵偈，並求詳示。延佇來教，跂予望之。

又〔一〕

【校記】

〔一〕此一通已見有學集卷四十，兹不複出。校語見彼。

又

頃接得諮決旁論，不任喜躍。愚所以不揆固陋，翹勤啓請，正欲大德曲與鉗鎚，痛加箴砭。捧誦再三，不惟法燈智炬，照徹晦盲，而一片直心古道，盎然於楮墨之外。此番得奉誨示，直是積劫因緣，非復尋常經義商榷也。其中妙義，雖欲砧錐相向，亦多有彼此相發明者。意欲采其和會者，逐段注入，以補愚陋之闕畧。更有鄙意所未叶，更欲仔細商量者，則待從容更加分疏，參諸座下，再求指示。所謂法門著作，經久乃定，此不易之論也。受教弘多，先此馳謝。諸侯武林回日，更有咨稟。法堂事敢不留心，機緣二字，亦看時節，知天眼定中，自能照破也。舟次草草，不盡瞻仰。

又

昨子晉拏舟，病痔不能共載。頃已少安，即日泛西山之棹，當先詣法座，方往致瓣香也。撫公或當往謁，入山與灌老、幼老商之。即日面晤，不復多及。

又

疏鈔講至第九會，便是色界諸天，將至有頂。蒼、汰二師，誓願可了畢矣。賤體少强，俗緣得閑，便當趨侍談筵，少霑法乳也。劫運未了，風火未息。憑仗佛力，得以安枕菰蘆，敢不努力教乘，以報罔極。金剛會箋，開歲重爲整理，方有頭緒，了此即再理楞嚴，完積年未了公案。恨不得長侍左右，借斬丁切玉之手，斷我葛藤也。山中監院，未可輕付善生。待再望幾夏，法力稍充，方可任此耳。撫公等書帖，如諭送上，正恐不足爲有無也。蒼師塔銘，已經法眼鑒定，料不至如汰師之文，供一輩無眼人摸索也。長干塔光詩，附上請政。便中幸以一紙致元歎居士。又繙經疑義數條，幸不惜寸晷，批擲以普法施也。

又

崑、婁之行，機緣何似？此中想不乏須達長者耶？毒熱如焚，吴門之櫂且止。耑此來領蒙鈔，以便接寫。即未能三卷全付，且先付第四一册，望之望之。三卷全依尊批，奉爲指南。義門楚楚，爲之一快。因此益發興繕寫，知慈心引度，不罪促迫也。

又

正思聞問，忽奉來教，殊有函蓋之喜。道者忽然而去，不來索報，殊自失也。今特遣一介奉復，賫蒙鈔二三卷，專求治定，並乞即付首册，以便繕寫。盲人摸象，全賴明眼人指點，不得云蝦以水母爲目也。一笑！一笑！二三卷點筆後，仍乞尅期見教，方敢再奉後帙。夏秋必欲了此程課，恐歲月悠悠，不堪把玩。此經輟簡，更多所商榷。倚仗法將，作人天眼目也。真切真切。

又

四卷將竣，得六七兩卷接手，欣慰無量。後手望撥忙料理，佇俟法乳之惠也。此地大兵四集，當事者奔命不遑。分衛因緣，何處措手？倘有喜善之人，得覓一事，來請之郡公，或可少濟。此中唯一二鈍僕，不能知馬之牝牡，寧能辨此耶？善爲謀之可也。

又〔一〕

法門情誼關切，救失長善，不惜一片婆心，效此忠告。不謂公貢〔二〕高自是，愎諫遂非，一至於此也。來教但展首行耳報圓通四字，不但笑破人口，正恐大妄語成，業報凜然，哀哉！惜哉！良可悲愍。其他滿紙葛藤，一經點筆，應手破碎。逐段批駁，便成一篇大文字。姑留篋中，且未流布。清涼凡有破斥，須存禮樂之訓，不欲盡情發揮，不留餘地耳。度公不能見□□地，只是爾爾，決□而馳，不以我爲不忍答，不欲答，而以爲不能置答也，則當傾囊倒篋，與文初輩諸法友有心有眼者，共爲撫掌耳。寒窗逼歲，晨夕料理大經。古人云「那有閑工夫與俗人拭鼻涕」耶？聊此裁答，此後無煩往復。如有智人見此，亦當解頤一笑耳。呵呵〔三〕！

【校記】

〔一〕此一通亦收於外集卷二十三。　〔二〕外集作「責」。　〔三〕外集有「呵呵」二字，尺牘無。

又

寒窗課經，無片晷之暇。藏其書，漫題數字，殊不能爲長價也。懸鏡流通，俟子晉諸郎來，當爲勸發，未知便可令首肯否？總亦時節因緣耳。草復不一。

又〔一〕

草木餘年，慈光加被。介壽之文，鋪敘教典，爛然盈篇。蓋欲於世諦文字中，宣説勝義，使世間窮兒得乳，黑眼見光，其用意良厚。頂禮之餘，再三繙閱。此中以華嚴序文成益頓超十義，配合楞嚴、觀音圓通，揆諸教理，似有未必然者。既已灼知之矣，而有過不說，是非混同，則非公所以枉教之本意也。是以敢直布之。古人釋經釋論，多方標準，開合通別，殊塗同歸。必先取章門貫穿，文句符順，水乳和合，對法分明。今圓〔二〕中初文云：「高不可仰，則積行菩薩，曝腮鱗於龍門；深不可窺，則上德聲聞，杜視聽於嘉會。」清涼自釋爲總顯高深，明權小莫測。今以觀音二殊勝義配之，以上合十方諸佛配高，以下合十方六道配深。彼此文義，絶不相蒙。稍通句讀者，一展讀而瞭然。次下八益，一一可知，固不待委辨也。觀音大士於首稜會上，自敘圓通法門，先正敘古佛授記，三慧熏〔三〕修，入流亡所，忽然超越。次乃備陳三十二應，入諸國土，獲一十四種無畏功德，四不思議無作妙德。由始洎終，宛轉生起。無次第中，次第歷然。智者大師科法華十門，普次第鈎鎖，亦復如是。今指第一無畏觀音解脱當第一見聞爲種益，却超聞取文殊元依一精明，分作六和合偈文當第二解行益，初於聞中入流亡所一段，却當第三頓證益。前三既爾，後七可知。如斯翻攪，有何義趣？將倒楞嚴以就圓〔四〕文，則主賓易位；將舉圓〔五〕文以攝楞嚴，則函蓋失宜。行布不成其爲行布，圓融不成其爲圓融。終歸矯亂，不成安立，亦何取乎爾也？法門深廣，展演無窮，因陁羅網，重重涉入。如百川之歸一月，如兩鏡之瑩一燈。必欲段段縫紉，節節補綴，入海算沙，豈爲智人？今以圓〔六〕文十益，湊合圓通，則以一乘教義等十對配十圓通，亦可以一蓮花十圓〔七〕門配十圓通，亦可以華嚴三法界各各十門各各配十圓通，亦無不可。屋上架屋，牀上安牀。末學無知，轉相師述，移頭換面，長此安窮？徒使戲論弘多，魔外口實。清涼所謂烟鬱於火，雲翳長空，裁而削之，如長風卷霧者此也。方今末法淩夷，賢首一宗，未絶如綫。良以爲之徒者，不能確守清涼、圭峯、長水家法，少有一知半解，便思自露聲影，爲名聞利養之地耳。且如金剛經首須菩提歎希有世尊，長水記時處德事爲四希有，古德師承，確有來自。今不扶古義，便指經中不可思議爲希有，則一經之文，曰「應無所住」，曰「以無所得」，曰「不取於相，如如不動」，何莫而非希有哉？此所謂籠統真如，顢頇佛性也。今人心麤解淺，西土偈論，既苦其圓奥，長水刊定，又厭其浩煩。徒影掠禪家話頭，草率翦截，用以便講口而順流俗。重疊義句，但盈紙墨，則亦何益之有哉！悠悠斯人，漫漫長夜。良恐娑羅樹王，長歸凋謝，毘羅樓閣，無復門開。俛仰像末，有淚如雨，知公於我有同心也。來教自敘此番悟因，謂趺坐繩牀，藏識田中流出一句云云，此正由教觀未精，陳言宿物，柴棘胸次，忽然影現，如魘人寱語，自成倫次耳。比較十魔中飛精説法境地，尚隔霄壤。却乃認作聖解，鄭重證明。悟則無咎，如來豈虛語哉！經論中微言妙義，如天厨美饌，悦可人口。一經餿敗，便成陳羹餿飯。如所云楞嚴即華嚴，華嚴即楞嚴，八寸三分帽子，逢人便戴。此羅什法師所訶嚼飯餧人者，恐未免有識者一軒渠也。圭峯、裴相，千古高踪，末後慇懃，曲垂接引。法幢摧倒，撑拄乏人。公如果以圭峯自命，尚請精研，極慮繹思所以爲圭峯者，視其後而鞭之。若僕之於裴公美，自分愚智凡聖，相去不啻九牛毛，何敢希風扳附，犯人糞刻檀之戒。唯公以老耄而舍我，俾得安愚分，則厚幸矣。直心酬問，如來所許，故知不以爲終日是非而瑱置之也。令師祖墓銘，承命載筆。屬詞簡質，無一長語，知不爲俗眼所喜，未審法眼以爲何如？習氣濃厚，多言放狂。突吉羅罪，尚俟懺請。

【校記】

〔一〕此一通亦收於外集卷二十三。　〔二〕〔四〕〔五〕〔六〕〔七〕外集作「玄」。　〔三〕外集作「熏」，尺牘作「重」。

與石林上人 二首〔一〕

往辱獻甫〔二〕潘兄柬書執贄，欵門造謁，知其爲温文恭敬、强學好問之君子。不圖其珪璋文府，精理道心，富有日新，一至於此也。紺珠一書，貫穿三藏，繁簡博約，殆將合珠林、一覽而爲一書，如羅寶網，如探海藏，故當並日窮歲，專力告成，用以發初根之信心，箴盲禪之虚誕。不徒標指人天，兼可摧折魔外。其他諸書，大都函雅故、通文章、開國成、庀史料，皆當殺青繕寫，次第出之〔三〕。眎世之卮言稗史、謏聞淺〔四〕說、廢紙災木者，豈止日劫〔五〕相倍也哉！惟是不佞少而失學，長而雜施，老而廢業。南箕北斗，徒負虛名。東抹西塗，了無實際。過承獎飾，參預古初。掩卷捫心，良用嘆息。文章千古，得失寸心，豈敢矯情飾讓，以自外於君子乎？亦當待假年餘晷，更僕悉之，非可以〔六〕片言陳寫也。古人七十自稱老夫，猶自幸不見棄於後賢，以老耄而舍我。若以後進門單，過自挹損，則其待我益薄矣。毋老老，毋少少，毋賤賤，毋弱弱，鄙人之知，豈遂後於管夷吾之婢妾乎？明年要松陵朱長孺了杜詩箋注舊債，倘得師兄拉潘兄共事商訂，亦藝林美談也。殘冬多暇，願一請見。草草布懷，聊代折柬。不宣。謙益和南再拜，石翁老師兄法將侍者〔七〕。

【校記】

〔一〕此一通亦收於文鈔補遺、文集補遺卷下、外集卷二十三。 〔二〕三本無「獻甫」二字。 〔三〕兩補遺作「之」，尺牘作「視」。 〔四〕外集作「曲」，兩補遺作「典」。 〔五〕文集補遺「劫」作「刻當」。 〔六〕兩補遺無「以」字。 〔七〕三本有「謙益」以下十五字，尺牘無。

又

伏讀義山詩箋注，援據詳洽，尋味良苦，可謂既文既博，亦圓亦史。雖復世諦之駢枝，實則藝苑之金鏡也。焚書之後，幾無片紙。腹笥單疎，老眼昏眊，繙閱一過，信筆點竄，無是正之能，多闕如之義。奉承嘉命，良可愧矣。注書之難，昔人所歎。觀陸放翁所論杜、蘇之注，知注釋之功，良不減於作者。採芻蕘之鄙言，通舉燭之誤論。纂要鉤圓，删煩薙雜，更與通人如夕公輩者疏通證明，撰定一編，庶不負阿師禪餘梵罷，攤書冢筆，數十年一片苦心也。序文敢不如命。佇俟削稿，便當命筆。諸俟面請不悉。

與木陳和尚 二首〔一〕

喪亂殘生，學殖荒落。恭承嘉命，令補造密雲老人塔銘，以償十五年舊逋。每一下筆，輒爲戰掉。重念〔二〕先帝偶惑左道，旋皈正法。於老人末後因緣，可謂佛日重開，法燈再耀。雖復百千萬劫，灰沉石盡，此一段光明，灼然如第一義天，不可揜蔽。不揆固陋，奮筆讚述。欲以殘楮秃管，捧扶桑殘照於質多吞噉之餘，使閻浮檀金輦一千光明，仍照曜〔三〕四天下，亦愚不自量矣。佛言如然螢火照須彌山，然〔四〕畢竟須彌四山，亦未必不受螢火一照也。未知法眼照見，以爲何如？次後著語，頗爲老人施十重步障。竊自謂心平如地，口平如水，任彼百舌瀾翻，千喙剥啄，亦可以譬諸一吷，付之一笑矣。布、水二集，繙閱再三。偶一棖觸，放筆作序。大率皆撑腸拄腹，薄喉衝口之談。譬如病人寱語，酒人駡坐。李秃翁有言：奪他酒杯，澆我塊磊。年來作詩文，什九如此。非吾老師兄，其不嘔而吐之者亦尠矣。勿道阿㖿阿㖿，撞痛我心也。兵塵方起，法筵寂若。劫火所燒時，我土常安穩。不能不遥望嘆羡，仰恃佛力法力。昇平不遠，摳衣入室，知有日也。曉師還，信筆奉復，並以爲約。

【校記】

〔一〕此一通亦收於外集卷二十三。〔二〕外集「念」下有「我」字。〔三〕外集無「曜」字。〔四〕外集無「然」字。

又

往在嘉禾，得見李孝貞傳後序，不但文辭爾雅，而尚論閨門風義，原本於祖宗之教化。當墨穴世界，點出金剛眼睛，甚難希有。徑山有言：予雖學佛者，然愛君憂國之心，與忠義士大夫等。正於數行文字，描寫出徑山老人鐵輪頂上圓明。自此鄙人八識田中，屈盤偪塞，種得此一段根苗。每至酒闌月落，香消燈灺，此中影子落卸，未嘗不與老和尚相晤對於大圓鏡中也。腐儒失學，拙集流傳積年，餿飯嚼之，便欲嘔噦。不知何緣得入慧眼，過爲誇許？當是此土衆生，應以聲論語言得度。如鄙人俚言樸學，臭腐滿紙，老和尚亦放眉間白毫相光，收入文字海中耶？以此知文字三昧，不可思議如此。往年擊節大篇，故是霜鐘相應也。密雲尊者塔銘，十五年前，已諾江上黄介子之請矣。重以尊命，何敢固辭。第以此等文字，關係人天眼目，豈可取次命筆。年來粗涉教乘，近代語録，都未省記。須以三冬歲餘，細加檢點，然後可下筆具稿。謹與曉上座面訂，以明年浴佛日爲期。爾時或得圍繞猊座，覿面商榷。庶可於法門稍道一綫，亦可以慰吾亡友於寂光中也。上座還，手勒奉謝。蕭辰山深，唯爲佛法强飯自愛。

致劉

世路間關，聞問疎濶。昨姚文初郵中傳得文端公行狀。自惟文端公館閣深知，與尊府君死生宿諾。日月逾邁，丹青窅然。用敢洗心刻腎，撰成墓誌一篇。老學荒落，質俚無文，然一字一句，流出心腑，祈以徵信史、傳汗青。一二有識者，頗謂文直事該，不減蘇子瞻之於君實、景仁，而僕不敢以自信也。謹用繕寫一通，附伯璣便郵奉致。伏惟如椽之筆，削而正之，則不肖亦死且不朽。臨楮悚仄，不敢多及。

與

病廢卧榻，不復與人間事。適犬子來言，足下不愜意於鶴如，不欲其居此寺。此寺自先祖創修，愚父子三世爲檀越，親見鶴如苦心爲衆，撑住山門，毫無過舉。必有僉人以浮言中傷，致有譴怒。然此僧無罪而去，則山門無人料理，立致傾頽，恐非足下護法盛心。若老病檀越，剥盡面皮，又不足致喙也。種種遣犬子面悉。詢福先大士，可以知公道也。草草不多及。

致　黏

逆旅邂逅，得快覩鳳文麟采。仰韓慕李，大慰生平。更辱以尊府君千秋之託，下詢蒭蕘。受命飲冰，慚悚無地。老體畏炎，即日促裝返舍。以召命不敢久稽，遂采擷事狀，倉皇載筆。當台翰未頒，已先具稿付侍史。繕寫畢工，謹再拜奉致記室。大意欲敍列循異實蹟，以備史館之採，故不敢摭拾煩文。但懼老學疎頑，無以副仁人孝子之心耳。翰貺隆重，叩首拜嘉。臨楮不盡馳企。

復　王

不肖荷賢喬梓道義篤摯，交在紀、羣之間。尊府君大葬，同軌畢至，聊申稺子生芻之誠，尚闕巨卿素車之誼。每一念及，忽忽如有所失。過承嘉命，以隧道之石見委，此遺民野史，所欲嘔心鉥腎，以自效於知己者也。循覽來教，所欲暴白於身後者，惟督薊一段公案。此意與愚見脗合，故臨文不憚鄭重別白，複累分疏。而其他歷官行事，但撮舉其大畧。金石之文，尺幅窘促，體例不得不爾。亦以孝老行狀，詳委藻麗，郁郁乎良史之筆，他日可以考信金石，不但取徵於墓石也。再考行述，有事未可言，言未敢盡，筆未能達之語，掩卷深思，爲之黯然流涕。誌文亦仰體尊指，少分發揮。舊學荒落，才筆榛蕪，愧無以副仁人孝子之百一。高明圓覽，當省察其苦心，知不以爲狂瞽而恝置之也。奏疏成帙者，鄆中似未見付旋觀。老世丈精心敏識，自當排纘得宜，不須問道於矇師也。翰貺稠疊，九頓拜嘉。信筆謝復，不盡馳企。

答吴

秋來脚氣作苦，困坐小樓。玉頭陀來，得手教甚喜。兄老年作子衿，仍奉二侯香火，不失小侯舍人本色，元不喫他家粥飯也。聞頗以筆札自潤，僕苦老窮，亦仰給於此。「本賣文爲活，翻令室倒懸」，不免爲老杜笑人耳。夏與先風氣日上，孝琛有子，深喜故人之不亡也。喪亂困窮，澹老之葬，賻助涼薄，可羞可愧。兄猶置之齒頰，不啻撻我於市朝矣。秋深尚期玉頭陀再來，兄何不發興同詣江村酌仙酒？一笑。信筆不多及。

致姜

衰殘病廢，日依空門送老。迴思蘭水執別，邈如隔世。傳聞太夫人百歲考終，不能致生芻之吊，登堂無日，徒有浩歎而已。友人陳崑良，吴下志節之士，慨慕龍門，思一登其阪，屬一言爲介紹，知不吝函丈之席，慰其扣擊也。令郎大兄，風氣益復遒上，並得把臂，深慰老懷。雲天悠悠，臨楮不盡馳企。

復史

衰病鄉居，不能倒屣延賓。昨以感寒擁被，高賢下臨，有失擁篲。反承翰貺殷勤，感愧交并，不覺汗透重裘，惟老年丈心照之耳。來諭令親事，地方自有耳目，當事自有見聞。不肖杜門伏枕，何敢輕置一喙。既屬老年丈主持，則縣父母自當首肯，亦不俟不肖贅陳也。

與

干旄在郊，重以致餼，飽德難名，素飧滋媿。即日採訪，少有端緒。當有末識，奉佐帷幄也。頃聞上海缺篆，松江府訓余，志行才品兼優，顧瑞老曾請署崑篆者，以海篆委之，必能刻勵盡職，不以暫署傳遽其官也。署篆本不論同省。常熟廣文亦有曾署崑篆者，乞即賜憲檄特委，俾鼓舞預奮，以副海邦之望。伏惟台裁，不盡馳企。

與

耑啓：太倉諸生張崢，故憲副起潛年祖之孫也。起翁清望在西臺，遺愛在江、浙，厚德在鄉井，古所謂鄉先生没而可祭於社者也。子孫世守素業，家徒四壁，不愧爲清白吏子孫。攻苦力學，才藻蔚然，徒存遺笏之思，未免負薪之歎。典衣裹糧，走謁臺下，伏乞老公祖惠顧年誼，愾然念其先人，追其遺德，嘘枯吹生，重爲賑卹。則綈袍之德，與緇衣之好，誼薄雲天，感激泉壤矣。信筆奉啓，伏祈垂昭不一。

與

兹啓：敝鄉衝疲，地瘠糧重。邇來仍歲洊饑，漕事滋困。其弊在有司偏於爲民，運官偏於爲軍，總司止知漁獵常例，軍民兩不關心。致令兑務愈艱，風紀掃地。今幸遘下江總司江雍世，通才介節，迥出流輩。簡良黜蠹，嚴謝私謁。弁旗肅然，民樂輸輓。至其調停協劑，不激不隨。戮力儹催，羣艘將竣。從來未有如此嘉弁。祖臺之簡慎，用人履屐，皆得其所，此可以徵一班矣。祖臺諒已稔悉其狀。益等緇衣之好，不禁鼓舞，伏冀破格獎植，上以酬賢勞之績，下以慰輿情之慕，且使羣弁知所警厲，則裨裕國儲，非淺鮮矣。臨楮不勝瞻企。

與

敝門生郁起麐，弱冠掄魁，名節自砥，慨然有澄清世道之志。不謂懷才無禄，於公車垂翅之餘，溘焉旅逝。遂有里中惡少周鴻者，藏毒含沙，潛入京邸，聞敝門生之變，遂以登聞上訐。據周鴻所訟，客歲已經憲結。鄭鴻老爲禾守時，鐵案具在。經台翁犀照之下，沉冤自雪。但起麐二親垂白，嗣子孤孱，門内之事，尚苦莫支。重以欽件名色，差牌一至，舉室向隅，悲皇無地。且周鴻故匿不出，重累起麐之子祥胤，奔命莫措。懇乞門下，暫緩郁氏差提。俟拘到原犯周鴻，則祥胤自行投審，不敢後時。而鴻又誣砌孝廉胡明遠列欵助惡，以鉗制公道。事關一體，萬勿異視另提。且明遠亦係弟闈中所取士，雅意自好，向經薦舉，特與起麐同里同籍，遂爲羅織。伏乞將周鴻昭誣反之案題覆，庶豺虎伏辜，而郁氏髦弱，得荷再生矣。其關世道風紀者，非淺鮮也。

與

老公祖豹纛龍旂，照臨下邑。某幸得從樵夫漁叟之後，投竿輟耒，仰覩光儀。伏承旌節式廬，德意悃欵。腐儒粗糲，竟日淹留。寂寞江天，頓開雲霧。衰遲病蹇，未能摳衣納屨，扣謝鈴下，徒有注香盥漱，仰視圓造而已。日者敝邑諸紳，以蔣令德政申扣臺端，治民爲其邑令讚誦，似屬格套，然非某等所敢出也。實見此令心事慈祥，舉動縝密。邇者編審一事，剔搜避役之田數萬畝，羣口謡詠，屹不爲動。此可謂之能任事能任怨矣。書生作吏，昔人謂如入暗室，漸漸光明。仰望老公祖力賜培植，教誨董戒，以責其後效。則此令之幸，亦地方之福也。萬一不能久留署事者，傳舍其官，徒滋騷動。而後令又未必賢，目前漕兑與當年賦税，誰則任之？治某株守杜門，白不敢以片紙干邑令，無私交，亦無情面，目繫桑梓利害，敢激切申言之，知臺下必見採納也。

靖江令陳，長才卓品，久冠薦牘，無容治某贅陳。去年勦寇之役，角巾單舸，出没於波濤矛戟之中。一言撫慰，則懦弁退卒，皆相率以赴湯火，用能驅使聽命，萑苻削跡。某深歎之，以爲他日可爲國家効一臂文武大畧者也。若以四郡中員少數窄，一概吹求，天下安得有雄才偉器，資國家緩急者哉？恃道義之愛，手勒草瀆，伏乞省覽，恕其狂瞽。臨楮無任悚惕。

答

恭惟太老師閣下，國之宗臣，世之壽耇，台階三宿，與南極一星，竝照耀於閩海。謙益幸附宫牆，得私淑艾。不揣以狂瞽之言，效封人之祝。太老師不爲吐棄，厠之金函玉軸之後，不遺葑菲，過爲揄揚。弘長風流，固大人君子之所有事，而益之愧汗，則滋甚矣。流氛漸偪西江，蹂躪浙東。少年又復見告，風鶴震驚。吴中未能安枕，便思移家浮海，避地於武夷、海嵩之間。未知太老師肯授一廛，俾得受廣厦萬間之庇乎？次公經世大畧，尚困公車。一見賢書，便爲短氣。長公服官留署，便可頻接聲光，此通家一快也。大刻久陳几案，奉爲楷模。更辱頒賜，喜出望外。多儀種種，對使拜嘉。草此附謝，不盡瞻企。

復

清齋晤對，殊快結轖。供張甚設，便破除旬月齋厨，殊非所安耳。善星比丘事，考證最核。按翻譯集，云是羅云庶兄，如來堂弟。庶兒故稱爲子，古人兄弟之子，皆稱父子，疏廣傳可證也。疑爲調達之子，亦是有理，俟更詳之。教相雖瑣瑣，亦要分明。如直脈云如來庶弟，豈不謬哉！阿舍出第幾卷？並示之。

復

老朽廢人錢某頓首奉復。衰病屏居，忽蒙竊鐵之謗。是用遣使面質，今既無影響，即一笑置之矣。門下竭力營葬，以致紛呶，亦在觀過知仁之例。縣父母公廉明允，贖地歸公之斷，闔邑歡呼稱頌，此正門下翻然改弦之日也。儒取改過，佛重懺悔。昔人教養由基射曰以善息。來教縷縷，未能酬答。謹以善息二字，獻之左右。諸不多及。

致

叨承教愛，瞻仰斗山。吳樹燕雲，每勤夢想。頃因犬子某北上，專叩鈴閣，奉候起居。恭惟閣下，德懋補天，勛侔浴日。海隅蒼生，咸在覆露。如弟白頭故人，孫愛黃口稚子，孤踪孑跡，深藉帡幪。倘蒙召見，俯詢積懷。數載睽違，如侍函丈，何幸如之！令公郎世丈，不敢輒啓。弟臨啓不勝馳企之至。

致

南北迢遥，懷想之甚。臺下功成名遂，身爲陸地神仙，亦曾念及下界凡夫、白頭故舊耶？犬子某北上，特令拜候萬福。積懷千縷，非楮墨所能盡，一切屬犬子口郵，萬惟垂照。臨風依依，不盡馳企。

致

每承北信，備道恩私，仰知黄扉元老，終不忘白髪故人也。犬子某，計偕北上，託令專叩鈴閣，問候起居。積懷千縷，海墨難書。稚子口郵，可傳梗概。衰踪孑跡，仰荷台慈如天之覆，不獨廣厦萬間也。臨楮不勝惓切。

致

恭惟閣下，赤舄在朝，衮衣湍返。西郊之風雷旋息，東岱之霖雨浡興。凡在教我，無不拱手稱慶。而況夙荷交知，得蒙眄睞如不肖益者乎？衰遲貧病，歸向空門。貝葉息心，禪燈送老。獨是啣恩感遇，染神鏤骨。惟有晨夕炷香，遥祝望拜。頌補浴之殊勛，介岡陵之景福耳。犬子計偕，耑叩鈴閣。積懷千縷，屬其口郵。如天之覆，不但廣厦萬間。意不盡言，統惟崇照。臨楮不盡馳戀。

致

往年寄孥雕陵，荷賢喬梓道誼之愛。家人婦子，仰賴鴻慈。雲樹風煙，每紆雁素。惟尊太翁老世兄，郵筒不絶，翰墨相商。時詢鯉庭，遥瞻鸞掖。寸心繾綣，未嘗不往來函丈也。不肖某，草木殘年，菰蘆朽質。業已撥棄世事，歸向空門。而宿業未亡，虚名爲祟。謡諑間發，指畫無端。所賴台翁暨司馬公愛惜孤踪，保全善類。庶令箕風罷煽，畢口削芒。此則元氣所關，海内瞻仰。不肖潦倒桑榆，無能報稱，惟有向繡佛齋前，長明燈下，稽首齋心，祝延介福而已。犬子計偕，耑叩鈴閣。黄口童稚，深望如天之覆。其爲銘勒，何可名言。臨楮不勝馳企。

致

累奉箋啓，仰塵鈴閣。積懷馳企，與日俱新。頃因犬子某計偕，耑叩臺階，肅候函丈。伏惟中命典謁，賜之話言。俾得常坐春風，永依冬日。則如天之覆，不唯廣厦萬間也。弟菰蘆長物，歸向空門。惟有貝葉息心，禪燈送老。不知箕風畢口，何自發機？仰恃台慈，重加覆露。私心銘勒，惟有向繡佛齋前，祝延介福耳。馮楮瞻依，言不能盡。

致

春初削牘，奉候綸扉。衰殘索居，馳企日積。頃因犬子計偕北上，耑候鈴閣。犬子既仰塵年譜，諸孫皆錯列門牆。草木餘生，託廣廈萬間之庇，盡可知也。伏惟視學多暇，留心著作。高文典册，獨步西清。此中二三門人，訪集近代藝文，僕謂臺閣體裁，斷以松陵爲冠冕。惜向惠集燬於刦火，即弟所草序言，亦爲六丁取去。今兹卷帙，富有日新，幸不惜盡發其藏，流傳詞苑。此珠林玉海之光，竊願樂觀其盛也。南郵有便，幸惠德音。信筆草勒，不盡瞻溯。

致

舍侄孫補官，曾附數行，奉候鈴閣。兹以犬子某計偕，屬其耑叩函丈，奉候起居。白頭故人，黄口稚子，一皆仰籍帡幪，深蒙覆露。故知扶桑之日，先照幽遐；岱嶽之雲，不遺枯槁。餘生長物，屏跡空門，惟有向繡佛齋前，長明燈下，歸依補浴，頌祝岡陵而已。豚犬顓蒙，孤踪惘惘。伏祈照拂，稍慰衰殘。積懷如縷，言不盡意。

致

睽違節鉞，已隔三秋。企望台光，如在几席。頃因犬子某計偕北上，耑令叩謁，奉候起居。伏惟老公祖資望深崇，帝心簡在，東南半壁，指日再睹袞衣。則海隅蒼生之福庇，亦菰蘆白首之光寵也。餘生暇日，感荷恩知，惟有向繡佛齋前，長明燈下，遥祝萬福而已。臨風瞻依，不盡馳企。

致

吴閶執手，一别三秋。恭惟老公祖望重四海，澤滿三吴。棠蔭方滋，歌思彌永。頃者帝心簡在，資望深崇，東南半壁，指日再覩高牙。治某得與海濱父老，聽車音而迎馬首。斗牛之分，德星賁臨。豈獨一家一人之私祝哉！向所指武林奸惡，已遵諭屬舍侄孫某，令其執三尺法從事。渠仰承憲規，一一稟命，決不使吞舟漏網也。兹因犬子某計偕，耑令叩謁，問候萬福。黄口稚子，伏唯推愛垂青。治某臨楮不勝顒望之至。

致

菰蘆遺老，削跡空門。京華故人，如在天上。梅村南還，深承慰問。頃因犬子計偕，屬令耑扣函丈，郵致積衷。伏惟玉衡大斗，公望日新。竹素之業，與鼎鐘並茂。古今文人，不多見也。扇頭紙上，每見佳什。吉光片羽，未厭鄙懷。所祈大開武庫，盡倒珠囊。禪餘經罷，香炷燈明，得以洗滌蒙心，發皇道味，何快如之？近況潦倒，具在犬子口郵。廣厦萬間，尚祈蔭庇。公郎世丈，不復別啓。臨風可勝瞻企！

與

伻回，接來示，深荷盛雅。梁鎮臺太翁志文，頗費苦心，未知不負千秋之託否也？志文署名，不稱通家弟而稱生者，乃後輩謙退之詞也。年家字則刻石時宜爲補入，惟門下酌裁，轉示日下。待津途少通，即當往弔，面盡區區也。諸不敢多及。

與

昨遣豚犬，奉候雉門，知已得摳衣奉教矣。總河公祖壽章，承台命草率具稿。伏生年耄，江淹才盡，尋行數墨，殊不成章，惟老公祖削而教之。邑令德政，詳在公揭，已屬犬子面陳，不敢贅及。

與

頻年契濶，如阻山河。道誼之愛，著存於心，未嘗不夢寐爲勞也。祝嘏之詞，重荷台命。衰病餘生，久荒筆墨，又不敢稽長筵之期，剌促具稿，眞所謂疾行無好步也。惟知己深諒之。灌溪年兄，並希道意。不盡馳企。

復

東海重鎮，借重元戎。從此鯨波不興，狼煙永息。菰蘆遺民，無不仰望旌節，況如不肖，夙叨知愛，備在肺腑者乎？老病索居，未遑申賀。台翰下頒，具見不遺故舊一片盛心也。懷東見時，每道台丈高誼，不啻口出。相見時想當面悉之矣。使便草率附謝，尚容耑候，不盡馳企。

復

門下雄材偉畧，超絶儔伍。今得荷國士之遇，登壇大用，不勝忻幸。台翰遠頒，垂念老朽，足徵知己厚愛，百倍於世情也。不肖八十衰聾，頭暈足軟，僵卧牀蓐，餘生無幾，深可憐念。伏讀來教，惟有感佩銘勒，炷香佛前，合掌遥謝而已。萬惟慈諒，不盡馳感。

答

門下蓋世英才，自當建非常大業，登壇仗鉞，榮命伊邇。當效班定遠萬里封侯，不嘆玉門頭白也。舍姪孫回，具悉起居，兼荷存念。老病支離，日甚一日，無可爲知己道者。鎮郡公附致一函，以門下雄姿偉望，彼自當望風欽挹，殊不以鄙言爲輕重也。力疾附復，不盡馳企。

答

舍侄孫回，得手教，知曳裾雪老幕中。英賢相遇，必有殊猷偉畧，報效聖朝，予日望之。僕近來老病衰頽，日甚一日。歲祲家破，饘粥無資，棲身豚犬，以雞窠鼠穴卒歲，殊可憐也。郡公處爲雪老致數行，齒牙琢冰，不足軒輊，聊盡緇衣之好耳。近因虛仲成症，醫者苦戒筆墨。霞老行狀，尚未見委，亦須待春和，賤體少强，方可從事執筆也。力疾附報，不能多及。

致

願見之懷，不啻饑渴。頃聞却掃謝客，未敢持刺唐突典謁。倘得賜燕間許一接見，便當趨侍函丈。諸俟面陳，不備。

與

雙白來，得手教，諄諄如面談。更辱垂念家門，骨肉道義，情見乎詞，可勝感佩！近日一二梟獍，蜚語計窮，創爲一説，謂寒家户田欠幾萬金，將有不測之禍。又託言出自縣令之言，簧鼓遠近。試一問之，户有許多田？田有許多糧？若欲盈欠萬之額，須先還我踰萬之田而後可。小人嚼舌，不顧事理，一至於此。此言必有聞於左右者，亦付之一笑可也。海晏河清，杜門高枕，却苦脚氣纏綿，步履艱澁。此天公妬其安閒，以小疾相折抵也。

復

不肖衰殘病廢，真人世一長物。屏居江村，從折脚鐺邊過活。士友從吳門來，每道老先生殷勤奬借，殘生餘息，不知何以辱高賢記存？惟於長明燈下，合掌遥謝而已。太夫人盛德高年，禮當致祝嘏之詞，況又恭承寵命，重以嘉貺。第以足疾初愈，筆墨拋殘，尚須少日經營，方能執筆。長至後當從事研削，以附致南山之祝，不敢自以能事而受促迫也。令弟世兄，並此致意。諸不多及。

致

軒車過存，重以嘉貺。力疾奉謝，衹一候雉門。以台駕有課士之役，不得瞻拜光儀。尊太公及二烈家傳，如命具草。老學荒落，謹撮録行狀，補綴不文。伏惟如椽大筆，削而正之。即日面請，不盡縷縷。

致

餘姚黄晦木奉訪，裁數行附候，計已達鈴閣矣。友人陳崑良赴温處萬道尊之約，取道金華，慨慕龍門，願一投分。此兄志節軒翥，不肯低眉謁權貴，介恃道誼之雅，輒爲紹介。緇衣之好，知有同然。自當把臂入林，水乳相契也。晦木知必荷眄睞，先爲遥謝。臨楮不盡馳企。

與

介有兄來，備道吾丈襟度沖深，衷懷篤厚，汪汪千頃，與今世人情迥别。頃奉手札，垂念老朽，愛深骨肉，披陳情愫，宛如面談。如此一片肝膽，信可照徹千古，殊自喜老眼之不謬也。知有宴爾之慶，聊致一芹，以祝燕喜。即日雙珠抱送，老夫仍當效寶誌摩頂。但苦衰病日增，貧寒切骨，恐不能苟延旦夕耳。

錢牧齋先生尺牘　卷第三

答杭州通判王 文輔

恭惟臺下，品重珪璋，望隆公輔。龍門登雋，居然南國羽儀；鴻陸揚輝，卓矣賢關領袖。平時以經濟自命，舉措出奇；雅志謂澄清可幾，馳驅靡憚。乃别駕暫煩展驥，而首邑即借烹鮮。兼人而治，詎云百里非才；期月有成，已見四方取式。聖世有懋功之典，台階叶殊等之榮。拭目而觀，跂足可竢。某夙欽道義，未接光華。閉門却掃，方自謂世棄君平；束帛緘書，不分有人尋□爨。在鄙人蔑自見之善，而賢者有先人之施。被繡等榮，捫己增愧。臨風託契，徒能想望其丰儀；搦管宣心，何以報稱夫鄭重？聊憑歸羽，附布謝悰。不肖臨穎馳遡。

答吴江縣葉 翼雲 三首

恭惟老父母，青陽發德，赤紱受祥。茂對佳辰，襦袴先春而自煖；發揮陽令，葦桃得氣以俱榮。起一元於貞下，其泰大來；斂百福於歲初，厥臨孔惠。乃眷兹污朽，謬切注存。春風披拂，煦微煖於寒灰；河潤分沾，餙榮光於下里。曷勝感佩，何以報稱？用布謝悰，仰塵台照。臨楮馳戴。

又

恭惟老父母，政與日新，道隨時長。惠澤並春膏同潤，和衷偕化日俱融。鶉衣鵠食，人人歌有脚陽春；菰雪蘆烟，處處荷無私雨露。赤紱映棠蔭之化，南國政成；彩幡占花信之風，東郊氣轉。身值履端而受祉，時臨開泰以發祥。嘉平尺雪，爲茂宰而兆三登；元日重輪，向琴臺而呈五色。乃河潤獲分於九里，春光先漏於向陽。城隅陋巷，迎騎鼎而生輝；爐畔寒灰，對羊斟而發煖。恩斯厚矣，感何如之？肅勒蕪椷，恭申謝悃。臨楮可勝瞻遡。

又

恭惟老先生臺下，器重珪璋，文成黼黻。冠華山而聳秀，若蒼龍夭矯而扳天；濬秋浦以疏靈，如白鳳騰企而拂漢。天人茂對，萬言允建治安；民社早分，百里先煩撫字。琴鼓霅川之流水，花明罨畫之溪山。連郊桑苧，接蔽芾之棠歌；滿境袴襦，絕喧囂之芋訟。是聊以割雞爲戲，即首儀振鷺之班者也。某不材樗散，自分汙潢。有鷇而生，寧唯混沌？無用而飽，不啻侏儒。已絕於烟霄鸞鳳之交，乃博我以風雨魚龍之感。望台階而載拜，悦紫氣之當眉。臨筆楮以九廻，耿丹誠之在膈。銜茲汚朽，莫有報稱。率勒短椷，用申謝悃。臨穎可勝瞻注。

答嘉定龐邑尊

恭惟老父母臺下，冰心昭瑩，玉度凝和。佩印辟邪，四境物無疵癘；鳴琴解愠，期年民用阜康。道叶雀風之翔，譽偕鶉火之化。涖茲良夏，陽德聿升；對此昌辰，台階茂晉。某周旋垂蔭，沾被餘輝。赤衷葵傾，愧無絲縷之獻；素心艾結，更辱瓊瑶之頒。憑楮附復，不盡銜戢。統希慈照。

答嘉定邑尊

恭惟老父母臺下，珪璋特品，柱石偉資。鳳律龍文，鬭勝錦江春色；詞瀾筆陣，争雄巫峽秋濤。奮藝苑而對明廷，不數公孫躍馬；籋青雲而儀赤縣，何減諸葛從龍。錫邑茂坐棠之化，遷喬奚竢考成？練川興馴雉之謡，簡用定知不次。洵政事爲百城之冠，必遭逢超百辟之班。行占守相，即入爲漢世三公；旋卜疏榮，應歇歷王朝九命。某菰蘆遺老，樗櫟棄材。斤斵不施，世已知其無用；丹青忽賁，公乃念其終窮。阻雲樹而沾榮，紆廻翰藻；近河流而分潤，莫報瓊瑶。用勒蕪緘，敬披謝悃。伏惟丙照，俯賜慈原。

答崇明邑尊 三首

恭惟老父母臺下，心涵雨露，胸富陽春。百里爲邦，遍棠陰於鰲脊；三年成治，烱冰鏡於鯨波。遊化國以煦陽和，坐春臺而消沴祲。花縣地臨於滄海，棠陰境接於蓬萊。青陽轉歲，兆朱紱之發祥；協氣召和，應台階之茂晤。某居同幽谷，人類寒灰。澥汨霜毛，驚葦桃之改歲；披承雲錦，幸花木之向陽。折梅傳一信之春，投李踰百朋之賜。曷勝銘佩，用展謝悰。臨楮馳企。

又

恭惟老父母，福膺長發，慶叶大來。候轉青郊，歌騰棠茇；天開黄道，瑞應鶯遷。某茂對佳辰，有懷明德。方勿忘河潤之沾，忽再辱屠蘇之賜。殷勤拜惠，春生榾柮爐邊；造次報椷，望極雲霞海上。頌言曷既，感德滋深。臨穎不勝瞻遡之至！

又

恭惟老父母臺下，鳳羽摛姿，龍媒騁逸。雄才廣度，發揮河嶽之靈；俊氣遒文，顧盼風雲之上。儀望獨高於玉筍，聲華早茂於銅章。海埏布化，訟堂臨蓬島晴霞；鰲脊種花，露冕映河陽春樹。月夜絶倫洋之訟，農郊騰佩犢之歌。賈生乃天下士，暫煩龍卧江鄉；士元非百里才，不謂鸞棲枳棘。佇看黄紙滄洲之詔，即有緑綈白獸之榮。某敝帚不享，瘣木無奇。一壑自專，久矣如君平之世棄；片言相許，何幸有叔向之我知。乃瑶華忽墮於五雲，而河潤遂分於九里。瓊瑶莫報，袛鐫心而自矢弗諼；楮墨聊宣，謹稽首而勒誠左右。喙短心長，統惟慈照。某臨穎瞻企。

答崇明陸 一鵬

恭惟老父母，道隆方長，慶叶大來。化洽海邦，陽不愆而陰不慝；惠孚花縣，市式舞而野式歌。煖隨襦袴以先回，風與絃歌而共遠。收晴輝於蒼陸，絢出海之雲霞。散雨露於青郊，豔東風之梅柳。蔀屋胥成起色，滄洲佇被殊恩。某灰已不燃，材真可棄。九里而沾河潤，戴德良深；百拜以被鼎施，銘心滋至。媿無一縷之獻，止有寸緘之酬。伏冀台慈，俯垂丙照。臨啓翹切。

答泰興田 見龍

恭惟老父母，金鉉偉器，玉尺清裁。毫翰縱橫，雲錦麗九天之文筆；器資突兀，風烟開萬仞之丹崖。抱經文緯武之才，預卜鼎梅川楫；藴輔世長民之德，暫煩棠蔭花封。一庭化雨，桑麻沾澤雉之膏；兩袖清風，山水洽鳴絃之化。異政信百城爲式，報最期三年有成。從此登上玉堂，參唐士供奉之選；優遊青瑣，領漢郎夕拜之班。行將喉舌於衿紳，豈獨領袖於銅墨。某菰蘆退士，溝壑棄材。之武不如，少已共知其可棄；師丹多忘，老益自厭其無聞。何意衰遲，遠承示問。琴臺咫尺，扁舟遥想其風儀；土室蕭疎，片札遠涵夫光霽。心平愛矣！媿筆陣之單疎；何以報之？祇心旌之摇曳。用抒蕪櫝，聊展謝悰。伏冀台慈，俯垂丙照。某臨啓可勝馳遡！

答平湖縣陳 紹孫

恭惟臺下，介圭不琢，精金有聲。妙年握槧，發揮淮海之靈；俊譽登朝，顧盼雲霄之上。茂對建治安之策，輸誠躬撫字之勞。乍分符而小試，即恢恢遊刃而有餘；旋擇木以喬遷，尤籍籍循聲之甚著。銅墨允百城之冠，袴襦騰兩邑之謡。俾守相即爲三公，可折券而取也；從弼直而登九列，已拭目而望之。某敝帚不享，瘣木無奇。一壑久耑，知君平之世棄；三生有幸，遇叔向之我知。蕺半面而論交，輒九里而分潤。棠歌咫尺，扁舟想望其丰儀；郇鼎殷勤，土室遠涵夫光霽。愧乏瓊瑶之報，徒傾葵藿之誠。聊託寸椷，用申謝悃。臨穎可勝馳企！

答定海縣張 紹謙

恭惟臺下，珪璋重器，黼黻鴻材。紫電清霜，夙標俊氣；落霞飛鶩，久著雄篇。乃蜚聲允洽賢良，而利器遂呈盤錯。治行比蟾帷之卓、魯，舉世無雙；循良推教養之龔、黄，爲今第一。煩補衮之材而製錦，屈函牛之鼎以烹雞。翔鸞馴雉，早騰全境之歌謡；夾日擎天，將覩大賢之作用。某山樗空老，康瓠無庸。籓籬踸踔，慕嵇叔夜之逍遥；疏屣棲遲，同楊子雲之澹泊。無片善之可録，誤知己之見收。聲氣相求，博我魚龍之感；心靈密會，敢云杵臼之交？腆惠厚加，拊心知媿。空緘布謝，莫展報稱。伏惟慈照。某臨楮馳遡。

答桐廬曹邑尊

恭惟臺下，珪璋特品，柱石偉資。鳳律龍文，鬬勝於錦江春色；詞瀾筆陣，争雄於巫峽秋濤。奮藝林而對明廷，不數公孫躍馬；籋青雲而儀赤縣，何減諸葛從龍。桐江興馴雉之謡，廬邑藹坐棠之化。行占守相，入爲漢世三公；旋卜疏榮，敭歷王朝九命。某菰蘆遺老，樗櫟棄材。斤斲不施，世已知其無用；丹青忽賁，公乃念其終窮。阻雲樹而借榮輝，紆迴鳳翰；濬通波而分遠潤，莫報瓊瑶。用勒蕪緘，敬申謝悃。伏惟慈照，俯賜注涵。臨楮馳遡。

致張邑尊

恭惟老父母臺下，玉尺清裁，金鉉偉望。三冬萬卷，下帷空宛委之藏；一字千金，摇筆增洛陽之價。羣空北駿，聲比南金。頃者遠奉行符，賁臨蕞邑。德星輝映，虞嶺爲之生光；仁風播揚，琴水於焉赴節。下車之歡騰如此，則涖政之來悦可知。治某草土殘生，支離長物。潤洪河之九里，自愧焦枯；庇廣厦之萬間，欣逢覆露。未遑伏謁，先荷式廬。敬勒魚書，仰申燕賀。江村雲霧，近瞻星曜於南天；蔀屋菰蘆，長借燭光於東壁。伏惟鑒照，不盡神馳。

答吴江塗邑尊

恭惟老父母臺下，望重生民，道弘濟世。韞醫閭之美玉，價重連城；産遼海之明珠，光生萬乘。倒詞源之三峽，掃筆陣於千人。學可大行，仕先小試。清風兩袖，飲杯水於松陵；膏雨千家，沛恩波於蔀屋。意珠分潤，争看有脚之陽春；心燭廻光，常普無方之造化。一絲不染，肅吏治於秋霜；百廢具興，覆黔黎於冬日。此真今日循吏之領袖，而他時廊廟之羽儀也。治某草土殘生，菰蘆長物。僻居隣壤，沐九里於洪河；遥仰德輝，庇萬間之廣厦。遠承存記，彌切瞻依。謹叩首以拜嘉，敢趨風而復命。何以報之青玉案，良有待焉；我姑酌彼黄金罍，遐不謂矣。心旌摇曳，尚期申候於閣鈴；筆陣單踈，聊用布懷於尺牘。伏惟鑒照，不盡神馳。

致嘉定邑尊

恭惟老父母臺下，道亞黄中，文高白璧。練川小邑，借重分符。循異之聲，流傳吴下。而某居屬鄰邦，誼同邑屋。譬諸密雲之雨，先被於西郊；隣火之光，近照於東壁。其爲欣幸，可得而言。不謂遠辱記存，先蒙示問。禮當肅謁鈴下，躬請教言。而以病體衰殘，疥瘍爲苦。望雲就日，未能奮飛。謹先遣一介，恭申燕賀。少致願見之悃，聊追後至之誅。伏惟臺下，原而鑒之。令親滄老一函，專祈郵致。憑楮不勝馳企。

致周縣尊

恭惟老父母臺下，金鉉偉器，玉尺清裁。虞山蕞爾，得徼福星。六府咸修，百廢具舉。下車以來，謳歌載道。治某抱病江村，朝夕從漁夫樵叟，歌詠德音，雖復屏跡索居，未嘗不神馳鈴閣也。頃者，□□狂悖無狀，老父母以覆載洪恩，付之不較。第此人欺主罔上，罪在不赦。若不重治，並及其共事者，何以懲創奸宄，使魑魅寒心？又口稱有兩宦書帖，其中不無假冒。某鄉居不知城邑之事，若有不得已相聞，必有手書印記。並祈老父母留神查覈，勿爲黎丘之鬼所眩，此尤所禱祀而求者也。賤恙少間，自當躬叩階墀。臨楮不盡馳企。

致嘉定陳卜湖

恭惟臺下，珪璋國器，杞梓楚材。東南推幕府之英，輦轂重干城之寄。高堂介壽，班彩承歡。此公侯之美談，誠燕喜之盛事也。不肖夙承厚愛，叨在嘉賓。慕李仰韓，猥辱千秋之託；留髡送客，每邀清夜之歡。昔夢依然，有懷莫罄。敬因羽便，聊寄蕪私。外有制府一函，伏祈轉達。臨楮馳企，不盡願懷。

復余太尊

恭惟老公祖臺下，清風兩袖，慈月天家。士頌素絲，民歌五袴。即今公評昭雪，嘉譽騰湧。建牙開府，當有不次之擢，治民蓋惟日望之矣。太夫人墓銘，敬承千秋之託，敢不如命。但以衰病，觸暑染疾，醫者戒謝絶一切，静事調攝，掩關息機，料理湯藥。諸公有以文字下委者，悉收藏元稿，待秋盡冬初，方可力疾舉筆。此時賤體委頓，萬萬不能破例從事筆研也。厚貺殷重，非所敢當。謹用藉手附璧。載筆請教，敬俟後期。臨楮不勝馳悚。

致王道尊

老公祖臺下，玉尺清裁，金鉉偉器。鍾參井英靈之氣，挾河海典制之文。西清然青簡之藜，望崇槐棘；左掖飛綠章之藁，風肅梧垣。四海共瞻爲山斗，三吳幸沐其恩波。此則帝車一星，下臨南極；台階三宿，獨照東方。江海恃以奠安，菰蘆爲之生色者也。某今屬部民，舊塵詞館。平生師表，本在汾陽；仕路知交，尤深澤、沁。禮當肅謁雉門，親奉函文。徒以衰年荏苒，老病摧頹。仰三素以傾心，望五雲而却步。敢申尺素，用表緇衣。倘負茲之得痊，將趨侍之有日。臨啓不勝馳企。

答馬提督

恭惟節鎮功高，鯨波晏息。師中三錫，恩命便蕃。乃復睠念衰殘，寵光初度。惠我袞衣，酌以大斗。不惟過叨解衣推食之恩波，亦可以仰瞻投壺雅歌之風度矣。拜嘉之餘，欣感交集。尚當摳謝，以展區區。憑楮不盡馳企。

與王總捕

恭惟老公祖臺下，玉尺清裁，金鉉偉器。蜚聲藝苑，文林推八斗之才；高步雲臺，仕籍擅九方之譽。惟兹廊廟，彌顯令名。兩袖清風，卧閣飲吴江之水；一簾明月，行車看茂苑之花。撫字久困之疲癃，藹如家人父子；剖斷積年之案牘，快如掣電行雲。用能使三尺肅清，六條修舉。列郡咸推爲師表，遐陬共仰爲神君。斯真舉世之羽儀，非但循良之領袖也。某菰蘆末品，草莽餘生。年在桑榆，仰藉九霄之末照；身齊編户，遥沐千里之恩波。敬竭寸忱，仰干鈴索。伏惟垂鑒。臨楮不盡馳企。

復佟方伯

老公祖臺下，學林淵海，文府珪璋。以經邦斷國之才，試澄清幹辦之用。江南半壁，仰賴旬宣。行車布一路之春風，揺筆沛萬家之時雨。信可以丹青皇路，黼黻人倫者也。治某樗櫟散材，菰蘆長物。通家世誼，牽附高門。懷東、滙白，一元三公。氣叶椒蘭，誼深金石。頃者老病杜門，宿痾少間。政思策勵委頓，傾挹清塵。正翹仰延佇時，而臺翰儼然臨之。温諭綢繆，嘉貺優渥。長跪捧讀，欣感交并。通懷古誼，斯世罕聞。羅雀之門，翟公可以無署，而五陵裘馬，少陵亦無事於永嘆矣。拜嘉之餘，草次手勒。毛穎有窮，心旌何已！浹旬少起，便縱衣策杖，領豚兒某，叩謝鈴閣。庶幾僑、札之宿望，不負生平；孔、李之通家，有辭奕世耳。尊刺過於挹損，輒用繳上。諸惟臺照，不盡謝私。

與梁鎮臺

恭惟老公祖臺下，文經武緯，悦禮惇詩。易象著於丈人，周詩頌爲元老。風雲圓感，應西北上將之星占；雷雨馳驅，奠東南半壁於手掌。問雞豚之舊社，得保桑麻；放鵝鴨於新豐，尚知阡陌。誰非一匡之賜，忍忘再造之功。治某草土餘生，菰蘆長物。惟有望慶宇下，炷香佛前。遥祝鴻庥，聊申燕賀而已。頃聞封翁太公之訃，不勝震悼。徒以老病荏苒，歲序淹留，未遂奔訃之誠，深懷同軌之誼。伏承高厚，不即誅夷。以衰殘失學之人，承勒銘千秋之託。聞命惶恐，執筆屏營。謹援據行實，撰述誌銘，再拜削稿，呈上幕府。師丹多忘，伏生已老。謏聞寡學，豈足以揚揄盛美，表著汗青。唯是賦性迂疎，臨文樸拙，但徵實録，不綴虚詞。或可以仰副仁人孝子之盛心，不敢以謏墓浮詞，貽譏竹帛也。惟老公祖俯賜筆削，芟其蕪穢，俾得以附名貞石，則鄙人亦藉以不朽矣。筐篚多儀，盈箱塞几。伏承孝思，敢不拜命。賤體少間，尚當趨赴鈴下，百拜申謝。臨楮不盡馳企之至。

答李夢沙〔一〕

伏以金鉉偉器，玉尺清標。頃以華省名郎，借重司榷。秋霜比潔，冬日表慈。舟船上下，誦聲交作。至於雄長詞壇，弘獎氣類，風流文彩，照映江左，則又其餘事也。某草土餘生，菰蘆長物。老歸空門，頽然如殘僧破衲。猥以衰朽，深荷記存。念其草木之年，重以繡段之贈。酌以大斗，侑以兼金。遂使蓬蒿生春，兒稚抃舞。至於高情盛雅，鄭重便蕃。衣斷菑以錦繡〔二〕，鮮混沌之眉目。但可銘刻五中，非筆舌所能陳謝〔三〕也。捧讀長箋，驚心溢目。未能仰答，殊愧單疎。臨〔四〕啓不〔五〕勝翹企之至。

【校記】

〔一〕此一通亦收於文集補遺卷下、外集卷二十二。　〔二〕文集補遺、外集作「青黄」。　〔三〕外集作「諭」。

〔四〕文集補遺、外集「臨」上有「某」字。　〔五〕文集補遺、外集作「可」。

復胡督學

恭惟老公祖，光嶽挺生，扶輿間氣。鍾三湘七澤之靈秀，筆掃千人；羅三墳五典之精華，胸函萬象。金聲允武，木鐸振文。以杞梓皮革之材，弘菁莪棫樸之化。懸高臺之明鏡，蕩無纖塵；湧明月於清波，湛如止水。風雲月露，文體爲之一新；絃誦詩書，士習於焉丕變。當學政報成之會，正清華步武之時。而念切倚門，心懷脱屣。雖一日之歡養，欲自遂於桑榆；而九列之崇班，且立躋於槐棘。此則人倫仰止，教義具瞻者也。某菰蘆老民，滄桑長物。通姓名於鈴閣，自哂衰遲；頌功德於豐碑，終慚樸學。猥承示問，重荷記存。老病人扶，未能馳送於淮海；干旄感切，徒有瞻企於江天。敬拜多儀，重叨佳詠。草次馳謝，不盡名言。外舍甥葛雲藹深感奬拔。尚有餘懇，詳盛、徐兩兄札中，並祈照拂。

致孫督學

恭惟老公祖臺下，當代金鉉，千秋玉鏡。衍關、洛之道脈，提鄒、魯之文衡。遂使南國化成，東方丕變。菁莪棫樸，培養一代之人材；楩楠豫章，儲待百年之教澤。此辟雍鼓鐘之所希有，而儒林道學之所共瞻也。某江海殘生，衡茅長物。竊承知契，深沐教恩。徒以蒲柳早衰，菰蘆自屏。未能趨侍龍光，徒有仰瞻鴻羽。恭聞鋒車促召，前驅屆行。尚當匍匐以候旄麾，傴僂而親函丈。庶幾傾倒宿誼，亦以慰藉生平。筆陣單疎，心旌摇曳。伏惟慈照，不盡神馳。

致李秀東

恭惟老世翁，尾箕間氣，文武全才。箕疇之五福渾圓，華封之三祝攸備。不肖交同管、鮑，誼重貢、王。謹稱祝嘏之詞，遠致岡陵之頌。江南臘破，一枝傳庾嶺之香，嶺表春回，萬里入羅浮之夢。遥飛一盞，我姑酌彼黄金罍；燕及三終，何以報之青玉案。諸惟鑒念，不盡馳企。

復黎元寬黄文星

雙龍之氣，久佇斗間；合璧之章，忽從天下。驚怛何已！瞻睇久之。某罪廢餘生，沈痾積歲。耳既困於雙聾，咽更苦於容粒。支綴待盡，動止須人。頃者收召心魂，誓斷筆墨。冀得少延弱息，聊乞殘生。嘉命賁臨，徵書下逮。欲使遥譜樵陽之籍，仰和步虚之聲。迴顧衰頽，徒有浩歎而已。拜命之辱，無以爲詞。但九頓以自陳，匪一言而可既。

答邑友〔一〕

不佞犬羊賤質，狗馬餘生〔二〕。項領計窮，不免謀生於稻雁；首丘心〔三〕切，敢云託興於蓴鱸。即次吴門，類賈胡之留滯；僦居皐廡，忽歲籥之洊更。辱枉箋書，重蒙存憶。謂遺簪墮〔四〕履，本先代之舊人；而苦瓜栗薪，亦鄉邦之一物。恐其流蕩而不返，促令屏當以言旋。寧有遐心，忍違德意。少需暄暖，即返蓬茅。老作新豐之鷄犬，猶能識路；歸見故山之猿鶴，少謝移〔五〕文。從此阡陌桑麻，常傍桃源之樂土；庶幾詩書晨夕，載尋栗里之流風。謹跪讀尺素之書，實永荷萬間之庇。

【校記】

〔一〕此一通亦收於外集卷二十二。　〔二〕外集作「年」。　〔三〕外集作「心」，尺牘作「生」。　〔四〕外集作「舊」。　〔五〕外集作「遺」。

答

恭惟老父母，器凝珪瑞，奏叶鐘鏞。澤豹培鵬，鬱霧雨於閩海；漸鴻振鷺，附日月於天閶。賦材比東箭尤貞，騰價較南金更貴。四海望名賢之挺出，蔚若星雲；三吴快仁父之式臨，歡加衣被。治臨震澤，涵地紀以流膏；縣控垂虹，映天文而成象。銅墨冠百城而爲式，袴襦連七邑以興謡。題殿柱而書御屏，報最趣登乎上考；拱金輿而陪羽殿，陞華佇陟於台階。某陋同燕石，賤類豕苓。疾痼烟霞，偕漁樵而醒醉；經營水竹，共魚鳥而遊翔。何期草澤之遺黎，忽辱雲霄之厚貺。念茲污朽，獲此光華。範心金以鑄少伯，何日忘之；縈意絲以繡平原，弗敢諼也。瓊瑶罔報，筆墨聊宣。雕飾隨衷，祓濯報命。某臨穎可勝瞻企！

與劉通判

恭惟老公祖臺下，家傳鴻緒，身荷駿聲。世德茂修，存魏玄成之故笏；道風聿邕，保韋長孺之遺經。對三策於臨軒，膺一命以展驥。懋保釐之績於吴地，望高仲舉之輿；軼康乂之功於海沂，譽洽王祥之佩。不獨星屏有耀，即看台鼎疏榮。某溝壑棄材，菰蘆遺老。軫通家之舊誼，孔、李何慚；念託契之久疎，荆、吴伊阻。遽辱福星之蒞止，叨爲編户之子民。託蔭瞻輝，可勝欣抃！拜恩沾惠，益重戴銜。某臨楮不勝感戢之至。

致

恒雲握别，遂踰星紀。塵泥迥絶，寒暄邈然。相知北來，備道盛雅。注存無已，煦育有加。故知扶桑旭日，光照幽遐；岱嶽膚雲，不遺枯槁。如天之覆，圓造不殊。豈特廣厦萬間，洪河九里哉！竊念益草木殘生，桑榆暮齒。灰心世故，息念空門。固未嘗争名争利，攘臂於市朝； 亦未曾有黨有仇，厠跡於壇坫。有何怨府？ 犯彼兇鋒。所賴金石格言，巖廊竑論。片語解呶，單詞止沸。此則養國家之元氣，作善類之長城。四海具瞻，千秋作則者也。犬子某計偕，耑扣鈴閣，畧致恩勤。衰老餘生，無能報稱。惟有繡佛燈前，炷香晨夕，祝誦介福而已。臨楮九頓，不盡神馳。

致

恭惟老世丈閣下，金鉉偉器，玉尺清標。進拜夕垣，雅符夙譽。冰心玉映，風簡霜飛。展矣四國具瞻，豈獨六垣領袖。某菰蘆長物，草木餘生。介恃雲泥之舊知，得借月旦之餘論。族孫起部，既荷推烏； 邑令之官，復承庇燕。綢繆無已，欣感交并。因犬子計偕北上，敬裁尺牘，申候丈函。竊念身世桑榆，物情枳棘。不肖白頭野老，棲止空門； 犬子黄口書生，逡巡鎖院。蔭萬間之廣廈，何啻三重； 假半壁之餘光，豈伊一夕。莫舒心縷，更託口郵。臨風溯瞻，不盡馳企。

致郎制臺

專啓： 制臺郎公祖，素節清修，一塵不染； 長才翰局，八面俱靈。保釐則德政覃敷，折衝則勦撫並用。軍民悦服，江海乂安。誠宇宙之長城，東南之司命也。頃者勤卹民隱，周視海防。單騎巡行，甘淡薄於茹素；六軍布列，凛約束於啣枚。征繕不費夫秋毫，蔀屋均沾其夏雨。某身在田野，得之見聞。未暇臚陳，畧言梗槩。匪敢自居謀野，抑亦聊備採風耳。

請檗巖大師住寶嚴寺

恭惟檗巖大導師座下：曠代偉人，再來尊者。儒門澹泊，收拾不住，若香象之渡河；大事因緣，出現於世，如優曇之獻瑞。參悟天童禪髓，早已受法橋懸記；稟持華山律學，遂得感普門放光。既已求道而有成，何用常行而不住。維此西巖古刹，實爲烏目名藍。大梁廣濟開山，署名延福；有宋慧明建寺，賜額寶巖。稽古尊宿丕顯於前朝，願今僧寶紹隆於後葉。愍生時隨處利生，光明幢在在可建；有佛處應時作佛，甘露門各各並開。若高士必欲韜光，則深山正堪養晦。風移金磬遠，雲伴玉龍閒，受天之供養第一；樹暗猿吟外，花開僧定間，得地之隨喜更多。某等雖急爲古寺求人，而兼爲高僧擇地。誠然兩得，敬申三請。幸賜俞允，爰副衆望。山靈惟肅衛以迓慈雲，大衆皆翹首而瞻慧日。惟座下俯聽之。

跋

宇内人文，夙推江左；吴中才望，久重虞陽。乃端毓青丘，當代非無巨擘；而聲馳赤縣，勝朝爰有名流。前遡震川，後推蒙叟。魚鯤鳥鳳，遊天海之高深；虎玉驪珠，萃山川之靈秀。固已著作抽羽陵之祕，文章散椽筆之華矣。兹維尺牘，僅屬卮言。麟管飛英，偶綴琉璃翡翠；龍賓餘瀋，非關月露風雲。然而梭出天孫，有絲皆錦；盤盛淵客，無淚非璣。單辭展瓊玖之誠，片紙抉縹緗之奥。深窺衆妙，劉勰文心；間佐叢談，郭倡諧語。無論嘻笑怒罵，矢口並茂其情文；所謂愁苦懽愉，落腕悉臻於工好。安在覩小山之叢樹，可廢桂林之一枝；觀懸圃之積瑶，無藉崑岡之片玉者乎？特其似遺弓於楚國，未登記室而散在人間；設或類鼓瑟於齊門，久置陳編而化爲脈望。微特銷風前之迷迭，抑且斷海底之珊瑚。静言思之，良可惜也！兹則鴻書儼在，蟫食難消。語質法蘭，未燼昆明之劫火；圖成延壽，猶存魯國之靈光。用是訂其豕魚，釐成三卷。鋟以梨棗，公諸四方。前哲之風流，於斯可想；後賢之儀式，豈曰無庸。家置一編，錦軸牙籤之畔；人珍斯集，芸窗棐几之間。庶幾藉此夢華，拾其香草。金猊烟裹，裁十色之鸞牋；銀鹿函中，馳八行之鯉素。挾青箱於王氏，堪爲錐指之砭鍼；吞丹篆於昌黎，或亦繡揚之鼓吹云爾。康熙己卯孟秋，常熟後學顧棫謹跋。

瞜城張孝子錫類編序〔一〕

古稱孝子以刲股爲奇節，瞜水張鶴民一再刲股以療父母之疾，則尤奇。喪亂之秋，烏頭綽楔之旌，未有〔二〕聞焉。能詩者爲之嗟咨慨嘆，交口而頌之，宜也。吴中近俗，争誇詡爲稱壽述德之詞，牛腰行卷，所至塞屋，金甬玉軸，照曜堂户。而孝子〔三〕詩寥寥數十章，人以爲嘆。余謂孝慈如董召南，刺史不能薦，爵禄不及門，其名至今著於丹青，唯昌黎公嗟哉董生行一章而已。世俗所流傳唱嘆，所謂横目二足之徒皆可爲者，雖多亦奚以爲？余懶作詩，爲引其端如此。庚子仲冬，虞山〔四〕蒙叟錢謙益題。

【校記】

〔一〕此文亦收於牧齋外集卷八，題作「錫類編引」。

〔二〕外集無「有」字。

〔三〕外集「子」下有「之」字。

〔四〕外集無「余懶」以下至「虞山」十六字。

釣臺彙集序〔一〕

余宗人大可氏〔二〕爲嚴州太守，以其閒〔三〕搜訪釣臺詩文，增廣其舊。刻成示余，余讀之，喟然而嘆曰：

嚴先生之風，山高水長，見童婦女知之，何待余言哉！人知先生之不屈於光武，而不知先生在新莽之世，龍蟠蠖屈，姓名不可得聞，漁釣不知其處，彼其視斯世爲何代，視陳譔佐命、校文〔四〕投閣之徒爲何如人？單出另立，技撑宇宙，天地之間，一子陵而已。使其當光武時，皤然而起，致位台鼎，亦何損於先生之高。而其肥遯砥俗之意，遂抑没於天地間矣。夫是以張目偃腹，高卧不起，以暢遂其避新逃莽之初志，而終不欲顯言之也。十八年之間，九域飈迴，三精霧塞。先生獨皎〔五〕然皭然，始終爲西京之逸民，雖赤伏白水應符之真人，尚不足易其一顧，而況於紫色蛙聲者乎？

世之儒者，舉不足以知先生，揣度其所以不仕光武之故，言人人殊。獨有宋之謝翶能深知之。故人開府，何地不可慟哭，而必於西臺？以謂子陵之於西京，信國之於南渡，其志其節，有曠世而相感者也。記曰：「先王之祭，必有合也。」翶之祭信國於西臺，其亦有合焉者〔六〕與？千載而下，知子陵者，臯羽一人而已。自范蔚宗之論逸民，以驕富貴輕王公爲言，而吾夫子尚論逸民之指〔七〕意遂隱。自有斯世以來，許由、務光以迨子陵、二龔之倫，皆天地之心，山川之骨，斯世斯民所憑恃也。猥以釣魚閑處，屏居獨善之人目之，其可哉？其可哉？釣臺旁白雲源，唐方干故廬，許劍之墓在焉。人知皋羽墓近白雲源，而不知其〔八〕與西臺相望，亦伯鸞、要離相傍之遺意也。

上章攝提格之夏五月，扁舟出釣臺下，江流蕭颯，日薄風緊，爲之肅然以恐，悄然以思，敬書是言以復於大可。塵容俗〔九〕狀，靦然挂名斯集，貽逸民、遺民之羞，亦所不暇計也。庚寅五月〔一〇〕。

【校記】

〔一〕此文亦收於瞿藏鈔本有學文集補遺卷上、外集卷六。〔二〕文集補遺、外集無「氏」字。〔三〕文集補遺作「閒」。文鈔補遺、外集作「間」。〔四〕文集補遺作「次」。〔五〕文集補遺作「矯」。〔六〕文集補遺、外集有「者」字，文鈔補遺無。〔七〕文集補遺、外集無「指」字。〔八〕外集無「其」字。〔九〕文集補遺無「俗」字。〔一〇〕外集有末四字。

李心水掌垣奏疏叙

淮南李氏，自文定公以鉅人長德輔嘉、隆之盛世，而大宗伯碧海先生，修文矯行，趾美詞林。羣從中魁士名卿，項背相望。宗伯公之孫心水，復以進士高第，起家司理，徵入諫省，爲先皇帝朝夕垣第一人。一時物望歙集，若先朝之所以推林季聰、葉與中者。先帝深知其賢，左官未幾，旋即召用。已而遭逢國難，事今上於中興之日，誓欲以一人一手，挽九域於飈回，掃三精之霧塞。每上封事，擣心穴胸，血淚迸塞，沾漬諫紙，今所流傳諸牘是也。

心水之奏疏，大約主之以剴切，出之以條暢，經之以學術，緯之以時務。其於遜國以來，忠臣義士，身沈而名湮者，皆爲闡幽表微，使之章明顯融而後已。其大指以爲：忠義者，國家之元氣。良醫之治病，不先於攻伐客邪，而急於導迎元氣。此其所爲一篇之中三致意者也。他日稱中興諫議，與南宋之李伯紀、張德遠比肩者，微心水其誰爲質的哉？

雖然，心水之於奏對，善矣，其本則在乎誠。易小畜之六四曰：「有孚，血去惕出，無咎。」蓋六四當以臣畜君之地，愛敬之誠，積之有素，忠謇之言，發之以時。以心感心，厥孚交如，又何血傷惕懼之有？心水之疏，其誠在言前者乎？是故當天造草昧之日，言節省，言恭儉，不惜以危言磨切人主，而上且改容而禮之。若余則草野倨侮，違於納約自牖之義，而不免於血傷之惕矣。此余之深有愧於心水者也。甲申仲冬晦日，虞山錢謙益謹叙。

新修滕王閣詩文集序〔一〕

今司馬中丞三韓蔡公，保釐江右，政成峻擢，鋒車遄發，重新治滕王閣，復其瑰瑋絶特之觀。海内學士大夫，攬勝採風，鋪張盛美，削牘投甌，溢縹盈緗。公移鎮長淮，雉門多暇，採擷〔二〕菁英，都爲一集，而命余爲序曰：「斯閣修葺不一，而姑蘇韓襄毅公爲之後。其有集以傳也，錫山邵文莊公爲之先。甚矣吴人之有意於斯閣也？集已告成事，子其序矣〔三〕！」余辭不獲命，退而稽諸故牘，喟然歎曰：

在昔唐永徽中，滕王以高祖之子，親賢仗鉞，臨江面山，屹立巨閣，流丹聳翠，極登臨騁望之勝。咸亨中，閻伯嶼棨戟遥臨，王子安爲之序。元和中，王仲舒觀察重修，韓文公爲之記。斯閣之盛事，終唐之世，與國運相終始。迨乎有元之初，省臣請隆福宫賜錢，出五千緡爲重屋，以大其故。記之者，柳城姚文〔四〕公燧也。有元之季，天兵下鄱陽，駐蹕飲凱，放畜鹿於西山，觀燈火於南浦。賦之者，故賓客儼也。卜年三百，氛祲騷然。崑岡焚如，陸渾焦爛，而蔡公以補天巨手，還其舊觀。又唐人韋慤有言：「易舊圖新，樹非常之績，天其或者必將俟魁岸博達，負出人之能，而俾張大其所爲。」地靈人傑，豈偶然哉！

嗟乎！山河大地，陵谷貿遷。成住壞空，何常之有？遭時昇平，物力鼎盛，簷牙山飛，柱礎雲出，指麾湖山，呑吐風月。方其盛也，不知其變且衰也。已而華觀飛烟，瓊臺驟雨，向之丹楹刻桷，繡闥雕甍，皆化爲河沙劫塵，不可復跡，而況於宴遊之儔侶，歌舞之陳跡乎？自唐以來，雄文麗〔五〕藻，與江山並峙者，惟三王之文與韓、姚兩公之記在。俛仰天地，不與劫灰俱壞者，獨文章耳。公既修復盛觀，而猶興感於斯文〔六〕，慬慬不置，良有以也。

後之君子，覽斯集者，以斯閣爲邵穆公之棠蔭，以斯集爲羊叔子之沉碑，相與仔肩佽〔七〕助，銘諸鼎鐘，載在琬琰。則豈惟江山之好，登望之樂，將斯閣與公之令名，與龍沙刦池，共敝天壤，顧不休與！閣之成也，公自爲之記，其文雄健逼古，公不敢自多也。然而詞垣宿老，承公命而爲之者，每自謂心摹手追，肝鉥腎刻，不能摩公之百一。則公之文，故當弁冕斯集，其聲價已早〔八〕定矣，而又何待於余言乎？

【校記】

〔一〕此文亦收於文集補遺卷上、外集卷五。「新」字外集題作「重」。　〔二〕外集作「摘」。　〔三〕文集補遺作「之」。　〔四〕外集無「文」字。　〔五〕文集補遺作「巨」。　〔六〕文集補遺、外集有「文」字，文鈔補遺無。　〔七〕文集補遺、外集作「傾」。　〔八〕文集補遺作「早已」。

喻氏尚論篇叙[一]

上古之世，未有儒也。所謂通天地人者，巫與醫而已。巫咸始爲巫，號爲神巫。其事守逮夏商未改。顓頊命南正重爲司天，以屬神；北正黎爲司地，以屬民。絶地天通，亦神巫之屬也。洪荒以後，彷彿劫初成時，光音天來下，化生世界。地天未隔，民神不分。故當少皞失政，帝得命官以司之屬之。重不上天，安能司天？黎不下地，安能司地？顧溺習見聞，以爲宗伯司徒之官，而上天下地，後人之所以寵神其祖，夏蟲語冰，曷足怪乎？神農嘗百草，黄帝作内經，伊摯製湯液，天子宰相，皆醫官也。以黄帝之聰明徇齊，稱岐伯爲天師，其所論難，窮極天地，分列陰陽。儒者雅言三墳之書，言大道者，惟醫經在焉。豈非窮神知化，通天地人之極致乎？

自周公以司巫醫師分屬六官，而巫醫之任漸輕。自孔子以魯國之儒統承斯文，而巫醫之道漸隱。其降而爲方技，不得與儒齒，則自范曄始也。東漢之末，巫術熄而道教立，天師之印劍，遂與竺墳魯誥，鼎列爲三。要其冥通玄感，驅風雷，斥神鬼，不過古者神巫之能事。巫之名閟於道，而其教跡則託於道而益尊。若漢以後之醫，則不能自立壇墠，而咸寄跡於儒。儒者窮研經術，深談性命，俎豆於賢人之間，而醫不出方技之列。若近代之劉、張、李、朱，本朝之戴元禮、滑攖寧、王仲光，皆眞修一行，方聞經國之大儒，曾不得攝齊〔二〕扱袵，厠跡儒林、道學之間。醫之託於儒，不若巫之託於道也，蓋已久矣。

吾晚而得見嘉言喻先生，其爲人則盧照隣之贊孫思邈，所謂道洽古今，學通術數，高談正一，則古之蒙莊子〔三〕，深入不二，則今之維摩詰也。著尚論篇，發揮仲景之精微，補正叔和之遺闕。參以妙悟，得之神解。甲乙千金之書，未能或之先也。吾觀其論大青龍湯一章，以其雷雨滿盈，飛騰蕩滌之神用，縮而爲小青龍，則龍首藏於蠶蠋，馴而爲越婢，一則龍身化爲絲絃，白虎以成其對待，眞武以鎮其奔佚。通天下之手眼，馭龍之心法，旁見側出，孤映絶照，千載上下，豈非有神者告之？隆墀永嘆，遠壑必盈，取喻於晉重耳、越勾踐之反國，折肱知醫，論蠱〔四〕喻政，思深哉！古之上醫也。嗟夫！不通天地人，不可以言儒。不通天地人，不可以言醫。昔人有言：以至精至微之道，傳之以至下至淺之人〔五〕。儒以學術殺天下，醫以經方殺天下。民用夭札，物用疵癘，鬼神不享祀，而風火刀兵之劫繼作，豈細故哉！

吾嘗搜輯國史，以周玄眞、張鐵冠之流爲高道，以元禮、攖寧之流爲儒醫。於禪之冒儒者解其駁而歸禪；於儒之冒儒者，訂其實而歸僞。排纘甫就，劫火及之，知天之不欲使與史事也，遂釋然忘其所有事。讀嘉言之書，於吾心有戚戚焉！不揣愚誕，率意而敘之如此。世之君子，得其書者，當深思而自得之，無以爲親見楊子雲言貌不能動人，而笑吾言之無當也。先生姓喻名昌，南昌之新建人，嘉言其字也。重光單閼之歲，相月二十八日，虞山蒙叟錢□□謹序〔六〕。

【校記】

〔一〕此文亦收於文集補遺卷上、外集卷八。〔二〕文集補遺作「衰」。〔三〕外集無「子」字。〔四〕文集補遺作「蟲」。〔五〕外集有「昔人」以下至「之人」二十字。〔六〕外集有「重光」以下至「謹序」十九字。

常熟魏邑侯序〔一〕

洪惟國家，奄有九服，宵旰圖治，思得循良卓異之吏，上應列宿，出宰百里，勤恤民隱，宣布德意。維時上谷吉翁魏侯，特膺簡命，來尹吾虞。侯以鉅鹿世家，山右名碩，掇巍科，負公望，巋然如金鐘大鏞之在西序，湛然如冰壺玉衡之懸清秋。一日輟清華之選，小試一邑。侯不鄙夷其民，嘉與〔二〕爲理。巽風解雨予良善，電威霜令予豪强。積歲案牘，盈箱堆几。吏雁行鉗尾以進，侯手搗口決，不移晷立盡，莫敢有囁嚅睨視者。邑之奸胥大猾，强梁豪右，悍而憑城社者，黠而借神叢者，虎冠而狼翼者，鼠牙而雀角者，聞侯之風采，靡不心悸魄奪，思自改形易貌，以無當試侯之三尺。會當歲盡，漕事戒嚴，運弁倚恃積習，哮吼如乳虎，聞侯教戒，股栗齒擊，咸洗手以從事。閭巷小民，抱頭歡呼曰：「侯來其蘇，有天有日矣！」

余衰老屏居荒村，流聞侯治狀，喜而不寐。竊有徵於侯者有二：余嘗談侯制義矣，風簷寸燭之下，抉題脈攄心髓，不屑爲場屋應舉取青媲白駢花儷葉之文。其令於兹，移幽、并廉悍之氣，得南方英華之學，金春玉應，質有其文，於從政乎何有？其徵一也。余嘗接侯緒論矣，談及賦煩役重，民不堪命，愀乎有餘思也，卹乎有餘慮也，盡然若疻〔三〕痏之切體，凜然如負擔之在肩也。仁心爲質，情見乎詞。沍寒之月，星迴紀窮，陽春至而土膏脈發，天人叶應。其徵二也。

於是邑進士松如邵君，偕諸縉紳，沐芳襲休，謀以獻春，躋堂稱賀，而徵余言爲乘韋之先。余所以頌侯者亦有之，傳曰：「畢萬之後必大。」蓋自畢公高在民獻十夫之列，以文昭世其功德，厥後子孫，食采於魏，代生鉅公。漢有高平侯相，晉有陽元舒，唐有鄭公玄成，豐功勁節，宏藻清芬，至今映望青史。侯挺生間出，文武兼資。總領衆職，圖形麟閣，則若高平。堂堂司法，爲時領袖，則若陽元。忠言讜議，千載人鑑，則若玄成。經緯昭代，黼黻前修，探囊而出之，裕如也。請以魏之掌故爲侯頌。吾虞蕞爾邑，古循卓彪炳史册者，清標勁操，則推唐劉太真，興利舉墜，則推宋王金潛，薙頑育秀，則推成、弘之揚名父。

侯器資藴藉，將兼數公而有之。清光弘潤，猶朝旭之始出咸池也，猶洪河之初發星海也。汗青竹帛，將不一書，何有於閭史？請以虞之掌故爲侯誦。

邵君與諸君嘆曰：「善哉！野史之誦，徵諸惇史矣。請書之以爲左券。」

【校記】

〔一〕此文亦收於文集補遺卷上、外集卷九。〔二〕文集補遺作「輿」。〔三〕文集補遺、外集作「疻」，文鈔補遺作「疚」。

佟懷東古意新聲序〔一〕

古意新聲之什，創於陽羡俞羨長，佟中丞懷東見而説之，爲之嗣聲屬和，又益以出塞、宫詞、閨情、詠懷之屬，凡六十章。閩士徐存永、陳開仲攜以入吴。余方有事采詩，深嘉其指意，爲之序而傳焉。曰：

自有天地，有風而後有詩。天之有八風，地之有五方，人之有七情，盈天地間皆風也，而詩於是乎興。葛天以降，塗山之爲南音，有娀之爲北音，夏甲之爲東音，殷鼇〔二〕之爲西音，莫非風也。三百篇有風、雅、頌，而皆源於風。漢武采詩夜誦，有趙、代、秦、楚之謳。安世房中之歌，原本二南。自時厥後，杜夔、左延年所得鹿鳴諸篇，澌滅於晉代。頌亡雅微，而風之用滋廣。樂府降而〔三〕古詩，古詩降而今體，而其源於風則一也。「江有香草目以蘭。」「鷄鳴高樹巔，犬吠深巷〔四〕中。」「男兒愛後婦，女子重前夫。」非五律之祖乎？「將軍百戰死，壯士十年歸。」「黄鵠高飛離哉翻。」非七言之雋乎？「朔氣傳金柝，寒光照鐵衣。」非七言斷句、流被絲竹者乎？由今追古，則牛尾、斷竹，已肇新聲。「黄河遠上」，「錦城絲管」，非五言長律雜出古辭者乎？由古閱今，則南風、爛雲，寧非近體？孰爲古意？孰爲新聲？年區代别，格日卑而音日靡，則近代之陋也。羨長有見於此，遡而一之，懷東又廓而張之。於是漢、魏、六朝之古辭，神龍、大曆之今體，追魂攝魄，蕩無藩籬。使天下知古之爲詩者，有聲有律，無不本乎風而興。今之爲詩者，無古無近，要以極乎風而止。在昔延年以曼聲協律，朱、馬以騷體製歌，顛倒經樞，因情立格，豈非神工哲匠，古今一揆者與？

懷東之詩，清詞激越，藻思芊眠，人可得而知也。俄而雄壯，則嶽雲下垂，海水皆立。俄而綺靡，則紫燕雙棲，黄鶯並坐。其情瀾矇矓萌坼〔五〕，其輿會絡繹奔赴，得乎風之深〔六〕而極其變〔七〕，則非人之所能知也。剪綵爲花，雖駢枝儷葉，非生花也。畫壁爲水，雖窪隆奔湧，非活水也。春在於花，能指其孰爲春、孰爲花乎？風行於水，能指其孰爲風、孰爲水乎？懷東之詩，光氣熊熊然，精魄魂魂然，如花之得春而榮也，如水之得風而涣也。其妙於風而極其變也，吾能言之，而作者或未之知也。

始存永、開仲之以詩來也，秉燭命觴，相顧欣賞。昧旦而求之，余與二子卹然若有失也。浹旬吟咀，聽然有得，始拈出風之一字，而二子遠矣。遇懷東，輒舉似之，懷東笑而不應。禪門有言：「莫把金針度與人〔八〕。」風之一字，懷東之金針也。余顧曉曉然逢人而扣其譜，不已愚乎？

【校記】

〔一〕此文亦收於文集補遺卷上、外集卷七。〔二〕文集補遺作「鼇」。〔三〕外集作「爲」。〔四〕文集補遺作「巷」，文鈔補遺、外集作「宮」。〔五〕文鈔補遺、文集補遺、外集作「拆」。按：當作「坼」。〔六〕外集作「變」。〔七〕外集作「深」。〔八〕文集補遺有「人」字，他本無。外集「與」作「此」。

佟懷東詩選序〔一〕

遼海佟中丞懷東，紈綺之歲，富有著作。已而流離世故，遭逢運會，飛文散藻，盈囊溢帙，以余爲通家老叟，紘直而觿決者也，屬以評隲之役，曰：「幸毋惜吾痏痏而汰我。」昔者曹子建嗤劉季緒才不逮作者，而好詆訶文章，掎摭利病。丁敬禮之屬子建，則曰：「後世誰相知定吾文者？」余之於懷東也，其爲敬禮之子建乎？余則何敢。抑亦爲子建之季緒乎？老馬可以識路，他山可以攻玉，余固不得而辭也。乃爲評而叙曰：

懷東之詩，至是凡三變矣。方其含章挺生，蜚聲上國。詞源則倒流三峽，筆陣則横掃萬人。潘江陸海，傾灑自如。顔綵江花，爛熳披賞。其爲詩也，若芙蓉之麗初旭，姸妙而秀發。俄而國步艱危，家難洊作。毁室有取子之謀，覆巢無全卵之勢。河橋風雨，望天末以孤吟；關塞冰霜，度隴頭而嗚咽。其爲詩也，若魚龍之蟄秋江，悲壯而沈痛。及乎星移物换，雲起龍驤。横吹鐃歌，商徵並奮。從軍公讌，翰墨横飛。卧閣凝春，則千家律煖；登樓清嘯，則萬騎雷奔。其爲詩也，若青陽之開動，朱明之尃與。詩家之興會集，而作者之能事備矣。

旋觀懷東之集，詩與年俱富，才與筆俱老。世既耳而目之矣，亦知其所以爲詩者乎？懷東長邊陲，藴負韜畧，鳴劍伊吾，即圖麟閣，猶俯拾地芥耳。屈首一經，坐視蹙國，肉食寡謀，乘軒能戰。能無憤乎？九閽遼邈，四裔播遷。飲章録牒，累北海之一門；複壁後車，倚東海之百口。能無怨乎？憤而不懟，怨而不誹。仰天畫地，豈爲身家；哀郢沈湘，不忘君父。此則忠孝大節，可以炳丹青而懸日月者〔二〕也。結客論交，千金涕唾。輕死重氣，七尺鴻毛。風雲玄感，接席不吝饑寒；燕樂喧闐，推食不遺惸嫠。此則春風夏雨，管子不免興悲；而越陌度阡，魏武所以念舊者〔三〕也。節鉞在手，生殺惟命。不以獻馘爲首功，不以京觀爲能事。愍禱昧、悲魚釜、戒焚林、禁殺卵，嗟咨號咷，哀痛慘怛，一篇之中，三致意焉。騶虞好生，角端止殺。挽劫運於行間，回元氣於字裏。斯豈可以聲音笑貌爲之者哉？

元遺山論唐人之詩所以絶出於三百篇之後者，有本焉，誠是也。不誠無物，人之聽之，若春風之過馬耳，其欲動天地、感鬼神難矣。懷東之詩，非徒詩人之詩，而忠臣孝子之詩，勞臣大人之詩也。精誠悃愊，志氣苞〔四〕塞，而真詩出焉，詩之有本者也。余撰次懷東之詩，芟薙其應世酬物，駢枝儷葉之作，獨取其修詞立誠，言之有物者，畧爲評點，以行於世。不獨以張懷東之詩也，得吾説而存之，取諸誠之一言，以定學詩之指歸，遺山之詩教，庶可以昌明於後世也夫！

【校記】

〔一〕此文亦收於文集補遺卷上、外集卷七。　〔二〕〔三〕外集無「者」字。　〔四〕外集作「包」。

佟懷東擬古樂府序〔一〕

詩家之有擬古樂府也，三百年來，文人才子，争相倣傚。大率以李、杜爲宗。宗李者用古題，出新意，韓、柳雅歌之屬非乎？而高青丘、劉青田其嚆矢也。宗杜者創新題，紀今事，元、白諷諭之流非乎？而楊鐵厓、李西涯其别派也。四家之中，竊以青田爲最。青田之擬樂府，其志肆而隱，其文深而明，其連類比物，曲中而切理。觀〔二〕其覆瓿之集，作於有元之季者，巫山高、楚妃歎、梁甫吟，刺庚申之嬖牝晨也。前有尊酒行、刺天魔之飲失日也。憂金玦之寒離，悲監撫之播越，而未敢訟言也，則託諭於王子喬，冀感悟焉。傷元綱〔三〕解紐，賢人伏匿也，則有鈞天樂煌煌京雒之篇，以憂時自廣焉〔四〕。上稽天運，下紀人事，中申己志，牢籠隱括於采言被律之中〔五〕，言無罪而聞足戒，庶幾風雅之遺，故足述〔六〕也。二李出而四家之指微，剽賊雷鳴，割剥瓦合，以斷爛爲逼古，以詰屈爲經奇，凡别集行世，開卷有古樂府題目，識者便撥去不省。蓋百餘〔七〕年於此矣。

懷東起於遼海，殖學汲古，以興復風雅爲己任。醞釀於漢、魏，沈酣於六朝、三唐，落實取材，追魂攝魄，久之，含咀結轖，自成一家。吾觀其閲歷世變，感慨激昂，則將進酒、王子喬、飲馬長城之篇也。跼蹐家難，留連骨肉，則上留田、孤兒之章也。抑塞磊落，撫己自廣，則長短歌、行路難之什也。曼聲雅歌，則鏗鏘容與。繁音赴節，則哀急憯悽。舒促改於片言，榮落移於尺幅。循其聲節〔八〕，考其志意，四家可以嗣音，而二李爲之輟響，豈不盛哉！懷東負材諝，篤氣誼，志在乎弘濟時艱，挽回澆薄。秉旄建節，所至必保全善類，撫綏脇從。旌蓋東還，士大夫流離播遷者，連艫接軫，盡室遄返。安世之歌曰：「大海蕩蕩水所歸，高賢愉愉民所懷。」魏祖之詩曰：「山不厭高，水不厭深。周公吐哺，天下歸心。」當此時也，微懷東其誰與歸？世有調律改懸，爲制氏叔孫於今日者，其將以懷東之詩爲風始？詩不云乎：「惟其有之，是以似之。」甚哉有之於似也！富有之謂盛德，日新之謂大業，其又將以擬樂府之詩爲懷東之風始乎？

【校記】

〔一〕此文亦收於文集補遺卷上、外集卷七。〔二〕外集無「觀」字。〔三〕文集補遺、外集作「綱」，文鈔補遺作「網」。〔四〕外集作「爲」。〔五〕外集作「知」。〔六〕外集作「述」，文集補遺作「尚」，文鈔補遺作「術」。〔七〕外集無「餘」字。〔八〕外集作「律」。

胡菊潭文集序〔一〕

余觀全蜀藝文志，自漢之長卿、淵、雲，以迄宋之眉山，古今文章之變，備於蜀矣。當夫金牛通〔二〕道，魚鳧開國，蜀之山川星緯，渾渾爾，芒芒爾。相如韓韓〔三〕秀發，淵、雲繼踵，而後大漢之文章，炳焉與三代同風。譬諸望帝治蜀，以褒斜爲前門，熊耳爲後户，玉壘、成都爲城郭，江瀆綿絡爲池澤，而後始知有連山絶險，崇墉飛閣之勝。長卿之於文章，實全蜀開刱之祖也。風氣既闢，文明茂著。二江雙流，三峽一門，粘天浴日，歙吸終古，而莫知其紀極。少城、濯錦之綺麗，石筍、犀牛之譎詭，卧龍、躍馬之所經營，江楓廟柏之所賦詠。千狀萬相，旁見側出，而濬發爲眉山子瞻之文。於是乎天地之園囿，古今之藪澤，人心之花瓣萌甲，包孕籠挫，訢説條達，無復憖遺。繼長卿而起，盡開刱之能事者，子瞻也。遡全蜀之藝文，長卿導[四]其源，淵、雲瀹其脈，而洪流巨浸，至於子瞻而始大暢。舉蜀文以蔽天下之文，自濫觴以及大壑，則一而已矣。

聞嘗論文，昭代正、嘉以來，蜀之文人有三：楊用修之淵博，熊叔仁之奥古，趙孟静之閎肆。掉鞅詞場，三分鼎立。蓋又百餘年，而菊潭先生始出。遠則規摹漢代，近則包舉三氏，汪洋浩瀚，其書滿家。全集俱在，可覆視也。而余竊闚其指意，則在乎子瞻、孟静之間。何也？古今不相及久矣，其所以俛仰謦咳，千古一室者，有神以行乎其間，而非其駢枝儷葉之謂也。子虚、上林之恢奇，兩赤壁之平易，文從字順，易地皆然。世之論者，或尊古而卑今，或捨艱而趨易，皆目論也。子瞻之文，小言長語，游戲翰墨，子雲之逐貧，子淵之僮約，嘻笑怒罵，無所不有。論世務則發揮賈、陸之體要，譚道理則傾倒孔、釋之秘藏。縱横下上，横竪鈎貫，則亦風會使然，而非其有意爲之也。唯孟静能師法子瞻，唯菊潭能步武孟静。其詩與文，結構不同，意匠各别。閉門造車，不出於眉山之轍跡，一也。若夫援據百家，極命庶物，禊帖考訂，南村讓其精；異魚圖讚，景純遜其博。此則兼楊、熊二氏之長，孟静或未免左次者也。

先生全集，久閟篋衍，松陵雷令君得其副墨，梓以行世。以余爲知文者也，俾爲其序。余於論文，不敢爲佞，遂臚舉蜀文，以識古今文章之變，而標表其指意，以告學者，不獨以爲斯集叙而已也。常璩華陽國志，叙述其公卿士女曰：「龍宗有麟，鳳集有翼。」由長卿、淵、雲以迄今茲，蜀之龍鳳備矣。龍質而鳳變，鼓吹潤色，踵益先生之清塵，以藏全蜀藝文之盛，令君尚懋勉之哉！東吴同社友弟虞山蒙叟錢謙益再拜謹序〔五〕。

【校記】

〔一〕此文亦收於外集卷四。　〔二〕外集作「通」，文鈔補遺作「隔」。　〔三〕外集作「韓韓」，文鈔補遺作「韓韓」。　〔四〕外集作「導」，文鈔補遺作「道」。　〔五〕外集無「東吴」以下至末十七字。

吕全五薪齋二集叙〔一〕

余兒童時，以先宫保之執友侍顧端文公函丈。長而從高忠憲游，本仁祖義，懷文抱質，道誼之風，熏人肺腑。上下五十年，陵谷變遷，諸君子人貌榮名，已迢然千古之上矣。而梁谿爲吴中騶、魯，流風餘韻，久而弗替。

頃從月潭太史得見全五先生薪齋二集，篝燈誦讀，低回屏營，不能自已。全五之詩文，名人魁士論列者備矣。其大旨以謂上窺結繩，下窮掌故，沈、宋不備於典册，燕、許未窮於比興，地負海涵，兼工媲美盛矣哉！文府之總持，藝苑之篤論也。余竊以爲全五之文，固有本焉。吾嘗評文於梁谿矣。端文之文，以氣而暢其理，其文如江之出峽，河之到海，奔放雄決而不可禦。忠憲之文〔二〕，以理而持其氣，其文如川之韞玉，水之含珠，渟泓光潔而不可窺。全五生於其後，服習其規矩，含咀其精氣，落實而取材，銜華而佩實，又增益之以左、史之菁華，三唐之麗藻，花間、草堂之豔異，牢籠諸有，無不冶〔三〕鎔。而其除煩去濫，本性命而根理道，固未嘗躍冶而出也。譬之黄河之水，顧、高其發源也，其濫觴也，全五則其呑江内漢，回復萬里也。或原也，或委也，先河後海，則一而已矣。

全五以薪齋名其集，莊生不云乎：「指窮於爲薪，火傳也，不知其盡也。」自有天地以來，聲明文字，新新不窮，皆昔薪也，皆前火也。以此薪計彼薪則有盡，以昔火傳後火則無盡。夫安知顧、高之爲彼薪，而全五之爲此薪乎？又安知夫全五之非昔火，而後全五而興者，不又有後火乎？全五之有取於薪也，其用意固已遠矣。今之薦樽全五者，徒取其攢花〔四〕簇葉、悦心炫目者，臚傳而枚舉之，以爲薪齋之文，盡在此矣。又安知世之望洋向若，驚而相告者，不又爲全五之彼薪乎〔五〕？全五之火傳久矣，而世猶竊竊然指其容光，觀其隙日，豈非日月出矣而爝火不息者乎〔六〕？通乎薪齋之説者，可以參天人，可以知性命，斯固顧、高諸公之所齋心而求，端拜而語者也，豈獨以翰墨詞賦爲能事乎？余老且耄〔七〕矣，學文學道，兩無所得。讀薪齋之文，而竊取火傳之義，僭爲發明其梗槩，以諗於太史，並爲讀薪齋集者告焉。歲在己亥，季春十日，虞山蒙叟錢謙益再拜謹序〔八〕。

【校記】

〔一〕此文亦收於文集補遺卷上、外集卷七。〔二〕外集有「之文」二字。文鈔補遺、文集補遺無。〔三〕文集補遺作「治」。〔四〕外集作「花」，文鈔補遺、文集補遺作「火」。〔五〕文集補遺無「全五之彼薪乎」五字。〔六〕外集無「乎」字。〔七〕文集補遺、外集作「耄」，文鈔補遺作「髦」。〔八〕文集補遺、外集無「歲在」以下至末十九字。

尊拙齋詩集序〔一〕

記曰：「人生而靜，天之性也。感於物而動，性之欲也。」性不能以無感，感不能以無欲。物與性相摩，感與欲相盪，四輪三劫，促迫於外，七情八苦，煎熬於內，身世軋戛，心口交蹠，萌於志，發於氣，衝擊於音聲，而詩興焉。故曰：「詩言志，歌永言，長言之不足，則嗟嘆之，嗟嘆之不足，則詠歌之。」暢其趨，極其致，可以哀樂而樂哀〔二〕，窮通而通窮〔三〕，死生而生死〔四〕，性情之變窮，而詩之道盡矣。

今之論詩者，刌度格調，劌鉥肌理，奇神幽鬼，旁行側出，而不知原本性情。言古詩則曰十九首，亦知其驚心動魄，一字千金者乎？言今體則曰杜陵，亦知其語不驚人，餘波綺麗者乎？義山之隋宮、馬嵬，長吉之銅仙遼海，長慶之長恨、諷諭，一言半句，色飛灰死，連章累什，心折骨驚，有能唱嘆吟咀，深知其旨意者乎〔五〕？有人曰：「真詩乃在民間。文人學士之詩，非詩也。」斯言也，竊性情之似，而大謬不然。夫詩之爲〔六〕道，性情學問參會者也。性情者，學問之精神也。學問者，性情之孚尹也。春女哀，秋士悲，物化而情麗者，譬諸春蠶之吐絲，夏蟲之蝕字。文人學士之詞〔七〕章，役使百靈，感動神鬼，則帝珠之寶網，雲漢之文章也。執性情而棄〔八〕學問，採風謠而遺著作，輿歌巷謳〔九〕，皆被管絃，掛枝、打棗，咸播郊廟，胥天下用妄失學，爲有目無覩之徒者，必此言也。

吾友孝升，今世吟壇之〔一〇〕渠帥也。當其標舉興會，籠挫今古〔一一〕，淵文綺合，慧辯連環，夜光之珠，狼藉道路，崑山之人，直用以抵鵲耳。至於朦朧萌坼〔一二〕，憤盈偪塞，詠汾水秋風之什，聽江南紅豆之歌，一語神傷，四座泣下，雖作者亦不知其有使然也。故吾斷以孝升之詩爲文人學士緣情綺靡之真詩，性情學問，化工陶冶，可以療舉世之詩病，不獨專門名家而已。

余不能詩，而能採詩。孝升之集行，余得而叙之。余讀内書，忉利天殿南，有波質拘耆羅樹，寶華四照，其香逆風行，聞一千里。竊以爲孝升之詩，約畧似之。世人讀孝升詩，如忉利樹華時，諸天共坐其下，聞香歡樂。樹高四千里，枝葉分布二千里，則共坐聞香者，或未必悉知也，余何足以知孝升之詩？今得共坐樹下，爲聞香歡樂之一人，則亦有厚幸矣夫〔一三〕！甲午仲春。

【校記】

〔一〕此文亦收於文集補遺卷上、外集卷七。〔二〕外集作「哀樂」。〔三〕外集作「窮通」。〔四〕外集作「死生」。〔五〕文集補遺無「乎」字。〔六〕外集無「爲」字。〔七〕外集作「詩」。〔八〕文集補遺作「弁」。〔九〕文集補遺作「議」，外集作「誦」。〔一〇〕外集無「之」字。〔一一〕外集作「古今」。〔一二〕文鈔補遺、外集作「拆」，文集補遺作「折」，應作「坼」。〔一三〕文集補遺無「矣夫」二字。

西陵二張子詩序〔一〕

壬辰夏，張子祖明示余中州詩數章，余深賞〔二〕之曰：「篇有骨，句有筋，字有眼。指事則低回慨慷〔三〕，言愁則憔悴婉篤。此文人志士之詩，非駢枝儷葉雕章刻句者之爲也。」頃自燕市歸，並其兄祖望之詩刻以行世，而屬余定之。

往虞山有隱者邵生，通禪理，好説詩，嘗〔四〕論萬楚五日觀妓詩曰：「此詩之妙，在於落句。人以爲淫哇率易，而不知其真也。五絲續命，今日却死，生生死死，風景欲裂，惟其真耳。一字染真，萬劫不壞，佛法如是，詩豈有他道乎？」余心識其言，每執真之一字以論詩，下上今古，莫能違也。今觀二張子之詩，包孕陶鑄，富有日新，興會攻苦，工力悉敵。至其仗因託緣，比事起興，身世偪側，志氣衝擊，經營將迎，側出於意匠之間，則作者不能自喻〔五〕，亦不能相爲。甚矣二張子之詩比於真也。

詩之爲教，温柔而敦厚。温柔敦厚者，天地間之真詩也。憂亂之詩曰「昊天疾威」，温柔之極也。刺讒之詩曰「投畀豺虎」，敦厚之極也。後之詩人有得於是者，其詞讔〔六〕，則其旨彌著，淵明山陽之篇也。其詞肆，則其意彌篤，玉川月蝕之章也。其詞迂，則其思彌迫，臯羽鐃歌之什也。其詞易，則其痛彌深，遺山小娘之歌，水雲湖州之曲也。二張子之詩，往往哀永嘉，思天寶，當饗而嘆，聞歌而泣。其音噍〔七〕而不殺，其指怨而不怒。金聲玉詘，曲而有直體，其斯爲温柔敦厚之遺。目爲真詩，夫何愧乎？

往歲吴門歌者入燕，過余言别，有龜年湖湘之嘆，爲書斷〔八〕句十四首。龔孝升在長安，倚而和焉。傳寫至濟上，盧德水酒間曼聲諷詠，泣下霑襟，坐客皆淒然掩淚。今孝升之集，與西陵俱行人間，而德水遊岱宗矣。「不惜歌者苦，但傷知音希。」因序二張子之詩，牽連及之，亦可以〔九〕一慨也〔一〇〕。甲午仲春〔一一〕。

【校記】

〔一〕此文亦收於文集補遺卷上、外集卷六。　〔二〕外集作「歎」。　〔三〕外集作「慷慨」。　〔四〕外集有「嘗」字，文鈔補遺、文集補遺無。　〔五〕外集作「喻」，文鈔補遺、文集補遺作「吟」。　〔六〕外集作「隱」。　〔七〕外集作「噍」，文鈔補遺、文集補遺作「譙」。　〔八〕外集作「短」。　〔九〕外集無「以」字。　〔一〇〕文集補遺作「矣」。　〔一一〕外集有末四字，文鈔補遺、文集補遺無。

知非堂詩集序〔一〕

中秋日，坐虎丘僧窗，日寫首楞鈔數紙，窗外笙歌如沸，都不相關。施偉長自鳩茲來，攜張石初詩集，偶閱數章，心花怒生，識浪擊起，如諸天法樂，般遮千琴，聲震大千。千人一片石，效須彌山王，踴没低昂，大飲光安得堅守頭陀定也？次韻之詩，始於元、白、皮、陸，至眉山而極盛。大抵興會適當，才力悉敵，刀鋒箭機，嚣鏃相值。如紀昌、飛衛交射於道，矢觸而塵不揚，故足稱也。今人連章累什，動必押韻，白葦黄茅，彌望皆是。俯首謠諑，反唇勃谿。曰必次我韻，不次則少我固我。俗習熏靡，可爲喀嘔。石初次韻之詩，布眉山爲正鵠，而決拾赴之，句必命中，字必破的，汰輈穿札，其餘勁猶飲矢石粱，倘與柏粱宴，當與子瞻俱分上座，豈受東方生詰屈窮哉之誚乎？

詠物之家，以弇州爲陸海，翻潘攬陸，猶存乎見少。洋洋乎，纚纚乎〔二〕，稽含南方之狀，郭璞山海之讚，薈蕞鉤貫，以七言今體爲淵海。斯則藝苑之珠囊，詞家之武庫也。畫家好貌鬼魅，憎圖狗馬。良以課虛爲易，徵實爲難。石初學探二酉，辨窮貳負，言强則馬束車懸，誇富則粟紅貫朽，豈與夫軨材謏聞，吹光鏤影，量涓滴於蹄涔，銜窶數於鼠穴者，可同年而語乎？

崑銅言石初病目眵盲後，詩文益奇。佛言阿那律陀無目而視。夫曰無目而視，則世之有目而無視者多矣。律陀牛〔三〕頭天眼，能見三千大千世界。石初清齋晏晦，内視迢然，四部五車，如觀掌果。佛言無目而視，豈不信乎？昔李義山苦目疾，遥望悟達禪宫，冥禱乞願。明旦寄天眼偈三章，讀終而疾愈。韓退之不知佛法，於君家文昌，但愛其詩章，如彈絲戛竹，相薦樽而已。余願石初歸心首楞嚴定，於無目中〔四〕作天眼觀。他日肉眼更明，如文昌南城時，余當相向引鏡一笑，不但作縫衣針袛緣也。乙未九月。

【校記】

〔一〕此文亦收於文集補遺卷上、外集卷六。〔二〕此六字外集只作「洋乎纚乎」。〔三〕文集補遺、外集作「半」。〔四〕文集補遺無「中」字。

楊無補古農詩草序〔一〕

無補當國家全盛，襆被遊長安，呼斗酒濯足，如馬周入新豐市，奚囊席帽，岸幘嘯詠，散華落藻，驚動都會。雲山一角，落筆點染。五陵三市，傳購藏弆。去今三十餘年，星移物換，陳跡迢然。無補方袍應杖，裝束如遺民故老，退耕郊野〔二〕，不關人事。間爲歌詩，悽惋〔三〕清切，自託於西臺、東井之倫。余向所諷詠「閑魚食葉」、「高柳眠陰」之句，物色無補於便面者，鮮妍妙麗之致，尚在尺幅間。如鷄後鳴，顧瞻東方，隱有精色耳。

或謂無補刳心空門，與道人禪客爲侶，顧留心篇什，鉤牽文句，得無聞釵釧聲，破木叉戒乎？余以爲不然。唄匿之作，本於天音。讚頌之詩，始於西土。昔者鶖鳥讚佛，獲得人身，遂抽盛藻，仰符授記。無著、世親，悉皆仰止。陳那、提婆，祖習相和。其後龍樹菩薩，以詩代書，文藻秀發，慰誨勤勤。其杜得迦摩羅，取佛本生事而爲詩讚，欲令順俗妍美，讀者歡愛，教攝羣生耳〔四〕。戒日王取乘雲菩薩以身代龍之事，緝爲歌詠，奏諧弦管。尊者馬鳴亦造歌詞，並作佛本行詩，大本傳譯有十餘卷，五天南海，無不諷誦。意明字少，而搆義能多。此方之爲詩者，雖復製曲房中，協〔五〕律鼓吹，宮商擊戛，有尚於此者乎？無補宿世辭客，歸依法門，能以詩句牽勸，廻向般若。凝寒静夜，朗月長宵，煙蓋停氛，燈帷靜燿。於是發和雅音，讚微妙法，殖璧隨方，貫華有次。能使聞者情抱暢説，怖淚交零，各各彈指，人人唱佛，斯所謂歌誦法言，以此爲音樂者也。宣律師撰弘明集，六朝月露之作，皆收入統歸部，何疑於無補？

李鄴侯居衡山，聞殘師中宵梵唱，先悽惋〔六〕而後喜悦，知其爲謫墮之人。余老矣，不復如昔時以綺語相薦樽，然自今乃自謂真知無補矣。

【校記】

〔一〕此文亦收於外集卷六。　〔二〕外集作「墅」。　〔三〕〔六〕外集作「婉」。　〔四〕外集劃去「耳」字。

〔五〕外集作「編」。

陳崑良詩序〔一〕

唐墅在邑東偏，水稠地肥，宛然聚落。自石門祭酒挺生此鄉，雄文麗藻，高出虎觀。詩書闤闠，流風菴〔二〕藹。三間之屋，蔚爲講堂。一閧之市，弘開史局。今崑良乃復高築騷〔三〕壇，大建詩旆〔四〕，三分鼎足，互執牛耳〔五〕。唐墅旗亭斥堠，一由旬地，遂能使窮塵終古，若荀、孟，若班、馬，若〔六〕李、杜諸輩流，奔走聽命於籬落之間，攝齊斂衽，如恐不及〔七〕。盛矣哉！斯世通都大邑，未之有也。

崑良少飾羔雁，掉鞅名場，長辟玄纁，策足皇路。文藻彪蔚，未聞其稱詩。一日負奚囊，拈沈韻，諧聲叶律，遂雄踞詩人之右。吾觀其縱橫軒翥，負涵包孕，如賈胡之〔八〕列肆，如〔九〕良醫之〔一〇〕藥籠，無所不收〔一一〕，無所不有。俄而牛鬼蛇神，俄而風檣陣馬，俄而忠憤激烈，嚴霜夏零，俄而淒清介獨，堅冰冬冽，使人魂褫目眙，口呿頤解。至讀其閑情麗句，教妾持詩，如花同坐，可詠可圖，又香又豔。子長之清娱耶？伶玄之通德耶？櫻桃素口，楊柳蠻腰耶？麗豎韉官燭，遠山磨隃麋耶〔一二〕？老人窮蹇，頭童齒豁。恍然淤〔一三〕泥濁土中，見夜摩兜率境界，上妙五欲，横陳執手，恐隔壁聞釵釧聲，破木叉戒也。

去年遊吳門，見三吳才人志士，高篇名章，行卷填〔一四〕咽。顧視下邑，頗以秦無人爲恨。今見崑良之作，乃知此邦之人，珊瑚木難，卻車而載。老眼窮酸，自不〔一五〕識耳。余老不能詩〔一六〕，乃今知得生詩人之鄉，笙簧鼓吹，洋洋盈耳，過屠門而大嚼，望飯囊而救飢，豈不有厚幸哉！

客曰：「崑良天下士，蒿目横襟，區畫寰宇。子乃規規然爲鄉井之言，如尋條之尺蠖，不亦陋乎？」余應之曰：「西國數量之説，分一踰繕那爲八拘盧舍，分一拘盧舍爲五百弓，分一弓爲四肘，分一肘爲二十四指，分一指節爲七宿麥〔一七〕，乃至〔一八〕蟣虱隙塵次第，七分折爲隣虛。放而爲五天四洲，亦復如是。余身居踰繕那，能不規規然望洋而嘆耶？目連尋聲遠過恒沙世界。介葛盧聞三犧，不過一牛鳴所極，吾猶未免爲鄉人也。東阡北陌，與兔園老生，共誇鄉井之盛，吾事畢矣。子之云，則於我何有哉？」乙未四月〔一九〕。

【校記】

〔一〕此文亦收於文集補遺卷上、外集卷五。　〔二〕文集補遺作「掩」。　〔三〕外集作「詞」。　〔四〕外集無此四字。　〔五〕外集無此四字。　〔六〕文集補遺、外集有「若」字，文鈔補遺無。　〔七〕外集無此二句八字。　〔八〕〔一〇〕外集無「之」字。　〔九〕外集無「如」字。　〔一一〕外集無此四字。　〔一二〕外集無「子長」以下至「隃麋耶」三十二字。　〔一三〕外集作「于」。　〔一四〕外集作「闐」。　〔一五〕文集補遺無「不」字。　〔一六〕外集無「今見崑良」以下至「能詩」三十三字。　〔一七〕外集無「分一弓」以下至「宿麥」二十二字。　〔一八〕外集「乃至」下有「肘指宿麥」四字。　〔一九〕文集補遺、外集有末四字。

稼菴近草序〔一〕

往者承平之世，臨川、雲松〔二〕、公安諸公，狎主詞壇，風流弘長。自時厥後，閩有能始，楚有小修、伯敬，燕、齊有敬仲、德水，皆以文章〔三〕爲心髓，朋友爲性命。而余以菰蘆下士，參預其間。於時海內才人勝流，咸有依止〔四〕。箕風畢雨，燕函越鎛，郢筒交馳，弓劍相錯。

盛矣哉！彼一時也。人代貿遷，朋舊凋〔五〕落，老而不死，爲斯世陳人長物。風流文雅〔六〕，追念昔遊，如巡舊識，如記昔夢。

數年以〔七〕來，乃有東萊赤霞趙使君。君故名家華胄，含章挺生。圓流旋珠，方折産玉。一麾出守，在京口、三山夢雲飄角之地。於是詞翰横飛，聲氣歙集。筆牀硯匣，雜置於印箱；雪詠風吟，蟬連於燕寢。余之舊遊金陵顧與治、長洲楊曰補，相率走集如望歲焉。屏居顧影，不能過從，聞其風而悦之，未嘗不向西而笑也。今年遊吴門，介曰補之子明遠，得讀其詩。驟而歌之，朱絃一唱，孤桐自韻，可以淒神而寒骨也。徐而詠之，金鐘西序，玉衡清秋，宗廟之法物，高曾之規矩也。甚矣使君之詩，有從來也！

使君守京口，治行爲天下第一。片言齟齬，脱屣挂冠，退而修竹〔八〕素之業。其志意益遠，其爲詩當益工。天將以千秋萬古奉使君矣。日者吴越之士，推合肥、檇李爲尸盟。二君皆步武禁闥，東南半壁，遥奉載書。若以東海大臣，修舉衣裳之會，親執牛耳，非〔九〕君其誰？

風塵載清，耕桑樂業，西都之燕喜有期，鄴下之宴〔一〇〕集未艾。一觴一詠，載色載笑，皆用以保合太和，迴斡劫運。余老居耄熟，不能悉索敝賦，拜邾莒之後。得如馬伏波當飛鳶跕地時，曳足以觀鼓譟，不亦快乎？此則序使君之詩，爲之歡忭雀躍，氣滿大宅，而援筆以識之者也。戊戌季春二十有一日，年家友弟虞山蒙叟錢謙益序〔一一〕。

【校記】

〔一〕此文亦收於文集補遺卷上、外集卷八。〔二〕文集補遺作「松」，文鈔補遺、外集作「杜」。〔三〕文集補遺作「字」。〔四〕文集補遺作「正」。〔五〕外集作「凋」，文鈔補遺、文集補遺作「雕」。〔六〕外集作「物」。〔七〕文集補遺、外集作「以」，文鈔補遺作「已」。〔八〕外集作「行」。〔九〕外集「非」下有「使」字。〔一〇〕外集作「安」。〔一一〕外集無「年家」以下至末十二字，別作「序於連華頂之舟次」。

陳方溪先生集叙〔一〕

余論次〔二〕吴中先哲，長洲陳永之、崑山黄應龍，博學厲行，以一老廣文爲鄉先生没而祭於社，常〔三〕想慕其爲人。今得里中陳方溪先生集，考其生平，則永之、應龍之流亞也。嘗觀張宗海、吴思菴之文，稱國初儒者，沿襲宋、元風流，幅巾褒衣，詳步端視，進止庠序，有風肅然出衣帶〔四〕間。有所撰著，必皆本經術、通道理，不爲浮華靡曼之詞。以今觀於方溪，行有壇宇，詞尚體要，蓋猶有先民〔五〕之遺風焉。詩曰：「雖無老成人，尚有典刑。」鄉邦之士友，撫先生之集，其猶有中郎虎賁之思乎？九京可作，吾誰與歸？晉大夫之言質矣，無徒爲流涕嘆息而已也。順治丁酉夏五端陽日，通家後學錢謙益拜譔〔六〕。

【校記】

〔一〕此文亦收於文集補遺卷上、外集卷六。　〔二〕文集補遺無「次」字。　〔三〕外集作「嘗」。　〔四〕文集補遺作「帛」。　〔五〕外集作「王」。　〔六〕文集補遺、外集無「順治」以下至末十八字。

楞嚴解叙〔一〕

葵陽沈居士，生海虞城中，現廣文身，修優婆塞行，信受大乘經論，法華二楞諸部，憶持講解，參詳反覆，蠅頭薑尾，手自箋注。雖兔園之册，汗竹之簡，專〔二〕勤詳密，未有以過也。没後三年，而楞嚴之解出，余得而畧觀之。

是經自唐、宋以來，義疏煩多，天如之會解行，諸家悉庋高閣矣。自台宗據梵僧之懸記，映望三觀，而楞嚴遂爲山家之楞嚴。自吴興倚孤山以扶宗，克定三止，而楞嚴遂爲山外之楞嚴。自天如推中峰之徵〔三〕心，附台宗之立觀，旁收温陵，力簡長水，而楞嚴又爲天如之楞嚴。譬如講六經者，求易象於洛、閩，問三傳於啖、陸，藩籬限隔，牆壁牢〔四〕固，而易、春秋之本旨，邈然不可以復覩矣。交光鑑師奮筆〔五〕孤起，掃除台觀，刊訂會解，欲使後五百年，重見首楞真面目，而有智〔六〕者以謂主張太過，總攝未審，鬭諍良堅，墮負猶在。誠然錯亂金口〔七〕之傳宣者，殆未但爲古師而説也。

君爲此解，不名一家，不立臆見，不奉山家之壇墠，不傍會解之蹊徑，文從其順，不騖博以蓋人。義求其是，不鈎深以驚衆。雖其薈蕞弘多，剪裁良苦，而建杓立表，奉爲指南，則惟我海印大師之懸鏡。故其科段之清明，脈絡之穿貫，殆有迥異於時人者。蓋君之諮求教誨，參訪講席，擔麻腰石，固已有年，而大師南游之日，得以隨侍缾錫，扣擊宗旨，燈炷瓣香，隱然有在，宜其於是經味之深而詮之當也。人有鬻乳而加水焉者，曰：其味薄。有鬻醍醐而加毒焉者，曰：其味美。則將孰取？曰：取水乳。解經之差别，猶水乳之於醍醐也。標新豎義，置毒於醍醐，而自謂轉酪轉蘇者，比比皆是也。推君解經之意，不薄水乳，不羡醍醐，使智〔八〕人用爲能轉之蘇酪，而學人用爲不毒之水乳，亦在乎善取之而已矣。

末法凌夷，魔外交作，狐叢兔窟，近在虞山。君於斯時，獨能超然燕處，不飲狂藥，以疏經詮法爲能事。昔南天竺國有法師高座説五戒義，國王舉當今世人狂多正少爲難，高座以指指諸外道，而更説餘事，王語外道：「法師指答已訖矣。舉指指汝，言汝等是狂。將護汝寺，故指而不説。」今之狐禪昌披，豈非髑髏盛糞之流乎？君高座繙經，諦觀狂惑，清淨心海，湛然不動。亦猶法師之手指外道，指答已訖，非利智〔九〕人不能解也。君雖往矣，讀楞嚴解，知其護教深心，猶冏冏在行墨間，爲特表其微以告於世之稱法將者。玄默執徐之歲，竊月望日，海印弟子蒙叟錢謙益題〔一〇〕序。

【校記】

〔一〕此文亦收於外集卷三。　〔二〕外集作「專」，文鈔補遺作「耑」。　〔三〕外集作「微」。　〔四〕外集作「罕」。　〔五〕外集作「拳」。　〔六〕〔八〕〔九〕外集作「知」。　〔七〕外集作「石」。　〔一〇〕外集無「題」字。

徐伯魯詩體明辨序〔一〕

西陵汪子右子、葉子又生評詩體明辨成，因虞子景明問序於予。

予曰：「詩之有體也，非其始也。詩三百篇，皆發於性情之不獲已，而後有聲，有聲而後有辭。後人用之爲風、爲頌、爲大雅、爲小雅。作者之人，未始〔二〕意爲之也。於是乎房中焉，郊廟焉，燕享焉，體日以辨，而風、雅、頌之人日以遠矣。嗣是以降，規製日繁，聲律各異。蘇、李興而五言著，齊、梁繼而俳偶滋。然自五子、滄浪、『何不日鼓瑟』、『誰謂雀無角』，已肇端古昔〔三〕，不俟柏梁録別，始爲五七言祖也。要之立乎〔四〕其後，以指乎〔五〕其前，神智所開，從於氣運。音調短長，章法煩簡，不能自主，皆有天焉，固非作者之人意爲之也。雖然，人情不同，姿智迥別，要必內理性術，外秉〔六〕彙規，操觚之士，由象而之神，因詞以反理，辨之不早辨，卒亦〔七〕未之能合耳。」

徐伯魯明辨一書，簡而該，周而覈，一出一入，泝源窮流。今二子復爲之箋評焉，其於諸體明且備矣。夫言詩之家，其弊有二。空疏怪僻者，以虛誕誣其神明。堆砌青黃者，以跡象掩其心志。善乎昌谷之言曰：「大匠鴻材，固由內顯。中人承學，必自跡求。」是則取此以非彼，其亦矯枉過正焉已矣。學者因是編而識其體，且因體而識乎體之所以然，則將優柔忠厚，愉夷和平，以養其天倪，以安其倫理，以順其感遇，以齊其拂逆，夫然後遊乎中正之塗，合乎唱歎之節，蓄焉暢焉，肆焉擇焉，且欲已之而不得焉。以是爲五四〔八〕言，以是爲律絶近體，務祛其弊，務謹其流。於以感神祇，出異物，華家國，移風俗，則明辨之爲功於天下，誠如是其大也。不然，按節比響，絜少量多，從事於貌，以遺乎其心，而以沾沾自喜曰：「辨之不可不早也。」則亦知古之作者，其有非意焉而爲之者乎？是書也，伯魯次之於前，二子箋之於後，而予復爲之返古而端本焉。」

虞子曰：「言詩之旨，於是而無遺矣，請書以爲序。」

【校記】

〔一〕此文亦收於文集補遺卷上、外集卷六。　〔二〕文集補遺作「之」。　〔三〕文集補遺、外集俱無「古」字。外集「昔」作「者」。　〔四〕外集「立乎」作「于」。　〔五〕外集作「寸」。　〔六〕文集補遺作「乘」。　〔七〕外集作「也」。　〔八〕外集作「七」。

夢禪詠序〔一〕

今人多好言詩，而鮮有以詩名僧者，此亦詩之幸也。長公云：「雄豪而妙苦而腴，惟有琴聰與密殊。」則世之豪而不妙，苦而不腴者，均無當於詩之義，而況於僧乎？夢父上人，挾其詩以來吳，今又挾其詩以歸楚。夢公之詩不盡是，而吳與楚不可不稱爲詩國。昔所〔二〕聞而來，今所〔三〕見而歸。軍持梵筴之間，十餘年之領畧多矣。亦有會於妙且腴者乎？韓昌黎世之所謂不愛禪者也。然其送皇甫靈詩篇中，備述圍棋六博，飲酒嘲諧，高唱清繇之致，而終之以「方將斂之道，且欲冠其顛」，雖〔四〕謂之不愛禪，不可謂不愛靈也。夢公既以詩名，盍於兩公言參之，將有進於遊者。其於詩，當更未可量，且存是爲他日把晤券可也。

【校記】

〔一〕此文亦收於外集卷二十五，題作「題夢禪吟」。　〔二〕〔三〕外集作「者」。　〔四〕外集「雖」上有「韓公」二字。

陸定爾集唐詩序〔一〕

集句之作，始於王荆公，而盛於文信公〔二〕。國初孫仲衍、李昌祺〔三〕諸君，尤自喜擅場。大抵集句之妙，以古人爲模範，以性情爲杼柚，當其即事感物，内足於意，外足於象，朦朧萌發，長吟疾書，不復知古人之爲我，我之爲古人。既而選義按部，考辭就班，則曰：此某人之詩也，又曰〔四〕：此〔五〕某章之句也。如百花之釀蜜，如諸絲之簇錦，連環鈎鎖，絶去刀尺〔六〕，此所以自成一體，媲風雅而播絃歌也。

今之集句者，主於鋪張鉅麗，取悦耳目，駢花儷葉，取青妃紅。稱功頌德，或一人而百篇；餞送燕集，或一章而百韻。鶴鳴沔水，規勸何居？零雨朔風，性情安寄？採掇則取祭髓〔七〕點鬼之譏，俳偶則貽塞北江南之誚。此則詩道之末流，可爲長太息者也。

吾黨陸定爾〔八〕氏，好學深思，精研聲律。作集唐今體詩若〔九〕干首，其脈清以利，其意婉而切，渢渢乎，纚纚乎，殆吾所謂模範古人，而以性情爲杼柚者也。定爾爲吾友仲謀〔一〇〕中丞之才子，兄弟競爽，時人有長離之目。外家爲婁東文肅公之胄，詩書苑囿，熏習良深。犬子孫愛，以胄子相鏃礪，奉其詩來請序。君家士衡不云乎：「沈辭怫悦，若遊魚銜鈎而出重淵之深；浮藻聯翩，若翰鳥纓繳而墜曾雲之峻。」斯言也，定爾〔一一〕既得其指要以爲集句矣，於詩於文，何獨不然？吾雖耄老〔一二〕，尚能執簡以須其大成，故喜而爲之序。

【校記】

〔一〕此文亦收於文集補遺卷上、外集卷五。　〔二〕文集補遺作「國」。　〔三〕文集補遺作「祼」。

〔四〕文集補遺、外集有「曰」字。〔五〕文集補遺無「此」字。〔六〕文集補遺、外集俱作「刀尺」，文鈔補遺作「尺刀」。〔七〕「髓」字旁原注「獺」字。〔八〕文集補遺「陸定爾」作「某」。〔九〕文集補遺作「如」。〔一〇〕文集補遺無「仲謀」二字。〔一一〕文集補遺「定爾」作「其」。〔一二〕文集補遺作「老耄」。

葉兩生詩稿序〔一〕

余以老病，息交絶學。震澤葉林宗使其二子强而受學焉。余觀其温文遜志，窮經汲古，希風逐好，必以古人爲歸，不蘄賢於今之君子而足〔二〕，爲之三歎曰：「林宗有子，吾黨有人矣。」

兩生之詩，積久成帙，乞余一言以序之，曰：「願有益也。」余方劃寒灰，煨榾柮，兀然無以應。於時冬也，以冬令告焉。夫冬之爲冬也，天氣上騰，地氣下降，馴至日窮於次，月窮於紀，星迴於天，此天地歸藏閉塞之候也。然而數將幾終，歲且更始。未幾而天地和同，草木萌動，風暄日暖，紛紅駭緑，靡不藏弆醖釀於此時。古之君子審謹重閉，曰「毋發天地之房」，曰「以助天地之閉藏」，故曰：「反覆其道，七日來復。復其見天地之心乎？」所謂天地之心者，何也？道人之道心也，文人之文心也。於斯時也，閉之不固，藏之不密，天地之心或幾乎息，而道心文心皆不可得而見矣。古之學者，經天緯地，極命庶物，無所不通，無所不入。而秉心塞淵，一以閉藏爲主。學問之道，至於閉固而藏密，一旦蓄極而流，横從肆應。譬之東風解凍，草木甲坼〔三〕，而紅紫紛列，夫豈有使之然者哉？

兩生之在今日，詞源筆陣，可謂雄快無前矣，吾願以閉藏之道進焉。陸龜蒙言：「少攻歌詩，欲與造物者争柄，遇事輒變化，不一其體裁。始則凌轢波濤，穿穴險固，囚瑣怪異，破碎陣敵，卒造平淡而後已。」此亦通乎閉藏之道者也。兩生之詩，往往凌逼甫里，其亦有取於斯言乎？記不云乎：「陰陽争，諸生蕩，安性静欲，待陰陽之所定。」閉藏之令，反覆之道，天命之矣。若夫學問之方，深造自得之候，兩生自相扣擊，歸而求之林宗，有餘師矣，余又何稱焉？兩葉生，長名修，字祖德，次名裕，字祖仁。余爲誰？虞山蒙叟錢謙益也。

【校記】

〔一〕此文亦收於外集卷五。外集「兩」作「雨」，旁加勾。〔二〕外集作「已」。〔三〕外集作「坼」，文鈔補遺作「拆」。

錢寶汾詩序〔一〕

余與司寇元沖公鄉會皆同榜。二十年已前，唁其喪子而戚，賀其得子而喜。執手慰勞，謦欬悲歡，歷歷如在眉睫。今年復遊雲間，得見其子寶汾，皎然如玉樹臨風，蜚文〔二〕落藻，已爲都人士領袖。讀其詩文，編珠貫玉，能修舉其家學。錦樓湘瑟，有餘光矣。以寶汾之成立如此，而余之老耄視息爲何如？人言司寇中年喪子，精修檀度，孔子釋氏，抱送有徵。寶汾生具宿慧，讀書纘文，能記他生之所習。觀音大士十六無畏，所謂無子求子，得生福德智慧之男，蓋可執券而取。余學佛人也，觀寶汾之英妙，深知經語信而有徵，歡喜無量，而不復如昌黎之得見北平三世，以久居人世爲可歎也〔三〕。

曹子桓有言：「文以氣爲主，氣之清濁有體，不可力强而致。」寶汾之詩，固已金鏘石戛，紛綵繁會矣。而其清英峭特，霞飛飈舉，秀出於筆墨之外者，非可以學而能、勉而中者也。迦陵、頻迦之鳥，當其在㲉，其聲已踰衆鳥。師子兒方躑地，野干聞其吼，匿影竄去。此非有體氣爲主之而若是乎？余老矣，不復躭世間文字，無以長子。少陵有言：「陸機三十作文賦。」此吾子之時也。賦不云乎：「傾羣言之瀝液，漱六藝之芳潤。謝朝華於已披，啓夕秀於未振。」文章之道，新新不窮。當與年齒俱進，騁騏驥於修塗，鞭影入心，固知其不千里不止。予猶能憑軾觀之，掉鞅於中原，不徒以詞賦爲君子也。寶汾其懋勉哉！

【校記】

〔一〕此文亦收於外集卷五。　〔二〕外集作「然」。　〔三〕外集作「也」。文鈔補遺作「已」。

程太史詩集序〔一〕

余尚論弘、正間著作，在新安則以程克勤爲冠首。蓋克勤以儒學爲宗，摛華落藻，或未能與茶陵諸公掉鞅並驅。若其生平學問，根柢經史，貫穿掌故，搜討旁魄，汪洋逶迤，故其作爲文詞，有倫有要，或原或委，世之儒者，未能或之先也。迄今二百餘年，新安之程，有〔二〕翼蒼太史出焉。

翼蒼珪璋特達，在承明著作之庭，步武綸閣，出爲師儒，不以朱輪華轂易其素業。手批口吟，朝講夕復，研摩〔三〕編削，焚膏繼晷。以其間與學士大夫飛章染翰，唱和往復，短則四律，長或千言，風雨發於行間，珠玉生於字裏。於時之攻比興、儷聲律者，命儔嘯侶，喧豗叫囂，靡不蜇吻縮舌，望塵而退。展矣哉！其爲克勤之耳孫也。自洪中之文熾，而古學日熸。染指於詞翰者，咸以肥皮厚肉，傭賃剽賊爲能事。九變復貫，當在太史。起雅刊俗，障狂瀾而東之，吾將以斯文爲魄兆焉。

嗟乎！今之修詞者，軒翥風雅，凌躐唐、宋，摳衣斂袵，布正侯於篁墩，則亦淺之乎視太史矣。昔我先正，雅有緒言。如耕有畔，如織有幅。無相越也，無相雜也。登州之觀海市也，海旁蜃氣，結爲樓臺。宮室觀閣，人物車馬，歷歷可見。俄而髣髴滅没，奄然不見其所有。胡寬之營新豐也，衢巷棟宇，物色惟舊。士女老幼，相攜路首，鷄犬競〔四〕識其家。斯二者之真幻壞成，固區以别矣。今人之文，浮華陽焰，轉盼而立盡，海市之樓臺也。克勤之文，取材落實，經久而逾新，新豐之衢市也。顔黄門有言：「文章當以理致爲心胸，氣調爲筋骨，事義爲皮膚，華麗爲冠冕。」今世〔五〕相承，趨末棄本。辭勝而理伏，事繁而才捐。今將去泰去甚，改革體裁。如太史之盛才重譽，推明克勤之遺學，以鼓吹於斯世，古學其有興乎？余序太史之詩，不趣舉其篇什之盛，才調之美，而汲汲焉推舉克勤於聲華銷歇，螢乾蠹蝕之餘，表微之君子，或亦習其讀而問其傳也。歲在戊戌，九月二十八日，虞山蒙叟錢謙益序〔六〕。

【校記】

〔一〕此文亦收於外集卷五，「太史」作「翼蒼」。〔二〕外集無「有」字。〔三〕外集作「摩」，文鈔補遺作「磨」。

〔四〕外集作「共」。〔五〕外集「世」下有「俗」字。〔六〕外集有「歲在」至末十八字，文集補遺無。

陳孟孺先生集叙〔一〕

里中陳孟孺先生，於先宮保爲輩行，晚而與余爲文字交，相得益驩。每得余文一篇，手自繕寫，抉摘解駁，誇示於人人〔二〕。余聞而媿之。孟孺没而鄉邦之士知余文者絶少，不勝絶絃輟斤之嘆。頃從其家得所著存稿，蓋皆捉刀代斲，應酬箋啓之作，而孟孺手自撰述，伸寫其志意者，什不得三二焉。孟孺客遊長安，一時督撫節鎮，争欲延致幕府。孟孺豁達善談笑，不翕翕熱，諸〔三〕公親而重之。以其間訪問邊塞阨塞，兵衛强弱，與夫海内奇才劍客可備緩急者。每爲余借箸劇談。性〔四〕好食瓜菓，吐核滿案。口間咀嚼聲，拉拉然與談論雜出。余稍爲點定其集，欲爲詳委作傳，以副其生平推許之意，而其家人索集促數〔五〕，卒卒未能也。聊書其簡端如此。歲在丁酉，契家子錢謙益謹書〔六〕。

【校記】

〔一〕此文亦收於文集補遺卷上、外集卷五。

〔二〕外集「人人」祇作「人」。

〔三〕文集補遺作「語」。

〔四〕文集補遺作「惟」。

〔五〕外集作「筆」。

〔六〕文集補遺、外集無「歲在」以下至末十二字。

翁子安制義序

吾邑翁奉常兆隆，在神宗朝以正直忠厚，領袖掖垣，歷官清卿，需次節鉞。未及枋用而殁。海内惜之，以爲人之云亡，不獨鄉邦之人，有梁崩奄及之嗟也。兆隆殁垂三十年，而其叔子子安登於賢書。鄉里父老，相聚歎息，以爲蘇頲有子，愈於李嶠之無兒，咸以爲善人之報。而子安攜其行卷以示余，俾爲一言之弁。

余惟子安生長富貴，在綺紈襦袴之間。當其少遭閔凶，家門凌落，風雨漂揺，岌岌乎有孤生鮮民之憂。子安矯志厲行，食貧攻苦，荼蓼以操其心，而盤錯以堅其節。冰凝蟲蟄，鏃羽括礪，以候陰陽消息之變。至於今，心志定矣，骨節堅矣，其豐基厚墉者，既已卓然有成矣，而後鵲起以赴功名之會。人皆歎子安之少遭閔凶，以爲險阻艱難，實備嘗之，而豈知天之所以成子安，厚蓄而大發之也哉？

子安之文，原本經術，漁獵子史，鑱心鉥腎，刳骨擢髓，篇有百尺之錦，而句有千石之弩。世受胡氏春秋，專門名家，收羅旁魄，抉擿疑互，安成、晉江諸名家，皆爲避席。深思好學，極深研幾，皆以窮年繼晷，弋而獲之。非猶夫肥腸滿腦，骨騰肉飛，以一往中雋爲能事者也。觀子安之文，則子安之所以爲文者，亦思過半矣。

當神廟之末，國論沸騰，國家有大議，臺省人持一喙，如沸羹之不可止。奉常平心易氣，徐出一言，中朝皆歎伏屏息。余嘗語奉常：「漢儒者決朝廷大疑，定大事，往往皆用春秋，公其得春秋之深者乎？」奉常每捧手遜謝。子安且射策南宮，出當天下大議，其將抱遺經、挾家學以往，不但以制科之業，誇閥閲於里門也。余將拭目以俟之。壬午嘉平月，虞山老民錢謙益題序。

嚴子六制義序

傳有之：醴泉無源，靈芝無根。余以爲不然。醴泉雖不發源於崑崙、岷山，地脈所鍾，不妄出也。靈芝固不生於朽株糞壤之上矣。當嘉靖間，余邑之達者，莫先於文靖嚴公。文靖善瞿文懿，嘗爲文會於邑之道館，至今其讀書處猶存。文懿舉業冠於一代，文靖所爲程文及詩義數首，亦炳炳如日星。其流風餘韻，故老猶能道之。近百年來，兩家冠蓋，相望於虞山、琴水之間。今年秋，邑之舉於鄉者五人，瞿氏有伯仲，嚴氏則子六。子六於文靖，已在袒免之列，服習儒素，攻苦力學，無相門子弟膏粱紈袴鮮衣怒馬之風。子張每向余亟稱之，以爲封胡羯末，稱其家佳子弟。今果能超乘而出，璧記方流，旋載圓折，於文靖之譜牒，豈不有光哉！

往者丙午之役，余以第三人失解，牓發之後，主司皆有中眉之歎。今子六之於南闈，幾領解而復失，亦畧相似。子六年方英妙，其才亦甚富，連篇累祑，時輩莫之逮，盡掃近時叫囂淩厲之習，以神理爲本，佐以華詞，骨肉勻美，丰采有餘。用是小試時冠軍，時論以芥拾青紫期之。榜出之日，士子之有文不偶者，皆以了六自勉慰。後生可畏，來者難誣。歐陽公有言：「當放此人出一頭地。」余且退三舍避子六矣。

文靖爲諸生時，題壁以夔龍事業自許。是時國運，如日方中。天子垂裳而治，赫然威靈，震於四夷。而文靖入中書日淺，夔龍之業，或未殫其用。若子六者，生當多事之時，天子方急人才，子六乘時鵲起，以究文靖之所未殫者，文靖猶將遜子六以鐘鼎之績，而況於余乎？壬午閏十二月，虞山老民錢謙益書於優曇室。

吴子制義序

海内綴文之士，謂虞山、婁水之壇墠，砥瀾障波，披荆芟薉，爲世雅宗者數十年，其風流不墜。惟二三入室弟子，登兩京之淳古，軼濂雒之深泓，尚有含經酌雅之遺軌焉。無念吴子，其最也。

昔南宋以後之俗學，如塗飯塵羹，天如以昌明古學正之。弘、正以後之繆學，如僞玉贋鼎，子常以尊經翼傳正之。虞、婁分墠揚鑣，闚其奥者，或以爲南金和寶之瑞世，或以爲冰紈霧縠之出塵。無念摳衣兩家，探賾摘玄，兼牧並劑。年未弱冠，遂出而輝映江左。天如逝而無念奉瓣香不衰。子常且老，無念以内子姪侍杖屨，古道照顔，余心重之。今將北遊京都，出其近業，鏤版問世，余得而諦眡之。精理内涵，天噓地吐，炎光飛響，盈塞高深。若其搖漾卷舒，澄湛舂容，則冰壺玉衡之懸清秋，而金鐘大鏞之在西序也。

元好問之論士也，曰氣，曰量，曰品。無念深心湛思，翦疵選粹，有古人讀書尚友之志，無近代遊光揚聲之習，其爲氣量品較然。漢元封之後，諸博士弟子，多以經術至大官。國家有大議論，必令傅經義以對。至動人主，親自問其師何人，師説云何。無念出其所學，揚於王庭，如漢諸生之稱述淵源，昌明師説，則子常、天如之未大行於世者，得吾徒以進於金匱石室之間，羽儀治道，黼黻人文，不徒以文而已也。余老於江村，猶日望之。順治丁酉花朝，通家友生蒙叟錢謙益題序。

婁東右尊宗彦文藝序〔一〕

余老耄，於科舉之文，不能知句讀，近却曉望氣法。袁子〔二〕重其持伊壻右尊文來，余一望之，筆墨之氣，如堆鴉盤蚓，蓬蓬鬱鬱然。横側望之，有光熊熊，凌出紙上，如劍吐花，如淚迸珠。識者曰：「此作者勃窣理窟，積厚流光，文字之祥也。」吾嘗言世道之汙，士氣薄也。士氣之庳，文氣薄也。故曰：「水之積也不厚，則負大舟也無力。」斯文也，可以言厚矣，其所負居可知也。婁江之錢〔三〕，梅仙特聞，今又得右尊焉，漢東之國有人矣哉！庚子相月，虞山蒙叟謙益書。

【校記】

〔一〕此文亦收於文集補遺卷上、外集卷八，題俱作「錢右尊文引」。〔二〕文集補遺、外集俱無「袁子」二字。

〔三〕外集作「錢」，文鈔補遺、文集補遺作「籛」。

黄蘊生制義序

當嘉靖之季，天下之詞章，浮華剽賊，互相誇詡。崑山歸熙甫以通經師古之學，起而正之。晼晚不遇，聲華寂莫，獨與二三學者，微言高論於荒江老屋之間。其爲制義之文，根極理要，與王濟之、瞿師道馳騁上下，他未嘗過而問焉。熙甫既没，其門人之在嘉定者，能守其師説，流傳而不變。故嘉定雖小邑，其人士多能通經學古，不汨没於俗學，則得之熙甫之門牆者爲多。

以制舉之業言之，萬曆初年，吴中習於浮靡腐爛，嘉定則有李茂實、張伯隅、金子魚一輩，以爾雅清虚爲宗，而婁東、虞山應之。既又降而爲軋茁弔詭，則吾友徐女廉、李長蘅、鄭閑孟又以其雄深淡蕩之文出而樹幟，吴風爲之再變。迨於近日，詖淫交作，鬼怪横行，而侯豫瞻、雍瞻、李緇仲、黄蘊生後先奮筆，昌明雅道。當榛蕪充塞之日，不爲俗變而能變俗，尤可尚也。

蘊生之文，余爲叙而行於世，其推尊蘊生之文甚至，而海内咸以余言爲允。今蘊生亦既登於賢書，將進而列於承明著作之庭，其制義之業，與王、瞿、熙甫輩，馳騁上下，不足道也。今天下俗學益熾，古學浸微。人皆以通經師古爲言，而淪胥沉溺，日以益甚，則枝柱廓清之責，豈能無望於蘊生乎？傳聞熙甫上公車，賃騾車以行。熙甫儼然中坐，後生弟子，執書夾侍。嘉定徐宗伯年最少，從容問李空同文云何？因挾空同集中于肅愍廟碑以進。熙甫讀畢，揮之曰：「此亦無他，祇文理不通耳。」偶拈一帙，得曾子固書魏徵傳後，挾册朗誦，至五十餘遍，聽者皆厭倦欲臥，而熙甫沉吟詠嘆，猶有餘味。宗伯每嘆先輩好學深思，非後生所能窺也。蘊生將昌明古學，障狂瀾而東之，其必自熙甫之緒言始。

余向序蘊生之文，儗於唐之韓子。由熙甫之學進而之於韓，又進而之於六經，所謂不爲俗變而能變俗者，不獨制舉義而已也。蘊生勉之矣！

壬午易月十七日，虞山友人錢謙益序。

【校記】

〔一〕初學集卷三十二，有黄蘊生經義序，文字與此篇全異。

李夢沙望古齋集序〔二〕

今論詩於中州者，莫不盛稱何仲默，次及王子衡輩，而不復知有高子業。子業與何、李同時，其骨格迥拔，託寄在右丞、左司之間。昔人稱之者，以爲高山鼓琴，沈思忽往，木葉盡脱，石氣自青，蓋庶幾得其形似。今人沿襲淊靡，取青妃白，嘈囋悦耳，子業之詩，如孤桐片玉，誰能好之？羣瞽拍肩，耳食目論，不能知子業，亦豈真知仲默輩哉！

屏居江村，日事梵典，不復論世間文字。鄴下李夢沙使君以望古齋集見示，吟諷數章，灑然異之。夢沙天才駿發，日新富有，上下漢魏三唐，馳騁淩獵，籠挫筆端，縟繡繁絃，無不象指如意。旋觀其神情格調，苕發穎豎，孤立特峙。譬之芳春柔條，勁秋落葉，偏絃清唱，窮迹〔二〕孤興，要於翦薙榛楛，破除浮漂，儗諸近代，信可追蹤子業。高秋獨夜，撫几長吟。寒燈静帷，香煙停蓋。石壁〔三〕之猿梵寥然，魚山之天聲間作。蘇門鄴下，異世同響。么絃孤賞，聽曲識真，非苟然而已也。

日余遊武林，敘萊陽宋玉叔詩，取羣兒雹珠之喻，謂羣兒不識珠，掬雹以爲珠。既而知雹之非珠，則又疑長者之藏珠，羣噪之以爲雹。蘄玉叔之自信其珠，勿爲羣兒之所噪也。吾所取於仲默、子業者，以爲長者之珠也。夢沙之才力，風飛猋豎，聰翩怫悦，詩家之珠林玉府也。自今以往，學益殖，才益老，願自信其珠，而無爲羣兒之雹論所聒噪，斯道其有興乎？

顔延之稱陶淵明曰：「嗟哉若士！望古遥集。」夢沙以「望古」顔其堂，固已單出獨樹，自致千古之上，豈與夫蘭苕翡翠，競美觀於目睫者可同日而語乎？其必以余言爲有當，不以爲狂易而慭置之也。夢沙兼工古文詞，雄健蒼老，殆古人所謂崔、蔡不足多者。今但評其詩，不具論云。

【校記】

〔一〕此文亦收於外集卷八。〔二〕外集作「極」。〔三〕外集作「室」。

顧伊人詩序

伊人爲織簾先生之子，胚胎前光，又傑出於確菴子之門，殆宋金華所謂「豈知萬牛毛，難媲一角麟」者也。其爲詩，陶冶性情，清麗婉約，名章秀句，芊眠綺合。至於孤情瘁音，苕發穎豎，或偏絃而獨張，或一徽而衆悲。作者有不自知，而秋士恨人，每撫卷三歎焉。確菴子賞其佳句，以爲遠過元人。今之稱詩者，大曆已下，斥爲旁門小乘，於元何有？子夏不云乎：「音者，生人心者也。治世之音安以樂，亂世之音怨以怒，亡國之音哀以思。」開元、天寶之詩，其於政和安樂也，已有間矣。執咸通已後之詩，而律以景龍、景雲昇平逸豫之音，不已遼乎？情動於中而形於聲，亂世之不能不怨怒而哀思也，猶治世之不能不安以樂也。局於初、盛、中、晚之論，是將使人不懽而笑，不病而呻，哀樂而樂哀，音不生於心，聲不動於情，而後可也。伊人雖盛年英妙，而不能無蓼華許劔愀愴怫愲〔一〕之辭，確菴子擬之以元人者信也。斯可以言詩已。

屠維大淵獻余月二十一日，虞山蒙叟錢謙益謹序。

【校記】

〔一〕「愲」字旁原注「愠」字。

封宫相吴約庵七十壽讌序〔一〕

太倉約庵吴先生，宫相梅村之尊人也。今年六月，先生春秋七十。吴中士大夫與宫相遊及出其門下者，争援筆爲介壽之詞。而虞人士則固以屬余。余與宫相，接跡詞垣，禮先一飯。其文章氣誼，則吾畏友也，何敢以不文辭？

蓋自瑯琊、太原兩公，比肩東海，爲人倫師表。兩家子弟，如烏衣、馬糞，散華落藻，皆足以快帶時流，沾丐作者。後廿年所，而〔二〕約庵先生出，以雄渾茂密之文，掉鞅詞壇，兩王氏之餘燄，爲之再振。先生數踏省門，不獲變奇成偶。宫相起終、賈之年，掞淵、雲之藻，擅場南宫，升華翰苑。天下學士，望風接響，以爲瑞人神士，朗出天外，不可梯接。不知源深流長，皆出於先生也。先生之學正而則，原本經術，發揮理性，故〔三〕宫相得之，以襲蹈聖矩，跛邪觚異，若商彝周鼎之尊嚴。先生之文閎而肆，尚友千古，博極子史，故宮相得之，以茹古涵今，驅濤湧雲，若龍宮海藏之妙麗。先生之操行篤而修，動止自矩，訾笑不苟，故宮相得之，以含章履道，經世酬物，如譽星卿雲，盲〔四〕者知祥，明玕良玉，愚者知寶也。

舟壑夜移，陵谷朝改。先生方遺榮屏貴，望古遥集。詠〔五〕南山，書甲子，自託於柴桑、潯陽之流。而宮相身名，仍在日月之際。鶴書屢下，鋒車在門。介壽之期，適與遘〔六〕會。於是乎考鐘伐鼓，陳詩合樂，垂魚委佩，稱觴致詞者，咸以宮相之耿光厚實，推本於先生。長筵羅列，觥籌交錯，主稱千金，客奉萬年。先生雖欲掩耳捉鼻，垂竿戴笠，訪農具於笠澤，問船子於雲間，其勢固不能也。

余少長東南，訪問詞林故事。隆、萬間廣陵李文定公、虞山嚴文靖公，以元老乞歸，兩家父母皆無恙。歲時伏臘，稱觴燕喜，兩家子弟僮奴，玉帛牛〔七〕酒，交錯道路，鄉井至今以爲美談。今先生夫婦齊眉健〔八〕履，齒髮郁然。京尹之堤旋築，封人之祝日新。興化、虞山之盛事，不將再見於東倉乎？又聞弘治間，毛文簡公之大父年八十，足不良行，相者告曰：「當十年而起。病既良已，膺天福、受錫命者，又二十年。」已而毛翁及見文簡擢鼎元，官宮相。人瑞士元，綽楔巍然，始知相者之奇中也。天官家言：老人星臨吴分，散翼垂芒，必有長德壽耇之人，出而應之。東海之濱，潮汐〔九〕往復，榮光浮而休氣塞，先生之應之審矣。余請以文定、文靖入相具慶之故事爲宫相祝，又請以文簡大父眉壽無疆之故事爲先生祝。

余野人也，不獲從太史氏後，載筆鏤管，叙述公卿閥閲盛事，附李翺卓異之記，姑書是言，以獻於先生。先生頷之，百歲介壽之日，將囅然而笑曰：「是夫也，雖不足以徵於琬琰，比諸昔之相士，越三十年卜毛翁之上壽者，殆亦可謂具隻眼也。」用以爲先生壽，且以爲券，其亦可以侑一觴也矣！　商大夫八百歲地仙彭祖九十七代裔孫通家眷侍弟虞山錢謙益譔〔一〇〕。

【校記】

〔一〕此文亦收於文集補遺卷中、外集卷十。有學集卷二十四，有吳封君七十序，文字與此不同。　〔二〕文集補遺作「爲」。　〔三〕外集有「故」字，文鈔補遺、文集補遺無。　〔四〕文集補遺作「育」。　〔五〕文集補遺無「詠」字。　〔六〕文集補遺、外集作「遴」。　〔七〕外集作「牛酒」，文鈔補遺作「斗酒」，文集補遺有「牛」無「酒」。

〔八〕外集作「健」，文鈔補遺作「視」，文集補遺缺一字。　〔九〕文集補遺「汐」下有「來」字。　〔一〇〕文集補遺有「商大」以下至末二十七字，文鈔補遺、外集無。

孟鳧先生七十壽序〔一〕

吾友陸孟鳧先生，以明經筮仕，司理廣西之潯州，刑祥法勑，政聲流聞。有方州之擢，而飄然解組以歸。歸里凡六〔二〕年，春秋七十，上章攝提格之歲皋月，其初度之辰也。余與孟鳧，幼同學，長同志，衰同老。里中之積素累舊者，莫吾二〔三〕人若也。於其生辰稱壽也，而可以無詞乎？

孟鳧美秀而文，皎如玉樹，散華落藻，正二十作文賦之時。余方跳躍超距，不可羈勒，孟鳧豈弟易直，色柔禮恭，温然如玉，而孚尹旁達也。余既取甲第入史館，孟鳧久次諸生，束修殖學，翛〔四〕然自引，其爲孟鳧者自如也。余蹭蹬仕塗，録牒飲章，慬而得免，孟鳧官師儒，守郡理，優遊冗長，奉職循理，其爲孟鳧亦自如也。平生無厓岸，無機距。無封己之行，亦無違心之事。無迕物之言，亦無狥人之色。其爲吏守三尺、畏四知。呼謈之聲甫聞於座右，掩耳變色，久之而復。仁心爲質，出乎自然，非猶夫煦嘔囁嚅，以小慈干譽者也。熏然慈仁，閭黨顧化。横民儇〔五〕子，芥羽磨牙者，言及孟鳧，則推服無異詞。稱壽之日，相與登堂酌酒，歡忻〔六〕頌禱，蓋其懿德之好，有同然也。

吾讀佛書，言二十小劫中，有疾疫、刀兵、饑饉三災。無量衆生，皆以惡業得是果報。劫末七日，横死報盡〔七〕，時有一人，合集閻浮提男女，唯餘〔八〕萬，留爲當來人種。此萬人能持善行，諸善鬼神擁護是人，令人種不斷絶也。班史言車千秋指明蠱情，章太子之冤，銷惡運，遏亂原，因衰激極，導〔九〕迎善氣，傳得〔一〇〕天人之祐助。班氏之論，援據易義，以佛説參合流通，則劫量壞成，與善惡果報，因依輪轉，豈可誣哉！孟鳧慈心善法，宿世熏習。如騶虞之不殺，麟趾之不踐。居今之世，修持善行，導〔一一〕迎善氣者，非孟鳧其誰與歸？三災劫後，吾里中仰父俯子，井邑依然，豈非七日後之萬人，而孟鳧則萬人中之一人也。自今以往，其益務修持導〔一二〕迎，撈籠牽勸，以無負乎鬼神之擁護，與天人之祐助，銷兵氣爲吉雲，蕩沈灰爲化日，其爲壽也亦大矣〔一三〕。一身之康强逢吉，豈足爲孟鳧頌哉！余〔一四〕白首漂蕩，爲三界之窮子，願附種民之籍，依孟鳧以老。敘斯言以壽孟鳧，竊用以自識焉。而亦以告於里人，俾知佛説與易義，皆信而有徵。而修持導〔一五〕迎之不可以不力也。是歲余月朔日，籛後人謙益製文。文成，試清謹堂墨，書於絳雲樓左厢之沁雪石前。

【校記】

〔一〕此文亦收於文集補遺卷中、外集卷十一。〔二〕文集補遺、外集作「六」，文鈔補遺作「四」。〔三〕文集補遺、外集作「兩」。〔四〕文集補遺、外集作「倏」，文鈔補遺作「倐」。〔五〕文集補遺、外集作「猥」。〔六〕文集補遺作「忻」，外集作「欣」，文鈔補遺作「訢」。〔七〕文集補遺、外集作「果報」。〔八〕文集補遺、外集有「二」字，文鈔補遺無。〔九〕〔一一〕文集補遺、外集作「導」，文鈔補遺作「道」。〔一〇〕「得」下文集補遺有「失」字，外集有「夫」字。〔一二〕〔一五〕外集作「導」，文鈔補遺、文集補遺作「道」。〔一三〕文集補遺無「矣」字。〔一四〕外集作「來」。

内殿保御三山鄭君七十壽序〔一〕

崑山鄭氏，家世工帶下醫，至保御三山君，始精通大方，邃於東垣、立齋之學，所至起廢回生，按指立效。其爲人馴行孝謹，通曉儒術，刻厲名行，以廣愛好施爲能事。昏夜叩門，傾囊倒庋，且遇諸塗，或掩面〔二〕不肯認，以是人皆稱爲長者。早歲皈心雲棲，晚尤篤信，精修檀波羅蜜。吴城永定寺圮壞，發願興復，經營唱導，若揭鼓而號於市。緇白贊嘆，以爲今之須達長者也。

余〔三〕觀天台大師止觀諸文，用四悉檀因緣，分五觀觀病原。本阿含瑜伽，推論病候緣起及病相增減。其言精深奥妙，皆醫經所未載，五地菩薩方便度生，以善方藥療衆生病，而藥王、藥上兄弟，過去劫於瑠璃光佛時，以上妙藥供養大衆，發願劫盡刀兵疾疫一切苦惱，我皆救護，作大醫王，然後作佛。今三山以儒門子現國醫身，文中指下，活人無算，即現醫〔四〕王身而爲説法，此非往昔劫中，曾從喜見星光，種無量因，願於未來治衆生身心兩病，種舉世歡〔五〕喜因，而能若是乎？有子青山，世其家學，於法門尤精勤。今兹七十稱壽，世人皆烝羊炰鱉，考鐘伐鼓，以長筵盛具相誇詡。君家父子，相依古寺僧寮中，禪燈照座，妙香凝榻，梵唄詠歌〔六〕，交相應和，以法乳爲壽觴，以禪悦爲燕喜。此則吴城吉祥善事，五濁世中所希有也。

青山以余有法門之契，索余言以稱壽。余念此世界中，富貴壽考，皆如空花幻結，無足爲君父子道者。嘗聞趙宋時，成都有高僧，持誦法華經，精誠感神鬼。有人延請誦經，負郭精廬，迥如天上。像設莊嚴，人境肅穆。誦至寶塔品，有老人扶杖而出，拱立諦聽，聽竟，肅揖而入。歸至中途，送者書其掌作字曰：「主人，唐孫思邈也。」思邈道洽古今，於華嚴法界，通曉玄義。世所傳千金甲乙，授經方於龍子，乃其遊化娑婆，示現乘乘之一端耳。三山遘劫濁，遊苦海。於此世界，泛慈航以普度。今之思邈，非君而誰？謹書此故事致青山，以爲君壽，並以爲券。後數百年，倘有延高僧誦法華之事，亦應少現光影，如思邈之示姓名，庶幾後世誦余文者，知斯言之不誣也。乙未八月〔七〕。

【校記】

〔一〕此文亦收於文集補遺卷中、外集卷十。〔二〕外集「面」下有「而」字。〔三〕文集補遺作「今」。〔四〕外集作「藥」。〔五〕文集補遺、外集作「歡」，文鈔補遺作「勸」。〔六〕文集補遺作「嘆」。〔七〕文集補遺有末四字，文鈔補遺、外集無。

吴君二洪五十初度序〔一〕

吴門吴給諫幼洪與其兄明經二洪，奉母家居。母夫人壽八十，越二年，二洪年五十。親知將酌酒稱壽，二洪曰：「有老母在，不敢稱壽，請固辭。」幼洪以問於余，曰：「禮有之：『爲人子者，恒言不稱老。』一則不稱老，不敢當尊稱也。一則不自稱老，不欲感親心也。記禮者之言，與下經『居不主奥，坐不中席』諸文，皆條列孝子立身敬慎之事，非以是爲養親之彝典也。父母之於子也，孩提襁褓，推燥就濕，負劍辟咡，提攜詔告，有不樂其幼而長，長而老，老而康强元吉者乎？人子不自稱老，而父母則樂於其子之老。老而稱壽者，稱其親之所欲，順而導之，以娱其親，亦所謂視於無形，聽於無聲者也。其庸何傷？」

二洪之爲儒也，夙夜强學，忠信力行。一旦閉户掃軌，避世牆東，與其弟異粻宿肉，間居色養。詩序曰：「南陔，孝子相戒以養也。白華，孝子之潔白也。」有潔白之孝子，而又相戒以養，居今之世，惟延陵兄弟，足以當之。故曰：「馨爾夕膳，潔爾晨飱。」又曰：「鮮侔晨葩，莫之點辱。」二洪以此戒弟，幼洪以此敬兄。鄉飲酒燕禮曰：「笙入，立於房中，奏南陔、白華、華黍。」此小雅之所由興也。斯舉也，鄉飲酒燕禮之所不廢也。其又何辭焉？

昔者賈瓊稱中山吴欽之孝，其處家也，父母欣欣然。其行事也，父兄焦焦然，若無所據。文中子非之曰：「吾黨之孝者異此。其處家也，父母晏然。其行事也，父兄恬然若無所思。」今二洪之辭稱壽也，幼洪之請介壽也，上以娱高堂，下以燕朋友，其文中子之所謂父母晏然，父兄恬然者與？吴中多風雅名儒，若灌溪、文初諸君子，皆將作爲詩歌，附束晳補亡之後。吾請叙其事，俾續詩者有徵焉。詩不云乎：「孝子不匱，永錫爾類。」南陔之相戒也，斯所謂錫類者歟？請歌之，以侑燕喜之觴。

【校記】

〔一〕此文亦收於外集卷十。

海宇王親翁六十初度序〔一〕

歲在戊戌之辜月初七日，爲王君六十初度之辰。余從曾孫遵王，即君東床之妙選也。乞言於余以爲壽。余棲心内典，觀世間文字相，如幻影陽燄，況近代祝嘏之詞，類於俳優，久欲謝絶而未能也。兹於君之壽讌而重有感焉。

老氏曰：「至治之極，民各甘其食，美其服，安其俗，樂其業，老死不相往來。」遐哉古初之風，不可覯已。余惟詩書所載，箕子之陳洪範也，農用「八政，一曰食，二曰貨」；嚮用「五福，一曰壽，二曰富。」而其要在於建皇極而錫庶民。周公之述豳風也，「三之日於耜，四之日舉趾。九月授衣，十月穫稻」。而其〔二〕究歸於躋公堂而稱萬壽。上之所以福其下，下之所以壽其上者，如頭目手足之自爲關切，而家人父子之相爲告語也。是故錫汝保極者，上之所以錫福於下也。予攸好德者，下之所以受福於上也。使民皆勉於爲善。與其爲善於鄉，不如爲善於里；爲善於里，不如爲善於家。用此道也。降及嬴氏，窮鄉一女子，至爲築懷清之臺，俾得抗禮萬乘，而朱、頓、卓、程之屬，上者傾郡，下者傾鄉，比於千乘之封者，往往而是。其福樂豈有量哉！

自中原多故，賦重役繁。板蕩之餘，民生日蹙。畫棟雕甍，蕩爲焦土。沃野膏壤，化作石田。於是澤雁鳴哀，勞魚尾赤，岌岌乎得飽藜藿之羹，甘於豢芻之悦口；得安襏襫之服，賢乎羅縠之被體也。而有羅長筵，會衆賓，烹羔擊鮮，擫絲擫管，一坐之中，歌笑喧雜，一門之内，子姓融怡，如君此日者，可不謂之〔三〕世之幸人而吾里之吉祥善事哉？

竊嘗以洪範之六極，當釋氏之三災，其言徑庭，猶河漢而無極也。人天福報，優劣懸殊，同業別業，所感各異。天壽遞增，以億劫計。人壽百年而止，遞減至於十歲。小三災起，一切草木，化爲刀兵。而洞口飛花，家邀鷄黍，山中採藥，飯獻胡麻。斯地也，世間之福地也。斯人也，世間之福人也。大三災起〔四〕，上至三禪，無能免者。而内院之梵音琅然，頂界之安禪如故。此又天中之福地，天中之福人也。今君僻居東海之濱，當〔五〕鯨鯢未靖，戎馬搶攘之餘，席素封而介眉壽，其人錫之福與？其天錫之福與？其殆互有之與？

君氣毓敦龐，性資淳懿，先公及〔六〕私，恤婣睦鄰，庶乎馬遷所謂「好行其德」者。予因〔七〕憶雲房〔八〕「追懽笑語」、「得見昇平」之句，將假吾武夷君之簫鼓，俾曾孫爲君舉〔九〕流霞之杯，其可乎？商彭祖八百地仙九十七代後人蒙叟錢謙益拜撰〔一〇〕。

【校記】

〔一〕此文亦收於文集補遺卷中、外集卷十一。〔二〕文集補遺無「其」字。〔三〕文集補遺、外集有「之」字，文鈔補遺無。〔四〕文集補遺無「一切草木」至「大三災起」四十七字。〔五〕文集補遺無「當」字。〔六〕文集補遺作「後」。〔七〕文集補遺作「固」。〔八〕文集補遺無「房」字。〔九〕文集補遺無「舉」字。

〔一〇〕外集有「商彭」以下至末二十字。

宗兖曼修大司諫五十初度序〔一〕

歲在癸巳，季春之月□□日，宗兖給諫君曼修五十初度，憲副大可將率諸宗人登堂燕喜，酌酒稱壽，屬余爲祝嘏之詞。余於宗人，禮先一飯。其交於曼修一門，則三世矣，其何〔二〕以辭？

蓋吾錢石鏡錦樓之後，散居吳、越最盛。其在婁江，則有中丞浩川公，在萬曆盛明之世，正直忠厚，表率西臺，入陪卿貳，出領節鉞。而其子封給諫公，服習舊德，損衣節食，立義田以收族〔三〕，劬躬繭後，源遠流長。曼修娠賢再世，鵲起豹變，固其所也。余嘗徵吾錢之故，若文僖之試學士院，以笏起草。若希白之試崇政殿，日未中而就。皆以英妙之年，掞詞摛藻，傾動人主。曼修庶幾近之。宋興以來，三世制科者，獨錢氏一家，史臣侈爲盛事。曼修步武中丞，綽楔相望，而又以世德作求，趾美流光。宋公垂序吾家傳芳集，以謂青油暘轂，造次被〔四〕服儒者，於婁江有徵焉。

追維盛事，俛仰百年。蘭錡依然，竹梧如故。酒闌樂闋，停觴嘆息，似未可以爲曼修壽也。曼修在昔奉簜節，拜夕郎，崇論竑議，彪炳掖垣青瑣間。滄桑遷改，物望滋茂。鶴書鋒車，取次録用。在禮：「五十曰艾，服官政。」此正經營四方，不遑偃息之時。而遽欲引年息勞，從容介壽，無乃太早計乎？屈子之天問曰：「彭祖斟雉帝何饗？受壽永多，夫何久長？」此亦吾〔五〕錢之故也。彭祖爲商大夫，受壽八百，雉羹享帝，乃在陶唐之初。以其時考之，或亦耆艾之年乎？天問又曰：「緣鵠飾玉，后帝是饗。」饗一也，彭祖以饗堯，伊尹以饗湯。壽命永多，壽身壽國，胥係於此。故曰「何獻蒸肉之膏，而后帝不若」。饗之時義大矣哉！曼修其亦將斟雉緣鵠，若帝而饗之乎？以始服官政之年，而修遠祖饗帝之法。易曰：「王用饗於岐山。」其爲受壽也亦大矣，固未可謂之早計也。大可以斯言誦於曼修，曼修嗑〔六〕然笑曰：「是夫耄矣，是且欲枕高眠〔七〕遠，繫腰觀井，畏後生之目笑，而聊以饗帝棊我，敬爲舉一觴矣。」

【校記】

〔一〕此文亦收於文集補遺卷中、外集卷十一。 〔二〕文集補遺、外集作「何」，文鈔補遺作「可」。 〔三〕外集無此句六字。 〔四〕外集有「被」字，文集補遺、文鈔補遺無。 〔五〕外集無「吾」字。 〔六〕外集作「嗑」，文集補遺、文鈔補遺作「盍」。 〔七〕外集作「眂」，文集補遺、文鈔補遺作「眠」。

徐徵君武子及德配姚孺人六十壽讌序〔一〕

歲在乙未八月，吳郡徐徵君武子偕其配姚孺人，春秋六十。吳之學士大夫，遊於徵君父子間者〔二〕，胥往爲〔三〕壽，以祝嘏之詞來請。

余往與姚文毅公孟長遊，習知其子女之賢。文毅爲長女擇婿得武子，如昌黎之有李漢也。武子握文修行，爲吳士眉目垂三十年。遭時喪亂，自老於家。清齋晏晦，焚香綈几，手鈔華嚴〔四〕八十帙，兩年而徹簡。以其餘閒，討論宣、光靈武故事，勒爲綱目，發凡起例，部居井然。人或問之。曰：「此村〔五〕夫子兔園册耳〔六〕。」有四子，孟晟、仲熼、禧，皆高才生。晟罷進士業，肆力千古之學。父子兄弟，明經汲古，考鼓鐘而勒金石。衡門兩版，滄桑迢然，不知其猶在此世間也。

余往讀詩至小雅六月之叙，輒爲廢書太息，咨嗟攬涕者久之。蓋詩人叙小雅之變，嘆美宣王之北伐，而推本其喪亂之由。小雅盡廢，四夷交侵，而中國微，則在於常棣之缺兄弟，伐木之缺朋友，南陔之缺孝友，白華之缺廉恥，華黍之缺蓄積。馴至於陰陽失道，萬物不遂，爲國之基墜，萬國離而諸夏衰。叙詩者之意，以爲南陔諸詩既廢，則國本撥棄，元氣銷落，雖其〔七〕海内全盛，邊徼晏然，而廢墜侵微之禍，惵惵然曾不可以終日。然則南陔諸詩，關於國家之廢興，葉落而戒寒，灰動而知春。南有嘉魚，有酒式燕，車攻復古之盛，亦豈待於修車徒、會田獵也哉？

今觀於徐氏之讌，武子以桑海遺民，厲白華廉恥之節，晟兄弟以菁莪碩士〔八〕，修南陔孝友之養，鶡衣鹿裘，白首如賓。於是乎有考室之夫婦，夕膳晨餐，相戒顧養。於是乎有棠棣之兄弟，南村舊侶，西臺故人，德音不瑕，望古遥集。於是乎有伐木之朋友，登堂燕喜，禮成卒爵，主賓笑語，婦子欣説，衎衎然，油油然，如在豐、鎬之間，如遊熙皥之代。叙詩者之稱斯會也，其將以爲蓼蕭之孔燕乎？其將以爲湛露之夜飲乎？抑亦以是殿小雅之終，而唱變雅之始乎〔九〕？武子俛仰宣、光，考車攻復古之業，攤書載筆，抱膝深思，其於詩敘之云，將何以自處？彼都人士，其亦有讀六月之敘，如余之掩卷流涕者乎？撫壽豈之盛事，追雅詩之廢興，固將作爲歌頌，以繼鹿鳴之什。則今之壽讌，不徒〔一〇〕一家之美談也，余竊有望焉耳矣。

余老且不文，不習爲史巫之頌祝，良用自愧。古者燕飲之禮，笙入堂下，鼓南，北面，奏南陔、白華、華黍。其必奏三詩者，以是爲小雅之正，燕饗之所肄業也。武子父子，言稱先王，行古之道，其或有取於余言也夫？

【校記】

〔一〕此文亦收於文集補遺卷中、外集卷十一。〔二〕外集無「者」字。〔三〕文集補遺作「焉」。〔四〕外集「嚴」下有「經」字。〔五〕外集作「即」。〔六〕文集補遺無「耳」字，外集作「身」，屬下句。〔七〕文集補遺、外集作「以」。〔八〕外集作「氏」。〔九〕文集補遺無「乎」字。〔一〇〕外集作「獨」。

張子石徵君七十壽序

壬辰歲，子石年六十，余爲文以稱壽，畧道其生平志節與師資友誼之概。又十年壬寅，子石壽七十矣。十年之内，余以餘生昏耄，沉没憂患海中，而子石之屯蹇滋甚。敬通元子之禍，思曠夙命之悲，斯亦荼毒極哀，人世所希有者。親知朋舊，深憂子石之不能堪，而喜其能豁哀茹痛，御沖氣而養天年也，復以介壽之詞屬余。

余觀人世祝頌所謂吉祥善事者，富也，壽也，多男子也。其爲否極不祥者反是。以余觀之則不然。人世之富，以藏鏹鉅萬爲極。有如大迦葉金粟至六十庫，庫三百四十斛，牛金犂至九百九十九隻，世所重陶朱、猗頓，不猶窮兒乞子乎？人世之多男子，以蟬聯累葉爲極。金輪王一千子，乃至初地萬子，二地二萬子，世所誇百男百子，不猶單丁後門乎？人世之壽，以華顛胡老爲極。人間八百歲，化樂天一日夜，人間一千六百歲，化自天一日夜，彭祖八百，寶掌千歲，不猶嬰兒稚齒乎？由此觀之，世間之富貴福澤，朝華日及，甚不足把玩也，亦已明矣。

古之達人君子，雖至於功成名遂，五福渾圓，未嘗不以空門爲歸，浄業爲住。香山居士曰：「樂天嘗有願，願以今生世俗文筆之因，翻爲來世讚佛乘轉法輪之緣。年登七十，與來世相去甚邇，故作六漸偈，跪唱於佛法僧前，欲以起因發緣，爲來世張本。」達哉斯言，豈非吾輩老人之導師乎？子石夙具利根，文心才筆，皆多生般若逗漏。老多屯難，世緣漸薄，此天所以攝受子石，折其現行而使知廻向也。子石皈依維新長老，於其所著楞嚴妙指，刳心信受。梵語首楞嚴，此云一切事究竟堅固。此義何居？世所稱富貴男子吉祥善事，柔脆不實，如吹光鏤影。縱令兼而有之，可以爲究竟堅固乎？願王清浄，心花開敷，多生後劫，不斷佛種，所以養生盡年，自求歸宿者，莫要於是。余長於子石十有一年，弱草危條，朝夕自省，用以爲子石告。願子石無忘古人儆戒之義，無以我爲老耄而舍我。

宋母王淑人六十壽讌序〔一〕

吴郡宋母王淑人者，故御史贈大理卿用晦宋公之配，今文學孝廉德宸、德宜、德宏之母也。己卯之役，宋公持斧按歷下，誓與城存亡。握節以死，天下壯之，比於常山、睢陽。淑人提攜孤僮〔二〕，伏闕白狀。詔下所司覆案得實，贈䘏如彝典。未幾，國有大故，鄉邑震盪。淑人間關荏苒，操持門户，教訓其三子，入學鼓篋，鏃礪文行。歲在旃蒙協洽，淑人春秋六十。三子者皆以珪璋特達，觀光用賓，雉腒交馳，職志歙集。吴會之人士，皆相與彯冠纓，飾劍佩，於生辰爲壽之日，修登堂拜母之禮。鐘鼓設於堂，幣帛交於户，金箱玉軸，赤文緑字，照耀於屏扆之間。如牆而觀者，咸曰：「中吴十年已來，未之有也。」

淑人坐内寢，呼其子而詔之曰：「未亡人不獲從夫子於歷下，十六年於此矣。風雨漂摇，手口單瘁，唯夏肄周餘，是萌是茁。未亡人非敢愛死，爲二三子之在此堂也。鳥獸之失喪其羣匹也，反巡過其故鄉，翔迴鳴號，蹢躅踟躕，然後乃能去之。未亡人哀猶不足，而又可樂乎？詩不云乎：『先君之思，以最寡人。』二三子之辱與孺子遊也，推『仲氏任只』之義，『秉心塞淵』，最未亡人以逮孺子，未亡人實拜其賜。若惟是飲食燕樂，笑語卒獲，二三子無辱命，孺子其辭焉。」

都人士聞而慨然，未有以復也，屬袁子重其〔三〕遽而請於余。余舊史官也，習於國之故，請言故。昔在正德，餘姚孫忠烈公死濠難，子若孫接踵至九卿，書於琬琰。忠烈抗詞血刃死堂上，大理登陴肉薄死城下，大理之子，皆卿材也，天咫有徵矣。忠烈子文恪公夫人楊氏，通經教子，昌大忠烈之緒業，彤管以爲美談。忠烈之有子婦，大理之有室，皆母師也。楊毘忠烈於再世，在宗社底定，天晶日明之後則易。王相大理於初沒，在疆圉震訌，巢傾室毀之日則難。迄於今，日窮星回，陵谷遷改，而能使箕裘有聞，蘭錡如故，則尤難之難也。天之望人也厚，則其責之也難。其責之也難，則其報之也力。先君寡人，淑人則既命之矣。天之責二氏也，與其報之也，皆二氏之自最者也。余之所復於淑人也〔四〕，天道也，國故也。其敢以史巫之言進乎？

袁子曰：「然則稱壽之舉奈何？」余曰：行也。聽淑人之言，言稱先君，不忘本也。稱二三子，尊賓也。稱孺子，主人之所以事賓也。安不忘危，存不忘亡，和樂而不流，安燕而不亂，燕饗之禮具焉。斯令妻壽母之所以著教也。都人士聞之，相率奉〔五〕薦祭酒，舒雁行列，沃洗以獻於〔六〕淑人。禮儀卒事，主人拜送，賓歌南山之詩而出。君子謂余善頌善禱，而宋氏之燕爲不徒也。

【校記】

〔一〕此文亦收於文集補遺卷中、外集卷十二。〔二〕外集作「童」。〔三〕文集補遺作「駿其」，外集衹作「駿」。〔四〕文集補遺作「者」。〔五〕外集作「奉」，文鈔補遺、文集補遺作「祭」。〔六〕外集無「於」字。

葉母姚太孺人七十榮壽序〔一〕

自唐、宋以來，進士制科之典，未有隆重於今日者。士既舉南宮，對大廷〔二〕，制詔諭子〔三〕大夫：其盡心以對。當寧親御翰墨，拔其尤者三人。臚傳禮畢，百官致詞稱賀。席帽舉子，得膺斯選，旦而遇冢卿於塗，立馬拱揖而過。既而旅見諸大老，必問訊家世云何。其有名公卿後及父母具慶，喜動顏色，傳相告語。其榮幸於朝右如此。

順治己亥歲〔四〕，崑山葉君訒菴第三人及第。臚傳之後，旅見諸老，問知爲文莊公後人則喜，問知太孺人在堂則又喜。約略如前所云。葉君授官太史，㒧直踰年。奉英蕩之節，歸省太孺人。太孺人以四月二十六日爲七十設帨〔五〕之辰，崑之士大夫，考鐘伐鼓，歌壽豈，誦介福，其詞不可勝書，書其大者。頌太孺人之勤勞共儉，母師女宗，娠賢媲德，鷄鳴以佐奉常，丸熊以育太史兄弟也。頌太史之有嵋初難兄，連茹而同升也。頌太史之有敷〔六〕文介弟，花萼而相暉也。燕喜之詞，約略如朝右所云，而又加詳焉。

太孺人鞠衣翟茀，副褘正席，呼太史而詔之曰：「吾輟魚菽之祭，而分大官之膳。蓬池之膾以加飯，郢水之醪以命觴。微子則不及此。吾聞之，『無念爾祖，聿修厥德』，而無忘文莊之節鎮兩廣，投椰子於嶺下也。而無忘而〔七〕父之繩其祖武〔八〕，酌廉泉而載片石也。吾婦人也，不知玉堂故事。五科三狀元之謡，翦髮後聞諸傅姆矣〔九〕。吾望而之爲恭靖、文簡風節在汗青也。吾望而之爲文康百雉之城，造福於易世也。諸君子之祝嘏則美矣，雖然，頌也而不規，備官之訓，非吾所聞於敬姜也。爲我偏拜諸君子，吴中有班白遺老，習乎〔一〇〕掌故者，而乞言焉，其〔一一〕可以有光於斯燕乎？」

於是諸君子撰幣致書，詢於舊史氏謙益。謙益曰：善哉太孺人之言。述祖德，孝也。企往哲，明也。昭内訓，慈也。貴而善下，盈而知戒，天人之道備矣。徵諸頌圖〔一二〕，著之琬琰，其何以尚諸？謹授簡而書之，用〔一三〕以告彤史焉〔一四〕。

【校記】

〔一〕此文亦收於文集補遺卷中、外集卷十二。　〔二〕文集補遺、外集作「廷」，文鈔補遺作「庭」。　〔三〕文集補遺無「子」字。　〔四〕此句五字，文集補遺衹作「今年」，外集衹作「今」。　〔五〕外集作「設帨七十」。　〔六〕文集補遺、外集作「孚」。　〔七〕外集作「爾」。　〔八〕文集補遺作「父」。　〔九〕外集作「母」。　〔一〇〕文集補遺、外集作「於」。　〔一一〕外集作「庶」。　〔一二〕外集作「圖頌」。　〔一三〕外集有「用」字，文鈔補遺、文集補遺無。　〔一四〕文集補遺、外集有「焉」字，文鈔補遺無。

奉壽金母管太孺人五十初度序〔一〕

吳門金母管太孺人者，故朝列大夫東溟先生之曾孫女，孝廉子韋之女，金文學豫章之配而太史嘉賓之母也。太孺人少嫺婉娩，長著仁孝。既饋交賀，辛勤旨蓄，相助夫子，蔚爲碩儒。昊天不吊，嚴霜夏零。太孺人年〔二〕未三十，截髮自誓。青鬢顧影，寒燈輟哭。誠敬以送往，血淚以字孤。家門肅穆，宗黨歸仁。纔與節合，吳中鬚眉丈夫，自愧弗如也。

既而太史起家孤孩，步武館閣。休沐里中，爲太孺人稱壽。綸綍自天，桃李盈庭。版輿在御，文駟即塗。閭里聚觀，以爲盛事。賢士大夫給諫吳君、侍御李君輩，相與舒雁行列，洗爵致賀，屬余爲燕喜之文。諸君子之意，以余舊承乏史局，當制代言。崇奬節孝，不習爲巫祝頌禱，可以薦於太孺人也。

余觀盛古之世，風俗休明，崇重閫教。師傅保姆之防，詩書圖史之戒，珩璜琚瑀之節，威儀動作之度，始於宮闈，被於翟茀，而流傳於鄉里婦孺。世衰道微，女史不作，丹華盛而窈窕亂，固已久矣〔三〕。余少游東溟先生之門，被〔四〕服其彝〔五〕訓，以謂修身齊家，標舉〔六〕

百代之學的，必自閑有家始。着從先維俗議，所以肅閨門謹房室教貞順而誡逸豫者，如坊〔七〕止水，如律禁非，斤斤乎不少假貸也。太孺人爲先生孫女，胚胎前光，稟承儀法，堅貞苦節，凛然稱令妻節母。豈非源遠流長，其來有自者哉？

頃者儒門熠熄，禪宗昌披。翠帷砥室之女子，皈向空門，莫不舉揚公案，拈唱錤拂。龐行婆、范縣君之流，比屋皆是，識者蓋深憂之。太孺人戒稟木叉，教通貝葉。鏃礪志行，現陶嬰梁寡之身，而爲女人説法。於吾師之教，所謂圓規方矩，從心宗起脚，印合於應世之儀像者，殆若有符契焉。自先生夢奠後五十餘年，流風遺書，僅存於秦灰汲竹。而太孺人重規叠矩。發聞斯世。持世之君子，有能表微闡幽者，率是而行，可以繩狂砭僞，挽儒禪兩家之末流，而會歸於有極。乾元惕若之宗旨，不絶如綫，其將自他而有耀乎？世之梔貌蠟言，牆高基下者，其〔八〕敢迂視先哲，以土龍芻狗相訾謷哉？

自古區明節義，表樹風聲者，烏頭綽楔，崇臺漆書之制，載〔九〕在掌故。旌門圖頌，丹青琬琰之文，出於史館。今兹述祖德〔一〇〕，標〔一一〕儒行〔一二〕，劬躬壽後，彰大儒之效於末俗者，則自太孺人始。余老而昏忘，不任載筆之役。謏聞樸學，竊舉師門之緒論，推而明之，殆亦古之女史畫〔一三〕佩服而繫頌圖者所未逮也。若夫孟母之設俎豆也，敬姜之訓幅軸也，太史奉母師之慈誨，式穀似之。當有如劉光禄、范詹事者，揄揚盛美，懸諸日月〔一四〕，余何敢贊一辭？謹叙次其言。復於諸君子，以報其授簡之意。諸君子曰：「善哉斯文！旌女宗、闡正學、考〔一五〕惇史，一章之中，三善備焉。不獨以侑長筵之觴，太史其將藏而弆之，以傳於册府。」

【校記】

〔一〕此文亦收於文集補遺卷中、外集卷十二。　〔二〕文集補遺無「年」字。　〔三〕文集補遺無「矣」字。　〔四〕文集補遺、外集作「被」，文鈔補遺作「佩」。　〔五〕文集補遺、外集作「懿」。　〔六〕文集補遺、外集無「標舉」二字。　〔七〕文集補遺、外集作「防」。　〔八〕文鈔補遺「其」下有「誰」字，文集補遺、外集無。　〔九〕文集補遺、外集作「義」。　〔一〇〕文集補遺作「行」。　〔一一〕文集補遺、外集作「旌」。　〔一二〕文集補遺無「行」字。　〔一三〕文集補遺、外集作「矜」。　〔一四〕文集補遺、外集無此四字。　〔一五〕文集補遺、外集作「表」。

錢母吴太孺人七十壽序〔一〕

歲在乙未，吾宗給諫曼修之母吴太孺人春秋七十。望後九日〔二〕，爲設帨之辰。宗黨親串，相與撰玉帛，考鐘鼓，舒雁行列，稱百年之觴。曼修以余爲宗老，請爲介壽之文。

余交曼修一〔三〕門凡三世矣。知太孺人内行爲詳。以都憲公巨人長德，建牙樹纛，所謂「高山深林，龍虎傑魁人」也，而太孺人肅恭誠至，既饋交賀，爲之賢婦。以封給諫公汲古好修，敬宗收族，所謂「鸞鵠停峙，能守其業」者也，而太孺人黽勉敬戒，媲德娠賢，爲之令妻。以給諫兄弟胚胎前光，繩其祖武，所謂「瑶環瑜珥，蘭茁其芽」者也，而太孺人端一誠莊，七箸教誨，爲之賢母。給諫初奉簜節，繼拜掖垣。象服鸞書，自天有耀。固已寵光閨門，流傳圖史矣。陵谷變遷，劫波輪轉。六年華觀，焚蕩沉灰。千梵璚臺，漂淪驟雨。昔日之高門綽楔，干霄薄雲，銅山金穴，傾都敵國，其無恙者有幾？昔日之青油暢轂，接踵比肩，飛蓋軒車，成陰流水，其與存者有幾？孰〔四〕有如太孺人之家門，蘭錡不改，堂構日新，行馬施門，文駟有煒者乎？孰有如太孺人之子，南陔比潔，白華有聞，鋒車首塗，禁省虚席者乎？孰有如太孺人之諸孫，横經籍書，金舂玉應，有攜有嬰，扶牀坐膝者乎？壽觴既舉，慈顔載和。輕軒板輿，垂魚委佩，三江東海之間，榮〔五〕光浮而休氣塞，東南候望者以爲祥異，不獨長筵燕喜，爲一家之盛事也。

雖然，吾聞太孺人之緒言矣，不可以不著也。太孺人年高矣，而織紝不衰，諸子婦諫止之，則時時引魯敬姜之言以相勑誡。敬姜之言曰：「治國之要，盡在經矣，幅可以爲將，畫可以爲正，樞〔六〕可以爲相，軸〔七〕可以爲三公。」文伯弗是也，曰：「以歜之家，而主猶績，是以有童子備官之憂也。」思深哉！太孺人之以績教也。給諫臚太孺人之内行，以斯言爲首，給諫其知之矣。其所爲朝考其職，夕序其業，夜庀其家事者，固已服習太孺人幅軸之訓，無敢滛心而舍力矣。給諫身雖暫退，其聲光氣象，猶映望於玉衡大斗之間。太孺人端居燕處，副褘而臨之。給諫無忘其幅軸也，猶太孺人之無忘其職績也。

天休滋至，經營告成。給諫將竟其緵紀鋮檖之業，以終太孺人珩璜琚瑀之訓，斯給諫之所以壽太孺人也。若猶是稱千金、酬萬年，掇拾玉山瑶池戴勝虎齒之故事，以薦於太孺人，太孺人，母師也，將聽〔八〕然一笑曰：「安用是巫祝之言爲？」余禮先一飯，亦將揚觶而退，其何辭以稱斯〔九〕燕哉？太孺人聞而喜曰：「善哉！實斯言也，其自先都憲已下，實拜大賜。詩有之：『子子孫孫，勿替引之。』敬舉〔一〇〕君之觴。」

【校記】

〔一〕此文亦收於文集補遺卷中、外集卷十二。文鈔補遺題無「吴」字。〔二〕此句外集衹作「某日」，文集補遺作「□日」。〔三〕文集補遺、外集作「之」。〔四〕文集補遺、外集有「孰」字，文鈔補遺無。〔五〕外集作「榮」，文集補遺作「休」，文鈔補遺作「祥」。〔六〕文集補遺、外集作「楅」，文鈔補遺作「軸」。〔七〕文集補遺、外集作「軸」，文鈔補遺作「摘」。〔八〕文集補遺、外集作「聽」，文鈔補遺作「欣」。〔九〕文集補遺作「私」。〔一〇〕文集補遺無「舉」字。

阮母劉太安人六十壽讌序〔一〕

阮母劉太安人者，故廷尉湑〔二〕水公之女文學贈承德郎潤之公之配而職方郎敦甫之母也。夫人故名家之女，珩璜琚瑀，具有儀法。縞綦旨蓄，鷄鳴儆戒，人稱曰女士。承德公没，教養〔三〕其二子，口授經史，手疕膏火。機杼匕箸，不肅而成，人稱曰母師。敦甫少負淵敏，風起飈發，掉鞅諸生中。太安人戒之曰：「四方多故，海内有微風動揺，汝曹世受國恩，當投筆纓冠，奮身以報明主，豈應作老舉子，螢乾蠹老，鑽穴章句中耶〔四〕？」敦甫兄弟講求方略，結納豪傑，班荆指囷，有古國士之風，太安人之教也。太安人家於皖，干戈隳突，家室焚如。流離避地〔五〕，門屏肅然。敦甫枕戈珥筆，從事淮海。太安人意殊安之，曰：「男兒要在能宛國。魚魚鹿鹿，婉孌牀膝〔六〕，非吾子也。」敦甫從戎奏最，貤封太安人。太安人愀然曰：「四海南奔，王室如燬。嫠緯之不暇恤，敢思其他？」太安人賢明博達，通曉大義，皆此類也。

太安人壽六十，敦甫居伏波公幕府，方有師命〔七〕。今幸〔八〕解嚴振旅，將以蕭辰暇日，馳歸稱壽，再拜而乞祝嘏之詞。余觀太安人母子間，憂國恤敦志義稱引教戒，有古人風。今將爲長筵介壽，巫祝頌禱之詞〔九〕，豈所以薦於太安人乎？余考古賢母，春秋、戰國間得二母焉。魯公父文伯之母，以織袵教也。齊王孫賈之母，以門閭教也。季氏之母之教其子也，曰：「樞可以爲相，軸可以爲三公。」文伯嘗是言也，無以張魯。王孫氏之母之教其子也，曰：「日出則倚閭以望，暮出則倚門以望。」王孫賈説是言也，卒以興齊。太安人之教戒敦甫，於二母之云，寧不兼舉之乎？

敦甫遇益蹇，心益開，才彌高，志彌下。天將老其材以大有爲也，太安人其知之矣。出入戎幕，優渥書記，如昔人之所稱君家元瑜者，於太安人杼軸之教，譬如萬里之行，今始於足下也。以伏波公之威名，登壇秉鉞，敦甫載冰雪，突鋒刃，相從於圍城之中。太安人門閭之望，視敦甫在淮海時何如？昔以殉國，今以殉友。搤臂嚙指，母子間誠感則一。吾有以知太安人之不舍然也。今日者，壽觴初舉，板輿在御。鈴索寢息，珠履優閑。以飲至遄歸之日，爲登堂介壽之期。太安人從容燕喜，追思往事，噩夢初回，驚濤在耳。其亦可以停杯嘆息，爲敦甫舉一觴也已。

余之所以壽太安人者如此。敦甫請於伏波，馳余言以獻太安人。太安人曰：「善哉！夫子之觴我，猶杜舉也，敢終徼惠於夫子。請以齊、魯二母之教，諄諄〔一〇〕申之，使未亡人無忘子之樞軸也，使孺子無忘母之門閭也。詩不云乎：『先君〔一一〕之思，以勗〔一二〕寡人。』豈獨世世子孫勿替而已。」余拜而起曰：「敢憖遺太安人之德音，請並書之以爲祝。」

【校記】

〔一〕此文亦收於文集補遺卷中、外集卷十二。　〔二〕文集補遺、外集作「清」。　〔三〕文集補遺、外集有「養」字，文鈔補遺無。　〔四〕文集補遺、外集無「耶」字。　〔五〕文集補遺、外集無此句四字。　〔六〕文集補遺、外集作「席」。〔七〕文集補遺無「命」字。〔八〕文集補遺、外集作「幸」，文鈔補遺作「年」。〔九〕文集補遺、外集脱「余觀」以下至「頌禱之詞」三十五字。〔一〇〕文集補遺、外集作「諄諄」，文鈔補遺作「錞於」。〔一一〕文集補遺、外集作「先君」，文鈔補遺作「云誰」。〔一二〕文集補遺、外集作「以勗」，文鈔補遺作「先君」。

曹母陳孺人八十壽序〔一〕

先帝崇禎癸未之歲，嘉禾陳子子木自 公車歸，爲其母曹太孺人稱七十壽，來徵祝嘏之詞。越十載，爲今年癸巳，太孺人年登八十，子木偕其弟及子姓，燕喜稱慶，視昔有加，而復來徵言於余。太孺人蔭藉高華，媲德娠賢，女士母師之儀範，余之前言，已約略盡之，而世或亦耳而目之矣。乃余於茲燕，則重有感嘆焉。

遡太孺人稱壽之年，至於今日，不過十易寒暑，恍然如昔夢耳。而其中高陵深谷，夜壑遷移，刹那刹那，瞬息變壞，則雖用浄居之天衣，拂八里之石，其時分迢然，有不能指數者矣。十年之中，浩劫輪轉。六甲〔二〕華觀，焚蕩沉灰；千梵瓊臺，漂淪驟雨。昔日之高門綽楔，干霄薄雲，銅山金穴，傾都敵國〔三〕，其無恙者有〔四〕幾？昔日之青油暢轂，接跡比肩，飛蓋〔五〕軒車，成陰流水，其與存者有幾？孰有如太孺人之家門，蘭錡依然，堂構未改，喬木在望，桑榆滋茂者乎？孰有如太孺人之諸子，横經籍書，束修厲行，白華比潔，南陔有聞者乎？孰有如太孺人之〔六〕諸孫，瑶環肉好，芝蘭萌茁，仰父俯子，扶牀繞膝者乎？太孺人設帨之辰，羅長筵，列孫子，壽觴舉〔七〕，慈顏和。從容燕語，追數乃考宫詹公先朝館閣故事，御其鞠衣，則曰：「此先宫詹宫錦之遺製也。」酌其兕觥，則曰：「此先宫詹上尊之餘瀝也。」饗其異粻〔八〕宿肉，佳餚圓方，則曰：「此猶夫先宫詹天宫之饌，蓬池之鱠，而郢冰之醪也。」初爵而愾如，再爵而懌如，三爵而愉如。子木兄弟，相與徧謝賓客，千金萬年，酬酢而畢事，此亦吾黨之美談，人世之吉祥善事已矣。

吾觀内典，二十小劫中，有小三〔九〕災，次第輪轉，所謂疾疫、刀兵、饑饉是也。小災既起，劫末唯七日在。七日中無量衆生，時有一人，合集閻浮提内，惟餘一萬，留爲當來人種。以此萬人，能持善行，諸善鬼神所擁護故也。太孺人現善女人身，修清净十善，故於小災劫後，得康强壽考、吉祥如意之報。劫盡災滅之時，衆生皆出離苦惱。飲食衣服，應念所須，天即雨下。陰陽調和，身心喜樂，壽命延久。其在今日，正小劫七日後之〔一〇〕日，而壽考如太孺人，不可謂非萬人之一人也。内典所謂萬人之一人，其善果也，而〔一一〕必以能持善行爲因。儒典則曰：「仁者壽。」又曰：「積善之家，必有餘慶。」助順而佑信，福善而禍淫，立教不同，而其道理固〔一二〕互相證明也。

余於太孺人之稱壽，不爲世俗〔一三〕千歲百歲史巫〔一四〕紛若之詞，而以修善度劫、積善致祥之説，互舉而颺言之。使夫與於陳氏之壽讌，卒飲而退者，莫不欣欣然動容相告，起束身持戒，熏修積劫之弘願焉，其於以爲太孺人壽也，不亦大乎？子木以是言復於太孺人，太孺人〔一五〕曰：「善！敬舉君之觴。」

【校記】

〔一〕此文亦收於文集補遺卷中、外集卷十二。篇中文字有與陸孟鳧七十壽序、錢母吴太孺人七十壽序相同者。

〔二〕文集補遺、外集作「甲」，文鈔補遺作「年」。〔三〕文鈔補遺「國」下有「者」字，文集補遺、外集無。〔四〕文集補遺、外集作「有」，文鈔補遺作「凡」。〔五〕外集作「車」。〔六〕文集補遺、外集有「之」字，文鈔補遺無。〔七〕文集補遺作「奉」。〔八〕文集補遺作「糧」。〔九〕文集補遺、外集作「三小」。〔一〇〕外集「之」下有「一」字。〔一一〕文集補遺、外集無「而」字。〔一二〕文集補遺、外集作「則」。〔一三〕文集補遺、外集無「世俗」二字。〔一四〕文集補遺作「誣」。〔一五〕文集補遺無後「太孺人」三字。

大佛頂首楞嚴經疏蒙鈔緣起論〔一〕

萬曆己亥之歲，蒙年一十有八，我神宗顯皇帝二十有七年也。帖括之暇，先宫保命閲首楞嚴經。中秋之夕，讀衆生業果一章，忽發深省，寥然如涼風振簫，晨鐘扣枕。夜夢至一空堂，世尊南面凝立，眉間白毫相光，昱昱面門。佛身衣袂，皆涌現白光中。旁有人傳呼禮佛，蒙趨進禮拜已，手捧經函，中貯金剛、楞嚴二經，大學一書。世尊手取楞嚴，壓金剛上，仍面命曰：「世人知持誦金剛福德，不知持誦楞嚴，福德尤大。」蒙復跪接經函，肅拜而起。既寤，金口圓音，落落在耳。由是憶想隔生，思惟昔夢。染神浹骨，諦信不疑矣〔二〕。

備官詞林，討論典故。聞嘉靖中內江趙大洲教習庶吉士，課讀楞嚴，謂諸君年長四十，少亦三十，不以此時讀此經，待何時耶？三復斯語，鞭影入心，不自知口呿齒擊、急杵撞胸也。頓蹈仕途，流離國難。萬死備嘗，一身餘幾？波〔三〕吒填耳，斧鑕攢軀。血路魄迴，刀山魂返。噩夢乍歇，藏識孤明。楞嚴積因，影現心目〔四〕。經言：「如汝昔年，覩一奇物，經歷年歲，忽然覆〔五〕覩，記憶宛然，曾不遺失。」誠哉是言也！

庚寅之冬，不戒於火，五車萬卷，蕩爲劫灰。佛像經厨，火燄輒返。金容梵夾，如有神護。震〔六〕慴良久，矍然憬悟。是誠我佛世尊，深慈大悲，愍我多生曠劫，遊盤世間文字海中，没命洄淵，不克自出。故遣火頭金剛猛利告報，相拔救耳。尅念瘡疣，痛求對治。刳心發願，誓盡餘年，將世間文字因緣，迴向般若。憶識誦習，緣熟是經，覽塵未忘，披文如故。撫劫後之餘燼，如寤時人說夢中事。開夢裏〔七〕之經函，如醒中人取夢中物。此佛頂蒙鈔一大緣起也。

竊自循省，厥因有三。名言〔八〕習氣，書生筆格。剽觀河之玄義，模寫逝川；拾圓通之剩文，發揮耳順〔九〕。採掇菁華，鋪陳粉繪。添乳中之水，雜彼醍醐；收茹後之泥，塗茲場地。博易不殊摶黍，遊戲亦類聚沙。其因一也。上黨舊遊，曾遺正脈；交光正脈，友人程孟陽遊澤、潞得本。吴門法侣，先贈圓通。幽溪圓通疏初出，即中兄贈我，曰：「此後時閲首楞標準也。」迨三篋得脱沈灰，而二本仍棲舊庋。惟茲初簣，用爲先資。雖非覺海之全珠，抑亦昏塗之束炬。其因二也。東海徵心，少依講席；指東溟管夫子。牢山懸鏡，長侍巾瓶。指海印憨山大師。典刑日遠，記莂自慚。違先生之況，歧路茫茫；煩智者之訶，問〔一〇〕橋種種。廻心遲暮，仰託師承。灌頂之大法昭然，覺迷之緒言具在。入室敢同真子，泛海終藉導師。其因三也。

此經章門廣博，標指參差。三觀横分，三摩錯互。舊解既表中未定，新章亦逐北〔一一〕同走〔一二〕。竊欲甄明總別，參詳異同。蒐剔本根，薙剟稂莠。務俾鈐鍵開滌，教觀分明。入三摩地門，照涅槃日，示〔一三〕明了〔一四〕還家之路；修三無漏學，濯奢摩水，斷輪廻生死之根。庶可以上報佛恩，下酬誓〔一五〕願，是本心也。會稡〔一六〕一經，披尋三載。鈔畧十卷，但〔一七〕是筌罤；諮決十章，敢云懸敘。慧慚天鳥，鈍笑人牛。斯所以執簡汗顔，臨文永嘆也。

昔者宋學士景濂嘗言：清涼大士一遵如來遺教，學無常師。問律〔一八〕於澧公，受南山行事於曇一，傳涅槃起信法界觀還源記於瓦官，咨雜華於大誑，習天台止觀、法華、維摩等疏於荆溪，參決南宗禪學於牛頭忠、徑山欽，羣機盡攝，萬理俱融，卓然爲一代之師。去聖日遠，末學支分。欲總萃諸家，折衷融貫，恨鮮有可言斯事者。居今之世，末法倒瀾，時教凌夷，魔外鋒起。誠欲兼綜性相，和會台賢，抉擿生盲〔一九〕，枝柱惡覺，故當弘闡此經，導其先路。斯則照萬法之智燈，燭羣邪之慧〔二〇〕鏡，撈籠末劫，津筏異生者也。標斯言於經首，庶以當發願文。仰扣三尊，冥求加被。世之法將，有智〔二一〕覺轉輪，深心荷擔，如學士其人者，施我慧目，鑒而助之。歲在閼逢敦牂，九月三日，海印弟子虞山蒙叟錢謙益焚香肅拜，敬書於絳雲餘燼處之右厢〔二二〕。

【校記】

〔一〕此文亦收於外集卷二、邃漢齋印有學集補遺卷下。題從外集。邃印補遺「疏」下有「解」字，「緣起論」作「録始」。文鈔補遺題作「佛頂蒙鈔目録後記」。　〔二〕邃本無「矣」字。　〔三〕邃本作「呼」。　〔四〕邃本無「目」字。　〔五〕邃本作「復」。　〔六〕邃本作「震」，文鈔補遺、外集作「變」。　〔七〕邃本作「中」。　〔八〕邃本作「儒」。　〔九〕邃本作「身明」，誤。　〔一〇〕邃本作「間」。　〔一一〕邃本作「非」。　〔一二〕邃本作「趨」。　〔一三〕邃本作「長」。　〔一四〕外集、邃本作「示」。　〔一五〕邃本作「矢」。　〔一六〕邃本作「合評」。　〔一七〕外集、邃本作「但」，文鈔補遺作「俱」。　〔一八〕邃本作「津」。　〔一九〕邃本作「育」。　〔二〇〕邃本作「慧」，文鈔補遺、外集作「心」。　〔二一〕邃本無「智」字。　〔二二〕外集、邃本有「歲在」以下至末三十六字，文鈔補遺無。

後　記〔一〕

錢謙益曰：蒙之鈔是經也，創始於辛卯歲之孟陬月，至今年中秋而始具草。歲凡七改，稿〔二〕則五易矣。七年之中，疾病侵尋，禍〔三〕患煎逼，僦居促數，行旅喧呶，無一日不奉經與俱。細雨孤舟，朔風短檠，曉窗鷄語，秋户蟲吟。暗燭暈筆，殘膏漬紙，細書飲格，夾注差〔四〕行。每至目輪火爆，肩髀石壓，氣息交綴，懂而就寢。蓋殘年老眼，著述之艱難若此。今得潰於成焉，幸矣！

削稿粗就，編排畧畢。插架閣筆，喟然三嘆。何嘆乎？蓋深嘆夫解經之實難，而古人之未易以〔五〕幾及也。蒙初繙此經疏解，上遡資中，下循長水。文質理精，詞簡義富〔六〕，有讀之三四過猶未了者，有繹之三四年始得解者。少言多義，自古皆然。無不契真〔七〕，無不成觀。今師〔八〕箋釋，波瀾滿紙，少時涉眼，亦自爛然。旋目〔九〕觀之，氣味索薄。如翳眼亂華，都無生處。其或披新獵異，自數珍寶。不知互互〔一〇〕料簡，胥爲芻狗之已陳。又或立義開章，別安眉目。不知彼彼〔一一〕具含，元是籬落之長物。去古久遠，聖師不作。學者之智日〔一二〕麄，則〔一三〕心益不小，學日陋，則見益不圓。未了宗源，輒加搴剟。不詳利病，先設砧椎。道安有言：「豈將不知法者勇乎？」蒙爲此懼，蓋已有年。鈔畧一周，平心普告。竊謂自今已往，一切大乘契經，與夫諸聖造論，宗趣深遠，義疏繁芿〔一四〕者，胥當依佛頂之例，權閣今文，先宗古釋。務俾先佛心宗，與古師教眼，分齊脗合，血脈疏通，大義炳然，微言不墜。然後網羅多家〔一五〕，衷其得失，將使四河俱入，勿令一漚自認。如是則如來之慧命續矣，法燈衍矣，宗教不患乎分塗，魔外不憂其熾盛矣。正法難聞，魔民未〔一六〕憋。汝遵佛語，名報佛恩。凡我善友，無忽苦言。共截象流，免遊兔徑。如以爲是古非今，卑他尊己，大妄語成，墜無間獄。佛有明誨，敢食斯言。

是鈔也，激贊諮決，親加標目。慫恿卒業，發願流通者，蒼雪徹師也。指決三摩〔一七〕，冥符古義，相期揚搉，未覩厥成者，藕益旭師也。與聞草創〔一八〕，共事藍縷，採掇清涼，佽助旁論者，含光渠師也。指瑜伽之教相，考匡王之生年，蒐剔小宗，旁資引證者，楚松影省師也。明鏡清流，不辭披拂，霜天雪夜，共許參求者，長干社中最伊聞師、介立旦師、雪藏韶師、介丘殘師也。耳目濡染，晨夕扣擊，歡喜贊嘆，異口同音者，里中石林源師及亡友陸銑孟鳧也〔一九〕。敢告諸方，勿恡誨迪。凡霑法乳，敬竢續書。歲在强圉作噩，中秋十有一日，輟簡再記於碧梧紅豆莊。是歲長至日，書於長干大報恩寺之修藏社〔二〇〕。

【校記】

〔一〕此文亦收於外集卷二、邃印有學集補遺卷下，題俱作「後記」。文鈔補遺「後」作「再」。〔二〕邃本作「草」。〔三〕外集作「裀」。〔四〕邃本作「成」。〔五〕邃本無「以」字。〔六〕邃本作「當」。〔七〕邃本、外集作「真」，文鈔補遺作「直」。〔八〕邃本作「所」。〔九〕邃本作「白」。〔一〇〕邃本作「此之」。〔一一〕邃本作「之」。〔一二〕邃本無「日」字。〔一三〕邃本作「而」。〔一四〕邃本作「蕪」。〔一五〕邃本作「宗」。〔一六〕邃本此三字作「慧命來」。〔一七〕邃本作「之魔」。〔一八〕外集作「暢」。〔一九〕邃本作「孟鳧陸銑」，無「也」字。外集作「孟鳧陸銑也」。〔二〇〕邃本、外集有「歲在」以下至末三十九字，文鈔補遺無。

重記〔一〕

丁酉長至，遇雪藏韶師於長干，出斯鈔就正。韶師偕介丘殘師，呵凍開卷，廢寢食五晝夜。讀罷，説八偈以唱嘆。介丘告我曰：「雪老教乘宿學，不妄許可一字，謂此得楞嚴大全，古聖師面目各在，亟宜流布，勿復疑滯。」踰三年己亥，江村歲晚，覆視舊稿，良多踳駁。抖擻筋力，刊定繕寫。寒燈闇淡，老眼昏花，五閲月始輟簡。卷帙粗了，韶師順〔二〕世之音旋〔三〕至。及門之士，佽助鉛槧，若毛晉、黄〔四〕翼、何雲者，一歲中相繼捐館。法將徂謝，伴侣凋零。少分緇經，殺青未愸。逝川藏舟之感，迢然如積劫矣。

明歲，余〔五〕年八十。室人勸請流通法寶，以報佛恩，遂勉狥其意。然此鈔不敢終閟者，以韶師及諸方敦趣之故。而韶師囑累一念，逾於肉燈身坐，尤不忍其抑没也〔六〕。韶師偈有曰：「七處徵心妄本空，八還何處覓行踪？不知身在含元殿，更問披蓑釣雪翁？」又曰：「不生不滅是根因，三世如來共一門。欲識劫前無混濁，一聲羌笛鬧銷魂。」讀斯鈔者，知韶師爲法深心。八偈在簡〔七〕端，一一皆發妙高頂楗椎聲矣。韶師住〔八〕匡山，爲蕭伯玉所諮請。今兹刻經，伯玉猶子孟昉，首先唱導，亦因緣〔九〕也。上章困敦〔一〇〕歲，三月三日，敬他老人謙益焚香再拜，重紀歲月。

【校記】

〔一〕此文收於邃印有學集補遺卷下、外集卷二。文鈔補遺未收。但此與前二篇銜接，不應分割，兹據邃本、外集互校增入。

〔二〕外集作「順」，邃本作「明」。〔三〕邃本「旋」下有「在」字，外集無。〔四〕外集作「黄」，邃本作「昔」。

〔五〕外集作「余」，邃本作「今」。〔六〕邃本「也」下有「已」字，外集無。〔七〕邃本作「簡」，外集作「卷」。

〔八〕外集作「住」，邃本作「往」。〔九〕邃本作「因緣」，外集作「緣因」。〔一〇〕外集「敦」下有「之」字，邃本無。

異夢記 并偈〔一〕

婁東黄進士庭表，未第時僑居吴門。丙申七月夜，夢赤日中湧現寶塔，放大光明，照耀此方世界。光頂現觀世音菩薩像，妙好莊嚴，於寶蓮華上結跏趺坐。兩金色童子夾侍，執幡垂蓋，種種嚴飾。庭表身在清净光中，頂禮尊容，踴躍歡抃〔二〕，得未曾有。自此染神刻骨，皈向三寶。酉、戌以來，洊經憂虞，身心輕安，福緣增上，知爲佛菩薩慈光加被，非人力也。乃命工繪塔光聖像，朝夕瞻拜，並以啓告清信四衆。

余觀法華經序品，佛將説無量義經，先放眉間白毫相光，照東方萬八千世界。三周法備，四衆記圓，次説見寶塔品。説法已畢，開顯圓行流通，次説觀世音菩薩普門品。今此夢中，先湧寶塔，次放净光，光中現大士身，七卷弘文，靈山一會，隱然輨〔三〕轄於此。經言七寶塔從地湧出，又在空中。地湧，表法身不滅也〔四〕。在空，表法身如塔踴空也。今此夢塔，有其二義。又在赤日中，表日月光朗然洞明，破一切無明蔭覆也。大通聖智佛大光普照，諸梵天王皆相驚怪。不知何緣，唯大梵王乃能尋光見相？博地凡夫，於睡夢中，不假推尋而瞥見光相，此何因也？十方諸佛往〔五〕娑婆世界，供養多寶如來寶塔，各將一大菩薩以爲侍者。今何以獨見觀世音？佛菩薩誓願於索訶世界救度剛强衆生，釋迦三變穢土，觀世音徧顯普門，無量功德，皆在多寶塔中，分身來集。即多寶是觀音，即觀音是多寶。三周開示，因該果徹，圓滿具足，故曰：此一夢中，靈山一會，輨轄於此。非虛語也。

聚沙居士老爲佛子，親逢勝事，頓憶往因。歡喜讚嘆，合十指爪而説偈曰：

昔我童稚時，夢中見寶塔。幢幡寶纓絡，裝校皆真珠。珠中然〔六〕寶燈，一一光映徹。菩薩諸天人，周遭憑欄楯。齊出妙音聲，唱嘆諸佛法。停住虚空中，廻翔而西逝。落落天梵音，睡覺猶在耳。旬日之蓮宫，諷誦寶塔品。風鈴樹羅網，宛然見昔夢。又夢往昔世，爲金馬道人。與尊者角法，寶塔見手中。四衆悉歸依，尊者爲義墮。用是自思維，得非積劫中，曾供養舍利？故於睡夢時，重叠現斯事。以此居士號，自命爲聚沙。今逢夢塔因，昔夢復湧現。安知恒沙劫，不同授佛〔七〕記？我今重思惟，爾夢非聊爾。佛放毫相光，如白琉璃筒。色界小梵天，尋光不能到。夢中見浄光，心光破爍故。多生種善根，曾蒙佛光故。我聞天台師，廣演普門品。十雙並五隻，復次開十門。如珠雨寶故，藥樹愈病故。如阿修羅琴，説法自在故。如鑿井造舟，成就衆生故。爾當劫末際，而現宰官身。當依所現身，而説解脱法。當生大悲心，當發大悲願。徧以十門普，救度於一切。持呪營十齋，如麞獨自跳。當思佛囑付，不爲自求故。舉世修行者，見塔覓相輪。安知多寶塔，中有觀音住？

歲在壬寅，陽月二十六日，聚沙居士錢謙益和南謹述〔八〕。

【校記】

〔一〕此文亦收於外集卷十三。〔二〕外集作「忻」。〔三〕外集作「管」。〔四〕外集無「也」字。

〔五〕外集作「住」。　〔六〕外集作「龍」。　〔七〕外集作「佛授」。　〔八〕外集無「歲在」以下至末二十一字。

新建巡撫都察院碑記〔一〕

江南巡撫都察院有行臺在吴郡，其來舊矣。開闢之初，兵燹甫熄，軍務旁午，規恢草創。節鉞重臣涖兹地者，廨宇焚燬，僦邑屋以居。湫隘囂塵，促數移徙。順治九年，滿洲振宇周公特奉簡命，擢少司馬兼大中丞，建節於斯，顧瞻雉門，慨然而嘆曰：「國家念東南根本，左顧旰食。臨遣大臣，保釐俾乂。惟兹公署，建牙開府，所以出政治，肅觀聽，整飭官吏，統率軍民。顧乃雜居市廛，偪處闤闠。何以張皇恢廓，居高馭卑，仰稱璽書節鉞，崇重簡任之至意乎？」乃卜地於吴城之異隅，高明爽塏，風氣茂密，於營建爲宜。相地宫宅，量日庀材。經始於順治九年之十一月十六日，蕆事於十年二月二十二〔二〕日，凡三閲月而畢工。堂皇鵠起，棟宇翬飛。戟門角張，繚垣翼布。將領舍次〔三〕於前茅，軍伍列營於右掖。廊序周廻，閈閎高厚。瞻企者心開，奔趨者氣肅。堂堂然，鬱鬱然，信列鎮之壯觀，百代之洪規也。

惟公居官，潔己奉公，忘身爲國。飲冰茹蘖，惡衣菲食。一鏹之餘，寸鍰之入，必歸公家，不少染指。公署之成也，上不支公帑，下不用民力。官府忘科率之擾，閭閻免追呼之困。工鉅而費約，役重而勞省。落成之日，庶民子來，烝徒謳歌，有勿亟之思，而無擧羸之嘆。古之善興作者，未有是也。

公以公忠之性，秉愷悌之心。以潔白之操，兼通敏之識。下車已來，鉥心蒿目，日夜思保綏東南半壁，哺乳百萬億蒼生赤子，以對敭當寧之休命。未明而求衣，辨色而視事。視一民之未乂，一物之失所，不啻痌瘝切身，而陷溺由己也。爬搔利病，蒐剔耗蠹，懲貪墨、禁奸宄，汲汲乎若暍而〔四〕求蔭、饑而〔五〕思食也。知有軍國，不知有身家；知有地方，不知有官爵；知有信天日、誓鬼神，不知有利害毁譽。凡有所建除興革，皆以利一方、垂百世，不徒以粉飾觀美，補苴目睫。兹院之營造，蓋亦其大端也。

夫世之擁高牙樹大纛者，率皆乘時以營職，計日而待遷，以人閲官，猶之傳舍云耳。公之興此役也，美輪奂、動卜築〔六〕，若將治垣屋焉，若欲長子孫焉，良不忍載高食厚，傳舍其官。而經營拮据，爲百年不朽之計。斯〔七〕其用意，誠深切且遠矣。嗟夫！春秋之法，興作必書。魯人之頌閟宫也，曰：「乃立皋門，皋門有伉。乃立應門，應門將將。」以是爲順天時、考國工，非他力役之可比也。後有良史，知〔八〕春秋魯頌之法者，於公是擧，當大書特書，以爲後世法。庶幾俾繼公撫吳者，居於斯，涖於斯，出治於斯，自公退食，俯仰周覽，因公之締構，而深思其所以勤勞我三吳，克〔九〕稱保乂之重任者。則斯院永久〔一〇〕不壞，而公之良法美意，亦與之俱無窮也。

公撫吳政績，未可更僕數。邇者海上之役，鯨鯢遠遁，風鶴不驚，有輿人之誦及國史在，亦不能累書。余，吳民也，舊待罪史局，承公之命，謹載筆以識興造之歲月，而系之以銘。銘曰：

南畿分域，八區晻靄。星應斗牛，地跨江海。三吳財賦，甲於中州。神臯陸海，飛輓如流。惟兹中臺，屹爲重鎮。咽喉越、閩，襟帶揚、潤。瓊臺漂雨，華觀沉灰。滄桑〔一一〕甫闢，榛莽未開。

有煒周公，朝著冠冕。玉書寶符，臨軒特遣。公撫吾吳，赤子在懷。胥出湯火，如登春臺。公於吳中，祇飲口水。宵衣視事，日昃忘晷。民欣冬日，吏慴秋霜〔一二〕。虎冠斂跡，狼星削芒。

乃瞻行臺，乃相宫宅。水涸戒工，龍見卒役。峨峨戟門，俯瞰道周。千車如水，萬瓦欲流。象緯匼匝，氣象軒敞。重闌連掖〔一三〕，列營指掌。畚插雲興，刀鋸雷動。解衣僦工，計口〔一四〕捐俸。洗我囊橐，惜彼脂膏。役無淹久，民不告勞。

公坐公堂，指麾軍令。韎韋趨風，蝥弧用命。堅城四維，舟師七萃。沿海艨艟，投戈而潰。大旱如赭，舞雩不靈〔一五〕。公齋斯堂，誓告精誠。天吳、海若，灌注時雨。山川改色，萬姓鼓舞。惟公德政，與院俱新。周廬雨露，閣道星辰。昭回汗青，炳煥丹臒。雉門兩觀，豈伊新作。粵稽楚宫，載考魯頌。完舊創始，麟史所重。勒勳琬琰，傳示久〔一六〕久。金石有泐，此碑不朽。

【校記】

〔一〕此文亦收於外集卷十八，題「碑記」作「行臺碑銘」。〔二〕外集作「六」。〔三〕外集作「次舍」。〔四〕〔五〕外集作「之」。〔六〕外集作「笠」。〔七〕外集無「斯」字。〔八〕外集作「如」。〔九〕外集「克」上有「其」字。〔一〇〕外集作「久」，文鈔補遺作「永」。〔一一〕外集作「滄桑」，文鈔補遺作「桑滄」。〔一二〕外集作「霜」，文鈔補遺作「毫」。〔一三〕外集作「掖」，文鈔補遺作「腋」。〔一四〕外集作「工」。〔一五〕外集作「雲」。〔一六〕外集作「永」。

大中丞張公靖海紀事碑〔一〕

國家奉天御宇，旌旄所向，悉臣悉庭。惟江壖海介間，尚多伏莽，嘯聚烏合，陷坎脅從。二百年來，秦璠、王艮之徒，煽禍〔二〕不休。今又勾連閩海，出没飛揚。上竊淮、楚，下躝江、浙。内哄外訌，天下大計，毫髮有間，則舉體爲之不寧。匡衛無缺，則宵旰紓其憂顧。海波靖而東南始成安壤，東南安而江、淮、閩、浙始無震隣，勢使然也。當此時，乂安南服，必有桓毅過人之畧，直亮不回之節，開誠布公，内爲當宁信倚，外爲衆志讋服，然後能沉幾先物，斧劈理解，動而建非常之功。我中丞張公，則其人也。

自公節鉞三吴，式是百辟，爲憲萬邦。揆文奮武，吏治民懷，罔不綱舉目張，尤毅然以靖海爲仔肩。兩年以來，置蒙衝而列鬬艦，備龍驤而壯虎牙，平洋寇艦，拔營南遁。然根孽未剪也。今年五月，復聯䑸直上，分犯江海。我將士受命而前，以必殺之威，予螳臂當車者；以不殺之仁，予稽顙投戈者。梟音將變，鷹眼尚存。亟謀桑土，以成撫局。公歷選將士，知儲將楊芳輩，堪兹委任。駕馭策力，密授方畧，用芳輩爲臂指。陰闔陽闢，展轉開導。海中梟獍，顧忠、王有才、王斌之屬，咨嗟涕洟，如寐方覺，如醒方醒。六月哉生魄，公遣使宣尺一之詔，傳示洋中，開自新之塗，廣並生之德。洗心易向，共享昇平。是以有八月乘間來降之約。九月五日，洋中遣使報命。公摩盾草檄，應時飛諭。海衆捧檄手額，繼以泣下，北向呼拜，遂自大陰沙聯䑸揚帆，銜尾而進楊家嘴。公遣官偵探得實，會同督鎮道諸公，諏納降之禮。九月九日，提督馬公，挐小舟飛渡顧忠艦中，揚皇恩，頌公德。越一日，諸艦齊泊上海。松守臣張筵讌勞，陳列餼牽酒肴，均飯共醉，歡聲如雷。公解衣脱帽，投贈倡率受撫者。其餘賞賚有差。金錢幣帛，皆公等蠲貲預儲，不煩公帑。二千餘衆，一時厥角稽首，復爲良民。維我伏波横海之虎臣，脱劍而拱手。水犀魚麗之軍容，有備而不陣。卷紫氣於河球，韜神芒於浦劔。神功駿烈，莫之與京矣。往時鄧茂七之自建昌流也，葉宗留之自處州奔也，蔣福城之自尤溪起也，詹師富之自盧溪聚也，或資四省夾攻之力，或賴中朝推轂之重，經歲月始平。今公命世才底定東南，馳一紙書，賢於十萬。允文允武，不競不絿，真社稷之勳哉！

人咸知公廟算之精，奏凱之速，而不知公自受事以來，操履若飲冰雪，勤勞若茹荼蓼，身在雉門堂皇之上，而心游鯨波瀚海之中。苦心籌畫，精誠孚感。鬼神莫測其畧，而人天共佑其成。公既有功不伐，謙退若不自勝。而懷鉛握槧，稱功頌德者，亦罕有能知其所以然者也。海波蕩平，吳、越底定。膚功上聞，予玄衮而貺彤弓，將在旦晚。布昭聖武，矢其文德，既庭既同，豐功懋績，固當載在策府，傳之帶礪，兹不敢贅及也。

公諱某，以僉都御史開府三吳。督臣馬公，諱某。提督臣馬公，諱某。巡按御史李公，諱某。鎮臣梁公，諱某。道臣張公，諱某。皆一心同德，以成撫事。松江守臣李君正華，蘇州海防汪君汝祺，松江海防施君洪烈，上海知縣閻君紹慶，皆協力襄事，例得書。所謂腹心爪牙之任，則將臣楊芳其最也。

余海濱老民，獲有寧宇，詠歌太平，敢竊取嘉美晉公平淮之義，爲文以紀其事，系之以詩〔三〕。

【校記】

〔一〕此文亦收於外集卷十八。　〔二〕外集作「裀」。　〔三〕外集無末四字。

按察司僉事提督江南學政江陵胡公德政碑〔一〕

按察司僉事江陵胡公，提督江南六郡學政。三年報最，秩滿將遷。崑山之孝秀盛子符升、徐子履忱，相與纂述治狀，告舊史氏謙益曰：「公稚齒才名冠三楚，架學飛文，裒然舉首。學士望風讋畏，以爲瑞人神士，朗出天外，不可梯接。及蒞吴，不鄙夷諸生，父母而師保之。頒布教條，屏棄夏楚。摳衣鼓篋，如侍杖屨。試牘旁午，充斥棟宇，丹鉛甲乙，紙落如雨。繩裁刀截，粉畫線織。碩夥織屑，不失累黍。重簷反宇，以扞日風。觴酒豆肉，恤其尸饔。講貫經籍，穿穴雅故。心開童蒙，頤解宿素。操縵安絃，縷解木攻。辨志敬業，樂甚鼓鐘。蔚彼才俊，甲坼勾萌〔二〕。鎖院奮筆，蝥弧先登。勿以一蹶，毰毸失次。刷羽整翮，厲其朝氣。童子都試，噓枯解凍。祭菜肆歌，錯愕如夢。既落鄧林，亦登郗枝。南金東箭，列置組綦。嗚鳥興歌，子衿息刺。公征甚遐，吾黨孰鑄？竊倣唐太學故事，訪於學古之士〔三〕，刻石書德，記公名字。敢有請於夫子。」

余以老病固辭弗獲，既而歎曰：「吾少授〔四〕春秋，習左氏内外傳，竊有徵於楚故。韓起之聘魯也，見易傳與魯春秋〔五〕，徵周禮焉。吾夫子得陽豫之卦，行求十二國寶書，晚而韋編三絶。楚人稱左史倚相曰：『是能讀三墳五典八索九丘。』不待北學，周、魯之文章，盡在楚矣。申叔時之論傅太子也，曰：『教之春秋，教之詩，教之禮，教之樂。』以迫教之世子〔六〕訓典説〔七〕命之終始典學，與周家塾庠序學之教，綱舉目張，胥備於此矣。胡公，楚産也。讀墳典丘索之書，申明春秋、詩、禮之教，江南之輕心，三吴之浮音，瞿然顧化，一變而爲騶、魯。古者比年入學，中年考校，歷七年九年而後大成。公視學三年，而收九年大成之效。世之俗儒，謂聖遠言湮，先王之教化不可見於今日。豈不悖哉？頌胡公者，推本左史申公之教學，而會約於周、魯，先河後海，其庶幾〔八〕乎！六郡列城三十，崑山，學使駐節地也。書言東方日出之處，謂之暘谷。崑山，亦公之暘谷也。都人士生於此邦，若木之照，實首被焉。其思侔高狀明，獨先於他屬縣，宜也。」公名在恪，字念蒿，荆州之江陵人。中順治戊子解元、乙未進士。其銘曰：

黎爲火正，命曰祝融。淳耀光明，以啓南邦。光明伊何？閲世昭顯。精華旁魄，春秋墳典。金鏡不磨，珠囊未熄。是生哲匠，衡鑑南國。隙日幽蔀，寸燭昏衢。手扶斗杓，以指帝車。俾我南服，燿於黎明。文心濯濯，士氣增增。公今于征，誰其嗣此？思人念樹，斲辭舊史。嗟予昏耋，老歸〔九〕空門。公當嗑笑〔一〇〕此何州民？漁父延緣，緇帷輟經。河汾羲畫，諮予〔一一〕負苓。採樵負薪，禮樂是命。史失求野，敢告不佞。

舊史氏虞山治民錢謙益拜手撰〔一二〕

【校記】

〔一〕此文亦收於外集卷十八。　〔二〕外集作「勿崩」。　〔三〕外集無此句六字。　〔四〕外集脱「授」字。　〔五〕外集無「習左氏」以下至「魯春秋」二十五字。　〔六〕外集作「子」，文鈔補遺作「與」。　〔七〕外集作「説」，文鈔補遺作「兑」。　〔八〕外集作「矣」。　〔九〕外集作「歸」，文鈔補遺作「埽」。　〔一〇〕外集作「盍笑」，按：「盍」當作「嗑」。文鈔補遺作「遠哭」，誤。　〔一一〕外集作「于」。　〔一二〕外集有「舊史」以下至末十三字，文鈔補遺無。

與李映碧論史書

金陵一别，迢然隔世。殘年餘生，收召魂魄，尚思網羅舊聞，蒐薈殘冗，有事筆削，以是正於大君子。滄桑之餘，繼以劫火，萬卷五車，化爲焦土。始自知衰遲庸劣，天不復假我以斯文。東壁圖書，尚在維揚、淮海間。金鏡未隳，珠囊有待。三百年信史，非老親翁其誰任之？百年鼎鼎，世路悠悠。汗青頭白，古人所嘆。唯鴻筆大匠，早肩遷、固之任，無使文、武謨烈，遠指隱、桓；開、寶見聞，近同滄海。則九廟之所邀福假靈，而舊史遺民，爲之翹首企望者也。吴門袁重其叩謁龍門，託令代問起居。倘有著作，便可置郵傳示。雖復歸心空門，絶意世典，或可以積習餘因，仰資高厚也。信筆呵凍，不盡馳企。

又

往年耑使見存，不值而去。婁江有人言之。我輩心期，千古一日，殊不以音塵爲踈數也。手教殷勤，重以嘉貺。俛仰今昔，欽挹滋深。當今欲以史事相推，殊非繆爲引重。蓋劫火之後，頗知天意。而精神才力，俱不能斬新整頓。在弟則三鼓之餘，而老親翁正一鼓朝氣。舍老親翁似更無可肩此者矣。

史事之難，不在旦夕成書，而在討論貫穿，先理長編事畧之屬。今之君子，每一操觚，輒以遷、固自任。紀、傳、書、志，信手告成。如南潯、晉江諸公，徒爲後人笑端耳。往在白下，竊聞緒論。蒐訪頴國先塋之碑，頗與鄙見符合。今日舊學荒落，殘年頽墮，不能不深望於高賢也。羣雄事畧，今有傳者，似是初稿。向後增補更定，大非舊觀。即國初事畧亦然。惜哉盡付六丁，無可問矣。即如小誠意劉廌、及劉三吾朝鮮諸臣之事，皆於天寶亂後，翻遺牒而得之。今僅存其梗槩，留詩集小序中。如此類毁於劫灰者多矣。非博雜深思如老親翁，誰能使秦焚再出，漢囊重理耶？國初事畧，詢之吴門，似無其本，有之亦非全璧也。拙集以闕失印，亦坐此時。多是汲冢師春伴侣，不當傳之通都也。少而失學，老多輟業。冗長煩蕪，不堪覆瓿。蠟車後有實録辨證及功臣廟、致身録諸考，少有關於國故。則葑菲之采，或亦大君子所不遺也。使乎促行，少間，覓一帙請教，終不敢藏拙於知己也。

女世説香豔儁冷，當與臨川抗行，亦見三長一班矣。南唐書兼綜馬、陸，尤是千秋一快，亦不肖意中事也。何時得一惠教？望之望之。百里非遥，命駕有日。寒燈捉筆，老眼昏花，幸勿以潦草爲罪。陳謝偪塞，不盡欲言。

與王霜白〔一〕

錫山送舟，尚未回報，想足下已回雲巖矣。塗次有何好音，可慰空谷蛩然否？石室是山中佳侣，幸爲致意。目下來扣堂頭和尚，尚須少憩菴中，不學佛印燒猪，也須作遠公沽酒也。山中上座諸師兄，一一爲弟致聲。和上處已作一字先謝。偈語懸之堂中，此中少年掂〔二〕斤播兩者，無不交口嘆服。可見文章自有真，更不必與他們發風動氣也。聊及之，以廣兄之意。周莪蘆文字未及捉筆，實以多冗之故。少遲之，或更有一篇大文字，不須汲汲也。如何？如何？壽光師便，卻附數行。諸俟續布。燈後廿一日，謙益頓首〔三〕。

【校記】

〔一〕此文亦收於文集補遺卷下、外集卷二十三，題「霜」作「雙」。〔二〕文集補遺、外集作「怗」，文鈔補遺作「拈」。〔三〕外集無「謙益頓首」四字。

與繼起和尚書〔一〕

江村野叟，山中草木之年，幸爲賢豪所存念。惟是賓頭盧尊者爲不請之客，慈光加被，得未曾有。稱壽之詞，一句一偈，便堪作轉輪授記，不獨文句之妙，壓倒詞場而已。應酬少間，便當接足頂禮。因壽光扣請之便，先致數行，以當九頓首。惟慈鑒爲禱！壽光乃一真實僧，頂載經板歸化城，深以浮圖合尖，望於座右。此事紫柏始之，今得退翁終之，二大和上，了此一段因緣，亦末法希有事也。想天龍八部，當有冥助耳。上座諸師，不遑致書，並此一一道謝。匆匆捉筆，更俟續佈。落木翁並爲致聲。燈后廿一日，法弟謙益和南。

【校記】

〔一〕此文亦收於文集補遺卷下、外集卷二十三。二本「繼」下有「起」字，文鈔補遺無。

與周孝逸

足下不以老耄舍我，以所著古文詞屬爲刊定。老學荒落，衰眼昏花。繙經餘晷，略一寓目。知足下學殖富矣，師法古矣，著作勤矣，而又虚懷折節，不自滿假，退而問道於瞽，故敢效欵欵之愚，蒐剔於字句之間，以當他山之石，知不以爲狂易而愍置之也。僕觀近來有一種不今不古，半真半假之學問，以爲經則非經，以爲史則非史，以爲子則非子。旁穿邪出，並作者亦不自知所從來。而人不敢以爲非，又相率而尊且宗之，此亦所謂憎圖狗馬而好貌鬼魅者也。掃除祓濯，以一清學者之耳目，是在諸君子，吾有望矣。先集二種，已經確菴評定，不復贅有贊述。伊人便，草草附復。方當閉關結夏，不復多及。

歸文休墓葬引[一]

嗟乎！有文休爲之子，而不能葬其父母，有玄恭爲之子孫，而不能葬其祖父母，且爲之弟而不能葬其兄嫂者乎？三世八棺，纍纍淺土，近者十年，遠者四十餘年矣。玄恭有仁人孝子之心，而慕壹行卓詭之事，呼天呼父母，無可奈何，極而謀[二]鬻身，又，極而謀乞丐。嗟乎！此非玄恭之恥，而吾黨賢士大夫之恥也。

謀洗其恥則奈何？曰：今之士大夫，有不誦讀〔三〕太僕先生之時義與其古文者乎？並吾而生者，有不知文休之風流文彩，映望一時者乎？後吾而生者，有與玄恭游而不知其文章氣誼且馮而吊其二昆者乎？道有死人〔四〕猶或埋之，而況此纍纍淺土者，本朝之韓、柳、歐、曾文〔五〕先生之子孫也。其人則又文人才子，忠臣烈婦之屬也。香之有栴檀也，玉之有瓊瑶也，寸香片玉，流落於斤斧溝壑之餘，人争祕而惜之。而況於文人才子、忠臣烈婦之屬，衆香之林也，羣玉之圃也，忍視其桐棺藤束，與狐狸魑魅爲隣，而不爲之所乎？吾黨之賢士大夫，讀求賻之文，其爲之惻然腹悲，淟然汗下，引玄恭之恥以爲己恥者，我知其不乏人也。斯世斯人，豈無范希文父子，當必有慨然奮臂，載義而往者。余老且貧，徒爲之欷歔扼腕，而不能引古人之誼，決起而一洗其恥也，則終於無恥而已矣。

【校記】

〔一〕此文亦收於外集卷二十一。〔二〕外集無「謀」字。〔三〕外集「讀」下有「歸」字。〔四〕外集有「人」字，文鈔補遺無。〔五〕外集作「大」。

題張子石湘遊篇小引〔一〕

孟陽晚年，歸心禪說，作絙雲詩數十章，蟬媛不休。至今巡留余藏識中。夢迴燈炧，影現心口間。人生斯世，情之一字，熏神染骨，不唯自累，又足以累人乃爾！頃見子石湘游諸詩，風神氣韻，居然孟陽，卻恨孟陽已逝，不獲搖頭拊髀，共爲吟賞。余讀此詩，感嘆宿草，不復向明月清風，閒思往事，亦少有助於道心也。嘉平廿日，蒙叟謙益題。

【校記】

〔一〕此文亦收於文集補遺卷上、外集卷二十五。

吳門泰徵袁翁遺稿小引〔一〕

此吳人袁應詔泰徵之遺詩也。泰徵少負淵敏，讀書厲行。遭時轗軻，不能變奇成偶，而浮湛酒人以死。死之日，遺孤駿甫三歲，今乃能食貧奉母，爲白華之孝子，而又能於蟲乾魚蠹之餘，採輯其父之遺詩，以傳於世。人皆曰：「泰徵幸哉有子也！」

余録皇朝詩集，吳中名卿碩輔，高文大册，勒金石而徵琬琰者，往往多有闕遺。而老師宿儒，小生婦女〔二〕，兔園之殘册，蠟車之故紙，蒐羅訪求，不遺餘力。余讀泰徵之遺詩，爲三嘆焉。昔者梁元帝著書紀述，忠孝全者，用金管書之，德行清粹者，用銀管〔三〕書之，文章贍麗者，則以斑竹管〔四〕書之。今泰徵之詩，既可以傳，而又得孝子以傳。世有湘東王，我知必以金銀管從事焉。或者不達，而比量文詞，繩以斑竹之例，則亦末之乎其爲論矣。

戊戌季秋，虞山蒙叟錢謙益拜撰〔五〕。

【校記】

〔一〕此文亦收於外集卷二十五。　〔二〕外集作「孺」。　〔三〕外集作「管」，文鈔補遺作「筆」。　〔四〕外集有「管」字，文鈔補遺無。　〔五〕外集無「戊戌」以下十三字。

題吳門吟社雅集小引〔一〕

晦木偕蘭生薄游吳下，進恥脱粟之食，退羞彈鋏之歌。重其、偉楚、又王諸君，杯酒留連，倡和成卷。芝蕙之嘆依然，縞紵〔二〕之風不替。詩可以興，豈不信夫！淵明停雲之詩，思親友也，而有「八表同昏」之語。楚人曰：「登山臨水兮送將歸。」豈徒悵望於凛秋乎〔三〕？讀之淒然有秋風茅屋之感，遂題而歸之。己亥三月九日，虞山蒙叟錢謙益書於紅豆之村莊〔四〕。

【校記】

〔一〕此文亦收於文集補遺卷上、外集卷二十五。文集補遺「雅」作「雜」。　〔二〕文集補遺、外集作「縞紵」，文鈔補遺作「紵縞」。　〔三〕文集補遺作「兮」。　〔四〕文集補遺無「虞山蒙叟錢謙益」「書於紅豆之村莊」十二字，「益」下有「題」字。外集無「謙益」「於紅豆之村莊」八字。

白下秋聲引〔一〕

余讀内典，西國〔二〕五百仙人在山中住，甄陀羅女於雪山池中浴，聞其細妙歌聲，柔軟清浄，即失禪定。譬如大風吹諸林樹，心醉狂逸，不能自持。因而語古人之詩，所謂緣情綺靡，驚心動魄，長言永歌，至於感金石而動神鬼者，要其極致，則西國之歌聲，所謂細妙柔軟清浄者，庶幾盡之。東國之有詩章，猶西土之有梵唄也。唄云梵者，浄也。色界諸天，來覲佛者，皆陳偈讚，謂之天音。陳思王居魚山，聞空中梵天音響，清雅哀婉，乃模其聲，因經中伽陀，寫爲梵唄。此方之詩，體製代變，要其浮聲切響，宫商叶應，靡不與東讚西偈，自然妙合。吾之論清浄歌聲有合於詩者，信也。

頃游包山，晤許子玉晨，觀其眉宇開滌，殆所謂修竹冷風，勝白牙團扇者。已而進其詩，得白下秋聲一編，如考玉磬，如戛銅椀，淒淒然，泠泠然，一以爲天音，一以爲梵音，一以爲雪池女子細妙柔軟清浄之音。近代聲律，漸入鬼趣，蒼蠅之聲，發於蚯蚓之竅，當以玉晨詩一洗之。莫釐高峰，下瞰震澤，龍宫橘社，光響蕩潏。蕭辰月夜，試奏一篇，其不以爲魚山之梵響者幾希！

余老而學禪，惟恐如五百仙人，聞歌聲而敗道，作大飲光起舞狀也。諷詠一過，不敢再讀，題數語而歸之。乙未仲冬〔三〕。

【校記】

〔一〕此文亦收於外集卷八。　〔二〕外集作「園」。　〔三〕外集有「乙未仲冬」四字，文鈔補遺無。

嘐城汪雲憑詩引〔一〕

海内百餘年來，詩壇角立。以余所覩記，真得古人之風調，陶冶性情，而深知古學所由來者，孟陽一人而已。孟陽清嚴峭獨，矜慎其詩，不輕示人。朋儕中真知而篤好者，前則唐叔達、婁子柔，後則長蘅與余而已。孟陽殁十餘年，余爲評定其詩，比於元裕之之推辛敬之。而嘐城諸俊少，愛慕其流風，遺書争爲流布。摛詞掞藻，規摹風雅，壹以孟陽爲師範。如汪子雲憑，其裒然者也。

余讀内典，第八識果相門爲異熟識，無始熏習，由多生招感安立，所謂異世而熟者也。吾於論詩，知果有異熟識。古人之所謂異熟者，三百篇也，離騷也，枚、李、曹、劉也。今人之所謂異熟者，遠則嚴羽卿、劉辰翁也，近則高廷禮、李獻吉也。多生熏習，邪正清濁，染神尅骨，非一生一劫之故，其所由來久矣。居今之世，而思津涉古人，不爲俗學所瞀眩也，必先自熏習始，禪家所謂知有入處者也。

汪子以尤異之才，苕發穎異，不慆滛譁囂之是好，而〔二〕問津於孟陽，其志趣固已遠矣。孟陽游長安時，公卿大夫，頗多舊游，一無所造請，時時偕遺民衲子，禮旃檀佛像，長吟報國古松下。陵谷遷改，身沈名飛。近乃有採集其遺詩，恨不獲與同時上下其議論者。悠悠世論，沈木浮石。士所可自信者，千古耳。汪君其茂勉之。余雖耄老，尚能執簡以須其大成也。壬寅中秋，虞山東澗遺老錢謙益序〔三〕。

【校記】

〔一〕此文亦收於文集補遺卷上，題作「汪雲憑詩集序」。〔二〕文集補遺作「以」。〔三〕文集補遺作「題」。

爲吴潘二子徵書引〔一〕

謙益白：益〔二〕往者濫塵史局，竊有意昭代編年之事，事多牴牾勿就。中遭廢棄，日夕楗户，薈蕞所輯事畧，頗可觀覽。天不悔禍，絳雲一炬，靡有孑遺。居恒忽忽，念澥〔三〕内甚大，何無一人可屬此事者？近得松陵吴子赤溟、潘子力田，奮然有明史記之役，所爲本紀、書、表、世家、列傳，一倣龍門。取材甚富，論斷甚覈〔四〕。史家三長，二子蓋不多讓。數過予索爐餘，及訊往時見聞。予老矣，耳聵目眊，無以佐二子。然私心幸二子旦夕成書，得一寓目。又懼二子以速成自愉快，與市肆所列諸書無大異也。乃二子不要名，不嗜利，不慕勢，不附黨，自矢必成，而不求速，曰：「終身以之。」然則此事舍二子其又誰屬？

予因思澥〔五〕内藏書諸家，及與二子〔六〕講世好者，不能一一記憶，要之，此書成，自關千秋不朽計，使各出所撰著及家藏本授之二子，二子必不肯攘善且忘大德也。敢代二子，佈告同人，幸無以老耄而憖遺我，幸甚！幸甚！虞山老人錢謙益載頓首。

【校記】

〔一〕此文亦見於牧齋外集卷第七，題作修史小引。〔二〕「益」，原作「蓋」，修史小引作「益」。〔三〕〔五〕修史小引作「澥」。〔四〕修史小引作「嚴」。〔六〕「二子」，原作「予」，修史小引作「二子」，義較勝。

雪堂選集題辭〔一〕

雪堂之集行，余既爲文弁其首。其門人吉公司李致師命以請曰：「詩文之道，作必有爲，美斯可傳。請精擇其尤者以垂於後。楊用修之於〔二〕張念先、朱子价，例可引也。」余受命唯唯，稍爲詮擇〔三〕，得如〔四〕干卷，而復書其後曰：古今之詩，總萃於唐，而暢遂〔五〕於宋，至金、元則靡矣。眉山横從含負，無所不有，得杜之大而變。西江則稱〔六〕少陵爲初〔七〕祖，自命真子。火傳燈續矣，然其風神氣韻，去唐少遠。金、元之詩，氾濫元、白，雜出中、晚，然〔八〕其風神氣韻，去唐反近。本朝之詩亦然。西涯之詳諦安雅，弭節於元和，去唐近也。空同已後，槎牙奡兀，佈鵠於少陵，去唐彌遠也。雪堂之詩，意匠鬱陶，興會森發，未嘗不取材三唐，而於金人趙閑閑〔九〕、元裕之諸家，尤博採而深造焉。要以陶冶性情，籠挫物變，鉤索唐人之精髓，而不復規模形似，斯其所以足傳也。昔者吾友程孟陽，講求唐詩，妙於析骨析肉，離形得髓。晚年盛談中州、麓堂，以爲學唐者由此發軔。哲人往矣，恨其不見雪堂之詩，共相吟賞耳。余選雪堂集，採其詩得十之六〔一〇〕，其文得六〔一一〕之四，皆擇其出入風〔一二〕雅，刊落浮蔓，可愛而可傳者。昔人云：「後世誰相知定我文者？」感雪堂知己之言，不敢以漫應也。雪堂以天官郎〔一三〕料士於秦，得秦士曰韓聖秋、張稚恭、楊吉公。此三人者，空同、對山之後賢，取其蝥弧先登者也。其以吾言爲然乎否耶？

【校記】

〔一〕此文亦收於文集補遺卷上、外集卷二十五。　〔二〕外集無「於」字。　〔三〕文集補遺、外集作「釋」。

〔四〕文集補遺、外集作「若」。　〔五〕外集作「敘」。　〔六〕文集補遺、外集作「稱」，文鈔補遺作「祚」。

〔七〕文集補遺、外集作「别」。　〔八〕文集補遺、外集作「而」。　〔九〕文集補遺、外集作「閑閑」，文鈔補遺作「聞之」。

〔一〇〕文集補遺、外集作「三」。　〔一一〕外集作「十」。　〔一二〕文集補遺、外集作「風入」。

〔一三〕文集補遺、外集無「郎」字。

題秋槐小稿後〔一〕

余自甲申以後，發誓不作詩文。間有應酬，都不削稿。戊子之秋，囚繫白門，身爲俘虜。閩人林叟茂之，僂行相勞苦，執手慰存，繼以涕泣。感嘆之餘，互有贈答。林叟爲收拾殘弃，楷書成册，題之曰秋槐小稿。蓋取王右丞葉落空宫之句也。己丑冬，子羽持孟陽詩帙見示，並以素册索書近詩。簡得林叟所書小册，拂拭蛛網，録今體詩二十餘首，並以近詩系之。嗟夫！莊舄之越吟，漢軍之楚歌，訛然而吟，詘然而止，是豈可以諧宫商、較聲病者哉？河上之歌，同病相憐，其亦有爲之欷歔煩酲，頓挫放咽，如李賀所謂金銅仙人拆盤臨載，潸然淚下者乎？孟陽已矣！子羽其並眎孟鼂，庶幾實獲我心爾。庚寅二月二十五日，蒙叟錢謙益書於絳雲樓左厢之沁雪石下。

【校記】

〔一〕此文亦見於文鈔補遺，題作題爲王子羽書詩册。

跋偈菴詩册〔一〕

孟陽仙逝，去今八年，此册則癸酉之春，子羽枉弔先太夫人，爲書於山莊者也。八年之中，天地翻覆，劫火洞然。而孟陽殘編爛簡，人間藏弆者，不啻如洞章玉書。子羽此册，良可寶也。昔元裕之於金源亡後，撰次中州集，爲溪南詩老辛敬之立傳，敬之遂有聞於後世。孟陽之爲詩，與其辨論，殆非敬之可〔二〕及。余近輯本朝詩集，頗思爲孟陽題品，而人地卑冗，求如裕之之能爲辛老重，其可得乎？因子羽索題，遂三嘆而書其後。庚寅正月，虞山友弟錢謙益〔三〕書於沁雪石下。

【校記】

〔一〕此文亦收於外集卷二十五，題有「册」字，文鈔補遺缺。〔二〕外集作「所」。〔三〕外集無「虞山友弟錢謙益」七字。

跋王稚子石闕碑〔一〕

子羽令新都歸，囊無長物，唯搨得王稚子石闕碑數紙耳。今全蜀殘破，錦官、少城，皆爲豺虎窟穴。文翁石室聖賢圖像，恐不中作礮車用。此碑裝潢完好，不惟江夏子孫，奉爲廉石，實劫火後希世之寶也。是歲玄月十有八日，蒙叟爲子羽跋。

【校記】

〔一〕此文亦收於外集卷二十五。

諭湖南浄慈寺僧〔一〕

在三界内，元當省人我是非；况出家兒〔二〕，豈可犯鬬諍堅固。今時僧衆，不守律儀。逞毒手、飽老拳，冤冤相報；依嗔心、造惡業，對對相纏。生前自種旃陀羅因，死去定受捺落迦報。披毛戴角，懵不自知；劍樹刀塗〔三〕，悔將何及？我今苦口，勸汝兩邊。業已削髮辭家，號爲佛子；也須持齋看教，畧識清規。何苦燒煩惱〔四〕薪，熾無〔五〕明火。興詞成〔六〕訟，宛如市棍刁民；聚首攢頭，互作冤家債主。結聚都〔七〕惡濁伴侣〔八〕，汙辱此清浄道場。能無羞〔九〕佛祖三衣？寧不怕韋天一杵？各宜唤醒，及早迴頭。已作過淫盗破戒非爲，從頭懺悔；自今後貪嗔惡口業障，徹底羯〔一〇〕磨。再不要切齒横眉，經官動府；恰强似過頭苦眼，説法開堂。相將向〔一一〕三寶猛省勾銷，庶不負老人熱心棒喝。如其不爾，與我何干？那一邊切莫賣弄神通，説某護法爲我造十重步障；那一邊切莫猜疑鬼混，道某宰官替他添〔一二〕一陣生兵。如此冤愆，有何好歹？但是旁觀明眼，説爲可愍可憐；豈有局外癡人，爲汝助嗔助鬬。阿鼻獄内，祇應扳同造業衆〔一三〕，播兩掂斤；業鏡臺前，那容扯没干涉人，説長道短。付之一笑，何必多言。三月十五日虞山牧齋老人爲浄慈寺諸清浄僧説法竟〔一四〕。

【校記】

〔一〕此文亦收於遂漢齋印有學集補遺卷下。　〔二〕遂本作「鬼」。　〔三〕遂本作「山」。　〔四〕遂本「惱」下有「之□□□」。　〔五〕遂本作「之」。　〔六〕遂本作「成」，文鈔補遺作「滅」。　〔七〕遂本作「都」，文鈔補遺作「卻」。　〔八〕遂本作「侶」，文鈔補遺作「似」。　〔九〕遂本作「修」。　〔一〇〕遂本作「修」。　〔一一〕遂本作「白」。　〔一二〕遂本作「興」。　〔一三〕遂本作「報」。　〔一四〕遂本無「三月」以下至末二十二字。

回金湯主人戲論〔一〕

金湯主人，具護法眼，張牙努目説道，三宜是箇活佛，具德是箇妖僧。老夫聊借二語，落草盤桓。且道如何是活佛？具足三十二相、十力、四無畏、四無礙智、十八不共法、三十七助道品，纔叫做活佛，三宜，便當得箇活佛麽！如何是妖僧？身上出水，身下出火。左脅出水，右脅出火。一脅震雷，一脅降〔二〕雨。纔叫做妖僧，具德，便當得箇妖僧麽！還有兩句：如今人有眼會看，有耳會聽，有口會吃飯〔三〕，有臀會屙屎，那箇不是活佛，如何祇説三宜是活佛？如今人眼何故會看？耳何故會聽？口何故會喫？臀何故會屙？那箇不是妖僧，如何偏説具德是妖僧？又有兩句：有人説，三世諸佛，一棒打殺與狗子喫。所以提婆達多生生要扯釋迦牟尼入地獄。三宜果是一尊活佛，我也不會去禮拜他。

有人説，外道六師，是汝之師。所以釋迦牟尼生生要扯提婆達多作佛。具德果是妖僧〔四〕，我也不中去作踐他。佛説魔界即是佛界，佛界即是魔界。活佛是妖僧中之活佛，妖僧是活佛中之妖僧。除活佛無妖僧，除妖僧無活佛。這〔五〕一段公案，直要請黄面老人自來判斷也。

教典中説，昔有一蛇，頭尾自諍。頭語尾曰：「我應爲大，我有耳有口，行時在前，故可爲大」〔六〕尾〔七〕曰：「我應爲大，我令汝去，故得去〔八〕耳。我若不去，以身繞木三帀，三日不已，饑餓垂死。」頭語尾曰：「汝可放我，聽汝爲大。」尾如其言，即時放去。尾在前行，未經數步，墮大深坑而死。他門自諍論頭大尾大，老夫看來，全没干涉。「大海從魚躍，長〔九〕空任鳥飛。」還〔一〇〕會得麽？古人有四句詩，卻道得好。「真娘墓上壁間詩，箇箇胡題與亂題。我也胡盧題一首，大家泥壁一齊泥。」老夫説罷，呵呵大笑。再請金湯主人下一轉語。癸巳暮春，華藏世界中没口居士戲説於昭慶之古樸僧房。

讀竟，既不會得，又不捨得莇胡盧題，録之，不敢去取〔一一〕。

【校記】

〔一〕此文亦收於邃漢齋印有學集補遺卷下。　〔二〕邃本作「下」。　〔三〕邃本無「飯」字。　〔四〕邃本有「僧」字，文鈔補遺無。　〔五〕邃本作「只」。　〔六〕邃本無「頭語」以下至「爲大」二十一字。　〔七〕邃本「尾」下有「語頭」二字。〔八〕遂本作「出」。〔九〕遂本作「天」。〔一〇〕遂本無「還」字。〔一一〕原附此評，仍之。

題吴江趙砥之靈巖偶論屈陶有感詩册〔一〕

沅、湘之蘭，化爲茅艾。東籬之菊，夷於枳棘。生斯世也，而有弔屈和陶之思，望古遥集，若砥之者與？吾不能和其詩，有長歌當泣而已。戊戌季秋，虞山蒙叟錢謙益題〔二〕。

【校記】

〔一〕此文亦收於文集補遺卷上、外集卷二十五。文集補遺「巖」作「嚴」。〔二〕文集補遺、外集「題」作「書」。外集無「謙益」二字。

佛母大準提王菩薩贊

大準提王，面有三目，身有十八臂，左右九手。而我之皈依持誦者，兩目兩臂一口而已。大準提王爲諸佛母，是準提呪，陀羅尼首。我聞古佛云：「慈悲方寸母。」然則含攝辟生者，諸佛也。含攝諸佛者，佛母也。含攝佛母者，方寸之慈悲佛母之母也。慈悲佛母，重重攝受，則佛之金口即我口，清浄寶目即我目，曼陀羅臂即我左右手，一切持誦功德，如交臂而攜取，如語實語，出自佛口。有如不信，請問諸淨名之叟。

關壯繆侯畫像贊

惟壯繆侯，虎臣國士。王封帝號，崇我明祀。羯奴蛾賊，盜賊之靡。游魂未滅，惟帝之恥。都山鐵刀，東沸黑水。長沙銅柱，肅鎮南紀。陰護金繩，陽燿玉璽。佑我皇明，億萬年只。

有學集文集補遺（上）

海晏亭頌并序〔一〕

夫功高汗馬，定享茅土之封；績奏止戈，必垂鼎鍾之勒。是以旌武功者問〔二〕河堤之柳，紀盛烈者沉峴山之碑。從古已然，於兹益信。

今都督長安〔三〕梁公，山西出將，冀北空羣。投筆從戎，傳箭向停〔四〕於青海；揮戈畧地，長弓久掛於天山。惟此東南，惠徽節鉞〔五〕整軍束伍，壁壘成節制之師；挾纊投醪，士馬壯奔騰之勢。代謀算勝於樽俎，致果力勁於熊羆。信哉閫外之將軍，允矣師中之元老。

頃者海波蕩潏，江表震驚。艦塞〔六〕長江，風乘〔七〕萬里。鯨波蹴吸，湍轉則草木皆驚；鰲足蕩搖，浪動則星河如覆。殺氣纏於大角，威弧弛於天狼。惟公奮其老謀，遏彼亂畧。勝兵雲集，早連驃騎之營；巨舸星馳，大壯樓船之勢。憑城決戰，落〔八〕飛瓦於昆陽；負羽先登，齊棄甲於熊耳。竹無留刃，火及焚巢。乘其囂惰〔九〕之時，俄得掃除之便。

兔歸舊穴，未驚幕上之烏；猿〔一〇〕走窮林，不唳淮山之鶴。遂使鮐文之老，安井臼於薰風；負劍之童，息戈鋋於麗日。變小飢爲餔飲，無改廛闤；化枉矢爲壽星，羣嬉齒髮。既庇鴻庥〔一一〕於上將，應銘偉伐於通都。

地卜虎丘，亭名海晏。審曲面勢，軒敞三楹；鳩工庀材，周遭百武。挹秦餘穹窿之壯觀於宇下，招扶桑若木之霽旭於檐間。緇服黃冠，扶瘦筇而偃息；騷流墨客，操弱翰以流連。短簿祠前，箬笠每穿紅樹；劍池石上，簪裙時度白雲。凭眺層城，坐見三江五湖之安堵；吟登綺構，須念金戈鐵馬之交馳。萬古千秋，擁勝槩於長洲之苑；黃童白叟，騰頌聲於閶闔之城。豈與夫洛下流杯，徒誇玩賞；滁山豐樂，僅侈殷繁而已哉。

益也託庇遺民，欣逢盛舉。磨盾草檄，良有愧於壯夫；勒石考文，敢自後於野史。乃作頌曰：

渤海巨防，飛濤易扇。鮫人作妖，蜑户告變。京江失律，喪我組練。一

坐鎮萬里，作我長城。不懾不悚，不震不驚。扣囊底智，勝萬甲兵。二

矢飛金僕，刀號孟勞。兜零燧急，刁斗聲高。背城一戰，誰靖連艘？三

心作靈臺，手爲天馬。露板飛騰，鐃歌魚雅。沸波不揚，安此矜寡。四

親提桴鼓，手握牙璋。麢逸鳥散，我武維揚。白茅赤社，寵待天章。五

公孫石膚，口不言功。詩書禮樂，是説是崇。輕裘緩帶，倚樹雍容。六

亭名海宴，以識燕喜。白虹廻帶，青霞鬱起。金虎旺氣，湧現於此。七

江海敉寧，歸馬放牛。弢弓服矢，載輯載休。自公多暇，以豫以游。八

公登斯亭，偃旌卧旗。公老扶杖，稚子牽衣。公乎樂只，不醉遏歸？九

我勒斯頌，鑱石虎阜。侑公壺觴，酌以大斗。海湧常在，此頌不朽。一〇〔一二〕

【校記】

〔一〕此文亦收於外集卷二十四，題作「海宴亭頌并序」。文集補遺題作「賀梁公海宴亭頌序」，不載頌文。今據外集改題，補「乃作頌曰」以下十段頌文。　〔二〕外集作「問」，文集補遺作「開」。　〔三〕外集有「今都督長安」五字，文集補遺無。　〔四〕外集作「久息」。　〔五〕外集作「鉞」，文集補遺作「越」。　〔六〕外集作「塞」，文集補遺作「率」。　〔七〕外集作「乘」，文集補遺作「來」。　〔八〕外集作「蕩」。　〔九〕外集作「墮」。　〔一〇〕外集作「狽」。　〔一一〕外集作「庥」，文集補遺作「休」。　〔一二〕「乃作頌曰」以下十段頌文，每段六句，文集補遺無。

梁提督累蔭八世叙〔一〕

自古國家保定疆圉，乂安寰宇，必有精忠一德，熊羆不二心之臣，爲之宣猷僇力，經營告成，用以流鴻樹駿，懋建不朽之業。其在今日，則大宫保關西梁公是也。公以鞭霆掣電

之風aaa，拔山貫日之忠勇，奮武揆文，傳家旅矢，爲世虎臣。奮跡武闈，守禦山右。身經二百餘戰，血染典韋之雙戟，膏塗孫瓚之兩矛。叙功副襄垣，將旋調崇川，總領水師。未幾，海氛大作，蹂〔二〕躪瓜步，摇撼南服。公出奇奮擊，雷劈電奔。斧蝳鋒蛸，江水爲赤。已而復窺崇川，公隨飛援追勦，海波始靖，而東南獲有安壤。東南安而江、淮、閩、越，始無震隣。朝廷寬南顧之憂，高爵榮廕，以報膚公。旦晚分茅建侯，如古王田秬鬯之典。東南將帥，冠鵕鸃列熊羆者，拳韝鞠躔，羅拜堂下。而姪子志，啣恩佩德，尤爲率先，徵余言以佐燕喜。

史稱秦漢以來，山東出相，山西出將。秦穆公用孟明視三帥，遂伯西戎，而白起、王翦、蒙恬之屬，皆輔秦并天下。漢用六郡良家子，選給羽林期門，以材力爲官，若趙充國、辛武賢、慶忌輩，名將皆出焉。明興，若梁武襄諸公，名將多出關西，習戰備，上勇力，歌謡慷慨，有「王於興師，修我甲兵」之遺風。公權奇倜儻，諳曉邊事，與天水、隴西諸名將，比肩接踵。山西出將，誠哉其不虚也。往時鄧茂七之流自建昌，葉〔三〕宗留之奔自處〔四〕州，蔣福成、詹師富之起自龍溪與盧溪。或資四省夾攻之力，或賴中朝推轂之重，經歲始平。今公以命世偉才，隻手搘撑〔五〕，半壁底定。使伏波横海之將臣，脱劍而拱手；水犀魚麗之軍容，有備而不陣。捲紫氣於河球，韜神鋩於浦劍，神功駿業〔六〕，莫之與京矣。

余之所以服公者，更有在焉。操履若飲冰雪，辛勤若茹荼蓼。宵旦籌畫，精誠感通，鬼神莫測其畧，天人共佑其成，出塗炭而予以衽席，此東南人士之所知。若夫功成不伐，息深視下，以忠孝爲學篚，以詩書爲義府。將畧儒風，光前震後。一時銘功頌德之輩，亦罕有知其所以然者。昔者晉作三軍，而謀元帥，問之趙衰。衰曰：「郤縠可，以其説禮、樂而惇詩、書也。」厥後范宣子讓，其下皆讓。戰鞌之役，三卿皆曰：「臣何力之有焉？」晉是以奕世齊盟，爲諸侯師。漢之光武二十八將，圖像雲臺，可謂盛矣。史獨稱馮異不自矜伐，每諸將論功，獨退坐大樹下〔七〕，人稱「大樹將軍」。梁公虛懷折節，被服儒素，撝謙善下，口不言功，與晉之郤縠諸三卿及漢之馮異何異？老子曰：「天之道，其猶張弓乎？江海〔八〕之能善下者，以爲百谷長。」公之爲百代宗臣，刑白馬而圖麒麟，其在於今，猶日之出於虞淵，而江之始於岷山也。詩曰：「文武吉甫，萬邦爲憲。」又曰：「惟師〔九〕尚父，時維鷹揚。」此則可以頌公矣，而他又何述焉。

余江村老民，藉公廣厦萬間之庇，安枕菰蘆，高眠晚食，方自愧無以報公，而又念舊待罪太史氏，勒燕然之銘，書旂常之績，皆舊史所有事也。於諸君之請，遂不辭而爲之序。亦使〔一〇〕世之史館尚論武畧者，於斯文有考焉。

【校記】

〔一〕此文亦收於外集卷九。　〔二〕外集作「蹂」，文鈔補遺作「躁」。　〔三〕外集作「葉」，文鈔補遺作「業」。〔四〕外集作「建」。　〔五〕外集作「撑揞」。　〔六〕外集作「業」，文鈔補遺作「烈」。　〔七〕外集有「下」字，文鈔補遺無。　〔八〕外集作「海」，文鈔補遺作「漢」。　〔九〕外集作「師」，文鈔補遺作「時」。　〔一〇〕外集作「使」，文鈔補遺作「時」。

琴水新聲叙〔一〕

本朝人文之盛，莫如世廟時。而毘陵唐襄文公〔二〕、吾邑瞿文懿公，後先以經術之文程式天下，天下尊稱之曰唐、瞿。唐、瞿云者，猶唐之韓、柳，宋之歐、蘇也。襄文既没，七十餘年，而其甥孫文介以節義理學，蔚爲名卿。張席之、吴巒〔三〕稚接踵而起。於是毘陵之人士，争以文行相濯磨。同學之會，入學鼓篋，離經辨志，言有壇宇，而行有坊表，彬彬乎彧彧乎庶幾先民之風矣！而吾邑則未有聞焉。會毘陵蔣□□先生來署教職，下車旬日，周視宫牆，曰：「噫！是子游氏之闕里，而文懿諸公之惟桑也。青青子矜，如牆而立，其何以解於荀卿子媮懦憚事嗜飲食之譏乎？」於是進諸生而躬振董之，考之以文，稽之以行。日有程，月有要。士子彈冠振衣，瞿然顧化，彬彬乎彧彧乎將有聞焉。於是採擇其課藝之尤雅者付梓，以爲唱導，而屬余叙之。

余不佞，蓋嘗讀襄文之書而竊聞文介之緒言矣。襄文志於經世，以彌綸康濟爲事。其用在春秋，其精神在左右之六編，其爲學也博而通。文介志於持世，以齋戒神明爲德。其體在易，其精神在艮背之一卦，其爲學也約而要。要其攻苦食淡，自起家以至卿貳，不買田産，不漁聲色，食不擇粗糲，寢不安簟罽。其束修自好，一也。師襄文之博以經世，師文介之約以持世，又師兩公之束修自好者以勵世，斯先生所以錞於申儆之至意乎？夫豈其儷花葉、妃丹黄〔四〕，教弟子〔五〕以希世取寵拾青紫而已哉！

先生少擅民譽，以麟經魁南國，與襄文〔六〕、文介風流相接。而修名勵行，則與席之諸公鏃羽括厲者居多。故於其刻是編也，推先生之意而申言之，以爲邑之俊秀〔七〕告焉。自茲以往，將使子游氏之盟壇，煥然一新，不徒以枌榆之杜相雄〔八〕長也，則先生之功偉矣夫！崇禎辛巳六〔九〕月廿一日，虞山老民錢謙益叙。

【校記】

〔一〕此文亦收於外集卷五，「新聲」作「課義」。　〔二〕外集作「襄文」，文鈔補遺作「文襄」。　〔三〕外集作「巒」，文鈔補遺作「蠻」。　〔四〕外集作「青」。　〔五〕外集作「子弟」。　〔六〕外集有「文」字，文鈔補遺缺。

〔七〕外集「秀」下有「者」字。　〔八〕外集作「推」。　〔九〕外集作「良」。

四照堂文集序〔一〕

古今論文者，取則於陸平原之文賦，其所謂「體有萬殊，物無一量。辭程才以致伎，意司契而爲匠」者，已苞舉文章之能事。而後區分其體，自詩賦以迄於銘説，列爲十科。其意曰：文以萬變爲極，意以寸心爲匠。用以爲詩，則爲緣情綺靡。用以爲賦，則爲體物瀏亮云耳。故申言之曰：其爲物也多姿，其爲體也屢遷。譬音聲之遞代，若五色之相宣。此文章之準的，所謂造車合轍者也。

今之爲文者，鉤章棘句，儷花鬭葉。雖其辭條文律，劌目鉥心，選義按部，考詞就班。而其於扶質立幹，沿波討源之指要，固已邈然河漢矣。傳曰：「氣以足志，文以足言。」志不足而求之氣，氣不足而求之言，理不足以立幹，情不足以扶質，於是乎聲悦滋工，榛楛勿翦，文體日備，而萎敗剽賊之風，相挺而作，勢使然也。

吾讀元度使君四照堂集，攬其體，則文賦所列十門，無所不備，又加以表、策、議、序等二十餘科，若遊羣玉之府，天球琬琰，可郄〔二〕車而載也。如入五兵之庫，刀斤削劍〔三〕，四出而愈不窮也。已而息心撫氣，循覽而有得焉。如登天門、晞咸池，罡風灝氣，濛濛焉〔四〕在足下也。如泛大海、窮扶木，珠宫貝闕，嘘吸湧現，而窮髮之北，猶吾盤盂也。當其爲賦也，不知有詩。當其爲詩也，不知有文。當其爲記論諸文也，不知有詩賦。出乎太微，歸諸玄造。若天吴罔象，鹹汩淚沛於筆端也，若罔車威弧，拔〔五〕刺砊磕於紙上也。徐而按之，辭有條，理有幹，州次部居，披文相質，或赴節以投袂，或應弦而遺聲。肅肅乎長離拂羽而箕伯逐〔六〕風也，整整乎青琱揵芝而素威司鉦也。士衡之賦，所謂程才效伎，司契爲匠者，千秋而下，實獲我心，豈不快哉！

昔者帝顓頊命火正黎爲司地，命曰祝融，淳〔七〕耀光明，以啓南邦。而楚人能讀墳典丘索者，有左史倚相。申明春秋、詩、禮以傳太子者，有申叔時。推本重黎受氏之初，式昭火德，有觀射父。蓋祝融之以光明啓南方者，實以文章爲主，而諸君子首先被焉。元度，楚人也，實鍾祝融之餘光，以殿我南服。而其爲學，則左史叔時〔八〕、射父之遺書，與吾東魯之易象春秋，照耀於孔壁汲冢之餘者也。傳有之：「先河而後海。」讀元度之文者，歸本於墳典詩書，知楚學之所自始，無忘先王所以昭明南服之意。斯世之學，將奉以爲斗杓，而趣歸於東魯也，其將自楚人始！余竊有厚望焉。

然吾聞諸班氏，楚自屈原師、弟子以騷賦顯名，而漢初吴有嚴助、朱買臣，貴顯中朝，文辭並發，故世傳楚辭。則楚人之辭，至漢而以吴人傳也。今元度以使節涖吴，三吴清嘉鮮華之氣，元度以其胸中雲夢吞而有之。吴人輕心，無有能當其前行者。而余以黃髮遺叟，歸老空門，負苓採薪，重辱下問。猥以樸學枯毫，誦述盛美，吴人之不能有裨於楚，視漢人有厚顔爲。并書之〔九〕於末簡，以志余愧。

【校記】

〔一〕此文亦收於外集卷八。鄒鎡序本有學集卷十七目録中有此題而無文。〔二〕外集作「郗」。〔三〕外集作「劍削」。〔四〕外集作「然」。〔五〕外集作「技」。〔六〕外集作「凾」。〔七〕外集作「淳」，文鈔補遺作「浮」。〔八〕外集有「時」字，文鈔補遺脱。〔九〕外集無「之」字。

徐伯魯詩體明辨叙

佟懷東古意新聲序

佟懷東擬古樂府叙

佟懷東詩選序

汪雲憑詩集叙〔一〕

海内百餘年來，詩壇角立。以余所覩記，真得古人之風調，陶冶性情，而深知古學所由來者，孟陽一人而已。孟陽清嚴峭獨，矜慎其詩，不輕示人。朋儕中真知而篤好者，前則唐叔達、婁子柔，後則長蘅與余而已。孟陽殁十餘年，余爲評定其詩，比於元裕之之推辛敬之。而瞜城諸俊少，愛慕其流風，遺書争爲流布，摘詞掞藻，規摹風雅，壹以孟陽爲師範。如汪子雲憑，其裒然者也。

余讀内典，第八識果相門爲異熟識。無始熏習，由多生招感安立，所謂異世而熟者也。吾於論詩，知果有異熟識。古人之所謂異熟者，三百篇也，離騷也，枚、李、曹、劉也。今人之所謂異熟者，遠則嚴羽卿、劉辰翁也，近則高廷禮、李獻吉也。多生熏習，邪〔二〕正清濁，染神尅骨，非一生一刦之故，其所由來久矣。居今之世，而思津涉古人，不爲俗學所瞀眩也，必先自熏習始。禪家所謂知有入處者也。

汪子以尤異之才，苕發穎異，不慆滛譁嚻之是好，以問津於孟陽，其志趣固已遠矣。孟陽遊長安時，公卿大夫頗多舊遊，一無所造請。旹時偕遺民衲子，禮捔檀佛像，長吟報國古松下。陵谷遷改，身沉名飛。近乃有採集其遺詩，恨不獲與同時上下其議論者。悠悠世論，沉木浮石，士所可自信者千古耳。汪君其茂勉之。余雖髦老，尚能執簡以須其大成也。壬寅中秋，虞山東澗遺老錢謙益題〔三〕。

【校記】

〔一〕此文亦收於外集卷七，「詩集」作「晴香閣詩草」。〔二〕外集作「邪」，文集補遺作「耶」。〔三〕外集無「虞山」以下十字。

知非堂詩集序

愚谷詩稿叙

吾於春秋之世，得審樂者二人。延陵季子之聽秦風也，曰：「此之謂夏聲。能夏則大，大之至也，其周之舊乎？」師曠之占楚師也，曰：「吾驟歌北風，又歌南風。南風不競，多死聲，楚必無功。」何謂夏聲？寬裕肉好，順成和動之音也。何謂死聲？怨怒哀思，怗懘噍殺之音是也。是二聲者，生於人心，命乎律吕，而著見於國運之存亡廢興，兵家之勝敗强弱，采葛霸越，巴歈興漢，水調急而隋亡，入破繁而唐蹙。自古及今，未有易此者也。

余老耄多忌諱，惡聞人間所稱引越臺吴井谷音月泉之詩，白楊荒楚，嗚號啁噍，若幽獨君之孤吟，若甘棠之冥唱，蒙頭而避之，惟恐遺音之過吾耳也。新秋病足，適袁子重其，來自鹿城，得徐子季重詩。伏枕聽之，忽然而睡，焕然而興。其悲涼則玉衣石馬也，其忻喜則櫻桃杖杜也，其激昂蹈厲則笛裏關山，兵前草木也。徐而按其音節，其噌吰者，周景王之無射也，窾坎鞺鞳者，魏獻子之歌鐘也。有夏聲，無死聲。當山崩鐘應之秋，而啓陽至灰飛之律，此何祥也耶？

或曰：「弘、正之間，李賓之論詩，以宫聲爲主。徐子盛世公卿之餘子也，捨縫掖而爲遺民。豐水有芑，士服舊德。其詩應宫聲也，不亦宜乎？記稱師曠審音，先熏其目。居今之世，人盡師也，夫子其將以伏枕而聽，當子野之熏目與？季札觀樂歸吴，閲百歲而化去。今子老矣，始有志於採風。以徐子爲青蘋之末，奚爲不可？」徐子之友歸子，以其言告余。余曰：善哉！吾未之前聞也。吾方有幽憂之疾，未能用絲竹陶寫，聊假徐子之詩，以資吾之抉瑟鼓缶而已矣。

西陵二張子詩叙

陳崑良詩序

絳趺山房詩稿序〔一〕

德、靖之際，吾邑二陳先生，兄弟競爽。長中丞公，以直節樹鵠諫臺。次司成公，以雅望羽儀史館。高門綽楔，喬木相望。後百餘年，其族孫金如，胚胎前光，食貧嗜學。自傷其祖父韋布好修，不克光大前人閥閱，括羽鏃礪，以亢宗肅後爲己任。朝虀暮鹽，茹荼攻蓼，然松以代炬，呑紙以療飢。古所稱環堵之室，一畝之宫，簞〔二〕瓢屢空，恒晏如也。學殖行修，蔚爲碩儒。横經鼓篋，户屨交錯。修詞者掇其春華，考德者落其秋實。雖其麻衣席帽，屢困鎖闈，人以爲兩〔三〕陳公之後，士服舊德，抱韋經而守魏笏，蓋有人焉。今歲，明經久次，膺貢上庠。次子溯潢，以終、賈之年，驤首天路。里中父老，相顧嘆息，幸先哲之有後，而金如之早服重積爲不徒也。

吴中士子，佔畢少暇，則相率爲詩社。連章押韻，取青妃白。刻燭擊鉢。側弁而哦。掉鞅超距，人人自以爲大將。金如捧手摳衣，逡巡避席，粥粥然抑抑然若不知比興聲病爲何事。退而竹窗綈几，抽毫授簡，金春玉應，頃刻數千言，炳若縟繡，悽若繁絃。向之高吟雄視神厲志凌者，莫不徬徨左次，爽然自失。良賈深藏，盛德若愚。人皆謂金如材兼數器，富有日新，非輇材小生所可幾及也。頃者有司勸駕，貧無以治舍人裝。友人王君兆吉輩，搜其篋衍，得詩數百篇，喜曰：「此金如載贄之先資也。」相與刻〔四〕而傳之，屬余爲叙。

余於金如爲外家懿親，辱有一日之長，知其生平，循牆畏影，重自抑損，非若唐之正字，破千金之琴，市聲名於雒下者。余老人也，習知鄉里故事。先達如張宗海、吳敏德，文章德〔五〕業，炳燿儒林，皆不以甲第〔六〕進。吳中吳元博，中年以明經入都，李文正見天上玉堂之詩，稱爲蓬池道山中人，一日而名動京雒。今金如膺貢北上，值破格求士之會，安知不如宗海、敏德以玄纁起家？柏梁、長楊，應制勝流，填塞朝右，又安知不若吳文定以祖餞一章爲點額燒尾之徵兆耶？韓子有言：「養其根而竢其實，加其膏而希〔七〕其光。」礱磨奮發，閎中肆外，此亦儒者之常理。挹彼注茲，有天道焉。余空門遺叟，不應厠名行卷，以點墨入春明。惟是華顛胡老，樂譚枌榆之盛事，聊書數語於簡端。他日徵諸閭史，亦可以當乘韋之先云爾。通家眷友生錢謙益書於北山之胎仙閣〔八〕。

【校記】

〔一〕此文亦收於外集卷八。〔二〕外集有「篳」字，文集補遺空缺。〔三〕外集有「兩」字，文集補遺無。〔四〕外集作「刻」，文集補遺作「刓」。〔五〕外集作「業」。〔六〕外集作「次」。〔七〕外集作「希」，文集補遺作「布」。〔八〕外集無「通家」以下至末十六字。

稼菴近草序

尊拙齋詩集序

呂全五薪齋二集

常熟魏邑侯序

喻氏尚論篇序

新修滕王閣詩文集序

注秋興八首

「玉露凋傷」一首，秋興之總也。當此時，巫山巫峽，秋氣蕭森。波浪兼天，風雲接地。孤舟飄泊，昏旦晦冥，幾無辨別，但聞白帝高城，寒砧四起，則知爲日落未落崦嵫之候矣。寒砧木葉，正萬方多難之秋，孤城獨客，能不悲乎？久之而夔府孤城，果日落矣，正依北斗望中華之候矣。聽猿淚切，奉使槎還。劍外茫然，百端交集。伏枕非昔日之香爐，聞笳乃荒城之古堞。秋夜漫漫，不能達旦，而石上藤蘿之月，已映乎洲前蘆荻之花矣。曰「請看」，曰「已映」，則知夜夜如斯，旦旦如斯，旅人獨夜，其秋思盡寫於此矣。

天曉而千家山郭，依然有望。日日江樓，但見朝暉之静而已。江樓之下，漁人之所游泛，燕子之所信宿，而我獨朝夕與君淹留而不能去，不亦傷乎！又則信宿之漁人，彼皆聚廬託處，以江樓爲家者也。漁人有家，而我獨無家乎？又則燕子至於清秋，皆命侶謀歸，所謂燕翩翩其辭歸也。燕子將辭我而去，而我獨何之乎？燕猶有家，而我獨無家。此時觸忤愁腸，不滋甚乎？匡衡以下四句，秋興之本懷，古人所謂詞賦之中心也。少思進而抗疏，而功名不如衡；晚思退而歸經，而宗老不如向。長安卿相，皆同學少年，裘馬輕肥，皆意輕之之詞，又以明□□之□也。

我又深長思之，長安今日之卿相，不如太平全盛之時遠矣。謀國者無百年之算，而神州幾至於陸沉。甲第銷沉，衣冠顛倒，東西震蕩，朝夜竄奔，殆不如秋江故國，隱約平居，而與秋江之魚龍，安處於寂寞也。其言近於自幸，實自傷也。

此下睠懷宗國，皆以「有所思」三字起興。玄宗之幸蜀，車馬發曲江，而駐蹕峽口，故曰曲江峽口風烟相接也。花萼、夾城，上皇、貴妃遊幸之所，御氣潛通乎此。而漁陽鼙鼓，邊愁即潛入乎此。故疊以錦纜、牙檣二句，先文僖詩云：「葱葱委曲□□泊，萬里長江□□□。」同斯嘆也。未幾，兩京收復，朝野歡娛。所陷没者，惟昔年歌舞之地而已，而神州固無恙也。斯可見帝王都會，王氣深厚，必有百神萬靈，朝拱護持，豈區區寇盜所能摇動哉！故曰：「廻首可憐歌舞地，秦中自古帝王州。」公之此言，蓋有萬方九廟之感焉。其危辭苦語，如諸天佚樂時，天鼓發音，皆爲之不寒而慄。此所以眷顧本朝，而唯恐不得歸也。

此下諸詩，皆以「有所思」卒章，則莫先於開元、天寶太平之主。蓬萊獻賦之日，「集賢學士如堵牆，看我落筆生輝光。」滄江歲晚，一出不復。青袍拾遺，徒感嘆青瑣朝班而已。此後二章，正言秦中自古帝王州，而不勝其感嘆也。安史之亂，曲江殘毁，而昆明無恙。武帝旌旗，與石鯨、織女，景物儼如畫圖。惜乎極目關山，漂流鳥道，而不得望見承平之景物也。注家以爲此亂後之傷殘，并及下碧梧、紅豆之詞，則固矣。青瑣朝班，猶有青袍徒步之思，此思歸之所以日急也。

昆吾御宿一章，言城南之景物也。曲江之兵火，不及於城南。故曰「昆吾御宿自逶迤」。「自」之一字，承接上文而來。紅豆啄殘，碧梧棲老，公自此俛仰三朝，飄流萬里，追思夫遊宴渼陂，千里同舟，方舟並旋，俯仰極樂，如夢如幻，不可復跡。公蓋於此有秋水横汾、仙遊自露之感焉。而秋興止於此矣。度公此詩，必成於江樓信宿、徘徊俛仰之候。以故天地之陰晴，江山之上下，指事淋漓，杯酒淒宕，非有意乎敷排謙遜而分爲八章也。豈唯秋興哉！凡諸將、詠懷古跡、秦州、入蜀諸詩，其盤龍結脈，深靚曲折，大率如此。

徐子能黄牡丹詩序

山翁禪師文集叙

陳孟孺先生集序

陳方溪先生集序

李笠翁傳奇叙〔一〕

古今文章之變，至於宋詞元曲而極矣。詞話之作，起於南宋。於時中原板蕩，逸豫偏安。遺民舊老，流滯行都。刺取牙人駔儈、都街行院、方俗閭巷、慠美猥褻之語，作爲通俗演義之書。若羅貫中之水滸，恢詭譎怪，大放厥詞。悲憤諷刺，與龔聖予三十六人之贊，相爲表裏。昔〔二〕人謂司馬子長降體而爲之，亦不過是非激贊也。籌殺六更，讖符四廣。西臺之哭聲久湮，眢井之沉書未啓。才人志士，沈抑下僚，志氣怫鬱，發而爲場上之曲。識者謂元有曲而無詩。非無詩也，文學侍從之臣，如虞伯生、袁伯長輩，以春山秋水之篇章，當上林、長楊之著作，視散〔三〕曹罷吏，旗亭酒樓，嘻笑唾罵，曼聲而度曲者，不有餘愧乎？故曰：元有曲而無詩也。

神聖開元，文明奕世，高文典册，炳耀廊廟。二百餘年，詞曲寥寥絶響。嘉靖之季，有倡爲淫詞瞽説，譏切權倖者，俚鄙穢惡，君子所不道。然宋詞之變態極矣。萬曆中，臨川以蓋代之才，衰晚無聊，而託寄於四夢。死死生生，情種流傳，染神剋骨，道人有諷〔四〕一勸〔五〕百之説。然元曲之變態極，而文章之能事亦盡矣。

世運而往，生才不盡。於斯時也，而笠翁之傳奇，横見側出，徵材於水滸，按節於雍熙，金瓶無所闘其淫哇，而玉茗不能窮其繆巧。宋耶元耶？詞耶曲耶？吾無得而論之矣。有讀笠翁傳奇，始而疑，既而眩，終而狂易却走。余爲解之曰：「子未讀山海經乎？『東海之外，大荒之中，有山名曰大言，有大人之市，名曰大人之堂。』郭弘震曰：『山形如堂宇，大人時集會其上，作市肆也。』經又曰：『有一人踆其上，張其兩耳。』由今觀之，大言之國，不知其所言何事，要必非蹄涔之游、蓊薈之集也。有大人者，張耳以爲市，又有一大人，若張兩耳而聽之。言者與聽者，斯可謂兩相當矣。今子聽笠翁之傳奇，在此圜土中，以爲大言，驚而相告。不知笠翁之兩耳可以爲市，而子以徑寸之耳輪，傾側而聽之，雖欲不駭眩却走，烏乎可？」笠翁聞而笑曰：「漁也誠無辭於大言矣。踆於大人之堂，張耳而聽之者，非夫子其誰？請書之以告於世之爲耳市者。」辛〔六〕丑夏日〔七〕，書於杭城之適軒。

【校記】

〔一〕此文亦收於外集卷六。　〔二〕外集作「昔」，文集補遺作「者」。　〔三〕外集作「散」，文集補遺作「教」。

〔四〕外集作「諷」，文集補遺作「譏」。　〔五〕外集作「勸」，文集補遺作「諷」。　〔六〕外集「辛」字前空缺二字。

〔七〕外集「日」字下空缺六字。

錢右尊文引

題吴江趙砥之靈巖偶論屈陶有感詩册

龔孝升過嶺集序

雪堂選集題詞

釣臺彙集序

爲王兆吉贈陸仲德序〔一〕

甲辰春，余方有幽憂之疾〔二〕，聞王子兆吉病〔三〕且亟，爲之失席駭嘆。既而聞其良已，喜滿大宅。客曰：「夫子不自病〔四〕，而以人病爲憂喜，何居？」余曰：「兆吉，吾黨之志士仁人，吾之同體也。同體而病，安得不憂？愈安得不喜？」已兆吉告我曰：「鼎沉痾再生，陸子仲德之力也。請夫子一言以贈。」

余觀經傳，人生之陰騭，莫大於活人。活人一也，有活一人之人，有活千百萬人之人。鮑叔牙之活管仲父，李太白之活郭令公，活一人，奚啻活千萬人哉？兆吉居官不過郎署，家産不逾中人，此邦之人，胥以爲司直焉，胥以爲衆父焉，是則百千人之一人也。吾聞三災劫後七日，人民種絶。天留一福德知慧之人於種民天，以爲有情世界之種。兆吉之在斯世，殆亦種民天中之一人也。他人所活者，世間之人。仲德所活者，種民天之人，其功德不有大焉者乎？仲德爲吾同年友之孫，舍儒而醫，讀吾友繆仲淳本草經疏諸書，獨得其不傳之妙。余向爲叙纂輯本草，頗能發明其指意。學老而聖，醫老而神，余亦自喜殘生之有託也，故於兆吉之請，直書之以爲贈，并以爲兆吉贈焉。

客曰：「子之贈仲德，善矣。并以贈兆吉者，何也？」余曰：「昔年丙吉病亟，夏侯勝謂不當死。余故前知兆吉之當療也。華元化、孫思邈，皆神人也。元化寧數期不反，至於見殺，不肯終療魏武之頭風。盧照鄰與思邈游，論良醫愈疾之道，可謂極玄矣。身染惡疾，終於投水。蓋二人之疾病，本於宿命，結於交報，雖神人亦無如之何也。兆吉中年迴心佛乘，頂禮華嚴法界，在在處處，有吉祥身雲護持。其違和而病，亦思邈所謂寒暑不時，天地之烝否耳。天實假手仲德，導之藥石，以表明仁者之必壽。病者既歸功於良醫，療者又謝能於司命。余請以夏侯勝之言爲之證明，不亦信夫！」

兆吉今年七十，諸士友請生辰爲壽之詞，余惡其俗而弗爲也。余今會華嚴疏鈔已畢，將頂戴以往，散花作禮，誦如來壽量品，以代南山之祝，而以斯言先之。

【校記】

〔一〕此文亦收於外集卷九。　〔二〕外集作「疾」，文集補遺作「病」。　〔三〕〔四〕外集「病」下疊「病」字。

張坦公集序〔一〕

中州張坦公先生，射策甲科，起家縣令，受當宁簡任，入直翰苑，洊歷大司馬。當是時，國勢阽危，樞務旁午。天子神聖，非常寄任，專調發數。促膝之召，刺閨之章，一日夜數上，無不稱旨。朝野屏息跂望，以爲李伯紀于〔二〕廷益合爲一人。俄而天地晦冥，國有大故。觸冒萬死，走荆、雒諸山中，經營塞栅，收合徒侣。逆闖之號令，不行於荆南，公實以隻手遏之。燕雲底定，璽書慰存，乃始卷甲卧鼓，頓首歸命。迴翔朝右，資望深茂，乃由山左擢杭左轄，先後十餘年，更歷坎陷，遭逢明夷。箭鋒劍鋩，交加骨肉。刀塗血路〔三〕，發作俄頃。閲歷變故，最險最奇。其所謂詩文，亦隨以遞變。吕汲公〔四〕論杜詩，以爲次第其出處之歲月，畧見其爲文之時，得以考其辭力少而鋭、壯而肆、老而嚴者，如此。則世之知坦公者，當以其詩。而坦公之生平建豎，欲有所寄託，以自見於竹素，捨此集亦何以矣？

昔少陵遇天寶之亂，流離巴蜀，有昔游、遺懷之作，一則曰：「昔者與高李，晚登單父臺。寒蕪際碣石，萬里風雲來。」一則曰：「昔我遊宋中，惟梁孝王都。憶與高李輩，論交入酒壚。」蓋自七雄、劉、項，并吞割據之餘，戰伐通塗，英雄陳跡，多在梁、宋之間。芒碭前迎，澤潞後却。成皋、廣武，壁壘相望。叢臺繁吹，平蕪千里。志士才人，裘馬清狂，相與呼鷹紫櫪，逐獸雲岡。射飛控縱，據鞍躍馬，腸肥腦滿，墨酣筆飽。仗興生情，託物起興。用以攄一時之抑塞，發千古之悲涼。俛仰河山，獨此城爲絶勝。而況如公者，以含章挺生之姿，攬中州河雒之秀，天實命之以鼓吹休明，陶鑄風雅。於是乎孟津超乘於前，行、屋夾轂於後。旗鼓相當，鞭弭競奮。噓枯吹生，散華落藻。據北地、信陽之壇墠，牛耳中原，亦天相之也。威弧不弦，帝車左次。橋山之龍胡不逮，崆峒之仙仗杳然。於是乎棄戎旃、理翰墨，捨韎韋、事畢牘。詞壇騷壘，收合(五)餘燼，地負海涵，大放厥詞，而依水園之全集始出。

今試取而讀之，其莊嚴鉅麗，有物有則，如轉輪聖王得離垢主兵寶，象馬車步，四無量衆，顧視之間，兵即已辦也。其從容庠序，行安節和，若大將之治兵，前茅慮無，中權後勁，部署嚴整，而徒御不驚也。其縱横含吐，陽施陰設，如韓淮陰將百萬之衆，驅市人而使戰，囊沙拔幟，出奇無窮也。其雄奇崩豁，造險窮幽，如霍嫖姚之懸軍深入，絶陰山，窮瀚海，人以爲從天而降，不知其使然也。滄桑更改，陵谷遷移。天時人事，陰陽消長，籠挫於毫端，而破房於字裏。以其礮車陣馬，轟雷掣電之聲勢，弱其竅而爲嘯歌。以其飛書走檄，呼風叱火之光彩，夷其燄而爲詞翰。以其哭秦庭，悲蜀道，泣血重趼麻鞋兩肘之心事，歌哭哽咽，茹吐結轖，而爲呵嘔曲折，宮商經緯之詩若文。使夫讀而思之者，淺人爲之思深，悍夫爲之色奪，懦夫爲之立志，壯士爲之心死。銅仙辭漢，鉛水之淚猶存；白馬朝周，信宿之懷如在。其斯以爲坦公之詩已矣。而世之千秋相命者，顧欲較體裁，論聲病，比量於近代數公之間，下上其位次，斯古人所云「無以海形納於牛跡」者乎？

余嘗觀館閣故事，中州前哲，以相業著稱者，遠則古穰，近則中玄。二公運在禺〔六〕中，浴日於扶桑易。坦公運在昃食，捧日於虞淵難。坦公之集行，後之才臣志士，撫百年之棋局，遡滄海之窮塵，扼腕嘆息於斯文者，固不徒考豐碑、追琬琰，流慨於正、嘉、隆、萬之世而已矣。坦公書來曰：「公知我者，幸爲我詩序。」余雖老廢，歸向空門，不敢謂不知坦公也。孟津已矣，今所謂高、李者，有行屋及安丘二公在。坦公將還朝，共理承明著作之事，試相與評吾言，以爲何如也？

【校記】

〔一〕此文亦收於外集卷六。　〔二〕外集作「于」，文集補遺作「於」。　〔三〕外集作「道」。　〔四〕外集作「汲公」，文集補遺作「伋之」。　〔五〕外集作「合」，文集補遺作「拾」。　〔六〕外集作「日」。

集唐詩序

陳鴻文詩稿叙〔一〕

越絶書云：「虞山巫咸所出，楚人以爲神巫。」而商書載巫咸作咸乂，作大戊，高文典册，與伊訓、説命並垂册府。子游北學於中國，歸而南北之學立，遂有子游氏之儒。盟壇擣石，遺跡歷然。生於是鄉，而不能道古昔，稱先干〔二〕，以文學一科導揚端門之末命，豈不有愧於鄉人子弟哉！

世遠言湮，學者諱通今汲古，惟謏聞〔三〕曲學之是師。繆仲素之詁訓，桑民懌之詞賦，已不能問其津涉，而況其大且遠〔四〕者乎？啓、禎之間，士始知有古學。昌黎之進學解，子厚之答韋〔五〕中立書，與夫有宋以來大儒，經經緯史，爲學之次第，相與服習講貫，稟爲條律。其端雖自余發之，而或原或委，一本於先生長者。海内之知古學者鮮矣，碪椎〔六〕相攻，其是非亦相半。而鄉曲小生，所謂不知何人者，蠅聲蚓竅，亦側出而從之。蔚村子有憂焉，於是作爲文章，載經建鼓，挾枹秉經〔七〕，以正告鄉人子弟。蔚村子之言出，而羣喙脇息，余可以卷舌不談矣。

里中陳子鴻文，録其詩就正於余。余觀其扶䮶結條，沈辭怫悦，杼柚於懷而無取冗長，庶幾乎通經嗜古者之爲，蛩然空谷之足音〔八〕也。方希直學於潛溪，學成而潛溪贈之詩曰：「啾啾百鳥中，有此孤鳳凰。」今余拔鴻文於衆鳥之中，將取其麟前鹿後、龍文五色自表異耶？抑亦翱翔四海，一飛而羣鳥相從以爲朋耶？其亦昌明古學，使啾啾百鳥，燕雀啁噍之屬，胥化而爲高岡歌舞之音。斯鳳之德〔九〕不孤，蔚村子之憂可以釋〔一〇〕矣。虞伯生以爲學之説告蜀人，以爲推先世之學，庶幾見區區恭敬之微意。余假鴻文之詩，極論今古，蓋有〔一一〕望於鄉人子弟，故其詞不得而不詳也。癸卯二月既望，東澗遺老錢謙益叙。

【校記】

〔一〕此文亦收於外集卷七。　〔二〕外集作「王」，文集補遺作「生」。　〔三〕外集作「聞」，文集補遺作「文」。

〔四〕外集「大且遠」作「遠且大焉」。　〔五〕外集有「韋」字，文集補遺無。　〔六〕外集作「椎」，文集補遺作「推」。

〔七〕外集作「挾枹秉經」，文集補遺作「扶抱秉□」。　〔八〕外集有「之足音」三字，文集補遺無。　〔九〕外集作「德之」。　〔一〇〕外集作「釋」，文集補遺作「繹」。　〔一一〕外集「有」下有「厚」字。

題吳門吟社雜集小引

題張子石湘遊篇小引

賀任文昇侍御考滿文

青蒲白簡，凛横楊之威名；金鐘大鏞，壯本朝之氣色。雅望久崇於惟月，膚公行著於爲霖。薄海聳歡，留臺增重。

某秀山靈氣，道海榮光。胸苞吐鳳之文，早魁蘂榜；手擅解牛之技，出宰花封。春歌寡和於郢中，霜簡獨高於白下。矢心憂國。每懷焚草之忠勤；抗疏辨奸，詎減裂麻而慟哭。圖箱車而經武，氣攝强隣；監闈棘以衡文，風清瑣院。爬垢蠹以稱國計，何畏馮城；蒐金矢以壯軍興，用舒仰屋。廷臣無出右者，天子居然器之。

比及三年，洊膺上考。當國家厲精之日，争赴功名；況疆圉多事之時，尤資俊傑。人事修而天文數變，戎心狡而民力中乾。徒使至尊之獨憂，誰恥四郊之多壘？我之懷矣！彌深向日之思；國有人焉，實藉回天之力。不聞不見，察周嫠之私憂；未亂未危，回越人於驚走。朝廷深知治行，豈但儀簪槖之班；牙纛不足爲榮，要當勉旂常之績。

某久欽曰筆，忻頌緇衣。鬢已雙蓬，兀坐閭閻而曝日；身猶一葉，喜聞臺閣之生風。事大夫之賢，徒跂望其儀羽；聽輿人之誦，敢嗣響於風謡。

邵松如制義序〔一〕

嵇叔夜之論琴德曰：「非夫曠遠〔二〕者不能與之嬉游，非夫淵静者不能與之閑止，非夫放達者不能與之無吝，非夫至精者不能與之析理。」余嘗讀而深思，以爲論士之道亦然。夫士之柴栅名利，梔蠟其貌言，刻畫其眉目者，病在乎不曠遠也。士之汩没嗜欲，冰炭熾於中，函矢戰於外者，病在乎不淵静也。不曠遠則目不見睫，故不能放達而無吝。不淵静則心不舍神，故不能至精以析理。譬之窺日者焉，窺日於隙中，一隙已爾。舍隙中之日，而觀乎中天，光光相續〔三〕照，四天下猶一日也。此曠遠〔四〕之喻也。譬之置燈者焉，置之於風中，一瞬已爾。移〔五〕風中之燈，而貯之密室，光光相續然，千百炷猶一燈也。此淵静之喻也。

吾黨邵松如〔六〕，妙年散華落藻，筆掃千人。爲諸生祭酒，久之乃得售。累困公車，杜門却掃，不關人事。冰凝蟲蟄，修其業而息之。當其放神滌慮，霞思天想，忽然而睡，涣然而興，不復知天有四遊，地有八極。已而致虚〔七〕守静，談空叩寂，一以爲南郭〔八〕之喪我，一以爲少林之觀壁〔九〕。於時遊光揚聲，奔走傳遽者，幾不復知有松如，松如〔一〇〕亦邈然不自有也。今乃得遇知己，擢上第，咸陽之紙，正字之琴，一字而享千金，一日而傾都下。修然退然，若忘乎其所有事者。參謁少暇，時手一編。短檠青熒，伊吾嘔啞，銷聲匿影，依然一未第舉子。噫嘻！亦已難矣！所謂曠遠淵静者，松如殆〔一一〕兼有之矣。

松如歸，以行卷屬余爲序，余何以序斯文哉？余少則聞里中先達故事，瞿文懿爲諸生，束舉業〔一二〕書不觀，獨游拂水之麓，卧長松下，仰睇松頂，雲片往來，畫空指數，移日而後去。則曠遠之致也。嚴文靖少困〔一三〕童子科，掩關影娥道院，大署其壁，以皋、夔、孔、孟自期。除夕夜讀，一燈熒熒，隣人目爲守歲老僧。則淵静之標也。高山不遐，九京可作。居今之世，奮鴻漸之羽，而守鴻冥之操。金聲玉質〔一四〕，行安節和。繼先〔一五〕哲之清塵，余於松如有厚望焉。余絳縣之老人也。東城南陌，習委巷之言而已，安知其他？用以序松如之文，不自知其嬋媛而可笑也。同里眷末老友蒙叟錢謙益謹序〔一六〕。

【校記】

〔一〕此文亦收於外集卷五，「制」作「時」。　〔二〕外集作「達」。　〔三〕外集無「續」字。　〔四〕外集作「遠」，文集補遺作「達」。　〔五〕外集有「移」字，文集補遺無。　〔六〕外集「如」下有「氏」字。　〔七〕外集作「虚」，文集補遺作「唐」。　〔八〕外集作「郭」，文集補遺作「廓」。　〔九〕外集作「壁觀」。　〔一〇〕外集「松如」二字不重出。　〔一一〕外集有「殆」字，文集補遺無。　〔一二〕外集作「案」。　〔一三〕外集作「用」。　〔一四〕外集作「振」。　〔一五〕外集作「先」，文集補遺作「光」。　〔一六〕外集無「同里」以下至末十三字。

牧齋雜著

下

〔清〕錢謙益 著
〔清〕錢曾 箋注
錢仲聯 標校

上海古籍出版社

有學集文集補遺（中）

曹母陳太孺人八十壽序

邵母九十壽言序

余母毛太夫人表節詩叙〔一〕

遂安澹公余公，以進士高第，擢守吾郡。下車踰年，風和霜肅，百廢咸舉，政聲籍甚，爲海内循良之冠。吴中賢士大夫，飫公之膏澤，飲醇襲芳，推本其淵源，知公有節母毛太夫人，其治行厥有自云。

太夫人之歸贈公也，巽粻宿肉，以奉尊章。鷄鳴夙夜，以佐夫子。裙布操作，動合圖史。人之稱女師者歸焉。既而所天見背，盛年自誓，事高堂則以婦代子，撫藐孤則以母代父。松筠之操，滋茂於百年；蓼莪之澤，覃及於九族。君子曰：太夫人非惟爲節母也，其慷慨立節，蓋鬚眉丈夫弗如。而本仁祖義，恤孤寒而撫惸嫠，則公卿大夫或未之逮也。太夫人青年矢節，皓首令終。二孤鏃礪名行，鸞翔鵠峙，軒翥都人士前。及余公紈綺之歲，早登朝右，專城出守，治行爲天下第一，而太夫人之爲母師益著。人觀公之砥節自公，飲冰茹蘖，則以徵太夫人却鮓之儉。人觀公之拊循鴻雁，視民如子，則以徵太夫人丸熊之仁。人觀公之養育人才，廣厲學宫，則以徵太夫人斷機之教。人觀公之治兵振旅，江海肅清，則以徵太夫人冠纓之智。太夫人之爲母師，得其子而益彰，豈不信哉！

昔者魯敬姜之教其子曰：輻可以爲將，畫可以爲正，捆可以爲大夫，軸可以爲相，樞可以爲三公。西漢之盛，賢守公如黄霸輩，皆入爲三公。余公文明以止，篤實光輝，傳遽至於公卿有日矣。源遠流長，徵其家訓，則自太夫人織紝之教始。今之贊誦，鏘金戛玉，先河後海，咸歸美於太夫人。後世有劉中壘、范詹事，區明風烈，昭於彤管，將於此有徵焉。珩璜琚瑀之遺風，其有聞於斯世也夫。

【校記】

〔一〕此文亦收於外集卷八。

宋母王淑人六十壽讌序

葉母姚太孺人七十序

阮母劉太安人六十壽讌序

陸孟梟七十壽序

徐徵君暨姚孺人六十壽讌序

顧行之七十壽敘〔一〕

上章攝提格之歲，表兄行之顧君，春秋七十。兄爲吾外祖一江府君之冢孫，仲舅曲江府君之子，而吾母一品太夫人之嫡姪也。吾母於仲舅雖異母兄弟，而親逾同胞。吾母視兄猶己子，兄亦視吾母如母。兩家子姓，相親如骨肉。簞食壺漿，束薪尺布，兩家靡不相共。吾里中中表之親〔二〕，悲愉休戚，肺腑聯切，未有如〔三〕吾兩家者也。今吾母之棄藐孤十有八年矣，而吾兄七十稱壽，以五月廿三日爲懸弧之旦。兄既康强難老，飲酒御肉〔四〕，矍鑠如壯子。而君之子茂志〔五〕兄弟，束修勵志，蜚聲競爽，不隤其家聲。長筵羅列，賔朋翕集，考鐘伐鼓，千金壽而萬年〔六〕酬，斯可謂之吉祥善事也矣。

余少於兄一歲，遭逢世難，頹靡衰落。業已文身斷髮，不得比數於人。思欲攝衣冠，撰杖履，從二三親知之後，爲兄舉南山之觴，懼其爲賔筵之辱而未敢前也。將遂默而息乎？而追念吾母，蓼莪之痛，桮棬之思，欲於兄乎寄之，終未能以恝然也。不得已則使孺子孫愛，攝榼承飲以往，而又先之以一言。

蓋洪範之次，九曰嚮用五福，一曰壽，三曰康寧。兄之於斯二者，已兼有之矣。試循其本而論之。庚戌之歲，寇薄城下。我外祖以藩臬入賀，推擇視師，立馬於都城門下。男女避寇者，皆穴馬〔七〕足以入，所全活者，無慮萬人。語云：活千人者必封。而況於萬人乎？吾仲舅布衣任俠，毁家首公，好義急難，十歲誦聲□□。兄雖居身隱約，挫先人之産，而獨立行意，不汩没於流俗。視履考祥，蘭玉森出，得箕疇之二，而享封祝之三。此非其祖考餘慶，源遠流長，挹彼注兹，而何以致是乎？

仲舅好長生沖舉之術，延致閻希言、李赤肚輩，皆百歲以外登真度世之人。兄少從諸道人遊，金液之大丹，玉函之隱訣，靡不涉其津涯，啟〔八〕其關鍵。今兄形神志氣，老而益壯，其所得於指授者多矣。虞山古仙真之窟，漢淳于斟遇慧車子於烏目山，授虹景大法，登保命明晨之列，陶隱居〔九〕真誥可考也。人世功名富貴，如日及之華，朝榮而暮落。兄既授登仙之訣，由此而期頤，而不老，視大椿以八千歲爲春秋，猶旦暮耳。人世之浮名濁富，兄視之如土梗弁髦，何足以爲兄道哉！余於兄之壽，推本祖考之德，而祝誦其登真度世，以爲迥異於世之稱壽者。以斯言修一觴，庶可以陳於俎豆之末乎？書此以付孫愛，俾從茂志之後，酌大斗以壽兄，而又道余所以不能往賀之意。兄又當舉觴滿飲，以自慶其生平，而嘆予之衰廢，爲之听然而一笑也。

【校記】

〔一〕此文亦收於外集卷十。〔二〕外集作「戚」。〔三〕外集有「如」字，文集補遺無。〔四〕外集作「內」。〔五〕外集有「茂志」二字，文集補遺空缺。〔六〕外集作「年」，文集補遺作「金」。〔七〕外集作「焉」。〔八〕外集作「啟」，文集補遺作「故」。〔九〕外集作「居」，文集補遺作「君」。

君鴻七十壽序〔一〕

歲次閼逢□月，族弟君鴻年七十，將席長筵，列孫子，舉觴稱壽。宗人有惎之者，曰[二]：「是夫也，白首章句，矻矻孳孳。如彼鶉鳩，拾米食臍。案乾書螢，壁走蟫魚。呑紙煮字，曾不療飢。而足踽踽，而口期期。循牆而走，畏影而趨。世所服媚，深梯滑稽。身爲井餅，豈若鴟夷？衡門帶索，白首棲遲。田夫争席，濁酒泛巵。宗黨之擁青袖、驅暢轂者，皆得睥而過之，而奚以稱壽爲？」君鴻㤫然自失，趨而告於余。余曰：「居！吾語子：舉世兒童婦女，指稱上壽登真度世者，莫如我遠祖老彭。吾姑爲子妄言之。吾祖以斟雉饗帝，受封彭城。由唐迄商，天下亦多故矣。九嬰暴作，十日並出。以迄於純狐之戕羿，斟尋之覆舟，喪亂洊臻，有不身與其憂者乎？子之所遘，於吾祖十分之一也。盧蒲嫳之種種，付諸并刀之一割，而已高枕無恙矣，不若吾祖之以憂老也。彭城之失封，不知何時？殷末召爲大夫，稱疾閒居，則其謝國封久矣。遇犬戎之亂，流離西域，百有餘年。晚避殷王之忌，復入流沙。八百歲中，爲旅人之日多矣。今吾子守田廬，奉丘墓，燕伏臘，長子孫。新豐之犬鴨，自識門閭；栗里之雞豚，不踰近局。無播遷之禍，無刑戮之虞。此殆吾祖所不如也。祖嘗[三]言喪亡四十九妻，失五十四子。數遭憂患，和氣折傷。人非金石，未免有情。八百年間，亡多存寡，晚而枕高眠遠，自悔其不壽。其摧傷於逝没相尋者，亦不少矣。吾子斑白一堂，話團欒而歌暇豫。執研削者雅善管絃，索梨棗者咸好紙筆，陌上有緩緩之歌，棗下無[四]離離之嘆。安知吾祖不喟然嘆息，以爲斯世之幸人乎？吾聞三事之鼎，藏弆先廟，周成王之所以饗商伯也。吾雖老矣，猶將問諸守祧。子其從我而東，歌西游〔五〕之曲，拭墮淚之碑。摩娑分器，司執羃之役〔六〕，此則錢後人之所有事也。彼譏譏者，庸何譏？子姑飲酒，吾爲子鼓缶而歌。」歌曰：「卜維有鼎兮，銘曰澗東。奄有東夏兮，光我鼎鍾。泗水淪没兮，誰爲楚弓？公矦復始兮，有光融融。碧天化日兮，燕喜雍頌。弟勸兄酬兮，酒酣曲終。執杯持耳兮，樂哉老聾。」歌罷，趣浮大白，爲酌者先。君鴻大喜，引滿霑醉，再拜而去。彭祖九十九世吴越二十六世東澗遺老八十一叟謙益再拜奉祝。

【校記】

〔一〕此文亦收於外集卷十。

〔二〕外集有「曰」字，文集補遺無。

〔三〕外集作「嘗」，文集補遺作「常」。

〔四〕外集作「無」，文集補遺作「有」。

〔五〕外集作「海」。

〔六〕外集作「役」，文集補遺作「後」。

黄柱源八十序〔一〕

重光赤奮若之壯月，爲柱源黄翁八十初度。邑之俊彦，與其令子尚默秀才游者，如余甥歸司李暨太守陸君輩，乞余爲祝嘏之詞〔二〕。

余少與耀軒黄君交，知翁爲耀軒之中表昆弟。其祖爲主政雲川李公，以遺腹子育於舅氏大參黃公，遂與耀軒爲雁行。不忘所生，以懷李自名。八十年來，有禾葉向本、露葵衛足之思焉。少而掉鞅藝苑，長而束修勵行，有古先民長德之風。老至則耕閒釣寂，枕高視遠，氣舒而欲寡，行安而節和，探禪悅之味，精導引之術。志在六合之表，而長者之稱，則在縉紳先生鄉黨父老間。

余聞單豹氏之養生也，或攻其外；張毅氏之養生也，或攻其內。翁爲世家子孫，生長聞見，皆詩書禮樂之事。而屏囂息機，澄心静氣，殆庶幾古之得道者與？其全内行也，如太丘之在潁川。其表清修也，如叔度之風潁上。其徜徉登臨也，眈幼輿之丘壑，慕康樂之山水。其任天而行也，忘機似漢陰之抱甕，逃名類潁陽之挂瓢。其與人無町畦城府也，柳公度之氣海常温，魯汜子之恭名彌茂。布袍索〔三〕帶，泊然於藥房菌閣。以詠歌嘯傲之暇，探玄珠於雲笈，悟法寶於貝多。余年與翁齊，得翁爲世外道侶，慧車之虹景，招真之銀筒，余兩人訪求於丹泉雪井間，又安慕乎古之左拍洪崖右挹浮丘也哉！

稱觴之日，桂馥蟾明。武夷會幔亭之雲，赤松浥綵囊之露。諸君誦余言於翁之堂，爲余掀髯加酌，其視玩月峰頭，餐霞洞口者，樂何如耶？令子孝友順祥，樂心養志，以得堂上之歡。陶隱居〔四〕真誥云：「貞廉忠孝，積行獲仙。」余知琳房玉簡，皆在德門矣。余稔翁爲有道，故不敢以九如三多之祝進。翁膚神清令，視履如盛壯時。竢二十年進百歲觴，將與翁復談登真度世之事焉。

【校記】

〔一〕此文亦收於外集卷十一。〔二〕外集作「文」。〔三〕外集作「潔」。〔四〕外集作「居」，文集補遺作「君」。

金母管太孺人五十序

王君六十壽序

吳約庵七十壽讌序

宗袞曼修大司諫五十初度序

内殿保御鄭三山鄭君七十壽序

錢母吴太孺人七十壽序

慧命篇贈孟昉世友四十稱壽

賀詹京兆七十壽序

五百年有命世，見堂構之相仍；七十歲爲古稀，祝期頤之未艾。瑞徵南極，慶在興朝。閣下道叶先知，照隣幾庶。凛若大河之一斷，裁剸不留；巍然象鼎之萬鈞，表儀斯重。堅持素節，不事浮華。慮因以平反爲能，如于定國之在廷尉；出守以清淨爲治，繼汲長孺之牧淮陽。褰帷獻蠻蛋之賮琛，澤流嶺海；削牘柱貂璫之廟貌，霜肅秦川。乃陟月卿，晉除日尹。玉衡冰壺之譽，方藹清時；岫幌雲關之思，彌深晚節。臧孫有俊，范氏名家。羔羊本潔白之風，驄馬繼澄清之志。

惟兹小歲，正值大年。對冰水之如澠，香浮醽醁；倚玉山而列俎，光映傀俄。席長筵以祝延，舉壽觴而相屬。金章紫綬，照耀清尊；緑鬢方瞳，輝煌黄髮。江梅破白，比韓圃之晚香；岸柳催青，啓陸家之夕秀。家傳忠厚，是先師無盡之燈；心養和平，即仙家不老之藥。

益也紀、羣行輩，孔、李通家。八千歲爲春，八千歲爲秋，恭紀冥靈之曆；周公拜乎前，魯公拜乎後，式瞻喬梓之榮。投我以桃，何以報之青玉案；既醉以酒，我姑酌彼黃金罍。調瑞龍吟，徵普天樂。

壽沈孺人六十序〔一〕

嘗聞作室有道，塈茨資乎後昆；種樹有萌，杞梓食乎奕世。匪獨父訓隆也，蓋亦母德茂焉。若夫禮嚴攸遂，徒以是議爲功；易貴代終，又以無成著誡。婉孌雞鳴之寢，扶携鳩杖之旁。時寒燠而獻衣，羃酒漿以陳饋。稱婦順者，於焉止矣。以余所稱沈孺人，則孑孑乎古人〔二〕僅稱之。

孺人，中丞沈公之愛女，中翰徐君之元配也。綿瓞出自吳興，得風土清嘉之美；絲蘿依於東海，接冠裳文物之華。當其毓德芳年，習儀中閫。羣季俊秀，皆爲惠連；伯姊諸姑，咸稱道韞。青綾步障〔三〕，嘗存雅辯之辭；錦字流黃，不殊首容之飾。非假珠輝蕙帳，而銀翰流芬；不啻簧奏瓊函，而綠芽絢采。況乎家傳節鉞，堪稱玉尺冰壺；國賴澄清，庶幾祥鸞威鳳。參靈抱慧，良非偶然；辭垢攬芳，殆由天授。此孺人女德之宗也。

迨乎既歸中翰，係冏卿世德之家；欣傍龍門，實尚寳弓裘之寄。發音稱圖，動容成紀。散儀朗潤，無勞環珮鳴和；含體淑靈，不事綺紈争豔。内則資乎古訓，秉禮聞於大家。從傅母以登臺，惟攜玉軫；佐君子而持户，獨御蒿簪。中翰製七襄之錦，清閨〔四〕吐五色之花。頴絶芝揩，不異白雪桃花之詠；香聞桂苑，曾無寳釵明鏡之書。庶幾閨閤之金湯，抑〔五〕亦巾幗之干城者矣。

乃若恤緯艱難，共識宗周嫠婦；停梭勸勵，再見宣文絳紗。春日平陽，採桑躬祀帝女；秋風鄴地，織錦不問絲人。洎乎中翰驟赴修文，孺人獨嚴家棟。哀鶼作賦，不聞巇巇之凰；寡鵠成吟，但見明明如月。從此飲食方名之教，莫非詩書俎豆之規。賦性維均，七鳩本同勞愛；鍾靈不爽，一鶚尚待騰飛。以兹物化謙和，人稱慈孝。桓少君之高風絶世，王韞秀之識量過人。以今方古，亶其然乎？乃知志存潔白，共成司隸之名；朗鑒知微，愈重謝庭之譽。素絲靡玷，赤芾有徽。斯稱蘭蕙齊姿，松筠一致者也。於戲休哉！

閨有敬慎之婦，如國寳柱石之臣。是以衣本膴華，必陳害澣之誦；質施脂黛，早稱寧儉之儀。勤襄昭美，敬共明孝，勉勉皇皇，遹昭人訓矣。玉樹三枝，蘭蓀雙穗。敢不惕〔六〕若於中丞之宅相，尚寳冏卿之世業乎哉！今日之獻斯壽也，月樹垂珠，貞女記素臺之樂；雲林佩玉，夫人傳滄海之書。清都以四節傳觴，塵境以七明駐曆。吾將見孺人春秋之志無窮，而賢明之傳，又〔七〕不勝載筆而書矣。

【校記】

〔一〕此文亦收於外集卷十。〔二〕外集「人」下有「中」字。〔三〕外集作「障」，文集補遺作「幃」。〔四〕外集作「閨」，文集補遺作「閨」。〔五〕外集有「抑」字，文集補遺無。〔六〕外集作「惕」，文集補遺作「揚」。〔七〕外集有「又」字，文集補遺無。

有學集文集補遺(下)

與吴梅村書

復王煙客書

與王煙客奉常

復李夢沙書

上李夢沙啓

與吳梅村論社書
與繼起和尚書
與黃觀止書
與馮秋水書
與王雙白
與周安石書
與王中恬書

與王楚先書

復確庵書

與石林長老

與嘉定王内三進士

與禹九書〔一〕

病廢卧榻，不復問人間事。適〔二〕犬子來，言足下不愜意於鶴如，不欲其居此寺。此寺自先母創修，愚父子三世爲檀越，親見鶴如苦心爲衆撑柱山門，毫無過舉。必有僉人以浮言中傷，致有譴怒。然此僧無罪而去，則山寺無人料理，立致傾頹，恐非足下護法盛心。若老病檀越剥盡面皮，又不足置喙也。種種遣犬子面悉，并詢福先、大士，可以知公道也。草草不多及。

【校記】

〔一〕此文亦收於外集卷二十三。　〔二〕外集作「適」，文集補遺作「遺」。

與福先大士書〔一〕

昨犬子歸傳命，即削牘致都憲公，婉轉啓請，求其勿急逐寺僧，以全薄面。旋奉報章累紙，詞嚴氣厲，凛凛乎金科玉條，不可干犯。僕爲心折氣盡，慚悚無地，今不更敢〔二〕有陳奏，竊平心降氣，爲兩足下私言之。亦非敢違憲臺嚴命，觸冒爲此僧申雪也。

據其所言，則〔三〕有之矣。破山寺〔四〕爲寒門三世檀越，閭里所通知也。僕雖老朽，其人尚在〔五〕，何不走一介之使，將〔六〕尺一之詔，好言諭之曰：「寺僧不法，當驅遣之，以淨山門。」即旁人有慫恿者，亦必〔七〕正告之曰：「彼自有檀越在，當令彼善遣〔八〕。」以全老〔九〕人體面，旁人亦無所置〔一〇〕喙矣。今悻悻然不通一信，不致一詞，震雹馮怒，立刻驅遣〔一一〕。此其爲抹殺老朽，借逐僧以逞其〔一二〕咆哮凌厲，居〔一三〕可知也。乃云「仰體護法盛心，非有異同〔一四〕」。此不可以欺黄口豎子，而可以欺八十〔一五〕老人乎？又謂「輿論〔一六〕嘖嘖，賣菜傭三尺子皆悉其顛末。老人龍鍾衰邁，兩耳雙聾，受欺受蔽，無足怪也」。兩足下聰明絶世，持公秉直，亦頗爲此僧稱冤。豈兩足下之見聞，反不如賣菜傭三尺子，而主持名教，爲邦之司直者，獨都憲公一人耶？又云：「千餘年破山寺，百餘年叔翁護法，乃(一七)出此無行妖僧，玷辱刹宇(一八)。」則鶴如之奸媢無行，乃老人百餘年護法養成之也。斧鉞之誅，市朝之撻，不在鶴如，而反在老人。倒行逆施。亦已甚矣！

衰殘病榻，屏跡匿影，無因無緣，惡口辱駡，此亦世間罕(一九)有之事也。書(二〇)詞反覆，意氣高張，儼然以金湯護法自命。試問都憲公平日於興福寺曾捨一粒米、施一分香否耶？何勞挺身護法，如此迫切？又請問都憲公平日參諸方善(二一)知識幾人？護法(二二)海内道場幾處？佛法囑付(二三)國王大臣，今日誰爲推擇？誰爲見(二四)證？此法印便獨歸於都憲公(二五)耶？僕雖老廢，生平於(二六)憲府諸老，舊交則有鄒南皋、趙儕鶴、高景逸、李茂明輩，新朝有房海客、龔芝麓輩，頗辱其道義深知，草木臭味。今觀此公，鐵面霜稜，威風凛凛，先後執法(二七)，似祇有此一人。老人眼界，頗自寬闊，付之啞然一笑而已。

僕有「鶴如撑柱山門」之語，彼謂(二八)「破山寺(二九)鶴如若死，誰人料理？」此言似尤背理。今所謂撑柱山門者，正謂鶴如未死，而責其料理也(三〇)。彼若死，則其責歸於後人(三一)。今曰彼(三二)他日必有死期也，而先逐之，山門傾圮，不利衆(三三)僧。此等罪業(三四)，必有與鶴如分肩之者。此又(三五)不可不深長思也已。都憲雖尊重，死與不死，似非出其主張。閻羅老子勾消世人，原不依捋尖文簿。閒話及此，聊供兩足下一拊掌而已。

病甚，不能造語。種種遺犬子面告〔三六〕，不贅〔三七〕。

【校記】

〔一〕此文亦收於外集卷二十三，「與」作「致」。　〔二〕外集作「復更」。　〔三〕外集作「果」。　〔四〕外集無「寺」字。　〔五〕此句外集作「尚在人間」。　〔六〕外集作「持」。　〔七〕外集無「亦必」。　〔八〕外集作「遣」，文集補遺作「譴」。　〔九〕外集作「老」，文集補遺作「先」。　〔一〇〕外集「置」下有「其」字。　〔一一〕外集作「逐」。　〔一二〕外集無「其」字。　〔一三〕外集作「居」，文集補遺作「倶」。　〔一四〕外集作「同」，文集補遺作「聞」。　〔一五〕外集「十」下有「之」字。　〔一六〕外集作「誦」。　〔一七〕外集作「乃」，文集補遺作「如」。　〔一八〕外集作「竿」。　〔一九〕外集作「希」。　〔二〇〕外集作「書」，文集補遺作「言」。　〔二一〕外集無「善」字。　〔二二〕外集有「法」字。　〔二三〕外集作「付囑」。　〔二四〕外集作「保」。　〔二五〕外集無「公」字。　〔二六〕外集作「于」，文集補遺作「在」。　〔二七〕外集有此四字。　〔二八〕外集作「云」。　〔二九〕外集無「破山寺」三字。　〔三〇〕外集有「也」字。　〔三一〕外集有「人」字。　〔三二〕外集作「曰彼」，文集補遺作「彼曰」。　〔三三〕外集作「破和合」。　〔三四〕外集作「孽」。　〔三五〕外集無「又」字。　〔三六〕外集作「告」，文集補遺作「悉」。　〔三七〕外集「不」下有「復」，「贅」下有「及」。

遵王絶句跋語二則

跋宋板法華經〔一〕

子羽方便現病，烟客奉常〔二〕馳贈宋版法華經，以代文殊師利詣彼問疾。昔者智者大師誦經至藥王品，悟知靈山一會，儼然未散。子羽今於病榻受持，便當不離一牀而湧現蓮花國土。始知老維摩隨心淨土，非爲虚語，庶不虚奉常〔三〕問疾一段因緣也。己亥陽月二日，蒙叟錢謙益〔四〕拜手謹題。

【校記】

〔一〕此文亦收於外集卷二十五。 〔二〕〔三〕外集作「常」，文集補遺作「嘗」。 〔四〕外集「謙益」二字空缺。

贈王孝子乞財葬親引

余往從吾友王季和識王君臻得，觀其深思好學，勃窣理窟，謂當速飛，非籬落間物。荏苒四十餘年，季和久歸樂邦。人間遷改，忽忽如往劫。而臻得坎壈失志，蒼顔白髮，栖遲兔園册中，古人作士不遇賦，良有以也。臻得善事父母，以孝行聞於鄉。身老食貧，四棺委置雲間。漬淚填咽，寢食俱廢者，亦四十年於此矣。日暮途遠，無可奈何，乃思效秦廷之哭，冀范舟之助。余竊聞而傷之。

雜阿含經云：「烏荅摩至，問佛：『我如法乞財，供養父母，正理供給，得大福否？』佛言：『摩衲不汝限也。一切如法乞財，以正理供養父母，獲無量福。』」由此觀之，佛許摩衲乞財以養其親，寧不許人乞財以葬其親乎？乞財葬親，猶獲大福，又況於施財以葬人之親乎？圭峯言：「盂蘭供會，具三種肥田。謂佛歡喜日，供養浄僧，敬田勝也；報父母恩，恩田勝也；父母在厄難中，悲田勝也。」今有人能以財施令孝子得葬其親，三田具足，其爲功德田，寧可以尋常福田比量乎？詩曰：「孝子不匱，永錫爾類。」世不乏錫類之孝子，吾知臻得之親，若堂若斧，其爲日不遠矣。

屈毓庵像贊〔一〕

朱絃聲希，玄酒味醇。家惟數卷，指授千人。無咎無譽，有子有孫。世已喪世〔二〕，吾反〔三〕吾真。虞之故老，明之遺民。舊史作贊，扇爾芳塵。壬寅正月，蒙叟錢謙益題〔四〕。

【校記】

〔一〕此文亦收於外集卷二十五。　〔二〕外集有「世」字，文集補遺脫。　〔三〕外集作「反」，文集補遺作「友」。

〔四〕外集有「蒙叟」以下六字，文集補遺無。

聚魁塔院新建大雄寶殿碑記〔一〕

嘗觀像教之神於感應也，一人之身，以三世之身爲身；一心所念，以萬生所念爲念。是故凡塔廟殿宇，創建興復之處，爲天龍鬼神之所呵護者，必有一巨公乘願輪，顯大力，因緣示現。以潰於成。雖易草萊爲金碧，奮汙壤而鶱飛，不離於顧盼嚬呻之頃而得之。蓋緣道量堅固，願力弘深。百生之前，明受佛囑，一日現宰官身，起妙莊嚴聚，若此之勇也。

吾邑聚魁〔二〕塔之建，創始於故觀察蕭公。天啓中，余以宫僚里居，有感於邑人戴老夢護法神示囑之異，遂與稼軒諸公，應緣唱導。邦君大夫以暨都人士，協力佽助以成之。未幾，滄桑變易，干戈俶擾。塔院香火，僅餘粥飯殘僧，莫克肩營造之役。堂殿之基址徒存，伽藍之規模不立。席扉蓬户，梵唄荒涼。板屋衡門，僧徒漂寄。雀離浮圖，干雲孤起。高櫓〔三〕積栱，樹網雲旛，與風鈴替戾之聲相應和而已。大都護關西楊公，以元戎休沐，寓居兹土。瞻禮塔院，周視廊廡。循覽廢興，徘徊太息。會長干大報恩寺主松影和尚仗緣駐錫，講演楞嚴，妙義弘宣，四衆翕集。都護公頓悟宿因，以締構殿堂爲己任，首捐萬金，以供百凡之費。公之賓友余君心生，及舊部將劉君集之，共竭心力，相助勝緣。庀徒蕆事，土木皆作。經始於甲午之夏，斷手於丙申之冬。爲大殿五楹，中覆丈六金像三軀。法堂丈室，安禪會食之寮，及齋厨庫廄，以次而具。雕甍畫棟，風日以之生輝；金綱碧幢，雲烟爲之動色。道場峻潔，四衆安穩。齋魚粥鼓之聲，隱然爲一巨刹。寺既成，公以余與聞茲塔之終始也，請以一言紀之。

余考内典，阿育王取世尊舍利造塔，勑諸鬼神，於閻浮提至海際城邑聚落滿一億家者，爲世尊立塔，凡窣堵波所在，必有伽藍梵刹，莊嚴表示。阿育王取金華金幡，懸諸刹上，未有浮屠孤起，而不用刹摩標表者也。唐僧澄空發願鑄金像，六十年中，三鑄不就，至捨身而後成之。臨終示衆曰：「五十年後，吾當爲建重閣耳。」開元之初，李暠充天平軍節度使出游，因仰天像，嘆曰：「如此相好，爲風日所侵，痛哉！」即賜錢七萬緡，而重閣以就。人謂李公爲澄空後身。茲塔之成，實廢而復興。四五十年之間，風摧雨剥，鐘殘鈴斷，以待因緣之至，而公適起而應之。聚沙布地，率先長者之金；法界恒河，不礙秦吴之遠。豈非育王之詔，夙奉於他生；而澄空之願，受記於無盡者哉？唯公建虎牙，摽麟伐。爲王家功臣，爲生民屏翰。其唱斯緣也，雖仇敵怨惡，悉以大悲智饒益之。仗佛慈，挽刦運。願力甚深，機緣甚切。誠吾鄙之所歡喜讚者也，不辭而爲之銘曰：

虞山發源自大江，地勢東走還伏藏。沙山顧山互低昂，蜿蜒來至烏目傍。東西一瀉惟平陽〔四〕，水流不蓄金字傷。有窣堵波矗城牆，挽勒元氣固土疆。勝因實自蕭公倡，捧土運甓曾匡勷。殿基初立兵燹荒，風鈴惟聞替戾岡。天〔五〕大將軍闢西楊，聚沙有金建法幢。鬱然龍宮金輝煌，罘罳幡綱麗日光，三十二相具金剛。竭來華藏禮法王，銷金脱刦護善良。相輪諸佛共讚揚，猗公善果爲無疆。邑人聚沙居士海印弟子蒙叟錢□□熏沐再拜謹記〔六〕。

【校記】

〔一〕此文亦收於外集卷十六，「魁」作「奎」，無「院」字，「記」作「銘」。〔二〕外集作「奎」。〔三〕外集作「檜」，文集補遺作「擔」。〔四〕外集作「惟平陽」，文集補遺作「□□湯」。〔五〕外集作「天」，文集補遺作「天」。〔六〕外集有「邑人」以下至末十九字，文集補遺無。

常熟縣重修城隍廟記〔一〕

傳有之：「民，神之主也。聖王先成民而後致力於神。」然則世之事神者〔二〕當亦先知所主矣。今國家幅員萬里，張官置吏，棋布星羅。郡有守，州有刺史，縣有令，所以教育黎元，寄甚重也。有官以治陽，即有神以理陰。凡水旱疾疫，火災大患，人力無所施者，神能捍禦之。於是郡縣各有城隍之司，丕秩元祀，百世弗替。

吾邑城隍司，創自洪武三年，即古東陵〔三〕寺基也。歲月既久，或圮或修，代不乏人。

然文字無考，邑志僅載弘治中王侯大經嘗鼎新之，東湖錢先生記其事。余嘗讀記文，不覺掩卷興嘆也。東湖之言曰：「城隍有祠，每月朔望，有司展謁之外，香火稀闊，閒庭悄然。」以余觀於今日，邑民事神，又何其殷殷煩且數也？每旦曉光曈曨，重門洞開。香氣連雲，燈焰爍日。男婦老幼，聯袂接衽，堂皇不能容，中庭之趾相錯也。仰窺神容，精氣赫奕。天風肅肅，從兩袖出。愀乎若嘆，赫乎若怒。呼吸響應，謁者毛髮洒竪，此豈神之靈倍盛於昔，又豈民之崇奉獨虔〔四〕於今耶？是蓋有說矣。

政之修也，神所憑依在民。政之失也，民所憑依在神。昔人銜命握符而來，類能代天子宣德揚化，甘雨和風，翔洽四境。民知有令，而相忘於神。今之宰邑者，或不盡豈弟樂只，令棄民，民亦貌事而心攜。偶遇疾痛疴癢，儕耦環視，卒卒掩涕曰：「彼雖南面臨我，不啻秦、越人之視肥瘠也。出湯火而登衽席，非明神孰與援手？」是以望神若望慈父母焉，奔走於神之祠下，若奔走於其親之庭闈也。一有興作，不戒而趨，土木丹漆之役，工〔五〕不告勞，金錢縠帛之施，口不言費。是豈民之偏暱於神哉？亦其情有大不得已也。

今日者，殿堂落成，兩廡告竣。其盤礎之安，陛阤之崇，題楶之騫，藻繪之輝。觀者額手相慶，謂非神之威靈，悚懾億兆人之心志，宜不及此。余獨謂非億兆人之心志畢萃於神，如拯溺救焚然，亦豈遽及此。蓋君子觀於神人相與之際，惕然有世道升降之感焉。羽士朱□，礱石請文。因余舉李梁之語，推演其意以告之。惟神聰明正直，陰隲下民，當不以余言爲過也。是役也，經始於□□年□月，畢工於□□年□月。費金錢若干緡，方伯孫君有記，余不更書。邑人錢謙益熏沐謹撰〔六〕。

【校記】

〔一〕此文亦收於外集卷十三。　〔二〕外集有「者」字。　〔三〕外集作「靈」。　〔四〕外集作「虔」，文集補遺作「雯」。　〔五〕外集作「工」，文集補遺作「上」。　〔六〕外集有「邑人」以下九字。

都察院書佐題名記〔一〕

關東振宇周公奉詔巡撫江南，保釐政成，百職備舉。妙簡幕府書佐，分曹庀事，凡二十人，皆能以公勤廉辦，克供厥職。公將還旗休沐，乃條具其姓名，刻之貞石，如各省院題名故事，而屬余爲之記。

余考周官六卿之屬，各有府史胥徒。六卿，府二人，史、胥各十二人。府、史、胥者，今之書佐之類也。天官小宰之職，掌百官府之令，辨其職：曰府，掌官契以治藏；曰史，掌官書以贊治；曰胥，掌官叙以治叙。今之書佐，各有職掌，左右官府之治，亦猶是也。前漢百官志：百石以下，有佐史之秩。後漢百官志：漢初，傳〔二〕掾史辟，皆上言之，有秩，比命士。其所不言，則爲百石屬。其後皆自辟除，通爲百石屬云。今之書佐，皆不上言，故無秩也。三公曹掾，有東西曹、户曹、奏曹、辭曹、法曹、尉曹、賊曹、決曹、兵曹、金曹、倉曹之名。東西曹主史之事，户曹、倉曹、金曹主民事錢穀，辭曹、法曹、決曹主刑名，兵曹、尉曹主兵馬，賊曹主盜賊，奏曹主章奏。掾主曹事，令史各典曹文書。名雖與今不同，而分曹職掌一也。

今之巡撫都察院，在前漢即御史中丞也。後漢改〔三〕御史大夫爲司空〔四〕，置大司馬以冠大將軍之號。今巡撫周公實由少冢宰改少司馬，開府江南畿，兼兩漢三公之職，而所除書佐，一時尤號稱得人。嘗讀史記張湯傳，湯初給事内史爲掾，以湯爲無害，徵爲丞相史，薦之天子，補御史，至爲廷尉。及奏事，上善之。即曰：「臣非知爲此奏，乃正監掾史某爲之。」雖湯欲薦吏揚人之善，然亦見漢掾史其所職掌，可否是非，得與天子上下其議論如此〔五〕。故如湯者，得以掾史致身御史，進爲廷尉。而趙堯亦以刀筆吏爲御史大夫。漢不輕視其掾史，掾史亦不輕視其身，往往身爲上卿，名列史傳。自漢以下，此風寖微。上既輕視其掾史，掾史亦輕視其身。吏治之不古若，職由此也。

公蒞任以來，凡推擇爲書佐者，不得以身麗法網，與家無擔石者，參錯其間，亦猶「凡厥正人，既富方穀」之義。有以舞文抵法，夤緣窺伺者，必責而逐之。寧擇而後任，無任而後擇。此公之所以能得人也。今公既内召，懼既去而窺伺夤緣之徒，復投間抵巇，以致書佐之自輕也，復爲勒石刻文，以鄭重其事。其所以整飭吏治，豈不遠哉！

余爲之記曰：巡撫都察院之屬書佐四十人，分掌章奏、吏民、錢穀、兵馬、盜賊、刑名，悉如漢曹掾吏故事。更番從事，各守成法。每番得二十人，皆能諳政務，潔操守，如漢之掾史。異日有起家如漢名公卿者，必自此始。可不懋哉！

【校記】

〔一〕此文亦收於外集卷十三。　〔二〕外集有「傳」字。　〔三〕外集作「改」，文集補遺作「正」。　〔四〕外集「空」下有「司」字。　〔五〕外集作「如此」，文集補遺作「此如」。

祝茹穹丹藥記〔一〕

茹穹先生，念我衰老，扁舟訪我虞山。余觀先生雙瞳如漆，鬚髮鬒黑，神氣盎溢，視三載前德充之符，益加粹矣。所過〔二〕以一指活人，刀圭方匕，沉疴立起。診視如孫、吴之料敵，療病如韓、白之決勝，病愈奇怪則效愈神速，斬關奪命，不以尋常方劑奏功。江右陳伯璣，士林之麟鳳也。瘨痏在身〔三〕，十年不愈，神色憔悴，起居艱苦。才服藥兩〔四〕日，忽來告我：霍然有起色矣。瘡液之流黃者，變而爲白矣。先生奉靈真之命，以活人爲事。吾以爲如伯璣者，活一人可抵千人萬人，豈可與横目之民，計口論功耶？

余向辱先生執贄，師資之敬甚嚴。今效陽明還拜董蘿石故事，以壽衣一襲爲贄，反執弟子禮。先生不欲當，乃以還丹真訣見授，許以舐丹鼎上升，作淮南雞犬也。昔漢淳于斟隱居吴烏目山中，遇慧車子授以虹景丹訣，遂得度世。烏目山即虞山之别名，陶隱居不知，以爲吴地無烏目山，誤也。先生坐余小閣上，指點簷外峯岫，乾元宫、招真治，丹井鴿飛，恍然〔五〕在眼。先生此來，得非慧車子〔六〕飈輪神車，再降於此山耶？石臺使君，親見先生療伯璣疾，拊掌嘆異。江右仙靈所萃，皆龍沙石函中人也。當爲我證明此言。辛丑四月望日，書於貽仙館中〔七〕。

【校記】

〔一〕此文亦收於外集卷十三。〔二〕外集作「至」。〔三〕外集有「在身」二字，文集補遺無。〔四〕外集作「兩」，文集補遺作「而」。〔五〕外集作「忽」。〔六〕外集無「子」字。〔七〕外集有「辛丑」以下十二字。

誥封都督梁公墓誌銘〔一〕

自古保大定功，受脤〔二〕仗鉞，必有干城不世出之士，熊羆不二心之臣，爲之宣布威稜，奠定疆圉。合抱之木，不產部婁。照乘之珠，必生合浦。則又必有哲人碩士，熏後劬躬，有開必先，能勞可繼。今江南總鎮左都督太保梁公，有賢父贈光禄大夫府君，非其人歟？

府君諱孟玉，字琢之，陝西西安府長安縣人也。少遭閔凶，弱不好弄。提抱失依於諼樹，垂髫負痛於蓼莪。顧養不忘栝棬，孝隆如母；食貧不廢絃誦，儼若成人。迨乎繼母去帷，孤生當户。蘆衣栗栗，永遵冬夜之悲；棘心夭夭，長抱凱風之恨。獨邑鬱而誰語？遂隱約以窮年。釣灃〔三〕水之清流，神傷膂石；笑終南之捷徑，夢斷麻衣。懷潁封人之錫類，而甘阨其身；效鄭子真之躬耕，而併晦其跡。此非純孝真隱，合爲一人者歟？孝乎惟孝〔四〕，克儉克勤〔五〕。以仁義爲囷倉，以德善爲耕穫。施及童稚，一味必以分甘；燕彼惸嫠，九族待以舉火。凶年食玉，振廩延餓莩之生；昏夜還金，傾囊貰旅人之死。厥有賢配，相以好施。民之〔六〕頌之曰：「是父而是母，天其鑒之，俾再索而得男。」

爰有祥徵，聿生太保，金天毓秀，參井炳靈。陶謙性好於幡旗，王濬志在於長戟。府君嘆曰：「山西出將，山〔七〕右主兵。説禮樂而敦詩書，斯爲元帥〔八〕；修戈矛而駗駟驖，惟吾秦風。吾既終老蠹魚，汝當飛騰汗馬。」於是授以戎律，教之韜鈐。風雲感召於行間，壁壘分明於掌上。登壇〔九〕建節，萬衆不譁；畧地出奇，百戰皆捷。北臨青嶺，則陣壓太行；南衛〔一〇〕白波，則船臥滄海。幕府報最，捷書屢聞。教以父能，爵從子貴。太保武闈起家，由守備授都督僉事，則有驃騎將軍、妻張夫人之命。太保加授都督同知，則有榮禄大夫、妻張一品夫人之命。太保累進今官，則有光禄大夫之命。府君一經自守，宛如環堵之時；三命益共，不替循牆之教。孺子鞠躬盡瘁，捐踵頂以報國家；老夫知命樂天，盡委形以答造化。於是乎軟輿就養，文駟之官。雖錦袍紅帕，夾道擁轂，而布素之裳衣自如；雖烹羊炰鱉，列几盈盤，而伊蒲之齋饌不改。蓂朔五易，榆景不留。以年月日卒於其地之官舍。飾巾待期，治命易簀。毋以殺生易齋素，毋以喪祭務豪〔一二〕奢。如旅人之得歸，遂委心而安寢。斯所謂達生觀化，得正全歸者歟！惟太保祗奉庭訓，整旅臨戎。武在止戈，仁言不殺。麗譙有鶴列之衛，閭閻無犬吠之驚。椿庭之訃告乍聞，茇舍之軍民胥泣。佽飛突騎，剺面告哀；華顛緇衣，炷香望祭。青門舊挽，豈同蒿里之悲；絳水新阡，行見祁連之像。考終好德，自古難并。生榮死哀，於今爲盛矣。府君卒之歲，享年七十有七。配一品夫人張氏，先五年卒。生男三人：長鳴鳳，長安縣學生；仲即今太保公；季騰鳳，側室出，尚幼。生四女，皆適右族。孫五人：長鼎，以玄孫應襲世爵；次□，太保出也；曰文者，鳴鳳出也。孫女三人。曾孫二人〔一三〕。太保公金革服喪，苫塊茹痛，敘述先德，申命部民。俾撰玄堂之銘，以備青史之録。

余竊倣有唐之制，爵在五等，登於三軍。追崇祖先，得立家廟。方鎮大臣，拜章上請。史臣奉詔，作爲銘詞。用以表章宗功，寵光奕世。今太保公節鎮東南，保釐半壁。休勛茂績，史不絶書。履賜四征，命用九錫。立廟備物，莫斯爲宜。唐人有言：碑於神道者，懸窆所用；碑於廟門者，麗牲所資。余舊忝史官，職在載筆。庸敢承太保嘉命，撰次休明。俾刻貞珉，以誌幽竁。他日三阿四室，刻碑廟門。惇史鉅儒，倣古魯鐘衛鼎之制，稽實録以書廟器，將於斯文有取焉。乃作銘曰：

太華柱天，仰見靈掌。豐城西廻，洪河北上。金行氣肅，名將踵起。周稱方、召，漢著辛、李。積高氣靈，孕育虎臣。乃眷西顧，鍾於德門。德門惟何？梁山奕奕。天梁精氣，散爲耆碩。嘉耦惟張，星近天河。後宫軒轅，弧矢占多。琅琅太保，嶽瀆冥符。仁將勇濟，孝與忠俱。鐵馬蛇矛，大黄白羽。天山瀚海，噴薄風雨。遂佩珩璜，分雄棨戟。寵臨方鎮，乃蔚乃赫。書勲授策，報本敬先。師中三錫，策命蟬聯。抑抑哲人，居寵益畏。能侯教讓，豹纛屏貴。補衣蔬食，現儒閟禪。百年小别，委蜕〔一三〕蕭然。生莫與京，死莫與並。七葉漢貂，以鴻厥慶。三阿四室，備物享烝。籩甒在堂，簫筲在庭。丹書緑字，綽楔崇臺。井絡之分，天文昭回。佳城鬱葱，窀穸有永。我撰銘章，以光呂鼎。參差旂常，澶漫〔一四〕陵谷。史失求野，謹告汗竹。

【校記】

〔一〕此文亦收於外集卷十六。

〔二〕外集作「脤」，文集補遺作「賑」。

〔三〕外集作「澧」，文集補遺作「澧」。

〔四〕外集有此四字，文集補遺空格。 〔五〕外集作「克儉克勤」，文集補遺作「克勤克儉」。 〔六〕外集無「之」字。 〔七〕外集作「地」。 〔八〕外集作「帥」，文集補遺作「師」。 〔九〕外集作「壇」，文集補遺作「墱」。 〔一〇〕外集作「衛」，文集補遺作「衝」。 〔一一〕外集作「華」。 〔一二〕外集有「長鼎」以下至「二人」三十九字，「次」下空一格，文集補遺無。 〔一三〕外集作「蛻」，文集補遺作「帨」。 〔一四〕外集作「浸」。

海幢先生墓誌銘〔一〕

余觀宋史列傳，儒林、道學，分爲二科，常竊嘆作史者深明近世學術之指要。不揆檮〔二〕昧，集録史乘，於本朝理學名家，僭有畧例，分爲四科。若趙東山、汪環谷泝沿唐、宋，研解經〔三〕義者，名爲儒學；若薛敬齋、羅整庵確守雒、閩，淵源性理者，名爲道學；自白沙、陽明，迄於趙大洲、羅近溪，則判爲禪學；理學之假非其有，禪學之狂無所歸者，則直判之曰僞學。用是四科，區分近世之學術。視宋史之科判，又加嚴矣。然而姚江已下，理學少而禪學多。理學多僞，禪學多狂。僞者未必狂，而狂者或終歸於僞，則識微者所深懼也。

武林卓太史辛彝，叙述其父海幢先生事行，請余銘其墓。海幢先生者，生姚江之後，聞風興起，以性命爲問學者也。先生少學制科，師事同里胡休復、沈無回。於胡資其淵静，於沈資其高明。離經辨志，迢然章句之外。其在羣從，去病沉酣墳誥，以宿學稱大師。左車和擊宗乘，以英少居尊宿。先生於去病則事而敬之，於左車則友而親之。草木臭味，其機感固如是也。

萬曆辛亥，偕左車北遊太學。以謂王城如海，天下人才萃止，尋師取友，採珠玉於淵海，以橋門爲鉤梯云爾〔四〕。留都門五載，見綏安謝兆申耳伯，悦其道，納履稱弟子焉。耳伯少事參訪，單丁行脚。自謂大事了畢，天下莫己如也。一見先生，知爲法器。明燈吹燭，殘夜推枕，箭鋒相直，勘辨歷然。先生自是眼益明，心益開，自仞爲謝氏學，不復名〔五〕他師矣。耳伯，余友也。居恒與余論學，謂伊川、考亭，知有是事，而抹摋他寶，是爲疾走而忘〔六〕影。江門、姚江，渾身是禪，而影署家珍，是謂對鏡而借面。儒則真儒，禪則真禪。窮搜穿窬之根株，盡破光景之窟穴。斯不愧天地間一真實人耳。先生之所得於耳伯者，其以是乎？不然，何以皋比之撤，若是其勇？而函蓋之契，若是其深乎？先生少游古寺，聽老學究説書，解「曰知其所亡」，此心要日日亡得去。問知爲龍溪門人，伏膺挂胸，參究伊始。晚年讀楞伽宗通，從前緼結，一昔銷隕，猶自分拈提不一〔七〕，如負重逋。不得已把本説禪，口頭生活。蓋至是而先生之目足一，脚跟穩，霜降水落，春至蟄起，真參真悟，薙狂剪僞，爲姚江之别子，爲綏安之真子。舉以殿禪學之科，夫何愧與！狀稱先生禔身嚴，治家簡，與善厚，責過薄。坦夷易直，不習白圭、計然之術，俯仰攻苦，以高貲雄里中。繕梵宇，修橋道，卹饑寒，澹〔八〕災祲。數斥千金，若揮涕唾。蓋其辨才知地，促數湧現，非枯禪腐儒可量測者。耳伯嘗謂余：公但可入佛，不可入魔。余戲謂耳伯：公則但可入魔，未可入佛。由今觀之，佛魔一如，縱横自在，其海幢先生乎！安得起耳伯與語，相視一笑哉！太史執簡史局，請立禪學一科，表章耳伯，噓姚江絶學，而先生次之。有用家門駁議者，則以余言爲徵，其誰曰不然？

先生諱禺，字肖生，遜國忠臣侍郎敬之後。父文炎，官鴻臚寺鳴贊。母孫氏。娶於張，生一男子，即今太史〔九〕彝也。卒於庚寅三月某日，享年六十有八。葬武康〔一〇〕河圖村。銘曰：

禪而儒，如衣有珠。有光四照，而不出衣。儒而禪，衣珠瑩然。光生於珠，珠還照焉。依孔孟之門庭，印佛祖之正令。方矩圓規，婆心兒行。笑海形之牛跡，游大象於兔徑。居今之世，盲禪昌披。棒拂錯互，聾瞽交馳。微斯人也，孰與砭衆生之病痼，而訂未法之枝歧？

【校記】

〔一〕此文亦收於外集卷十六。　〔二〕外集作「檮」，文集補遺作「禱」。　〔三〕外集作「理精」。　〔四〕外集作「爾」，文集補遺作「耳」。　〔五〕外集作「名」，文集補遺作「明」。　〔六〕外集作「忘」，文集補遺作「惡」。
〔七〕外集作「二」，文集補遺作「加」。　〔八〕外集作「澹」，文集補遺作「淡」，此處二字不通用。　〔九〕外集「史」下有「氏」字，據上文，疑當作「辛」。　〔一〇〕外集作「岡」。武岡，不在浙西，作「康」是。

介卿陳府君墓誌銘

吾里善士曰介卿陳君，先世出閩之侯官，以宋集賢校里伯暘公爲遷虞始祖。四傳至繼芳，洪、永間隱君子。子四，長叔維，以孫中丞、司成二公貴，贈光禄少卿。次叔綱，世有潛德。累傳至順虞，諱燦，君之考也。余丱角爲陳氏館甥，見順虞嚴重寡言笑，不能嚮邇。君爲順虞次子，諱至善，字介卿，別號用拙，母爲吾宗女。綳裹中聞王母高孺人誦佛號，啼輒止。八齡失母，就傅讀集〔二〕，至知生知死，便詢阿母去處。舉止異凡兒，讀書綴文，不屑屑飾章繪句。研經味道，暇則賦詩臨池以自娱。孝友温恭，善事厥考。自色養以至攀柏負土，不敢怠。銜訓媲德，履道葆醇。與人交，介而能羣，爲人師，引繩切墨，如訓親子弟。聞人一媺行，喜動顔色。昌言於衆前，而早夜以勵其家人。聞人過，蹙容緘口。及遇不平，正色抗辭，往往令其人聳聽喘汗，悔過而後已。終其身，不受一無名錢。洗耳户外事，濡首一編，鈎摘薈蕞，與古人參會於杪忽之間。出則循牆傴衣，見世之高睨闊步者，輒望塵屏跡。

壯年哀毀苫塊，遂脱遺紛埃，刳心空門，目不覩繁華，耳不聞綺語，口不霑酒漿鹽酪。秉金剛心，持木叉戒，軍持篦囊，與筆牀詩版相錯互。朝梵夕唄，日無暇晷。篤信惟心淨土之旨。鶴林寂公，以雲棲嫡嗣，卓錫藤谿草堂，齋鐘冷落，草深一丈。得君竭蹶佽助，樹網雲旛，一朝湧現。數年早作夜思，惟營齋利生。余嘗與石門、稼軒輩，結放生蓮社，推君爲諸上善人之首。見君日持念珠，手動口隨，雖對客應事不少間。布衣苴履，道貌蕭然。霜天月夜，登頓林谷，坐危石高峯，定心周目，若排空御氣於莽蒼間。參横月落，叉手經行，佛聲高振林杪，激揚悲厲，使聽者謂天外晨鐘。性好施，歲得束修羊，暨田租稍入，洗手輒盡。徑山聞谷印禪師嘗語余曰：「到虞山得一真實修行人，可以折魔鉗狂。」實指君而言。發願盡閲經藏，精求第一義諦。讀未終，旋以勤悴搆疾，沐浴更衣，與法師鄭重言别，琅琅持佛號，吉祥而逝。蓋天啓五年十二月之朔也。嗟乎！往代禪真儒亦真，故禪解之圓，足爲儒門導。近世儒僞禪亦僞，故儒行之方，足爲禪門護。君學儒篤行君子也，學佛苦行頭陀也。冠仁服義，以修其身。鞭退策進，以治其心。余於君殆無間然。

娶程，叙州别駕三井公孫女，文學秋泉公女。君在，配君子無違德。君殁，訓子得母道。後君三十八年而卒。生四子：長式恩，貢生，從余游最久。今偕其子進士溯濆來請銘於余者。次鍼年，次鉞〔二〕，儒士。古鍠，邑諸生。女一，適諸生陸鉞。孫男十：溯沅、溯潢、溯泙、溯濂、溯渭、溯汾、溯溶、溯洛、溯淇、溯澗。孫女三。曾孫男女十。嫁娶詳狀中。君生於萬曆癸未，得年四十有三。葬石城里中丞、司成二公墓右。濟德流祉，其後必大。余與君，懿親也。又同學佛，宜其銘。銘曰：

民而天，規蹈矩旋。儒而禪，行方智圓。耑後繩前，吁嗟乎！有德無年。崇岡迴川，爾藏孔堅。銘詩信傳，大書深鐫。

【校記】

〔一〕「集」字疑誤，無他本可校。　〔二〕此二字疑有誤，無他本可校。

顧東壁墓銘〔一〕

東壁顧氏，名登瀛，錫山右族。父君錫，娶常熟錢氏。東壁，我之自出也。生而娟好，眉目如刻，讀書等身，應口背誦，鄉人目爲聖童。亂後，君錫攜歸宛山。越三載，余屈指計曰：「東壁今年十八，學益有成矣。」癸巳臘月，君錫書來曰：「兒以二月十七日夕死，逼除渴葬，敢請銘。」余發函愕眙久之，嘆曰：「余不聞東壁病，遽聞其死且葬耶？茫茫禹跡，倒植橫生。東壁不死，逐鄉里兒童，乖〔二〕齒牙，争頭角，竟何爲耶？」東壁娶踰年，婦死，依父卧起，如兒童時。信受内典，裝潢〔三〕藏弆，研求名義。臨終，顧父母垂涕，他無所怛怖，若解去者。葬在宛山先塋之側若干步。銘曰：

天生愚人，黄土摶斸。其中秀出，有麟獨角。如沙含珠，如泥産蓮。託胎處夢，十有八年。帝曰念哉！汝復而所。無依堀堁，而啄腥腐。内院歸歟？新宫成否？我作銘章，慰汝父母〔四〕。

【校記】

〔一〕此文亦收於外集卷十六。 〔二〕外集作「臿」，文集補遺作「函」。 〔三〕外集作「潢」，文集補遺作「演」。

〔四〕外集句下側注「癸巳」。

蘄州盧府君家傳

盧氏二烈婦傳

太僕寺少卿寧侯席君家傳〔一〕

君姓席氏，諱本禎，字寧侯，其先安定人。始祖唐禮部尚書豫，五傳武衛將軍温，避黄巢亂，渡江居洞庭。十四傳爲安邦，始入國朝。安邦九世孫洙，生四子，季爲君父右源公端攀，與其兄左源公，皆用居積起家。吴人稱東山者曰左右源席氏。

君生而廣顙豐頤，具大〔二〕人相。五歲入塾，讀書倍文〔三〕，能盡〔四〕記他童之所習。少長，離經辨志，論斷古事，通曉左、國、班、馬諸書，顧不屑屑呻其佔畢，守一先生之言。右源公家殖中落，外侮侵淫。君盱衡抵掌，思振起祖父之緒業，而高大其閭閎，故非刺促章句小儒所能辦也。蓋君負文武大畧，才兼數器。智淵意匠，驅濤湧雲，有古達人辨士奇偉倜儻畫策之風。而其爲人，動止自矩。少無子弟之過，長有長者之行。孝友順祥，温良寬裕。雖澡身浴德，束修砥礪之儒者，弗能過也。以是故〔五〕，擁有高貲，遭逢〔六〕滄海而卒能全身保名，蔭庇鄉里。其歿也，鄉人巷哭，率〔七〕羣請祀諸瞽宗。

君之治生，修備知物，樂觀時變，錯用計然、白圭之術，而以仁智取予。身未嘗操奇贏，算車牛，逐什一之利，尺蹏〔八〕數行，抵〔九〕雒陽街，歷齊、秦、楚、趙之郊，所至奉行如黃紙。任使用事僮僕，節制駔儈，貰貸徧郡國，訾次如茸，勾股會計，不失毫髮。臨清之破也，君出其家貲〔一〇〕，次第諸寄帑營息者，按籍而償之。諸人皆感泣，願出死力。君與之推心腑，共生死，使之自〔一一〕饒而盡其力。未及三年，貲復大起。青邑有市靛之獄，君傾身爲商人請命，越二年乃解。所市物以稽緩踊貴，其贏得過當。語曰：「貪賈三之，廉賈五之。」君佩服儒素，不事纖嗇，爲俯拾印取，挹彼注兹，可以觀大〔一二〕道焉。戊寅辛巳之交，比歲大祲。君大發橐中金，輓襄、樊上游之粟，賑廩同食。自山城以達青、兖，彌望數千里，捐瘠載道，皆需席氏粟以活。君爲德於鄉，立宗法，置義田。津梁甃道，復陂置閘，設糜給槽，收骴掩骼，所費鉅萬，至是益不可訾省，典守者以爲憂。君笑曰：「此等金錢，今日乃入吾庫藏中矣。」

當是時，流氛薄三輔，當宁旰食。君早夜呼憤，思毁家以紓國。會撫臣上賑濟狀，當得官。君以母老辭，願如漢卜式輸家財以助軍。天子以爲忠，即家授文華殿中書兼太僕少卿。錫命建坊，如漢世所以布告天下以風百姓者。久之，海内漠然不應，莫肯分財佐縣官，大率如漢時。一時公卿大夫，容頭過身，知君之才器，莫肯爲明主推擇嚮用，以備國家之緩急。君領卿寺空銜，無所建白，袖手扼腕，仰屋竊嘆，而天下事終不可爲矣。弘光南渡，用覃恩晉一級，誥贈祖父如其官。唐藩徙臨汝，副節使行册禮。臨汝人不安於移藩，君宣布詔旨，皆帖服。已事而竣，歸卧莫釐峰下，教戒鄉人子弟，謹斥堠，助守望，峙餱糧，庀租庸，恪恭敬慎，以俟天命。鄉之暴子弟輕俠少年，皆奉約束唯謹。既而艅艎搜山，揚帆〔一三〕西向，株連五百餘人，骸骨撑拒，而東山無犬吠〔一四〕之警。君之殁也，鄉人有識者曰：「席君不可作矣。猝有大故〔一五〕，其若之何？」

君奉右源公居家五戒及法先傳後〔一六〕録，其大要以孝友婣睦濟人利物爲先務。教其子啟兆輩，一以祖訓爲金科玉律，諸子咸弗敢失墜。啟兆後君一年歿，而啟圖、啟疆、啟寓，皆含章暐曄，能大其家。

舊史氏曰：余讀漢史，卜式屢請輸財助邊，又願與子男及臨菑習弩博昌行船者，俱死南越。未嘗不壯其爲人。及觀其請烹弘羊，言郡國不便，鹽鐵船算可罷，凜凜乎大臣之法言也。班氏稱爲版築飯牛之朋，與公孫弘、倪寬同傳。賢良文學如九江祝生輩，奮史魚之直，抉摘桑大夫，而於式無異辭。丞相弘以爲非人情不軌之臣，繆矣！席君際會時艱，意氣蠭涌。願毀家以紓國，此與卜式何異？根柢儒學，蘊蓄經畧，視天下事數著可了。令得印首信眉，效劻勷幹辦之用，其所建置，豈真鴻漸之翼而已哉！先皇帝闢門開聰〔一七〕，號咷博求，一誤於淮陰市人，以爲獲雁之公孫彊而人悔。象物爲人，土龍求雨，不問其才之真不真，而輒以破資格爲言。及其一誤，則又從而懲之。嗚呼！可勝嘆哉！余爲席君之傳，附著其語。後之論世者，其尚有感也夫！歲在己亥，夏六月二十日，石渠舊史虞山蒙叟錢謙益謹撰。

【校記】

〔一〕此文亦收於外集卷十九。

〔二〕外集作「大」，文集補遺作「天」。

〔三〕外集作「文」，文集補遺作「人」。

〔四〕外集作「盡」，文集補遺作「書」。　〔五〕外集作「故」，文集補遺作「所」。　〔六〕外集無「逢」字。　〔七〕外集作「率」，文集補遺作「卒」。　〔八〕外集作「踬」，文集補遺作「褫」。　〔九〕外集作「抵」，文集補遺作「坘」。　〔一〇〕外集作「貲」，文集補遺作「訾」。　〔一一〕外集作「自」，文集補遺作「旬」。　〔一二〕外集作「大」，文集補遺作「天」。　〔一三〕外集作「帆」，文集補遺作「風」。　〔一四〕外集作「犬吠」，文集補遺作「吠犬」。　〔一五〕外集作「故」，文集補遺作「取」。　〔一六〕外集作「後」，文集補遺作「没」。　〔一七〕外集作「愢」。

陸敕先寫真贊

精華之氣，蒙錮山川。方玉圓珠，有光熊然。腹有詩書，如藏珠玉。凝晬之光，見於面目。我思潘生；歎美平原。崑山何有？有瑶有珉。壬寅上巳日。

牧齋外集卷第一　詩集

丁亥夏爲清河公題海客釣鼇圖四首之四

石濤上人自廬山致蕭伯玉書於其歸也漫書十四絶句之九、十四二首兼簡伯玉

婁江王奉常西田圖詩十二首之四、六、十一、十二四首

贈張坦公二首之一

贈舊父母鍾黄初

秋日遇廣陵顧舍人於虎丘別後却寄

長筵

秦淮花燭詞十二首之七、十二首爲蕭孟昉作

婁江謠十首之一、二、三、六、九五首〔一〕

海宇瞪瞢暗劫灰，天荒俄爲使君開。爭看身是光明燭，又説心如照世杯。

【校記】

〔一〕此五首亦收於佚叢甲集牧齋集外詩補。

其二

軺車信宿下東倉，脚底陽春信許長。要使蒼生安蔀屋，先教白筆掃風霜。

其　三

兒童盡笑使君獃，祗飲婁江水一杯。不道使君心赤若，嚼冰嚙蘖此中來。

其　六

珣玗琪玉並瑤琨，彼美東南竹箭論。遼海文光矚東海，醫閭重見賀黄門。

其　九

使君威望叶熊羆，横海從他候火馳。海若天妃齊拱扈，三江午夜卷靈旗。

長句爲異公詞文七十初度

贈陳于到六十二首

壽張伯起六十

贈閩帥王振宇

喜鶴如上人還破山寺

壽鶴如五十

壽葉白泉二首

次沈石田韻

贈　友

鄧母六十壽詩

贈孫子長五十二首

壽徐彦博七十

贈楊子常七十生子

贈□將軍

秋日小叙

余宗老蘭泉居士貧老躭詩以賦遠湖詩得名諸孫𡺲字梅仙好古能詩畫書舫小像余爲題於圖右

題梅仙書畫舫圖

和陸彦修改歲之作八首 乙未

江右蔡中丞新建滕王閣寄題四首

桃源澗佛日 癸卯

壽葉母張夫人七十

壽史辰翁八十

子羽携文孫孝直過訪口占爲贈

贈王石谷

題漢聞陳君引兒走馬看桃花小像

送蘭陔大行

孫孝若三十初度

和楊曰補幽居圖韻贈管調陽

顧仲白六十

十月望日西山掃墓過孟芳故居慨然有作

陳漢聞四十壽詩

爲汪然明題沈宛仙女史午睡圖

贈義翁父母五十初度四首

懷長姑夫人二首

辛卯初夏辱朗翁社兄過我話舊贈此

朗翁携紫輕再過小飲時將判袂賦此誌感

壽佟中丞詩八首 有序

袁孝子五十

嘉定潘雨臣六十

壽王庸若七十二首

壽周母郟夫人

壽淳化禪師

朱璞菴遊虞賦贈

題族孫遵王破山斷句詩後二首

族姪用佛六十

邵母錢太君九十壽詩

坐雨胎仙閣偶懷覺凡上人漫賦小詩寄贈

奉祝本芝年文古稀初度二首

長　筵

贈不二仙翁

程九如徵君五十

和伊菴七十自壽詩二首

菊花詩 并序

爲金爾支題孝章墨梅一絶

爲范郎戲題妓館　偕馮雲將觀妓於傅園，見陸麗京贈范郎詩，用范蠡西施事，戲題絶句四首之一、二。

虎丘同王德操諸君賦

題青牛老子圖

題達摩偈

桂觴七言斷句二首　原稿之九、十

贈馮闓之

牧齋外集卷第二　雜文

建吕真人祠紀事

海虞頂山之白龍祠，有元主簿趙彦清記僧慈悦遇吕真人事。記稱慈悦患水腫疾，有道士姓回，詢其所苦，以指爪劃其股，腹水出，腫良已。後兩日，復有客遺吕真人像，不顧而去。記陷置祠壁間。祠再圮，記尚完好。居人李景純有末疾，祝於真人曰：「愈我，我舍身築仙館於虞山。」祝之之夕而愈，乃行求真人像於陸生。生夜夢真人手拂其面赤痣，焚香拂絹素，甫命筆，面痣遽脱。邦人驚而相告，謀置真人祠於湖田，而僧廣正董其事。

自趙氏作記，至今三百餘年。真人之靈響，再著於海虞。虞山神詭自然，藏丹藴藥之地，固亦靈真之窟宅。真人黄緜白衣，時時弭節其間，而世人未之見與？然一老僧及委巷之人，旦暮遇之，若可告語。斯諺所謂緣法者與？抑胎性之滛暴，與行尸之穢濁，老僧與委巷之人，猶不若士君子之沈錮不可救藥與？腹疾屬之雨滛，末疾屬之風滛，真人不難以刀圭起之。今之冥行倒趨，非鬼非食者，皆心疾也。何獨憖置之不一省視與？豈氣亂作癘，疾在膏肓，真人亦望而却走與？然而真人之在天下，如月之在水，無所不之。則謂其於人有所暱且辟，於疾病愁痛有治與不治者，是以水中之月爲可掇也，非僮則愚。吾獲觀樵陽之籍，五陵之間，虞山之隸仙籙者，蓋有人焉。以其時考之，則可矣。真人之靈響，再著於海虞，殆未可謂無徵也。余故樂書其事以告於介衆。

閲兩淮鹽政條例新編有述

余老就空門，謝絶剥啄。江淮士友，不忘舊學，踵門納屨，盱衡時事，談鹽使者四明胡公新政，交口贊誦曰：「鹽法刓敝，自蘄水袁公疏理之後，蠹嚙魚爛，不可收拾。得胡公而一新，商竈歡呼，額課騰踊，如裴休之繼劉晏，所謂異代而比肩也。」

余得其所頒鹽政條例，閲竟歎曰：「嗟乎！豈惟袁公哉！二百餘年，淮南人條列利病，大率爲官議者十一，爲商議者十三，爲竈議者十五，爲課議者十三。周文襄、耿清惠以公忠振濟於前，王恭襄以精敏整頓於後，丘文莊、霍文敏以老謀博學建議於朝右。有一法則有一弊，有一病則有一藥。今以陵骨變遷之後，條舉承平蕪廢之法。古方新症，臚列無遺。應病與藥，隨手輒效。信矣哉！救時之哲匠、經國之鉅手也。雖然，今之頌新政者，徒知胡公之剸決易，不知其措手難；　徒知其救弊急，不知其審局大；　徒知其底績捷，不知其用心之宏且遠也。

漢世詔丞相御史與賢良文學問民疾苦，共議鹽鐵；　唐世張平叔請變鹽法，詔公卿議可否，韋處厚、韓愈有十難十八條之議。是以利病分明，無道謀築舍之慮。胡公條奏不輕上，唯減斤、復府二事，抗章力請再三，而得報可，亦戛戛乎其難之矣。慮始樂成，口衆而我寡，利百害一，舍舊而謀新，當此之時，周咨則聚訟，獨斷則掣肘，爲之躊躇，爲之四顧，屏營詰曲，前却於技經肯綮之間。唯公自知之，固已口瘏而鼻蜇矣。故曰措手難也。

當南贛軍興之日，廣鹽止行於南贛，而淮鹽行於袁、臨、吉。王文成請盡復廣鹽，著爲定例。今海内軍興，皆仰給於淮課，軍興之費日增，行鹽之地日蹙。令文成生於今日，必將以廣鹽之議移於淮鹽，不膠柱而鼓瑟也審矣。當贛兵未撤，則袁、臨、吉三府宜割以屬廣。當淮餉方殷，則衡、永、寶三府，宜割以屬淮。如弈棋國手，邊腹緩急，易地皆然。此文成與公之所同也。故曰審局大也。

霍文敏有言曰：治鹽利，猶治河患也。治鹽利不究弊源，惟末流之防，猶治河不從雍、冀、孟津引陂穿渠，以分其勢，乃從事於徐、沛下流，則愈浚愈淤，愈築愈潰，亦勢也。

公之議減斤得矣，不又云權其緩急，不得不出乎此，附銷畢而逋引清，然後商享行鹽之利，無虛課之輸乎？公之議復府得矣，不又云淮南行鹽尚失初地，淮北引積而鹽壅，長此不變，將安窮乎？然則霍文敏之所云治鹽如治河，當究弊源，而不惟末流之防者，公固有全局於胸中。今之講治，小試一班，則已功見而言信矣。昔者始元鹽鐵之議，意指殊路。公卿則曰：管子循太公之業，海王之國，謹正鹽筴，建鐵官，以澹國用，開均輸，以足民財，萬民所仰戴而取給也。文學則曰：民人以垣牆爲藏閉，天子以四海爲匣匱，豪强兼并，不絶其源而憂其末，所謂在蕭牆而不在朐邴者也。此兩言者，不可以偏廢。有宋大儒若范希文父子、朱仲晦之流，莫不條議鹽法，歷歷如指掌，豈僅如桑大夫、耿司空以課牢盆，析秋毫爲能事乎？傳有之曰：近寶，公室乃貧。又曰：上醫醫國，其次疾人。吾聞胡公爲浙東碩儒，證嚮今古。觀其條例，鑿鑿乎如嘉穀之療饑，復陶之禦寒，湫乎攸乎，有餘思焉。仁人之言，其利溥矣。吾故知其用心之深且遠也。

語竟，客避席而起曰：「吾儕小人，沐浴胡公之明德，式歌且舞。微夫子之言，不知其訏謨遠猷，焯絶前後若此。請書斯言，以附於條例之後，不徒紀胡公之績，傳諸册府，並以正告世之醫國者。」

讀豈凡先生息齋集質言

余爲書生時，好爲古文詞。漁獵近代諸家氣矜塗澤之文，刻畫自喜。中年讀灊溪、震川集，少知持擇，始改轅易轍，思自拔於流俗，望古人之質的而趨之。才力單薄，學殖荒落，如輕毛弱葉，翔舞於衝波濁泥之中，欲介然自立也，良已難矣。酉、戌之交，與平陵公談文闕下。平陵告曰：「豈凡先生，今之韓、歐也。」余心識其言，而未敢信。既而雒誦其書，鍼芥相合，犂然有當於吾心，信平陵之非溢言也。余老而失學，不能齒齒牙，樹頤頦，以變易斯世之視聽。則請原本古今，畧陳其流別，以告於世之君子。

蓋常循覽三百年來文體，凡三變矣。國初之文，自金華、烏傷迨東里、茶陵，衍華佩實，根本六經三史，號爲正脈。北地起而以叫號剽奪之學，創立古文，雄樹壇坫。信陽和之，遂謂文靡於隋，其法亡於韓愈。軨材諷説之徒，轉相倣傚，而文體一變。嘉靖之初，晉江、毘陵，祓除俗學，歸原經術。南沙、浚谷，俠轂扶輪，爲一時之盛。歷下、弇山出，盛推北地，以雄詞盛氣，凌壓古人，佐之以大函、雲杜，異口同音，一唱百和，而文體再變。萬曆以來，高邑崛起於北，臨川雄視於南，厭時人之貰耳傭目，刻意滌除，文體幾於三變矣。俗學流傳，熏人骨髓，一二君子孤立側出，錞於申之，莫吾聽也。以是故，近代之文，雅俗錯出，遞變而不純。

豈凡生於吳下，殘膏賸馥，屬厭弇州之餘瀋，乃能超然玄覽，篤信古學，奉韓、歐爲祖禰，而師友在震川、鹿門之間，豈非豪傑之士，後五百年間出者哉？今其文具在，蓋莫不發源經史，而取裁於八大家，落材取實，遡流窮源，有典有則，有倫有要。渢渢乎洋洋乎先民之規矩、盛世之型範也。昔在王、李狎主齊盟，茗上茅鹿門先生獨唱明八大家之學，標舉關鍵，爲後學眼目。豈凡，鹿門之外孫也。先河後海，其所從來遠矣。漢楊子幼讀外祖太史公書，學其爲文。今讀其報孫會宗書，慷慨激昂，淋漓痛快，太史公鬚眉談笑，千古如在。豈凡風雲玄感，譽望在玉衡大斗之間，非子幼所敢望。以其所譔著，徵諸鹿門，出車合轍，則亦太史公之子幼也。豈凡自敘其集，以謂聞鹿門之緒言，取八大家文鈔讀之反覆，始知爲文之道，端不外是。豈不信哉？

昔者顏之推論文曰：「今世相承，趨末棄本。辭與理競。辭勝而理伏。事與才爭，事繁而才損。放逸者流蕩而忘歸，穿鑿者補綴而不足。必有盛才重譽，改革體裁者，實吾所希。」張融自序曰：「文章豈有常體，但以有體爲常。故當使常有其體。」顏氏以古之製裁爲本，而張氏謂以有體爲常，此所謂爲文之道也。「迎而距之，平心而察之，其皆醇也，然後肆焉。」此韓子之所謂「無迷其途，無絶其原」者也。請以爲讀豈凡之文者告，並以爲學豈凡之學者告。

書修建聚奎塔院殿宇緣起後〔一〕

吾邑聚奎塔之建創，始於故觀察蕭公。天啓中，余以宫僚里居，有感於里人戴老承護法神示現付囑之事，遂與稼軒留守應緣唱導。邦君大夫以暨邑紳，咸協力佽助，而潰於成。落成之後，世運陽九。俄而滄桑變易，干戈俶擾，塔院香火，僅餘粥飯殘僧，莫克肩營造之役。堂殿之基址徒存，伽藍之規模不立。席扉蓬户，梵唄荒涼。板屋衡門，僧徒漂寄。雀離浮圖，干雲孤起。高檐積栱，樹網雲旛，與風鈴替戾之聲，晨夕應和而已。大都護關西楊公，以元戎休沐，寓居兹邑。瞻禮塔院，周視廊廡。循覽廢興，徘徊太息。會長干大報恩寺刻藏法主松影和尚，仗緣駐錫，講演楞嚴，妙義弘宣，四衆歙集。都護公頓悟夙因，弘思佛囑，遂慨然以締構殿堂，了畢塔院爲己任。公之賓友余君心生及舊部將劉君集之共禮佛發願，誓竭乃心力，相助勝緣。公自爲文以唱導，相地命工，既有日矣。

余考内典，阿育王取世尊舍利造塔，勅諸鬼神於閻浮提至海際城邑聚落，滿一億家者，爲世尊立塔。凡窣堵波所在，必有伽藍梵刹，莊嚴表示。阿育王取金華金旛，懸諸刹上。塔寺低昂，未有浮圖孤起，而不用刹摩標表者也。此世界一切衆生，沉淪五濁，輪廻六道，三災八難，相挻而起，受諸無量苦惱，皆一念貪瞋熾然，爲之種子。佛言三災起時，閻浮提中一切國土，遭大疾疫饑饉，起大甲兵，一切鬼神，起瞋惡心，損害世人，壽命短促。所可資食，稊稗爲上。人髮衣服，以爲第一。父母兒子兄弟眷屬，互相鬭諍。瓦石刀仗，互相怖畏。劫末七日，手執草木，即成刀兵。三災劫盡時，有一人合集閻浮提男女，惟餘一萬，留爲當來人種。惟此萬人，能持善行，諸善鬼神，擁護是人，欲令人種不斷絶也。由此觀之，衆生一念貪殺，即是三災劫因。一念善行，即是當來人種。我佛大慈，哀愍勸誘末世衆生，修造塔寺，營建伽藍，供佛供僧，捨財捨業，以布施破貪，以慈悲破殺，庶幾三毒銷薄，五福增長。當來爲善鬼神護持，不爲惡鬼神吞噉。經言後劫火起時，曾作伽藍所，不爲火焚。又言塗掃佛僧地造僧塔，如母指常生歡喜心，不爲三災所動。如來無戲論，寧有虛詞誑惑衆生哉？

十年以來，刀兵劫熾。海内流血成川，暴骨滿野。吾邑廬井無恙，生聚日蕃，豈非仗我佛菩薩慈光加被，塔院中天龍八部，冥感陰護之力？劫數甫定，惡業煩興。家藏衷甲，人懷腹劍。慳貪滋甚，殺盜交作。惡强善弱，福往業留。具天眼者，豈能無沈灰驟雨之慮哉？都護公之唱斯緣也，仗佛慈，挽劫運，爲合邑銷業種，爲衆生植善根。其願力甚深，其機緣甚切。觀音大士三十二應，應以天大將軍身得度者，即現天大將軍身而爲説法。

公豈非夙受佛勅，現身説法者耶？是舉也，塵沙諸佛，於相輪光中，同聲讚歎。凡我善信，踴躍歡喜。兜率天宮，下移人世，在剎那間耳。余敬合掌以俟之。歲在甲午，四月十有三日，邑人聚沙居士蒙叟錢謙益熏沐再拜謹書。

【校記】

〔一〕此文與卷十六所收聚奎塔院新建大雄寶殿碑銘，内容大致相同，「余考内典」以下文字，則此文詳而彼較簡。彼文已收於文集補遺卷下，可互參。此處不出校記。

大佛頂首楞嚴經疏蒙鈔緣起論 附後記重記

心經略疏小鈔緣起論〔一〕

問曰：「般若心經，家演户説。賢首略疏，貯在藏函。禪講二家，庋置高閣久矣。今之鈔畧，獨奉爲樞要者，何居？」

答曰：昔帝心杜順和尚，讚華嚴曰：「大哉法界之經，自非登地，何能披其文，見其法。吾設其門以示之，於是著法界觀。」帝心付雲華，雲華付賢首，再傳而清涼、圭山，各爲注釋，其傳始盛。賢首製造浩博，何以闕此觀門，緘縢扃鐍，析微抉〔二〕膜，懸待後賢？私心竊以爲疑。昧昧思之，而未得其説。既而讀心經畧疏，披尋往復久之，乃喟然歎曰：賢首未嘗不釋法界觀也。彼所謂啓其樞鑰，扣其門而入者，蓋已鈎玄纂要，撮寄於畧疏之中，而世罕有知之者也。大哉法界之門，此三法門，如天三目。崔嵬靚〔三〕深，却立無地。欲入是門者，未有不由門限，不啓樞鑰，彈指門開，介爾而得入者也。欲啓多門之樞鑰，必自一門始。欲啓後門之樞鑰，必自初門始。何謂一門？何謂初門？第一真空觀是也。如來説大部般若，廣明真空實相，撮六百卷二十萬頌之文心，束歸一十四行。是般若心經者，乃真空觀門之樞鑰，一門之一，初門之初，亦即三法界觀之樞鑰，總挈於此者也。賢首曰：吾乃今而知所以開法界之門矣。觀自在菩薩，即能觀法界之人，行深般若波羅蜜多時，照見五蘊皆空。正所觀真空之法。此經畧標之文，乃心經一經之樞鑰，亦正是真空觀門之樞鑰也。此觀中具有四句十門。初二二句，即有八門。初會色歸空者，初三揀情，皆云色不即空，以即空故，後一顯理，則云色即是空。凡是色法，必不異真空。故此經以色即是空一義收之。又曰必不異真空，則兼收第三句色不礙空也。次明空即色者，初三揀情，皆云空不即色，以空即色故。後一顯理，則云空即是色。凡是真空，必不異色。故此經以色即是空一義收之。又曰真空必不異色，則兼收第三句空不礙色也。次下二句，三則雙顯，四則總拂。經自不生不滅，乃至無智亦無得等，當第四泯絶無寄者，其文特爲開顯。清涼所謂拂四句相，現真空相，般若現前，真空觀備者也。賢首委釋經文，鎔融觀理。使人知經即是觀之門，不妨因經而見門。觀即是經之觀，便可得門而入觀。雖不指釋觀文，實妙於釋觀者矣。於時華嚴乍興，言驚衆聽。初心成佛，舉衆咸疑。善財一生，但謂權設。於是遠承遺囑，近會當機，撮畧真宗，標指空觀。傳稱康藏詮述，富至三五十本，數紙孤行，爲時所貴，豈徒然哉！乃者講導之師，苦其義繁。狂慧之者，怖其旨奥。玄文蕪没，妙觀淪湑。將使後之行人，望法界之門，終身却行而求入也。願假兹疏，少尋樞鑰，以是因緣故而作是鈔。

復次，觀門有三，樞鑰惟一。若不啓第一門之樞鑰，則後二門固無由而入也。衆生漂沉曠劫，迷色怖空，墮陰翳之稠林，覆愚闇之厚膜。一旦得真空觀，譬如癡蠅穴紙而出，廓然見無量虚空，否則長裹牖隙耳。賢首疏此經，但了真空一觀，以爲入此一門，則百門千門，自可一蹴而開。捨此一門，無別門也。清涼言觀諸法空，是名空門，諸法實相，是涅槃城。城有三門，一人之身，不得一時從三門入。若入空門，不得空，亦不取相。是人直入，事已辦故，不須二門。今以涅槃城三門喻法界三門，則一門直入之義了矣。色空二法，迷倒所由。九十六種之邪師，因兹而起；六十二見之利使，從此而生。菩薩尚疑，凡夫莫究。賢首於此文中，遣二乘之二執，揀亂意之三疑。心境交冥，性相互奪。掃多生之計執，蕩無始之情塵。真空如空，觀照如日。拂跡滅影，朗然如秉炬火而照重關。斯則法界中最初一門，一道竪窮，衆流横絶者也。裴公美之論法界也，以謂披圖經而登高臺，然後可以窮宗廟京邑之觀。高堂〔四〕之下有門，得其門然後可升也。臺高門深，非善用樞鑰者不能開也。今且以華嚴法界，喻於登高之觀，以經教喻於圖，以三觀喻於門。闢三重之祕門者，杜順也。闢一門之妙觀者，賢首也。杜順設法界之門，其門不得不廣。賢首啓般若之鑰，其門不得不束。其於以披圖登高爲善用樞鑰之人，則一也。今謂法界極談，三觀齊驅。此屬但空，未通圓義。斯則披圖登高，眊然極目，而不知夫宗廟之遠近，街市之廣陿者也。良以依經修觀，先明樞要。目對真空，體之即神。以是因緣故而作是鈔。

復次，杜順後二觀門，結勸初學，皆有深思明現之文。所謂令觀明現者，非有别境，非有後智，正明現此真空絶相之初觀也。以祖師約自智，見華嚴中一切諸佛，衆生身心國土，一一是此法界體用，無量無邊。於此境界，束爲三重，直書於紙。生人觀智，不同製造文字。賢首造疏，爲此觀也。在觀行門中，以觀空即色成止，以觀色即空成觀。又以觀色即空成智，以觀空即色成悲。又以即空即色，空色平等，成空、假、中三觀。又以依、偏、圓成三性，成三無性觀。所觀者是境，能觀者是智。此初三空色之觀門也。於所離門中，約五蘊作法相開合觀，約十二緣作緣起逆順觀，約四諦作染浄因果觀，約二智作境智能所觀。所離者是情，能離者是智。此第四泯絶之觀門也。賢首還原觀，立六觀六門，以攝心歸空。真空觀爲第一，舉一爲主，餘五爲伴。隨入一門，全收法界。今於畧疏，顯此妙門，亦復如是。覺心清浄，智眼圓明。即於一門，觀照絶相，非是於門中復設門也。疏結真空妙有四義云：幻色存亡，無閡真空。隱顯自在，合爲一味。圓通無寄觀文第二門結勸，即云逆順自在，無障無閡，同時頓起，深思令觀明現。第三門亦爾。真空絶相，般若現前，此三觀一門之樞鑰也。正觀不明，餐空醉有。或獵初觀而懸解多門，或耽空觀而高推圓位。行解錯互，目足背馳，雖復登高跂足，亦終爲門外之人而已矣。杜順漩澓頌曰：「若人欲識真空理，心内真如還徧外。不離幻色別見空，即此真如含一切。祇用一念觀一境，一切諸境同時會。」能識真空，一念斯入。極於帝綱重重，智通無閡，而法界觀之能事畢矣。以是因緣故而作是鈔。

復次，賢首此疏，所以但識真空，而姑舍後二門者，亦有其説。華嚴法界，稱性極談，五洲九會之中，何品不説事理無礙，何品不説事事無礙。雲華立十玄門，藏和尚重重開演，横竪鋪舒，雲興瓶瀉，何處不顯二無礙法界。若廼八部般若，真空妙有之玄旨，但是隨文敷演，落落星布，如帝釋毘闍延宫殿，於琉璃地上自然影現而已。以是故，鈎探妙義，標舉空門，使真空初觀，歷歷孤明。則事理後門，炳然雙照。又以登高喻之，則以華嚴法界爲宗廟都邑，以般若爲圖經，以觀自在菩薩爲闢門之人，以照見五蘊皆空爲用樞鑰之法。由是而披圖，則由經入門，束而又束。由是而登高則由經得門，廣而彌廣。破微塵，出經卷，其孰有加於此乎？厥後清涼、圭山，讚演玄要，以彼全鏡，顯此半珠。賢首之畧，即畧清涼、圭山之所詳。清涼、圭山之詳，即詳賢首之所畧。畧不爲束，詳不爲廣。千網交羅，六珠隨穿。杜順所設法界重門，自是淺深廣陿〔五〕樞鑰了然，尋文見法之人，皆披圖登高之侶，用文字般若，披雜華法界，則賢首此文，施其慧目矣。圭山初得終南觀門，琢磨數載，始知多生謬計，枉受沉淪。今日正觀，元同大用。清涼西垂之歲，重演玄鏡，且云「不鏡方寸，虛負性靈」。今未嘗鑚求畧疏，覈其指歸，却謂賢首不釋觀門，重玄妙觀，不已遼乎？古德撰述，各有深衷，勿以粗浮，迷津恥問。以是因緣故而作是鈔。

復次，法界觀法，三重十門，前淺後深，隱含次第。畧疏釋顯，小異於彼。先釋小乘疑。初明色不異空，破蘊異於空疑。次明色即是空，破滅色方空疑。初乃是空色無閡，次乃是會色歸空，則前深於後矣。次釋道前菩薩疑，初明色不異空，斷空異色疑。後明空色相即，斷滅色取空疑。初仍當彼第三，後二當彼一二，則亦前深於後矣。正顯科中，亦復如是。初中相違義即云空中無色等，以空害色故。今第四泯絶門，即相違義。以相違相害，即俱泯故。次不相閡義，前二相即，亦相作相成故。第三無閡，正明無閡故。次中真空妙有，復開八義，事理無閡，十門理具，文含無分齊故。要而言之，約一經之文，不離初門法界，是故先以不異即是，簡情顯解。後以諸法空相，絶解泯理，有揀有收，有遮有照。此圓融不閡行布也。約一門之文，具有多門法界，是故雖云相害，不妨相作相成。雖云相即，不妨俱存俱泯，即揀即收，雙遮雙照。此行布不閡圓融也。今之説經者，不異即是，倒置後先，色相空相，茫無次序别之。不知圓於何有？若能離照分明，配文通會，則知後後之義，已具前前。前前之義，必周後後。綺互交絡，同時頓起。賢首云：如一塵既具如上真空妙有，當知一一塵亦爾，即此義也。以畧疏之文，即具足華嚴性相行布圓融之門，誦文滯義，不可得而通也。以是因緣故而作是鈔。

復次，此經判教，淺深碩異，準清涼玄談，顯别教一乘四門。第二總攝真實者，即真空絶相，則此經以别該同，爲圓教攝明矣。圭山注法界觀，以第一觀當八部般若無相大乘之極致，以第二觀當大乘同教之極致，以第三觀是别教一乘，迥異諸教，顯與清涼相違者，何也？圭山之判，良有二義。一者，初心入觀，必由得門，由始而同，由同而别，斯則炬火重闢，朗然畢照也。二者，法界玅觀，總攝一門，即始而同，即同而别，斯則虚空鳥跡，蹟跡皆空也。以是故，賢首判教，定云實教所攝。而疏文横竪開合，不離真空一觀，總該空有，理事圓融，具德中道玄旨，正與清涼顯别教一乘函蓋相應。學者不會權實，封執初門，判此經破相談空，不同於華嚴法華圓宗實相，連珠記主，所以廣敘諸宗，銷歸圓頓。深歎宣、政已來，奧義湮微，抑爲權淺者也。

問曰：「真空妙觀，故是一門卷攝。色空理事，此二無礙，云何差別？」

答曰：此中通別，良有多義。清涼玄鏡，既約色空相望，配理事無閡，觀相成無閡二義，至第二門。又云：就前色空觀中，亦即事理，不得此名。玄談既約真空妙有，配理事十門。又云，不以第三色空無閡〔六〕濫於第二事理無礙。觀局論通別，一家之言，已自互相違矣。今以畧疏衷之，如真空初二義〔七〕，空即是色，色現空隱，即含依理成事門也。色即是空，色盡空顯，即含真理奪事門也。俱存俱泯亦如是。此別未嘗廢通也。又如真空初二義，但云是廢已成他義，不剋指依理成事也。但云是泯他顯已義，不剋指真理奪事也。俱存俱没亦如是。此通未嘗廢別也。所以通者，真空法界，空色同如，理無不具故，觀無不照故。所以別者，真空初門，一向空理，理未偏事故，相未廣顯故。觀境不可凌獵，觀智不可雜亂故。是故玄鏡但曰文含有三，然俱顯於真空意耳。其結文曰，但成真空。絶相觀也。玄談分配無閡十門，屬理事觀中，不屬色空觀中也。連珠剋指十門無閡，貼釋初門，以通廢別，於理具文含之旨，或未之思耳。準華嚴地前圓融，地上行布，今約觀門通之。約初入觀雙揀雙，顯智眼門中，已觀照後門無閡之理。觀門以前望後，則曰第三色空，正明無閡即同地前圓融也。約空觀成俱泯俱存，乃廣顯前門無閡之相。觀門以後望前，則曰事理受名，有其四義，即同地上行布也。良以三重觀門，行相躡攝，印前顯後，圓彰法界。以是因緣故而作是鈔。

復次，畧疏觀行科中，明智者大師依瓔珞經立一心三觀義。清涼玄鏡約三觀就心經，説即色空四句爲空、假、中之三觀。此賢首家相傳宗旨也。言智者大師立一心三觀者，以台衡依教立觀智者方周，繫智者，以定其宗也。言依瓔珞經者，以龍猛釋論，元出契經。南岳師傳，不違佛語。本瓔珞，以追其祖也。清涼言龍樹作中論，全取華嚴宗旨。天台智者依賢首品立圓頓。止觀所謂「聞圓法，起〔八〕圓信，立圓行，住圓位」者，皆出於華嚴。傳曰，華嚴本祖，自阿難海而來。龍猛佛賢，禪風靡墜。康藏寢處定慧，異代同心。觀行雙翼，隨決教宗。信知後來訶別斥漸，函矢相違，皆由兩宗後人，非本師過也。賢首於此疏安立三觀，蓋已懸鏡末流，逆折諍論。所謂儲藥以待病，銷兵以防亂也。兩家觀門，同出華嚴，同歸法界。悟畧疏安立之義，則傳此教者，不假更看他面。而山家有教無觀之譏，亦可以杜口矣。連珠詮述，志切扶宗。別有拒違，詆訶猛利，於吴興曰「陋哉坐井觀天！」於孤山曰「十疏通經，浪名江表」。豈所謂設有破府，須存禮樂者也？我思前哲，和會殊塗。虚己求宗，得多失少。以是因緣故而作是鈔。

復次，賢首疏經，理深旨奧，約文數紙，勢變多端。會師造記，首探玄籍。搜揚纂集，功在藍縷。顧迺研思太過，臆斷未除。拂疑科中，奮筆料揀，謂但循滎陽之請，兼協譯人三乘之機，實非疏主及本經旨。如斯妨難，蒙有猜焉。夫謂不應拂二乘之疑者，何也？鹿苑四諦，未稱本懷。般若談空，正資陶汰。涅槃論曰：「存不爲有，破有餘涅槃，遺聲聞常執；亡不爲無，破無餘涅槃，遺聲聞斷執。」故是以大汰小，何妨以大揀小。攝論云：「若得法無我，必先得人無我。」故知學大要先得小。大根菩薩，亦曾徑小乘觀來，良不妨以大從小，又何妨以大揀小。小乘聞空即怖，畏真空故，存假名，除其病而不除空，以接小心之劣機。今正是以大引小，又何妨以大揀小。夫謂不應拂小菩薩之疑者，何也？實性論明地前菩薩有三種空亂意：一謂斷滅故空，二取色外空，三謂空爲有，般若經中四句，正遣此三空疑。真空觀三句，揀情亦不出此三空疑，離此三過，方是真空清淨法界。故疏結云「三疑既盡，真空自顯」也。論言此菩薩以不了知真如來藏，生死涅槃，平等無二，執三種空。今三空既破，已了知真如來藏，真空清淨，更有何事？三重破疑，爲顯真空。真空既顯，別無顯理。依他無性，即是圓成，豈有圓成居依、遍外。今謂破疑，但是隨機正顯，方順本宗。多生計執，此不應道理也。若曰狥請，則金師子章何以不狥天后之請，而此經偏狥滎陽？若曰順[九]機，則杜順觀門不直顯真空，而先有三重遺拂，彼又順何乘之機？此經鈐喉八部，鈎鎖一乘。教海良深，譯機非小。何以深文彈斥，曲意吹求？此則台、賢後人軒輊慈恩〔一〇〕之流病也。咒文不翻，古有五義。强翻非强，但爲利生。阿囉字知一切法，莎訶字結成就義。人天並解，豈唯康藏。今謂曲狥滎陽，强而後可，無乃褻慢密部，施易悉檀，斯語牒而責之，有無窮過也。抗詞伸破，非爲小瑕。余豈好辯，蓋不得已。以是因緣故而作是鈔。

復次，疏文淵藴，宗教兼該。極照亡言，方知宗本。近師詮釋，氾濫多經，不精求真空妙有清浄觀照之旨，而廣引普門圓通塵刹示現之文。遥指門臺，近遺樞鑰。隨語皆是，入觀即非。縱令具足多聞，終是但數它寶。又有師引佛頂行位，判斷此經。初約聞慧，空五藴中見思二惑，爲人空，當信位。中約思慧，空五藴中塵沙法惑，爲法空，當賢位。後約修慧，空五藴中俱生我法，爲俱空，當聖位。此之判位，有其四過。一者觀音古佛代佛演説，入慧光定，照五藴空，行願弘深，悲智如海。博地凡夫，何由測量觀行，安立位次？處凡判聖，是輕慢過。二者以文爲解，無復決了。彼經曰三慧，此亦曰三慧；彼經曰三空，此亦曰三空。如摸印文，如取壁畫，如步屈蟲尋條失足，隨聲取義，是陋劣過。三者真空絶相，攝歸真實。觀文以深思明現爲結勸，玄鏡以枝辭亂轍爲深戒。寶性論揀三不正空，圭山猶曰恐煩，觀智不必和會。今兹和會，連引緐文。别設堦差，碎列科段。若將依教修觀，則觀約而教煩。若欲捨觀順教，則教成而觀隱。多塗喪真，是岐枝過。四者華嚴中七地菩薩般若現前，八地菩薩〔一一〕，現身佛刹。今如所判，彼此迢然。將以二地判屬二經？抑亦二經仍居一位？執計失宗，是矯亂過。禪人不諳教觀，影掠心宗，執五蘊皆空，成豁達因；執得無所得，成撥無果。此中執空即是色，即墮有門。執色即是空，即墮無門。執色不異空，空不異色，即墮亦有亦無門。執諸法空相，無智無得，即墮非有非無門。此甚深般若，是華嚴法界中大火聚門，四句都燒，百非成燼。一知半見，狂慧影明。如太末蟲，處處能泊。欲泊大火聚上，無有是處。古人有以一拳一喝評量華嚴法界者，亦不過從此法門中分燈借照，而況其他乎？吾欲禪講兩家，刳心了義，披此疏爲樞鑰，精求妙觀之門，無困踣於籠檻而不自省也。以是因緣故而作是鈔。」歲在丙申，中秋初四日，海印弟子虞山蒙叟錢謙益槃談敬書於碧梧紅豆之邨莊。

【校記】

〔一〕此文亦收於南潯劉氏嘉業堂藏有學集精校本中（據黃孝紓輯牧齋有學集佚稿）。〔二〕劉藏校本作「決」。〔三〕劉藏校本作「靶」。〔四〕劉藏校本作「臺」。〔五〕劉藏校本作「陋」，外集作「陝」。〔六〕劉藏校本作「凝」。〔七〕劉藏校本作「云」。〔八〕劉藏校本作「起」，外集作「取」。〔九〕劉藏校本作「狗」。〔一〇〕劉藏校本作「恩」，外集作「航」。〔一一〕劉藏校本有「般若」以下八字，外集脱。

緣起後記〔一〕

蒙讀賢首心經畧疏。徵義玄奥，消文簡約，研求經年，矻矻不能入。一夕讀杜順法界觀，觸目心開，掩卷深思，忽悟及真空法界，一門深入之旨。由是按經披疏，觀智乍生，重門欲闢，旋觀會師連珠記，惜其未剖觀門樞要，徒盤洄文句中也。循文下筆，勒成小鈔二卷。持示含光渠師，師出玄鏡私記相質，推求義門，彼此符順，乃驚喜而相告也。彼記初云「一者三觀之中，以真空初觀爲最要」。即蒙所云「一門之一，初門之初，第一真空觀，爲〔二〕三法界觀之樞鑰」也。次云「二者後二觀門，全賴初觀以顯」。即蒙所云「觀門有三，樞鑰唯一。不啓一門之樞鑰，則後二門無由而入」也。後云「三者思惟觀察，下手全以真空推簡爲要」。則蒙所云「依經入觀，即於一門觀照絶相」者也。彼記引梵行品，菩薩行梵行時，應以十法而爲所緣，作意觀察。此中何法名爲梵行？梵行從何而來？體爲是誰？如是觀察，梵行不可得故，迺至能與如是觀行相應，一切佛法，疾得現前，成就慧身，不由他悟。清涼曰：「作意者不墮無記，故觀察者以慧推求。」故此真空推簡之明文也。參求教典，經則佛頂、楞伽、浄名，論則瑜伽、中觀、智度及止觀。諸文徵結妨難，反覆推破，智訖情枯，皆用推簡一法。杜順真空觀中，初句上三，皆以法揀情，後一云如色空既爾，一切法皆然。非推簡而何？於後二觀門，皆云深思之令觀明現。非後二門皆由真空推簡而何？蒙所謂「三重秘門，一門總攝」者，此則轉樞發鑰，最初之方便也。

如是義句，既成立已。長干、武林，諮訪法筵，交相印許，請爲流布。顧余私心，猶自視欿然也。頃者大圓居士心經大意，廣引杜順觀文，以真空觀四門判同此經，而又曰「此經但説真空，不説後二觀者，以空色不閡，即理事無閡義故，以即空即色，即具周徧含容義故」。恰符蒙鈔〔三〕雙照後門之旨，斯亦裴公美所謂披圖登高，善用樞鑰者也。嗟夫！渠師依玄鏡推法界，造記卅年之前。圓老依法界解般若，竪義卅年之後。而蒙以寡聞淺智，參預其間。一門妙觀，後先映望。車轍合塗，鏡光交攝。豈非古佛聖師，冥機加被？蒙竊以自慶已矣。

鈔始於丙申之病月，畢於是歲之涂月。毛子子晉乃心法乘，屢請鏤版流通。蒙辭之弗獲，乃於嚴冬逼除，亡孫蠱傷之後，焚膏炙硯，力疾勘讐，以授子晉，而重爲告曰：吾爲此鈔，如老生兎園册，資讀誦，訓童蒙耳。白衣説法，則吾豈敢。無已，則乘子之廣大願力，運載斯文，以求正於當來世之法將，庶其可哉？歲在戊戌，臘月二十五日，虞山蒙叟錢謙益焚香再拜謹記。

【校記】

金剛經頌論疏記會鈔緣起論〔一〕

問曰：「此經西土偈論，承禀天宮。東夏疏記，流傳教海。邇來詮釋，枝派日繁。義解禪宗，互出手眼。增一章如輕塵之足岳，減一義若晞露之損流。以何因緣故而作是鈔？」

答曰：如來所説法藏，始自道樹，終於泥洹。曾有如來説經，補處菩薩親加頌釋，如此經者，不曾有登地菩薩上昇兜率，親授八十行偈，轉授地前加行菩薩，如此經者不？我佛菩薩，護念付囑，尊重殊勝，殆有非他契經之可比者。翻度已來，弘傳沙界。剛强衆生，聞名頂戴。幽明鬼神，作禮擁護。莫測其然，有由致也。大品中釋提桓因告薩陀波崙，是臺中有七寶牀，以黄金牒書般若波羅蜜。曇無竭菩薩以七寶印印之。有求佛道七金剛神守護經文。我等不得開以示汝。今以毛道凡夫，漂沉末法，藉往昔微善根力，得見是經，得聞是經。又藉古昔大論師疏主，窮神研慮，鑽求聖旨，開張義門。若不思仰述玄猷，對勵正法，豈非上辜佛恩，下慙含識。佛言受持讀誦，必須爲人演説。南嶽思大師擔願十方六道無量色身，不計劫數，常爲一切衆生講説般若波羅蜜經。我於爾時，鈔畧是經，發是

〔一〕此與前文同收於劉藏校本。　〔二〕劉藏校本作「第」。　〔三〕劉藏校本作「叟」。

誓願，如少金剛，吞入腹中，終竟不銷。普願世人，閱是經解，發心度衆，亦復如是。以是經勝妙功德，不可思議。今欲憶持演說，熏正種性，植多劫唱導之因，而作是鈔。

復次，此經偈論，出自聖人，少文多義，分齊幽深。去聖漸遠，根弱智淺。凡心凡筆，用管闚天。希聲未扣，望崖輒返。認奧義爲艱深，苦玄文之詰曲。有夫狂易，妄議通方，謂天親久習小乘，無著引歸大教。今當依甚深般若，何須談第二義門。吾今問汝：二菩薩師補處尊，補處如來師釋迦佛。經論師授，佛佛相承。汝是言依何人說？有何經論作證？而作如是判斷？豈非大失。無著登地菩薩，夜昇天宮，諮問大乘，請益導凡。正爲一切諸大菩薩。天親爾時回心十地，已墮大數，汝何得指轉授經偈而判是引小？天親從無著得授華嚴悟明毘盧性海普賢行門，方乃造大乘論，釋明華嚴般若諸經，弘闡五教，推爲學本。汝何執言此論要滌情執，還是初迴近小？汝言破小，汝應是摩訶衍人。汝於何劫修行？何時登地？而敢破斥菩薩爲小？汝言向大，汝應證深般若智，汝於何地上昇？何佛諮稟？而敢保任己宗爲大？汝既不依天親，汝奚不曰無著曾得小乘空觀，無著亦仍是小？汝既不依無著，又奚不曰慈氏明瑜伽三性，慈氏亦應是小？圭山曰：「天親無著師補處尊，後學何疑，或添或棄？」誠哉是言，故已懸鏡當來矣。當知佛法沖深，般若尊重。我等凡愚，憑仗佛菩薩悲智，依彼光明，庶得冥加，漸成顯了。若欲拂遺偈論，逞臆師心，影掠宗傳，增長邪慧。斯則三根不收，終當諸佛不化。吾爲此懼，搜討源流，奉慈氏爲真子，立二匠爲大宗。使後來論釋，確有師承，開正法藏，息邊邪狂瞀之見，而作是鈔。

復次，二論之作，如車兩輪。理觀事行，相資相即。青龍、大雲，則二論並行。圭山、長水，則次第開合。今於此中，同別二相，不剋實論之，則經論之宗趣，終不可得而明也。良以天親問答斷疑，無著成立義句其章門則別。住修降伏三問，一用横答，一用竪答，其科段則別。此二論別相，開卷迢然者也。以凡夫一乘，未達般若實相，我法二執，著有怖空。天親順慈氏之偈，蕩掃破除，離言絶相，允符先佛微妙第一真實了義。此躡跡斷疑之宗所繇立也。疑既斷已，身心相好，蕩無纖塵。塵刹性空，誰爲世界？雖佛種不斷發心，而進趣憑何准的？於是無著約顯行位，施設堦差。住修降伏，住住皆修。對治不失，地地皆證。然後教觀相成，理果雙顯。以是故，二論未嘗不別，别而未嘗不同也。且以初文言之，護念付囑，天親但言依根成熟，無著則細開五種，如何善攝，如何善囑也。廣大四心，天親但明應住大乘，無著則委答三問，如是爲欲願，如是爲相應等持，如是爲折伏散心也。天親如醫經，以診病爲能。無著如方藥，以療病爲事。斷疑則一切蕩遣，如定亂之兵。立住則一切建立，如理國之法。圭山造疏，妙極折衷。有一義中二論兼該，如住修降伏之文者；有一章中二論互採，如大乘中住之義，先明廣大四心，次明三摩教觀者。先取躡跡斷疑者，所以洞明覺地。次取發行立住者，所以密示觀門。即開即合，雙遮雙照。由是銷歸秦譯，符順經宗。二論合經，譬如四河入海。般若真宗，至是而幾無餘蘊矣。般若實相，智鏡周圓。觀照乃其智光，文字即爲智炬。今將觀理發光，披文然炬，以二論爲燈，以疏記爲炬。先應開圭山、長水之所開，不須合青龍、大雲之所合。固無事乎屈曲和會，盤互鈎鎖，終然沉没於文句之中，而不能自出也。金陵何湛之曰：「二論斷疑立住，元無二門。圭峯科釋，義分正傍，長水遂謂旨趣不同也。」今則此次綸貫，合而爲一。竊取三聖之旨，纂成一家之言。以是經滌疑離障，各準聖旨。今欲疏瀹參揉，省刻舟膠柱之失，而作是鈔。

復次，古師判教，宗部各别。深密、瑜伽，法相宗所依之經論也。般若、中觀，破法相宗所依之經論也。准最勝子菩薩瑜伽論釋，云：「一者，於多説空不了義經，令〔二〕隨悟諸法有相，則此論未爲破空，那得復破於空。二者，於多説有不了義經。令隨悟諸法無相，則此論本爲破相，那得還以相破。」又云：「佛涅槃後，部執競興，多著有見。龍猛菩薩，採集大乘無相空教，造中論等，除彼有見。由是衆生，復著空見。無著菩薩證法光定，事大慈尊，請説此論。」是則中論所破之有，乃破部執有見之有，非破此論捨無之有。此論所破之空，乃破學龍猛宗墮惡取空之空，豈容復有中論破此論之空。準智論，有共般若、不共般若。金剛般若即不共般若，不共二乘説者，豈得定爲第二時，密意方便，破相不了義之經，而別對法性耶？淨師般若讚述云：「無著於覩史天慈氏尊處，親受八十頌，開般若妙門，順瑜伽宗理，明唯識之義。」是故無著受八十頌則順，瑜伽立第一義則攝。中觀所謂般若大宗，含斯兩意者也。學者不諳宗理，義隔有空，用是以測度深經，比量實相，尋枝失幹，不已遠乎？以是般若了義經，瑜伽、中觀，本出一門。妙有真空，不須和會。今欲開顯宗源，療性相歧枝之病，而作是鈔。

復次，弘、始以後，翻譯有六。古今尊奉，獨有秦經。雖慈恩新舊，義更委翻。而南山天人，語有誠證。今世學人，傍求六譯，妄欲刊定經文，裁量佛語。如有宋之孫明府、王龍舒者，徑山、金華，後先破斥，比於毁謗大乘，良可懼也。今兹鈔畧，對決分明。首列魏經，以明偈論因依之本，則論釋之綱領清矣。次列秦經，以綜疏記現行之要，則説解之條目定矣。淨師重譯，兼帶頌論，文無累書，夾注於魏譯偈論之下，則今人無著重頌，天親重譯之疑誤，可以涣然冰釋矣。何氏曰：「慈氏作八十偈，宣明經義。無著因造八十頌，與偈相發明。天親更爲頌釋。」今按：淨師譯本，所謂親覈談筵，重詳其妙者，乃重譯後魏流支帶翻頌論之本也。題云無著造頌者，以所授慈氏之頌，是其筆受，故謂之造也。何氏言無著重頌，天親重釋，即是大繆。然古人多錯分兩本，其繆不自近世始。以是經翻度，崇重法門總持。今欲刊落異同，示決定義，救繆妄删訂之愆，而作是鈔。

復次，金剛箋解，古曰千家。囊括指南，無逾疏記。圭山以圓覺玄珠，發揮智地。長水以雜華性海，敷暢圓宗。雲外之衆義兼綜，石壁之多文翦截。鬱爲梁棟，炳若日星。後學無知，多宗邪僻。有宋之世，譌僞繁興。有僞造六祖口訣，謂金剛喻佛性，羖羊角喻煩惱。金剛堅利，羖羊角能壞；佛性雖堅，般若智能破者。有僞引金海光如來注，謂一切衆生，與盧舍那法身，是一合相，出自華嚴經者。華嚴此文，出自何品？那得有金海光如來注此經耶？有妄捏銅牌記，無著昇兜率，請問慈氏，謂無我相等四句是四句偈者。此等皆凡愚下劣，聾瞽郵傳，末法蕪穢，稂莠不别。慈雲式師曰：梁真諦引六種金剛，猶爲執筆者所譏。今見首軸署八神四薩埵願文，梵偈首尾，安雜神咒，引三十二段，碎而割之。雖欲讚揚，翻爲褻侮。今並削而去之，卓哉此師！具金剛眼。蒙之鈔畧奉爲良導。根據僞論，會粹疏記，遠稽古德，近訖聖朝。辨真削僞，切墨引繩。後五百年，不敢不力。以是經疏解繁芿，耳目眩運，今欲澄汰種族，扶正法輪，杜矇瞽淫詖之害，而作是鈔。

復次，從上僞解，萃於宋楊圭十七家。密藏開公所訶，中多邪見，非教眼，非禪宗者是也。又有黄觀使瑞山者，麤涉宗門，掇拾剩語，每解一分竟，結以冶父道川師一頌，標目爲七祖注。流俗妄傳，目爲秘本。其過亦易了也。末法淩夷，宗教訛濫。邪師惡覺，實煩有徒。彼謂客店流聞，便呈心偈。婆子勘問，立焚疏鈔。正須遺[三]拂言詮，何用牽纏偈論，争誇懸解，各命宗通？有云者幾句是銕撅子，者幾句是金剛圈。有云三句義即一句，四句偈即百千句，三十二分即無一字一句。嚼餿飯以哺人，憑寱語而取物。盲盲相導，眊眊羣趨。覈彼迷因，約畧有四：一者，弄引凡愚便。異生薄劣，如瞽如聾，看教縛禪，茫無入路。今謂人人頓悟，個個證真，不聽經論，不參善友，佛位天成，不勞而至。誰不奔馳，更相鼓煽？其因一也。二者，撈攏小根便。影明邪慧，如夢如風。葉露荷珠，了無根柢。今謂片言徹悟，合下無生，般若現前，明珠在額，但入此門，已紹祖位。如薄醉人，飲以狂藥。其因二也。三者，拂畧經義便。佛頌祖論，部位區分。龍猛瑜伽，宗旨奥妙。今謂句後聲前，忘言得意。截徑進取，不務枝流。字字瘡疣，言言糟粕。誰有心力，復鑽故紙？其因三也。四者，隨逐末法便。善根輕尠，弊惡人多。對治悉檀，甚難希有。今謂真俗無二，魔佛皆如。戲論相扶，鬭諍不作。顢頇佛性，籠統真如。初無疑斷，有何住修？其因四也。彼不知經是佛語，即心是佛，此是經論之本意。於是訶斥教相，抹摋功德，有爲有漏，以空破空。彼唯迷宗，所以謗教，是謂依宗而謗教。彼不知宗是佛意，因果修證，正是禪門之本事。於是掠過頭話，墮惡取空，念佛持經，皆成麄行。彼既迷宗，即是謗宗，是謂依宗而謗宗。蒙今饒舌，作是苦言。普願智人，鞭心息影。以善法扶助自心，以法水潤澤自心，以智慧明利自心。如來云宗通説通，慈氏言不觀他面。種種文字般若，誰非實相觀照？如其不爾，邪因深重，慢結滔天，邪山槩曰，大妄語成，墮無間獄。啜其泣矣！悔可追乎？以是經圓頓心宗，魔外叢竊。今欲措柱末流，拔倒圓種，斷邪師惡網之毒，而作是鈔。是歲龍集丙申，六月二十八日，海印弟子蒙叟錢謙益焚香禮拜謹述。

【校記】

〔一〕此與前二文，同收於劉藏校本。

〔二〕劉藏校本作「令」，外集作「今」。

〔三〕劉藏校本作「追」。

牧齋外集卷第三　序一

禮記會通序

余少以春秋射策，未遑專治三禮。竊謂六經之學，禮以體之，春秋以斷之。禮亡然後春秋作，二者實相表裏也。太史公之論禮曰：「養人之欲，給人之求，使欲不窮於物，物不屈於欲，故曰養人爲本者禮也。」自大道陵夷，姬周委轡，嗜欲勝則爭奪生，爭奪繁則兵戈作。於是僭亂賊殺之事，決閑四出，而某也正，某也譎，某也是，某也非，其論益殽然無所折衷。聖人起而治之以春秋，春秋之所予，必其式於禮者也，不則存什一於千百者也。春秋之所誅，必其悖於禮者也，不則名存而實亡者也。凡二百四十二年之間，經緯一貫，其微文大義，既不可以告人，退而與游、夏之徒，蒐緝王章，刊稽國典，使後之人讀王制、月令、明堂位諸篇，而怵然於三代之文章法度，如是其不可干也。相與援據故實，批根引繩，以推按其一筆一削一予一奪之故，庶不至茫然河漢，而無有垠堮。吾所謂禮與春秋相爲表裏者此也。

春秋之學，傳分爲三，紛呶於鄒、郟，剸抉於康侯，及制舉之説興，而聖人筆削勸懲之指意，如射覆意錢，茫無端緒。獨習禮家確守師傳，未失康成面目。惜季長解注，亡佚不傳，而衛氏之集説，黄氏之通解，先儒所以補苴罅漏，保闕守殘者，蠹飽螢乾，束置高閣。甚矣禮學之失傳也！

歲在辛酉，余典試浙，得趙子禹欽，與之譚三禮之學。三科經緯，瞭若指掌，知其爲有本之學也。山河邈然，轉盼三紀。今春屏居荒墅，其仲幼俞氏以禹欽所纂會通來質余，間披梗概，見其簡而不漏，要而有裁，斥澶漫之聱説，芟枝葉之繁詞。曲臺微旨，粲然明備。使承學之士，俛首一經，童習而白紛者，如觀象而見斗杓，如涉海而得導師。信禹欽之有功於是經，而向之知禹欽者爲有徵也。禹欽英年鵲起，通經汲古，驅馳皇華，旅殯郵館。士之積學而未食其報者，莫此爲甚。幼俞補諸生有聲，恪守家學，收拾遺經於兵燹之餘，鐫諸琬琰，公諸臭味，即大戴之有小戴，亦何忝焉？他日盡發其家藏書，考訂三禮同異，以竟勉齋、草廬諸先儒未竟之學。文中子曰：「如有用我，執此以往。」余於幼俞有厚望焉。

旌孝編序

黄藴生之弟上枝，於兵後歉年，葬其祖父母、父母，盡儀而中節。襄事者皆歌詩以紀其事。一時觀察使者，郡邑之長，及以使節過吴門者，競爲屬和，積成卷帙，將分體付梓，而乞序於余。

客有疑之者曰：「葬親，恒事也。侈爲奇特，歌而詩之。不銘其父、祖而頌其子孫，毋乃不可乎？」予謂送死爲子孫一大事，過時不葬者，往往受鬼神譴謫。劉昺、劉渙、王子韶、李長卿輩，並以不葬其親，被劾奪職。吴沖卿以爲傷敗風俗，欲限期使葬。而當時士大夫，尚有藁葬數十年不起冢塋者。古之孝子，貧不能葬，則夜淚朝吟，恨畢天地。養雞種蒜，假錢賃書，甚且質其子，自賣爲奴，至行乞經年而不悔。好義之士，憐而助之，解驂解衣，與麥舟，率金帛，爲詩贈行，以觀風義。及其既葬，又爲表墓以美之。若蘇文忠之於章志明，文忠及范蜀公之於李方叔，固未嘗以葬親爲尋常之事，而不爲勸諭讚歎也。上枝家産不及中人，又當兵燹初息，斗米千錢之日，乃能不藉旁助，而勤力節用，以舉其兩世之喪，可謂孝矣！諸君子歌而詩之，旌一人以教百世，庶幾有葬三世九喪如吴叔達，葬五世七十喪如石徂徠者。上枝之祖父，因是編而當時後禩，咸知爲慈孫之祖，孝子之父。立身揚名之孝，又孰有大於此者？余所以樂觀其成，願更爲之唱導者也。

四書傳火集序

是集也，蓋選刻隆慶戊辰以來至於今日，傳寫殺青之文，長蘅、淑士互相刊定，而靜之、平仲爲之卒業授梓者也。刻既成，淑士抵書告予：子其序矣！

嗟乎！予之釋兹也久矣，其何以序斯集哉？憶往年與長蘅同上公車，時時談古今文字。長蘅亟稱歸太僕，以爲比肩曾、王，空同輩所不逮也。予心志其言而未敢信。邇年讀太僕集，識近代文章之謬，益服膺長蘅，以爲知言。蓋太僕殁未久，其師友緒論，在鹿城、練川間，多有能傳道之者。而淑士爲諸生時，與長蘅切劘最久。有所撰著，皆取諸文從字順，而不爲詰曲綢繢之辭。其風流弘長，所得於太僕之鄉與其人者，固不可誣也。今兹之刻，不過慶、曆間舉子之文耳。然而發揮經術，根據理道，本雍容矩矱之風，而黜叫囂隳突之習。靜之、平仲，後先踵益，若出一手。文章之流别，與問學之淵源，蓋亦可以想見矣。

嘉靖之季，公車之文，冗長腐爛，不可繩約。唐中丞之門弟子，乃始有正脈之刻。原本師門之指授，而規世以典雅。隆慶初之一變，不可謂非其力也。今文運日靡，文心日薄。世所争嗜角好者，要之如土龍芻靈，象物而已。體氣骨格，無有存焉。得是集以爲質的，安知不有讀書窮理，聞先民之風而興起者乎？君子之澤，五世而斬。諸子之於太僕也，如先河焉，如望祀焉。其於以掉鞅文囿，起雅變俗，豈不亦有餘力矣哉？

客或謂予：「今世操文章柄者，是不一姓。然而尚論或黨仇朽骨矣，評隲或傅會炙手矣，市交之赤牘，彈事之白簡，與鉛槧雜出矣。豈有如太僕所訾謷一二妄庸人爲之巨子者乎？淑士之懷長蘅曰：『一編存故篋，字畫麻姑細。彷彿共丹鉛，深夜重門閉。』讀其詩，静好其德，而金玉其音，猶有先民之思焉。選文，小道也，可以論世。子能無餘愾已乎？」予曰：「善哉！非吾所及也。」姑牽連書之，以爲傳火集序。

刻二陳先生全集序

此爲邑先達二陳先生所著疏議及其詩文，其曾孫玉陛次第刻之。謂益姻家末屬，使爲其序。序曰：

二陳先生，長公原習，次公原大，後先事康、永二陵，由御史翰林歷官卿貳。其行業載在琬琰。長公風節激昂，以廷諍揚言事，直聲震天下。然康陵末，請選擇宗室，昌言國本，身蹈不測。及遷冏卿，引古義薦賢者自代，尤人所難。次公在承明著作之廷，雍容載筆。

其條奏不能當長公什一，而應詔陳言及孔子廟堂二疏，最爲剴切。余觀先朝南城諸公，服官史局，每能齟齒牙，豎頰頦，與廷臣頡頏。乃次公嶽嶽諍論，近在百年間，所謂「秦王學士時難羨」者，不獨南城輩也。長公文長於奏疏，指事颺言，有倫有要。上不失古勞人太息流涕之風，而下不逮近代瞟突叫囂之習。次公文尤爾雅，所志水利諸篇，首尾可觀，絶不如今人捃拾字句者。讀兩公之集，可以想見盛世人物與有用之文章，不當專求之筆札也。

兩公奏議，歿後始受梓，久而幾於漫滅，而詩文集至今始出。吾邑先達，張止菴、吴思菴皆不刻集，李石城有集，當時亦不甚傳。今達官貴人之集，填咽國門，鄧林之材，不任剞劂。先輩風尚，何可及也！孔子有言：「天下無道，則言有枝葉。」枝葉之滋多也久矣。椎輪積雪，其又可勝歎哉！然止菴諸公後人，或不能名其集。而玉陛次第於蟲魚朽蠹之餘，庶幾曾氏序書之指矣，可謂有志者也。

陳奉常文集序

昔尹莊簡常與張静之評宣德以來六垣人才，静之首言林季聰，莊簡曰：「季聰何敢望與中。」與中者，吾吴葉文莊公盛也。文莊當己巳之變，一日三疏，皆切中機宜，兵垣至今傳誦之。余讀文莊文集及水東記，通今學古，熟習掌故。沈浸含蓄，浩然無涯。蓋其所淵源者深矣！與文莊同時在諫垣者，如林莊敏、尹莊簡、姚文敏及張静之諸公，狀貌才識，行藝相副。諸所建白，卓然可觀。蓋先輩問學，咸有原本。發抒之爲文詞，措注之爲政事，浩汗演迤，若壅大河而決之。非如後之儒者，徒以科舉剽竊之學，酬應世務，捃拾支吾，而坐見其詘且窮也。

故太常寺少卿海寧陳公，萬曆初所稱六垣人才也。公始應制科，即以鴻裁豔詞，衣被作者。及官掖垣以至都諫，志氣發舒，所條上皆天下大計。其所爲疏草，核而不劌，詳而有體，識者以謂有文莊諸公之風焉。公殁凡若干年，其孫甫伸，刻其全集，予得而論序之。乃知公之學問，所謂通經學古，熟習掌故者，卓然不異乎先輩，而非後世科舉剽竊之學所可庶幾其萬一者也。韓子有言：「士不通經，果不適用。」文莊諸公邈矣！居今之世，有欲求通經適用之學者，捨公其誰爲質的哉？

自公去諫垣，以迄於今。九變復貫，不可勝紀。然叫囂詬誶之風，殆如江河之不可返。文中子曰：「太熙以後，述史者幾乎罵矣。」讀公之集，令人有餘愾焉。公之言曰：「江陵以前，爲諱言之世。江陵以後，爲輕言之世。」世道之升降，公兩言彷彿盡之。余姑不具論，而獨以謂通經適用之學漸湮於世，此則人才盛衰之原，而國論得失之林也。故因甫仲之請，而序於公之篇首以致歎焉。甫仲遭家多難，奮跡賢書，汲汲焉求古之遺書而闡繹之，以昌明其先德，可謂有志者也。

陳中丞時義序

吾友旦融陳公，謝中州節鉞，杜門却掃，横經枕籍，家人莫見其面。而里中俊乂，執經問字者，户屨恒滿，欣然起而應之。布席函丈，離經辨志，齗齗然有洙、泗、濂、雒之風。諸生間以時義爲請，見獵喜心，舐筆和墨，揮灑立就。諸生相與繕寫成誦，因以鏤版流布，則兹集諸篇是也。

吾鄉之人文，莫盛於嘉靖中。而毘陵唐襄文、吾邑瞿文懿兩公，爲之魁宿。中丞少服膺兩公，得其神理於百年之後，其爲文雍容和雅，有倫有要，如介圭之有邸，如精金之有聲。今世文體變壞，如夷言鬼語，不可方物。讀中丞之文，儼然先民典刑，如東京父老，得復見漢官威儀，當有爲感而流涕者矣。

文懿入翰苑後，不復染指時義。而襄文之文，則得之登第爲多。蓋其再三遷謫，窮居尚志，往往託經生之言，以傳寫其胸中之藴藉。中丞今日，蓋亦相似。襄文留心經濟，攻苦食淡，雖鎗棍之巃技，風角之雜占，皆窮日分夜以有事焉。而其志則有超然於物外者。

當淮上寇急，羽書洊至。與羽人禪客，放舟三山，若釋然無有所事。其詩曰：「聞道維揚迎帥急，道人方在水雲間。」蓋其託寄如此。中丞之在中州，裹糧坐甲，戴星露宿，上馬督戰，磨盾草檄。角巾東歸，如老生宿儒，日夕以丹鉛句讀爲能事，不獨其文似襄文也，其爲人亦似之。晉人有言曰：「好以暇，好以衆整。」費禕之圍棋飲酒，寇準之呼盧縱博，識者知其能辦賊。何者？其神全，其氣足，其心常超然於事外也。觀中丞之時義，則知其蕭閒鎮定，雖□奴闖賊，交綏接矢於五步之内，目不爲瞋而足不爲却也。吾以爲中丞之時義，非時義也，其諸暇整之律令，而經畧之成書也與？請以是序中丞之時義，並以稔於海内之知中丞者。

譚立生文序

檇李譚立生，服習父兄之教，在綺繻紈袴之間，攻苦力學，若後門寒士。諷詠唐人詩，沈酣其風韻，即事探題，追配竊擬，欲與之馳逐上下，如本朝高廷禮、浦長源之所爲。於進士之業，未嘗苦心經營，滔滔莽莽，若引江河於尺幅之間。班固有言：「武仲下筆不能自休。」蓋古之文人才子，腸肥腦滿，未嘗以取青妃白儷枝鬬葉爲能事，故其横放衝決，自喻適志如此。吾以爲立生之文似之。以立生之才，服習父兄之教，檃括以就繩墨，辟如騂騮騄耳，生長於郵良、伯樂之家，一息千里，豈足道哉！

余衰老廢學，自視缺然。而海内之士，往往不鄙余，過而請益，每自愧無以應之。昔張文寶知貢舉，所取進士，中書有覆落者；下學士院作詩賦貢舉格，學士李懌曰：「余少舉進士登科，蓋偶然耳。後生可畏，來者未可量。假令余復就試禮部，未必不落第，安能與英俊爲準格？」聞者多其知體。余之衰老廢學，無以待後生之扣擊，固無可言者。然不欲以一時準格薄視天下之英俊，亦有合於懌之所云。立生有志之士，卓然以天下之英俊自待者也。余故舉懌之言以告之，且自道其所以不敢爲人師之意。

郭男祥文序

庚戌之同籍在吴門者，獨郭履台文與余兩人，落落相依，如晨星之在望。履台有才子曰男祥，年甫覊貫，而天才駿發，筆騰墨飛，文成如翻水，老師宿儒，嘔心刻腎，或未之逮也。余語諸生：無以稚齒易男祥，是固當速飛，取科第若摘頷底髭耳。今秋果舉於南闈。汗血之駒，瞬息千里。都人士豔稱之。履台以余爲知言也，俾余序其行卷之文。

余嘗觀元人稱杜少陵詩證四果，其於種種欲境，入而遠之。初曰小結，再曰雨肥，熟而收之曰移筐，至乎移筐，則元氣在其苞孕，而幹葉華實，自成生象。夫爲文而不能脱榦爲生象者，翦綵耳。男祥之文，高華儁朗，芳秀靈圓。初猶臚而見骨也，再變而批郤導窾，骨乃以力。又再變而鋤色銷聲，骨乃以氣。蓋萬形萬色，罔不實結而虚函之。虚實貫而文生，要其中有主者，故羽翔虚而鳳生，毛蹠實而麟生。男祥産丹穴，吐玉書，鳳文麟彩，蔚爲世瑞。而又專思寂想，虚函而實結之，今且證果於移筐矣。

余與履台投分三十餘年，其敦龐之氣，安雅之道，自牽絲入仕，以迨白首，猶一日也。男祥胚胎前光，發皇而昌大之。鳳之雛必五色也，麟之趾必一角也。履台之德業蓄而未盡者，其移筐脱榦，又將於男祥徵之矣。

瞿伯申刻稿序

伯申之舉於南都也，搢紳逢掖之士，喜而相告曰：「以文懿之文章經術衣被海内也，宜其有後。以星卿之趾美而象賢也，宜其有孫。以稼軒之砥節而立名也，宜其有子。」則又曰：「以伯申之蔭藉高華，蜚聲英妙，而攻苦好學，逾於後門寒素也，宜其一鳴而驚人，四世而滋大也。」於是伯申乃以應制之文，鏤版行世，而問序於余。

薦紳逢掖之言，所以贊述伯申者備矣，余之言亦何以加諸？而余竊有以諗伯申者。當聖天子丑、寅之交，余與稼軒爲權奸所側目，牢修、朱並之獄，相挻而起。鋃鐺逮繫，中外沸騰。當是時，伯申以文弱書生，孤身隻影，當漂摇震起之時，取子毁室之憂，與覆巢完卵之禍，岌岌乎朝不保暮而夕不待旦。伯申顧能不震不驚，不諂不瀆，茹荼攻蓼，集冰臨淵，以候陰陽人事之變，而須天心之自定。且以其間讀書纘言，服習講貫。孤舟旅店，戟門鈴下，猶之燈窗精舍也。伍伯皂隸，市駔洗削，猶之良朋静侣也。囚首垢面，塵壒坌集，猶之焚香佈地也。伯申以此智益深，氣益沈，文章亦日以雄駿邁往。水激則悍，矢激則遠。太史公有言：「士不困厄，烏能奮乎？」嗟乎！伯申之所成就，豈可量哉！伯申自此扶摇而上，聳肩奮臂，以當天下之事矣。王介甫曰：「思之不深，取之不固。」不觀勇之色於怒乎，血者赤，脈者青，骨者白，惟神勇者怒而色不變，乃能獨操其所自得，而可以弗過，可以弗告。詩有之：維柞之枝，其葉逢逢。明德之後，必有達人。天將鍾美於是，而試之艱難以有爲也。伯申其知之矣。若夫伯申所以振四傳之緒，宜懼而宜備者，則有吾友益吾中丞之德音在。張老之戒趙文子曰：「物備矣，志在子。」余亦以觀伯申之志而已。

孫孝若時義序

吾邑甲第蟬聯，而以風雅氣誼著於吴中者，則孫氏爲最。蓋自西川先生爲石田高足，齊之先生爲皇甫兄弟之後雋，落花之什，與留松之詩，至今藝苑流傳，以爲美談。而其後子喬、子桑、恭甫、光甫，連鑣競爽，皆爲東南之美。今孝若又以妙年舉於南闈，騰踔都人士前，何孫氏之多才也？

孝若天才爛發，風期俊邁。如深山文豹，落地有食牛之氣。而又能深心湛思，以疏導其志意，蓋其才之於文，極其變，可以伸縮排奡，而抒所思於不窮。迨其變之既定，則如棟在屋，如骨在身，而修短廣狹，體不撓於所勝，膚不浮於所支，極其思之所入，而不旁騖於世人之所趨。語有之：「巨鱗不游汀濘，修羽不接翳薈。」孫氏之先，源大流長，以發祥於孝若，豈偶然哉！孝若蔭藉高華，自傷孤生，早夜呼憤。紙窗竹屋，焚膏繼晷，殆非寒門素士所可幾及。其才情風發泉湧，可以駕先哲而驅時流。顧能尊師取友，鏃羽括礪，與吳門楊維斗、練川黄蘊生遊，摳衣奉手，不敢以輩行進。諸君子則眎孝若爲畏友，相顧歎賞，以爲良驥見鞭影而馳，不難一息千里也。孝若之所存遠矣！

天下奇者不耦，故易之奇與耦對，而耦從一奇。從一奇者，合一而成一，分一而成一，唯一而一之生無窮，故士當一意自成其爲我，我主必復有我以爲耦。天地之相盪也，雷風之相薄也，蓋一立而一從焉。孝若起於孤生，以奇自見。而又能尊師取友，以成其奇。奇耦之相生而相成也，天下之（下闕）

鄭閑孟時文序

吾友鄭閑孟攜所作四書義過余。余索而讀之，竊怪其鬱然而陰，炳然而明，山川雲物，迴合互見於尺幅之中。已而深求其指，一篇之起伏，與一言之籠挫，曲折蒼老，皆深得古人之意。故余以爲閑孟之文，非惟習進士業者不能知，即今之號爲古文者，皆遠莫逮也。然而閑孟之於文則有本矣。

嘉靖之季，崑山歸熙甫，力追古文辭，昌言模擬竄竊之陋，至謂一二妄庸人爲之巨子。其名亦卒爲一二人所抑没。而熙甫之門弟子在嘉定者，獨能郵傳其師説，久而愈著。其聞而知之者，若婁子柔、唐叔達、程孟陽輩，累累相望焉。是故嘉定之士，講貫服習，最爲近古。而閑孟遊於諸君子，才氣壯健，遠騁高視，不顧流俗。以其緒餘爲時文，若壅大川而決之，其能與古人相上下，宜無疑也。

當熙甫之世，所謂一二人者，海内望走，若玉帛職貢之會，惟恐後期。而熙甫與其門弟子補衣疏食，端拜雒誦，相與唱歎於荒江墟市之間而已。今之爲一二人者代有，其旁出叫囂者亦鼎列天下，號爲文章家。而嘉定諸君子，守其樸學，婆娑里社，有如桓譚所云「親見楊子雲，容貌不能動人」者。余嘗語客：「古文一派，近在嘉定，他皆不足存也。」客掩耳而走。余亦洟然悔之，非悔其言也，余既不能慷慨攘臂、軒翥大雅之後，又無氣力足振禒人而啅譟不已，無所與於文章，而徒爲諸君子之累，是亦悔也。今又將累閑孟矣。雖然，令閑孟姑舍所學，貶損其志氣，從事於竄竊叫嚻之業，則爲所謂一二人者不難，而世之高之者不少矣。今閑孟遠騁高視，不顧流俗，又以其緒餘爲時文，閑孟之自累也，豈有既耶？抑亦講貫服習，濡染於訓詁風雅之道，寧薄於當世，而不願爲俗耳庸目所取貴耶？閑孟其知之矣。

閑孟屬余爲其序，而余書是言復之。世之習進士業者，必以余言古文爲迂闊，而其號爲文章家者，曰：「彼自爲時文序耳。」頑然置之，無復省録。余之累閑孟者或淺矣夫？因閑孟寓諸君子，視何如也？

王芳洲制義序

唐人以科舉取士，士子裝卷軸以求知於先達，謂之行卷，或曰夏課。至王荆公創爲經義，始破終結，猶然律賦八韻之意。蓋合明經制科而一之，莫善於此。今士子有得雋於鄉者，多集其平生揣摩之言，彙而行之，亦曰行卷，猶唐之遺語也。

今歲秋，邑之得雋者五人，王子芳洲在焉。其尊人喜賡率芳洲端拜謁余，而請序其制舉之文。余亦何以序芳洲哉？余嘗集唐人詩至數百家，其間大集巨編，寥寥數家。一篇兩篇或至數十首，往往在人口，蓋當時行卷也。或以今之時藝，不及詩賦可以行遠，則竊以爲不然。詩賦源於周人，定於宣父，沿流而下，嘲風弄月之語，往往爲儒者詬厲，至以高才有文爲不幸。今以文人之語，代聖賢之言，經國之業，匠心之理，舉在尺幅之中，其標置視詩賦少下。而於以通經學古，則以塗視詩賦爲尤近。芳洲之爲文，沈酣理窟，窮極義府，然後潤之以菁英，傳之以藻繪，視世之取青妃白以剽賊爲能事者，不啻土苴視之。其爲人深心湛思，去嗜絶好，衡門兩版，叢書其間，有如韓退之所云「是以能蟬脱俗學，超乘而先鳴」。斯集也，懸之國門，即唐人之丹鉛甲乙應制擅場者，猶未能與之争先，而況其諓諓者乎？

芳洲胚胎前光，服習家學，如玄圃之玉，多而愈珍，非如他人沾沾一章半句之間者。以喜賡之讀書纘文，積之十餘年，而聯翅接翼，待芳洲而俱奮焉，烏衣、馬糞之諸王之盛，將復見於今世。而瑯琊、太原在近地者，將鼎足而爲三矣。余爲書此以竢之。壬午嘉平，虞山老民錢謙益書於優曇室中。

文選瀹注序

唐人最重文選，有專門之學。六臣之注，皆經進御覽。李善於注家本末詳備，識者以爲裴松之、劉孝標之流。而五臣荒陋可笑，蘇子瞻極論之。近代爲纂注者，不知持擇，踳駁雜見，學者往往習而不察，而文選之學荒矣。吴興閔赤如先生，高才閎覽，博極羣籍。研覈於文選有年，遂爲淪注一書，大都經李善，緯五臣，而又穿穴子史，蒐羅旁魄，裨益其所未備。删繁刈穢，撮要鉤玄，信學圃之津涉，文苑之鈐鍵也。

文選撰集，斷自姬漢以下，時更七代，數逾千祀。清英翰藻，盡在於此。蓋所以雲礽六經，鼓吹百氏者也。杜子美之詩，爲古今之總萃，必曰「熟精文選理」，又曰「續兒誦文選」。彼豈不能高論闊步，厭薄古人，如世之沾沾者乎？古之學者，有原有本，先河而後海，其所從來，固如是也。近代俗學盛行，劉辰翁、李卓吾之書，家傳户誦，即短長、世説，亦不復舉其全書，而況於文選乎？又況泝文選而上以〔一〕之於六經三史乎？先生目覩其弊，重有憂焉，故以是書爲標的，精求訓故，以遺學者。矱文章之稂莠，箴末學之膏肓，其有功於斯文甚大。學者遜志於此，熟察先生之苦心，而古學之從來，可知已矣。

或者謂李文饒言，吾家不蓄文選，而蘇子瞻譏其小兒解事，用爲口實。不知文饒輕文選於會昌熟爛之時，子瞻譏文選於西崑靡曼之後，皆所謂應病發藥也。使二公者，生於今世，覩游談俗學之弊，必不更作此語。且夫儷花鬬葉，取青妃白，自以爲學文選者，此不善學之過也，非文選之過也。長平之父書，陳濤斜之車戰，非書與車之罪也。先生自命其注曰淪，淪之爲言，有疏通洗滌之意焉。杜之於選理曰精，先生之於選注曰錀，其理一也。神而明之，擬議以成其變化，學者亦善取之而已矣。

嘗觀李善受文選於同郡人曹憲，自崇賢、蘭臺，謫居汴、鄭之間，以講文選爲業，而其子邕，遂以文章擅名於世。今先生簪纓累世，俛首青氈，行且參預崇賢、蘭臺之選，而其後人亦必有如李北海者，昌大其世業。他日修明史者，與有唐之李氏並傳，而虞山爲先生之汴、鄭，牽連得書，亦與有榮施焉。是爲序。

【校記】

〔一〕「以」字疑誤，無他本可校。

馬生醫旨序

余邑繆仲淳，雅負絶學。其於醫家，原本三墳書，以爲指要。所著本草主治、互證諸篇，皆奥博，非凡所知。而獨稱其門人張子選卿、馬子伯瑞，以爲能明其意。仲淳避地居箬下，伯瑞亦從之曲阿，獨選卿在虞山耳。伯瑞去曲阿未幾，持所著醫旨示余。蓋自金匱玉板以來，迄於東垣、元禮諸家，無所不攬採，而折衷以師門之指授。其於班氏所序醫經經方兩家之旨，蓋裕如也。伯瑞之用心，良已苦矣。

吾聞之，古之醫者，論病以及國，原診以知政。故曰，上醫醫國，其次病人。皆醫官也。伯瑞生長虞山，亦嘗原論其診病否耶？南越之蜮，西南夷之金蠶，其有一二遺種於兹邑者，故老占夢，皆莫知其所由來也。三墳不云乎？病正四百四，此屬何病？藥正三百六十五，此當何藥？亂時不植，氣亂作癘。時與氣當，復何紀耶？上古聖人之教下也，皆謂之虛邪賊風，避之有時，今避之無時矣。毒藥不能治内，鍼石不能治外。移精變氣，古稱祝由。祝由，南方之神也。今將聽於神耶？伯瑞無意於醫國則已，伯瑞而有意於醫國，未有置鄉國不療，而療天下者也。雖然，古有舉國病狂，而一人獨醒者，舉國之人，胥以爲狂也。執而灸焫焉，膚肉灼爛，終不能自明也。伯瑞將以一人療一國，彼亦將以一國療一人，伯瑞能無虞灸焫乎？

子之先生，能讀三墳之書，三墳以山氣形爲别，其言無所不通，或有不盡於醫家者。伯瑞無狃於是書，歸而謀諸選卿，以余言質仲淳，以爲何如也？

毛子晉題跋序

子晉家南湖之濱，杜門却掃，以讀書汲古爲事。是正典籍，窮日分夜。朱墨錯互，丹鉛狼籍。讎勘得善本，即付梓人，輒爲標舉其指意，鈎玄纂要，與海内學者共之。兹集則其已行世者也。昔人之著書，以題識著稱者，考核簡質，則無如晁公武之讀書志。援據詳贍，則無如董逌書畫跋。子晉茲集，簡而能核，詳而有體，庶幾兼晁、董而有之。呂氏有言：「善學者如齊王之嗜雞也，必食其跖數千而後足。」此亦子晉之雞跖也已。予老而失學，每思梁人黄孄之語，願以古書爲乳湩，晨夕厭飫，爲還丹却老之藥。今且以子晉之雞跖，爲吾之黄孄，不尤快乎？遂喜而書於卷首。己卯中秋友生錢謙益書於丙舍之明發堂。

浩氣吟序

楞嚴解序

牧齋外集卷第四　序二

張中丞奏疏序

江南海内財賦奥區，號根本重地。頃以接壤越、閩，江海鯨襟帶，鯨波震動，則以腹腴而兼邊地，其要害百倍往昔。當宁南顧旰食，自非才品並茂，文武兼資者，不輕畀以節鉞。而遼左魁翁張公，資望深重，實膺其選。公聞命戰兢，宵征受事。渡江之日，投璧而誓曰：「某以冏寺散僚，特承寵命，建牙秉鉞。所以不捐竭頂踵，鏃礪冰蘖，奠安此一方以報國者，有如江水。」蓋公甫下車，聲光肅穆，清風扇而膏雨舒，四履之内，人人皆洗心滌慮，摩厲祓濯。遐陬蔀屋，咸若公分身巡歷，目炙其丰容，而耳聆其訓誨者。在事五載，保釐告最。四境乂安，百廢具舉。文恬武熙，遠至邇安。大江以南，歌樂土而誦化國，靡不額手公嘉惠，而因以歎簡在之得人也。

公之誠心實政，良法美意，府無虚牒，史不悉書。請姑言其尤異者。以言乎其彈壓，則以明鏡止水之心，兼秋霜冬日之用。屬吏之猴而冠、虎而翼者，狼貪而鼠竊者，木蛀而瓜窳者，或望風而解綬，或飲冰而營職。於是乎金矢罷征，苞苴絶跡，公庭息頭會之斂，井邑屏鼙鼓之呼。此公之所以肅吏治也。以言乎其綜覈，積歲之徵逋，煩如結縷，多方之會計，棼如治絲。鼠穴有窶藪之藏，牛渚無燃犀之照。公振衣挈領，舉網提綱，既斧劈而理解，復燭照而數計。於是乎搜爬弊竇，勾稽宿蠹，泉府一清，軺車免搉。司計省握筭之煩，大農舒仰屋之歎。此公之所以理國計也。以言乎其撫字，民亦勞止，軍興多故。資粮扉屨，未絶於徵求；竹箭乾餱，不勝其供億。合唇捕舌，去將安之？反裘負薪，曷維其已？公蘇其困敝，予以恩膏。視瘡痍如痌瘝，易水火而衽席。於是乎人無奔命，役不淹時。當跼天蹐地之餘，享仰父俯子之樂。此公之所以恤民隱也。以言乎其經畫，繕城隍，飾樓櫓，蒐卒乘，補行伍，增餘皇，庀渠答，教火攻，習水戰。於是乎士飽馬騰，壁壘改色。山於有蔽，海於有牢。軍無庚癸之呼，士無戊己之擾。此公之所以壯國威也。以言乎其建置，酌量利病，調劑緩急。更張化瑟，疏瀹膠柱。陳東南之民害，列海島之隱憂。事無察眉，言皆中窾。至於禁戢悍兵，糾參運弁，均輸漕兑，清豁欽贓，改折蘇困，平允詳刑，報罷織文，蠲除筐貢。無計不關於百世，無事不便於萬民。此則公之所以綢繆桑土，蒿目苦心者也。

公前後奏牘，無慮數萬言。敷奏剴切，條列詳明。五穀療飢，藥石治病。遠可以考元龜，近可以徵掌故。諫必轉圜，言必底績。盛矣哉！信可以著諸廊廟，勒之金石者也。而其事最艱，功最鉅者，莫大乎招撫之役。蓋吴中海氛不靖，自秦璠、王艮之後，實繁有徒。乃者伏莽遺奸，狼奔豕突。倚漳、泉爲窟穴，憑潮汐以往來。急則掉頭尾以逋逃，緩則颺羽毛爲向導。公灼知情形，洞見虚實，把持其黨與，摇撼其腹心。彼固已情見勢窮，迴心内向。然後躡之以重兵，啗之以醲賞，布德威以招其來，傾心腑以堅其至。由是運艘方舟，投戈卸甲，莫不叩頭流血，搏顙乞哀。徯東面之徂征，誓南人之不反。自此勾引路斷，間諜計窮。薄海兵民，高枕鼾睡者，三年於此矣。不費一鏃，不折一矢。折衝在尺牘片檄之中，而奏捷在樓船漂血之表。此攻心之妙算，伐交之上策也。公奏報之疏，初未嘗張皇其事，誇大其詞，固曰朝家之寵靈也，督鎮之方畧也，將士之用命也，臣何力之有焉？勞而不伐，有功而不德，古之大人君子，何以加諸？

公以命世之資，際大行之會。呼吸風雲，步武日月。才可以兼數器，鋒可以當八面。然而身不勝衣，言不出口。以静宅神，以恬養智。立身以廉静善退爲本，爲治以休養無事爲福。放衙稍暇，焚香讀書。涵養道腴，契會佛理。退然如名儒韻士，蕭然如高僧禪老。然則籌海之役，有功不居，蓋其生平學問得力，上善若谷之一端也。而豈其矯情鎮物，以挹損爲能事也哉？余嘗考鏡國史，名臣鉅公，開府南畿者，以廬陵周文襄、三原王端毅爲領袖。文襄擅經國之才，如海涵地負，探之而不可窮。端毅具礪世之品，如嶽峙川渟，望之而不可即。以公德業，方諸二公，其才其品，庶幾金舂玉應，前輝後光。此豈非方鎮之盛事、琬琰之美談也哉！

公以拮据勤勞，請假休沐。勳名位望，彪炳於玉衡大呂之間，旦夕喉舌北斗，羽儀上京。或如古黄丞相重臨舊郡，扆座之前，對揚敷奏，以東南民力爲念。三吴之羣黎百姓，仰藉帡幪，固無一日而免於公之懷也。公之將行也，余以絳縣之老，與班白秀眉，沐浴恩波，不勝扳轅留犢之思。敬讀公奏疏，申言於末簡。樸學不文，罔敢爲鞶帨之詞。謹援據實録，書其梗概，以備惇史之採擇。史失而求諸野，庶幾無虚美焉耳。

撫虔奏疏序

錢子曰：余讀撫虔奏疏，而後乃知天下故有真文章也。文章之行世，體尊而用鉅者，訓誥與奏疏而已。訓誥之文，自上達下，有典有則，明白正大，其流通也易。奏疏之文，自下達上，有倫有脊，雍頌婉約，其宣導也難。今觀佟公之奏疏，一何其詳明剴切，婉而多風，得告君之體要，立論事之楷式也？

以言乎統轄：江、閩、楚、粵，交衢旁午。大連摩天，銅箐錯迕。撞搪呼號，憑依險阻。蜂屯蟻雜，不可爬搔。公周知盤錯，洞燭奥窔。數千里遐陬僻壤，不啻身巡而手撫之，指陳入告，燭照數計，若列屏障，若羅尺幅。廟堂之上，一覽無餘。俯視章、貢，如堂瞰庭。其文之足法一也。以言乎撫馭：殲梅窖、鏟黄鄉、蒐九連、剔清流，陽施陰設，風行電擊。草薙禽獮，株斷蔓絶。指掌經畧，聚米按圖。枕席度師，朝發夕至。露布鐃歌，道路相望。諸所奏報，尅期執券。若家令之條畫，若金城之方畧。其文之足法二也。以言乎建置：易近漕爲虔餉，復民産於南畝。罷開屯以禁攘熟，省驛傳以蘇奔命。當開創之後，承掇拾之餘。剥膚椎髓，公私掃地。赤立新舊，不相保持。於是乎酌量利病，調濟緩急。疏瀹膠柱，更張化瑟。不待憊心罷精，磨礲歲月。揀偏裨、汰悍將、補行伍、節冗長，士飽馬騰，壁壘改色。民無戊己之擾，軍無庚癸之呼。不以旦夕補苴，忘經久之計；不以因仍習慣，憚拮据之勞。神謨碩畫，遠猷辰告。其文之足法三也。以言乎保釐：峙芻糗、節供億、束行伍、禁篰筆。然後頒行六條，飭四衆。昔者新建治贛，先申保甲。扶苗所以去莠，植麻所以直蓬。先哲可師，元龜具在。用以聳善遏惡，建威銷萌。寄軍令於内政，定折衝於尊俎。文經武緯，遠至邇安。其文之足法四也。公後先奉告，無慮數千萬言。無聲悦之詞，無粉飾之語。鑿鑿乎如五穀之療飢，藥石之愈病。以是故，諫必轉圜，言必底績。投匭刺閨，温旨如寄。世之君子，覽其施設，考其次第。其大者可以著廊廟，勒金石；其細者可以著令甲、刊丹書；其精者出入鬼神，可以參韜鈐陰符之秘；其粗者耆事開物，可以羅竹頭木屑之能。由是乎垂諸竹帛，登於册府，曰天下真文章莫大乎是，豈不信哉！

然而公之文章，蓋有本焉。公天才淵敏，照鄰庶幾。記他生之習，讀等身之書。上窺結繩，下窮掌故。漢之賈生、晁錯，唐之陸宣公、李衛公，鈎玄纂要，落其實而取其才，不欲以翰墨爲勛勣，詞賦爲君子也，是之謂真學問。謀斷相資，沈幾先物。劈肌分理，動中竅會。榕省之役，獨違道謀，破伏戎，憂厝火。忠言密議，若執左券。晉而理虔，謀益老，用益圓。若弈秋之當局，若秦越人之見垣。駕輕車、就熟路，天下事可數著了也。是之謂真經濟。家世簪纓，蘭錡相望。蓼莪負痛，杞梓有材。風雲玄感，不十年而膺節鉞。感荷殊恩，矢心報稱。飲冰受事，刻肌放踵。古人所謂夙夜匪懈，鞠躬盡瘁者也。是之謂真忠孝。有是三者，而天下之真文章出焉。泰山之雲，膚寸六合。黄河之流，回復萬里。人知其霖雨布濩，膏澤演迤，而莫知其所由來。公之文章，布被海内，亦若是則已矣。

韓子聖秋，西京之知言者也。其序公奏議，以爲神明澹静，用存剛柔。出則治軍蒞官，入則讀書談道。處磽确譸張，擊斷剸决之會，而不失綸巾羽扇、輕裘緩帶之風。韓子奉使入虔，親炙公丰容謦欬，故其言之親切如此。吾以爲好學深思之士，讀公奏疏，而想見其爲人。式金式玉，如山如岳。文以足志，氣以實言。固可於緑章丹筆中，揣而知之。不待凝香燕寢，親侍杖函，而後可以得公之髣髴也。余知公在紈綺之歲，辱金蘭之契最久。承公之命，不揆而爲之序。以是爲奏對之文，當與典謨綸綍，並垂永久。他日汗竹之藏，琬琰之録，咸有徵焉。良不敢以謏聞曲筆，阿私所好，而貽譏於世之惇史也。

籌海鴻猷圖册序

籌海鴻猷圖册者，江南幕府謀臣策士爲大制府一翁郎公巡海底績告成飲至而作也。公既奉節鉞寵命，開府金陵。操履冰清，才諝雲湧。軍民輯睦，政治修舉。宵衣旰食，焦心勞思。圖維於帷幄之中，而陰陽闔闢風行於數千里之外。唯是東南濱海之地，萑苻伏戎，狼烟時警。遂不惜屈節鎮之尊，單車扁舟，跋涉於鯨波蛋户之中，親爲之戒斥堠、築墩堡、蒐軍實、定汛地。沈江鐵鎖，横海樓船，所至星羅棋布，屹如天塹。不但如李臨淮入汾陽軍，壁壘一新而已也。

公自奉儉約，蔬食菜羹，寒素如書生。材官衛士，奉命飲冰。官寺閭閻，秋毫不擾。公舟師列營江干，旗纛林立。村農之東作者，相與唱吴歌，雜嘻笑，欸乃喧呶，聲徹軍府。公不諳吴音，召而問之。耕夫乃搏顙泥首，起而謳曰：「我公不來兮，朝燧夜烽。緑林赭衣兮，攬我三農。胥吏追呼兮，雞犬一空。巷無安居兮，家無宿舂。我公之來兮，天惠我儂。賜我衣食兮，恤我困窮。老稚安眠兮，丁壯僦工。壟畝閑閑兮，禾黍芃芃。吁嗟我公兮，爲我天翁。千秋萬歲兮，長祝我公。」公大說，與之酒食，飲噉讙笑，鼓腹頓足而去。余謁公青洋江上，目擊而耳聞之。古者太史氏采詩以觀民風，此真可以繼桑田鄘風之什矣。

公德威兼著，頌聲交作，不待呼餘皇，陣鵝鸛，伏尸漂血，角逐於洪濤巨浸之間，而舳艫舴艋，銜尾來歸者，絡繹相望，鯨鯢豺虎，擇肉而傅翼者，聞風股栗，相戒不敢犯江東一步。古所稱尊俎折衝，不戰而屈人者，信不誣也。

昔者漢武帝命趙充國擊先零氐羌，充國至金城，圖上方畧。馬援於光武前論兵事，亦聚米爲山谷。古人籌邊決策，必取徵於圖繪。今茲圖册，不徒公之鴻猷偉績，彪炳丹青，而江海巨防，要害阨塞，瞭如指掌。可以進之當宁，列在御屏。百代而下，談江南方畧者，以公爲今日之充國、伏波，即圖之辭可相繼也。余采江村之風謡，覽茲畫册，竊願以采詩載筆，附古太史後，遂不辭而爲之序。

胡菊潭文集序

張念瞿令永諸刻序

余往爲童子時，毘陵張治生以春秋名家，號爲大師。已而偕文閣學文起、姚詹事孟長舉春秋社，推治生執牛耳，余固肩隨事之。治生久不第，膺貢對大廷。余以史官閱卷，拔置甲選。治生摳衣執弟子禮，久而益共。於是吾兩人之交益深。宦海浮湛，炎涼變易，雞鳴風雨，耿耿如一日也。

治生司訓婁水，爲賢師儒。令昌水，爲古循吏。引年投劾，垂橐蕭然。里中授經者，相率醵錢築室，始有一畝之宫。身殁而陵谷遷移，家門淩替。青氈黄卷，不絶如綫。其孫念瞿，起孤生中，厚自矜奮，射策甲科。令永七載，卓異之聲，騰踊浙河東。人咸謂念瞿箕裘堂構，不愧乃祖。相與盱衡抵掌，信賢者之必有後也。余病廢家居，念瞿念再世之誼，鄭重見存。比游婺東，飫聞其政績，得治婺諸刻繙閲之，蓋三歎焉。

其一曰詩文。夫世之摛詞者多矣，儷葉駢花，取青妃白，或剽賊以矜富，或抉摘以鈎深。念瞿之作，一何其洋洋纚纚，有體有要，如五穀之果腹，如裘褐之禦寒，掇皮皆真，舉體無僞？昔者治生擁皋比，授生徒，必教人以韓子仁義之文，河汾君子之文，此則其家學也。

其二曰政略。兵興以來，吏治頹弊，官仇其民，上疾其長，有如念瞿之計口食俸，不家於官者乎？有如念瞿之爬搔利病，公爾忘私者乎？清積逋則如文墨工勾股，禦劇寇則以書生習金革。昔者治生令昌化，不以窮荒僻遠，鄙夷其民。馬人蛋户，絃歌交作。蒐礦芟瑤，卓有成績。今以詒厥孫於永，所謂有作令家譜者也。

至於感應之篇，勸戒之書，今人蠟車障壁，不復省視。皆爲之標舉眉目，鏤版行世，異哉念瞿！一何其齒之壯、志之宿、材之高、心之下也！佛言善惡隨人，如形影隨身。人死但亡其身，不亡其後。傅大士言：不除地獄，則無人修善。每竟夜思維佛安立三塗地獄度衆生法，發聲大哭，兩淚交流。今之作吏者，真知有善惡因果，三世業報，則猛虎傅翼飛而食人之徒，必絶跡於斯世矣。以菩提心，行循良政，雖復鞭笞不絶，斬艾時有，無以異於禪心梵行，持五戒而修十善矣。道言感應，儒云慶殃，得是説而存之，秉民彝、合天咫，持世度世之道備矣。昔吾治生之爲人也，規言矩行，温文介節，金玉其質，而韋弦其度。念瞿束修勵行，諄諄以道言化書，勸勉斯世，豈非乃祖之遺教與？

念瞿持永邑諸刻示余曰：「願有以教我也。」余俯仰三世，不能無韓退之久居此世之歎。而又念數年來金石故交，無有存者，舉念瞿之爲，以傳示故家子弟，使之括羽鏃礪，競以家門相建豎，則菰蘆遺老，尚可以伸眉一笑也。甲午仲秋，虞山錢謙益書於婺中七寶寺之五觀堂。

甘霖頌序

今年季夏，海虞令闕，大中丞張公檄下海防郡丞汪公來署篆。視事才四閱月，政成民和，歌舞載道，喜雨應時，而甘霖之頌作。學博晉君、卞君，命諸人士問序於余。余問汪君治邑狀，諸人士曰：「某等不敢爲飾詞，蓋聞諸輿人之頌矣，一曰廉，公自下車以來，計口食俸，但飲琴川一勺水，鈞金束矢，不入其橐。暮夜之苞苴，逆却而不敢進。懸魚埋羹，清風肅然。羔羊素絲，風人所希遘也。二曰敏，擁門之訟牒，堆案之文籍，公目視耳聽，手批口決，紙落如飛，案無留牘。舞文之宿吏，主名之積猾，閭左城社之奸，皆相與屏足削跡，穴牆墐户，不敢嘗試公三尺。不待桁楊交臂，入桓東少年場而後，乃知可懼也。三曰惠，公之於虞民，嚬呻慮嘆，無以關切也。疾痛呵癢，無不爬搔也。片牒之出，寸鍰之入，必攢眉蹙額曰：『民力殫矣，得毋竭澤而漁乎？』據案治事，堂皇無呼暑聲，則欣然喜色曰：『今日加一飯矣。』民之戴公如家人父子，唯正之供，輦輸襁負，曰：『何敢煩我公鼙鼓也。』四曰静，以邑之瀕江沿海，萑苻之警，不時竊發。公正告邑人：『吾巡行視師，熟知情形。樓船横海，鐵瑣沈江，内地晏然，如中霤燕寢。安用授兵登陴，張皇震恐？』當事者如公議。烽燧晏息，閭閻乂安，公之力也。公之長才偉器，良法美政，循良卓異，不可勝書。舉其大者如此，其他可知也。昔魏德深初長貴鄉，尋轉館陶。貴鄉吏民相與欷歔流涕，詣闕請留。館陶復合境悲泣，相從者數百家。今虞民之戀公，猶館陶、貴鄉也。長言之不足，則詠歌之，此頌之作，猶風發於青蘋之末，豈有使之然乎？」

余曰：「允矣諸人士之言。公少負才敏，掉鞅詞壇。淵源理學，鏃厲行誼。自諸生時，已巋然負公輔之望。以文學飾吏治，有由來矣。抑余聞古之祭者，先河而後海。酌水知源，不忘本也。公之親篆，兆姓載德，非大中丞之擇賢而使，何以有此？吾嘗再謁中丞，公訪問桑榆利病，真誠諄復，不啻口出，聞汪公之賢，喜動眉宇，曰：『虞民有豸矣。』頌汪公者，當歸美於張公。挹彼注茲，詩人之義也。泰山之爲五嶽長也，以泰山之雲，觸石而出，膚寸而合，不崇朝而雨天下也。張公能用汪公以雨吾邑也。其爲甘霖也亦大矣，其可忘諸？」諸人士曰：「善哉！詩有之：『吉甫作頌，穆如清風。』夫子之謂也。請書之以爲甘霖頌序。」

趙友沂詩稿序

詩一也，有詞人才子之詩，有英人志士之詩。詞人才子之詩，溶溶藹藹，莘莘萋萋，如孚尹之表玉，如羅網之現珠，其光氣在耳目之表，可以候而得也。英人志士之詩，渾渾熊熊，碌碌落落，如劍花之在室，如鏃聲之出弦，其聲影在有無之間，不可以候而得也。趙子友沂，以終、賈之年，掉鞅詞壇，世所謂詞人才子，未能或之先也。余讀其詩，異焉，觀其指意蒙密，離奇昪兀，如玉之錮於璞也，如珠之沈於沙也。及其霍然解駮，軒豁呈露，風檣陣馬，發作於行墨之間，譬諸干將之鋒已歇秦、楚，后羿之矢已落九烏，而循聲望影者，顧欲揀赤堇之銅，抽董澤之蒲，以揚搉其短長，是不亦迢然無當乎？

友沂爲詩，興到疾書，當筵即事，口占手判，酒痕墨瀋，狼藉錯互。父友合肥諸公，嘆而存其稿。今所傳者，皆其酒闌歌罷，書裙涴袖，片縑斷楮，僅存於烟煤鼠齧之餘者也。推友沂之志，其不欲與時花美女，裁紅暈綠，鬭妖麗於春風，亦已明矣。命曰英人志士之詩，其誰曰不然？

今年友沂奉削杖之慼，執喪有間，以詩諗余。客曰：「趙子纍然棘人，夫何取於此也？」余曰：「不然。夫忠孝之篤摯，皆發於情。而情之偪塞，必動而爲聲。記禮者言三年之喪，創鉅而痛深，若大鳥獸之失羣，反巡故鄉，號鳴躑躅而過之也。若燕雀之啁噍，踰時而後去也。皆語其聲也。喜而陶，哀而踊，抃手而頓足，撫膺而陷胸，靡不於聲發之。輿有謣，春有相，河上之歌相憐，鄂君之詠山木，極其變至於哀樂而樂哀，生生而死死，心折骨驚，金銷石泐，皆是物也。趙子安得而忘諸？趙子，楚人也。楚人之騷，靡曼則竽瑟浩倡，激揚則傳芭伐鼓，此亦聲音繁會之極也。天問之傳道遂古，遠遊之一氣孔神，雖鄒、魯之儒，無得而問津焉。趙子長齋斷酒，刳心入道，其殆將凌四遊、觀八極，御浮雲而隣太初乎？趙子之軒翥騷人者如是，而子何足以定之？」趙子曰：「水涸石出，天根乃見，夫子示我以息機矣，敢不重拜。請書之以爲叙。」

淮上詩選序

弘、正之間，談詩者以規模杜陵爲極則。裨販剽賊之技窮，而不知所以自返，則曰：此文人學士之詩也，真詩乃在民間。斯言也，竊性情之似，而大繆不然。夫詩之爲道，性情之與學問，參會而成者也。性情者，學問之精神也。學問者，性情之孚尹也。春女哀，秋士悲，任道而言，衝口而出，如春蠶之吐絲，夏蟲之蝕木，此田夫紅女民間之詩也。詩言志，歌永言，爲賡歌，爲賦頌，爲變風變雅，極其興會，可以役使百靈，感動帝鬼。其深文綺合，藻辨連環，若帝珠之寶網，雲漢之文章，此文人學士之文也。執性情而捨學問，採風謡而遺著作，輿謣巷舂，皆被管絃，挂枝、打棗，咸播樂府。胥天下不悦學而以用妄相師也，必自此言始。

頃遊淮上，見張吏部鞠存之詩異焉。徐而詠歌之，一何其學殖之富，鎔鑄之精，渢渢乎其有餘音，而熊熊乎其有餘力也？陶冶性情，餘波綺麗，文人學士之詞章，與民間之真詩，盖交總而互出之，斯可謂專門名家，可以療舉世之詩疾者也。鞠存以淮海俊人，翺翔天路，清通簡要，爲冰鑑之最。移疾家居，束脩厲志。疎簾短檠，一燈青熒，有古人西窗讀易之風。其爲詩，雍頌婉約，朦朧萌拆，使懆人氣平，悍夫心折。未嘗矯尾厲角，以詞賦爲君子者也。詩有之：「蕭蕭馬鳴，悠悠旆旌。徒御不驚，大庖不盈。」鞠存之所以爲詩者如此。此余於比興之外，候而得之者也。

南海王説作詩序

海幢石鑑上人，奉天然和尚命，不遠五千里，請銘華首之塔。上人致命已，復曰：「南海王孝廉説作，華首白衣弟子，法門之眉目也。有詩數百篇，瀕行九頓首貯腰包中，屬請政於夫子，幸有以教之。」

余少而失學，晚而無聞。海内學士大夫，過譽以初學一編，比於作者。頃者閭閻小子，以老耄欺我，雜然叛而咻之。余私幸其知我，可以逃虚息影。而四方薦撙者乃滋甚。如王君者，何相慕之殷也？竊嘗思之，嶺南之文學，發源於始興文獻公，至國朝孫仲衍，傳金華之衣鉢，唱導嶺海。德、靖之間，黄才伯、梁公實、黎惟敬、歐楨伯俠轂而起。由是嶺南之文人，蔚然與吴、越争盛。余於公車得韓孟郁，於詞林得香山、南海二相公，於門牆得黎美周，皆銜華佩實，質有其文，彬彬乎大雅君子也。源深則流長，表正則影端。由近世諸君子以遡仲衍，由仲衍以遡金華，而又由金華以後沿流以及於余，曰：是夫也，分金華之支裔，而並嶺南之津涉者也。譬諸草木，則有臭味。譬諸香澤，則有薰染。諸君子生於嶺海，而同室視余。歎塀而罊盈，命宫而商應，有不知使然者。余誠有愧焉。若吾里之叛而咻者，所謂蜀之日而越之雪也。今不以遠而相求爲愧，而以近而不相得爲喜，庸非過與？

王君之爲詩，學殖富，意匠深，雲浮胐流，殆將側出孟郁、美周之間。命其集曰耳鳴，而自序之曰：「耳自鳴也。」耳自鳴也，孰與聽之？而顧以是正於余？則靳余之聽其不可聽者也。余之愧且喜者，亦余之耳鳴云爾。焦螟之巢蚊睫也，師曠弗聞其聲，焦螟之耳，未嘗不鳴也，則又使誰聽之？余與君且休矣！

詩苑天聲序

新安范子眉生，採擷漢、唐以來文人學士之詩，擇其播於郊廟，媲諸雅頌者，命之曰詩苑天聲，而請余爲其序。序曰：

自三百篇而後，以删詩命世者二焉。梁昭明太子之撰文選也，其體辨；隋文中子之續詩也，其憂深。何言乎其辨體也？風之采十五國也，雅之分大小也，頌之次周、魯也，篇什體製，犂然如日星之臚列。迨於漢則大變矣。三侯之章，秋風瓠子之歌，豈可比於登歌清廟一倡三歎之音乎？柏梁之詩，俳優戲謔，卒於螽妃女唇，詰迫詰屈，豈可比於卿雲日月，百工相和之辭乎？皇風綿邈，世運蹙迫，風人之思盛而雅頌微。昭明知其然也，其論詩一以採風爲主。以唐山夫人鄒子樂鐃歌鼓吹之辭，鏗鍧鉅麗，不遑録焉，不敢以輓近樂章，綴那詩古昔之後塵也。韋孟之諷諫，蘇、李之録別，枚乘、張衡之五言，言之無罪，聞之足以戒，風也，而比於雅矣。風流弘長，沿及魏、晉，責躬應詔贈答往復之章，靡不有棠棣、伐木鷄鳴風雨之思焉，降而六代，靡靡亡國之音耳。離騷九歌，以騷襌風，二京、三都，以賦補頌。使風人之深致，各暢其黍苗，而雅頌之僞體，盡薙其稂莠。此昭明之志也。故曰其體辨。何言乎其憂深也？河汾之續詩也，與元經相表裏，故曰：興衰之際，未嘗不再三焉。具六代始終，所以告也。元經之作也，書陳亡而具五國，續詩之具六代，此物此志也。王國之有風，天子與諸侯夷，故始之以黍離而雅道息。雅道之息，續詩之所以興也。於永嘉、皇始之際，慨然而嘆，歌伐木之章。此仲淹之志也。故曰其憂深。

今旋觀是集也，由炎漢以終聖明，上下數千年。其人則皆承明侍從之儔也，其詞則皆朱干玉戚之音也，其歌詠流連，則皆東序西清之譜牒也。詩莫盛於唐，故以唐人爲儀的，以景龍、開元之歌詠，嗣賡歌之盛，以天寶、元和之詩雅，繼出車之什，而燕支勑勒秋山春水之詞，不得而與焉。范子之爲，其將以辨蕭梁之體，而繼續詩之憂乎？則吾深有取焉。昔者春秋諸大夫會而賦詩，趙武子請之曰：「武亦以觀諸子之志。」今之詞家，壇坫錯互，莫不橫飛側立，目無今古。范子獨深心湛思，搜訪逸文蠹軸，以求得乎風、雅之指歸。余今之於是集也，亦以觀范子之志已矣。

素心集序

啓、禎之際，廣陵鄭超宗以才華氣誼，傾動江淮。讀書影園中，藥欄叢花發。姚黄一枝，諸名士賦詠累帙。屬余評定，以黎美周詩擅場、大會竹西歌吹，以饗美周，曰：「此虞山所定黄牡丹狀元也。」範金爲飲醆，刻銘其腹。美周用是名噪嶺嶠。其風流好事如此。中原潰師南下，奮袖嬰鋒刃，諭高帥戢兵，奪淮、揚億萬人於呿牙血吻之中，而身且不免。豪傑，過邗江而酹酒，靡不抵掌歎息，如晉人之於臧子源也。

今年超宗之子掌和，念余老病，渡江相存，執手流涕，悲喜錯迕者久之。既而出其所撰次素心集，俾序其端。問所以名集者，自謂取淵明南村卜宅之句，標以問世。蓋蹴然有感於予心焉。昔者有唐盛時，才子鉅公，項背相望。元次山撰篋中集，獨取其與時異者沈千運輩七人，其詩不過二十二首，其爲序則曰：「有名位不顯，年壽不將，獨無知音，不見稱顯，死而已矣，誰云無之。」又曰：「兵興以來，於今六歲。人皆務武，斯焉誰嗣？」嗚呼！九嬰十日，豈但開、寶，沈沙折戟，何止六年。詩家壇墠，日累月增。御宿春山，昆明秋水，廊廟之鋪張如彼；雞尸自命，芥羽相傾，詞場之博易如此。其有含章振奇，獨與時異者，竹枯骨朽，聲銷影絶，死而已矣！斯焉誰嗣？其有肯過而問焉者乎？鄭子尚論淵明之世，所目爲素心人者，必廬山遠公，與劉遺民、周續之之流，而接闠隣舍，宵盤晝憩，若顔延之者，猶不得而與焉。集中之詩，與其爲人，吾固可以意而得之矣。是集也，人非千運七人者不與，詩非二十二首者不與，謂是集爲今世之篋中也，何不可哉？

超宗當國家多事，奮欲有所爲，而不能自達。如次山時議三篇，所謂編輿皂之説以應車乘者，每錯置研削間，鄭子蓋聞之熟矣。吾之序斯集也，姑舍淵明而以次山爲徵。老夫辱交再世，竊有厚望於鄭子，亦藉以慰超宗於九京也。

牧齋外集卷第五　序三

薛行屋詩序

薛學士桴庵，以文學經濟，爲一世所宗，而尤喜稱詩。其詩渾涵汪茫，千彙萬狀，兼古今而有之，今日之杜少陵也。

自宋以來，學詩者多師法少陵，如高子勉、晁叔用、狄元規、唐彦謙、黄亞夫、謝師厚、陳簡齋、楊誠齋、曾茶山、李南金、周德卿、趙廷采之流，其見於山谷、后山、後村、南村之評議者甚著。介甫謂子瞻雪詩，有少陵氣象，六一謂鄭伯玉不減少陵風味，王平甫謂文潛不減少陵，後村謂趙明翁似少陵，水心謂翁常之頗似少陵，希文謂曼卿酷似少陵，陳子京、張伯雨謂楊煥然、范德機如少陵。張表臣謂介甫何異少陵，淮海、荆溪欲以曹元象、葉水心詩直置少陵集中，馬虚中謂張子振長歌短歌逼少陵，孔平仲、涂守約謂吕元均、鄧元迪追少陵，石林謂蘇、王追配少陵，許彦周謂子瞻南海詩、介甫鍾山詩，追逐少陵，裘竹齋謂范光伯逐少陵而升其堂，水心謂鄭大愚升少陵、太白之堂，后山謂子瞻越海度嶺後，深入少陵堂奥，誠齋謂鄒應可入少陵户牖，疊山謂后山與少陵争衡，荆溪又謂水心詩句與少陵争衡者非一，朱少章謂山谷致少陵之渾成，子瞻以孔毅甫爲前生少陵，趙清獻、蘇子由、劉平國、文宋瑞、劉雲卿、元裕之、曹兑齋、倪元鎮以榮學士、毛國鎮、趙章泉、聶吉甫、李公度、辛敬之、元裕之、陳子貞爲少陵，范忠宣、歐陽公、張子卿以張伯常、胡武平、梅聖俞爲李、杜，杜挺之以邵不疑爲李、杜、韓，水心謂趙汝談兄弟韓篇杜筆。其實形神俱肖，少陵復生者，在宋惟子瞻，元惟裕之，今日則桴庵耳。

獨計少陵以文遇主，負海内重名，此桴庵所同也。棄官流落，丐拾爲資，至於衣不蓋體，懦弱餓死，此少陵所獨也。而讀桴庵古近體詩，其善陳時事，轉變不測，一似石壕、新安之覲記，彭衙、桔柏之崎嶇，重變現於少陵筆端者，何異王内三之於桴庵、孫文公之清臣、歐陽公之子瞻也。清臣常跋文公，子瞻謂歐陽公偉麗句，與少陵並騎争先。若桴庵之與少陵並争者，豈止一二偉麗句而已哉？甲午孟秋之中浣日，虞山蒙叟錢謙益題。

錢寶汾詩序

葉雨生詩稿序

陳崑良詩序

成社詩序

貞復爲石門祭酒之孫，散華揆藻，掉鞅詞壇，與祖德兄弟。並樹旗纛。信所謂駒齒未落，已是我家龍文也。其爲詩，開闔跌蕩，氣昌而志達，已能除去傭耳剽目、移頭易面之習。譬如王子處胎，貴壓人臣，其所成就，殆未可量也。不以我爲老耄而捨我就師者，而問道焉，其何以長子？

亦聞西竺之乳喻乎？牧牛之女乳味最善，加二分水，轉賣餘牧牛女，彼女轉賣近城女人，復加二分水焉。近城女欲詣市賣之，又加二分水焉。展轉加水，至於三加。煮乳作糜，都無乳味。買乳之人，不知乳之加水，而咎乳味之不善，則亦過矣。詩文之弊，輓近弘多。要而論之，則粗浮淺近，其味薄而不美，皆西竺三加之乳耳。古人之詩文，得天地之元氣，故厚。今人之詩文，得天地之閏氣游氣厲氣，故薄。元氣者，詩人之乳湩也。富有而日新，篤實而輝光，取新構之乳而無取三加之乳，於詩文之道其幾矣乎？

又聞之曰：水上之油，吹之甚易。水内之乳，啖之甚難。鵝王之擇乳也，易牙之辨淄、澠也，皆精於取乳之法者也。苟爲不然，則乳之與水，相去幾何？擇乳而得水，擇水而棄乳，且有置毒乳中，謂乳能殺人者。貞復與諸君勉之。雪山之乳，皆爲醍醐，老夫將藉以果吾老腹矣。辛卯嘉平月。

朱母王太宜人貞徽詩序

永陽朱公，以進士高第，出司海防於吳，廉辨淵敏，翕然貞公輔之望。念其母王太宜人繈褓鞠育，集蓼茹荼，而不及享子一日之養，所至請文人學士，作爲歌詩，贊頌表章懿美，而屬余爲之序。

余惟太宜人所天見背，子女孩稚，風雨漂揺，冰霜凛冽，古之執行守正者，未有以過也。被服圖史，胎養身教，倣古母師之遺則，以發聞於後賢，則於其子徵之。以余觀於朱公，其少而嗜學也，栝羽鏃礪，玉礲金錯，非孟母之所謂學以立名，問則廣知者乎？其長而入學也，摳衣鼓篋，負牆却立，非公父文伯母所謂擇嚴師賢友，引紝攘棬而親饋之者乎？其出而服官也，砥節首公，夙夜匪懈，非敬姜之命其子，樞可以爲相，軸可以爲三公者乎？今既已升華變偶，錫命自天，太宜人娠賢燾後，可以少慰矣。而搤臂嚙指，永言不忘，寒泉揚水之懷，旦旦而未已。太宜人慈心淑德，熏染於胎教者，於是乎信而有徵也。

古者崇重母師女宗，表閭賜號，有祭膰焉，有喪拜焉。而旌門典禮，莫備於有唐。所謂烏頭二柱，雙闕一丈，圬以白而赤其四角者，其制具在也。陵谷貿遷，井邑更改，向日之漆書綽楔，已迢然化爲陳跡矣。劉子政之傳列女，母儀、貞順諸篇，列於圖頌者，佩服衣履，至今猶可以想見。而歐陽公序王凝之妻李氏，炳著於五代喪亂之世者，行墨稀簡，不過數言而已。劫塵有盡，節義無窮。賢母貞順之風烈，與文人學士之文章，相御而行，與元氣俱不朽，豈若表門旌里之典，與時世相爲上下者哉？

朱公念母之勤，明發不寐，標舉斯文，以附於貽我彤管之義。錫類之孝子，於是乎見其遠者大者。余承命而爲之序，亦庸以教天下之爲人子者也。

新安范𪟝淑詩草序

詩三百五篇，多婦人女子之作。而二南之篇，詠嘆后妃夫人身事，所採掇則荇菜卷耳芣苡蘋蘩，所服御則絺綌浣濯，所見聞則桃夭樛木兔罝草蟲，託物近，取義邇，情動於中，而形於言，被之絃管，爲房中之樂，如是而已。春女哀，秋士悲，鸞鳳有歌舞之容，燕雀表啁噍之感，班姬之賦齊紈，卓女之吟溝水，塘上傷離，隴西贈别，纏綿綺靡，不失閨門本色。漢、魏已還，變風變雅之遺音，猶有存者。近世閨秀之集，多於稻葦，花葉駢儷，金碧填砌，觀者瞀亂眩運而不知所由來。其或投謁朱門，呈身綺席，膏蓬鬋以獻笑，倚漆管以救飢。輕薄之子，交口訾謷，以爲粉黛山人，笄幃乞士。吁！其可傷也已！

新安范眉生携從妹勔淑詩草，就正於余。勔淑之詩，抒情託興，不出乎夫妻母子房櫳門屏之間。骨肉慮歎，門户綢繆。喜則真喜，悲則真悲。無事於寵柳嬌花，裁雲鏤月，信乎其爲淑姬静女之詩也。楊子曰：「女惡華丹之亂窈窕也。」華丹之飾，楊子猶惡之，況於易頭借面，并其華丹而失之乎？舉世之女子，相與揄長袂，衣方空，畫愁眉，簪墮髻，揚眉頓睫，婁娸細視。有一人焉，青衫裙布，縞衣綦巾，離立於其中。爲女伴者，靡不笑而唾之，而其人亦將顧影羞澀，刺促而無以自置。世有楊子，惡華丹而思窈窕，其將取諸彼乎？取諸此乎？余三嘆勔淑之詩，以爲居今之世，疏瀹其眉目，無忘閨門之本色，庶幾可以風世也。其將以余爲老不曉事，申申而詈余？余既已知之矣。

琴水課義序

邵松如時義序

重修滕王閣詩文集序

重修蘄州志序

蘄州黄之支郡，東漢爲蘄春，明爲荆藩，分茅重地，居荆服下流，山川形勢，素稱扼塞。州志修於嘉靖壬子，迄今一百十二年，載籍蕪廢。州人盧使君澹巖，有志補續，搜訪於兵燹殘破之餘，久之獲舊志於吾邑故家，手自排纘，發凡起例，拾遺補闕，於是蘄之掌故，燦然臚列，蘄志始爲完書矣。

余惟郡國之有志，名曰地志，實則史也。有唐元和以後，地志始盛。宋人撰地志者，吾所及見，則宋敏求之長安東京二志、程大昌之雍録、范成大之吳郡志、陸務觀之會稽志，詳略得中，具有體要。有明地志，盛稱康德涵之武功、王敬夫之鄠縣、都玄敬之練川、顔維喬之隨州。武功、鄠縣、練川近古而太略。隨志略於隨而雜舉時政，非體也。使君有良史之才，留心蘄志，輶軒所至，廣諮博訪，如楊子雲所云把三寸弱翰，齎油素四尺，以問異語，歸即以鉛擿之於槧。歷載構綴，以有斯文。文直事該，有倫有要。其事則蘄，其文則史。當與宋、程諸公，抗行後世，豈不韙哉！

余嘗習乎楚之故矣。黎爲高辛氏火正，以淳燿惇大，光昭四海，故命之曰祝融。其子孫實光啓土。春秋、詩、禮、樂故志訓典之教，則申叔時志之；三墳五典八索九丘之書，則左史讀之；韓起見易象、春秋，曰：「周禮在魯。」楚兼之矣。自公羊子斥楚爲南夷，而宋儒解一匡天下，證明其説。余詳考之，詩所謂「蠢爾蠻荆」者，毛萇曰：「蠻荆，荆州之蠻。」范子以爲長沙九溪蠻也。孔子稱齊桓一匡天下，爲其伐山戎，斬孤竹，非爲包茅徵楚之役也。宋儒承公羊之誤，合蠻荆而一之，使祝融明德之後，與槃瓠、犬戎之種，共襲南夷之號。春秋以來，翼軫鶉尾之區，蒙氣未雪。此亦楚人之責也。使君今之申叔、左史也，其亦以蘄爲職志，徵文奮筆，爲三楚一洗之。他日將爲楚語，爲楚書，而假余言以發其端，余請執簡以竢焉。

程翼蒼詩集序

陳孟儒先生集序

陸定爾集唐詩序

牧齋外集卷第六　序四

龔孝升過嶺集序

徐子能黄牡丹詩序

古農詩草序

陳方溪先生集序

余論次吴中先哲，長洲陳永之、崑山黄應龍，博學厲行，以一老廣文爲鄉先生，没而祭於社，嘗想慕其爲人。今得里中陳方溪先生集，考其生平，則永之、應龍之流亞也。嘗觀張宗海、吴思庵之文，稱國初儒者，沿襲宋、元風流，褒衣幅巾，詳步端視，進止庠序，有風肅然出衣帶間。有所撰著，必皆本經術、通道理，不爲浮華靡曼之詞。以今觀於方溪，行有壇宇，詞尚體要，蓋有先正之遺風焉。詩曰：「雖無老成人，尚有典刑。」鄉邦之士友，撫先生之集，其猶有中郎虎賁之思乎？九京可作，吾誰與歸？晉大夫之言質矣，無徒爲流涕歎息而已也。

知非堂詩集序

徐伯魯詩體明辨序

張坦公集序

飲宴約鈔序

世大治亂，必有蘖芽。亂生於争，争生於無厭。凡人世一切宫室姬侍服御珍瑶，未免有情，誰無戀戀？然皆有聚必盈，待敝斯易。苟爲之堤，濫觴易節。其沃焦之不可填，尾閭之不可塞者，莫飲食宴會若。萬錢一器，放箸立空。百金一筵，明日加劇。此唱彼和，恥其不如。遂有僧雛及門，貧交請急，斗米百錢，逡巡避匿，而烹鮮擊肥之席，傾囊倒篋以應者矣。有腥膻狼藉，罵坐喧呶，主人欠伸，嘉賓告困，惟恐銀瓶不傾，雕盤不闋，而宿酲未解，又命庖人，廣徵水陸，卜歡長夜者矣。有素門華貫，勉敦勸酬，脱簪質珥，學步郇厨，憂侯鯖之方不傳，嘆桑落之釀難致，車馬出門，瓶罍俱罄，而猶逢人意得，驕語勝集者矣。於是豪者益奢，奢則思攘。貧者益匱，匱則思求。相尋相構，相煎相逼。不奪不饜，出爾反爾，禍斯烈焉。初亦取快須臾，而庸知階厲至此！當其鳴鐘列鼎時，設進以溪毛可羞，二簋用饗，必仰天絶纓，安所得三家村田舍翁語？則不得不徵名賢成訓，先達格言以示之。此儼塵先生飲宴約鈔，所以稱末俗津梁也。

鈔中如司馬温國、莊簡、忠憲、歸德、山陰並位都三事，望隆一代。雖大烹日御，無譏素餐。外則元成、寒山、子將、長蘅、印持、忍公，皆流連詩酒，跌宕煙雲，定非齷齪持籌，沾沾惜費。乃簡素相先，執籩問豆，崇儉養廉，所見畧同。豈其智反出金、張、許、史輩下乎？莊誦繹思，會心不遠。顧諸君子猶身際承平，優游尊俎，未及丁三空九盡之厄，抱焚林竭澤之悲。則是鈔也，在諸君子僅羹玄之澹韻，山水之清音，在今日真救劫之符籙，醒迷之藥石也。儼塵先生閉户息交，枕經籍史，萬卷俱破，而嘗鼎一臠。首彙兹編，其思深、其識遠矣。子曰：「作易者其有憂患乎？」吾於飲宴約鈔亦云。

陳百史集序

余未弱冠，學爲古文辭，好空同、弇州之集。朱黄成誦，能闇記其行墨。每有撰述，刻意模倣，以爲古文之道，如是而已。長而從嘉定諸君子遊，皆及見震川先生之門人，傳習其風流遺書。久而翻然大悔，屏去所讀之書，盡焚其所爲詩文，一意從事於古學。衰遲晚，力不從心。世故荏苒，酬應牽率。每一搦管，愧汗浹淫，與墨瀋相漬。流傳人間，浪得讚嘆，輒慚恧累日。門生故人，收四十以後未焚之稿，刻成一百卷。會有國難，棄置牆壁，不復省視。甲申三月以後，誓斷筆硯，士友過從，絶口不及文事。非敢享其敝帚，故自矜重，誠以少而失學，老多遺忘，牆高於基，名浮其實。庶幾晚年刊落，重自懺悔，不知後世有和凝鏤版之誚也。

今年入燕，平陵陳百史先生，以詩文見示。讀其自序，推許遵岩、荆川、震川諸家，而深以俗學爲詬病，於吾心有戚戚焉。已而卒業其書，知其好學深思，自出手眼，矜慎持擇，卓然有志於古學者也。辱不余鄙，折節下問，且屬爲其序。余滋愧焉，然而不能無一言以復也。泰昌紀元庚申，與秦人文太青、齊人王季木談文左掖門下，各持所見，齗齗不相下。余曰：「子亦知道家結胎之説乎？古之學者，六經爲經，三史六子爲緯，包孕陶鑄，精氣結轖。發爲詩文，譬之道家聖胎已就，飛昇出神，無所不可。今人認俗學爲古學，安身立命於其中，凡胎俗骨，一成不可變，望其輕身霞舉，其將能乎？」太青喟然曰：「善哉！雖然，吾不能舍所學而從子矣。」讀百史之文，追憶三十年之緒言，輒書以復於百史，並以爲讀百史之文者告焉。百史之學已成，其文可以傳矣，吾所謂就聖胎者信矣。自時厥後，願益努力自任，以汲古去俗爲能事。余老且賤，不敢如先正所云以斯文付子，庶幾正告海内曰：「當今不得不以此事推百史。」余自此益絶意翰墨，不復以隻字落人世。豈不快哉！

黄奉倩詩序

魏武有言：「老而好學，惟吾與袁伯業。」當明盛之世，士爲功名所累，及世衰，則與之俱衰，徒入於枯槁自足而已。先師黄忠烈有言：「年歲已多，虛己樂善，吾愧何玄子。」夫血氣方剛，志意矜邁，見人輒欲親之，易於好事。閲歷既久，事故日異，人情屢變，胸中不能不有所冷，二者皆爲難。吾不知古之伯業，果能樂善否？而今之玄子，吾復見其好學。雖然，樂善必自好學始，天下之欲成就其德業，不能一日不近賢人君子，見賢則避之，聞君子若無所動其心，其人久自棄已。

余聞黄奉倩，好學者也。訪於其廬，值病中，强出見客，左手尚執卷，喜溢出顔色，談吐不已。觀余與金孝章飲酒爲快，其好善又如是。余嘗嘆世無伯業，向從玄子遊而喜。及玄子亡，復嘆之。今見奉倩，則又喜。奉倩早擅詩譽，好遊佳山水，所作詩，静深之氣，柔澹冲夷之容，讀之則又大喜。吾不知古之伯業，果能有所吟詠否？吴稱好事，及今而衰，僅一奉倩，余又惜其老而病也。士大夫生於世將何爲耶？舍好學與樂善二端，亦他歧而奪之，不可以告人矣。天下賢者少而不肖多，雖僅有奉倩可也。奉倩與余鄉毛子晉善，余家鄰子晉，每與子晉躑躅歎歌，念奉倩病中見余飲酒喜狀，是可思也，是可思也。

奉倩既老而病，病而又貧，其猶子公瑕思所以娱奉倩之志，爲之刻而傳之。孝友之事，此又可書者也。

李笠翁傳奇序

謝獻庵詩序

余采詩於嶺外，在粤東則有孫仲衍，以金華衣盋弟子，爲國初四先生之冠。散華落藻，與吴中高、楊、張、徐崛起爲敵國。嘉靖、萬曆間，則有黄才伯、梁公實、歐楨伯、黎惟敬，掉鞅詞壇，狎主齊盟。而粵西則未有聞焉。未知翼軫相灕，山川覇秀，含珠璣犀翠之物，何所儲峙？

今年於明聖湖上遇謝明府獻庵，觀其人，金莖特起，玉尺映望，如范致能所謂平地蒼玉，掘起爲天下偉觀者也。讀其詩，陶冶性情，標舉興會，鏘然如朱絃玉磬，朗然如梯雲階月，一展卷而湞陽之羽容霓色，霏遶瑶局，含吐影現於筆墨之間，然後知桂林、荔浦空覇哨蒨之氣，磅礴濬發，固有人焉鍾之。世之采風者，刺促目睫，漫謂嶺西無詩。殆所謂牛羊之眼，但別方隅者耶？君之詩，不以駢枝儷葉爲工，不以尖新寒僻爲致，意有餘於匠，枝不傷其本。劉夢得所謂「孤桐朗玉，自有天律」，取以評明府之詩，殆無愧焉。

致能帥桂時，極命山川之勝，以爲非驂鸞不能至。而周夔亦謂人間跼束，冠劍難知，因以到難名篇。余老矣，青鞵布襪，望雲門、若耶，如在天末。而八桂蒼然，雲華碧落，邈然萬里之外，乃不出几案而坐得之。余之此行，可以有辭於屐齒矣。

西陵二張子詩序

釣臺彙集序

牧齋外集卷第七　序五

熊雪堂文集序

昔劉夢得叙呂和叔之文曰：「五行秀氣，得之居多，爲俊人。其色潋灎於顔間，其聲發而爲文章。天之所與，有物來相。彼由學而致者，如工人染夏，以視羽畎，有生死之殊矣。春之在於花也，不知春之生花，花之生春也，執而求之曰，此爲花，此爲春，則春與花皆死物也。風之行於水也，不知風之生水，水之生風也，執而求之曰，此爲風，此爲水，則風與水皆死物也。」斯言也，通於偃師之幻化，伯樂之相馬，衛畫師之解衣盤礴。余每執是以論天下之文，蓋百不失一。今於少宰雪堂公之集見之。

雪堂少負淵敏，讀書等身。起家爲循良，爲清郎，今又騰踔爲名卿。與雋賢石齋、鴻寶交，重氣槩，覈名實，以致君及物爲大欲。出入上下百千年間，講疑考要，疊發連注。揚善援直，則盱衡擊節。憂時觸邪，則揶揄頓足。魁壘抑塞，一皆於其詩文發之。其爲詩文也，心源爲爐，筆端爲炭，鍛鍊元本，雕礲羣形，膏厚而炷燄，源雍而流長，滔滔乎其來也，汩汩乎其至也，杳杳乎經營將迎而不知所自也。其鮮妍妙麗，如轉翠屏，如浮層瀾。其雄快迅發，如凌風檣，如驅陳馬。其錯互變化，光景有無，如觀海市，如見乾闥婆城，如攬化人之袪，而御含光之劍。要而言之，則春之於花也，風之於水也，一以爲吹光，一以爲問影，可見而不可握也，可循而不可執也。所謂瀲灩於顏間，發揮於聲氣，有物來相，不由學而致者與！

夢得又言：「慶雲在上，萬物五色。天下文人，爲氣所召，其生乃蕃。」公生休明之世，長道義之邦，靈芝蓮莆，與百果齊坼，故宜其昭回昌大，澄霞月而散翼芒，與造物侔也。五行之道，木神爲仁。葭吹灰動，萬物甲坼，生之時義大矣。世有知公者，沛然景風，穆然時雨，丹青景化，胥以斯文占之，豈徒以詞標文苑稱俊人哉？

公之門關中韓子聖秋，退之之李漢、永叔之徐無黨也，聞余言而解頤，以爲深知我師也，請書之以爲序。

熊雪堂恥廬近集序

雪堂先生集，無慮數十種。雖尊象貴之地，流傳騰湧。學者甲乙傳寫，恨不得見其大全。李石臺使君攜至吳門，偕陳子伯璣丹鉛勘讎，精心刊定，排纂爲近集行世，而屬余爲序。序曰：

余於雪堂之集，已再爲其序，推言其詩文之流派，原本經術，籠挫古今，搜羅旁薄，下上數十年，卓然自立壇墠，當世咸郵傳其語。今承使君之命，序述盛藻，請揚扢其所以。一則曰汲古也，二則曰救時也。何言乎汲古也？昔者昌黎包劉越嬴，自謂上窺結繩，下窮掌故。自茲以降，哲匠代出，莫不以讀書汲古爲文章真種子。古學不傳，文卑質喪，傭耳剽目，儷花鬬葉，滔滔者天下皆是也。雪堂以鄰庶之資，勵日新之學，訓故則綱領漢、宋，典制則囊括杜、鄭，佃漁四部，網羅百家。旋觀斯集，題識珍如，靡不掇其菁英，鈎其縣要。評詩則鍾嶸比精，論文則劉勰並藻。扶質立幹，垂條結繁，膏沃光流，固其所也。人言雪堂仕不廢學，老而益勤。怠以爲枕，飡以飴口。窮日分夜，講論孜孜。張横浦晚年好學，坐榻之側，雙趺隱然。此其所以爲文者一也。何言乎救時也？刼運初廻，氛機未息。刀兵戛擊於閭閻，征調突𤏡乎蔀屋。憂天禍、憫人窮，嗟咨愾歎，情見乎詞。建牙開府之使相，分閫專征之將帥，高文典册，玉軸金函，一皆敷陳□瘼，開導生機，比鄭俠之繪圖，效賈生之痛哭。刀塗血路，回斡一言。淑氣光風，轉旋片紙。人以爲摛藻如春華，而不知其傍徨執簡，嘔心瀝血，良已苦矣。古人有言：文必有爲而作，不應務采色誇聲音以爲能。雪堂之文是也。此其所以爲文者二也。李習之之論文曰：「義深則意遠，意遠則理辨，理辨則氣直，氣直則辭盛，辭盛則文工。」吾常取其言以爲爲文之質的。今所以序雪堂者，亦若是則已矣。

江右之文，廬陵、南豐、臨川三大家鳴於宋，吴幼澄、虞伯生鳴於元，楊東里、羅圭峯、湯若士鳴於先朝。宋景濂作曾侍郎墓志，歷叙古今問學之源。以江右之儒者，師承古學，故言之如此其詳也。今石臺使君，恭敬維桑，表章雪堂集，以鼓吹西江之盛，輓輸旁午，飲冰啄雪，與伯璣篝燈宿火，從事研削。後山有言：「向來一瓣香，敬爲曾南豐。」西江之後學，其將有餤餤然興起者乎？余竊爲之心喜，而書此以竢之，不但爲雪堂序而已。虞山社友弟蒙叟錢□□再拜謹序。

佟懷東擬古樂府序

翁季霖詩序

乙未九日，許無功奉其尊人，典衣沽酒，邀余登高莫釐峰。於時烽煙未息，客思惋惆。余賦茱萸劫火藜杖晴空之句，坐客相顧嘆息。余舉酒而言曰：「自有此湖山以來，靈威之仙蹤，夫椒之戰壘，迢然不可復跡矣。今吾與子，憑高騁望，決眥千里，五湖如盤，三江作帶。吴山霅溪，溝塍繡錯，豈非唐人所云『波川神后，驅使蛟蜃，蹙波爲城，遏浪爲池，紅樓翠幄，噓氣而成』者乎？ 傍臨橘社，風物凄緊。 雨泣花愁，綃縠參差。 涇陽寄詞之人，其零淚猶有足悲者。 遥瞰龍宫，波浪排疊，笳角悍慓，錢塘破陳之樂，猶嘲哳在吾耳也。陰晴遞代，日景乍移。 杯酒相屬，繼以永嘆。 若溪神之詠白蘋，而湘君之泣江蘺也。 若鴟夷之銜杯而歌，簫鼓未極，而飄風勃興也。 人世之不可把玩，舉若此矣。 顧蹙蹙然悲揺落，嗟雙鬢，逐日而俱走，不亦愚乎！」坐客皆放歌痛飲，極歡而罷。 距今九年所矣，清秋卧病，追思昔遊，山川笑語，歷歷在眼耳間。 翁子季霖，以新詩眎余。 展卷快讀，霍然而起。 波城水池之譎怪，還宫破陳之悲歡，渚宫水殿之觥飛，香裊煙雲，湧現攢簇於紙墨之上。 幻耶？ 夢耶？ 不復知其身之在病榻也。

余遊洞庭時，未及見季霖。 歸子玄恭爲余言：「季霖文彩風流，於友朋書畫，丘壑琴酒，皆有深情。」見其詩而喜，知玄恭之有徵也，趣爲序而歸之。 若夫季霖之詩，文繁理富，多姿屢遷，而余未及覩其全也。 明年將有事行脚，漉囊軍持，首在金庭玉柱之間。 季霖當携詩卷，琴牀筆格，邀余澄波皓月中，尚當與季霖極論之。

蕭五雲先生集序

昔太史公歷龍門，上太行，經鄒、嶧之墟，觀禮樂焉。 然後涉大江、上會稽、探禹穴，歸而著書，盡得江山之助。杜子美之爲詩也，平生仕宦出處，遊歷登覽，一一寓之於詩。考其晚歲之作，瞿塘、巫峽、三湘、七澤之奇，抒寫殆盡，遂空作者。由是觀之，士苟局促三家村内，守兔園之册，雖研精覃思，欲其超絶於古人，未之有也。

蕭五雲先生，以滇南異才，筮仕滁陽，慕歐陽公之風，而願學焉。文章政事，往往與之相埒。及其廻翔郎署，出守廣陵，當戎馬之衝，漕艘䃥竈，駢闐殷集。先生智畧輻輳，爬搔剔抉，劃然而辦。考居上最，名動一時。余希風悦響，心儀久矣。今年相遇於湖上，見其金相玉質，丰采焕發。間盡出其詩文數册示余。讀未終卷，輒矍然而起曰：「有是哉！何其詩之富豔而閎肆也？何其文之瑰瑋而奇麗也？何其筆陣之風飛而雹發也？何其議論之磊落而英多也？此非讀萬卷書、行萬里道，未易卒構此也。」

及觀先生之自序，其曰燕吟者，金臺壯志，易水悲歌，出入承明，廻旋觀闕，此非燕、薊之朔風，盧龍之勝概乎？其曰楚吟者，憑弔英、皇，唏嘘屈、賈，涕泗故宫，徘徊去國，此非懷沙之感、登樓之賦乎？其曰長干者，淚濕銅盤，夢回梁殿，佳人南國，芳草王孫，此非白鷺之遊、鳳臺之響乎？其曰廣陵者，螢火暮鴉，竹西歌吹，平原蔓草，明月二分，此非平山之詠、蕪城之賦乎？至其賦滇南也，身居異國，悵望故鄉，不爲太沖之三都，而爲子山之江南，尤不勝其淋漓而感慨也。其餘爲秦，爲晉，爲齊、魯，爲吴、越，往往雜發於序記銘頌之文。斟酌飽滿，筆騰墨飛，直可升子美之堂，入史公之室。余之所云「讀萬卷書，行萬里道」者，不信而有徵哉！

先生年富力强，舉其所歷高山大川，煙巒風物之狀，收視返聽，淵思静慮，杼軸於古人之文，方且研經撰史，以圖不朽於無窮，非厪雕蟲小技之所可盡也。時先生方刻新舊合集，姑書此語以序之。歲在戊戌，夏五，虞山蒙叟通家錢謙益書於杭城之報恩院。

佟懷東古意新聲序

佟懷東詩選序

晴香閣詩草序

尊拙齋詩集序

呂全五二集序

程昆侖詩文集序

余生平師友，多在三晉。若曹安邑、傅定襄、孫沁水、張陽城數輩，皆以正學偉節，表儀朝野。而武鄉程司空鳳庵，推諸公之聲氣，以臭味及余。日月遞更，宿草彌望。每矯首三晉雲山，晨星曉月，耿耿在心目間，爲悵然太息者久之。而司空之孫昆侖使君，應玄纁之聘，筮仕京口。清聲異政，與其淵才雅思，金舂玉應，騰湧於金鼇鐵甕之間。余竊喜司空之有後，可以爲善類之勸。而尤惜諸公之箕裘，邈然無聞。未知夫天道之果可必者，終何如也？昆侖聞余猶强飯，喜大父輩行，尚在人間，盡出其詩文屬余爲叙。且謂余有老馬識道之智，俾是正其得失，則請循而論之。

余謂世之作者，户立壇墠，曹分函矢，人和氏而家千里，彬彬乎盛矣！繁聲縟綵，駢枝儷葉，以裨販爲該博，以剽擬爲則古，買菜求益，嚼飯餧人，其失也罔。么絃促節，浮筋怒骨，發音聲於蚓竅，窮夢想於鼠穴，神頭鬼面，宵吟晝厭，其失也誕。要而言之，雕花不榮於春陽，涔蹄不歸於邛浦。覈其病源，曰無本而已矣。旋觀昆侖之詩文，才氣横溢，詞源倒流，如噴泉之湧出，如龍氣之直上。徐而按之，詞有體要，文有原委。不騁奇於篇什，不求工於字句。如武庫之有五兵，如玉府之有六玉。井井乎其行列也，離離乎其相屬也。

進而扣所有，愈出而愈不窮也。韓子有言：「昭晰者無疑，優游者有餘。養其根而竢其實，加其膏而希其光。」有本者如是，其昆侖之謂乎？

吾聞司空少負淵敏，得純正兩夫子之家傳，出入天人，上下經史，著書滿家，張皇幽眇，屯膏未施，以其學貽子孫。昆侖之學，其發源於乃祖遠矣。詩不云乎：「有斐君子，如金如錫，如圭如璧。」吾謂君子之光澤，與被於金錫圭璧者猶淺，而濬發於子孫者彌深且長。讀昆侖之詩文，而瞻企其光芒潤澤，溢金錫而孚圭璧者，可不知其所自也乎？昔者文中子之教，興於河汾，而叙世家者，授元經而歌伐木，推本於銅川府君。余序昆侖之文，而趣舉其所由來，其亦有河汾之志乎？白頭黄髮，三世老友，若猶是瑣績文句，吹噓聲名，望塵吠影，與斯世尋行數墨之流，角逐於少年場中，此固非余之所以自處，而亦豈昆侖之所以屬余者哉？

陳鴻文詩稿序

牧齋外集卷第八　序六

邵母錢太君九十壽言序

絳趺山房詩稿序

白下秋聲引

許更生詩引

往採詩於兩洞庭，或有問曰：「東有王濟之，西有蔡九逵，二賢孰賢？」余曰：「濟之聲望，籍甚館閣。九逵出其門下。雖然，『閣上花枝驚夢短，雨中春草伴愁生。』震澤集中，恐少此佳句也。王元美弇州園記云：『山與水襲，奇也。水與山襲，復大奇。』少時苦愛其警絶，不知是九逵消夏灣記中語耳。包山太湖靈秀浩蕩之氣，刻露演迤，麄者流爲富貴福澤，而精者結爲文章，寧可以悠悠目論，比量軒輊耶？」

東山作者，葛震甫、吴凝甫既殁，代興者許更生氏。更生才調孤清，學殖深厚。波瀾於震甫，而筋骨於凝甫。陶汰洗濯，要當爲九逵後勁，未見其至止也。淮南李小有論其香竹居詩，「其神情在蒹葭秋水，空青泠碧之間。」吾許爲具眼。又曰：「竹有妙香，非静不聞。」昔人言天下海棠無香，唯昌州獨香。今之詩人嗅竹香者，謂渭濱千畝，皆西方衆香國也。則自小有之論更生始。

修史小引

錢右尊文引

錫類篇引

牧齋外集卷第九　贈序

陳太守考績序

余以暇豫，檢校國史，至靖安況公守蘇州事，竊念先朝責成守令與天子共治天下，其隆重如此，輒屏營太息不能已。而會今太守閩蓮湖陳公三年考績，錫予貤恩，一如天官掌故。公之僚郡丞席、楊、康三公、司李鄭公，抵書山中，命余以載筆之役。余方讀舊史氏所著況公傳未竟，廢書而歎曰：

嗟乎！陳公守蘇州，在皇帝御極之四十有三載，去況公時，百七十餘年矣。章皇帝時，念江南賦重道遠，蘇爲首郡，賜況公璽書乘傳之任。當是時，蘇極號難治。然民間物力豐滿，宿蠹積弊，惟守所劆鉥，又得條上便宜，與勑使大臣奏囊交互，不爲人所覆壓。是故蘇之爲郡，與其守俱重。承平日久，蘇政尨賦擾日益，國家馭吏之典日刓敝，斲指掣肘，左右顧視，促數更易，而吾蘇與其守亦日輕。靖安爲郡日，減額停徵，後先蠲除，無慮數千萬石，而今或艱於主撮。考掠奸貪官吏，如縛雞豚，而今或阻於格□。此其故余蓋未能悉數之也。陳公之守蘇也，勤勞恭儉，溥心一力，圖所以爲國家重吾蘇者。金錢之輸内，節省之歸公家者，以掌簿計。濬河治渠，疏通水利故道，以畚鍤計。抱案之蝨，與依社之鼠，披露首眼，以鴈鶩行計。御織造之使，縛焚劫之民，不動聲色，而甄冑晏如。靖安以還，太平、新蔡、南充諸名卿，皆以治蘇顯，未有以逾公也。後有惇史，習於吴故，曰後宣德百七十餘年，閩陳公實爲況公於此邦也，又何讓焉？

父老言況公時，蝗入練川，烈風雷雨驅於入海，災而不害。今年飛蝗蔽江，獨不入蘇境中。今天下漸急吴矣，天子神聖，睠顧江南首郡，漸如祖宗時，所以隆重公者，當必視之。豈僅如天官掌故而已。詩有之：「樂只君子，殿天子之邦。」公於邦，可謂殿矣。又有之：「君子來朝，何錫與之？」夫采菽之詩，所以眷眷於錫予者，豈獨爲諸侯計哉？余日引領望之矣。

客或謂余：「靖安在事，劾罷僚屬至數十人。今郡僚數公，溥心一力，左右陳公，以重吾蘇。子職載筆，可以無記志乎？」余曰：「美哉！是靖安時所不逮矣。請牽連書之，以爲陳公賀，且以徵於吴故可也。」

賀東莞盧封君覃恩序

東莞盧虹仲，與余同登萬曆三十八年進士，而又爲同門友。虹仲爲人，明允篤誠，驩然以弟畜予，爲予稱道其太公暨太夫人甚悉也。今年春，虹仲以楚臬使賀天子登極，會朝京師，復與余相見闕下，屈指十二年之前，宴笑淋漓，文酒錯互，恍然已爲昨夢。而至於鼎成再世，代閱三朝，國家大故，雜然於歲月之間，未嘗不欷歔感歎而繼之以泣也。已而問太公暨太夫人起居，皆矍鑠善飯。虹仲既以户部郎得封，今復以覃恩再命。南海之濱，榮光浮塞，則又爲虹仲色喜，虹仲亦欣欣相告也。虹仲入賀事竣，便道還里。奉新命致兩尊人，率子弟列拜上壽。同年進士官京師者，醵虹仲之爲也，屬余爲其序。

夫虹仲兩尊人之懿行，王言實再被之矣。其初拜命也，順德黄宫諭論之詳矣。乃余竊有以爲虹仲賀者。庚戌之歲，士之舉於南宫者，文采風流，照耀後先。未幾而迸散分携，陰陽人道之患，交加並作，未有甚於吾黨者。求如虹仲身名交泰，父母俱存者，有幾人哉？當神宗之末造，士進而有小明悔仕之思，退而有北山憂我之戚，顧瞻慮歎，無在不有。而虹仲始而請封，旋而補牘。優遊暇豫，盛世之君臣父子，可想見於虹仲之一家。其至於今日而再命及之，則又其固然者也。今吾兄弟之在長安者，咸相與振衣遵羽，驤首天路，視往時之顧瞻慮歎，則有間矣。三荆之歡同株也，四烏之悲異林也，菀枯哀樂之致，未有不相感者也。虹仲歸而執爵於親，告之以新天子穆穆之容，與夫嵩呼玉帛之盛，因而及吾黨之所以沃洗相賀者，兩尊人之燕喜，視往時又何如也？媚於天子，燕及朋友，盛世之君臣父子，自虹仲一家推之以及於人人，其爲賀不已侈哉！余之所以爲虹仲告者如此。

若夫虹仲聲實茂著，將有建牙開府之寄，而太公太夫人之申命未艾，此則史臣之所有事，而非吾黨之職志也。虹仲往督徐庾，捐數萬金以輸縣官，卒以隨牒平進，不慕華要，皆本於太公。太公志聖賢之學。老於明經，將得官，以訪道謝去。史巫之紛若，固太公父子之所吐棄也，余又何述焉？

贈潘覽德序

余生平不喜談星相方術，以謂人生死生富貴，皆有期會。如期而至，則余已知之矣。其未至也，余又安用知之？是以方技之士，過於吾前，如巫祝之聒耳，頷之而已。今年冬，固始潘覽德謁余長安邸中，余方有歸田之請。數從覽德問何日出國門，得解羈紲？覽德相余，驛馬當在歲除，余心欣然，已而果驗。余既辦嚴，覽德過視之，涕泣覆面。余笑謂覽德：「子相我當去，我去，則子之言中矣，何以泣爲？」覽德自言：「生平與故人别，輒作數日泣，目盡腫。吾相公當去，又不忍公遽去，是以泣也。」

覽德相趙儕鶴大憲、祁念東司馬、張二水宫諭皆奇中。諸公皆重其人，不以術士畜之。吾鄉黄明宇令固始，以覽德事母至孝，親式其廬，爲之下拜。覽德至今尸祝明宇，刻其畫像，求諸公贊且頌之。今人喜負恩背德，轉眼反手，戈矛相尋，又相誇詡，以爲能事。視覽德何如哉！賈誼、宋忠，賢大夫也，遇司馬季主，屏氣不能出一語。而古今善相人者，如姑布子卿、唐舉、許負，如袁太常父子，皆卓然有道術者也。余遇潘覽德，乃自悔生平遇方術者之淺也。

梁提督累廕八世序

奉賀郎制府序

自古國家，開創基圖，保大定功，必有英明俊偉，忠誠幹濟之重臣，出而奠安畿甸，控制方隅，以鞏固金湯磐石之業。自非才德兼備，謀斷相資，難乎其勝任矣。蓋定鼎迄今，十有餘年，而始得今制府一翁郎公。

公以遼海醫閭玗琪挺生之傑，羽儀朝端，師表禁苑，績學厲行，公望藹然。乃膺節鉞，出鎮豫章。旋奉命開府金陵，總制大江左右。公具金鐘大鏞之器，兼羔羊素絲之質。厲節則冰壺獨映，御事則干將立決。甫下車，鴻雁來歸，狐鼠削跡。士伍不譁，烝徒謳歌。齋居旰食，雉門蕭然。精心遡慮，周廻於山陬海澨之外。東南半壁，遂焕然改觀矣。每念節鎮之地，襟江帶海，潢池弄兵，海島竊發。單車小艇，廵行水陸。宵征露宿，涉鯨波而衝颶浪。所至蒐討軍實，申明斥堠，佈置要害，攔截隳突。佽飛射聲衝波跋浪之士，靡不骨騰肉飛，裹糧求敵。德威宣播，軍聲烜赫。於是海人蜑户，連艘投誠。鯨鯢猰貐，聞風遠遁。萑苻解散，菰蘆晏如。則公之成勞也。

蓋嘗論之，東南爲海内根本重地，而公所部兼領大江東西。大江之東，洪濤巨浸，則與浙、閩共之。大江之西，連山叠嶺，則與湘、楚共之。公以全力保障江東，則浙、閩之習流者，不得吠聲以撼我。江東安而浙、閩可投鞭矣。公以成算控馭江右，則湘、楚之伏莽者，不得匿影以窺我。江右安而湘、楚可頓刃矣。公能以隻身一手，制天下之全局，胥天下受公之覆燾，而公固蕭然晏處，退然如不勝衣。蓋古昔大人君子衮衣赤舄之餘風，非夫幹辦矜局之流所可幾及也。

余讀佛氏之書，謂娑竭羅龍王，現大自在力，饒益衆生，必先興大雲網，彌覆虚空，凝停周匝。待諸衆生作務究竟，而後降雨。於諸天，則雨種種樂音香華及摩尼寶。於大海，則雨清冷水。於修羅宫，則雨兵仗。而龍王但爲饒益衆生，等無差别。今公之慈祥布德，子視億兆，則諸天大海之雨也。其威稜聲靈，懾服海島，則修羅宫之兵仗也。勞謙不伐，折節自下，興雲致雨，不崇朝而徧海宇，則公固人中之龍也。周易之稱龍德，曰：「見龍在田，天下文明。」「德施普也。」公實以之。以周易之卦，參合佛氏之書，公居天下文明之時，而弘饒益衆生之願。豐功偉烈，潤澤羣生，故當日升而川至，未可量也。

某病廢餘生，辱公曠世之知。頃遊金陵，遇公嶽降之辰，不敢以巫史之詞進，而畧序其見聞，以代輿人之誦。若夫公之訏謨碩畫，見奏牘、著廊廟者，固當勒諸琬琰，副在石室，此則載筆者之責，而亦野史之所與聞也。某雖老矣，尚執簡以竢之。

韓撫軍榮任序

大江以南，號根本重地，財賦當海内之半。接壤閩、越，鯨波震動。又以腹腴而兼近地，其要害百倍往昔。頃者旱澇不時，民窮財匱。狐鼠縱横，稂莠滋蔓。當寧南顧旰食，慎簡才品並茂、文武兼資者，畀以節鉞。而我心翁韓公，資望深重，實膺其選。公聞命戰兢，宵征受事。渡江之日，投璧而誓曰：「某特承龍命，建牙秉鉞。所不捐竭頂踵，鏃礪冰蘖，奠安此一方以報國家者，有如江水！」蓋公甫下車，聲光肅穆，清風扇而膏雨舒。四履之内，人皆洗心滌慮，摩厲祓濯。遐陬蔀屋，咸若公分身巡歷，目炙其丰容，而耳聆其訓誨者。

先是援兵戍卒，及瓜踐更，突騎佽飛，所至繹騷。吴門皆閉門罷市，捧首匿跡，以避其前鋒。公軍令分明，誡諭嚴厲。決眥植髮，免冑超距之士，相率帖耳弭耳，銜枚潛渡。道不拾遺，市不易肆。吴民歌舞載道，炷香灌頂，呼青天而頌活佛。三十年來所未有也。吴之賦役，胥吏爲政。指完爲欠，以現償賒。奏銷之役，搢紳以迨邑屋，重足壹跡，惴惴懼不免。公詧其根株，憐其瓜蔓，温言撫慰，許以扣閽請命。高門圭竇，相與鼓腹安枕，靡不額手公之嘉惠，歌樂土而誦化國，因以嘆簡在之得人也。

公以金鐘大鏞之器，具羔羊素絲之質，厲節則冰壺獨映，御事則干將立決。綢繆拮据，良法善政，殆不可以悉書。而其大者，則在乎：整飭吏治，汰虎冠虎翼之徒，以無滋蔫食，而閭閻樂生。清理財賦，罷頭會箕斂之法，以無困繭絲，而征輸不匱。芟薙奸宄，革飲羊秣馬之俗，以無憂簪筆，而善良氣長。蒐獮戎乘，汰虚營空伍之弊，以無恤征繕，而軍容克壯。駕馭將卒，嚴採樵剽掠之禁，以無越軍令，而兵民不擾。蓋公之臨涖茲土，未歷歲時，而宏功鉅績，已章章如此矣。

余考平陽、蒲阪，古聖賢誕育之墟。昭代人文，鍾美于是。王襄敏之在邊，張文毅之在閣，建議貢市，貽百世之利。而公家少師公，受命於憂危杌杌之世，蒿目苦心，蔚爲勞臣。公閥閱參伍，蘭錡相望，風雲玄感，含章挺生。以光嶽精英之祥，兼世家箕裘之盛。金春玉應，前輝後光，良有不偶然者。洪河之潤，出於濫觴；泰山之雲，合於膚寸。今兹東南半壁，小試而立效者，固亦公之濫觴膚寸已矣，何足以盡公之百一哉！

海虞介在下邑，士大夫謀頌公光烈，以載筆之役屬於某。某爲少師門下士，辱國士之知，且以遺民舊史，代輿人之誦，何敢以不文辭？謹爲撮畧，書其梗概，而以兩言爲誦。詩不云乎：「韓侯受命，纘戎祖考。」請以是詩爲公賀。又不云乎：「樂只君子，殿天子之邦。」請以是詩爲天下賀。

爲王兆吉贈陸仲德序

常熟魏邑侯序

陳母瞿孺人表節序

余讀馮祭酒集，紀吾邑瞿節婦事，訪問其家世，知其爲陳生胄樞之母也。過其廬而拜焉。節婦已死，表宅之典未下，獨祭酒數言，耿耿青簡中耳。今年南禮垣姜一本作「晏」。君，讀祭酒集，異其事，移文下縣，縣爲榜懸其門，如禮垣指，旌有日矣。諸與陳生遊者，謂余不可以無序。

夫自世道交喪，而鄉里婦孺之節行，不得以上聞久矣。以十有八年之嫠婦，四十有二年之寡姆，沈沈幽谷，不見日光，僅僅託於祭酒之數言，而禮垣采訪及之。祭酒之能錫類也，禮垣之能舉職也，所謂三善備焉者也。

抑吾聞之，求忠臣必於孝子之門。陳生自孤生起，奮身韎韋跗注之中，舉足不敢忘其母，斯之謂孝矣。漢孝武養死事之子，謂之羽林孤兒，以其義烈之餘，色氣猛厲，震家聲而敵國愾，胥此焉出也。陳生被服儒素，免胄超乘，舍矢如破，又能以恩信拊循部曲，横海士卒，樂爲之用。其在今日，效羽林孤兒之用者，必陳生也與！吾聞古之賢母厲其子以忠孝者，蓋有誓之以倚門，勉之以仗劍者矣。陳母之苦節，四十七年於此，其以身厲其子者，不已多乎！禮垣之移文，固曰「由報母以報國」，所以期望陳生者甚大。生其勉之！他日佩大將印，過家上冢，余尚能爲生序之，以補祭酒之闕。若夫烏頭雙闕，表厥宅里，其事則有司存，生姑待之可也。

牧齋外集卷第十　壽序一

壽光禄增城陳君六十序

海寧陳子甫仲，余辛酉闈中所舉士也。癸亥之冬，謁余而請曰：「甫仲之尊人，明年六十始壽，以仲冬某日爲懸弧之辰，親知故舊，及甫仲之未偕計吏以行也，咸以獻歲之月，相率昇堂稱壽。雖然，今之稱壽者必以言，不得先生之言，無以薦一觴也。」余居常以謂今世之不古者，莫如生辰爲壽之詞，恒謝去不爲，於甫仲之請，未有以應也。而其客金茂生氏代之請益力，且爲余譚光禄君之生平甚詳，余得而序次之。

蓋光禄君爲故奉常玉陽公之子，散華落藻，稱其家兒，而以才高不得志於場屋，甫入宦，即謝病歸海上，以聲酒騎射自娱樂者，三十餘年矣。君爲人天性孝友，慷慨好義，賓朋滿座，飢寒接席。酒酣以往，怒馬飛策，馳騁射獵，有横飛側出之氣。及其摩挲法書，展閱梵夾，簾閣據几，終日不知有人也。今年六十，而齒髮逾少壯，後庭比房，稚齒婑媠者日進，賓客日廣，燕樂之事日多，而其子又能昌大先人之業，以娱君之老，君殆所謂天之幸人也。而吾以謂君蓋庶幾有道者。

當奉常公貴盛時，君爲秦川貴公子，譬之夭桃穠李，在春風豔陽之中。其後奉常捐館舍，嚴霜零落，風雨諠豗。君以其身支柱門户，閲歷物態，不可不謂閔且勞矣。貴而不驕，勞而不怨，視榮枯得失之相代於前，猶之昔昔有噩夢也，比旦而失之矣。今日者，長筵羅列，絲肉競奮，蘭玉茁於前，而簪笏盈於後。吉祥善事，殆極人世之所希有。君固知夫羣有之皆幻，而化夢之等情也，停觴而思之，安知不足滿其一笑乎？此所以爲君壽也矣。

吾觀讀列禦寇之書，鄭有公孫朝穆者，以達生之言，告於子産，子産茫然，無以應之，以爲與真人居而不知也。雖然，朝穆之治内，子産之治外，吾且以爲彼是之兩行也。微子産之勞瘁以治外與？朝穆雖欲安其性命之情也，其可得乎？君之於治内也，可謂有其意矣。以治外之術，喻之於甫仲。君爲幸人，而甫仲爲勞人也，不亦可乎？以是爲君薦一觴，固知其聽然一笑也已。

陳徵君仲醇六十序

萬曆間，華亭陳仲醇先生，不應進士舉，以有道聞海内。巡按御史楊公至，特疏於朝，請以布衣領史職，蒇昭代史事。議不果行，而先生亦厭徵士名，褐衣短笠，修逸民史，居九峯、三泖間，今年且六十矣。婁江諸君，屬余爲言壽先生。

余讀先生書凡數十種，皆主於修身畜德，藏名善世，其言蓋多與古之道家合。而其道莫宜於處世，其用尤莫效於處衰世。今之世何如也？二多譽，四多懼，岌岌乎不可以終日。以南陽忠國之時，聘君猶僅而得歸，而況於今日乎？史難言也！黨枯護朽，黷札而飽帙，則以鯁避禍史。怍直鬻詔，僇死而施生，則以峭獨自禍。今先生領史職，分挈監撰之權，知我罪我，將安歸乎？今先生退有束帛之賁，進無載筆之責，身隱而名愈光，德博而道不污，以先生之書，於其所以處世者，若持左券焉。則余之高先生者，又豈誣也？

先生之鄉爲華亭，崑山、谷水皆在焉。陸士衡所嘆鶴唳處也。鱸魚蓴菜，近在池沼間，張季鷹所致思也。古之人身處衰世，才名羈縶，而世故廹促，感風塵之易淄，覩秋風而隕涕。其俯仰興衰嘆如此。先生居九峯、三泖間，優遊卒歲。華亭之鶴，畜爲家雞。千里之蓴，下以塩豉。由今視昔，非昔賢所徘徊感慕而不可幾及者乎？居今之世，其可以稱壽已矣。

今世生辰爲壽，皆誇詡爲屏幛之詞，其事不古。余心薄之不爲。獨於先生之壽，不能以無言。而婁江諸君，皆一時知名士，以講德修業，服事先生。往余聞先生居婁江，弇州、太原兩公爭迎致先生，如堯夫之花下小車，兒童徒隸，皆豔稱之，而不知諸君之傾倒先生若此。此所以爲先生也與？然則余之壽先生，蓋亦爲諸君子言之也。

吴約菴七十壽讌序

趙景之宫允六十壽序

慧命篇贈孟昉世友四十稱壽

張子石六十壽序

馬總戎四十序

大元戎馬公，專征秉鉞，開府婺州者七載餘，而春秋方四十。四月十有三日，爲懸弧之辰。方鎮之連帥，分閫之部將，韎韋跗注之君子，佽飛蹶張之甲士，咸歡欣鼓舞，擊牛釃酒，考鐘伐鼓，以稱慶於公堂。縉紳學士，懷鉛載筆之流，相與盱衡抵掌而言曰：「古今名將，以扶風著稱，若揚虚侯武、北平王燧多矣，伏波獨著。漢將稱伏波如路博德者多矣，援獨以伏波著。公之仁知廉勇，冠冕節鎮，聲靈威望，讋服海宇。扶風之名將，自伏波以後，得公而爲兩。金章玉軸，漆書緑字，溢和門而充幕府者，咸曰今伏波猶古伏波也。」

予以衰老，辱知於公。禮之以函丈，申之以盟好，其能不叙次一言，以效封人之祝？而又自分無以加世之能言者，蓋逡巡吮毫者久之。竊謂世之以伏波擬公，殆有未盡也。予讀史，好觀馬文淵行事。文淵盡散家財，轉遊西州，往來隗囂、公孫間，歸命漢祖，以畫策遊説，自致通顯。非有南宫雲臺戎軒佐命之勞勳也。公束髮從戎，大小數百戰，靡不克捷。梯山航海，束馬懸車，所至身先士卒，躬冒矢石，其視古伏波持文墨議論於上前，聚米爲山谷，指畫形勢，其事孰難孰易？其功與勞孰多？文淵之功，惟交南、武溪爲最，在浪泊、西里間，下潦下霧，仰視飛鳶，跕跕墮水中，何其憊也？壺頭之役，穿岸爲室，以避炎氣。賊每升險鼓譟，輒曳足以觀之。耿舒所謂如西域賈胡，到處輒止，以此失利。似亦未盡誣也。公勇畧天授，英謀性成。六韜三畧，白猿黄石之兵符，藏貯於腹笥。八門五花，魚麗月暈之陣法，發揮於手掌。薦食之蛇豕，椎埋之狐鼠，無不望塵滅跡，聞風稽顙。由此觀之，雖謂今伏波遠勝古伏波，何不可哉！

予嘗稽天道，驗人事，蓋皆樂始而惡終，喜餘而忌盡。日車之始於扶桑也，至懸車而盡。黄鐘之始於太簇也，至無射而盡。古之稱壽者，必曰如日之方升，如川之方至。介其始也，祝其餘也。文淵初封新息，從容謂官屬，念少游平生時，御下澤車，乘欵段之語，雖得紆佩金紫，其意氣亦少衰矣。及其擊五谿也，帝愍其老，被甲上馬，據鞍顧盼，以示可用。此豈非窮老盡氣，日昃歲除之節候乎？公以强仕之年，樹無前之績。壯事與老謀俱盡，長途與遠馭齊騁。自今以往，取徹侯真王之印，建丹書白馬之封，分茅百世，凌烟千秋。如耀靈之升若木也，如葭灰之飛緹室也。公之精華果鋭，與世之吉祥福履，天人叶應，志氣玄感，於是託始焉，於是歸餘焉。於是乎舉一觴以壽公曰：「今伏波果遠勝古伏波也。」公能無開顔大笑，浮白引滿，領千金萬年之祝乎？

余既爲斯文已，將書以獻於公。客有言曰：「伏波之未可以盡公，固也。詩不云乎：『方叔元老，克壯其猷。』又曰：『維師尚父，時維鷹揚。』古稱山西出將，漢之營平，唐之汾陽，老將壯猷，於今爲烈，豈可以扶風例之。」余曰：「善哉斯言！公自是而六十而七十餘也，請以營平、汾陽祝，自是而九十而百歲也，請以師尚父祝。」客之所謂，善頌善禱者也。並書之於末簡，俾爲將傳者有徵焉。

吴君二洪五十序

君鴻七十壽序

内殿保御三山鄭君七十序

張鑑五四十序

余老棲江村，每從金陵故老，詢問旬宣政績，咸交口故巡道鑑五張使君，以爲廉辨慈敏，秋霜肅而冬日温。先後數十政，未有其比。余慕而心識之。頃吾友王君大哉爲余稱道使君之賢，並敘其家世。使君本平原世家，隸籍遼左。其叔父以扈從積勞，開府八閩。使君與其父叔，同登丁亥賢書。父立菴公歷官臺諫，奉使海藩。而使君宰京邑起家，出守馮翊，由江寧建節，以及饒南永平，所至大著聲跡。朝右推舉干城腹心，剸繁劇而肩鴻鉅者，必首屈一指焉。家世膴仕，金紫盈門。俛首摳衣，束修如後門韋布。易直豈弟，與人交，推心置腹，和風淑氣，沁入心腑中。襟懷洒落，吞雲夢八九於胸中，曾不芥蔕。千金萬鎰，横陳於前，麾斥之如棄涕唾，莫不人人自失也。大哉不妄許可，其言必允，余以是滋嚮往焉。

今年八月廿四日，使君年四十初度。大哉大會詞客於虎丘，觴使君於二丘之堂，而屬余爲之序。

余觀釋地之文，東方之善者，有醫無閭之珣玗琪焉。醫閭爲幽之鎮山，遼水、碣石，廻帶旁薄，故其精英孕育，結而爲珣玗琪。今醫閭爲戎馬之場，珣玗琪之美，閟藏不發，乃宣泄而爲人才，鍾美豐物，宜使君之磊落而英多也。南山之詩，臚列壽祉，取辟於日之方升。而淮南子言日出於暘谷，浴於咸池，拂於扶桑，是謂晨明。登於扶桑，爰始將行，是謂朏明。至於衡陽，是謂隅中。至於昆吾，是謂正中。使君以英妙之年，翺起遼海，出暘谷而登扶桑，此其時也。年富力强，歇歷藩服。流光揚彩，照高山而徧幽谷，朏明以往，至於正中，此其時也。自今以往，秋陽赫熹，頓六龍之轡，而攬羲和之馭。九州七舍，俯仰廵歷，猶未及於高春。南山方升之祝，信而有徵矣。扶桑之木，産於陽州，遼水東流入海，陽州之分地也。使君實發祥遼海，出暘谷而登扶桑。淮南子之云，又一徵矣。

虎丘卷石，作鎮金方。金鳧白虎，蹲踞其上，至今猶不與劫灰俱壞。登高釃酒，極目騁望，東海扶桑，榮光浮而休氣塞。使君生而弧矢告祥，長而挂弓叶應。環山負海，歷歷然在杯酒間。於此稱壽，千金献而萬年酬，不亦快乎？

余老皈空門，禪燈貝葉。蕭然顧影，不獲從大哉諸公，彈絲竹，考鐘鼓，歌酌彼大斗之詩，以侑一觴。然使君資望深重，高牙大纛，節鎮東南，蓋可以圭景計。余以番番黄髮，携壺漿，切匏脯，登公堂而賀燕喜者，固有日也。姑書此以先之。

顧行之七十序

牧齋外集卷第十一　壽序二

陸孟鳧七十序

黄柱源八十序

宗衮曼修大司諫五十初度序

王海宇六十序

徐徵君暨姚孺人六十序

侯母申太孺人八秩榮壽序

侍御蓮嶽侯公，督漕江左，母申太孺人，壽開八秩。史館諸君子，偕侍御讀書中秘者，揚扢内行，媲美圖頌，郵致於詞垣舊老謙益，俾申祝嘏之詞。諸君子之言曰：「秦之三原，爲王端毅公故里。侍御父仰西公，以布衣特聞，稱爲端毅之鄉人子弟者也。太孺人佩服琚瑀，晨夕以事尊章，宵旦以相夫子，鄉里稱女宗焉。仰西公即世，太孺人爲母師，負劍佩觿，教戒惟謹。侍御登第，錞於申之曰：『而無忘而父之在羹牆也，而無忘端毅之在琬琰也。孝友順祥，正直忠厚，師資具在，無使人謂秦無人也。』侍御束修厲行，爲白華之孝子。括羽鏃礪，燕及朋友。侍御之母，吾母也；侍御之母師，吾師也。區明風烈，昭我彤管，敢以請於夫子。」

謙益踧踖受命，既而拜手颺言曰：「余誦詩二南，考周、召分陜之跡，文王后妃之化，肇基於秦。秦風之始也，小戎、晨風之什，其女子猶有急公上氣、闕隴伉厲之思。二南之變而爲秦也，秦風亦少衰矣。今觀太孺人之教侍御，與侍御之所以奉母，本仁祖義，優柔深厚，采秦風於斯世，變而復始，其殆將返而爲二南矣乎？二南之風，始於關雎、鵲巢，而其徵應著於麒麟、騶虞。麟趾之不踐不履也，騶虞之不殺也，於四序爲春，於五常爲仁，於四德爲元。易曰：『天地之大德曰生。』又曰：『生生之謂易。』皆是物也。侍御冠柱後惠文，修然自下，金聲而玉色，周規而折矩，恭人令德，斯世之麟趾騶虞也。太孺人關雎、鵲巢之風，信而有徵。易與詩之教備矣。秦風之一變，其小者也。嗟夫！斯民者，天之所生也。其爲卿士大夫，秀出於斯世者，天之使之也。其將使之爲礐星吉雲乎？抑亦爲欃槍旬始乎？將使之爲條風時雨乎？抑亦爲輪飇劫火乎？將使之爲文麟威鳳乎？抑亦爲封豕乳虎乎？今天下殺運甫銷，氛祲時有。士大夫不以體元爲心，好生爲德，而猾猾然以武健嚴酷，毛舉鷙擊爲能事，甚非所以銷惡運，遏亂萌，稱上天所以使之之意也。昔者班固論車丞相，推言大易履信思順，自天佑之之吉。而以謂導迎善氣，傳得天人之佑助。旋觀斯世，太和元氣，在太孺人母子間。版輿將迎，輶車至止。日月、光華，草木茂悦。神人之所凴，吉祥之所止也。率是而行，祥浮休塞，卿雲在天，朱草出地，麟鳳遊郊，龜龍擾沼。侍御與史館諸君子，推挽帝車，斟酌元氣。太孺人副褘而臨之，俯仰百年，燕喜上壽，豈不快哉！」

謙益老而樸學，不能爲巫史稱壽之詞。敬因惇史之屬，推原秦風之始，歸本二南，而傳以大易好生信順之義。世之君子，傳吾言而繹思之，其爲太孺人壽者，不已多乎？詩有之：「神之聽之，終和且平。」天之佑順也，人之助信也，神之聽之也久矣。

袁節母吴太君八十序

歲癸卯初冬，郡人袁駿母吴孺人上八十觴，駿乞言於東澗遺老曰：「願夫子之有言也。非夫子言，不足爲駿母重。」余曰：「固哉！子徵母節壽詩文，盈箱累軸，遍海内矣。而又何藉於遺老之言爲？雖然，駿，孝子也，余即援孝經以贈若可乎？孝經之言曰：『用天之道，因地之利，謹身節用，以養父母，此士庶人之孝也。』夫以士庶之微，上不敢望天子諸侯，中不等於公卿大夫，而道曰用天，利曰因地，此其義之嚴且微者也。要而論之，不出於謹身節用。此其故何哉？身也者，親之主也。謹父母之身以孝父母，而即節天地之用以養父母。所以古昔盛時養老，有虞氏以燕禮，夏后氏以饗禮，殷人以食禮，周人修而兼用之。夫古王者養老之禮不衰於士庶人，則士庶人之所以用天因地，又從而可知者也。

吾習駿之母，守其五十餘年之身，以不負爾父，駿又謹其五十餘年之身，以不負爾母。斯其慈孝之間，固足以觀感也已。雖然，余蓋因之有感焉。昔者陶母湛夫人，截髮設饌，供同郡范逵，逵至洛陽，稱之於羊晫、顧榮諸人，一時驟致美譽。駿有聲於四方且三十年，聞母有宿膳異粻不敢嘗，留以具客。用是駿貧而來四方之交。茅季偉殺雞供母，不以及客，然不聞季偉之母，儲以讓客也。駿今日遊於賢公卿之間，負劍辟咡，咸以孝子稱之，豈止范逵爲之延譽，郭泰爲之改容已哉！吾又病今之孝子，有知父子之恩，而昧君臣之分者矣，其蔽也不知義。有爲及身之義，而絶婚息之道者矣，其蔽也並不知仁。駿也，吾知免於此矣。自此以往，其益孝益恭，致洗腆於堂上，求古聖賢不辱其親之義，其可焉。以駿之精誠專一，必有麻姑仙爪之術，授厥母以延年益壽之方者。夙興夜寐，無忝爾所生，其亦善矣。駿即援此以上三爵，尚慎旃哉！」

壽沈孺人六十序

徐母曹氏六十序

丁巳秋，余遊太倉，徐子握卿邀余看菊於花墅。花墅者，握卿貯菊之室，董太史玄宰所題也。菊數十百本，皆握卿手自灌植。庭竹翳如，籬落楚楚，使人顧而樂之。夜闌命燭，花影在壁。繁英紛披，若出燈際。酒後耳熱，微聞薌澤。酒醉輒醒，醒已復醉。主人猶歌客毋庸歸也。已數過從握卿，飲甚驩，乃知握卿博雅好古，不事家人生産，而事母夫人最孝，有忘貧屏貴之風，私心以此益多握卿。

戊午春，復過握卿。握卿語余：「吾母明年六十矣，家貧無以爲歡，所藉手獻一觴者，董先生之畫與子之文耳。」

余讀潘安仁閑居賦，愛其「暑退寒生，微雨新晴，太夫人乃御板輿，昇輕軒，遠覽王畿，近周家園」，與夫「席長筵，列孫子，陸摘紫房，水掛赬鯉」者，以謂可詠可圖，可以爲侍奉者之法則。而惜其身名羈紲，有志而不能保，所謂拙者之政，僅託之空言也。今握卿家東海之濱，雖無陪京沂、伊、洛涘壯麗之觀，而門有蘭錡，堂靚而宇深，溝池環帀，竹木分列，以供母夫人之周覽有餘矣。孫枝蘭茁，所謂兒童稚齒者，明年又加長矣。而夫人之稱壽以十月，穫稻滌場，牧羊酤酪，此豳人之所以介壽，而安仁之所以色養者也。以告於董先生，詠而圖之，不亦可乎？天下多故，士君子多北山憂我之歎。握卿幸身名隱約，志不違親，無汝南土室之窮，而有仲長兼珍之奉。以吾徒視之，侈矣。優遊膝下，守拙者之政，以爲侍奉者之法則，不如安仁之託於空言也。顧不善與？余因握卿之請而重有羨於握卿也，故爲文以壽其母，且勉夫凡爲子者也。

陸母任夫人七十壽序

萬曆己亥，余與陸子孟鳧，補郡庠弟子員。孟鳧瀟灑美少年，而余落拓自放，然相得驩甚。每過泮水，投石大呼：「此唐伯虎、張夢晉習水戰地也，吾輩豈有意乎？」諸生皆目笑之。明年，余偕何子季穆讀書東海上，去孟鳧家不數武。孟鳧母任夫人問知爲同學少年，憙而具特牲之饗。飲未三爵，巾免於懷，屣置於几，嬉笑鄙媟，座客皆逡巡亡去。夫人從牖間窺之，匿笑不自禁，孟鳧爲余謝豎子無狀也。當此時，余三人者，如雞之方距，如鷹之甫條，目在頂而踵在目，不復知天下有誰子。孟鳧之弟仲威，方從塾師歸，手提書裹，長與案上下耳。

余去東海數年，至丁未、戊申間，余三人復聚首，又益以瞿、顧、龔、李十餘曹，相得益驩。而頭顱漸大，皆有憂生嘆世之感。酒後耳熱，縱談少年事，每思陳同甫言「年十八九而胸中多事已如此，後將何以繼之」，未嘗不反復泣下也。

今年二月，任夫人年七十，余偕諸子從孟鳧兄弟後，希韝鞠𦝫，奉觴上壽。夫人追憶牖間匿笑孟鳧謝豎子無狀時，不謂今日皆能整冠修容，濟濟拜堂下如老成人，又當囅然一笑也。然而有可歎者，仲威於諸子年最少，向所謂長與案上下者，已謝進士業，爲詩歌自娱。而孟鳧諸子猶困頓名場，東塗西抹，爲三五少年所慸。余幸先諸子鳴，舉進士及第，而憂患交並，跼蹐里門。譬之僧雛苾蒭，甫習鐘版，便勒作退院老僧。人事之參錯不齊，與吾黨之歷落可笑，殆未有甚於此時者。夫人見諸子侍酒於前，時賜餘瀝，以其間問訊行履，夫人又當爲愾然停觴太息，戒中堂且勿諠也。

諸子屬余爲文以壽夫人，余方有今昔之歎，填給不能措一詞。春夜雨雪，被酒霑醉，念與孟鳧輩二十年事，歷歷眼前，遂信筆書之，而屬孟鳧雒誦於夫人如此。孟鳧名銑，仲威名鉞，季穆何氏，名允泓。余爲誰？彭城錢謙益字受之者也。今年爲萬曆龍集戊午，而文成於正月之二十八日漏下初刻云。

嘉定侯氏壽讌序

萬曆己未，嘉定侯子得一之大母張夫人壽八十，其母陳夫人壽七十，設帨之辰，後先相望。得一以大行人考最，擬入爲黄門給事中。二子雍瞻、豫瞻，已舉於鄉，魁其經矣。得一將請假過家上壽，綵衣繽紛，瑜珥錯列，奉觴稱慶者，輻輳其門。父老兒童，聚觀歎息，以爲盛事。吾邑盛子九容、龔子淵孟、許子仲嘉皆遊於得一父子，稱契家子者也，胥往與於祝，而以其序屬余。

余與得一同舉於南宫。余之退而家食，十年所矣。屏居奉母，譬之衣蟫書蠹，影不越於咫尺之間。而得一乘使者車，周行萬里，如堂適庭。今又將高議青瑣之上，以侍從之光寵，歸拜其親。此余之所不能跂望於得一者也。雖然，天下方全盛，主上聖明，一隅塗炭，而海内繹騷。以余之不肖，待罪文史之末，猶爲之屏營夜起，待老親之七箸，不自知其當食而歎也。而況得一將爲言官，有封駁之責者乎？夫人婦姑，世受國恩。稱觴之時，北向祝人主萬壽，即顧得一問邊徼之事若何，安知不悄然停觴，如古之恤周而歎魯者乎？然則余之鼠憂荼苦，慨歎於母子間者，其在今日，或亦得一之所同也。

余嘗考己巳之事，崑山葉與中在兵垣，三日間疏七八上，國是之不爲靖康者，與中有力焉。今日倚任言官，視先朝滋重。破自環之私，振積弱之勢。戰勝廟堂，而繫奴酋之頸於闕下，今之爲與中者責也，得一豈有意乎？得一奉觴堂下，聆南陔之笙奏，則思鼓鼙之音；聽家人之笑語，則念闕廷之恤。洒然變色，趣命駕入朝，吾知其不終日矣。今天下得如與中者數輩，佈列朝著，海宇寧嘉。余得長奉吾母，爲太平之幸人。兩夫人之壽未艾，余雖不文，當歲爲得一序之。若夫爲頌祝之辭，則侯氏之堂，故知史巫之紛若也，余又何以加焉？

奉壽從祖母徐夫人六十序

崇禎四年，從祖母徐夫人六十始壽，正月二十二日，其誕辰也。始吾家祖父，孝友悌愛，施於再世。從祖父實以元兄事我先君，長而益共。履之少而孤，夫人訓廸之，令移其先人之事先君者事我。余之於夫人，雖從祖母，不啻猶叔母也。設帨之日，履之既率其子女奉百歲之觴，則夫居羣從之列，帣韝鞠𦝫，洗盞而更進者，謙益其首也，其可以無一言乎？

夫人之歸於我也，從祖父方英妙，有秦川貴公子之風。夫人出自甲族，明惠若神，婉娩恭柔。既饋而公姑交賀，琴瑟婉孌，族黨皆豔稱之。一旦所天見背，幼孺在抱，哀門多釁，哀酷繼纏，以崩城弛耦之悲，厲截髮斷機之操。斯所謂生民之至艱，而荼毒之極哀也。含辛茹蓼，踐冰履霜，操持垂四十年，以有今日。可不謂難之又難，而幸之又幸者乎？

履之少而寡過，長而有見。築懷古之堂以娱其親，窗户靚深，花木鮮潔。登其階除者，望而知其爲能子也。孫男女扶牀繞膝，玉雪可念，潘安仁閑居之賦所謂「御板輿，昇輕軒，席長筵，列孫子，浮杯樂飲，絲竹駢羅」者，夫人蓋兼有之。而所司又將白上貞節事狀，膺烏頭雙闕之褒。壽考介福，殆未可以悉數者矣。夫人盛年荼苦，譬如桃李豔陽之時，風勁雪零，辭條改色。行道之人，皆爲慘悽增欷，而況其身當之者乎？其迨今日，星迴而歲復，律動而陽生。松茂柏悦，桃夭李穠，交加爛熳於一堂之上。聞且見者，無不徬徨嘆息，以爲吉祥善事，而況於夫人之母子乎？然則夫人於今日，其真可以進一觴矣。

夫人儀法嚴肅，然每依於寬仁博厚，不汲汲以功名富貴望其子，大畧與吾母相似。履之年未及强，即欲謝應舉之事，䡾意以奉母。余不幸負虛名於海内，再踐駭機，漂摇登頓，遺憂老母。其視履之，蓋未嘗不嘆且媿之。

猶記爲童子時，數過從夫人，從祖父懸雉於庭木，仰而射之，矢矢相屬，余爲約矢焉。入而窺夫人，則方鼓琴於房，輟絃鏗然，顧侍兒取果餌啖我。至今追理往事，歷歷無有亡棄者。余亦且五十矣，衰顔敝冠，遲暮潦倒，進而稱觴於夫人之前，敘述童稚嬉遊狀，夫人當爲停觴一哂且一笑也。傳有之：「爾有母遺，緊我獨無！」自今以往，銷聲息影，愛惜其殘生剩年，取法於履之之事夫人者以事吾母。昆弟斑白，兒童稚齒，慈顔壽觴，吾兩家歲歲共之，庶幾可以從履之之後無媿色矣乎？將書以獻於夫人，而先爲吾母誦之。吾母曰：「不亦善夫！吾先爲子加一飯矣。」

牧齋外集卷第十二　壽序三

錢夫人者，大中丞遼海滙白佟公之嘉耦也。今年五十初度，五月初九日，爲設帨之辰。年家子弟陶生某、黄生某輩，相與謀舉觴稱壽，以祝嘏之詞來請。余於中丞公爲世交，爲末契，於夫人爲宗老，爲伯兄。當酌兕觥爲諸子先，其何敢辭授簡？

余惟夫人發祥石鏡，毓秀錦城。明詩習禮，教本於公宫；落藻飛華，美徵於彤管。其歸於中丞也，歸妹應占，相在爾室。戒雞鳴，儆簪珮，以相其勤。衣澣濯，飯齏鹽，以相其廉。肅門屏，引鈴索，以相其慎。問平反，秉丹筆，以相其仁。機絲教子，有鳲鳩一心之德；樛木逮下，無三人緩帶之虞。中丞得以敭歷中外，砥節首公，釋然無内顧之憂，夫人相之也。已而謀深籌海，績著保釐。以奉揚德意之故，誤被急徵。震電不寧，疾雷交作。夫人有籲天泣血之誠，有引繩束髮之節。閨門肅穆，道路歎嗟。而中丞徼如天之賜，涣汗載頒，寵命洊至。天若以此曲成中丞一門之懿德，而巧用其埏埴者，何其奇也？余嘗謂夫人之相中丞，在昔日則春風豔陽，觀桃李於穠華之候，其操持門户也猶易；在今日則嚴寒冰雪，識松柏於肅穆之辰，其支持牖户也獨難。此則劉中壘、范詹事所爲著圖作頌、昭彤管而垂珩璜者，豈可以尋常閨閤之倫，比榮競爽也哉！

今之頌夫人者，以從貴則魚軒翟茀，以娠賢則麟趾鳳毛。千金壽而萬年酬，極於鵲巢之起家，騶頌之受祉，斯已矣。而余竊有進於是。吾讀墉城仙録，西晉時有諶母者，潛修至道，遇孝道明王授以真訣，而諶母以授吴、許二君，爲浄明忠孝之宗。故知神仙忠孝，非有二道。而真誥所記易遷、含真，女子之有仁孝令聞，隸太元宫中者，由此其選也。夫人之相中丞，淑慎其身，夷險不二，豈非有合於神仙孝道之法，爲羣真之所默喛者與？古有之曰：於日中爲仙王，於月中爲明王，於斗中爲孝弟王。悠悠斯世，千秋萬年，何以加焉？世之鉅公賢媛，享令名，保完福者，皆夙有靈骨，從仙籍中謫降。中丞夫婦，精思其所從來，而無以世間富貴爲羈紲。玉山、瑶池，即在人間，豈必乘雲氣、凌倒景哉？吾以此頌夫人，進一觴於長筵，不亦可乎？雖然，世之稱神仙上壽者，無如吾家彭祖，屈原稱其斟雉羹以享帝堯。受壽八百，入流沙以去。夫人出於彭城，亦籛後人也。爲夫人壽者，宜有取於此矣。然彭祖一意養生，杖晚而唾遠，老猶自悔不壽，不若丹陽孝道之傳爲有徵也。若吾家故事，載在譜牒，夫人數典而知之久矣，又何待乎余言？

戴母錢孺人五十初度序

戴母錢孺人者，余同年臨淄鳳伯公之婦，文學伯興之配，吾宗侍御汝瞻兄之曾孫女，憲副用章之孫女也。孺人歸於戴，臨淄已即世矣。事姑相夫，備有儀法。伯興甫强仕而殁，操持門户，鞠育藐孤。諸孤皆克自竪立，熊熊頭角。孺人五十初度，長筵排列，賀客充庭，而請余爲祝嘏之詞。

余與臨淄少遊郡庠，長登甲科，習知其人，有腸如矢，有口如靁，未嘗爲深中多數厓岸嶄絶之行，謂其人必有後福而不及中壽。伯興起於孤孩，規言矩行，無子弟之過，胚胎前光，夙夜自勵，人謂臨淄有收子矣；而又不幸早世。天道無親，疑其不驗於季世。距今垂四十年，而室有賢婦，寢門肅穆，蘭玉依然，芝玉競爽。當七日小劫，沈灰驟雨之候，而戴氏一家，有陽春郁然、風恬日暖之象。孺人設帨之日，鐘鼓喧闐，庭實旅百。客之舉觴稱壽者，相與歌燕喜之詩，賡兕觥之祝。鄉人父老，聚觀嘆息，咸謂臨淄父子之福祉，有餘而未盡者，宜食報於今日。因以知天咫之不遠，而斯人之勉而爲善者，可以自信也。

吾觀二南之詩，葛覃繼關雎而作。説詩者曰：「葛覃，后妃之本也。」采蘩繼鵲巢而作，則曰：「采蘩，夫人不失職也。」其所以頌后妃夫人化天下以婦道者，如是而已矣。季敬姜之教其子以力績也，其言曰：「幅可以爲將，軸可以爲相，摘可以爲三公。」故曰：婦無公事，休其蠶織，瞻卬之所以興刺也。孺人以綺紈之質，當桃李之年，朝齏莫鹽，刀篋瑣碎，辛勤十指，若後門窮巷之女。家門衰落，風雨漂摇，能以一身支持，茹荼食堇，卒以有成，惟勤與儉。師后妃夫人之服勤，而效敬姜之力績，非聊爾而已也。自時厥後，孺人之壽方始，諸子將以畫荻丸熊之教，鵲起於聖世。敬姜之所謂可以爲將相爲三公者，皆於後人見之。而孺人之婦德，亦將與葛覃、采蘩之什，播諸絃歌，昭於圖頌，豈不偉哉！

余八十老翁，於兩家爲耆年宗老，故於孺人之初度，不欲爲尋常祝嘏介壽之詞。於臨淄父子，徵天道焉；於孺人，著婦道焉。使讀斯文者，知善人之有後，而女宗母師之教，爲不絶於斯世也，則老人之執爵授簡，爲不徒也已。歲在辛丑，二月十有二日，商大夫八百地仙彭祖九十七世裔孫年家八十翁錢謙益撰。

阮母劉太安人六十壽讌序

曹母陳太孺人八十壽序

錢母吴太孺人七十壽序

奉祝李太親母王老夫人七十榮壽序

歲在壬寅，中秋二十日，李太母王夫人春秋七十。夫人生婁東王氏，歸玉峯李氏。余家與二氏，年家世誼，高曾重疊。夫人祖奉常公與先祖同籍，父孝廉公爲余公車執友。李氏中丞、太史二公，先輩羽儀。太史後人，世篤薑桂。夫人之夫三益明府，與其子爾公、賓侯，皆辱以父行交余。而爾公之子象極，字余之長孫女。孔、李通家，重以潘、楊之好，他世家未有也。夫人設帨之辰，余率犬子孫愛布幣酌酒，登堂稱壽，而先以祝嘏之詞。

余惟瑯琊之王，弇州爲之兄，澹圃爲之弟，鳳、麟二洲，海内有丹山軒囿之目，而夫人爲之女。隴西之李，中丞爲之父，太史爲之子，蘭錡一門，朝右有鯉庭鸞掖之頌，而夫人爲之婦。圓折産珠，方折産玉。和風淑氣，旁薄充塞。夫人于是乎爲淑女，爲令妻，爲燕喜之壽母，爲介福之王母。珩璜琚瑀，照耀頌圖。雕軒板輿，便蕃侍奉。翟茀所罕聞，管彤所僅見也。世變已來，滄桑遷改，華觀沈灰，瓊臺驟雨。有如夫人之家門，青油接跡，暢轂比肩，喬木依然，桑榆滋茂者乎？有如夫人之子姓，白華比潔，南陔有聞，祭酒鄉邦，步武雲漢者乎？有如夫人之孫枝，瑶環肉好，芝蘭萌茁，扶牀繞膝，鸞鵠停峙者乎？夫人稱壽之日，羅長筵，列孫子，壽觴舉，慈顔和，御先朝之宫錦，酌上尊之餘瀝。笑語卒獲，鐘鼓斯饗。禮成樂備，既醉告竣。天地之太和元氣，人世之吉祥善事，何以加諸？

吾讀仙史，西晉丹陽郡諶母，潛修至道，有真人降爲其子，自稱孝道明王。厥後吴、許諸真，詣母授法，許遂以浄明忠孝，領玄枵之野，銅符鐵券，靈寶度世，以諶母爲宗。而諶母則以孝道明王爲宗。居今之世，有淑德懿行、含醇養和如夫人者，殆亦斯世之諶母也。吾聞孝道之宗，天真所盟授者，居日中爲仙王，居月中爲明王，居斗中爲孝弟王。夫人登真度世，一家慈孝，不出家人父子閨門堂户。而身在日宫斗柄中，固不必凌倒景、晞咸池，遼遠而求之也。

夫人皈心禪悦，蒲團鉼拂，參求第一義諦。余託孔云之誼，以諶母孝道致詞，則猶現世諦身，而爲説法。介爾公以獻夫人，夫人笑曰：「善哉！老人之言，視世之鋪張世福，稱千金而酬萬年者，不已遼乎？」命爾公劍其孫，再拜傳語曰：「敬舉君之觴。」商大夫八百地仙彭祖九十七代裔孫，虞山八十一翁，通家眷侍生錢謙益頓首拜譔。

京山李先生祠堂記

故學博京山李先生祠堂，在虞山東北嶺下。遠望仲雍，旁臨齊女，蒼茫蕭瑟。先生遊虞山，時時指顧其下。諸博士弟子員爲堂祀之，歲時伏臘，約以其私漬酒，如侍先生遊燕時也。既成，邑令張公樹之眉，率縣之賓屬拜焉。

凡學博，無祠焉者，李先生何以祠？先生眉目疏冷，面稜稜不可人意。摳衣升堂，降登夏楚之政令，信於鼛鼓。視諸弟子員，猶其弟子。其有通經力學者，貧不能應舉，輒解橐爲治裝。語有之：繼子得食肥而不澤，情使然也。諸弟子之於先生，著於情矣，久而彌思，是以祠也。

祠胡以不於礬宗？曰：先生爲本寧太史之叔弟，風流弘長。石城、石室之間，一畝之宫在焉。墓草既宿，筆冢猶新。千秋而下，與戴顒、張旭之徒長爲寓公，先生之魂舉矣。

安得以一文學掌故竊竊焉？俎豆先生，是先生之情也。然則斯祠也，比於情者也。於典祀乎何居？往爲師儒者，嫗嫗焉以養士爲名，士服奇言哤胥爲驕子，是以及於辟。先生臨睢盱謠諑之俗，以尊嚴莊敬爲道，士由是肅焉慄焉，自重慎法。微先生，子遊氏之盟壇夷矣。余讀楚語申叔時之言，聳善抑惡，不啻金科玉條。以謂周衰國子之教不作，教乃在楚。先生，楚人也，其亦有叔時之遺教哉？列諸典祀，莫如先生宜。然先生爲學博時，視學使者熊公、邑令楊公皆一意廣厲學宫，疏穢去邪，先生是以得行其志。熊與楊皆楚人，洵哉楚之善教也！斯祠也，以徵於楚之訓典，爲司教化者職志焉，亦庶乎其可矣！余故刻石以記之，而陷置於壁間，以告來者。

節孝堂記

士大夫處名教崩圮之日，凡婦貞子順，可以風勵當世及後世者，皆不得以一行少之，亦以云勸也。余過譚氏節孝堂，斂容相向，詢其家世爲最詳。方控湖譚公蜚聲庠序，天奪之年。其室人周才二十有六歲，藐孤光宗才四歲。有宅一區，有田一頃，族之人或得而甘心焉。惸惸母子，在漂搖杌隉中。一日者，周太君泣而告其宗人曰：「婦人之義，内言不出。況余嫠婦也，其敢去堂前咫尺地乎？雖然，余之不死，以有待也。覆巢之下，必無完卯，余又何待乎？ 敢冒死以白之當事。」於是族之不良者知所懲，而太君與其孤光宗字起宇者克有寧處。

霜淒月黑，風雨如晦，太君丸熊畫荻，勉其子以有成。起宇君遂爲太學上舍生。謁選得霸州二守，卓有治行。量移潯州别駕。起宇君念母老不果行，歸而侍膳問寢。太君一餐之享，非其子之所進則弗食。一席之安，非其子之所温則弗御。起宇君又以服勤死。遺孤三人，長伯隆，與余同遊於庠。次仲名，余之篤友也。叔子叔楚，與余相謂曰婭。太君既撫其子，叨榮一命。再撫其孫，嶄然見頭角。年七十有一，令德考終。陳衣之夕，曰：「我爲譚門老寡婦踰四十年，艱辛萬狀，幸可以見先君子於地下矣。」

太君之苦節，與其子起宇君之純孝，顯顯然不可滅没如此。今其母若子，俱爲前塵隔世矣。登斯堂也，庭除灑掃，太君之夙夜如是也。臧獲約束，太君之指使如是也。酒清殽旅，太君之中饋如是也。言家規者多推譚氏，豈非有女宗母師，如周太君者，而後獲此奕世之昌也哉？ 余友繆太史當時，泉門人瞿給諫起田，蓋嘗登斯堂而與於頌禱之列者，請余書其言於堂之左个。堂成於東湖之上，有元時譚氏，即聚族於此云。

常熟縣重修城隍廟記

接待菴記

出南門二里許，有庵曰接待。楚僧性鎮所建，雪浪大法師恩公記曰：「虞山北枕江海，南通吴會，僧徒往來，烟包雨笠，無所爰止。有大護法憲副錢公，謀建招提，爲接待之所。公有西河之戚，藉爲昇濟之因，鳩善友八十一人，人施一金，叶華嚴經卷之數，買金氏廢地於三里橋。萬曆戊戌六月迄乙巳冬，構大殿三間，及諸旁舍。憲副即世，弟順化、姪世揚，諸善女人，後先蕆事，而經營僦工，鎮爲其首。」記所載憲副錢公，吾從祖祖父春池府君也。曰弟順化、姪世揚，則吾季祖父存虚翁與先君宫保公也。

鎮傳海印，印傳寂住律師、古心講師。似空、雪淮、庭柏、誠吾之屬，咸謦欬於兹。浮囊信鼓，蔚如名藍。憲副府君介婦徐氏，歲供銀米，施田若干畝，住以其間造中殿三楹。住殁，孽僧盗鐘魚什物，以奔豪右。徐夫人孫孫保，號呼揞柱，行求住僧普潤理庵事。潤有志禪浄，多施爲，改建故屋六間，以備宴息庖湢。斥三門隣地五畝餘，購棄屋廢椽，儲庤木石甎甓，有事興作，而屬孫保請余爲記。

孫保曰：「兹庵之建，自吾曾祖父子兄弟，闔門爲施主，四世於此矣。孫保單貧，無七錢一莖之施。伯父爲之記，以唱四衆，孫保藉以有助於潤，抑亦有辭於先世也。」余曰：

「時當壞劫，法門崩圮。潤修舉本業，補弊支傾，可謂能矣。君子之相之，宜也。吾讀列子，北山愚公之言曰：『雖我之死，有子存焉。子又生孫，孫又生子，子又有子，子又有孫，子子孫孫，無窮匱也，而山不加增，何苦而不平？』自憲副府君以逮子，所謂子又生孫，孫又生子矣。天下之護法者有矣，有能及四世者乎？憲副府君，齵然儒者也。以一念供佛及僧，種深善根，而子子孫孫，久而未艾。安知諸天善神，不陰命夸蛾氏之子，負之而趨乎？令舉世胥若府君供佛及僧，種深善根，子子孫孫，不斷佛種，三劫惡濁，變而爲佛土也，不難矣。佛事門中，不捨一法。北叟之子孫，箕畚而之渤海之尾，與夫孀妻遺齔跳而往助者，寧非旦旦而爲佛事也哉？然則吾子之單貧也何憂？潤之拮据而圖潰於成也又何憂？安得私爲錢氏一家之故，不犍椎以告衆哉？」孫保喜曰：「梵刹已竪竟矣，請鑱之以爲記。」歲癸卯，七月中元日，吴越錢氏佛弟子謙益槃談作記。

榮福堂記

榆陽杜大將軍弢武，爲堂以奉其尊人特進公來儀暨母周夫人，而顔之曰榮福。堂既成，弢武爲特進舉七十觴。特進珥貂紆玉，夫人帷而相之。弢武斂挾舟超乘之氣，俯而修弮韝鞠𦝫之容。子姓蘭茁，部曲林立。彤弓在御，列戟在門。禮成樂備，奉觴上壽。特進酒酣，顧弢武語曰：「美哉堂也！榮及前人，福延後嗣，天子命我矣。吾結髮與套寇戰，陷陣却敵，未嘗敗北。藉天子之寵靈，以有斯堂也。安所得長者之言而稱之，令子孫無忘弓冶以長有今日也。」弢武蹶然起立，裹糧走使數千里，授簡於舊史錢子。

錢子曰：「善矣！特進之言，有教焉，有戒焉。物備矣，余請實其言以醮子。方特進起行間，當强□，奮不顧身，親授矢石，夫亦恥四郊之多壘，不忍越轂之鳴吾軍，誓以七尺殉疆埸也。及其轉戰月牙海子，□名王，上首功，爲天子紓西顧憂，幸無顛越，特進其有賴焉。今國家幸治平無事，河套巨猾□耳，時時闌入塞下，鬩我屬國。成功者退，特進猶不忘以筋力答主恩。弢武結髮從戎，所當輒大獲。今得建大將鼓旗，横行河套中，萬户侯豈足道哉！特進在奉觴稱壽時，未嘗忘邊徼下。願弢武在邊徼下，無忘奉觴稱壽時也。詩有之：『無念爾祖，聿修厥德。』夫德，福之基也。自弢武以下，世世萬子孫，無忘特進之德音，猶之基而厚墉也，榮與福其何既之有？自昔稱虎臣者，絳侯、營平以下，代不乏人。其在我明，則郭忠武登最著。忠武有社稷功，不得真王徹侯，間關萬里，白首投荒，有生平少游之羨。至今兒童婦女，皆知有郭定襄。彼七葉漢貂，窮貴極侈者，曾不舉其名字，何哉？弢武有文武才，庶幾定襄。國家承平久，簪筆則腐儒，執殳則債帥。即緩急，孰可當一面者？弢武無忘特進之言，惟忠武是則是傚。公侯干城，宗廟實藉蕃屏。榮與福又豈惟一家？ 是特進所以教戒子也。」

弢武善是言也，歸而勒諸堂以爲記。 特進聽然曰：「是吾志也。」萬曆庚戌季冬嘉平之吉，賜進士及第翰林院編修文林郎虞山通家友弟錢謙益頓首拜撰。

巡撫都察院題名記

大中丞滿洲振宇周公，巡撫江南之二年，保釐政成，功德茂著。 以撫治都察院行臺，錯雜民居，囂隘不稱，乃卜地命日，撤而更新之。 捐俸鳩工，經始勿亟，踰時落成，公私不擾。 念自鼎革以來，銜命巡撫有事於南畿者，具有成勞，不可以無記載，乃詳列其姓名履歷，蒞任始末，鐫諸貞珉，垂示永久，而屬爲題名之記。

余惟三吴東南半壁之地，財賦奥區，古稱陸海。 麻枲米穀水陸之産，舳艫銜尾，輓輸都下。 譬之人身，神京爲其元首，而三吴則其腹腴。 使巡撫未得其人，則腹腴失潤，而京輦神臯之地，何所仰給？ 況乎滄桑甫定，兵燹方脱，吏治猶狃於偷玩，民隱未恤其瘡痍。於此時而膺保釐之任，使之出湯火，登衽席，撥雺霧，見天日，豈不尤難之難也哉！

周公既承特簡，朝受命而夕飲冰。 汲汲然以完固根本，噢咻蒼赤爲己任。 其廉也，不妄取官帑一錢。 其勤也，不假息自公寸晷。 其察吏安民也，肅秋霜而温冬日。 其御將治兵也，威東濕而恩挾纊。至其赤心白意，披誠瀝血，矢天日而質神明，誓欲爲國家奠安重地，報稱任使，雖匹夫庶婦，兒童走卒，未有不感格其精誠，爲之撫心流涕者也。自天地開闢，東南草昧。大臣銜命而來，或蕆事而去，雖在地方，不專任巡撫者，固有之矣。若其專膺節鉞，保綏此方者，豐功偉烈，炳耀耳目，則斷以今日周公爲冠首。題名之記，自公創始，固其宜也。

余竊聞諸國史，南畿之爲巡撫者，惟廬陵周文襄公爲最。文襄清理財賦，定江南經久之計，百世永賴。在任二十二年，遷位尚書，巡撫如故。迄於今俎豆猶新，歌思未改。天運循環，陵谷遷變，歷三百而應開創之運。保綏此地者，又得一周公，是豈偶然也哉？昔者文襄在吳，吳之民疾痛必呼，飲食必祝。黄童白叟，愛之如父母，仰之如日月。今吳人於周公，亦猶是也。昔周公撫吳於經賦壅塞差徭科擾之日，其爲功也，以守成而兼開創。今周公撫吳於戎馬凋殘、吏治窳墮之餘，其爲功也，以開創而兼守成。昔周公往矣，今周公之功德茂著，固將銘景鐘而書竹帛。後之覽斯石也，其可忽諸？昔賢之記題名者，曰百年之後，人得而指之曰，某也賢，某也能，以片石而係風勸焉，故足重也。自今以往，建牙開府，源源而來者，百年之後，人又指而稱之曰，某也廉如周公，某也勤如周公，某也肅温恩威精誠感格如周公。芳規亮節，比肩接踵。珪璋合璧，前有輝而後有光。豈不休哉！

嗟夫！古之人列爵槐棘，握權藩鎮，分茅土而擁干旄者，不爲不多矣。金有銷，石有泐，七葉漢貂，有時而盡。惟令名令德，可以不朽。周公題名之刻，豈非古之君子，緇衣好賢，永錫爾類者乎？千百世而下，勞臣志士，摩挲豐碑，必有徬徨感嘆，慨然聞風而興起者。然後周公茲石，當與圖史琬琰，並垂於無窮。而余之興歎於斯文者，爲不徒也。遂不辭而爲之記。

都察院書佐題名記

祝汝穹丹藥記

異夢記 并偈

牧齋外集卷第十四　行狀

先父景行府君行狀

孤謙益曰：吾錢之先，實始武肅。宋南渡時，千一公諱元孫，徙居常熟，遂爲常熟人。自千一公以下，皆賢豪長者。十一傳而有贈刑部公諱體仁，是爲吾曾大父。曾大父有子五人，長即吾祖諱順時，舉嘉靖己未進士，娶於卞，爲吾祖母卞太夫人，是生先君。先君生七年，而吾祖奉使歸，中寒卒。祖母截髮貯棺中，慟哭曰：「未亡人所藉手報夫子者，有藐孤在。所不實吾言，視此髮矣。」先君稍長，露頭角。曾大父延一時名碩爲師，督課甚力。祖母復時時語曰：「少而學如日出之光，無侵尋待燭行也。且而忘吾之以髮殉而先人乎？」先君以是益發憤下帷。十七補博士弟子，聲籍甚諸生間。嚴文靖、陳莊靖兩先生，皆器異先君，曰：「此錢氏汗血駒，旦夕且摩天去。」諸老先生折行與先君遊，惟恐不得當也。曾大父捐館舍，先君慟哭不欲生。祖母撫先君泣曰：「若所以報祖父者，有箕褎在，何用死孝爲？」先君感泣，發篋中書讀之。家世授胡氏春秋，訓故充棟。先君網羅放失，蒐逖疑互。老師宿儒，窮老盡氣，莫知原本者，莫不泝流窮源，瞭若指掌。四方學者麏至，據皐比應之，商畧問難，鳴扣如響。貧士負笈來者，不問束修羊，爲具膏火。士以此益歸先君。

先君既爲諸生祭酒，門下士多取高第去，而先君數奇自如。辛卯之役，既入彀矣。廣文先生所命春秋末題，割裂不經，士子無能射其覆者，先君竟以是罷去。癸卯，入貲爲太學生。耀州王公署南雝事，雅負人倫鑒，擊節先君文，謂「六館中無能先子着鞭者」。先君亦雅自負，乃上策，復不見收。先君歸，投筆長歎，顧不肖曰：「已矣！千鈞之弩，一發不中，即有息機摧撞之思。吾乃今困京兆者八矣，即欲東抹西塗，與三五少年角，如此種者何？」先君始決策焚筆硯，爲讀書歸隱計矣。先君雖老諸生乎！惟恐以食貧故，稍失祖母懽。祖母篤信竺乾教，好施予。先君傾囊倒庋，惟力是視。邑有破山寺者，齊、梁間古刹，先君奉祖母命，捐千金興復之。城南數頃，持券入息於子錢家，忻然弗恤也。歲甲辰，祖母病篤，先君窮百道活之，徧走郡望，願捐己齡以益親壽。祖母歿，先君擗踴大慟曰：「天乎！截髮猶在，吾何以報吾母地下？」則又指不肖泣曰：「孺子勉之，而所能自豎立以報母氏者，吾爲母子，而爲吾子矣。」言訖伏地，哭不能起。蓋先君居常念祖母矢志立孤，茹荼攻蓼，形影相弔，四十年於此，乃不獲當母世而徼一命，以爲光寵。每一念至，欷歔危涕，不敢自比數於人。即附身附棺，必誠必信，猶負恨自比未百年也。先君少飲酒至數斗，酒酣以往，和歌相泣，多酒人態。每聞祖母片言，輒屏息如未嘗霑醉者。祖母既斂，召祖母侍婢，遍拜之曰：「吾非拜女也，拜其能終事吾母也。」嗟乎！此雖細小，可以觀大矣。

丙午，不肖得魁南都，先君痛祖母不及見，携不肖拜柩前，嗚咽隕涕。不肖舉南宫，先君得報，大喜曰：「吾不以一第爲孺子榮，吾母白頭苦節，自此不滅没，黄壤差足信眉耳。」亟草疏貽不肖上之。不肖再疏伏闕下，未奉俞旨。方媿無以報先君，而先君之病矣。先君豐軀偉幹，飲噉兼人，談笑自喙，無攢眉摇首態。比祖母見背，悠悠忽忽，無生人之樂。每徘徊堂奥間，佛燈熒熒，彷徨不忍去，曰：「何以不聞吾母梵唄聲也？」杯棬依然，機杼軋軋，晨起而暮息，醉怒而醒喜，無之非吾祖母者。不哀而神傷者，凡七年所，先君不自知也。先君少鋭志功名，不問家人生産，家益旁落，又殤所憐愛幼女，益牢騷不自支，時時借魏公子之好以自解。己酉冬，祖母始克葬。嚴霜沍寒，匍匐草土，再浹月而病作，則已在膏之下，肓之上，不可爲矣。病既革，猶不欲使不肖知之。後先詒書訓勉：「若以落薄書生，遭逢聖明，拔置侍從，國恩厚矣。夙興夜寐，清白一心，以報明主。我病良已，無思歸，報主即所以報親也。」不肖稍聞病狀，心動移疾乞歸，方杜門而訃至矣。嗚呼痛哉！先君病中讀書談笑，無異平時。卒之前一日，猶呼筆硯，點竄其所著書，復遺言戒不肖曰：「吾拮据場屋，不得稱繫籍聖賢，女能繼吾志，取上第，爲近臣，吾有子矣。女厚自矜奮，以三不朽自勵，毋以三不幸自狃。上報國恩，下繩祖武，乃真吾子也。二酉未免襁褓，呱呱可念，當以子畜之。女必不愧吾言，吾死何憾？」二酉者，幼弟未週歲者也。不肖奔喪歸，泣奉遺言，以示執友。綏安謝兆申聞而嘆曰：「此馬伏波、顏侍郎後所僅見者，不謂得之易簀時也。」不肖苫塊中，每撫幼弟，輒蘇蘇隕涕，以先君治命故。而幼弟復以痘殤，去先君見背，僅一易霜露耳。嗚呼痛哉！

先君天性孝友，篤厚親故。仲叔憲副公歿，子若孫僅免於孩。宗之宵人，蝟起構難。先君挺身當之，曰：「吾鬚眉男子，豈坐視此黃口兒供若輩刀俎耶？」宵人計無復之，即以徭役中先君，百計齮齕，因服對簿，卒不爲動。先君待宗黨厚，解衣推食待舉火者，若而人。宗人有爲儀賓寓江右者，子孫以貧來歸。先君獨厚遇之。死，於我乎殯。祖母有嫡孫，窶而多男，先君割督亢畀之，施及其子。先君既少孤，終鮮兄弟，視諸父猶父也，視從兄弟及中表猶兄弟也，視猶子猶子也。酒食徵逐，急難咷號，不以無爲解，不以存亡爲辭，殁而馮棺慟哭者，無親疏間也。

先君磊落負大節，好稱述楊忠愍、海忠介及里中黄給諫鉞、陳中丞察之爲人。謂士當碎首批鱗，與龍逢、比干遊，肉食者鄙，非吾徒也。丁丑之事，每北望氣塡，髮盡上指。比五君子疏出，少宰趙公拜杖歸，先君折節與交，驩甚。少宰既貴顯，不復往也，曰：「吾知趙汝師，何知少宰？」錫山光禄顧公，故與先君稱素交。光禄爲吏部，再罷歸，先君戟手相賀曰：「叔時兩得吏部，吾爲天下喜。叔時兩失吏部，吾爲叔時喜。」其侃侃持論若此。

先君雖老逢掖，不得發舒志氣，居里黨中，彊直自遂。里中豪有虎而冠、暴戾恣睢者，先君必唾其面，其人亦逡巡引去，無敢角者。宗有收異姓爲子者，既歿，宗人瓜分其室。先君命取一胡牀遺其子曰：「此盜餘也，若且以爲職志。」宗人皆頫首散去。性不肯學干謁，年家故舊，來宦吾吴者，不一識面。最後有年家子爲邑令，其人妄庸託大，欲致先君往見。先君笑曰：「夫己氏晏坐堂皇，大冠如箕，將以年家兄弟見耶？抑以諸生見耶？」竟勿往也。先君生有介性，大司馬餘姚端肅趙公，故爲江陰令，識吾祖垂髫時。先君以通家往謁，趙公奇先君才，延上坐，令與諸公子講藝。趙公從容語：「橐中裝不告恥乎？」先君遜謝曰：「某以先人誼來，非以橐中裝來也。」趙公改容謝焉。不肖既舉於鄉，家益圮，户外收責者恒滿。先君戒不肖：「若無以居間脂潤，點先世清白聲。有先人之敝廬在。」卒廢箸以償。拈謝康樂語，大署其門曰：「既秉上皇心，豈屑末代誚。」夷然不屑也。

先君落落穆穆，不斤斤飭邊幅，衣垢不浣，冠敝不易。箕踞散髮，使酒駡坐。人或畏其難近，而中實坦率無他腸，如嬰兒之未孩。疏節闊目，不設城府，人或狎而玩之，而介性所至，賁、育不能奪。其與人無刎剄剖心之讙，亦無切齒刺骨之怨。其遇人，無容頭過身之恭，亦無矯尾厲角之傲。其立身，無委蛇俛仰同塵合污之風，亦無小廉曲謹溪刻斬絶之行。飢寒在門，才畯滿席，先君遇之歡然。其人或進而面謾，退而反唇，先君性不能容，至面叱之。已而復進，而復歡然。以至事變之陵谷，物態之菀枯，人情之寒熱，世味之甘苦，弈棋遞變，杯酒倏易，先君惟抱膝長嘯而已。先君爽朗玉立，抵掌善談笑。朋友相遇，歡然道故。伎樂雜奏，絲奮肉飛，呼盧浮白，痛飲至醉。忼慷曼聲，歌「老驥伏櫪」之詩，泣數行下也。先君常自言：「吾腰下有鬼，不耐杯棬。」然未嘗有意慢人。「喉下有物，不堪哽咽。」然未嘗訾語謗人。不以惡聲加臧獲，不以機事御仇讎。凡事留有餘，爲德不望報。疏衷坦腸，仁心爲質。古所稱無懷、葛天，庶幾近之矣。

先君多可少怪，顧最慎交與，生平所莊事者，光禄顧公叔時、太僕瞿公元立及陳兵部錫玄、李先輩伯樗數曹而已。從遊士最知名者，翁都諫憲祥、孝廉應祥、名士瞿純仁、何允泓及吾宗水部時俊，皆以經師兼人師，不局促章句間也。生平尤切知己之感，嚴文靖公殁，以吾妹嫁長公之子樞，推舊誼也。每譚趙端肅公賞識先祖事，輒涕洟念其子孫。既歸自南雝，時時念耀州王公，曰：「吾頭顱如許，慚負公國士遇我也。」迨不肖通藉，宣化蕭公暨王公爲座師，先君以長箋詒王公，累數百言，王公語及之，涕淫淫承睫也。

先君博聞强記，少即攻古文辭近體詩，染指即謝去，曰：「此非吾勝場也。」其於古文辭，自左氏司馬以迄北地、左輔、弇州，無所不摹擬，然不名一家。顧光禄未第時，先君爲序其行卷。楚中鄒孚如見而亟稱之，寄聲光禄，以千秋之業相勉。祖母六十，爲文乞言。婁東王司寇、濟北邢子願皆曰：「良史材也。」瞿元立於古文詞少所許可，顧獨稱先君文，有所撰著，必以相屬。晚年多令不肖具草，元立亦不能辨也。先君於舉子業，洋洋灑灑，下筆不能自休。晚好深湛之思，時闌入古文詞語。其於春秋義，詳委閎肆，根極理要。每一義出，學者争相傳寫，紙墨騰踴，雞林、象郡，不脛而走，以方古所推經神學海者。而白首名場，天真不可問矣！先君於書，無所不闚。自悔久困呫嗶，不能博極羣籍。每誦沈攸之語，「早知窮達有命，恨不十年讀書」。酒後耳熱，仰天太息。又言劉孝標自比馮敬通，有三同四異。每讀孝標自叙，未嘗不廢書而泣也。丙午以還，横史籍書，殆無虚晷。擇其尤異者，爲古史談苑百餘卷，不三載而告竣。常自言：「左太沖作賦，藩籬溷厠，都著刀筆。吾文不及之，勤與之齊矣。」古文詞多散佚，其存篋中者若干卷，春秋説十卷，彭城世徵十卷。

先君，諱世揚，字孝成，一字偁孝，以吾祖行所公負濟世才，弗克竟，思一光大之，因自號景行子，晚更號聱隅子。先君生於嘉靖甲寅九月初十日，卒於萬曆庚戌五月十六日，年僅五十有七。娶於顧，即吾母，臬副一江公女。顧公於羈貫時奇先君，以吾母許聘者也。子一，即不肖謙益，萬曆庚戌進士及第，授翰林院編修。娶陳氏，文學虛吾公女。女二：長適嚴樞，爲少保文靖公孫、中翰洞庭公子；次許歸士琮，爲貢士蓮峰公孫、孝廉霽嶠公子。孫女一，許崑山張□□，爲孝廉凝宇曾孫、太學生崧公之孫、文學孚孟公之子。謙益將以□年□月葬先君於先祖墓之穆穴。先君葬祖母時，指其地曰：「我死，汝必無別葬我。我母少寡而弗忍也。」不肖泫然不敢應，乃今則何忍違。嗚呼痛哉！

不肖還觀先君生平，所遺恨者有三：先君心大如斗，髮植如竿。令得出入承明，感概立節，必能借劍上方，爲國家諤諤之臣。而坎壈終身，持忠之地。一恨也。少起孤生，風雨雞鳴，冀一奮身以報母氏。而封典既闕，旌典未逮，墳土已黄，血淚始赤。二恨也。少鶩篇章，長諳掌故。天假之年，將網羅國史，續端簡未竟之編；就賦兩都，潤民澤草創之業。而有志未逮，遺文闕如。三恨也。奉先君之遺言，拳拳以三不朽爲屬，若以孤爲克負荷者。而草土餘生，支綴氣息，枯魚欲蠹，椎牛不待。孤今日有强顔視息，未敢即死耳，尚何言哉！尚何言哉！惟是先君大節孅行，較著耳目者，敢參伍先君所自傳，而狀之如右。固曰與其出於他人之手而失真，不若自傳之爲眞也。孤之狀先君，所一言半詞，稍溢先君之自傳者，先君其吐之乎？孤則何敢。伏惟當世立言大君子，俯賜採擇，先君不朽，不肖謙益死且不朽。不肖孤可勝泣血祈禱之至。

牧齋外集卷第十五　墓誌銘一

封陜西道御史趙府君墓誌銘

府君諱文學，字彦叔，王姓。父曰弘，世居嘉定之州橋南，以貿易致貲。君生而喪其母，失乳哺，鄰人趙氏憐而養以爲子。君長而以子貴，念趙無後，弗忍復姓也。君少孤，零丁孤苦，弱冠贅於蔡氏。蔡有婦德，與其夫閲歷荼苦，更衣並食，招里先生教其子以爲士。於是君之子洪範舉進士，釋褐爲麻城令，以治行高等入爲御史。君得再封，如其子之官，而蔡亦再贈孺人。君之卒也，先十有四年，爲萬曆己未之八月，享年六十有六。洪範以癸酉十月十五日合葬於楊涇原之新阡。件繫君與孺人之事狀，而來乞銘於余。

以余之迂而不文，凡爲人銘，必擇其可應銘法者。御史之賢吾知之，徵其言以銘其親，亦可以無愧詞矣。而又徵諸其邑之老曰：「府君之少而自厲，壯而自好也，孝於親，忍於族，質直於交友，而任恤於鄉黨也，其内行若是修乎？」其邑之老曰：「然。」徵諸其邑之大夫曰：「府君之長也，不學而好讀書，不富而好施予，儉而好客，樸而有辭，其以是見推擇，不獨以子貴乎？」其邑之大夫曰：「然。」徵諸其邑之孝秀下及僮孺曰：「府君既貴，徒步出入里巷，遇市井故舊，握手欵語，市中人聚歡欺息也，勅戒子孫，約束奴僕，諄諄然如恐弗吾聽也，其貴而能下，老而益共如是乎？」皆雜然應曰：「果然。」於是余乃喟然歎曰：「賢哉趙君！其邦之人稱之，無間於其子之言，是其果應銘法矣乎？」

而余又有以知府君者，御史按滇，以疆事見中，下詔獄。邑屋子以非意加府君，府君詒書告余，俾白其事。余進而問其使：「府君聞難後，眠食何似？」答曰：「君方開顏談笑，慰止家人之號泣者無苦也。」已而思之，當倉皇急難，恒人反眼袖手之日，君何以知余之迂愚而以緩急相諉累，豈不難哉！繇此觀之，府君之知余久矣。而余顧晚而知君，豈不愚哉！君有子三人，長即御史，次洪章、洪謨。女一人，嫁王濂。孫七人，多業儒，有聲矣。銘曰：

市而儒行，以儒其子。娠賢媲德，亦克有祉。嶽嶽侍御，爲君子儒。正色立朝，佩玉長裾。雷風回薄，天鑒孔明。休氣熊熊，賁此佳城。茫茫洞庭，日月中流。遡彼陽朔，以艣爲舟。作事始簡，其卒必鉅。光遠自他，益設長裕。孰儒而市？孰市而儒？我銘舊德，庸勸後夫。

奉直大夫貴州永寧州知州陶公墓誌銘

公諱希皐，字直甫。其先自潯陽徙浙之黄巖，其後有以武功世官雲南姚安所百户者，五世祖伯輝，自黄巖往依焉，遂爲姚安人。父諱電，封石阡府推官。公生十年而喪母，攻苦誦讀，聲淚交下。萬曆癸酉登賢書，再舉進士不第，署含山縣教諭。自石阡府推官歷永寧州知州，升慶王府某官以歸。

石阡、永寧，皆貴州磽确地。民夷雜處，輕漢法。公修整條要，教厲獷悍，義威必行，所部肅穆。永寧土酋羅承宗者，背峙蠻洞，白晝劫行旅，莫敢誰何。公以計縛之白水河上，黔中上六衛賴有寧宇。夷多逋賦，其腴田盡匿豪貴家，因依爲奸利。公履畝丈量，勾稽伏匿，鑱石以志，百姓誦之。然羣小側目，卒受擠排。公自是不復出矣。公歸而有平谿之訟。羣蠻以土著爲名，挾有司以齮齕我民之隸衛所者。公泣曰："我先世篳簬藍縷，以居此土，有成勞矣。忍爲羣蠻魚肉耶？"奮臂出争之，凡五年而後息。當速訟時，羣蠻洶洶，公匍匐叫號，抵觸勢要，人以爲公危。公稍間，則與其子珽讀書論道，簾閣篝燈，澹然若無所有事也。

珽以萬曆庚戌舉進士，官刑部郎，迎公遊長安。道出永寧，民夷讙呼，幸復見公。便道歸浙，過家上冢，攀撫松楸，泫然不忍去。歸若干年而卒，萬曆丙辰之八月也。公天性樸直，居官潔廉，疾惡如仇，然其中恢然長者也。病革，猶能與大守具賓主禮，目送之出户而瞑。少嘗從羅明德遊，慈孳孳問學，故其死生之際如此。

公夫人董氏，生子男六人：珽歷官永平副使，著勞疆埸；珙中辛酉舉人；玘襲姚安百户；璣、璟皆庠生。女子二人。珽以己未四月，葬公於滿海場之陽。後六年，乞銘於謙益。惟公奮起南荒，以文學吏治，嶄然特出。遭時齟齬，棄置僻遠，以飛光遊聲，不得達於中朝。而珽爲世聞人，卒以父顯。斯可銘也已。銘曰：

物産於遠，其材瓌奇。道阻且長，孰翼致之？厥德孔固，其光未施。有後而顯，示此銘詩。

明福建泉州府同知純所張公墓誌銘

吾先君子倜儻寡交與，閭里中稱友契者，陳參議錫玄、李文學伯樗、張泉州百原三四輩而已。先君子下世，諸公亦相繼物故，不惟先人之交遊，凋落已盡，而鄉黨之間，邈然不見先生長者之風流，數年於此矣。泉州之子景顔等將葬其先人，以狀來請銘。嗚呼！此吾先友也，其何忍辭？

公諱仲孝，百原其字也。張於海虞爲世家，祖諱一陽，爲時碩儒。王父諱文周，布衣任俠，遊於文徵仲、唐伯虎諸公間，所謂秋逸先生者也。公少而穎異，通曲臺禮。以萬曆壬子舉應天鄉試。戊戌謁選，知温州之泰順，調繁台之黄巖，轉杭州府通判，陞福建泉州府同知。公在泰順也，中貴人以開鑛至，民争鳥獸散。公曰：「我在，無傷也。」諭百姓亟歸，而以禮逆中貴人，爲具言開鑛利害。中貴人曰：「大尹長者，不吾欺也。」遂罷去。黄巖有坊里之役，計里以充役，里之磽瘠者病焉。公酌定道里户口，以役計，不以里計。民始稱便。每歲清理版册，民以田間之券，直輸税於官，公洗手不入一錢，税額視他邑獨倍。杭有巨寇來小山，横行江中。公設計縛之，羣盗首服。嘗兼攝海寧、仁和、錢塘三邑，勾稽簿書，請謝賓客，日亭午而畢。邀故人賓從，從容齋舍，角巾布袍，有餘閒也。在泉益能於其官。泉故多逋賦，當事者惡公鯁介，督牒並下，欲以是困公。公笑曰：「我困猶可，民困其可乎？」固請致仕歸。今少詹二水張公，時在史館，爲文以贈焉。

公生平蕭閒淵静，澹於營利。解組以還，不關人事。焚香掃地，凝塵滿座。特與二三朋舊，扶携出郊，班荆藉草，興盡而返。内行淳備，事其父，自老及葬，獨身拮据，不以及其弟。養寡姊及母之姊，撫育庶弟，别而有恩。沉默寡言笑，間出一語，别白蒼素，聞者莫不歎服。晚年有末疾，不良於行，僅一赴賓筵，客座談笑竟日，人咸幸得見公眉宇也。

封安人。子二：景顔、景孟。女一，歸李喬禎。孫男七，孫女六。曾孫男一。曾孫女三。以天啓乙丑□月□日，葬於莫城之新阡。惟公孝友廉潔，其爲人，擇地而蹈，度身量腹，不敢多取於造物。而名不登甲第，官不過五品，家不逾中人，壽不至大耋。天所以與之，亦若有靳焉。豈所謂節度淺深，適至而止者乎？公慕趙邠卿、司空表聖之爲人，自營生壙，時與客燕遊其上，晏然長寢於巨室。觀化而化及之也，又安置榮枯厚薄於其間哉？銘曰：

公生於嘉靖戊申十二月十八日，卒於天啓壬戌十月初五日，享年七十有五。娶周氏，

湜湜清泉，累累白石。墮山蜿蜒，宰木封殖。生焉以遊，死焉以息。廉吏之所藏，達人之所室也。

福建福安縣知縣雲峯賀公墓誌銘

丹陽賀氏，與余家兩世爲同年進士。而賀之老曰知幾，曰知忍，皆吾父行也。余交諸賀最舊，嘗進而遊於知忍，感槩激射，英氣側出，如遇古節士俠客也。退而就知幾，秀羸閑止，削然如委裘，以爲有道仁人也。常思嘆賀多君子，不獨其族稱甲乙也。不數年，知忍、知幾相繼卒，先生長者漸以澌殁。故家遺俗之存，其與有幾？於乎！此豈獨爲一家弔哉！

君諱學易，知幾其字。其先出齊公族漢侍中純，避安帝諱改焉。宋南渡始，吴越間遠祖德高，倅鎮江路，遂家丹陽。其子欽定居蔣墅，人呼蔣墅賀氏。欽之後六世，諱邦泰，歷官江西按察使。生七子，而君其第三子也。君七歲讀孟子，至梁襄王，謂其師曰：「襄王，惠王次子也。」師問何以知之？曰：「長子死焉，非次子何？」師避席曰：「此子非吾所能師也。」比長，任戴冠，通詩、書，文譽蔚起。矩行規言，未嘗有子弟之過。萬曆乙卯舉於鄉，累試不利，謁選知福安縣。君斤斤謹廉，言如不出口，人以其文也而易之。有李祥者，賊殺其兄，陽言死於盗。獄久不決，君廉得其狀，獲凶器於涘澗中，祥遂伏法。邑人始改事君矣。君爲政，櫛垢爬癢，與民休息。改作學宫，衰止姦利，邑以大治。而長吏有鬻獄之事，君持之力，遂以此中君，改教授興化，君自此不復出矣。

君居官，計口、食俸，上計之費，皆取足於子錢家。比其歸也，鬻産以償，人不以爲矯也。樂易温文，樂義好施，如恐不及。事達觀可禪師，多所扣擊。旁行四句，時置座隅。軍持法囊，填咽户限。長齋奉佛者，三十餘年。其殁也，神氣閒定如平時，顧視日影，端坐而逝。天啓癸亥□月□日也。享年七十有幾，娶□氏，生子□□，以□年□月□日葬君於獅子山之阡，與□孺人合葬焉。

按察公之殁也，宗人皆弱其季子，會有以殺人事牽連君兄弟者，獄成，將歸於季。君曰：「寧蔽罪於吾子，以懋勳坐焉。」事雖竟得白，然君卒不令其子出辨也。君長而束修，晚而學道。其孝弟一行，堅悍不回如是。君之執友爲沈汀洲伯和、繆布衣仲淳。二君者，皆砥礪名行君子也，豈不可以觀君哉？銘曰：

仕而鈍，歸乎其時。行則勇，視其所爲。康寧壽考，得全而歸。我銘其臧，名以不隳。

明濱州刺史具茨翁公墓誌銘

翁氏兄弟五人，太常、稽勳相繼登膴仕，濱州、朔州以乙科著聲績，而濱州最爲晚達。其列賢書，後於太常、稽勳幾三十年，於朔州亦十五年。又十六年，濱州始殁。其葬也，朔州具事狀，率其孤請銘於余。嗚呼！朔州之狀備矣，詳而典，曲而不黷，其君子之言與！余敢不銘？

按狀：君諱懋祥，字兆嘉。其先大梁人，徙長洲之相城，再徙常熟。祖諱卿，父諱拱極，皆爲邑諸生。而拱極用子太常恩，再贈奉直大夫。娶王氏，贈太宜人。生五子，君其仲也。君少負淵敏，寬平樂易，不苟訾笑，有通人長者之風。萬曆甲申，補博士弟子員。乙卯，舉南京鄉試。試禮部者四，乃就選，授淳安知縣。縣介浙西新安萬山之交，地瘠多盜，又方災祲之後。君下車，延見長老儒生，問以謡俗，民所疾苦，周詳覼縷，若家人父子相告語。計口食俸，撫養小弱，淳淳悶悶，民狎而安之。久之而益治辦，興利耆事，斧劈理解，雖精强吏，有弗逮也。奸吏以庫藏爲窟穴，因緣絶簿書，恣乾没。君嚴爲勾稽，盡得其没匿之數，而簿正焉，奸吏自此縮手矣。朱維齡者，歲攬税銀解藩司，藩司吏僞署牒尾，而相瓜分之，以爲常。君案治之急，維齡父子宵遁。盡藉其家財以補官帑，而税乃歲入公府矣。洪玉容者，貧民程壽妻也。壽病廢，族人程二畧玉容賣樂藉，壽不能争。玉容抵死不肯從。君收案程二置法，而玉容仍歸壽，邑人快之。縣之金沙灘、青溪洞，皆盗藪也。劇盗張國壽，聚舟行劫，夜出而晝伏。君部署捕盗吏，使其中可用者，設方畧，伏於舟側，以米散其上。比行劫歸，吏坐岸上，閲舟尾所散米宛然，輒收捕之，無有遺脱。盗魁管良運，縱横青溪山峒間，通行爲囊槖。君設購捕斬之，其黨葉金自知不免，冒藉爲徽商，首告其餘盗及良民有隙者，冀以自脱。君請於藩司，就縣鞫訊，得論治如法。朱前溪亦積盗也，業考案成獄，乘君入覲，瞥脱亡去，詭名程一，以他細事自繫遂昌獄中。君移書遂昌令，捕歸窮治前事，乃伏辜。君涖官臨事，不爲毛舉淵察，常若惛惛不辨，至掩取盗賊，以策鉤獵，耳目發起，主名區處，則劃然心開。平居摳衣緩帶，妥言徐視。一旦按奸發伏，奮髯抵几，流血狼藉。旁人股弁錯愕，而君若未嘗有所爲者。其所以令行禁止，境内大治，皆用此也。歷俸五年，後先奬薦以十數。主爵者乃有濱州之擢，而君先以病乞歸。歸病益劇，遂不起。

逌君之生平，孝友純篤，内行淳備，少力學問，爲文章。晚著聲跡，爲能吏。可謂篤實輝光，斌斌文行之君子也。當二弟貴顯，家門烜赫之日，鄰里借其餘光，道路詫其熏灼。而君獨披帷下簾，篝燈宿火，如温室之養蠶，如越雞之抱卵，不動心於榮華，不改志於晼晚，專勤堅固，古之志士，無以逾也。及其門第頓衰，聲勢漸落，君顧以崦嵫待盡之年，爲盤錯自别之地。作令之譜牒不替，花萼之輝飭如新。士大夫談家風政聲，濱州、朔州，如參辰之落落相望，豈不難哉！余於翁氏兄弟榮枯終始之際，有有深感焉，所以狥朔州之請而爲之誌也。銘曰：

翁之五子，如馬五常，司勳夭折，水鏡不光。太常嶷嶷，秀出班行。旌節未授，淹忽淪亡。朱輪華轂，春華滿堂。經秋早零，見者盡傷。濱州晚成，蹇而彌昌。媲美朔州，繼聲循良。譬如碩果，不憂隕霜。或榮而脆，或剥而剛。食子收子，天道不常。我學周史，著此銘章。

明故文學鳳林戴公暨配平孺人墓誌銘

戴氏故居潛鳳里，去吾廬僅一舍，突煙相望也。先大父爲諸生祭酒，鳳林公執經稱弟子。

鳳林公歿，而其孫鳳伯，與余同舉南宮，相與譚桑梓、問箕裘，輒停杯歎息久之。鳳林公暨平孺人之喪也，鳳伯以誌銘屬余，余何敢辭？

按狀：戴之先爲鳳陽人。元季有避紅巾亂抵海虞者，携兩歲兒棄道旁莽棘中，傷一目，兩日不死，是始居潛鳳里，所謂道祥公者也。道祥五傳而爲怡閒公序，娶於易，實生鳳林公。公生而警顯異凡兒，與伯兄鳳樓公，俱受易。邑博士弟子多治毛氏詩，公兄弟獨專門治易，自九家迄程、朱，無不獄究。每語人：漢學官置博士，得一經，聚五經諸儒共讀。今吾兄弟共治一易，敢謂已多乎？嘉靖甲寅，島夷躪東南，鄉人踉蹌避寇，衣短後之衣，授兵登陴。而公兄弟同時遊黌宮，進止甚都，鄉人目屬之曰：「頤頤鄉井間。」相詫語也。公爲弟子員，益嗜古趨奇，用古文辭緣飾經義，里中兒驚怖其言曰：「此賣平天冠者。」而先大父暨瞿文懿公、邵北虞諸公，獨薦尊之不置。顧卒不得志於場屋，三試輒罷去，慨然歎曰：「諺有之：『易白頭。』是種種者，以一經白矣，豈受易之祥乎？」鳳伯稍長，則時時舉易微言，枕膝傳鳳伯曰：「子行且朱丹其轂，無如我之玄尚白也。」鳳伯卒能名公易，以易起家。公所讀易，畫卦畫象，丹鉛宛然。鳳伯宦遊治嚴，以數卷爲槖中裝耳。公家不逾中人，父晚善病，重趼逆醫，不遠千里。父殁而養其母，度衣祝食，二十年如一日。父有簪，没身敬之不衰。兄弟怡馬之愛，迄於顛毛。女兄適徐者，貧無以爲養，公迎養之没身，語曰：「三荊同歡，四鳥異悲。」言友愛自天性也。以公觀之，不其然乎？

公爲人豁達長者，又爲儒衣冠，頌禮甚嚴。不善頫仰人，人以是或銜公。里中豪及族之桀黠者，蜚語中公有司。公奮髯昂首，抗辨無所屈。告者伏罪，事得白。族有貧無行鬻子爲人傭保者，公憐而贖之。其人壯而驕，惡公知傭保時事，操戈向公，公避之吳門。鳳伯補弟子員，始得歸。公居吳門，秋風落木，虞山百里，隱隱莽蒼間。每携鳳伯指顧國郊，未嘗不泫然也。嗟乎！公當去國時，風雨漂摇，越吟而燕淚，豈自知及其身得歸？歸而上先人之丘隴，幸矣！又豈自知其懷鉛減漆，白首紛如之緒業，發皇於鳳伯之身，卒以光大其宗？「無念爾祖，聿修厥德」，鳳伯念之矣！然戴之先，跧伏隴畝，闇曶未耀，而一旦發其長祥，部婁無松柏，公之詒謀，豈偶然哉？平孺人，故邑著姓。静好淑慎，裙布操作，以奉尊章，不以貧爲解。處妯娌間，闔門雍穆，一如公於兄弟。里人語曰：「妯娌如戴，家門有賴。」嗟乎！此可以觀孺人矣。

公諱尚絅，字國章，別自號鳳林。公生嘉靖丙申年十二月二十五日，卒萬曆辛丑年九月二十四日。孺人生嘉靖丁酉年九月二十五日，卒萬曆壬辰年九月二十二日。子四人：長文琳，先公卒；次文瑞，後公六年卒，以鳳伯考最，膺贈典；次文璟、文瑄。孫七人：長即鳳伯，名元威，萬曆庚戌進士，爲臨淄令，有聲實，既左遷，民益懷之；次元成、元武、元俊、元傑、元仕、元信。子姓嫁娶，具狀中。鳳伯傷己貴而公不及見也，又傷公之葬而厥考不待也，樹静而魚枯，俛仰再世，有餘痛焉。余所謂能念祖者此也。系之銘曰：

潛鳳之阡，於樂斯原。溪流縈帶，隨山蜿蟺。首丘是正，釣游儼然。魄所至止，魂亦厲焉。以靈以祥，既吉且安。君子有穀，於萬斯年。

明故文林郎臨淄縣知縣翔虞戴君墓誌銘

君諱元威，字鳳伯，别號翔虞。其先濠州人，元季有諱道祥者，流寓常熟之潛鳳里，後遂爲常熟人。祖諱尚絅，吴縣諸生。父諱文瑞，贈文林郎。母孔，封太孺人。孔孺人方娠君時，贈君夢土神周孝子抱一童子襲冠帶者授之，已而生君。

君早慧，甫齔，爲舉子業，有雋聲。弱冠，補郡諸生。再試南都時，贈君業中圮，僅有田數畝，憂乏食。君笑謂家人曰：「吾今年大田當稔，無憂數畝爲矣。」遂以其秋舉於鄉，萬曆癸卯也。是歲邑士有譁於郡廷者，朝議勒諸生槩無得鄉試，以懲士習。而君以郡庠故，不與其罰，故獨得舉。常熟士故工於文，每開榜，輒得五六人，而是榜僅得君一人，邑人異之，以爲榮。無何，丁贈君憂。庚戌成進士，明年授臨淄令。臨淄爲山東劇邑，役重訟繁，民多黠悍。君爽敏善聽斷，縣中畏愛之。值大饑，賑貸有方，路鮮殣殍。民爲剽劫者，過臨淄境輒衰止。爲令五載，薦剡十有四，法當遷，而縣中豪有不便君者，競爲蜚語構之監司，遂中丙辰計典以歸。歸無何，輒病，病五年而卒。

君爲人坦直簡威儀，無深中多數之習。與人交，肺腸在其口，意有所蘊，如含瓦礫，必吐之乃已。性又嗜酒，每飲輒至數斗。酒後耳熱，遇要人在坐，切責之，中其忌諱，至面赤無所容，已醒而或忘之矣。人偶拂其意，口語蠭湧，流涎噴面，其人慚沮不敢復見。既見，則又懽然無竟日之怒。以故人卒不恨，死而多思之者。其爲令，據事理任意直行，或監司守倅，指趣相左，弗爲迎避。有犯者，必麗於法，即權貴爲關説，弗能奪也。故治行雖聞，竟以謫去。去官後，益自放於酒。酒人至，輒與浮白歡呼，燭屢見跋，猶留連不聽客去。既病，醫請節飲。君寧謝藥餌，不肯一日去酒。至病劇，不能引滿，猶數數沾脣不厭云。

予與君同入郡庠，君長於予四歲。予少時氣岸自負，所與遊多豪舉士，而君亦疏誕傲睨，無兒女態，故與余獨相得。既又同舉進士。余登第後里居數年，而君從臨淄罷歸，復得相過從。君既病，余往候之。君延余飲食，手自庀治，視余舉箸乃喜。察其病，有不可起之色，酒間對余長歎，似有以相屬者而不言。由今思之，其殆謂墓銘也。君卒時，二子尚稚。卒後數年，二子皆成立，好學復有雋聲。長子兆禎，能追述君之行事以來請銘，君可謂不死矣。

嗟乎！以君之才，可以爲達官。以君之德，可以享遐壽。而仕宦蹭蹬，復以夭折，造物者似實靳之。然世之爲達官、享遐壽，而或以頑子愉孫敗其家聲者不少矣。君雖蹭蹬夭折，而後之人彬彬繼起，其所至殆不可量。相提而論，造物之所靳，恐在彼不在此也。以崇禎元年九月初四日，厝於讓塘祖塋之新阡。銘曰：

在官無疵，胡弗大受？在邦無怨，胡弗黄耇？維君之神，得全於酒。寵辱夭壽，於君何有？奪之年，予之後，造物何負？於萬斯年，樂斯高阜。

金象之暨配何孺人墓誌銘

嘉靖末，胡襄懋公開府東南，聞湘川金翁之賢，羅致幕下。公權譎威嚴，奴視幕下客，獨委重湘川翁，與籌畫兵事，多所諮决。事平，不受爵以歸，卒免於難。君諱鼎象，字象之，湘川翁之子也。湘川翁瓌奇倜儻，好從横陰符、握奇之書，退而隱於醫，有以自老。君讀書纘言，齟齬無所就，遂以醫名家者也。湘川翁魁顔修髯，劇談兵事。既老矣，如奮臂出其間者。君爲人姁姁，低首拱手，口出氣惟恐傷物，鄉里中善人也。然君生平，孝友醇謹，爲人急難，不責其報，有長者之風，斯其爲湘川翁之子與？

湘川翁諱澄，其先世楚之寶慶人。自宋南渡，徙居吴郡，至湘川翁始居常熟。君卒時，年七十有一。崇禎二年十二月，權厝於北麓之新阡。娶何氏，勤勞共儉，具有儀法，實祔厝焉。君有四子：曰範，曰符，早夭；葬君者，箕與篆也。篆來謁銘，余辭焉。請之不解益勤。余曰：「嘻！金之交於我，再世矣，是善人也，不爲不應銘法。」銘曰：

父奮於兵，子蹶於儒。歸休於醫，藏用則殊。茫茫九京，銘以著之。

明故太學生王君完吾暨配徐孺人墓誌銘

吾邑之稱甲族者，輒屈指山塘王氏。王氏環山塘涇而居，故邑人以其地呼之。山塘王氏之族，至浙江參議笠洲公始大。參議之孫，爲今河南副使翼倣。翼倣之子，爲今南工部員外符乾。四世而三舉進士，祖孫父子，前後相望爲達官，邑中罕與儷焉。

君諱維禎，字介卿，完吾其別號，參議公之第四子，而翼倣之叔父，符乾之叔祖父也。當參議公之没，君纔十四齡耳，家不無中葉萎薾之憂，而君能以勤勵信果自立，邑人憚爲强家，莫敢凌犯。既副使公父子登第，君爲顯者之父行大父行，其勢可以雄行，而更謙退柔和，恂恂如寒士，邑人更稱爲長者。余是以益歎君之賢，非流俗人所可及也。大抵山塘王氏之風尚，敦朴精緊，與吳中浮夸者迥異。衣食節縮，而賓師之奉無缺。輿從不飾，而婚喪吉凶之儀式必虔。無園囿亭池之娱，而墳塋先祠，務極嚴整。平居無事，不敢以意氣加人，而遇有非理相干者，必合力争之，勝而後已。此所以保世亢宗，久而益昌大，非若他族之驟興倐廢，得勢而爲人患苦，失勢而爲人蹂踐也。蓋王氏之昆季皆然，而君尤其表表者。

君少才氣駿發，雄於輩行，以邑增生三試不中程，即棄去，稍習於治生。以節嗇致饒裕，斤斤取予，不輕費一錢。遇親族，贍饑寒，一無難色。其元配徐孺人，時斥簪珥以佐之。孺人豪家女，乃能婉順勤嗇以佐君。壯年無子，即爲君置側室，卒舉丈夫子二人，以傳其家。蓋皆有見於盈缺取舍，數能以退爲進，非若世之皓首馳騖，白頭專妬，死而不知止者，是夫婦皆可風也。今以己巳年□月□□日合葬於虞山西麓藤溪之新阡。二子以君兄維禎之狀來請銘。笠洲公之於先祖，翼黴之於余，皆同年生也，又屬有婚姻之誼，其何敢辭？銘曰：

嗇以持家，故革擴而不裂。厚以持身，故齒剛而不決。壽踰中身，何羡大耋。有子克紹，何分嫡孽。唯婉淑人，女士之傑。祔也合之，萬古同穴。系之銘詩，永保無絶。

明故如岡單公暨配吴孺人合葬墓誌銘

里中單秀才良佐，葬其父單翁，既乞銘於其友許侍講仲嘉矣。已而其母殁，繪翁夫婦像，裝潢成卷，出入必與偕。嘗因侍講之長安，周游玉堂，縱觀宮闕法從之盛，徒步歸邸舍，拜父母像，輒泫然流涕。詞館諸公，咸稱其孝，相與題贈盈卷軸，歸而謀合葬，介侍講而請於余曰：「願有述也。」

嗟夫！余固虞山之老民也，使之執筆而從詞館諸公之後，豈勝任哉？雖然，余浮湛里閈間，竊窺習俗之頑敝，蓋拊膺嘆息久矣。自縉紳大夫以至於蓽門圭竇，往往以驕淫相夸尚，以兼並相雄長，以詆欺滿讕相搘柱。父兄之教誨，師儒之觀摩蕩然，無復孝弟忠信禮義廉恥之謨訓。後生小子，游譚徵逐，暘睒跳浪，有如蠱蟲羣飛，怪鳥鳴唤，令人揜耳走避，猶恐弗克。余童稚時，側聞先生長者之話言曰：「夫已氏佻達人也，今則可以爲禮宗矣。」曰：「夫已氏徂詐人也，今則可以爲人樸矣。」曰：「夫已氏邪惡敗類，宜恥嘉石而歸圜土者也，居今之世，則鄉大夫皆將賓禮之，而國人或可以矜式矣。」嗚呼！上下三四十年，風移俗易，一至於此，是可不爲之痛哭乎？單翁固三四十年間人也。今之人，其孰有茹荼履霜，操奇羸以養其父母如翁者乎？其孰有絶甘分少，逐什一之息，以育其弟妹如翁者乎？其孰有存亡死生，賙人之急，揮百金如涕唾如翁者乎？書曰：「肇牽車牛，遠服賈，用孝養厥父母，厥父母慶。」翁之棄儒而賈，以養其父母也。詩曰：「教誨爾子，式穀似之。」翁之舍賈而儒，以教其子弟也。詩又曰：「孝子不匱，永錫爾類。」翁之教其子以取友，卒以顯聞於後也。令翁而在，吾不敢以爲賈人也，吾不敢以爲里人也，以爲古之先生長者而已矣。

翁諱九疇，生於嘉靖三十年十一月，卒於萬曆四十七年十二月，享年六十有九。配吳孺人，生於嘉靖二十八年十一月，卒於崇禎二年三月，享年八十有一。以崇禎五年九月二十六日，合葬於興福之新阡。孺人生柔而笄禮，具有儀法，仁孝恭勤，於翁有助焉。子一人，即良佐也。孫三人：曰震、昇、豐。昇、豐邑諸生。曾孫男二。余志翁之葬，蓋廢書而三歎。余老矣，雖不能從詞館諸公之後，考里閈之習俗，稽其頑敝，庸具訓於蒙士，是亦閭胥黨正之所有事也，故於侍講之屬，不敢以辭。銘曰：

惟單在周，世爲命卿。襄、頃、穆、靖，蔚有令名。宋大觀間，著於吳城。安仁開國，翼我皇明。翁雖服賈，厥德則嬴。劬躬纛後，篋衍一經。公侯之後，流長枝榮。嗚呼單氏，百世其興！賜進士及第嘉議大夫禮部右侍郎兼翰林院侍讀學士協理詹事府事通家眷生錢謙益頓首拜撰。

陳處士墓誌銘

君陳姓諱三恪，字象賢，其先世自潁川徙姑蘇之黄牛坊。元季徙常熟文學里。父士介，讀書隱居，教授里中。君少而喪母，依祖母以長。代其父教授生徒，摳衣函丈，頌禮甚嚴。年十八，已稱爲大師。君益以其間早夜力學，火爇角巾，燎及髮鬢，煙焰蓬蓬然，猶吾伊弗輟也。君是以爲鄉先生趙文毅諸公所重，招邀遠遊。嘗入京師，覽都市宮闕之盛。東遊薊門，出入關塞，訪問扼塞，歸而侍其父，抵掌環堵中，出其所叙紀，雜誦於側，酌酒相樂也。

君精研訓故，博綜小學，兼通堪輿卜筮壬遁風角家言。在益津，有異風從北來，君筮之曰：「國其有大火乎？又當有大喪。」未幾，乾清、坤寧兩宮災，仁聖皇太后賓天。天啓中，私告所知曰：「歲丁卯，聖人龍飛，國家鼎革，水火薄射，其猶在剥復之交乎？」己巳，□薄都城，余屬君筮，曰：「某月某日，□當自退。本兵大僚將不免。」後皆如其言。宫宅地形之術不輕試，有謁者必以正告，不遷就以規利。江陰議建塔君山，即席爲賦，文不加點。繆當時、尹孔昭皆歎服焉。邑志之不修者百年矣，網羅放失舊聞，刓編蠹翰，街談里語，捃摭收弆，旁行側注，久之成書，名曰海虞別乘。生平貫穿經史，蒐採志乘，皆用以資爲書。多所援據是正，雖通人無以易也。君内行淳備，安步詳視，擇地而蹈，斤斤如也。其爲學淹通弘肆，不名一家若此。

君卒於崇禎乙亥十二月初二日，年七十有七。娶吕氏，勤勞共儉，具有儀法，白首相莊，稱媲德焉。後四年己卯十月二十九日卒，年七十有八。以次年十月，合葬於白雀寺敦字號之塋。子德涵，能世其家。孫鶴徵，爲邑諸生。余罷官里居，君好從余遊，嘗爲余言：「唐人歌詩，皆可被管絃。先輩知音律，猶有歌唐詩以行酒者。」因歌白樂天「清江一曲」之詩，齒豁唇疏，發聲如蚓竅。歌罷，餘音嗚嗚然，殊意得也。每別，必執手諈諉曰：「公必銘我。」予何忍不銘？銘曰：

古有一行，亦有方伎。吁嗟陳君安所擬？兔園舊册時術蛾，陳留襄陽傳里史。白雀原，虞山里。山墮川迴土如時。君所相度今葬此，後有識者青烏子。

何平仲墓誌銘

故淮府長史左泉何公，與先王父同舉於鄉，而公之子平仲、季穆，皆執經於先夫子。余少侍先夫子，遊於何氏家塾，知平仲兄弟爲深。初長史公壯未舉子，以季弟之子無生爲後。已而生平仲、季穆。無生落落有世外之志，而季穆少經奇，以豪傑自命。君介於其間，坦衷易氣，恣其友愛，頹乎其順也。比長史公殁，外侮洊至。季穆意氣蓬湧，奮臂撑柱，里中豪皆俯首下之。君與無生，得稍弛負擔，優遊里社間。君推季穆能，待之如畏友。季穆亦益莊事君，終其身無退言也。

君少授春秋，經傳疑互，能通曉大義。屢踏省門，老於場屋，乃盡發父書讀之。正史之外，齊諧、虞初，無不搜閲。著麗情譜百餘卷，補黜異諸編之闕誤，今藏弆於家。熟於本朝掌故，好談官制，造爲圖譜，亦百官圖之遺意也。君諱允澄，家世具余所譔長史公志中。妻張氏，有婦德。生子三人，蕁、芾、莔，皆諸生，蕁、芾先卒。君卒於崇禎庚辰正月，年七十有一。莔爲余門人，以今年二月初三日。合葬君夫婦於本鄉吉家圩之新阡，而乞余爲志。君生平俯躬低首，言呐呐如不出口。往余被逮，君老且衰矣，聲淚哽咽，願叫九閽爲余死。其義激精强，少年不如也。銘曰：

謂君粥粥耶？著書滿家，汗青錯該。閒情爛熳，香奩玉臺。謂君汶汶耶？孝友壹行，不激不回。藴義生風，老而不隤。松柏丸丸，東海之隈。我作銘詩，永此一抔。

明故成巖馬君墓誌銘

往予過顧朗仲於藤溪，客有偕朗仲游者，長身修髯，善談笑，相與循谿流，聽松風，觴詠竟日。予視其眉睫蕭疏，近人而微有不可干之色。朗仲語予：「是所謂成巖馬君者也。」王子季和爲馬君弟子，時時爲予言馬君，予益有意乎其人，而馬君逝矣。其子兆聖以狀來謁銘。嗟乎！吾黨既失朗仲，風流若掃。中郎虎賁之愾，予於馬君重有寄焉。於我志，於我銘。

按狀：馬之先，燕北平人也。故朱姓，永樂初，徙常熟，有贅於張者，而襲姓焉。張之易姓馬，則自君昉也。君之父榴，娶於戴，戴未嫁時，與隣女蘇習女紅，相善也。蘇氏女嫁馬翁，翁無子，而君年覊貫露頭角，馬翁夫婦憐愛之，遂從張乞君爲己子。於是馬君自身遡其先，更三姓，於其身有兩父母，亦奇異事也。君既脱身游馬家，始得肆力於文章，補博士弟子員，下帷受毛氏詩名家。教授生徒，説經鏗鏗。諸弟子私相語曰：「先生豈匡鼎耶？抑絳帳馬家舊物耳？」君雖爲諸生祭酒，家故貧，有兩父兩母，君兩事焉。馬翁夫婦歿，君哭泣盡哀。宗人謂君夫已氏子，盡收田産去。君一無所問。當是時，張翁與母戴俱無恙，張翁能飲酒，善度曲，君提壺挈榼，扶侍游山水間。酒酣以往，父歌子和，相樂也。歸而具修瀡上食，以爲常。翁夫婦歿，而君哀可知也。

君言如不出口，其身如不勝衣。意有所往，賁、育不能奪。如植弱壻，拒富交，却苞苴，以復外父讎。辭束修羊，以明師表。皆凛然歸於名義。至邑有無賴，使酒嫚駡，君掩耳而走，夷然不屑也。君於詩好李供奉，於書好懷素，於醫好東垣諸家。音律支干，探抉邃隱，然不以自名。

君諱元俊，字伯英，生嘉靖戊申正月廿七日，卒萬曆己酉六月十九日。凡八試京兆不利，以逢掖終其身。生二男子，五女子。子各二孫。兆聖之狀云爾。史謙益曰：「予之知馬君也，一徵諸朗仲，再徵諸季和。季和之言曰：『馬先生，素心人也。所居近郭，閉門養性，不關人事。焚香掃地，凝塵滿席，危坐一榻，十五年無箕踞容，如管幼安。布衣蔬食，不知天地間或者美好，泊如也。小舠短屐，往來湖山，一石一泉，盤桓竟日。酒至輒醉，頹然自放，不問賓主。生平不以一刺謁顯貴人，不以一言加寠人田父。門無俗客，客無俗語。彈琴賦詩，商略風月，與之遊，如在舞雩、濠濮間，子故徵諸其眉睫矣。』季和之言如是，是狀所未既也。嗟乎！諺有之：『人貌榮名。』人見馬君哀衣應杖，一樸簌老儒生耳。藉令今有頌逸民、科高士如玄晏先生者，舉世混濁，舍馬君誰以哉？昔阮嗣宗著高隱傳，列爲三品，以挂冠人世、棲心塵表爲下篇。以予觀於馬君，隱不違親，貞不絶俗，蓋汝南袁氏之流。考諸嗣宗所論著，則三論之下也。大隱陸沈，至以金馬門爲商山，何況逢掖間乎？起朗仲於地下，其以予爲知言？」銘曰：

謂爾爲通，爾則蓬藋。謂爾爲隱，爾則逢掖。遊於儒林，儒行既穆。遊於酒人，酒德既穀。隱非遁跡，通非入塵。何以謚爾？通隱之間。藤溪雪菴，遊跡如夢。我裁銘詩，寄此深慟。

陳令人墓誌銘

令人，從祖祖父存虛府君之側室也。年十八，歸於我。年七十七，以天啓五年八月十五日卒。以其年十二月二十八日，葬鳳凰山之祖塋，祔於府君之兆。初，曾祖王父性嚴重，屬府君庀家事，令人佐其嫡黄，夙夜操作，米鹽辦治，府君得以寬於爲子。府君奉佛好施予，家業中落。有田一壥，有宅一區，以遺其子，皆令人拮据十指所留也。

令人入錢氏五十餘年，事府君父母夫婦，克有終始。生一子曰世美，今爲知名士，其孫又成童矣。生一女，嫁於顧。又抱嫡女之適譚者而均愛其適。時與孫者朝齏莫鹽，推燥就濕，勞苦勤動，以迨於死。布衣綆裂，縫紉補綴，久而失其故焉。驟見者，不辨其爲令人也。黄孺人性慈愛，事之有加禮。隅侍却立，老而不替。殁辟其内寢不敢舍，曰：「不忍死吾嫡也。」令人殁，將葬，世美過而泣曰：「母戛戛爲勞人以死。以孤之長而無聞，將就抑没焉。子爲宗老，習乎錢之故，是誠在子。」謙益曰：「諾。是當應銘法。」銘曰：

生劬厥躬，以之死也。没祔於墓，以有子也。宜爾孫子，慶無止也。

牧齋外集卷第十六　墓誌銘二

誥封都督梁公墓誌銘

贈中憲大夫忍齋顧府君墓誌銘

天啓丙寅，吾吴周忠介公以忤奄急徵，鋃鐺在頸，檻車拒門。諸生叫天呼號，市人掉臂從之，奮擊緹騎，義聲震天下。忠介白身就逮，囊無一錢。志義之士，相與纓冠倒衣，納橐饘，庀扉屨，觸冒不測，惟恐或後者，凡十餘曹。忍齋顧府君，其魁然者也。當是時，余囊身伏野，惴惴懼與忠介同日。每思諸人作何面目，亦復兩眼一口、眉横鼻豎否？何以能矯矯若是？今老矣，得見顧府君事狀，雖復螢乾蠅凍，猶爲之髮植毛竦，震掉而不自已也。

按狀：府君諱謨，字仲晉。先世出吴東平郡王雍、陳黄門侍郎野王。野王十七世孫伯仁，居長洲下堡里，四傳爲通政司參議九思及其弟處士某。處士生某，爲高才生，娶於韓，實生府君。府君生而穎異，讀書等身。哭祖母致疾，數年而後起。爲諸生，揺筆伸紙，傾動儕偶。踏省門不售者垂二十年。晚而教其二子，指先世所藏書數千卷，屬之曰：「此萬金產也。」猶及見其長子成進士，歿而以吏部郎覃恩贈中憲大夫。

府君以貴遊子弟，掉鞅詞壇，藴義生風，急病讓夷，修燕、齊長者之行，不以聲華徵逐爲能事。不事家人生産，家事日落，其用以交納賢豪、請謝賓客、置驛供張、文燕嘉會者什之二三，其用以佽助緩急、昏夜叩門、側席有喪、問遺弓劍者什之四五，其用以送往事居、黽勉大事、致飾牆翣、封殖堂斧者什之八九。而其生平天性篤摯，勇於爲人，道路不平，努目奮臂，雖發風動氣，不少衰止也。忼慨急難，摩頂剜血，雖饑寒頓瘁，不自顧恤也。執親之喪，老而彌篤。擗踴號慟，聲入黃泉。雖古之死孝，不是過也。束修刻厲，勞心苦形，甫壯而窮，未老而病，殆列御寇所云天民之毒痛惶遽者。幸哉有子發聞於後，君子以是知天咫焉。

吏部君既徼新命，克大葬公，而徵文於余，曰：「願有述也。」余惟漢之西京，崇尚節義。如府君之周旋忠介，側出於椓人擅命、風波喧豗之際，即此一端，已足以眉目一世，步武公府矣。余舊承乏太史氏，雖老而失所，其敢不謹而書之，以備求野者之採擇。

府君生於萬曆丙申正月十六日，卒時年五十有五。娶施氏，誥封恭人。生二子：長贊，即吏部君，由順治丁亥進士，歷今官；次贇，邑諸生。女三人。孫男女四人。嫁娶皆甲族。墓在某地某阡。銘曰：

吳俗靡靡兮，如膏漬油。梔貌蠟言兮，其中日偷。展如之人兮，法夫前修。高冠奇服兮，志隘九州。蜚聲頌德兮，農力忍尤。才爲命折兮，名與身讎。不贏其躬兮，謂我何求？蛾子時術兮，穀食難收。煌煌金章兮，賁錫松楸。徵文舊史兮，琬琰則優。孰銷孰泐兮？訊彼千秋。

海幢先生墓誌銘

翁芳菴合葬墓誌銘

年家子翁君子虛，以尚書戶部郎榷關蕪湖，竣事還里，奉其母王安人柩，合葬芳菴府君兆域。手疏事狀，踵門肅拜，泣而請銘。余讀之，淚涔淫漬紙，弗忍竟，輒乙之。讀且乙者數，然後竟。乃爲撮而叙焉。

子虛狀其考曰：「府君諱萬春，字伯生，世爲南渡名家。曾祖思隱公瑞。西江公臣其祖，小江公拱辰其父也。翁自思隱公始大，諸孫鵲起，青紫映望。府君少負淵敏，思奮臂出其間。夢腸刻腎，攻苦績學，屢阨童子科，垂老罷去。於是乎望塵息心，束身修行。横經籍史，以峙老學。作苦食淡，以治生産。夙夜曙戒，以教子姓。和光息機，以洽隣里。治冢墓，廣封樹，誠敬盡物，不以纖嗇儉其親。均甘苦，忍睚眦，同株異林，不以鬩牆貳其弟。撫煢嫠，恤孤孩，絶少分甘，不以寒暄畜其宗黨。聚羶因勢，邑屋成風。宗有貴人，窶人子輒鮮衣危帽，矯尾厲角。府君每唾之曰：『吾翮下有翼，不能垂天，肯竊他人羽毛嚇腐鼠耶？』青衫白袷，杖藜徒步，與二三知己，縱浪湖山間。春花秋月，左絃右壺，不自知老之將至也。府君長身玉立，地負海涵，坦衷直腸，截去刀尺。平居拂跡埋照，息深而視下。遇事飆擊風發，劈肌中理。蓋孝友篤誠，光明倜蕩之君子也。」

子虛狀其妣曰：「安人王氏，長洲荻扁甲族。府君娶於龐，早夭。繼室以吾母。母賢明貞順，儀法夙夜，相府君三十年猶一昔也。朝齏莫鹽，焚膏宿火，相府君以學。補衣糲食，度身量腹，相府君以家。親辛割，躬畚鍤，相府君以喪以葬。羃酒漿，異粻肉，蒔花藥，治庭館，相府君以給賓筵，娛莫齒。事外王父母，撫前母之女甥，待妯娌，御姬媵，孝而能敬，恩而有禮。長齋禮佛，口授大乘經典，精勤膜拜，減分佈施。足不入寺宇，身不接僧尼，外修閫儀，內閟梵行。笄幃者流，觀法爲女師。在佛法中所謂現善女人身者也。」

子虛既狀其考妣，而自序曰：「長庸生七日，育於吾母。母手自鞠養，乳湩狼藉，溲溺錯互，不啻毛屬裏離也。長就外傅，攻舉業。府君課句讀，析文義，伊吾視畢，與孺子共之，唯恐其不速化也。府君没，家産益落，丹鉛膏火，自母十指中出。機杼軋軋然，與雒誦聲相上下也。丙子歲，雋黌宫。吾母聞之狂喜，已而曰：『得毋誑我耶？』以一子衿驚疑若是，其窮可知也。嗚呼！長庸入黌宫，父不及見。舉制科，母不及見。菽水廢養，蓼莪廢業，每一念及，未嘗不撫膺頓踴，泣盡而繼之以血也。」

嗚呼！人世之抱子者多矣，有如府君夫婦恩斯勤斯蒲盧爲子而果贏省我者乎？人子之孝其爲後者多矣，有如子虛之於考妣，我怙我恃，枯魚蠹索，而風樹停悲者乎？子虛之痛其母曰：「吾母辛勤一生，孤單半世。精銷骨竭，盡爲煢孤。今日力能致甘旨，吾母弗能下咽。力能致紈綺，吾母弗能服御。力能致臧獲，吾母弗能役使。力能致棟宇，吾母弗能寢興。」痛哉斯言！雖使古北山之詩人，白華之孝子，執筆而愬其哀苦，有如子虛數言，迴環沉痛，情文相生，聲淚交咽者乎？唯慈與孝，天地之元氣也。天地間榮華富貴，不可久長，唯元氣爲不朽。是故紫泥之誥，上尊之養，不足以爲生榮。堂斧之封，京兆之阡，不足以爲死哀。唯慈與孝，媲美娠賢，有光熊熊然，有氣鬱鬱然，榮山川而賁草木，長發其祥，保世滋大，固其所也。子虛雄駿君子，筮仕有聲實，其於榮進，猶初暘之昇若木也。休命自天，光賁白日，方於是乎始。余爲銘以俟之。銘曰：

古旌慈孝，雙闕表門。崇臺綽楔，職有司存。猗與翁氏，内行聿敦。烏頭未樹，錫之愍綸。虞山之麓，尚湖之濆。宰木蔽虧，休氣昆侖。日照禺中，基於初暾。蓼蕭被澤，自葉流根。不羸其躬，慶貽後昆。德厚流光，訊此刻文。

户部主事焦川蘇君合葬墓誌銘

君姓蘇氏，名祖蔭，字眉孫。上世自常之荆溪，遷於吾邑。祖龍峰，父蛟峰，皆有隱德。君少敏捷，攻苦讀書，爲瞿桂林高足弟子，因以文贄於余，知爲國器也。崇禎丙子舉於鄉，越十六年壬辰，始舉南宫，授户部主事，督理清江糧餉。君廉辨精强，饒心計，爬搔利病，引繩披根，商賈騰踴，税額報最。勢要多所不便，弗恤也。内計鐫一秩，補山東藩幕官，署泰安州事。强項執法如故，上官同官交相牴牾。及瓜而代，憤懣期死，遂以戊戌十一月二十六日卒於官，年五十有四。娶包氏，劬躬熹後，備有儀法，以是年九月八日先君卒於家，年五十有五。於是君之三子鳴皋、鳴岐、鳴霄，扶柩歸里，卜地於破山之萬松院，將合葬君夫婦，而乞銘於余。

余讀賈生弔屈原之詞，謂其「遭世罔極，乃隕厥身」，以自喻己之適去，意不自得，每盡然傷之。及讀其鵩賦，則曰：「天地爲爐兮，造化爲工。陰陽爲炭兮，萬物爲銅。忽然爲人兮，何足控摶？化爲異物兮，又何足患？」以繫俗爲拘囚，以死生爲細故，何其心之曠、語之達也？嗟夫！賈生負王佐之才，不得任公卿之位，適官卑溼，壽不得長，此真可以跼蹐天地，讎怨鬼神矣。而顧能超覽託寄造物，以自解免。當此之時，追思雒陽少年，遭逢聖主，奮然欲改正朔，易服色，定官名，興禮樂，以及更定律令，詔列侯就國之事，固已斡流推遷，寥廓荒忽，迢然不見其所有矣。公卿之任，猶日及之朝榮。絳、灌東陽之讒，猶蚊蚋之夕嗜。大中之超遷，宣室之前席，猶蹴踘之有高有下。至人遺物，非但作賦以自廣也。而世之儒者，猶以哭泣自傷，呰議其褊急，譬諸鳳凰高逝千仞之上，而以牛羊之眼定其方隅，不已遼乎？以蘇君之才器，雄駿秀發，遭時乘流，以傳遽至於公卿，何不可者？棲遲郎潛，冗長淹久，斯已窮矣。而又且支離連蹇，掣肘蜇鼻，捐七尺以殉一官。賈生之云「萬物回薄，錯繆相紛」，此其不可窮詰之尤者也。才耶命耶？天實爲之。君固自以爲得死所矣，而又何憾與！君歿而厥子能繼其志，高墳石闕，豐碑深刻，不忍以渴葬儉其親也，君亦可以瞑矣。余既以一日之雅，爲誌其墓，而又爲招魂之詞以當銘。詞曰：

魂歸來兮岱宗！天孫主召兮，其命難從。日觀迢迢兮，膚雲濛濛。瞻彼吳門兮，白馬如虹。魂歸來兮虞山！巫咸所出兮，筮與自天。工祝背行兮，巫陽我先。人民城郭兮，華表依然。魂歸來兮烏目！石城蜿蜒兮，龍淵迴複。萬松如茨兮，安寢鉅屋。刻石銘章兮，永訊陵谷。

雪樵邵封君合葬墓誌銘

余弱冠，從邵兄茂齊卒業北山。茂齊族子雪樵君少余三四年，盤辟雅拜側立，不敢以輩行進。茂齊語余：「勿易此少年，攻苦績學，吾家千里駒也。」垂四十餘年，余病廢閶左，君兄弟年七十餘，母錢太君九十。君之子比部燈，舉高第，簜節過家，奉觴稱壽，朝右誇爲盛事。無何，太君即世，比部念父老歸養。越三年，君卒，比部卜葬茆塘，合窆於周安人之阡，而謁余爲銘。

按狀：君諱梁，字公輿，雪樵其別號也。邵氏自北虞先生圭潔，爲文章大家，與瞿文懿齊名。而北津公學通經蹈道，以從兄爲之師。人稱二北先生。學生欽，欽生永胤，妻錢氏而生君。君生三歲，讀書等身，摛詞掞藻，屢躓有司。家貧，學益苦。然薪代炬，吞紙實腹，筆硯擊戛，顧影自歎。周安人以儒門來嬪，羹藜含糗，裙布深□，□得以壹意下帷，洽熟經典，摳衣陞堂，爲里中大師。所獲□□，□□□宿肉曙戒，奉二尊人以及王父，夫婦退啖糠覈，相對訢如也。父没，家益落，典衣以庀棺，捧土以營葬，牆翣箕畚，血淚沾漬，人以爲死孝。中歲盡發篋衍之書，以授其子，曰：「不龜手之藥，可以封侯。汝無忘吾所殫瘁者矣。」比部既得第，君喜曰：「兒一第固當，幸得借孺子彩衣，以娛老母。」退而悲其父不及見，未嘗不涕流枕函也。比部奉父母德教，刀礱玉錯，以廉辨自勵。辭榮養志，扶老祝噎。君以西垂之歲，偃仰枌榆。桑海變易，迢然劫塵之表，天所以相君者厚矣！君歿於癸卯歲□月□日，享年七十八。安人歿於丙戌歲□月□日，享年五十七。子燈，舉進士，官刑部廣西清吏司主事。以覃恩得封君如其官，而母贈安人。孫男女若干人。

余觀比部件繫君事行，縷縷數萬言。撮其大者，孤僮力學，抗顔擁皐比，以經師爲人事師。晚爲鄉祭酒，爲封君，好德考終。最其馴行孝謹，白首孺慕，則周官三物六行之遺也。延叔堅不云乎：「仁人之有孝，猶四體之有心腹，枝葉之有本根也。」世衰道微，師資澆薄，不知先孝後仁之意。煩稱縟詞，工其聲悦，本根揆棄，而取其枝葉扶疏，不已難乎？君以孝行淑身，以師道範人，式穀爾子，介茲多福。天咫昭然，可以觀，可以勸矣。弘、正之間，邵有守齋先生，爲徐昌谷桐子師。銘其壹行，載在五集。余文不逮昌穀，謹序次君之所以爲人子爲人師者，以勸勉夫鄉人子弟，則亦閭史左右塾之所有事也。繫之銘曰：

君之壽母，余爲祝嘏，以介壽觴。神仙忠孝，推本靈寶，孝弟明王。是母是子，天真盟授，視履考祥。君今全歸，五福渾圓，重績餘慶。玄枵之野，高明顯融，有星煌煌。日月斗中，鍾美豐物，子孫未央。我考經史，旁求仙籙，刻此銘章。

武略將軍瞻雲姪孫墓誌銘

族曾孫國輔，卜葬厥考武略君於青墩之阡，手勒事狀，泣而言曰：「先武略棄諸孤三年而國難作，國輔震盪播越，大懼我先光禄公之明禩，隕越於地，間關重趼，歸命闕下。荷今主洪恩，不即孥僇，嘘枯肉骨，詔補儀鑾。國輔世世萬子孫，碎骸骨爲微塵，無能報國恩萬一。間得休沐還里，治先人窀穸。先人有知，其亦陰慶於泉壤矣。隧道之石，例有刻文，敢以累宗老。」余曰：「噫！斯世家之異典，譜牒之盛事也。敢不叙而銘諸。」叙曰：

君諱可興，字明詩，吴越武肅王二十七世孫也。高祖雲江公，諱泮，以江西參政憂居，與倭戰，死之，詔贈光禄寺卿，賜祠褒忠，世廕錦衣衛百户。長子部，部子輿，皆襲封，陞千户。輿子承恩，以疾廢。而君爲其長子，萬曆戊午，襲錦衣衛百户。熹廟大婚禮成，陞副千户。先帝御極，晉正千户。七年，協同西司房理刑。移疾予告，覃恩階武畧將軍，贈封其父母。崇禎壬午二月，卒於家，年五十有三。君襲職，奉命督南工部解額，過家上冢。爪斧行列，隣里聚觀歎息。官西司房巡皇城，上親行郊禮，兩扈聖駕。奉御前金盒，趨蹌數十里，袍笏屹然，班行自屬焉。天啓中，逆奄煽禍，金吾緹帥，皆其家兒。君屏足斂息，無所附麗。掌衛劉僑、吴孟明，忤奄再起，皆引重君志節，爲余誦之。蓋君少時，攻苦讀書，刻畫名行，求不隕其家聲。服官禁近，側席憂時，别白邪正，好自引退，其素所自鏃礪也。爲人孝友順祥，無子弟之過。規言矩行，動止有常。歷官三十年，羽儀有聞，閥閲不替，斯稱爲光禄宗子矣。娶薛氏，封宜人。生二子：長國輔，錦衣衛指揮、僉事，今授鑾儀衛治儀正；次國裕，鑾儀衛官，早卒。

余既叙君事行，喟然而歎曰：「光禄忠壯死國，子孫勝拜跪，皆爲羽林孤兒，繫籍環衛，珥貂璫侍從，五世於此。國家報死事之臣，可謂不薄也。十年以來，吴中錦衣世胄，皆已蕪没尺五，浮湛負販。國輔獨能起孤生，奮九死，叫號籲天，扳附日月，使其先人枯骨餘魂，得與被新恩於地下，可不謂榮幸哉？自今以往，武畧之子孫，燥髮毁齒，長爲鑾儀世臣，讀畏吾之文，被只孫之衣，蒙怯薛之號，登詐馬之宴，緑江如帶，白山作礪，承休襲慶，未有紀極。豈惟光禄世禄不朽，先武肅錦軍石鏡，亦有餘光焉。異典盛事，固當不一書而足也。而余又何足以爲之徵？」繫之銘曰：

有禕武略，奮跡綺紈。龍武扈蹕，珥貂飾冠。錦衣之署，化爲儀鑾。天傾日昃，不失故官。青墩之阡，松柏丸丸。兩朝恩命，書納一棺。白石有泐，青竹可汗。千秋萬年，斯銘不刊。吴越二十五世王孫七十五翁牧齋譔。

明經顧云美妻陸氏墓誌銘

留守相公瞿稼軒既殉國，其幼子玄鏡奉其骨歸自桂林。甲午正月至常熟，顧苓云美來弔，玄鏡從其兄擁杖出拜。云美問其兄，曰：「吾幼弟也。生長西南，今九年矣。」云美出，謂其表弟嚴武伯曰：「子爲我語瞿氏，以我女字玄鏡。」瞿氏諾之。云美告余曰：「苓以女字留守相公之幼子矣，夫子其謂我何？」余曰：「有是哉！昔天啓間，魏忠節公被急徵，過吴門，周忠介公入其舟相見，即以女字其孫。文文肅公稱之曰：『周景文真丈夫也，以女許人，不歸而謀諸婦。』余曰：『是亦可以觀其夫人也。』子爲文肅彌甥，氣骨酷似文肅。文肅有知，聞之而喜可知也。」後六年己亥四月十日，云美之妻陸氏卒，越七日，云美之父處士君卒。云美居喪守禮，不寘姬侍，躬保護其女。服除，而玄鏡孤貧無倚，云美收爲贅壻。壬寅五月，吉安施偉長見玄鏡於云美之側，喜而告余。及秋，余過虎丘塔影園，云美出玄鏡拜牀下，摳衣奉手，目光射人。歸而詒書云美曰：「忠貞之後，僅存一綫。今得端人正士，以尊親爲師保。稼軒忠魂，亦稍慰於九京矣。」鄭重丁寧，泣數行下。

余因是而有嘆焉。世德下衰，士君子塗飾一切，急功利而薄義感，珩璜琚瑀之節，不修於家。自婚男嫁女，以至出入言動，率受章程於閫閾之内。苟毛髮自遂，則訕泣比東郭今之庭，交謫效北門之室。一旦簾屏既撤，但見新人。前妻子女，向隅獨泣者，皆是也。今云美以女許人，不謀諸婦。其妻死，煢煢矜獨，身護其女，五年如一日，亦可以觀其妻也。云云美長女壻許爾録，其祖自表，崇禎間爲御史，抗疏擿官，乙酉六月不令死，許氏請婚，云美與之約曰：「毋應試。」亦可以觀其妻也。云美之友閻爾梅，當世奇士，好駡人，爲文表陸氏之墓，反覆讃歎，稱曰孝婦，可以觀，可以興矣。先是云美將葬其父，請余銘，拜具陸氏行畧，曰「葬之地在塔影園北，葬之日在死之年十二月丙午」。追憶而爲之誌，其懿行不備書，書所知者。余舊史氏東澗遺老錢謙益也。銘曰：

海湧三峯，雲濤鬱盤，嘉樹則里。歌斯哭斯。聚魂魄斯，我告彤史。此後幾年，星迴斗轉，昭爾女士。

顧東壁墓銘

牧齋外集卷第十七　墓表　祭文

明故太學治齋張君暨章令人墓表

嗚呼！是爲吾里中治齋張君暨章令人之墓。張與章皆里中閥閱家，張自學博公而下，章自侍御公而下，代有顯人，晉、楚匹也。張君生而穎秀異凡兒，通經術，多所博外家語。數從有司試，不利，父次巖公笑曰：「兒昂昂千里駒，安得與鄉里兒童争項領乎？」令遊南雍。君始從四方賢豪長者遊，奚囊不律，相尋冶城、攝山間，人人願一當張君也。君既倦遊歸，兩尊人後先下世。君雞骨支牀，哀毁踰禮。既除服，益慨然增魚枯樹静之感，有終焉之志矣。

君性好客，顧不喜軒冕。交吴中名士如文壽承、休承、陸叔平、黄淳父、彭孔嘉，諸君子每過虞山，君輒倒屣迎之。君所居多便房精舍，名花美竹，稱觴染翰，灑然世外。章令人又佐君好客，夜供帳至旦，烹葵剥棗，炰羔擊鮮，客以是益留連不忍去。諸君子時時語君：「卿故自佳，卿婦復大佳。富家翁兒女，饒有林下風氣，不以孔方兄驅斥子墨客卿也。」少宰趙公，與君爲素交。少宰再召，詒書趣公，願以一命爲故人地。公拍首笑曰：「好冠來邪？此中有鬼，不任受此如箕者。且長安道中，赤日如火，黄塵如霧，呵殿蔽道，來如疾雷。吾山澤癯，能局促此中遊耶？」章令人笑曰：「子能爲萊氏，吾豈憂門外轍跡哉？子且休矣！」君乃益修治别墅於城北隅，傍山構宇，疏泉成池，顔其堂曰半野。時時與親知觴詠其中。常語其子曰：「樂哉斯丘，生吾菟裘，死吾峴山也。雖然，此壘壘者，與吾腐肉朽骨孰修？吾不能爲平泉草木，愚矣。」其達生如此。

君生平内行淳至，與章令人相敬如賓。令人少習内則、列女傳諸書。及歸君，君前所遺兩女，俱免强保，君已先納篴金矣。令人撫二女如女，遇篴金如姪娣，閨門雍睦，迄無間言。既爲君舉子元統，即謝君曰：「吾少奉西方聖人教，憎女人相。今爲君舉一男子，當謝絶兒女子態，習淨因矣。」遂與君分室而居，復爲君置篴賀，曰：「佛燈梵唄，吾自有法侣。不忍君以我故，作此寂寂也。」篴家故貧窶，令人厚恤其父母，視篴賀如篴金也。令人自此修白業益堅，披毘邪梨甲，晝夜六時無間。好有爲功德，不作福田利益想，曰：「住色佈施，即貪嗔癡種子也。」既病革，神明朗然，誦阿彌陀佛，聲琅琅徹户外，西向吉祥而逝。人謂令人具菩提心，修普賢行，其往生樂邦無疑也。

君諱希詠，字與元，生嘉靖丁酉，卒萬曆甲辰，年六十有八。令人生嘉靖乙巳，卒萬曆辛亥，年六十有七。子即太學元統，能世其家。子姓具誌狀中。表曰：

世禄之家，鮮克由禮，丈夫猶難之，況女子乎？夫丈夫之無獨行，則利名爲之釣餌。而女子之多爽德，則嫉妒爲之徽纆也。争名如市，漏盡不休，浸假而託於五游，用以插齒牙、樹頬頞，僞矣。牝雞司晨，人彘修悋，浸假而託於三寶，冀以消定業、利往生，誣矣。君之素心於利名也，超世網矣，故好客不爲近名。令人之刳心於嫉妒也，破女相矣，故好佛不爲矯誣。於其稱曰大隱，曰女師，其誰曰不然？於是君之子元統合葬君與令人於維摩里之新阡，而史官錢□□爲之伐石而表其墓。賜進士及第翰林院編修通家眷晚生錢謙益譔文。

明處士周鳳岐墓表

余少時聞邑中稱素封，每屈指東倉周氏，而周君鳳岐更以材諝稱，邑長吏倚之如左右手。余舅氏曲江公，任俠尚氣，少可人也，顧獨與君善，數向余稱曰：「丈夫，急公赴義，緩急可倚賴。」余年少氣浮，初不甚省。比長，通仕籍，覩縣官之有急而莫與任也，追憶舅氏之言，稍稍慕説君，而君已前殁矣。君殁而内外變作，不克葬，已又二十餘年。其幼子景星成立，乃始庀葬事，屬余伐石而表其墓。

按狀：君諱子京，字念甫，別號鳳岐。周之先出自晉將軍開林。國初從江上徙居常熟之雙鳳里。八傳而至文昱公，贅於邑東之田氏，遂家焉。東倉周之名自此始。又三傳而爲懷堂公伯起，家鉅萬，富而好行其德，君之父也。君弱不好弄，嶽嶽有鉅人志。就塾受學，露穎異。亡何，其兄已遊於庠，而父老而善病，困於役不得休，君喟然歎曰：「有子而不能逸其親，不如無有。」乃因母而請諸父曰：「大人憊矣，今以往，兄任讀，兒任家。大人姑優遊晚歲，可乎？」父笑而聽之。君遂去不律而操牙籌。外擠内殖，公私之務，秩秩有功緒，人皆稱之曰才。邑長吏下車，必召君咨民間疾苦，君爲條上其利害，與所當興革者。長吏採而行之，一切稱治辦。歲大祲，米價翔湧。君大開囷廩，而平其糶，又出粟以賑饑者，斥金錢以代逋者，先後不下數千計。邑有非時繕興，如城郭陂塘橋梁堤堰之役，輒以屬君。君未嘗不身先爲倡，趨之如不及也。大略君之才力，什七以赴公，什三以治生。而其所爲治生者，亦惟擇人任時，程入爲出而已，絶不爲纖計巧籠之術。自奉節嗇，而施予則不厭侈。宗戚中待而舉火者若而人。人有負於君，折券已責者，更不知其幾也。

自舞象時，聞形家言，某所有吉壤，葬之法當有後。君不告諸父，遽出私鏹營得之。

父知之大喜。卒所以葬其親者，即幼時所營得地也。與兄雖析箸，必既具而後飲食。至一切徭役踐更，則又獨身肩之，不一以及兄。撫弱弟有恩意，爲人所間，而不宿怨焉。弟破其業，輒復分予者數矣。其孝友大節又如此。語云：「人富而仁義附焉。」君豈其人與？君生於嘉靖辛卯正月初八日，卒於萬曆己亥七月十二日，享年六十有九。嫁娶俱名族，詳具志狀中。墓在虞山寶巖灣。

嗟乎！世之擁高貲者，徵貴賤，權子母，蹛財役貧，擬於封君，衣食之欲，恣其好美，而莫佐縣官之急。一遇徵發，卒裹頭匿影而竄，以視君何如也？君閭左一布衣耳，逐利不爭先，任役不居後，急公赴義，有如饑渴。假令列冠紳而膺事任，其肯規便偷安、食焉而避其難哉！推此志也，雖勞其身、愁其思以憂社稷可也。余追憶舅氏之言，因景星之請，而表其墓上。後有觀者，庶可以徵於閭史。

富平石府君墓表

參藩富平石公，奉命督理江南糧儲。廉平精敏，漕政具舉。將行而奉尊府君之諱，余唁之吳門，再拜稽顙泣而言曰：「我先君澡身浴德，屯膏未施。夫子操文章之柄，賜之一言，俾不與草木同腐。逝者有知，其不没没於地中矣。」言已，嗷然而哭。余曰：「諾。」乃按其行狀而表之曰：

府君諱孕玉，字乾籙，世居富平頻山之陽。高祖朝用，曾祖彦文，以孝弟力田起家。祖炯，歲饑賑穀，授冠帶，里中號石義官。父塝，以高才生入太學。府君少而重厚，爲文有律度。試邑諸生高等。四踏省門不見收。年老，篝燈寫程墨文，字如鍼鋒，如唐人所謂秋卷者。閣筆而嘆：「莫謂梁狀元便伏老也。」然終不第以死。君内行甚修。太學公既出嗣伯父矣，伯復生二子，虜扈抵突，無禮於其兄。君勸其父勿與較，濡沫卵翼，施及其子。有異母弟三人，君撫之如嫡，弟亦莊事兄，一門之内，斷斷如也。參藩宦遊，其季叔來省視。君病革，撫枕語少子：「大哥作官，自分不得見面，豈謂亦不見汝三叔耶？」愛弟過於其子，人情所難也。與人交，側行却席，唯恐口呵氣觸人。教諸子甚嚴，立跛視輸，訶斥不少假。參藩初官内翰，覃恩膺敕封。人賀之，輒頻蹙曰：「身不得自致青雲，乃幸從兒子沐餘波作車上儛耶？」跡其生平，蓋孝友順祥，篤實輝光之君子也。

昔者北齊劉獻之謂學者曰：「百行殊途，準之四科，德行爲首。若能入孝出悌，忠信仁讓，不待出户，天下自知。倘不能然，雖復博聞强識，不過爲土龍乞雨，炫惑將來，於立身之道何益乎？」君馴行孝謹，讀書厲行，其聲施不出閭巷，如翰音之備五德，如翬飛之具五彩，羽儀修整，在人耳目。其視夫梔貌蠟言、遊光揚聲以炫惑當世者，不已遼乎？參藩率由先德，厚自鏃礪。槖裝枵然，不能辦見星之費。麻衣如雪，雞骨支床，猶思所以不朽其親，揭德拾華，於古有耀。庶幾題京兆之阡，拜下馬之陵。所謂不出户而天下知者，有弗信矣乎？余老耄不文，不習諛墓之詞，援獻之之言，準於四科，大書深刻，以表君之墓。俾秦人子弟過者，必憑而式焉。則亦舊史氏之職事、論世者所不廢也。府君生於萬曆癸未，距其卒之歲，享年七十有六。妻李氏，繼室王氏。生四男子：在闐，即今參藩公也；次在宸、在序，皆庠生。生五女子及孫男女若干人。詳在行狀中，不具列。

陸母張夫人墓表

古之女子，必有師傅保姆之助，詩書圖史之戒，珩璜琚瑀之節，是故壼教具而胎教亦因以修。稱於天下，能教其子，代有人焉。世教下衰，圖頌之風，不少概見。余於里中得一焉，曰陸母張夫人。夫人與余家比屋而居，突煙相望者三四世矣，又世爲婚姻。余與仲子中丞公，又相好也，故得夫人行事爲最詳。中丞公命余表夫人之墓，其可辭哉？

夫人姓張氏，爲太守端巖公之孫，光禄三洲公之子。其族，余里中所謂甲乙者。光禄娶太倉王氏，故兵部侍郎思質公之女，實生夫人。夫人之元舅司寇公，世所謂弇州先生者也。夫人少長外家，以孝友聰明爲元舅所偏愛。選所宜歸，遂適陸氏。當是時，夫人之舅三泉公，一貧孝廉耳。封公方事舉子業，不問生産。夫人裙布操作，朝齏莫鹽，絶無富貴容。既饋而公姑交賀曰：「陸有婦矣。」封公多文酒之交，供具取咄嗟辦，至卜夜不罍恥，封公不知其所由置也。三泉公卒於泉州，封公五千里扶櫬歸。夫人庀治喪事，禮無違者。封公不得志於名場，家復中圮，居恒仰屋而嘆。夫人時慰解之曰：「二孺子長矣，夫子耕之，天其使孺子穫之乎？」封公延名師以課二子。夫人治滫瀡醪鏞，必躬必親。稍間則治絲枲，居其旁以勉之，曰：「汝父母老矣，髮日短，望汝曹心日長也。」於是中丞公與其兄平陽君，弱冠競奮，後先舉進士。而諸子皆夭矯諸生中。人謂陸氏有母師焉。夫人高明純約，恭儉慈恕，平陽君早世，夫人哭之哀。及中丞公繼起，夫人曰：「衰門薄祚，何以堪此？惟有畢餘生，惜餘福耳。」補衣蔬食，奉以終身。遇媪御傔從，悉有恩義。饑寒勞苦，無不周䘏。姻黨有窶貧者，或不自言，徵其色而貸之，使滿意去，人人以爲吾母也。其事封公也，白首相莊。封公晚嗜音樂，徵歌虞賓，窮日落月。夫人供帳至夜分，一無倦色。封公歿，夫人哀痛神傷，逾年遂不起。春秋六十有九，天啓元年之十二月也。夫人三膺恩命，封太淑人。没後中丞官廣東布政，考最，得贈夫人。今中丞特簡建牙，當又有新命云。

中丞公之狀夫人也，覈而文，余徵之而信。還觀中丞公恭敬温文，貴而不懈，恭人君子，一何似其母師也？豈非所謂胎教者與？陸氏再圮而再衰，綽楔之廢興，門第之寒燠，父老過之，皆爲感嘆，以爲有天道焉。豈非以盛德如夫人爲之治内，有相之道與？余故伐石而誌之曰：

是惟賢母陸夫人之墓，祔封公於虞山之趾。我爲之表，辭無虚美。傳諸女史，徵諸閭史。後千斯年，尚示無止。

祭張子崧文

嗚呼子崧，竟長逝耶！仁者必壽，云何不遐。茫茫人世，夢幻空華。死爲歸人，其又何嗟！君之少壯，早擅時名。取青妃白，鬭葉儷英。方軌豪俊，倒屣公卿。君於斯時，終童、賈生。文心駘蕩，遊興紛複。芳草灞陵，梨花杜曲。雜沓履舄，競奮絲竹。君於斯時，歐詹、杜牧。東閣晝永，西園夜長。酒傾何釀，韭煎衛堂。春郊連騎，秋雨對牀。君於斯時，陳遵、鄭莊。回禄相子，素封如掃。蝸角戰闌，邯鄲夢早。坐看滄桑，笑向晴昊。君於斯時，邵平、龐老。繁華剗盡，天根自回。寂滅爲樂，水流花開。長寢鉅室，久勞得歸。膠膠擾擾，其又何哉？

惟余與君，意氣稠密。託以婚姻，我之自出。執手告我，非敢牽率。我孫若壻，我子若姪。嗟我連蹇，累及兒女。短褐不完，空煙如縷。君時喟然，念我酸楚。呴濕濡沫，哀此窮寠。每欲與君，契闊道故。有言薄喉，結轖莫訴。君今已矣！榱崩棟折。煢煢弱息，饑寒誰顧？朔風淒其，莫此一觥。念舊惻愴，思今憤盈。達人大觀，聽此管管。如竹得風，過而無聲。

牧齋外集卷第十八　碑

大中丞張公靖海紀事碑

新建巡撫都察院行臺碑銘

蘇州郡侯鄒公德政碑

遼左鄒公，以安民和衆之德，制治靖變之才，而試劇邑，聲跡茂著。遂用輿望，擢守吾蘇。蘇爲財賦奥區，滄海門户，不啻漢之汝南心腹、河東股肱也。公秉羔羊素絲之節，風厲百司，吏治肅清。江左之六雄十望，奉爲坊表。出其冰硎霜鍔，剔垢鋤强，長養小弱。吴中囂訟簪筆，盈庭堆案。公片言剖決，應時觽解。一時吏立春冰，氓負朝暄。巷咢塗歌，咸謂二百年無此賢守。理煩定亂，理解斧劈，不動聲氣，應手廓如。當鐵騎往來，羽書交集。公庀糗芻，陳牲牽，獨力搘撐，奪赤子於强兵悍將之手，襁褓丙衽席之。洎乎驚濤颸風，騰凌飛溢。訛言繁興，風鶴震恐。兵械起於揭竿，殺氣動於屠伯。惟公號呼力諍，獲以頓旗偃節，櫜刃止戈，指麾方畧，解散伏莽。今日闔廬城之煙火萬家，皆憖遺於我公之以百口保之、隻手援之者也。

海邦安堵，專倚長城。頌公者方謂展其才可以康天下，佈其德可以經百世。而馴鳩渡虎之風聲，上達於書屏題柱間，所以用公未竟者蓋有在。乃以牽連量移，橐裝蕭然，無以治行。吳民攀轅塞路，呼天無由，恨未有能列須眉，繪圖像，披肝輸膽，而入告於御屏殿柱之前者。嗟乎！薦紳之清議，士子之傳頌，委巷小民之風謡，何自而達之？商賈之語於市，行旅之歌於塗，黥鉗胥靡之交臂而感泣於桁楊，又何自而悉之？

余老於寂寞之濱，聞公之砥節首公，則王河南之忠亮篤誠也。富民瘠己，則轅車布囊也。吏畏民懷，則李德公之恩威愛訓也。爬垢剔蠹，則王子韙之撥劇整亂，彭子陽之諭散海寇也。振義興利，則西門豹之登城鼓栗，韋景駿之隄防漳水也。詩不云乎：「豈弟君子，德音不已。」懸白日於千里，推赤心於兆人。知公者有吾蘇之數十萬家，俎豆尸祝，將與董須昌之碑，荀安陽之祠，巋然並列，德音遐播。其爲邦家之光者，又寧有艾哉！公諱蘊賢，號甫閣，遼左世胄，以貢士起家，所至有政聲。余爲文以志吳民之謳思，而係之以詩。其詞曰：

仁麟智龍，爲瑞昌辰。曷若我公，瑞於我人？惟日在冬，惟風爲春。薙奸鏟暴，育士息民。秉法守正，嶷立如山。陽和熙靄，貯在顔間。鹿轓雨夾，熊軾雲還。牖民孔易，砭愚訂頑。駈駿雲屯，戈鋋蠭起。震撼縱横，曰予爪士。賢於十萬，惟公一紙。兵静虎牙，甲齊熊耳。潢池弄兵，波撼坤軸。鯨躍吞舟，虎步擇肉。爲民請命，不至武黷。生齒盈城，獲免刑僇。民安榆社，弓掛扶桑。玉芝雲擁，瑶穗風香。訟庭翔鶴，膠序棲凰。以歌以咢，聲拂琳瑯。五袴惟如，一琴涖止。黄堂流膏，赤縣浹髓。海介江壖，賈男駱子。躋堂稱觥，祝公繁祉。峩峩良牧，盛世羽儀。功懋漢竹，澤在鄭陂。一時吏議，千載民思。史臣宰執，請示豐碑。

按察司僉事提督江南學政江陵胡公德政碑

聚奎塔新建大雄寶殿碑銘

大總鎮楊公先塋勳績碑

蓋聞鄧林大木，不產培塿之丘；北溟神魚，不育行潦之水。鍾美乃能豐物，德厚所以流光。唯數與名，畢萬之後必大；生申及甫，維嶽之神有徵。故知白馬盟書，疇勳庸於苗裔；青茅分土，胙秩祀於祖宗。豈獨高家祁連，象冠軍之壯志；萬家淮水，稱國士之雄圖而已哉！

大總鎮大宗楊公，延安之宜川人也。文武兼資，英雄絶世。精儲關隴，應太白之將星；氣劈山河，蹠鉅靈之仙掌。授兵符於黄石，則六韜三畧，呼吸風雲；傳劍術於白猿，則萬馬千軍，飛騰神鬼。抵掌料敵，信萬舉而萬全；結髮從戎，遂百戰而百勝。功高諸將，淮海之草木知名；威震三吴，湖匯之萑苻屏跡。仁期不殺，武貴止戈。兵降自天，底定計數十州郡；師興時雨，全活凡百千萬人。悦禮惇詩，論功倚將軍之樹；好文折節，雅歌投學士之壺。方膺茅土之封，遽深泉石之尚。投戈吴郡，弭節虞山。輕軒板輿，效安仁奉母之樂；問安視膳，同萊子班衣之舞。慈顔斯悦，純孝有聞。推衣食以卹饑寒，恩濃舉火；捐俸錢以救凶祲，惠洽投醪。如公者，洵矣今之巨公，古之名將。免胄却敵，比唐室之汾陽；緩帶游湖，類宋世之蘄國。盡善盡美，無對無雙者也。

遡公之先世，將將高門，遥遥華胄。文茵暢轂者比肩接武，懷鉛握槧者騰茂蜚聲。公之祖諱尚德，父諱自新，國號善人，鄉稱長者。施仁施義，可法可傳。公之祖妣白氏，前祖妣霍氏，閨門協和，儀範齋肅。克勤克儉，宜室宜家。一門興仁，再世種德。淳風及物。桃李之下不言；至德感仁，桴鼓之應如響。克生賢子，蔚有榮施。旂常有聞，戎馬乍息。一品恩命，既寵錫於泉臺；七尺高墳，遂崇封於幽壤。於是乎紫泥緑字，爲綍爲綸；黄壤青泥，若堂若斧。生死之恩榮備矣，仁孝之能事全矣。

公高尚志殷，旌旄望重。行且登壇秉鉞，重展舊勳；帶山礪河，茂膺新賞。慇綸之追錫，史不絶書；班劍之加崇，禮當異數。今日者，策勳伊始，恩命甫臨。師中之貔虎，壯氣方新；冢上之麒麟，休光未艾。譬洪河之經砥柱，此爲濫觴；猶皎日之照扶桑，此爲晨旭。豈非關西之盛事，吴中之美談，公侯之先徵，將帥之異典哉？

余也叨承知契，枉沐恩庬。自笑白頭之翁，慚爲珠履之客。大書深刻，敢云黄絹之辭；據事考文，敬奉漆書之託。援兹弱管，不覺斐然；勒彼貞珉，庶幾不朽云爾。乃作銘曰：

有褘楊侯，關西偉望。四知清胄，三明宿將。燕頷魁壘，猿臂驍騰。曲踴超距，陷陳先登。乃秉節鉞，乃建旗鼓。八陣龍蛇，十步熊虎。馳騁中原，震疊華夏。斬將搴旗，懸車束馬。滄桑變易，鎮我三吴。威掃湖海，澤洽菰蘆。才大善息，功高恥論。倚樹馮異，投壺祭遵。既戢干戈，乃謀禮樂。乃祖乃父，寵命繹絡。乃樹綽楔，乃築高墳。璽書玉册，焜燿墓門。唯爾祖父，代有隱德。是珪是璋，如金如錫。娠賢趾美，啓爾後人。勒功汗馬，圖像麒麟。秦中今古，帝京王州。石馬流汗，金粟荒丘。展如茲塋，石闕巑岏。楸鬱芊，羊馬行列。桓桓元戎，欒欒孝子。遘此曠典，訊於舊史。鐵史不佞，銀管非冗。榮光千年，照曜河隴。賜進士及第光禄大夫太子太保内秘書院學士總裁國史虞山通家錢謙益頓首拜撰。

牧齋外集卷第十九　傳

江浦循吏黏府君家傳

府君姓黏氏，諱洪録，號拙菴，泉州晉江縣人也。君爲江浦令，三年罷去，殁而浦人思之不忘。既用其子貴，贈户部給事中。傳不書諫垣，而書江浦令，君自以江浦令重，不以諫垣重也。浦人思君遺愛，俎豆於學宫名宦祠。不書名宦而書循吏，用史法也。

君少淵敏，讀書等身。蜚文染翰，筆掃千人。久次諸生，横經籍史，摳衣升堂，擁臯比爲大師。萬曆戊午，舉鄉薦，試春官屢躓，謁選，授江浦知縣。浦城偪留都，水陸四衝，兵荒交訌，飢饉洊作。公帑如洗，使車如織，催徵如雨。江淮、東葛兩驛，車馬殆煩，骸骨撑柱。君下車嘆曰：「邑困踣極矣，不以此身殉此官，邑不可得而少蘇也。」計口食俸，飲冰啄雪，歃江水而誓曰：「所有以一錢入撲滿者，視此水矣！」革火耗，減厨傳，一鮭一菜，必平價博易。惵惵黔首，皆吾肢體，良不忍封股掌噉口腹也。縣數易令不易吏，吏因緣爲姦，如鼷鼠之食牛角，深堅不可拔。君如秦越人飲上池水，隔垣而見五臟，老猾吏皆驚心慴伏，莫敢施易。錢糧積蠹，吏胥窟穴其中，君勾稽案牘，洞見源底。嘗移牒上請曰：「拖欠出於民户，可以按册而考。借支出於衙胥，難以一覽而明。拖欠者不得比借支之例以求緩，借支者不得藉拖欠之名以自蓋。」諸所清查按覈，以此兩言爲準進。畿諸邑皆奉爲絜令焉。民簪筆速訟，譸讕罔上。君呼至案前，大聲叱之曰：「鼠子無狀，敢鉗釱吾赤子耶？」既復霽威，曉諭禍福，奸民皆股弁首服。吏雁鶩行立，洗手受署。鈞金束矢，不以煩兩造，率以爲常。軫恤兩驛夫馬，計其道里，平其估直，申請所司，量復取裁。長夫工食，給口夫之待哺者。過賓如歸，烝徒謳歌。川陸通行，駸駸爲樂郊矣。

浦之南有望江樓，爲守望要衝。歲久傾圮，而縣東西南三門，城樓崩塌，女牆如壞垣，可以攀援而上。東西寇蠢動，君周攬形勝，捐俸庀工，次第修築。君去任三載，賊瞰江浦，擊柝相聞，樓櫓矗立，知有備，引退。江介乂安。浦人歌思，乃滋切矣。

君蒞浦三年，薦剡凡十七上。顧以强直忤要人，風指謡諑去官。去之日，橐裝蕭條，唯東壁挂胡牀耳。朝饔莫塩，食貧不自聊。輕衫席帽，薄遊吴、越間，蕭然如道人劍客。歲己卯，諫垣君舉於鄉，乃躡屩歸里門，與親知相讌樂。又幾年而卒。諫垣君覃恩寵錫，制誥皆美詞。而浦人所以敘次治行，請祀瞽宗者，信而有徵，國史將有考焉。君卒於□年

□月，享年□十有□。夫人楊氏，後君□年卒，事夫教子，備有儀法，事别具内傳。子二人：曰本盛、本隆。本盛即諫垣君，今官刑科都給事中，奏疏卓犖，爲六垣人才第一云。

舊史氏曰：余待罪史局，採摭國朝史乘，名卿鉅公，累代接踵，而循吏傳獨寥寥乏人。隆、萬之際，江西徐九思以乙科爲句容令，治行追踪古人。其子貞明，起甲科爲山陰令，亦以循異聞。其後爲名給諫，有聲卿寺中。今觀黏府君父子，聲跡相望，豈非百歲而比肩耶？士大夫揚光飛，名蹈籍聲勢，以傳遽至於公卿，謂功名可以契戾取。綜其實不然，狂鳥冠而似鳳，修蛇角而似龍，挾持浮説，非其質矣。循吏之效，所謂歲計有餘，所居見思。如句容、江浦二令，皆掩抑一時，而廟食百世。視世之牆高基下，祝土龍而求雨者，其相越何如也？余撰黏府君傳，書其官曰江浦，書其科曰循吏，有旨哉！有旨哉！史失求野，舊史氏之職守在焉，亦可以教天下之爲吏者矣。

蘄州盧府君家傳

太僕寺少卿寧侯席君家傳

雲竹翁家傳

雲竹翁者，諱儒，字成憲，户部郎中顧言尚實之父也。其先江陰之白鹿鄉人，後徙長涇，世有一行。祖清，晚未舉子，天寒却處子於郡邸中，待旦辭主人去，踰日而家訊至，則舉子之夕也。其子曰珮，亦長者，不徑不遊，盛夏不袒裼，精於醫經之方家。珮生三子，其次爲雲竹翁。翁少博聞强記，貫穿經史。家貧，父命之學醫，遂以醫名家。晚而以子貴，稱封君。翁曰：「我故雲竹翁也。」人呼之雲竹翁以老焉。

翁善事父母，與昆弟同衣遞食。娶於徐，與翁媲德，食貧廢箸，携家之東亭，三年而後歸。翁夫婦以筋力致養，而對啖糠覈，不使二老人知也。翁雖貧困，豁達有大志，不類鄉里婦孺所爲。父病目失明，然膏火，自昔至旦，光屬於隣，隣人猶以爲燎麻也。葬引至於堩，天甚雨，翁曰：「傷哉貧也！潦車之不戒，簑笠之不載，是不成庶人葬也，其敢以不爲雨止解乎？」越三日霽，乃克葬。君子以爲禮。其兄死於盜，翁告於長吏，懸重賞，以沈命法捕盜。盜悉被收服罪，而翁償倍稱之息，數年乃止。當懸金時，實徒手無一錢也。賈人以百金寄翁，家失火，翁冒火出之，以畀賈人。徐從焚煬中呼公曰：「賈人金免乎？」曰：「免矣。」「然則亟畀諸！」曰：「既畀之矣。」室燬焉，若弗知也。翁自傷親不逮養，有終身之墓。其子舉進士，受封典，諸孫補弟子員，賀客填門，輒感傷哀泣。疏食補衣，低頭行阡陌間。單門寠子，有疾病，夜半叩門，未嘗不即往也。

翁蓋八歲而知醫，博通三世之書。渡濤江，授脈訣於浙諸先所。歸治疾，益奇驗。而翁故以此好行其德，晚而益勤，謂殷中軍焚經方爲隘。市藥處齊，大署其門，所全濟以萬計。爲祠祀軒、岐以後諸名醫，而諸先祔焉。曰：「祭必先河，不敢忘本也。」輯簡明醫要若干篇卷。三年始竣事，其矜重如此。翁長身修眉，魋顔而豐下。嘗爲鄉飲大賓，儀觀偉然。觀者負牆，皆視歸乎翁。居家鳴鼓，以召男子。繪圖作訓，以戒女子。不著屐不如廁。雖篤老，猶手自滌廁牏也。所居長松修竹，錯落数畝。翁哦詩鼓琴其間，曰：「此真雲竹翁矣。」尚實督餉榆林，翁實趣之行。念翁老，心動請急歸，而翁已前卒。卒之日，呼諸孫與訣，皆凜凜法言，且曰：「有旌幢冉冉迎我。」里人言翁精誠格天，禱雨雨立降，祝風風止，奇異不可悉數。歿而上賓，其徵殆不誣也。

錢子曰：余家虞山，去涇上百里而近。尚實件繫雲竹翁行事，皆與余見聞合，余故次而傳之。然余觀司馬遷立倉公列傳，其應詔所對，自齊侍御史成而下，皆歷疏其狀。而雲竹翁之診治，其書無有，余莫得而詳焉。嗚呼！上醫醫國，其次疾人，醫蓋可以忽乎哉！

盧氏二烈婦傳

牧齋外集卷第二十　奏疏

辨寃疏

原任禮部右侍郎兼翰林院侍讀學士協理詹事府事革職勘明回籍今候問臣錢謙益謹奏，爲草野孤臣奇寃極枉，再懇聖明俯鑒，瀝血丹誠，特賜勘雪事。臣初事先朝，歷官詹端，以魏忠賢、崔呈秀鈎黨而去。繼遇聖明，參預枚卜，以温體仁攻訐而去。今又被衙棍張漢儒訐奏，奉旨拿解來京究問。臣竊惟漢儒本及單欵誣揑臣等罪狀，窮兇極惡，今古未有。我皇上不即加斧鑕，勑賜究問。日月之照，覆載之恩，仁至義極，此唐、虞、三代之後所僅見也。臣敢有片詞隱匿，以上欺聖旨哉？漢儒之奏，言言裝誣，件件鑿空。借條陳以售欺，摭弊端以聳聽。臣姑舉其大者：

本縣金花京邊等項錢糧，知縣楊鼎熙職掌，拖欠根因，及糧吏庫吏乾没侵欺，案卷可據。皇上試召問鼎熙，臣敢有分毫干預，臣當萬死。雙桅大船百號，塩徒無數，興販劫掠，若臣家有一船一人，臣當萬死。臣鄉水旱各哨，臣家若有一人，充兵冒餉，臣當萬死。當遊士任募兵一案，歷年讞鞫，事在刑部。張思任、胡維寧，死生寥遠，劈空飛誣，直窮到底，若有分毫干涉，臣當萬死。又本縣巽方造塔，上祝聖壽，下聳文峰，安有借此侵欺積贓三十餘萬者乎？列名起廢，未奉明旨，安有硬派合縣大户、合族富室出銀十餘萬者乎？城基周圍十八里，占造市房，侵租一萬餘金。城基見在，市房並無半間，能縮入袖中乎？慣養家奴，走倭通番，此何等重大事情，地方官坐視不言，不憂釀成大禍乎？若此者，有一於此，罪皆萬死。若豪奴霸儒，與他事各有主名者，臣不必辨。其冗褻淫污，無人臣禮者，已奉嚴旨，臣不敢瀆也。漢儒慮事在鄉曲，一謊百謊，箝制撫按道府，謂皆臣門生故舊，凡各官陞授由吏部，御史題差由都察院，年來當局諸臣，與臣絶不相知，豈臣所能關説？今偶值撫臣張國維係臣鄉闈取士，自其履任，絶不與通片言，此外更有何人是臣門生？漢儒雖有舌如簧，安能舍此更指一人？舉此一端，則其謊立窮矣。

臣生平硜硜自好，惟以忠孝自許。往所以觸忤崔、魏，以楊漣爲臣邑令，節義契合之故也。今臣邑舊令宋賢，舊長西臺，楊鼎熙見候考選。皇上試召問臣生平何如？兩賢令豈不勝一衙棍乎？臣居鄉戇直，里之疾臣者，衙蠹也，積棍也，淫凶敗類之人也。若合縣小民，無不痛臣憐臣，雖三尺之童，未有不爲臣欷歔嘆息者乎也。皇上試訪臣生平何如，合縣之口豈不勝一衙棍乎？漢儒臚列臣贓私鉅萬，不啻銅山金穴。臣祖及叔祖皆仕宦，臣入仕將三十年，家貲愈落，罄臣之田園房室，不及中人。未知如許贓私，積貯何地？伏乞皇上特勅將臣家產，一一估計，無得分毫匿漏，則漢儒瞞天大謊，不辨而自明矣。臣自分世受國恩，四方多故，每願以孱軀弱質，東死□□，西殉盜賊。有志不遂，退伏田里。猶自附於退不忘君之義，無事則輸稅急公，有事則輸丁助餉，未嘗不汲汲爲甿庶先也。區區狗馬之誠，恨無繇上達九閽，而奸人反摭拾爲罪案。黑白顛倒，豈不痛哉！

漢儒本常熟縣管糧衙門革書手，原名景良，鬼名入告，輒敢違背明旨，自稱布衣，犯大不敬之條。今又招合棍徒，廣佈蜚語，晝夜攢謀合算，必欲置臣死地。聖明在上，魑魅罔兩，豈能遁於離明睿照之中？雖有鄉曲罪狀，罄竹難書，臣實不屑置齒頰也。伏祈皇上念臣寃誣彌天，羅網匝地，特賜廷鞫，將漢儒所奏單欵，徹底勘明，並究問主使根因。臣生有昭雪之期，死爲清白之鬼，感荷天恩，豈特生生世世，爲狗馬以上報哉！臣不勝瞻天瀝血，激切待命之至。崇禎十年五月日具題。（奉聖旨：已有旨了，不得瀆陳。該部知道。）

矢愚忠以裨中興疏

題爲愚臣報國心長，乞骸慮切，謹矢愚忠，畧陳梗概，以裨中興萬一事。臣腐儒衰晚，廢棄餘年。恭承召用，扶病赴闕。塵點班行，追趨浹月。恭遇經筵初起，執經進講。始得仰瞻天表，覩隆準日角之祥。咫尺尊嚴，敷陳跼蹐。退而深惟，又浹月於此矣。皇上起臣田間，温綸咨詢，多難殷憂，訪洛求助。而臣顧目瞪口噎，了無建明，衰病支離，旦夕呼籲天慈，乞身終老。鮑宣所云願賜數刻之間，極竭罔罔之思，退入三泉，死無所恨者，臣將遂辜負恩私，默默而已乎？謹齋心夙戒，條列四事：一曰嚴内治，二曰定廟算，三曰振紀綱，四曰惜人才。其關係君國治體者，惟皇上留意省納。其他如有可採，伏乞勅下所司，早見施行。

臣所謂嚴内治者有三：一曰崇敬畏。易之屯曰：「天造草昧，利建侯而不寧。」自古中興令主，世當屯難，皆側身恐懼，不敢寧居。晉元帝初鎮江東，頗以酒廢事，王導深以爲言。引酌覆觴，於此遂絶。有司奏太極殿廣室施絳帳，帝令冬施青布，夏施青練。將拜貴人，有司請市雀釵，帝以煩費不許。史稱元帝恭儉有餘，雄武不足。然其小心祗畏，深得建侯不寧之義，故能以一州臨極，再光晉祚。伏望陛下取法元帝，小心翼翼，昭事上帝。中興大業，將比隆周宣王、漢光武，於元帝何有？二曰作志氣。臣聞春秋之義，莫大於仇。列國之君，猶能九世復紀、三年報越。堂堂天朝，不能報天地不共之讎，而假靈於屬夷，藉手於胡□，賊果殄滅，其恥滋甚。陛下哀痛憯怛，發於至誠。誓與海内臣民，洗三百年宗社之讎恥，雖冕旒在御，海内知陛下有白旗縞素之誡；雖鐘鼓在懸，海内知陛下有出次祖哭之痛；雖端居九重，不言親征，不言巡幸，海内知陛下有履及窒皇、劍及寢門、車及蒲胥之武。大小臣工，相與攻蓼茹荼，同心僇力，以哀痛憯怛之志，作精明果鋭之氣。用以雪仇恥，營恢復，志壹而氣不動者，未之有也。三曰慎舉動。昔者晉使人覘宋而還報曰：「陽門之介夫死，子罕哭之哀而民悦，宋不可伐也。」夫哭介無禦侮之思，民悦非卻敵之具也，此立國之説也。□逐闖擄燕，哭我梓宫，修我陵廟，收我臣僚，豈真革面革心，懷吾好音，其殆狙伺以覘我也。四海之内，八音不可不遏密，恐其薄我也。將作之工不可不省，乘輿之御不可不節，賜予不可不當，名器不可不惜，恐其汰我也。一命令之出，無俾反脣相稽，一政事之行，務使嚙指相戒。我資□以爲外懼，而又借其覘以自强。此所謂戰勝於廟堂者也。

臣所謂定廟算者有三：一曰審國勢。南宋陳亮謂京口、建業、連岡三面，大江横陳，極目千里。其勢如虎之出穴，而非若穴之藏兔也。我太祖高皇帝謂立業江左，非古之金陵，亦非六朝之建業。當天地循環之初氣，創基於此。今我之立國已定矣，□以夾勦責我，我曾無一旅之師渡淮而北，□目笑吾無能爲也。不爲出穴之虎，而爲護穴之兔，吾且無以自存，何以應天地循環之氣乎？韓世忠頓兵八萬於山陽，如老熊之當道，而誰得以安寢？今之四鎮，豈無世忠？誰爲老熊之當道者？宜勅下督師輔臣，提挈諸鎮，連絡佈置，張我出穴之形，遏彼建瓴之勢。師中有長子，諸鎮必拱手奉命。固淮東以拱金陵，莫先於此。此今日之急着也。二曰專閫寄。先臣孫承宗有言：「以文統武，自是弊法。以極不知武之文，統極怕文之武，尤爲極弊之法。」臣觀三十年來，文武出鎮專征，鮮不僨敗。其綽有成算，克奏膚功者，承宗之後，馬士英一人耳。先帝以楚事付左良玉，而侵疆浸復；以閩付鄭芝龍，而嶺海無虞。此專任武將之明效也。臣以爲此地設一撫，彼地添一督，旁撓衆掣，無裨疆事。不若專任武將，進取全局，一以畀之。而以公忠博大之臣，挈持其綱領，提掇其精神，庶可坐策其成。若今之建國，近在江表。上控江淮，下壓江淮，則京口三輔之地，更宜建置重鎮，與五鎮棋布，以成居重馭輕之勢，此今日之全局也。三曰酌財計。南宋之時，有三衙宿衛之兵，有四屯駐之大兵，有諸州廂禁屯扼之兵，合之百萬。而天下之財爲緡錢者，茶塩榷貨以二千四百萬，上供和買折帛以千餘萬，四川之錢引以三千三百餘萬。兵如此其衆，財如此其富也，而葉適以爲兵多而至於弱，財多而至於匱。今四鎮之兵，宋之四屯駐也，合左鎮則爲五。而一切增兵設鎮，有加無已。以歲入之額計之，十得其四，加以東南荒旱，外解稽遲，司農仰屋，不能爲終歲之計。卒然有軍興歲幣、犒師之舉，胡以應之？臣以爲宜勅下户部，滿盤打算，務使兵制餉額，約畧相當，勿以旗纛相望，多增無益之兵； 勿以召募四出，坐耗有限之餉。 兵節則餉足，餉足則兵强。 此不但省餉之法，亦强兵之法也。 東南民力殫竭，帑藏空虛。 蠲貸則用乏，征求則變生。 南宋茶酒之稅，交子之法，與夫鼓鑄開採納贖之利，擇精强心計之臣，委以利權，精求而善行之，此今日之急藥也。

臣所謂振綱紀者有四： 一曰申祖制。 我太祖高皇帝，立綱陳紀，昭示後代。 若祖訓條草、大誥三編，諸司職掌律令、官制、憲綱、勅諭諸書，大經大法，炳若日星。 今建國之初，舊章殘闕，有司不復考論，一切以便宜苟且從事。 宜勅下内閣部院，訪求太祖制書，撮舉其切要事宜，提綱舉要，勒成一書，使斷國論、定法令者，一以太祖制書爲準的。 譬如造屋有形，操舟有柁，則可以無傾覆蕩溺之患，此建國之首務也。 紀綱定則綱舉目張，務在必行。 管仲曰：「令重則君尊，君尊則國治。」 葛亮治蜀，王猛治秦，皆用此法，所謂下令如流水之源。 此又振舉紀綱之大端也。 二曰明條例。 臣伏見皇上御極以來，百司草創，庶務叢集。 凡詔條之宣示，政令之舉行，官曹之遷除，功過之輕重，往往先後矛盾，彼此枘鑿。 甚且一日之批答，左方而右員； 一人之處分，甲可而乙否。 奉行者既茫無適從，封駁者亦漫無依據。 此非所以重國體、信四方也。 臣以爲亦宜勅内閣部院，將今年五月十五日以後，先後施行詔旨，看詳訂定，歸於畫一。 勒成見行條例一書，頒佈中外，確實遵守。太祖謂臺憲官曰：「揭紀綱法度，以示百司，猶射者之有正鵠也。」臣所謂明條例者無他，亦願陛下不失其正鵠而已。三曰辨是非。臣聞是是非非，三代之所以直道而行，賞罰於是乎出，紀綱於是乎定者也。一人有一人之是非，一事有一事之是非。以人還人，則心跡不相蒙。以事還事，則本末不相掩。近來仕路龐雜，巧僞弘多。大貪大穢，暴露狼藉。輒以狂走叫號，爲禦人自蓋之計。人亦從而畏之護之，如螮蝀之在東，莫之敢指。一有處分，相顧咋舌。信如是也，龍逢、比干與飛廉、惡來，可以并爲一人，批鱗折檻，與胠篋摸金，可以并爲一事。國論混淆，莫此爲甚。至於論列有要，奏辨有體。就人論人，則面目見。就事論事，則根柢清。勿形影揣摩，勿瓜蔓報復，勿鍥急以開箝網之端，陰刻以釀刀兵之劫。書曰：「商俗靡靡，利口惟賢。」餘風未殄，門户之禍，與國終始，可爲寒心。伏乞陛下嚴勅新朝，痛洗積習，斷國論者，是非賞罰，公平直截，不應糊模兩可，長養葛藤。其有放恣迴遹，罔不知畏，則以紅牌之法從事。此振舉綱紀之要領也。四曰覈吏治。宋歐陽修在慶曆中葉，乞朝廷選差按察使，糾舉年老、病患、贓污、不才四色之人。年來貪殘佈列，惰窳成風，如腐胔敗肉，不復可加爬搔。當中興更始之時，積習因循，淹淹莫氣，了無彈冠振衣之色。生民蠹病，何由少息？宜如修之言，精選明幹朝臣十許人，分行天下，盡籍官吏能否而昇黜之。如此可以澄清天下。年歲之間，可望致治。吏治清則民心安，民心安則邦本固，而中興有基矣。修又言懦弱不才之人，爲害甚於贓吏。而劉晏領度支，專用果鋭少年，以急速集事。天下方多故，誠宜登用廉幹通敏之士，盡汰衰遲闒茸之流。而傍江並海之地，比於衝邊，尤當闊略文法，以軍興法從事。此又計吏之功務也。

臣所謂惜人才者有三：一曰資幹濟。臣謂天下動稱乏才，非乏才也，分門户，競愛憎，慮恩怨，即其胸中了然，如喑者之不能言，魘者之不能悟，有物以限之也。今世人才，當摧殘剥落之後，以真心愛惜，以公心蒐訪，庶可以共濟艱難。臣請舉其所知，有英穎特達之臣，如蔡奕琛、馮元飈、祁逢吉、何謙者，謀國耆事，急難讓夷之選也。有老成典刑之臣，如唐世濟、范鳳翼、鄒之麟、尹伸、曹學佺、王相説者，端委廊廟，疏穢鎮浮之選也。其有公望著聞，迴翔應拔者，詞臣余煌、道臣陳洪謐之流也。其有才氣器卓犖，淪落可惜者，科臣陶宗道、楊兆升、胡周鼒、道臣李嗣京、李瑞和、府臣李恢先、部臣譚貞默、郭昭封之流。伏乞勅下吏部，令廷臣各舉所知，期於拯時危，濟世用不復以黨論異同，徒滋藩棘。則人才日出，世道漸夷矣。二曰雪冤滯。先帝欽定逆案，所以結正閹兒媪子，獻媚贊逆之罪狀。而定案諸臣，未免軒輊有心，上下在手，故出故入，往往而有。陛下既以贊道無據，拔阮大鋮而用之矣。若虞廷陛，以經營建祠不畫題削奪者也；楊維垣，首糾崔呈秀者也；虞大復，以哭奠左光斗幾致重譴者也；吳孔嘉，以報父仇，牽連周昌晉，無他罪，以持論依傍定案者也。伏乞勑下吏部，詳察本末，酌量録用。其餘果有真正寃抑如六臣者，方與昭雪，許其自新，用以成先帝懲癉之志，昭國家平明之治，亦涣羣破黨之一端也。三曰拯流移。晉永嘉之亂，雒京傾覆，中州士女，避亂江左者十六七。王導勸元帝收其賢人君子，與之圖事。其後流民南渡，散處吴會，並僑立郡縣，置司牧以綏撫之。今燕都淪没，南奔之後，畧似永嘉。中原士大夫，或流離淮北，或困踣江表，其間多忠臣志士不忘故國者。所至宜接濟安插，擇其能者官之。無使顛連瑣尾，有悔來之思。進士王崇簡、建平令高陽、孝廉孫奇逢等，遁跡畿南水鄉，不臣奴、闖，間關三千餘里，遣人遺書告臣，誓欲結伴南來，九死不悔。又聞山東、河北，遺民故家，結寨聚兵，日夜冀王師之至。朝廷可無以繫其心慰其望乎？臣聞三輔長吏，歡喜漢官之威儀；沙州子弟，號慟唐世之冠服。讀史及此，每爲流涕。願陛下加意收䘏，以南宋之遏絶歸正人爲戒，則亦恢復之一資也。

右臣條例四事，冗長迂濶，卑卑無甚高論。然而書不盡言，言不盡意，則猶存乎見少也。其惜人才首及蔡奕琛，奕琛曾以復社發端，抗疏攻臣，臣心知其誤，殊爲惜之。事過已釋然置之矣。天下多事，將伯助予。中流遇風，吴越相濟，果有嫌隙，固當先國家之急而後私仇，況臣本無仇於奕琛乎？親見門户諸臣，植黨營私，斷送社稷，斷送君父，何忍復私其故智。且他日獨不思見先帝於地下乎？逆案之故入者，賈繼春、阮大鋮，皆慷慨魁壘男子也。周宗建之攻逆奄也，大鋮實贊其議。安有奮臂努目，引人以攻奄，而反身爲贊導者乎？繼春家居時，顧大章被逮過新鄉，繼春策馬餞送，灑淚贈别。已而有法司定案一疏，解死者之拏僇，全生者於囹圄。斡旋維輓，備極苦心，而反坐爲罪案，不亦寃乎？他如馮銓以申救繆昌期、周宗建，被逐去相位者也，去而不免於入。房壯麗□陷畿輔投井死節者也，死而終不得出。吕純如與董應舉及臣等，以經濟相期許，應舉每言其枉，聲淚俱下，其生平可知。虞大復之哭光斗，則臣師孫承宗志光斗之墓，大書其事，其文爲士林傳誦者也。崇禎初年，欽案初定，臣待放國門，張愼言、房可壯二臣，過臣邸舍，相與扼腕嘆息，愼言慨然曰：「吾三人他日當事，宜共料理此案。」彈指十六年，斯言耿耿，猶在臣耳。豈待今日，乃始傅會彈冠，慫慂翻案哉？若夫平反之内，亟當分别；伸雪之餘，不妨澄汰。則在當事者一秉虚公，無滋嚻濫而已。

牧齋外集卷第二十一　募緣疏　引

戒幢法院募鑄雙銅塔疏

西方佛土，蓮華寶網，衆香薰染，名香世界。震旦國中，五濁惡世，雜穢充徧，名臭世界。衆臭之中，銅臭爲最。鑄銅爲錢，流佈穢土。此土衆生，造諸惡業，如須彌山，皆以錢故。衆生愛錢，捐棄身命，更有甚於頭目腦髓。愛錢是貪，貪爲盜因。攫錢生嗔，嗔爲殺果。癡之與淫，如轉轆轤。展轉相生，無有窮已。小盜小殺，胠篋發匱，六親仇讎，同室操刃。大盜大殺，屠僇吞噉，水火刀兵，三災劫起。往昔作錢，名曰錢刀。故知刀兵，山錢而作。地獄畜生，種種惡報，究竟因緣，以一錢故。一錢之大，周圓徑寸。子母鉤攝，億萬化身。箔金爲錢，剪紙爲鈔，上達天宮，下攝地府，鳩槃茶鬼，牛頭夜叉，但見紙錢，無不歡喜。六道衆生，輪廻惡業，歷劫沈淪，皆以錢故。昔有鄧通，爲漢弄臣。鑄鄧氏錢，流佈天下。向後一錢不得著身。即於現世受餓鬼報。又吴王濞採銅鑄錢，擅山海利，富敵漢室，於太平世，起刀兵劫。亦於現世受横死報。如是業報，略説一二。若欲廣説，海墨不盡。闔閭城中，有盲居士。兩目昏眵，而具慧眼，照見衆生，造諸惡業，如須彌山，皆以錢故，合掌白佛，作是念言：「無量衆生，爲錢造業。衆生渾身坐錢眼中，欲懺錢業，捨錢爲上。」乃於城下戒幢法院，募化舊錢，鑄雙銅塔。錢入火中，鎔成無餘。錢質銷亾，錢業亦盡。昔之爐冶，鑄銅爲錢，惡業熾然，如猛火焰。今之爐冶，銷銅爲塔，一切惡業，蕩爲灰烟，是諸衆生，遠離惡業，一彈指頃，一一銷滅。猶如錢刀，已入爐冶，更覓昔錢，了不可得。而此銅性，宛然俱在，塗以黄金，莊嚴供奉。又如衆生，具足佛身。是窣堵波，不在身外。是塔身量，五千由旬。放舍利光，照耀三界。刀兵水火，化吉祥雲。日月相輪，光華如故。

辛官居士，善男信女，各各發心，得未曾有。作銅臭觀，破慳吝心，捨億萬錢，如撒泥沙。作寶塔觀，生佈施心，但捨一錢，造塔已竟。劫火洞然，此塔不壞。恒河沙佛，所共證明。我作伽陀，歡喜贊嘆。所有功德，亦復如是。閏四月朔日聚沙居士錢謙益齋沐敬書。

募建聚奎塔疏

蓋聞如來應現，妙色顯於三千；正覺韜光，遺形傳於十萬。是以影留石窟，塔踊靈山。自四天王以及鬼神，各興供養；由閻浮提至於海際，並建支提。尅檀畫氍之儀，鑄金鏤玉之狀。全身碎身之跡，聚塔散塔之奇。旭日始開，則金盤晃朗；微風暫發，則寶鐸鏗鏘。是以光曜重昏，福資含識。獼猴負石，戲笑種忉利之緣；貧子采薪，掃除證轉輪之位。商主回心寸寶，幔蓋雲覆於一城；長者發願一文，金錢雨落於兩手。西域表雀離之異，東海徵烏石之奇。靈變無窮，書海墨而不盡；福德殊勝，歷塵刹以常存。斯蓋理叶人天，事符影響者矣。

海虞城迎春門外，新建表勝報恩聚奎塔者，故觀察觀復蕭公之所經始也。高峙巽位，文峰聳卓筆之形；逆挽兌龍，客水截捲簾之勢。原其緣始，雖發因於形家；究彼根源，實表勝於佛事。我龜爰契，人謀克從。掘土及尋，應現斯著。古磚盈尺，標舍利寶塔之名；泥佛一軀，現彌勒下生之像。從地湧出，迦葉之由延儼然；自古固然，昆明之劫灰如在。三千年一現，不獨在秦川武功；一日中立成，自當滿邑城聚落矣。慨自龍蛇應歲，哲人有權木之嗟；旱澇不時，寶地乏布金之助。經營垂及廿載，量工僅逾四成。畚築弛工，樹網侵陵於鳥鼠；登馮輟響，彫角穿穴於雨風。善信見而嗟咨，行路爲之嘆息。啜其泣矣！何以告之？

謙益往覩勝因，曾參末議。久慚病廢，莫效涓埃。爰有老人，粤惟戴氏。甲子齒逾於絳縣，晨昏行比於緇衣。載感晬容，屢占異夢。趣斯塔亟宜建竪，不啻三令而五申；囑謙益力爲導歘，幾於辟咡而提耳。嗟乎！牧人乃夢，機緣葢示現於方來；法眼遥觀，付囑或因仍於宿劫。所以自天之佛勅，及我博地之凡夫。豈以賤愚，敢辭筆舌。伏望海内臣公長者，達士通人。結最勝緣，起難遭想。造億萬塔，如菴摩勒果，宏願等於虚空；施百千金，如隣虚微塵，密行歸於不捨。三輪常轉，何須玄度重來；七寶現前，即是育王出世。

重修梅里塔募緣疏

梅里鎮在吾邑之東北海上，鎮有勝法寺，唐元和中閶將軍捨宅爲之。陸縮、葉夢得、周甫及、李莊簡皆有詩文，載於郡邑志。寺之南半里許，有塔巍然，相傳爲晉永和年所造。本朝再葺而再圮，里之子衿耆老，相與謀一新之。嘗觀舊志，支道林訪瞿硎先生，過梅里，見東南有五色雲氣。塔之創建，傳在晉世。時節因緣，始於道林、瞿硎，亦未可知。今□頽日久，藉諸善信之力，將頓還舊觀。一旦雀離浮圖，雲表祥光瑞氣，與東海之市樓陰火，互相輝映，豈特東南有五色雲氣乎？余樂觀厥成，敬書此以告於善信者。甲戌三月，虞山鮮民錢謙益撰。

古源上人募緣引

古源上人，以英靈漢子，厭離世俗。一旦鬚眉自落，袈裟着身。堅持木叉，備頭陀行。青蓮出於汙泥，良可嘉嘆。今掛錫虞山拂水之西結草菴中。偕一二衲子，日中一餐，將箠束肚皮過日。思鶉鳩苦行，請指拾齋，不可持久，又不欲爲上下仰口食以犯浄戒。發願廣告善信，置田爲菴中常住，上以香華供佛，下以齏鹽供僧。分衛不煩，鐘魚多暇。庶可以晝夜六時，誦經念佛，修習静觀。其志願良可嘉尚，而所求不奢。緇白四衆，但肯發心，便是祇樹林中佈金長者。我知福不唐捐，應之如響矣。

贈王孝子乞財葬親引

余往從吾友王季和識王君臻得，觀其深思好學，勃窣理窟，謂當速飛，非籬落間物。荏苒四十餘年，季和久歸樂邦，人間遷改，忽忽如往劫。而臻得坎壈失志，蒼顔白髮，棲遲兔園册中。古人作士不遇賦，良有以也。臻得善事父母，以孝行聞於鄉。身老食貧，四棺委置雲間。漬淚填咽，寢食俱廢者，亦四十年於此矣。日暮塗遠，無可奈何，乃思效秦廷之哭，冀范舟之助。余竊聞而傷之。

雜阿含經云：「烏答摩至，問佛：『我如法乞財，供養父母，正理供給，得大福否？』佛言：『摩納，不汝限也。一切如法乞財，以正理供養父母，獲無量福。』由此觀之，佛許摩納乞財，以養其親，寧不許人乞財以葬其親乎？乞財葬親，猶獲大福，又況於施財以葬人之親乎？圭峰言：「盂蘭供會，具三種肥田。謂佛歡喜日，供養淨僧，敬田勝也；報父母恩，恩田勝也；父母在厄難中，悲田勝也。」今有人能以財施令孝子得葬其親，三田具足，其爲功德田，寧可以尋常福田比量乎？詩曰：「孝子不匱，永錫爾類。」世不乏錫類之孝子，吾知臻得之親，若堂若釜，其爲日不遠矣。

歸文休募葬引

牧齋外集卷第二十二　書一

與邑中鄉紳書

天南地北，關河邈然。回首暮雲，能無感戀？風聞吾邑物議，大以不肖爲射的。標榜士論者，與挾持宿怨者，交口彈駁，體無完膚。此固薄德所招，亦是宿業所積。齊心持戒，朝夕向如來前發願懺悔。亦有情理違背，不甘任受者，輒舉平生義氣，略陳本末，以正告於桑梓之賢者。

諸公果以剃頭責我，以臣服誚我乎？諸公仗節舉義，頂天立地，個個是張睢陽，人人是文信國。僕之愚劣，玷辱鄉黨，俯仰慚愧，更復何言！若謂大兵入虞，出自不肖主張，此大寃也，此大誣也。大兵到京城外纔一日，僕挺身入營，創招撫四郡之議。此時營壘初定，兵勢洶湧，風鶴驚危，死生呼吸。僕真見大事已去，殺運方興。拚身捨命，爲保全萬姓之計，觸冒不測，開此大口。上天眷佑，慨然允從。便分派差官，要王玄沖一面往郡，周子静一面到縣，惟恐招撫少後，本縣不得保全也。今都謂不肖主意，要殺害常熟，有是理乎？吴中變後，面啓豫王，懇求禁戢搶殺，别明逆順。抗論往復數四，王頗變色動容，衆皆縮舌慄股。南都文武大臣，嘆息相告。以故豫王令旨，有「志救生靈」之語。欲殘害鄉里者，固如是乎？服則舍之，叛則討之，此大兵律令，不獨吴中也。謂吾邑之兵，由我力請，則江陰、崑山、嘉定之兵，又何人請之乎？此三尺童子所共曉，而賢士大夫反滋猜惑，又可以一笑也。

海寇之入虞也，有主其謀議者，有受其聘幣者，有勾引居停者，有飛書走檄者，事後密報，絡繹不絶。若非此中有人，一力遮蓋，曲意斡旋，恐諸公亦將交臂引領。從管誠齋、楊升之之後，未必能安眠高枕以有今日也。在僕宜默默不言，諸公亦何忍一筆抹殺反加罪案乎？僕邇年得罪一二貴人巨族，構成仇怨。反而思之，一一從公論起見，從百姓起見，未嘗有一點恩怨私曲。天地鬼神，所共鑒也。當時賢紳名流，樹幟公論者，誰不慫恿？誰不讚歎？今一旦反與此輩聚族結黨，反唇沓舌，硬坐不赦之條，謀加滅門之討。揆諸天理，質諸本心，恐亦不應入主出奴，若此之甚也。

僕老矣病矣，卒然不可知。爲燕山之鬼，則亦已矣。倘有天幸，尚得以殘年餘生，乞骸歸里，則亦虞邑之老民也。當遍請通國士民，集於大神之廟，與流言執詞之人，面相折對，使鄙人心跡本末，昭然明白，應殺則殺，應放則放，應赦則赦。幸□老翁一綫弱息，投誠委命。一一聽桑梓高賢處分，惟所死生之而已。更有一言，自附忠告。末劫中一切殺運，皆衆生惡業感召。今諸公身出湯火之中，目睹屠僇之慘。須相與提醒良心，講求公道。引生機，迎善氣，勿增長羅刹種子，勿再落湯火之中。此老人一腔熱血，不惜爲鄉曲傾灑者也。臨書死罪，伏惟省納。

答友人

致龔芝麓

與龔芝麓總憲書

復李夢沙書

上李夢沙啓

答静涵張司農

與吴梅村書

致李秀東

與張松霞

恭惟節鉞，賁臨禾水。虚危德星，近指斗牛。東南半壁，光氣郁然。老病屏居，未見除目，不能并州竹馬，奉迓輶軒。盈盈一水，仰望洪河，九里一潤，聞之而喜可知也。德水近有岱宗之耗，生平石交，從此遒盡。臨風老淚，不禁傾灑。念此老白首全歸，已成完璧。收拾遺文，表章内美，有大君子在，後死者可少慰耳。杜詩箋注，正欲奉寄，偶一繙閲，缺誤良多。誠恐貽笑大方，尚思整齊補綴，然後借重玄晏，懸諸國門也。吴門山人王德操，清修苦吟，爲近代真隱。毛子晉撫其遺孤，誓使周六同於己子，古人中不多得也。今此子已知佔畢，子晉欲令試童子科，留讀書種子。特爲請於臺下，冀得片言噓植，老年丈其善成之。獻歲發春，容躬叩不一。

與吳梅村論社書

與路 名澤溥

文貞公墓隧之碑，伏承尊委，不辭固陋，謹草勒輟簡呈上。竊念時世遷改，物情人事，未免多所觸忤。不肖老矣，頭童齒豁，一無建竪。惟此三寸弱翰，忝竊載筆。不用此表斆忠正，指斥姦回，定公案於一時，徵信史於後世，依違首鼠，模稜兩端，無論非所以報稱知己，取信汗青，其如此中耿耿者何哉？謹用古人陽秋之法，據事直書，雖自愧樸學拙筆，不能馳騁雕繪，以争雄於詞林，然自分鈍駑，亦可謂不遺餘力者矣。未知仁人孝子，以爲何如也？奸人告訐一案，文貞公本意專爲不肖昭雪，其説頗長，序次中亦略有賓主，但不能盡言耳。念臺云云，亦如命洗發。千秋公論，皎如日星，殊不待饒舌也。老病杜門，未能漬酒墓門。素車白馬，彼獨何人？永言念之，徒有嘆息。

與王煙客

復王煙客

復王貽上

答朱長孺

答徐元歎

復確庵書

復新安洪天開書

復王雙白

牧齋外集卷第二十三　書二

與王中恬書

與王楚先書

復確庵書

與嘉定王内三進士

與禹九書

致福先大士書

與遵王　杜詩八札

與含光法師書
回含光法師
答天童木陳大師
與石林上人書
復靈巖夫山和尚書

牧齋外集卷第二十四　頌　贊

余母毛太夫人表節頌 有序

昔者先王崇奬節孝，表厥宅里，樹之風聲。其制昉於三代，而大備於有唐。歐陽公作五代史記，敍王凝妻李氏，詳列其典制，用以激颺風化，而磨礪天下之士大夫。然壽州旌門之銘，則柳子厚先之矣。夫古之旌門者，烏頭雙闕，崇臺綽楔，圬以白而赤其四角，其規制載在令甲，而制可奉有明詔。鄉里婦孺，感槩立節者，賤貧抑没，聲銷影滅，未必能與被斯典。而贊頌之文，出于文人學士之手，其有待旌典而傳者，柳子壽州之銘是也。有不待旌典而傳者，劉向古列女傳，畫古佩服而題頌于像側者是也。寫諸油素，登之汗青，能以寸管尺蹏，與朝家表揚風厲之權争其久近，而匹夫庶婦，没齒閭閻者，亦可以無草亡木卒之悲，其用豈不韙哉！

余母毛太夫人者，吾郡守嚴陵余公之母也。太夫人少嫺公宫之教，長授醮房之戒。

既饋交賀，辛勤旨畜，相助夫子，蔚爲碩儒。既而昊天不弔，嚴霜夏零，青燈輟哭，皓首顧影。二十年之間，湩淚迸裂，血乳錯迕，一日百死，以底藐孤于成。此亦荼毒之極哀，自誓之奇節也。迨乎日窮星回，凍解蟄振。慈母既收華考終，二孤遂順飆肆發。天休滋至，祥光昭回。輶軒之使，銅墨之長，採風貢俗，胥薦撙爲禮宗，爲母師。事狀著明，奏報頻上。古盛世旌門之典，且旦夕下被矣。吴之大夫士庶，相與作爲歌詩，播諸管絃，而以表節之頌辭，請于舊史氏謙益。謙益曰：「旌典旦夕下矣，盍竢諸？」其長者進而言曰：「吾子固言之矣，旌典出于朝廷，而贊頌出于文人學士之手，兩相藉，不兩相掩也。吾子往司制誥，表章節義，高文典册，勒在琬琰，固不但以旌典爲有無也。詩不云乎：『教誨爾子，式穀似之。』吾儕小人，知爲吾賢守頌式穀而已矣，安知其他。旌典之下也，以吾子之言爲先。吴壽夢之鼎，其庸何傷？」謙益曰：「唯！唯！」乃再拜授簡而作頌曰：

嚴江安流，折爲瀨灘。蒼厓棘闔，白水灣環。釣臺高秀，西臺孤寒。山高水長，兩臺之間。一

淑氣鬱盤，薹爾女士。厲節笄幃，希風圖史。希風伊何？旌心丁水。何以厲節？灘石齒齒。二

鬒髮截青，翠帷改素。華顛免薨，黄口乳哺。流湩皆血，飲淚斯饇。長夜不旦，清晨

如莫。三

黄鵠不雙，丹鳳有兩。呱呱藐諸，育自手掌。篝燈機絲，置席函文。引衽攘捲，取益斯廣。四

二龍並奮，長離獨翔。通籍金閨，分竹黄堂。搤臂喻循，飛乳表良。樞軸之訓，小試此邦。五

歷歷緑章，煌煌漆書。天章日華，下賁桐廬。罷民悛慮，冶容廻車。芸夫紅女，彈指嘆吁。六

旌門之典，自古在昔。樹之風聲，表厥里宅。孰知宇宙，依風而積？風聲若無，乾坤乃坼。七

人亦有言，五星在天。芒寒色正，終古燦然。惟節惟孝，上配星躔。此而不表，民何則焉？八

是以古人，管彤是昭。漢區風烈，晉嘆清喬。黄麻紫□，胡不崇朝？邈矣汗簡，劫火不銷。九

禕矣余母，丹誠如日。嚴陵並寒，桐江不歇。謀野則獲，敢辭載筆。史臣司頌，敬告石室。十

海宴亭頌 并序

汪長公畫像贊 有序

汪長公，諱一鑑，徽之休寧人也。嘗入貲爲光禄寺署丞，父歿，既免喪，焚棄仕牒，以布衣老焉。稱長公而不書其官，崇長公也。長公方厚篤誠，豁達好施予。分家財，推以與弟。聯里之不能昏喪者，咸收邺之。年八十而卒。焚其所刻券可千金，語諸子曰：「此所以遺汝曹也。」有季子曰□，感槩豎節，賢士大夫皆多之。一日抱長公畫像請余爲贊。汪自越國以後，代有顯人，而宋則四友先生，明則孝友二士，皆以遺逸聞。如長公，可使泯泯哉？贊曰：

新安嵳峩，平視天目。人才之生，受地氣獨。于惟長公，含章挺生。德輶克舉，其躬不赢。蓼莪廢棄，鵲鴒孔悲。收彼里聯，燕及惸嫠。章服褘然，掉頭不顧。黄金累千，視如涕唾。恬以盡年，介以養性。展如之人，配古一行。芳名已飛，俠骨不死。抑塞磊落，亦既有子。拂拭絹素，其人則存。庶幾中郎，無慟虎賁。

題楊曰補小像

負聖予之文而兼其畫，抱臯羽之志而不敢哭。嗤吴兒之好冠，謝魯人之儒服。短衣及脛，箬笠遮目。見其畫像，庶幾乎先生之遺躅也。丁酉九月十三

屈毓菴像贊

鶴如上人像贊

蒲團趺坐，雪頂霜髭。具四威儀，居然大師。昔我遘爾，年方驅烏。字以鶴如，皎潔僧雛。我觀是身，刹那不住。童耄觀河，無有是處。身外之身，山光潭影。笑彼癡猿，見月在井。

陳鴻文像贊

衣裳襜如，鞶帶鏘如。有美君子，被澤詩書。爲緱氏式，爲摩詰維。樓以聚荀，榻以下徐。身將隱矣，猶存漢儀。彼哉婦人，繡鬛諸于。泰伯居吴，端委以治。母曰好冠，詫

我黄池。昭陽單閼如月，東澗遺老謙益題。

題汪明哲像

衣裳襜如，劍佩鏘如。詩筒畫笥，左絃右壺。修備知物之策，十用其五，爲霸越之計硯。乘扁舟，遊五湖，十九年之間，爲變姓名之鴟夷子皮。如絳雲之舒卷，曾莫得端倪。豈古所謂列仙之儒者乎？

孫對薇行樂圖贊

刼灰焰焰，刀山差差。人皆吞腥啄腐，逐水母而依火鼠，君方凌風御氣，招雲將而友馮夷。玉顔金骨，冰膚雪肌。採夕芝之五秀，吸朝露於三危。惠而好我，飲以刀圭。君傳龍子之方於思邈，我稟鸞師之戒於流支。虞山之麓，仙真所治。虹景秘現，丹鴿陸離。我將持首楞一卷，觀君之度世於此，駕緱嶺而遊蓬池。四苑天上，三山水涯。於斯時也，殆將分張一笑，抗手而長辭也耶？

題洞庭翁玄聞耕讀圖小像

緑柳蔽虧，青林廻複。帶經而鋤，輟耕而讀。文秘靈威，經傳嶽瀆。洞章奇字，鈎盤詰曲。社橘井堙，夫椒壘殷。蛟殿宴罷，龍宫舞闌。五湖三畝，識字耕田。金庭玉柱，人在其間。

馬人伯像贊

彊學績文，如桑女之歐絲。苦吟覓句，如淵客之泣珠。摳衣鼓篋，頷然爲桐子之師。商歌而咏先王之風，聲出金石，則古遺民其庶幾。

張子石畫像贊

吾友曹能始叙子石之詩曰：「受之每稱其人與詩，皆曰清曠。清則絶俗，而曠與雅俱。」吾旋觀子石之生平，動止自矩，坊表不渝。挈朋友如金石，保名行爲璠璵。闕廷投匭，唐何蕃太學之誼；桑海許劍，宋謝翶西臺之思。挹其道貌，窺其德隅。清心月上，曠志風疏。盖將餐沆瀣，謝塵埃，覽雲氣，遊物初。庶幾望古遥集，而與天爲徒。信石倉之叙有徵，蒙叟之贊匪諛也。癸巳正月晦日，七十二老人錢後人謙益製。

邵不磷像贊

斯不磷邵君之像也與？覩其遺容，而不禁余之欷歔。憶昔艤舟陸墓，訪君之弟僧彌，而因識君之風儀。羨二難之並美，真競爽而有餘。噫君之技，工於傳神阿堵，將吴道子之可幾。尤長於花竹翎毛，何黄荃、崔白之不如？惜天奪之年，而未盡吐其胸中之□。贊吾不磷，而益懷夫僧彌。崇禎辛巳夏。

素華法師像贊

經藏論藏，如煙如海，誓含攝乎丸墨。論主疏主，如竿如牆，期消歸於點畫。雙脚踏須彌山，一拳碎微塵國。志決身殲，惜乎未見其止；眼明手快，豈曰茫無所得。净行金玉，苦心冰蘖。倒南山之堅城，失六師之勍敵。面如削瓜，目光欲溢。我瞻遺像，不自知淚之沾臆也。丁酉佛生日，法弟蒙叟錢謙益題於華山彈指閣。

翁季霖像贊

震澤三萬六千頃，開拓其眼界；洞庭七十有一峯，陶鍊其神明。插架千卷，蒐靈威之未啓；防身一劍，指靈胥以爲正。之人也，固當著金庭玉柱間，憑陵雲氣，晞咸池而上征。其視夫種木奴、養魚婢、逐蠅聲而扇醜、穿鼠穴以鬭争者，不將啞然一笑，付條風之自鳴也邪？

牧齋外集卷第二十五　題跋

題張子石湘遊篇小引

題吴門吟社雅集小引

題吴江趙砥之靈巖偶論屈陶有感詩册

書朱漳浦贈言卷後

此吾邑東可朱公主漳浦簿，而鄉先生送行之詩若文也。朱公力學修行，數躓鎖院，垂老折腰一官。故嚴文靖、瞿文懿之文，咨嗟太息，至今有餘愾焉。然文靖於文懿爲詞館前輩，文懿甲辰登第，文靖又爲對房經師。而文懿以齒踞上坐，投刺不少孫。乃其送朱公文，署名稱侍教，不敢以行輩交。前輩于鄉曲，序德尚年，不以官閥重輕若此。雖然，亦足以知朱公矣。余又觀楊憲副夢羽送公詩云：「一官牢落文章在，三策周詳筆硯同。」其自注云：「儀在場屋，第三策問，多得之朱君。儀以是科得舉。」夢羽自負博雅，口多微詞，前輩中稍稱佻達者矣。今世小生，竄竊人文字，墨汁未乾，即誇詡爲手筆，或反脣詢之，視夢羽何如哉？因讀朱公卷有感，爲表而出之。

南北記事題辭

予讀參藩富平石公南北記事，蓋喟然而嘆曰：「甚矣！斯世之未嘗無才，而人才之表見於斯世者，誠不可掩也。」

公以關中一豪傑，間世挺生。其文章聲氣，可以通車箱之路，蹠巨靈之掌。久次中翰，踐更外藩。不以錢穀爲瑣科，不以簿書爲俗務。治兵於北，理漕於南。以兼人之器，應八面之鋒。劈肌分理，所至治辦。今其奏議文稿具在，沈幾先物，會文切理，若弈秋之當局，若秦越人之見垣。箕風畢雨，燕函越鎛，遊刃發硎，駕輕就熟。世之老於謀國，熟於吏事者，鉗口斂手，未能或之先也。故曰斯世未嘗無才。

然而公之才固有本焉。公一行作吏，受命飲冰。朝兢夕惕，凛凛然以不負百姓、不愧鬼神爲先務。以是故，幹辦日新，才謂富有。而夙夜匪懈，痌瘝在躬，其處心積慮，益淵塞而不稍懈。公之所以居其才而善用之者，誠爲之本也。諺有之：「男子佩蘭，美而不芳。繼子得食，肥而不澤。」言誠之不可掩也。世之能人，以有才自命者多矣。無誠心以爲之柢，其才智旁見側出，如燈之在風中，閃爍不定，膏盡炷滅，而其光亦與之俱盡矣。世人之才智，風中之燈也。石公之才智，室中之燈也。吾故曰：人才之表見于世，有不可掩者，有爲之本者也。

余初登第，謁見冢宰立山孫公。公謬以余爲可教，執手訓廸，以古名宰相相期許。去今五十年，頤頷如虎，淵停嶽峙，古名臣鉅公氣象，宛在目中。石公，孫公之周親也。惟桑與梓，風流緜邈，竊有中郎虎賁之思焉。讀其記事，居今思古，聊書數語於簡端。知我者謂我心憂，三秦之君子，亦或爲之三嘆也夫！

題曹能始壽林茂之六十序

余與能始宦途不相值，晚年郵筒促數，相與託末契焉。然予竟未識能始爲何如人也。今年來白下，重逢茂之，劇談能始生平，想見其眉目嚬笑，顯顯然如在吾目中，竊自幸始識能始也。頃復見能始所製壽序，則不獨茂之之生平歷歷可指，而兩人之眉目嚬笑，又皆宛然在尺幅中。天下有真朋友，有真性情，乃有真文字。世人安得而知之。余往刻初學集，能始爲作序。能始不多見予詩文，而想像爲之，雖繆相推與，其辭藐藐云爾。讀此文，益自恨交能始之晚也。雖然，能始爲全人以去，三年之後，其藏血已化碧。而予也，楚囚越吟，連蹇不即死。予之眉目嚬笑，臨流攬鏡，往往自憎自嘆，輒欲引而去之。而猶悵怏能始知予之淺也，不亦愚而可笑哉！戊子秋盡，虞山錢謙益撰于秦淮頌繫之所。

題南雲集

大慧禪師嘗云：「予雖學佛者，然愛君憂國之念，與忠義士大夫等。」紫柏老人讀李江州傳，涕淚交下。侍僧有不哭者，便欲推墮萬丈深坑中。予觀楚南雲行者，破衲如敗芭蕉葉，悠悠忽忽，不顛不狂，其爲詩，深幽古淡，寄託迢然。忠義之氣，蟠結於筆端，如欲噴薄而出。其亦今世之徑山、紫柏與？南雲自此將卜隱深山，一瓢一拂，在折脚鐺邊過活。其入道益深，其詩句當益佳。後有好事者如閭丘太守，於嵁巖絶壁上，採録繕寫，又當與寒山、拾得竝傳，雖大慧老人，亦莫得而□之也。戊戌仲冬日，虞山俗衲謙益題。

題鈔本元微之集後

微之集，舊得楊君謙抄本，行間多空字。後得宋刻本，吴中張子昭所藏，始知楊氏鈔空字，皆宋本歲久漫滅處，君謙仍其舊而不敢益也。嘉靖壬子，東吴董氏用宋本翻雕，行款如一，獨於其空闕字樣，皆妄以己意揣摩填補。如首行「山中思歸樂」，原空二字，妄補云「我作思歸樂」，文義違背，殊不可通。此本流傳日廣，後人雖患其譌，而無從是正，良可嘅也。亂後，予在燕都，於城南廢殿，得元集殘本，向所闕誤，一一完好。暇日援筆改正，豁然如翳之去目，霍然如疥之失體。微之之集，殘闕四百餘年，而一旦復完。寶玉大弓，其猶有歸魯之徵乎？ 著雍困敦之歲，臯月廿七日，東吴蒙叟識於臨頓里之寓舍。

跋王稚子石闕碑

題爲王子羽書詩册

題毛黼季所藏定武蘭亭

長安兵火後，有豎子以稻草爲標，持宋刻蘭亭三十餘紙求售，胡井研以三十錢易之，乃游丞相家經進本也。余攘得四紙，裝潢攜歸，燼於絳雲之火。聞其存者，亦散落無幾矣。見此本，憮然有故劍之感。善本良不易得，毛子其珍惜之！謙益記。

題毛黼季麻姑仙壇記

予所見麻姑仙壇記，惟汪仲淹、婁子柔二本最佳。今並此而三矣。亂後見此，如對故人，爲之嘆息。己亥余月望日。

李笠翁傳奇戲題

笠翁傳奇，前後數十種，横見側出，徵材於水滸，按節於雍熙。金瓶無所鬭其滛哇，而玉茗不能窮其繆巧。宋耶元耶？詞耶曲耶？吾無得而論之者矣。有讀笠翁傳奇，始而疑，繼而眩，終而狂易却走。余爲解之曰：「子未讀山海經乎？『東海之外，大荒之中，有山名曰大言。有大人之市，名曰大人之堂。』郭弘農曰：『山形如堂宇耳。大人時集其上，作市肆也。』經又曰：『有一人跛其上，張其兩耳。』由今觀之，大言之國，不知其所言何事，要必非蹄涔之遊，醬瓿之集也。有大人者張耳以爲市，又有一大人者張兩耳而聽之。言者與聽者，斯可謂兩相當矣。今子聽笠翁之傳奇，在此國土中，以爲大言，驚而相告。不知笠翁之兩耳可以爲市，而子以徑寸之耳輪，傾側而聽之，雖欲不駭眩却走，烏乎可？」笠翁聞而笑曰：「漁也誠無辭于大言矣。跛于大人之堂，張耳而聽之者，非夫子其誰？請書之以告世之爲耳市者。」辛丑夏日，虞山錢謙益書于杭城之適軒。

書馮留仙和和陶詩後

子瞻以英聲直節，播遷嶺海，乃作和陶詩。留仙保全東南善類，觸迕權臣，謫官左宦，作和和陶詩。感時危，憂國蹙，風塵行役，杯酒淋漓，長歌浩歎，申寫胸臆。此留仙之和和陶詩也。留仙長身山立，樂易軒豁，酒酣執杯持耳，詼笑雜出。語及小人誤國，四郊多壘，頭毛植立，聲淚俱下。二十年來，陵谷遷移，人才澌盡，吾眼中豈復見此忠誠奇偉之男子乎？淵明詠荆軻曰：「其人雖已殁，千載有餘情。」吾於留仙亦云。

書邵北虞築城議後

世廟年間，倭寇内訌。瀕海諸邦，蹂踐無寧宇。吾邑蒼野王公殉身禦難，城倖以全。是城也，人知守之維艱，不知未城之先，經畫指定，鑿鑿不刊，實北虞先生爲之倡也。其議豎論弘卓，形勢詳明，洵足爲當事者之鑑。嗚呼！世之俎豆先生，百有餘年矣。童蒙者師其文，表德者高其品。而此屹然如帶，捍災禦患，以至于今，不尤可尸而祝哉？先生老於公車，未嘗建立於天下。使當日身膺大任，發揮事業，其有裨於斯世斯民，必不託諸空言已也。噫！太歲玄黓攝提格之壯月，蒙叟錢謙益題。

書楊九臯梅花百詠後

學道之人，嗣如來之法，補處祖位，須有三朝天子福，八代狀元材，中峯大師其人也。梅花百詠，自昔有和者，盍各言志，亦隨其所得耳。重其過持楊子九臯詩示予，且云年始髫歲。噫！九臯才子，不和林君復八梅，乃和中峯百詠。其宿生慧業，當與諸老宿有文字緣。予老而棲心釋典，猶汩汩故紙中，於九臯之詩，三復不能已已。中峯之才，於九臯何如邪？拾得子云：「我詩亦是詩，他人喚作偈。」九臯偈邪詩邪？真應喚作詩矣。與中峯果有異同否？請明眼人辨之。

跋宋版法華經

題夢禪吟

題陸定爾明詩集句

定爾集唐詩句成編，予喜而爲之序。今見其集明詩，句益奇。蓋有明三百年之詩，分門立墠，未有定論。其中識見通別，才力强弱，阡陌委曲。雖作者有不自知。而定爾能撮畧標舉，淘汰其雜糅，而剌取其精英。其大指則存乎發揮性命，申寫物狀，幺絃孤桐，取裁天律，而盡刊煩囂怒張，剽畧補綴之詞。一二幽人韻士，詞林罕知其氏名，一經揀擇，眉目咳唾，隱見於行墨之間，如與述作同遊者。予嘗戲語吾兒：「定爾於明詩，豈如摩醯首羅天、大龍王降雨，皆能識其滴數者耶？不然，何其總持玄會，一至於此也？」邇者中原諸才子，競嗜古學，漢、魏、三唐之詩，臚列簡牘，字句蒐摭，列如五都列肆，亦可謂勤古者矣。若以標解舉要，領畧於文句之外，則集古不若集句之爲近也。吾老矣，不復措意此道。吾黨有人，望古遥集，豈有意爲斯世之針藥乎？屬吾兒傳示定爾，姑秘吾言，世當有過而問焉者。

題二葉子詩

覽二子之詩，既蕙質而蘭心，復金聲而玉振。標舉性情，師法風雅。百年以來，頹風俗學，無片言隻字，點染其筆端。豈非天姿絶出、兼有家學淵源而能若是乎？深心勉學，重積厚發，以必及古人爲期，而無以能越今人爲喜。雙龍兩鳳，踵機、雲之清塵，吾有厚望矣。戊子三月，牧齋老人題。

題張善士墨書華嚴經後

華嚴大經，經中之王。受持讀誦書寫，是功德無量無數無邊。往吾友崑山王提學淑士、嘉定李孝廉長蘅，皆發願寫華嚴經。淑士臨終正定，耳中聞天樂來迎。殁後亦數見生天之兆。嘉定人有入冥者，見沈公路在善趣中，問曾見長蘅否？沈答曰：「長蘅寫經，功德高大，吾輩安得見之？」予亦夢長蘅告曰：「吾寫經功德，受用不可訾省。此中專設一官，爲我典守。」此二事皆予所灼知者。以是知傳記所載盥水拯蟲蟻，一偈破地獄，皆是實理實事，如語不誑語也。張善士發大願心，寫是經，一字一畫中，種種具足。若謂但是書寫流通，須更踏向上關頭，作如是合頭語，於華嚴法界觀門，尚未夢見在。庚子七月，海印弟子錢謙益合十敬題。

跋偈菴詩册

題檀園墨戲册

悠悠世事，一切擺落。惟故人如孟陽、長蘅，時時入夢想中。去歲泊西湖，有懷二君詩云：「佛燈官燭古珠宫，二十年前兩寓公。畫筆空濛山過雨，詩情澹蕩水微風。斷橋春早波吹緑，靈隱秋深葉染紅。白鶴即看城郭是，歸來華表莫匆匆。」山僧遺老，猶及見二君者，讀予詩，咸爲嘆息。今年冬，子羽持長蘅畫册索題。余方繙閱首楞，未遑著語，遂書此詩於後。倘如吾詩落句，華表歸來，安知不拈伽陀中語，却來觀世間，猶如夢中事，相與破顔一笑也。辛卯陽月蒙叟錢謙益書。

題沈石天浣花閒話

絳雲一炬，萬卷成灰。並腹笥中西瓜大十許字，亦被六丁收去。此中空無所有，便作結繩以前人矣。且病眩經年，又如兒女子守閨閾，不得空濶一步。灰燼之餘，巢棲樹宿，並無少文壁染神山水。膠蝸凍蠅，目光如許。生人之趣，於我何有哉？讀遊輪曼記，而喜可知。

朗衢從兩浙言歸，凡遇片石之靈，一壑之奇，以至祺崖窅谷，彪猿之所嘯據，樵鐮之所不入。衢必詩傳其神，文繡其骨，愈險愈快，不下青柯之淚，至唁夷光而遘止後身，參桐君而盤桓流裔，吏逢尹喜，傾倒玄詮，僧訪道明，諮商國事，適志觴詠，娱情絲竹，名花獻笑，山鳥贈言，朗翁不惜泚青鏤管收之。第不忍過謝氏西臺竹如意擊石處，僅向莊韻樓一襦袂耳。

於戲！世多凡才，不得不逃之於仙。世多鬼才，不得不趣之於聖。朗翁骨有九還之采，胸藏五色之珠。迅口信筆，出入玄化。盖飄飄乎其欲仙，洞洞乎其將聖也與？予一夕而味象名山，移情老宿。既窺瑶輪之秘，奚須萬卷；悟寶笈之旨，兼空四大。予瘳矣，予無復有言矣！辛卯餘月，蒙叟謙益書於絳雲餘燼處。

書織簾居唱和册

德馨齋稿題辭

富貴家子弟，能不藉祖父勢焰，鮮衣怒馬，豪舉鄉曲間，束修自勵，不隤其家聲，斯已難矣。若其好學篤志，深思天人之際，標舉古昔格言遺行，以警浮生而誡惛俗者，則尤難之難也。里中陸子善長，蔭藉高華，而修韋布君子之行，著書數篇，有薙滛戒殺醒貪之目，蓋率循儒門三戒、佛門五戒，而歸宗於太上感應篇。其意誠而篤，其詞麗而切，可以銘諸盤盂，徇之道路，其在斯世，豈非優曇盋華不見者與？余讀詩抑之篇，古人解不愧屋漏曰：「言屋漏之處，若有人居之，無謂無見我者，神見汝矣。」鼂文元公引之，以證中庸慎獨之義，其言最爲明切。使世之人皆知屋漏有鬼神，則一切貪滛破戒負心倍理之事，不待刑辟而自寡矣。聊爲拈此，以助善長救世之百一云。同里東澗遺老年家友生錢謙益書於榮木樓下。

題袁母二序後

余中年始少知學古，竊聞先生長者之緒言，筆力虺隤，舊學荒落，偶一省記，如啞子作夢，口不能言，旋即忘之矣。頃在吴門，獲見松江王玠右、長洲陳鶴客贈袁母二序，繙閲一過，劃然心開。作者之骨力老蒼，與其意匠經營，不失古人寸度，阡陌曲折，盖舉目而得之。西京記言太上皇遊新豐，見其雞犬，皆識衢路。余讀二子文，髣髴類此。二子才力雄健，掉鞅詞林，薙翦稂莠，殆將如齊桓公北伐山戎，懸車束馬，剸令支，斬孤竹。而余以創殘疲駑，得自比于老馬之識道，顧不幸與？甲午十月，虞山蒙叟謙益題。

雪堂選集題辭

書李爾承詩後

吾友李貫之有才子奕茂，字爾承，胚胎前光，讀書好古，不得志於場屋，則入貲爲大鴻臚屬，思以修途自奮。椓人亂政，其從弟次見與姑之夫繆文貞公相繼被急徵。鈎黨促數，飲章牽連，遂請急免歸。不幸先貫之以殁，其子汝集刻其遺詩若干首，余讀而嘆焉。貫之晚與余定交，爾承奉手摳衣，執弟子禮甚謹。閩人有陳鴻節者，善詞賦，獨身遊長干，喪其資斧，病卧不能起。爾承載與俱歸，連牀拂席，躬身診視。病愈，治裝遣歸。陳生泣語余：「非爾承，殆不能生。」以此知爾承藹儻藴藉，輕死重氣，非獨悛悛退讓君子也。薄宦憂時，歎惋時政，每思奮臂出其間。念有父不可，呼憒邑鬱，發病以死。盖其生平處君臣父子朋友之間，皆有可觀，亦貫之方聞好修流風。今其子復能束修自勵，表章先世之遺文，李氏有人矣。昔梁湘東嘗言：「記載忠臣孝子遺言善行，當以金銀管書之。」爾承之詩，讀者當用此例，勿以雕蟲篆刻求之可也。

袁泰徵遺稿小引

此吴人袁應詔泰徵之遺詩也。泰徵少負淵敏，讀書厲行，遭時轗軻，不能變奇成偶，而浮湛酒人以死。死之日，遺孤駿甫三歲，今乃能食貧奉母，爲白華之孝子，而又能於蟲乾魚蠹之餘，採輯其父之遺詩，以傳於世。人皆曰：「泰徵幸哉有子也。」余録皇朝詩集，吴中名卿碩輔，高文大册，勒金石而徵琬琰者，往往多有闕遺。而老師宿儒，小生婦孺，兔園之殘册，蠟車之故紙，蒐羅訪求，不遺餘力。余讀泰徵之遺詩，爲三歎焉。昔梁元帝著書記述，忠孝全者，用金管書之，德行清粹者，用銀管書之。文章贍麗者，則以斑竹管書之。今泰徵之詩，既可以傳，而又得孝子以傳。世有湘東王，吾知必以金銀管從事焉。或者不達，而比量文辭，繩以斑竹之例，則亦末之乎其爲論矣。

題王德操詩卷跋語

德操丈七十生子，羈貫成童。裒其生平所得名人勝流贈遺寄示之作，裝潢成卷，以當萬金之詒，而屬余爲之題識。偶未及點筆，此卷留篋衍中，已十年所，德操墓木拱矣。今年六月，子晉携其子僧祐來見，嶷然玉立，有成人之姿。余悲德操之不可作，而喜其有子也，出是卷於藏弆，亟題而歸之。喪亂以來，余所畜法書名畫，一一蕩爲劫灰。不知是卷何以獨存？豈非德操有靈，能致鬼神護訶，以遺其子孫邪？江左青箱，故是王氏世業。漪其慎守之，使烏衣、馬糞，後世傳爲美談，庶不虛德操弓冶之望也。己丑六月三日，虞山蒙叟謙益書於絳雲樓下。

題王石谷畫卷

爲沈石天題高士册

於陵仲子　兄爲炎相，不如李螬。朝野多机，不如桔槔。

柳城君　葺柳百城，南面不易。搶身入圖，呼之不出。

老萊子妻　我戴子佩，榮必有辱。鳥殘毳餘，永矢弗谷。

桐君　指桐自稱，賣藥取醉。真人息深，投水齁睡。

道明尊宿　織屨養母，大者退賊。心城内攻，世何不識？

子雲先生　草玄避世，深心抽嘖。童子無知，等于蓼習。

譚化之　齁咍囊中，别有天地。笑問書存，漁也同類。

司空圖　裂月撐霆，驚人一鳴。槁死空谷，了爾平生。

船子和尚　竪起槳子，討箇下落。不愁風波，平地作惡。

謝皐羽　西臺淚竭，竹如意碎。爲知己死，舉世有媿。

鄭所南　死心心史，史成可死。死在天上，生在井底。

沈遴士　身隱織簾，意則遐託。胤亦有人，埋光傭作。

題鄧肯堂勸酒歌

東坡自言飲酒終日，不過五合，而謂天下之好飲，無在予上者。後人掇拾東坡全集，以王無功醉鄉記羼入其中，豈非以東坡慨慕東皐，庶幾友其人于千載，其妙于酒德，有相似者與？余酒户畧似東坡，頃又以病耳戒酒。讀肯堂詩，浩浩然，落落然，如與劉伶、畢卓輩執盃持耳，拍浮酒池中也。他時有編余詩者，將此首編入集中，余方醉眼模糊，仰天一笑，安知其非余作也。

爲鄧肯堂跋丹井詩

吾鄉自桑民懌後，作詩者以沿襲冗長爲能。嘉靖中，鄧文度獨肆志古學，規摹昌黎，長篇突兀奇崛。余固度衆而亟録之。肯堂此作，敘致宏碩，得其家風。時調靡靡，日趨萎弱，我深望子後文度一振起之也。

題山曉窗詩稿

牧齋集補

丁祖蔭輯

春秋胡傳翼序 春秋胡傳翼

六經，聖人治世之書也。春秋獨佐以刑賞，二百四十二年行事，凛然萬世衮鉞焉。漢興，治春秋者，自江都、瑕丘劉公子而下，亡慮數十家。左氏、公、穀，並先後行世。大要業擅耑門，訓詁成癖，大義蓋闕如也。嗣後王安石亂以新説，春秋至不得列學官，三傳亦稍稍廢格。康侯氏於經術擯棄之餘，潛心闡繹，會宣尼之微旨，捃三傳之緒言，折衷康成、元凱、伊川諸家之渺説，彙輯成傳。其議論比勘，即不無太過，總之褒貶予奪，不離筆削宗旨，所謂史外傳心者非耶？

國家以經術取士，奉康侯如功令，句櫛字梳，幾無逗漏。第是經旨微而約，緒博而該。經生家童習白紛，涉其涯畧，甚有不知大全爲何種書者。嘗考孔子作春秋，大概仍魯舊史，然且徧求百二十國寳書。又如周因老聃觀書柱下，歸而載之於筆。作者之不易，蓋如斯也。後世學者，株守臆説，竊竊然得一先生之言，曰春秋春秋在是。政如管窺蠡測，奚當於大方者哉？

使君錢先生，業世青緗，春秋家夙稱龍象。兹取大全一書，陶汰而斟酌之。上自三傳，下迄諸子百家，繁蕪者芟，精覈者存。他如外傳及箋疏，與胡傳相發明者，亦附見錯出，令人開卷洞了。其於康侯，如車之輔，如鳥之翮，真可相御而行者矣。不佞少治易，於春秋家言，獨有深嗜。迫承乏楚、閩，時獲與諸名家商確疑義，輒津津有合也。歸來夙好不忘，遂以是經課孫兒輩。每欲一洗剿襲之陋，爲窮經指南，適錢先生胡傳翼成，徵序於余。余竊觀之，微顯闡幽，廣大悉備。宣尼千百載以上心事，恍然旦暮遇之。方今經術大明，其以治春秋名家者，又不啻如董如劉。若而輩更得先生爲之表章，諸儒之大成，功令在是，童而習之，用以郛衆説、斷國論，不猶賢於説鈴書肆乎哉？

且夫欲遡傳而明經也，猶之遡胡而明諸傳也。今之學者，射題如覆，拾句如瀋。胡氏之堂奥，茫乎未窺，安望遡而上之。用章之爲是編也，豈唯胡氏功臣，抑亦導明經者之先路哉！抑余聞古之明經者，邵公稱神，元凱成癖。彼皆以窮年畢世，肆力耑門。近世趙恒先生著録疑，以纊塞耳，三年而發之，聾矣。余少不自量，欲網羅百家，推明孔氏筆削之指，未三載而以懶廢。今余得深湛如用章，豈遂遜古人哉！姑書之，以志余愧而已。辛亥夏四月，錢謙益受之父書於婁江舟中。

石臼集序　石臼集

往得孟貞詩於龍友，喜其如春雲溶溶，秋雲英英，有可玩説、不可攬採之意。戊子秋，採詩白下，與治、於皇告曰：「孟貞之詩成矣，今之隨州、長江也。」余讀之，信然。然尤喜其古體歌行，骨格老蒼，敘事典質，殆優入少陵之室，深造而自得者也。

昔者微之之稱少陵，以爲千古詩人之總萃。元和以降，作者代興。波譎雲詭，横從穿穴，靡不人鑄一少陵，即盧仝、馬異，亦皆得少陵之一支，而少陵之面目不存焉。迨宋之西江，而翦刻露矣。迨近代之北地，而剽儗滋矣。此皆從門而入，蘄深造而未能自得也。陶淵明，隱逸詩人之宗也。鍾記室品之，謂其源出於應璩。古人之詩，其源流深長如是。今學者思弋獲古人，往往以勝氣出之，以蒙氣蓋之，庸可幾乎？

孟貞之殖深矣，積厚矣，其殆以少陵爲果位，而隨州、長江其分身示現與？泰山之雲，觸石而出，膚寸而合，不崇朝而雨天下。春雲之溶溶也，秋雲之英英也，其殆將瀰漫於是乎？其殆將歸藏於是乎？孟貞笑而起曰：「命之矣。」虞山錢謙益撰。

牧豕集序 牧豕集

文人之才，猶水也。其源深且遠者，或流而千里，或瀦而一壑，或紆而成谿澗，或奔而會江海。惟文亦然，或拘牽爲帖括，或敷陳爲對策，或聲偶爲詩歌，或體要爲古文詞。以無所不可爲文之至，以無所不可之文爲才之至。余以此相天下士，千百人之中，不能拔其一。近乃得之同里，如予年家子戴介眉者，何其才之肆應而不窮也？

憶乙未、丙申之際，吳中文會極盛。及門孫子扶桑，敦盤之間，推爲領袖。介眉與之晨夕遊處，振華落藻。制舉之文，一時紙貴。數踏省門不售，鍵户讀書，經經緯史，其學殖日富。放而作詩歌古文詞，刊削凡近，澤於大雅。家有白醉樓，四方知名之士，登樓唱和，盤桓不忍去。婁東梅村學士評其詩云：「無綺靡之色，無叫囂之音，淵然穆然。思深而調古。」斯言實牧豕集之定論矣。

是集爲定遠馮子所點次。定遠精於詩律，口介眉不置。余既耄，不足以張之也。雖然，介眉之王父鳳伯公，與余同舉進士。公以傲吏挂冠歸，縱情詩酒。余里居多暇，往來無間。公構清瑶小榭，無三日余不一至者。俛仰三世，又及見介眉之爲通才，治其經生業有聲，且以古學壓倒流輩。則余之既耄，固宜老歸空門。惟是多生結習，於詩文一道，未能舍然。見有所謂親風雅裁僞體者，每欲引爲忘年交。寄語介眉，當執通門之禮，過從數數，上下其議論。俾余之所聞於前哲者，後進嗣而續之，以救俗學之弊。毋徒效瓣香故習，僅以門牆爲事，於古人師資之益蔑如也。歲在重光赤奮若之壯月，石渠舊史年家老友錢謙益拜書。

季氏修譜序 梅李文獻小志

季氏之郡名延陵，自唐以後著之矣。然余見其子孫之在東魯者，自稱渤海季，斷自魯桓公子季友始。在東吴者，則曰延陵季，斷自吴壽夢子季札始。似乎有兩宗者。然同爲亶父後人，派别甚近甚明，非若崔之博陵、清河，王之太原、琅琊，李之隴西、趙郡，同姓而不同宗者比，則天下固無兩季也。

趙文敏之序海虞季譜也，曰「止就文村言之。」然按其所載，宋建炎間太常公扈蹕南渡，由龍泉而遷常熟之許浦，又遷於文村，固已三遷矣。是以先輩爲吾邑文獻志者，載諸流寓中。其在宋、元也，簪裾軒冕，禮、樂、詩、書，累爵重官，交光疊慶。閨房則玉葉金枝，仕宦則冰心鐵面。猗與盛哉！迄於明，循吏高賢，歷歷可數。詩文遺集，邑乘借光。至今虞山之下，聚族藹然，芳林寶樹，猶有喬木之遺風焉。稽古者輒慕季友之孫子，後千年而復振，不可謂非待旦公之德澤，久而熾昌，周雅勿替之歌，魯頌有穀之訓，愈足徵矣。其譜初纂於桐城令子明，再修於蘄州路總管宗源，三修於學博友梅及其子別駕廉輔，四修於儒彥松雲暨孫學博虞井。今以世代滄桑，子姓蕃衍，其裔孫虎溪氏，同其子元裳又爲之銓叙繼續。戊戌春，介翁子克凡攜其重修世譜，徵余言爲序。

余聞士孝曰究，究以明審爲義，尊祖敬宗，有倫有序，町畦明，樊圃立，究莫大焉。昔王文恪叙嚴氏家譜曰：「愼而胥，理而嚴，仁而勸。」予獨取其所謂「仁而勸」者。世固有一姓之子，富享千鍾，貧無半菽。或兩富攘冠，或兩貧斷骨。觀斯譜也，則有惇睦周卹，廉恥禮讓，一體一氣之思焉。虎溪爲人重厚簡默，其排訂纂叙，俱出於苦心至性，固非貴遠賤近，死智生愚之説可同日語也。元裳此中佳士，雞林有聲。斐然之文，蒞校舊譜而旌旗變色矣。予嘉虎溪能繼先人之志，又嘉元裳能繼虎溪之志，永言錫類，宜爾振振，忠孝之門，如環不絶。則夫友之賢，札之讓，九河分派，星宿同源，又何吴、魯之聚訟哉？爰書數行，以附文敏諸君子之後。戊戌皋月上浣撰。

山居詩引　法藏山居詩

藏公居三峯蘭若，率其徒衆，嚴持木叉。晨鐘暮唄，激颺於叢篁灌木中。余過而樂之，以爲此虞山中小雲棲也。已得其山居詩，静夜誦之，殆如杜子美所謂「欲覺聞晨鐘，令人發深省」者，以此知藏公之所存遠矣。唐高僧傳稱杼山皎然，凡所遊歷，皆以詩句牽勸，令入佛智。而文舉居破山寺，用元和體著青山履道歌。兩公飛錫之地，皆在虞山，皆以詩句作佛事。藏公庶幾近之。

吾友鍾伯敬常言：「今之僧纔一操觚，便有詩僧二字在其鼻端與眉宇間。」若藏公者，詎可以詩僧目之哉？或言藏公死心學道。讀山居詩，想見其根性猛利，機鋒自爾溢出也。心死如灰，根利如火，無火寧復有灰乎？火之種性，生而有光。千年之幽谷，破於一燈杲然，在於用光也。是詩也，以徵諸藏公之種性，其亦千燈之一枝也與？聚沙居士錢謙益題。

譚照兄弟並祀序 錢陸燦 常熟縣志

照兄弟徒步起田間，素無祖父蓄積之業，任其智力，以饒創紊鉅萬。一旦罄之於官，如棄唾啼，慭餘窪瘠田百畝，送死自贍耳。我聞先聖王之訓誡於其民也，曰：嗣爾股肱，純其藝黍稷，奔走事厥考厥長，肇牽車牛遠服賈，用孝養厥父母。此古人之以孝悌勸民，用力用勞以爲能事。而能出其車牛黍稷之所贏積，竟徒手爲縣官麾斥殆盡，尤事之綦難者。跡其一時甘心破産,或不無感憤任俠之爲卒也。城成五日,寇猝至,王公以追賊死,勢洶洶幾變。而縣治藉城以守,偃然無虞。不可謂非照功也。迄今及百年所,山城嵬然,邑之所謂大夫士若民者。居平輒遶郭行遊,亭有湖山土田之奉。設一旦干掫有儆,乘障而自保易易耳。則舉後百年之衣冠孱老,煙火闤闠於其中,不可謂非照功也。

商賢相巫公祠記 虞山福地事跡

開闢以來,邑先賢以公父子爲稱首。明以前,其祀典不得而考已。明嘉靖間,開府陳公祥按部至虞,訪公遺跡,見公木主僅祔祀鄉賢之列,喟然曰:「先孔子數百年生,所輔相殷之先王,書曰:『巫咸乂王家。』曰:『在祖乙時,則有若巫賢。』而孔子曰:『某殷人也。』今位諸廡下,微獨於禮未合,當亦非孔子所安。」進諸生咨之。時適有豪民妄據致道觀地爲塋域,且僭侈非制,衆方議所以繩之,因即以白。再條上,提學御史章公衮議合出帑金,償其值,迎公父子木主入焉。有司歲以少牢祀,著爲令。

迨明季,巡方按部,例以刑官自隨,乏公署,暫輟公木主寓道房。事畢,乃還之。沿之既久,邑紳後有欲追崇其先祖者,無已,就觀中内方丈之廢地,建祠一區,奉公父子正位,而以乃祖父子配食焉。題曰先賢巫某四公祠。侮先哲,黷明祀,久矣爲識者所哂。本朝順治十年，賢令湯公家相，清查邑先賢祠墓，將加封葺焉。紳王公夢鼎、邵公燈首以公請，乃遷祠於昭明書臺之左。而某公之後，浸以式微，並麥之奠絶焉。至康熙□□，重建真武大殿，時祠惟一二朽榱敗甓存，其彌甥某，悉撤之去，以地還觀。嗚呼！崇先固孝慈盛心，而亦思巫公父子之難爲媿乎哉？

周邑侯重建言氏家廟碑記（言氏家乘）

治術有二。攻滯氣者尚政事，雷威霜令，發摘姦伏，此治在標者也。養元氣者尚文學，經星緯宿，宣佈中和，此治在本者也。余嘗嘆治本治標，兼擅其才者不可得。今得之肯谿周侯。虞爲故吴國，子游氏之闕里，盟壇擣石，載在吴記。豐碑榮墓，林木蔚然。實首著南方英華之學。宰是邦者，多剸割璅務，遺畧大端。即舉虞令之表表文學者：薙頑育秀，續前修後，有若名父楊侯。區明經術，倡闢講堂，有若瀋陽耿侯。整飭祭器，增置學田，有若忠烈楊侯。亦皆因仍舊制，崇子游氏於學宫，未嘗於先賢誕育之地，前朝敕建之所，一加意焉。今日言氏嫡孫森，始就向所囬禄之地，恢廓舊觀。歸族人之他售者，還土儈之偪處者，傾囊倒庋，竭蹶從事，惜乎力弗克終。周侯來，顧而嘆曰：「余身生浙壤，叨令名邦。坐使先賢子孫憔悴，廟貌榛蕪，余小子所羞也。」於是蠲俸鳩工，畀金量直，不日而神座肅穆，堂廡陸離。缺者備，磽者平，漫漶者翬飛，黯澹者霞舉。告成之日，勒石紀事，徵予言爲惇史。

余於斯舉，有以窺侯制治之本矣。蓋侯治虞，期月耳，而美不勝書。書其大者：拔進文士，則宓不齊之求賢稟度也。戒飭漕務，則西門豹之登城鼓粟也。增濬城池，則韋景駿之隄防漳水也。焚銷積牘，則蕭子昭之立決疑滯也。蒐除亂黨，則彭子陽之諭散海寇也。禁革大蠹，則鍾離意之尺繩縛虎也。杜絶苞苴，則葉景温之衡平水清也。三異十奇，古無專美。余方嘉嘆侯治虞實政，何以致是？及觀其鼎新言祠，乃知侯器資恢傑，庶績允釐，勁操清芬，皆根源於稟經酌雅，所謂治本治標，兼擅其才者非耶？政事文章，煥發張皇。滯氣以攻，元氣以養。將聚峴山人文之氣，蜿蟺於泰山、虞山之間，俾言氏闕里，與孔氏闕里，並峙爲魯靈光。一祠雖小，而繫望在湖山千里之外，侯之志遠矣！詎曰丹漆黝堊，戔戔束帛焉已哉？是爲記。

周侯諱敏，號芷閭，湖州武康人。由順治十三年鄉進士貢於廷。初授常熟縣令，言氏家廟在縣治東偏，係子游誕生之地。其大宗裔孫生員森，森之子煌，並得牽連書之，以志其盛云。賜進士及第內翰林秘書院學士禮部侍郎纂修國史邑人錢謙益肅拜謹撰。

福山建二楊公祠堂碑記 碑在福山馬王廟

管常熟福山兵馬把總張其威，立祠祠二楊公。於是戎服踵門，謁文以記。余謂：「二楊公洵邑之賢侯也。應山文武忠烈，功在社稷。京山惇大豈弟，行被簡召。邑之士民，既廟食而尸祝之。中間相去廿餘載，相代更數令。今福山將士，特思二公而並祠之，何居？」

張其威載拜階下，俛首太息而言曰：「福山，東南黑子耳，其於要害，實江海門户。元末張士誠起通、泰，由此入吴。而趙武桓之擒士德，廖永忠之扼海路，皆大戰於此港。國家設立城堡，列營水陸，俾號令節制，北與狼山爲聲援，誠重之也。自承平久弛，而城夷廨圮，幾於雞棲鹿疃。加以有司之倨慢淟涊，出内之不時，芻餉之不繼，而士伍嗷嗷，恒省脱巾枵腹之虞。獨應山楊公，始慨然一新之。由是城有崇墉，廨有公宇，士皆宿飽，老吏退卒，至今言之。則公爲之先也。又若干年，遼事孔亟，羽書之徵賦輑至，邑里之告匱日蹙。令茲土者，救過不暇。賴今仁侯，不以邊警疏内地，不以民勞廢軍實。復使壁壘完繕，旗鼓懽亮，上下欣然，有投膠之喜，而卒收横草之効。去年奉調會剿逋寇，士卒用命，望風解散。則惟楊公爲之後也。向微二公，東南之斥候隙，畿甸之障徼撤矣。夫祠以報功德，而文以示勸誡，竊惟二公之德，宜載金石，願垂一言以昭永久。」余乃爲之喟然曰：「噫嘻！方今醜虜猖獗，姦宄竊發。」至主上焦勞，中外岌岌乎殆矣！其患蓋莫大於文武之不協心，或者秦、粤之相視，功賞之不以時，甚且谿壑以府怨。藉令天下公卿將帥，皆若二公之爲，有能急桑土牖户之備，收腹心爪牙之用，使所在爲堅城，所駐皆精甲，尚奚患夷虜之不庭，武功之不競哉？」應山楊公，諱漣，今贈太子太保兵部尚書，謚忠烈。京山楊公鼎熙，崇禎戊辰科進士，張君名其威，廉勇仁明，整軍經武，庶幾惇詩悦禮，他日可爲名將者也。法得附書。

賜進士及第嘉議大夫禮部右侍郎翰林院侍讀學士協理詹事府事邑人錢謙益撰。

常熟令應山楊公去思祠記 碑在楊公祠

應山楊侯令□□五年，上計以□行，□一□去□□□□而□告曰：「侯真去□□□□爲，□□□□□，邑之南郭，侯□築府塘□也。」祠成，父老□地香，曳笻□履若少壯，咸翼如不期至，稽首祠下，填門塞户，一如侯祖道時。則又驚而相告曰：「侯故儼然在也，侯未嘗去我。」都人士駭其言，相率走告謙益。

謙益乃曰：「若以楊侯真舍我去耶？雖百世故在也。世所稱循吏者，綜核名實，以勝任爲愉快，見才矣，不知有德。其賢者，約身圖，恤民隱，近德矣，不知有風。今夫風，起於青蘋之末，□□激飈莫□爲□，然而天壤間，金有銷也，石有泐也，風之爲□，□不可以終。□□故近徵德，遠徵風。□□□人士言楊侯之風，□□□□□□□□□□□山，一杯水，有渝此盟，無以渡江。布衣蔬食，妻孥有菜色，身所束帶，付攻金者以佐庚癸。人咸謂侯風。□夫已氏以任子爲郎，九首百足，擇人而食，莫敢誰何。侯廉得其罪狀，請於直指鄧公，寘之理。邑之桀黠奴爲蹻蹠里閈者，豪右而馮城者，狡而營窟者，煑海鑄山，採赤白丸者，□倚門而亂於室者，侯一以法繩之。□以三木，□諸五父之衢。高門深閨，皆□指□，無□楊侯。人咸謂侯風。□□□爲政□太去，□□□□□姦蠹□□□□□□不，以□□□民間□□徵發飽吏胥□，□□□□俎豆□，□□□□□□□□，其間□□□□□，□□□民不□□，□□而噓枯骨□，之□咸備。人咸謂侯之風遠且長也。侯行矣，登其堂，想見其□紳而矢目，有不□然齒擊者乎？入其市，聞其戮死而施生，有不斂足屏息者乎？巨□暴客，以迄於梁氏之奴，公慎氏之妻，聞侯之名，有不頭搶地者乎？里社之中，童子相端拜而提□之上烝徒□以□□□者，有一非楊侯者乎？侯之風若是，豈啻侯在時耶？謙益在侯宇下，微聞侯之緒論。自爲諸生時，則已扼擥容者流浮沈以□□軟□以豢亂，□□□家□，□□□□□□風勵之□事□□，□巨姦如拔薤，侯直以七尺殉一官，遑恤其他也。萬物者莫疾於風，此楊侯雷風相薄，時□□而後悦之。□肌浹髓，□申爲謡，則侯之風行矣。風之爲用，其有既乎？侯之去與否？又奚□焉？」都人士曰：「雖然，侯行矣，侯將以風吾虞者風天下。虞，其青蘋之末也。願□子之言，□□侯之風始。」遂次其語以爲記。

侯名漣，字文孺，楚之應山人，□□□□進士。都人士爲繆生肇祖、周生順時、郁生調元、翁生源德、余弟謙貞，例得備書。賜進士及第翰林院編修邑人錢謙益頓首拜撰。

苕溪陸侯去思碑記 碑在舊縣署旁

吾邑爲古雄縣，海介江壖，田多汙萊。浹歲商羊流虐，民至瘡痍也。苕溪陸侯，以浙右名碩，來令吾虞。甫下車，不言而飲人和，宛宛若明月之入懷，而光風之汎乎澤蘭也。既而嘘枯起槁，如得纖纊於寒季，資嘉穀於儉歲。徐而眂之，淵深而沉毅，寬大而廉清，若萬斛之舟，捩舵揚帆於千頃波中，風起水湧，其安若山。又若未央、甘泉之宫，霓旌羽旗，□羅環列，不見其處，澄然在廉泉、讓水間也。居官未期，而邑人誦之。革飲羊，戢嵎虎，扶小弱，育秀良，濬隍增埤，芟荒理翳，以至築橋梁，設墩堡，百廢具興，海氛以静。使其爲膠東之九載，潁川之八年，漢之吴祐、黄霸，曷足道哉！乃以格外旋奪吾侯，邑父老子弟匍匐號呼，攀車填塞，藉恂之願，以□□□□□□□□功令。

阻去之日，男□於家，女嘆於室，聚族而謀，所以志不忘者。相率叩柴門而請曰：「我朝裹糧而至訟庭，見我侯載色載笑，盡輸我所欲言。夕而偃息廬舍，於於如也。我有正供，惟我封識如法，而自投官帑。一切鼠竊之徒，無敢攫我金。我賦及額，而吏呼不驚，閑閑如也。我有常業，無誘我子弟，以自縱於歌樓賭局間，整整如也。我有同好，請我之屬，無敢肆牙齒以囓我，無有含沙射影以蠛我，屏除虞詐，坦坦如也。我民患苦强軍，如虓虎貪狼，狰獰而攫挐，我侯以真實心調劑其間，軍若民皆欸欸如也。我邑瀕江海，妖蜃長鯨，時鼓浪沸波，而水犀魚麗，跋攘江濱。我侯嚴斥堠，豫糗粻，鯨波晏如，兜矛肅如，而二十四浦之深障我土，仡仡如也。侯澤在虞，而我民謀□以壽金石，願有請也。庶幾須昌董詡、安陽荀勗，立石垂名之盛事，無專美於前。」

余曰：「噫嘻！嘗考漢世良吏，大抵以潔清持己，寬大御物。宣德化，修政教，搤擘焦思，以捄抏敝；窒隙□毀，以增形勝；爬搔乳哺，以起病瘵；披心腹，見情愫，以結合部民，爲同心一氣。故迄今光史册不衰。苟非我侯，頡頏前徽，與漢良吏相上下，安得此尸祝禱祠之歡聲，與七水雙湖、鏜鞳相應哉！父老子弟不忘侯，侯亦自爲其不可忘者而已。」

侯諱錫，字禹疇，若溪人。以才望冠東浙，由鄉貢進士爲虞宰。余載考虞邑掌故，賢令之久而不忘者，趙宋之王重潛、成、弘之楊名父輩，皆浙産也。令譜其益光於我侯哉！是爲記。賜進士及第原内翰林祕書院學士總裁國史前太子太保禮部尚書通家治生錢謙益拜撰。

常熟縣助役公田碑記　海虞文徵　碑在縣署基

句吴地饒而民勁，自列國號爲良國。漢有天下，虞其以勁爲梗，而不復賴其饒，舉以付劉濞，弗惜也。濞懷異志，將用其民而優之，以山海之利自給，而不取賦於民役可知己。後雖爲郡縣，然終漢世，皆若有若無視之，民最佚樂。以故六季豪華之習，易於相染。唐氏中葉，始漕江淮穀奉關中，句吴於是爲繭絲邑。趙宋南遷，區區江左，外輸歲幣於夷狄，而内供征戍。用賈似道策，脅買民田，謂之官田。以民間私租爲公賦，而江南之賦始重。中吴數郡，又以田腴，横見脅買，故官田視他郡爲多。國家有天下，毘陵以北，以先服見寬。而中吴二三郡，獨仍宋故。素封之家，又多以汰見籍。官田滋多，由是賦始爲江南重。賦出於民，又役民力致之，故民益不堪。而最甚者，無如北運。

中吴號水國，獨常熟高原半之，以其爲旱爲潦，皆當偏熟，故美爲之名曰常熟。不知歲非旱即潦，是歲未嘗有全熟也。按莞子，山處之田，與水田，皆藏穀三分之一。而山水之國，常藏穀十分之三，非其徵也夫？民苦北運，中吴所同，而常熟尤當議恤以此。蓋天下未有極而不返者，吴民佚樂之極，至唐而以繭絲爲常，至宋有公田，以迄國家，而民極於困。周文襄公以中丞撫吴，乃力請上均其賦，民藉以少紓，而役猶故也。今浙省參藩豫章趙公，初令常熟，念民苦北運，議以所運糧分附漕，卒尼於言者而止。不得已乃捐俸買上腴田壹頃九十六畝八分七釐四毫，並各區所有公助田七頃七十八畝八分一釐一毫，爲受役者助。計爲田六百三十餘畝。撫臣豫章周公聞之，亦推贖鍰，益買田二頃七十五畝二分六釐。久之，安六張公，來令是邑。甫下車，進三老問民疾苦，慨然欲修趙公之政，計其俸入，裁省一切而積之，將大有增益。而會直指行臺，不戒欝攸，當亟鼎建，乃出以應之，餘者無幾，則以付邑耆買田一頃五畝，合前田共一十三頃五十五畝九分四釐五毫，皆邑之上腴。委邑尉履晦籍之，刊册以布，庶政有畫一，而蠹敝無自生，斯亦趙公之志也。

公才與仁合，德政未暇枚舉，而最所注意者役事。境内之貧富，皆習知之，若嘗身至民家。受役者稱其役，竣役而歸，親戚交相慰勞，知嘗有遠行，而不知行以役也。使後之繼公者，如公之繼趙公，民之利賴永矣。雖然，天下之大，其奥區沃壤，如中吴比者不少，而中吴賦獨當天下大半。而役之苦因之。蕩平之政，毋乃尚有闕遺，足爲賢臣藉乎？藉以爲勢不可返，則官田之敝，已易三世。歷數百年而周小司空以一人一旦遽起均之，而天下毋敢抵齒。以此知天下事爲之在人，發之以會。兩公之於是舉也，亦爲其今日之所能者而已。東南之顛領，與其隱伏之可憂，端居當有深念。異日者，擁旌節而撫全吴，所爲紓其困者，當不止此。又況寅天地而爲皇家鞏太平之業乎哉？

一買民田也，顧宋以厲民，而今以爲民利。極之必返，其端見矣。民既啣兩公之德。又私憂過計，虞異日者耳目易而有變更也，以余濫竽史局，職紀載，相與謁余，而以記爲請。余不得辭而系之銘。銘曰：

並海之國，是爲句吴。厥田下下，水以爲都。邑曰海虞，借以墳墟。不能水旱，良萌以痡。又苦重賦，階厲在昔。役以賦重，莫思省嗇。爰有趙公，愴焉心惻。創買公田，聊以相恤。民用敉寧，豈曰呴濡。亦越張公，踵厥遺跡。弗損益之，章書簡册。竟此德意，可遍垓埏。神之聽之，報以有年。民物阜康，泰運以綿。式遵寶法，敢告後賢。胡以徵之？視此貞珉。

贈都察院司務王公嘉定墓銘 海虞文徵

菀彼新阡，開道樹碣。旁置萬家，中有雙闕。詒爾孫子，告以兆語。鼒鼎及鼐，帝用錫汝。勿謂善小，天鑒在兹。大書深刻，著此銘詩。

中大夫王公奕昌墓銘 海虞文徵

吾讀趙丞之銘曰：「百粤蓁蓁，羈鬼相望。有子而孝，獨歸故鄉。涕盈其銘，旌爾勿忘。」斯銘也，所爲諷誦嘆息，悲緬衾而感黄腸者乎？嗟夫王君！勤官死粤。天末歸窆，情幃具列。匪剶斯契，匪信斯葩。哀哀孝子，神不汝忿。移柳子之銘，以旌斯闕。後千斯年，其永不滅。

重修光禄少卿自新蔣公墓碑 褒忠録

余曩時讀書拂水，每過蔣公墓而欷噓焉，曰：「此忠魂之所宅也，而頹圮如是，得無令松楸夜泣耶？」今年辛酉夏，有公之冢孫名凌雲者，赴長安，來問余修墓碑詞。余謝不敏，雲拜曰：「非先生如椽之筆，不足揚先祖休也。」請之再，敢贅數言。

蔣公諱欽，自新字。少負敏識，博通善屬文。居鄉校，端静有儀。提學御史王深器之，常稱其文爲多士勵。弘治乙卯領鄉薦，明年丙辰舉進士，筮仕衛輝府推官。治獄惟視法，監司多以訟委之，剖決如燭。正德初以薦，召爲南京陝西道御史。時權璫劉瑾恣横，公與僚友及給諫劾其奸，疏上，杖於朝。公血肉淋漓，志氣岔激，獨抗論不屈。連困箠楚，尋殞其軀。武宗皇帝他日鑒其忠，爲下恤典賜祭，立論塋以葬。隨録其子浣爲國學生。一時士民，欣欣吐氣，咸誦朝廷有特沃之恩，而忠正有必伸之志也。

嗣後歲踰時换，蔣氏中道寖就式微，雖蒸嘗猶故，而榱桷漸欹，荒亭殘碣，半没於荆榛矣。洎五世孫雲，魁梧磊落，望之有傑士風，鋭然曰：「安有爲若孫而忍視先業久替者？」乃出公懿蹟，並諸名家著述，面陳之當道。當道掀髯擊節，慨意舉行。繼之江右熊侯，飛舄虞邑，景暮忠鯁，鳩工輪帑，協贊厥功。間因支費繁浩，公貲不能給，雲又鬻産佐之。將告成，邑侯命立石勒其事以傳。嗚呼！公以亢直犯逆瑾之鋒，侃乎忠矣。而忠豈公之得已乎？惟不求忠忠乃著，視之賈節弋名者，何啻徑庭已哉！生前一寸心，死後四尺石，鑱而式之忠不朽。公之孫之孝不朽，余之言亦或附之而不朽云。賜進士及第翰林院編修國史後學錢謙益撰文。

河陽湯侯去思碑　錢陸燦　常熟縣志

今上御極八年之臘月，我邑侯泰瞻湯公來令虞。爲政期年，虞人悦服。會當事者以五郡糧逋繁重，上其事，槩奉嚴綸。而我侯亦坐是解任。聞報之日，男哭於途，女號於室。

恤侯之任内，原無逋賦，因公受過，挽留無術。自紳衿以及負販，争相輸納逋糧千餘緡，不踰宿而足。此真千載所未有，史册中罕見者。今年秋，當事再上其事，分別請復，首及我侯。國門公論，臺省交章，深爲扼腕。侯且將拜簡命起矣。虞之父老子弟，先是扳轅卧轍，苦不得久留侯，謀所以尸祝侯者，惕於功令，不敢建專祠。冬十月朔，里老李廷棟、陳堯陛輩，具陳憲使者宋公，允去思之請，勒之碑。通邑士庶，鳩工庀材，於縣治西南惠民藥局舊址而構亭焉。亭中置碑，前有門屏，後有堂廡。地廣一畝，環栽松檜。屹然棠陰，勿剪勿伐，綿侯之澤。碑亭將成，諸父老屬余爲文，以紀侯之功德，以昭斯民三代。余不禁喟然有感曰：

令固不易爲，令虞尤不易。虞瀕江海，賦甲諸邑。比年以來，民勞於田，負山者旱，負湖者水，靡有寬歲。侯來蠲徭薄賦，訟獄衰息。合通國之紳者、袍者、負戴者、嬰者、攜者、髮秃齒落者、秀而良者，即狙獪而桀黠者，無不感深刺骨，家祠廟禱。侯操何術而致此歟？亦惟是愷弟宅衷，冰蘗礪志，率紳袍於神廟，共盟潔己愛民；宣六諭於鄉約，俾使革心向化。公庭焚積牘，不知有贖鍰之科；秤收懲吏役，絶不存羨餘之陋。吾虞壬辰大旱，鄉城斗米千錢，餓殍載道，哀聲酸楚。侯憫溝壑遺黎，親爲檢踏災傷，繪情申控。仰邀浩蕩皇仁，折漕蠲耗，數萬軍糈，轉輸無匱。侯猶慮胥吏之舞文也，揭荒榜於通衢。慮真災之向隅也，核浮冒於申報。慮豪右之侵餉也，發嚴誓於硃書。洵哉當世龔、黄，救時召、杜，真於濟人利物中，行剔弊釐奸之法，苟非有德有才有守，能令吏畏民懷若此乎？余計侯之治虞也，凡五百四十有五日，而惠政覃敷，更僕難數。向惟廵方奏薦，則云「繩亂絲焚之後，賴有此人。」撫軍補牘，則云「士民爭捐金錢，代完逋欠。」侯固俯仰無怍，身雖去而實榮，名雖絀而實馨。虞人勒石以謳歌功德，豈侯志哉？但侯以至誠純一，利澤萬民，吾虞人將百世祀，奚僅一碑，足志不朽？然我侯之去虞，與父老之永懷，均足光昭盛治，鼓吹休明。願揚扢美善，垂鑒千秋，以當循良之一則云。湯侯諱家相，號泰瞻，山西趙城人。中己丑進士。時順治十年癸巳歲撰。

伯父中岳先生行狀 海虞文苑

吾世父中岳先生之歿也，其孤爾光，手草事行，謁東海屠先生請銘焉。已過謙益而泣曰：「日孤兄弟之失恃也，僅免强葆。我先子父我而庚母我，更衣並食，甘荼習蓼，孤至今隱怛焉。孤既爲諸生，則我先子始壽。孤乞學士先生言以薦，未嘗不逌爾色喜也。枯魚欲蠹，霜露不凋，孤所欲逮吾先子者已矣。惟是先子之懿行，當吾世而泯泯，孤即死，無以從先人地下。」則又曰：「我先子有志而弗獲讎，孤欲養而不及待。孤彊顔以攄次遺行，而淚綆縻與不律俱，其辭不能次也，敢以累子。」嗟乎！家大人之爲從兄弟者若而人，顧獨與先生稱知己，相與責備行義，有古人風。謙益少事先生爲童子師，先生實以英妙期我。弱冠無聞，爲世賤簡，益實重負先生，則何敢以不文辭。

先生諱繼科，字登甫。晚恒自詑，吾目中有鬼，視一弟子員如匏瓜矣，安得有當世思，因字無登。所居後有初平石，慕皇初平叱石事，號初平子。復號中岳山人。其先世爲吴越武肅王，十一傳而有通州守諱邁。宋亡，元兵塞路，其子千一公諱元孫，渡江之常熟家焉。遂爲常熟人。又八世生竹深公諱洪，洪生益齋公諱泰，俱好義任俠，爲古豪長者。益齋公生五丈夫子，仲爲採樨公諱元祜，蓋余高大父昆季也。採樨公豪於文，意不欲賓貲郎腹中，足跡半天下。元祜生石屋公諱詔，椎髻補博士弟子，已謝去，爲詩古文詞，善吴郡黄勉之、王履吉諸先生，負俊聲。詔生吴山公諱一儒，有隱德，娶陸太孺人。孺人家本錫山，吴山公脱身遊女家，遂生先生錫山。先生生而秀潁異凡兒，陸太公憐愛之。陸太公暨邵媪老無子，先生生成童，不令知家有王父母。稍長，從吴山公歸省王父母，輒依依不忍去，去則淚簌簌下。石屋公摩其首嘆曰：「豎子能下枌榆淚乎？高吾門者，在豎子矣。」已陸太公歾，吴山公奉邵媪歸，則先生生十四年。好古卓犖，多所博外家語。一再試有司不利，吴山公家旁落，憂庚癸，不欲先生久事筆研間，乃去而耕於鄙。耕一年所，從父武選公促召試之，文益奇。武選公恚曰：「是兒我家能文，即駒齒且千里，能槁項老田間邪？」令讀書家塾中，羣從皆目笑之。先生益自矜奮。未幾，補邑諸生。遂下帷授毛氏詩，爲諸生祭酒。門弟子有用其經術取科第去者，而先生坎壈自如。家貧落魄，放浪詩酒，目遂病，不能久諸生間。先生意默默不自得，其自憙爲詩益甚，且藏名酒人以老云。

先生仁孝節俠，自其天性。居吳山公喪，哀毀骨立。暨陸孺人圽，且老矣，而孺子慕不衰。後先庀喪事，棺殮窀穸，不敢以貧故儉二尊人也。友愛其仲、季甚，季出後武選公，有田一成，先生復推遺產畀焉，曰：「爾無忘先人，吾豈以是區區者爲八口地乎？」先生既歸，德外王父母不忘，歲時伏臘，俯伏雨涕，並祀其父母。武選公歿，家就圮，先生每語爾光，涕涔滛下也，曰：「吾豈忘嚮者輟耕隴上，徬徨悵恨時哉！微伯父，必死是間。吾子孫志之，毋如吾慚恩懷舊，徒耿耿東壁餘光，無已時也。」先生言事機警，客有以疑難請者，無不立剖。既去諸生，客或諷曰：「若貧且憊，爲糊口虞。若之宗某某，貴人也，以若材，遊其間，何事捃拾哉？」先生笑謝曰：「是將使我家文人事貴人弟畜諸門下客，而長事桀黠奴哉？吾遇事有不平，奮髯抵几，酒後耳熱，仰天歌呼，安能以七尺殉人鼻息？且俛拾仰取招權顧金錢者，吾聞輒掩耳走，何至柔吾剛腸，日與此曹子爲伍？客且休矣！」族有以外婦子不當亂宗姓，議逐之，以撫諸孤，而意欲瓜分其室。先生力爭之，不能得，時時搤腕，髮上指矣。族有老而抎眥者，其嗣子睎產稱貸，與遊閒公子爲富貴容，從諸佳麗人，揳琴揄袂，蹋屣六博，冀乃翁旦暮物故，即倒囊入息於子錢家，黠少年假手上下，乾沒其間。先生廉得其人，召而誰何之，不少貸也。宗有以儀賓籍江右者，其子淪落不偶，僂行過故鄉，宗人多自引匿。先生歎曰：「范希文何人哉！吾貧不能治裝，使吾媿爲男子。彼夫飾騶怒馬，用門第相高者，獨使盲老公負宗祊，媿乎哉！」因命謙益爲歌詩贈之，先生釃酒悲歌，不自知其泣數行下也。宗人某□死京師，先生首倡義逆之。喪歸，爲經紀焉。家故貧壁立，感慨好義，急人之難甚於己。有以緩急請者，探囊中，有一錢，趣付之矣。先生歿，有憑棺而哭之慟者。蓋仁心爲質，遇而卒發者若此。

先生謝呫嗶業，益顓精陶、謝、杜、李諸名家言，苦吟得句，輒呼大白佐之。賓朋高會，絲奮肉飛，朋友相覩，歡然道故。先生呼盧捲白，旁若無人。酒語慷慨，時復泣下。晚歲目病甚，動止須人。每令童子持酒榼，拍肩而登虞山之巔，箕踞而歌，曼聲長嘯，聞之無不擊節者。即皓首稱大父行，而遇曾孫小子使之酒，必出酣暢，歌呼相應和無間也。先生開敏善談笑，與人無競色。一夕方飲，邑中有侮先生者，旋於門，先生飲自若，已復旋，先生笑曰：「若欲以夷射姑嘗我乎？即溺吾門者安能溺乃公冠？」戒舍人子謹避之，竟自愧去。客有誚先生不束濕御下者，先生笑曰：「吾食指不過十人，吾榜掠見憚，即時時醉歸道苦，誰扶掖我者？彼亦人子，陶先生豈欺我哉！」爾光兄弟既就傅，亦不甚督責，曰：「男兒落地有命，吾尚困蓬顆，何刺促孺子爲？」酒間，爾光侍飲，談説古今人文章節概，津津勸勉，至丙夜不休矣。先生嘗稱曰：「吾少廓落有大志，不獲以時建樹，天又以目廢我。吾幸能爲詩句以自娱。留髡送客，飲可數斗不醉，以娱吾詩。老而健，匕箸神明，步履不衰，且有三男子以娱吾詩酒。吾晴則高春而起，緩步而晚食。天寒雨雪，擁被僵卧，斗酒自勞，藜藿不厭。吾所以終餘年者足矣。」嘗爲詩句曰：「飲盡牀頭酒，看餘屋背山。」貧乏酒資，爲留酒蟲文以自嘲。其託寄蕭遠，視人間世泊如也。

癸卯甫六十，徙居荒落，爲終隱計。明年春入城，與親知爲十日飲。歸而病，病數日而卒。蓋爾光乞學士先生言以稱壽，方自幸得一解先生頤，既逾年而見背者也。於乎痛哉！先生始娶於邵，卒，復娶陶孺人。孺人歸先生十五年，而相莊如一日。先生遊於酒人，卜夜豪飲。孺人脱簪珥付酒家，爲粥以啖二孺子，而已哺糜，先生不知也。愛邵所遺女如己出，先生甚義之。其卒也，泣撫爾光曰：「北地生言：妻亡而後知余妻也。豈惟知余妻，乃知而母矣。且吾能忍於逝者，顧安得裘褐之人，共隱山林者乎？」先生方壯年，卒不復娶。則爾光所謂父我而庚母我，淚先而語後者也。先生生嘉靖甲辰二月十日，卒萬曆甲辰五月一日，春秋六十有一。丈夫子三人：長即爾光，郡諸生，博學能文章，有父風。

娶文學吳公全吾女，繼娶庠彥張公又玄女； 次爾成，娶陳，陶孺人出。次爾行，聘范，側室朱出。女四： 一適陳，邵孺人出； 一諾金； 餘幼，未諾，俱朱出。爾光卜以甲辰歲十二月十五日，葬先生於羅墩新阡。

謙益既叙述先生事行，未嘗不三嘆於爾光也。夫人子之稍有識知者，讀楊王孫、酈文勝之遺訓，則以爲含珠鱗施，璧玉輿馬，象祁連，署京兆者，毫無所當於速朽。不得已而徼惠於身後之一言，以不遽死其親。今夫黃金白璧，誇耀耳目，而文與骨俱朽，無足怪者。即魁士通人，世所慕其齒牙，以爲榮寵。顧往往拜車塵，列榆柳，輻輳能人之門，飾蹻、跕而讚頌之不暇者，何可勝數也！ 爾光偃蹇食貧，業不能如馬醫酒削。擊鐘鼎食者，足以奔走天下士，徒步重繭，冀以空言自效於親。至幼且賤如謙益，世幾以爲屈轂之瓠者，亦使自附於門生紀言之例，不已窮哉！ 語有之：「人貌榮名。」又有之：「人富而仁義附。」此謙益所以三嘆於爾光，潸然而不自禁也。敢請於立言大君子，憐而賜採擇焉，將爾光等死且不朽。

錢有達小傳 鹿苑閒談

萬曆庚辰，江陰鄧序班欽承副一翰林奉使安南，出滇南境，次天寧州，有乘八人輿投名刺來謁者，爲鄉生錢之寅，儒冠深衣，操吴音，自云鹿園錢氏子，執禮甚恭。已復具柬邀酌，質明，長鬣二人來候，趣駕往，可數里，執戈者百人，迎道左。更數里，曠野中除道築藩，重門交戟，帳殿壯麗，兵衛甚設。少遲，主人出肅，服改矣，衣冠侍從，儼然王者，徐謂曰：「敝居去此尚遠，負山險阻，不敢勞長者。」酒間，問詢鄉里甚悉。已及族故侍御海山公，曰：「此吾父行也。」酒斟，浮大白，顧二君慷慨語曰：「僕少年負罪鄉曲，漂泊西南，會有天幸，得不轉死溝壑。又不自意得遇故里人，契濶談讌，班荆道故，甚樂也。歸幸語吾錢氏，使知六詔間尚有此人，即何如老死牖下？不然强顔對刀筆吏，搏顙求活哉？」鄧問：「亦有八行寄故鄉否？」寅仰天嘆曰：「已矣！丈夫作流人，寄嶺海外，不能復以姓名溷鄉里小兒。且使僕浮湛枌梓，即窮餓立槁，誰知之者？丈夫死即死耳！漢恩日淺胡恩深，何八行爲？」將别，以方物饋，凡二十餘種。虎豹獐鹿，皆生致之，哮躍可畏，餘不盡識。又發道驛置傳，遣役送二百里外。歸而詢之鹿園宗人，先年有夫己氏者，以逋賦逮之急，襆被出走，久不歸，疑即其人與？或云以事遣戍雲南，未詳。

史謙益曰：夫夫者不知何許人，當其居江上時，意必恣睢辟倪，從鄉里惡少年，采金煮鹽，輕扞文綱。三尋之矛，振臂一呼，不難跳梁自快者。身罣吏議，市井五百，得制其死命。一旦亡命四方，遘會遭奇，豈有如任囂之教趙佗者乎？至所語鄧君，抑何慷慨男子也？客或謂至今稱避世者爲商山、爲桃源，夫尉佗、扶餘，不等稱大隱乎哉？此愈益卓説不倫，非余所知也。

案：鹿苑閒談云：受之所撰小傳，得之乃祖虚菴，而虚菴又得之鄧序班者。余晤序班次子汝舟而得其説，則又名之寅云。詢之土人曰：「此天寧王所轄也。」

復王繆兩孝廉 聲討實録

頃接台教，正直與忠厚，並行而不悖。他日立朝風槩，具見於此矣。嘆服嘆服。舉行事欵，深合鄙意。待寒宗紛呶少息，當仰遵德意，俾其參酌奉行。至如不肖，衰頽、病廢，何足爲有無，而台丈猶引糠粃在前之誼，過而問焉，則感佩良深矣。尚容面謝不一。

案：王名夢鼎，繆名祖命，先致書宗伯，擬發錢裔肅私財修舉邑中廢墜事。

與閻古古 魯一同寅賓録

日來悶坐無聊，不獲追陪談笑。東亭欲别，殊爲悵然。别後益復委頓，加以眼暗足酸，種種苦惱。風燭之年，死期已至。雖欲尋好死，不能得矣。辜負德音，不勝痛惜。惟恃台丈補浩功成，片語拂拭，令腐肉朽骨，少知慶忭，則所竊望也。奇窮窘極，四壁蕭然，惟叔向深知之，此中人不知，亦不肯言也，可爲一笑。諸惟慈恕不一。

復閻古古 同前

日來憒悶掩户，苦無所聞見，得來信，少爲舒眉也。此中都無可語，僕早知之。芒碭雲氣，下邳流水，曷不往吊古悲歌，而刺促此地乎？恃知愛，僭進一言，知不罪唐突也。謙益再拜答復。

按：白耷山人曾於康熙過虞會晤，兩書蓋别後作也。

復顧云美 顧苓塔影園集

初與友人論世廟大禮，以此語相質。得來示，具見腹笥之富、考據之確，不能復贊一辭矣。

致某 墨跡藏江曲山莊沈氏

□月中，有敝同年戴鳳伯謁選，附致八行，並龍川集諸書，而仁兄已南還矣。敝同年既抵臨淄任，始以原書見還，猶幸其不作殷洪喬也。兄以何時抵家，坐水明樓中，讀書談道，父子相師友，此亦人生大快。静夜端居，想極樂寺中偕弟與小修輩痛飲狂歌，忽忽成往劫事，亦復一搔首相念否也？別兄南還，伏影苫塊，日作貧薄書生課業。功名富貴，萬念灰冷。惟言念海内弟兄，相知相愛如兄及小修者，喜而欲狂，感而欲涕，時爲婦子輩所笑耳。兄夙有遊吴之約，秋闈已近，政宜買棹南來，爲取友會文之計，並與弟一傾倒契濶，萬勿遲此良晤也。吴郡華山寺，爲晉代古刹，趙凡夫居士延名僧巢松主之。而衲子大雲募修大殿，徵材於楚。弟令其一見仁兄，以兄爲法門龍象，不難以口舌作佛事也。幸爲留神唱導，名山勝緣，自不待弟喋喋也。顧仲恭亦時念兄，託弟道意。瞿涵中於七月中無疾而殞，深可嘆詫。如此人，所謂好到極處，俗到極處。然不通佛法，死去都没下稍，此亦俗之大病也。龍川集諸書，即欲歸之鄴架，而貧衲遠行，恐不便攜帶，且有他失，念之中止。總之，兄不來吴，弟當尋的確人相寄也。卓吾先生所閲書爲兄所藏者，兄來，幸一一帶看。否則攜至燕中，弟後年入都，當借觀，萬勿如蔡中郎之秘仲經也。遠道漫漫，語不能盡。幸時惠德音。試卷四册附覽。

案：戴鳳伯，字元威，亦常熟人，與牧齋同年進士，選授臨淄縣。小修爲袁宏道之弟，名中道。凡夫居士爲趙寒山宧光。瞿涵中爲忠宣之兄，其同邑門人顧仲恭，名大韶，裕愍之弟。卓吾爲李宏甫贄之字，晋江人。皆以文章氣節，表著一時者。又按：巢松名慧浸，得度於吴門雲隱菴，示寂於華山。其詩選入列朝詩集節録沈培識語。

答龔雲起書 舊鈔牧齋遺事後

通家侍生錢謙益頓首拜上大參謀仲震先生幕府：不佞與先生，平昔雖無面，今日有神交矣。且四海之内皆兄弟，況三輔之郡同襟帶乎？兹因國敝於流寇者，十有餘年，積非一日，豈僅今朝患哉！敢因先生借箸而詳述之。

寇賊始以秦邊潰卒，糾合飢民，後積漸渡河、汾，盤豫、楚，中都奄入，乃復鴟張獸竄，依山爲窟。闖巴蜀，屠襄、雒，中原千里，盪爲丘墟。諸臣養賊自重，遂使滋蔓日深且衆，而逋誅亡命之徒，又竄入同爲馳掠鄉導。即東虜亦伺寇釁以内訌。當局益紛亂旁皇，應接不暇。債帥以尺籍爲外府，兆鏊以蝟縮爲秘傳。石馬象人，徒解揚旍而呼庚癸；銅山金穴，輒輸賄賂以媚要津。居恒爲燕雀之處堂，有急爲八公之風鶴。故盱衡時事者，略疏陳一二於先帝，命辦寇元臣，展殲寇寬限，籌蹙寇勇兵，加剿寇新餉，俾爾樞輔，爲裴中立平淮蔡之役。乃致迅掃愆期，襄、洛淪陷。繼之者愈齷齪無爲，規畫未聞，敗衂屢見。舊樞出縲絏而義憤，悍帥擁旄鉞而坐觀。至汴梁圍困，而捧尚方、握重兵者，逡巡不敢邇其踨。寇賊愈肆無忌，復趨舒、霍、鳳、泗，鍾阜亦虩虩震驚。今歲三月，又陷晉陽，攻榆林，破宣府，殺撫臣。旋入居庸，震臨清，指金闕以長鎩，向王城而蹶張。勤王曾不解其嗌吭，而將相皆屈體於犬羊矣。先帝忽以厭世，白日黯而無光。載下車以黜喪，拚桐棺而藁葬。黍離清廟，麥秀空傳。不佞憤傷號痛，愧不能灰身以謝天下，尚竄在草野以苟活，思望天下有忠臣義士，能興復仇之師，以滅大憝而報國恩者。奈人皆習於偷安，竟無能以仇虜爲念。如幕下所云：「百姓男女，有如醉夢，與之言殺賊勦寇，茫然不知何語。戴進賢冠，横黄金帶，所勅所職，身外之物，蓋不復記憶。與之言殺賊勦寇，亦囈囈然呆目張口如啞子，以口合口，欲言而喑喑不能發也。」可謂宛肖。又如幕府云：「諸臣皆靦顔一室，耽説杞憂。期趨身爲定鼎奇勛，備員佐命爲大望。希蹤江左夷吾，妄比東山安石，欲以今日之事爲榮禄，先帝之死爲功名。」斯言可爲熱中痛切時弊矣。

不佞因思嫠婦尚卹周宗，可以人無忠義？遂不度德量力，思毀家殉國，紓難急公，猶冀内外有勤王之師，與我同心戮力，奉辭伐叛，露檄以告四方。幸有同院翰長金先生，節義文章，表表人目。同予奮志倡義，此真能奮禮義之勇。而幕下拈一誠字相勉，足爲喜尚。但愧樗材不稱，不能大造中興。然巡、遠之死，未敢必唐室之再興；季姜之死，未敢料宋室之不復也。忠臣爲國，惟盡此心而已。成敗利鈍，諸葛武侯亦不能計也。幕下又復以王導望人臣，言何容易。東晋之興，王導之功居多。擅美江左，彪炳史册。無論功名難並，即其輔相三世，倉無儲穀，衣不重帛，簡素寡欲，孰有及哉？今皇上遠過瑯琊王，輔弼諸臣，亦不讓茂弘諸君子。惟其志復神州，爲灑新亭之淚，則不佞所願竊比者也。又諭效温嶠畢力赴難，仗義討賊，移告諸鎮，灑泣登舟。固吾素心，然當時幸有王導在朝，密令張闓以太后諭三吳，詔使起義兵，而會稽王舒使庾冰將兵，西渡浙江，吴興太守盧潭、吴國内使蔡謨、義興太守顧衆等皆應之。更有婦人女子，如盧潭母，亦欲遣家僮從軍，鬻環珮以給軍需。今川岳氣分，士無全節，而士大夫每多巾幗氣，安能如盧潭之母女中丈夫哉？復得郗鑒帥衆渡江，陶侃分餉佐軍，始能石頭序績。今秉樞無運幄之籌，督撫難駕馭之策。各將帥自期建業陳功，未必聽其徵調。各郡邑額餉供億，未必同舟共濟。欲其戰守且足，呼應必靈，未知可得否？其輕車突騎，火器樓船，勁弩長鎗，堅甲利刃，材官騶御，又當議備者。而衆之給衣給糈、安家途犒，與夫隊伍長、營壘法、屯收所，更宜提防。或參游縱軍剽掠，脱巾露刃等事，此又責在專閫之帥，更望秉鉞之才也。

今天下不可一人運，必恃有羣力之多助。人才不可以議論求，必將有實見之事功。側聞尊甫先生，内膺司馬，裕羽翼之才；外鎮粵臺，藉爪牙之器。趨庭教子，盡爲玉樹芝蘭；内舉得人，能抒學問經濟。□外青年育秀於庠序，服聞庭訓，得其要領，有如謝阿玄可受大事者。不佞願具元纁蒲輪，聘師中之長子，衍經濟之大才，樹忠義之奇畫，如素衣葛巾，白衣山人，佐興漢、唐之業，銘鐘鼎而勒旂常，豈非千古之大丈夫哉！幸勿曰：吾固如琴張之輩，所謂狂者其志嘐嘐然，而行不掩焉者也。

雖然，天下固有空言當實事，匹夫可以懾王公，但聞名義之是非，不爭力勢之强弱。而天下之叛逆奸雄，亦有不畏甲兵而畏匹夫片言。世亦孤傳匹夫之言，而不重勢力之事。若魯仲連聊城一書，使秦氣奪而布？帝令。幕下兩檄與災降文，可以歆動人心，寒闖賊並降奴之膽，並魯仲連垂不朽矣。嗚呼！尹遂昌曰：中華之主，天所生也。其存亡與天地相爲流通。自古叛臣賊子，敢犯闕庭、逼乘輿而危害之者，非惟得罪於中國，亦且違逆帝命矣。天醜其折，必假手真人，應運而起，屠其族，戮其尸，焚其巢穴，滅其子孫。天道昭彰，報應不爽。君其俟之。君觀晋史，如劉裕、石勒諸人，爲篡晋豪傑。天使異姓奪裕嗣，殺劉氏諸子十五六人而早絶。石閔殺石虎三十八人，盡滅石氏。嗚呼！可爲殷鑒矣。不佞因先生賜書，遂感慨泣數行下，爲鏤荆筆以銘心當面焉。伏惟先生，惠然肯來，有以教我而左提右挈，則謙益不勝骨而肉矣。臨楮，曷勝感激顒望之至！

附龔雲起書

乙酉年定海陳東明、丹陽荆大徹皆起義兵，毘陵匡社友人龔雲起，字仲震，目擊時事，有感於理，乃上書錢牧齋。

錢老先生侍郎閣下：　今天下事急矣，閣下以文章道德，爲天下盟主三四十年，而忽慷慨於王導之所爲，戮力神州，共奬王室，甚厚！　甚厚！　天下有志之士，知必竭誠盡慮，謂千年一遘，争獻策於高門，知閣下必不深責寒温之瑣瑣，推事之慇慇，而必冀一言之裨於閣下。小生懷其所裨而竊幸也，敢進之乎？　小生與閣下無面，然每見前人布衣遊長安丞相府侍郎門，時時奉書，非有一日之識。今閣下是文教之宗，小生有懷，敢以不達？　願閣下少加憐焉。

今是痛哭不盡、流涕不竭之日。家貧，南山之竹頗少，豈能及一二。但就時而論，則天下無一事可比於古人。年年用兵，每曰兵力竭矣。今日之兵，豈曾見其竭力哉？　或者逃竄四散之走爲疲耳。三秦八晋，盡是土瓦，皆由無兵。乃瀰天亘地，竭府空藏者皆兵，而謂之無兵。然戴金衣虎，統戎攝師者皆將，而謂之有將可乎？　鮮旗燿幟，赫然軍門者皆鎮撫，而謂之鎮撫可乎？　今日且不論乏人，即時或一人畧有權計勇敢，其心意已專注於賊。何者？　在我則苛求其權計勇敢，在賊則直信其權計勇敢也。且在我，則有賊故擔受驚怕，時時碎心。在賊，則無我縱横帖坦，處處樂國也。故愚以爲今日之百姓男女，皆如處糟丘酒池，大醉酣鼾，與之言殺賊勦寇，直茫然囈囈而睡，不知我所説何話。至於官亦矇矇然與之言殺賊勦寇，即呆張其目，尚不如啞夫欲與人言，雖無聲而以口合口，唔唔不發也。今閣下欲於醉乾夢坤之中，作一東叫西呼之計，難乎不難乎？

夫無故而欲以頭首爲人用，此豈漫事？前小生在窮巷，聞閣下起義兵，思所旋轉，計此舉必如何萬全萬當。及聞閣下已馳東南各州郡，勸諭協力，小生思聲援固不可不廣，然小生管見，竊以當今大概不以其位，不以其望，不以其勢。辛相，極位也，出則懸梁。大司馬史公，重望也，動多掣肘。淮撫，上流勢也，帶甲百萬，束手如行尸走肉。非不得人，即得人，而將悚懼恐惶矣，兵齒鬭手顫矣，糧簞瓢懸磬矣，彼固皆夢也。今如辛相司馬，重望聲勢，故吴仲武曰：「兵不激二萬無益。」每讀前史，歷觀十六七代來興亡成敗事，惟有温太真潯陽之敗蘇峻，累可爲今法。當庾亮逃亡，八州鼎沸，嶠旁無良將，食盡兵疲，陶士衡台司大臣，竟有異志。計無可越，惟有血誠。一則陳峻罪狀，灑泣登舟，二則告皇天后土，親讀祝文，流涕覆面。舟則立行臺，布告天下，人心頓奮。一朝天子船來，賊無孑遺。嘗謂太真一身，不但安奠晉室，得以有五朝相斷，未必不是此日功烈。今閣下本無督將徵兵之任，而忽自感拔，捐金忘軀，小生以爲此已可令醉夢人一二分清醒。何者？彼日迷迷混混於賊之不可動，而忽見此舉，必駭然曰：

「是爲王事者，而自取勞苦，得毋賊有可動之機乎？」愚謂此一二分者，可乘不可錯，難得而易失。小生聞近而不言爲諂，遠而不言爲怨。叩頭進一切實近理之論，願閣下垂聽。

蓋今第一務在用人納言，萬不可但高大龍門，身在曲房，不知外有奇士。一人挾策，或疑曰此無名者也，此未有縉紳先生言於我也，此人已在千里之外矣。蓋丈夫君子進大人之門，其意原有所不樂。吾急如師友而迎禮之，彼猶自格格。況必先之以門館，再之以高簡，終之以傲慢。大人之門如囹圄，望而生畏矣。李元禮使君在太平時，天下紛紛，孔北海胸中，且不得不有平令。又最不可者，名爲召募，其實混鬧高拱不識一夫，耳目手足，隨僕隸親友爲寄，以全身入水，一動而蹶，此最險者。爲閣下計，惟幅巾羔裘，步行親黨閭伍之間，覓父老同少壯者，宛轉時事，誠詞開導，商其可否。待其歎息扼腕，然後徐徐及君父。從來國家多故，必主上非酷虐則愚淫，猶有以祖宗厚澤及人，民不思亂，不致覆亡。況今聖德，彰彰如彼。欷歔細談，未有不泣。夫乃慷慨奮言李賊狡惡放肆，明欺我朝無忠義之民，驚逼皇陵，酷殺老少。浩浩滔天之惡，使人髮指。古往未有草據寸地，即僭服號，而不一朝敗裂者。立功殺賊，固非異人任。我曹空處歲月，奈何不刻日前驅，挫其叛鋒，斬其渠元。自古一軍之氣，可奪萬夫。且今兵械如組，糧給如池。一鼓而赴，歸關中晉陽二百十一城，封萬户侯，取斗大金印，汝曹當亦知其甚易耳！既雪其恥，又獲不世功。人非草木，奈何而不感憤激發，願隨將軍也。此所謂既動以義，又歆以利。後椎牛大饗，閣下親執爵，以酒酹地，泣誓皇天，血淚横披，如不可忍。令俾忠徒，莫能仰視。又人人酬酢，勉其同澤，厚其手足，各自叫擊，千口一聲。道路掩目，無不嗟嘆。去者如雲，留者黯色。又終始其家室，婦女稚子，亦願荷戟。見人心大定，激氣罩城，則即刻駕艦艘，選車徒，乘其奇鋭，築盟壇，進一大聲高清之士，拱執盟文，抑揚宣讀。三軍拳勇，隨即登舟，揚帆競發，兼道疾馳。萬勿逢州纜繫，遇邑徘徊。若有所待，阻人前氣。其或塗遇各路，繞舟争功者，閣下覿其統領，注名册簿，一一撫馭，人人慰勞。不可疑彼新至，慮彼不誠，一如己部，使心如結。但行時必各撫所部，各歸其幇。尤最要者，不可深居高舟，使將士不得望見顏色。同部卒之艇，開八達之窗，坐而四望，日簡軍書，時比符籍。將士瞻仰，人無玩心。軍士過大江，威容尤必極整。蓋南都鳳、泗、荆、淮、九江之兵，四會於此。觀我兵形勢，人人惴恐，面面羞澀。聲威一振，噪動萬里。其或遇負固之總帥，見横逆之王臣，單騎往軍，示以利害。開誠置腹，歡附入援。其或有逗留觀望之師，縱部殺掠之鎮，先兵問罪，斬魁以警。兵到臨清一帶，如已遇賊，而本無大兵原駐，即日鼓軍，痛殲一陣，破彼鬼膽，驚彼魂夢。既抵大兵雲合之所，先固寨栅，然後營之。接晤文臣，則威神遇之，激以天地大倫、清史大節。武臣以極意謙禮，肝膽相付，有如手足，洽浹肌膚，歡然同事。蓋武臣之心，一往果直，最易感奮。至天下援師，應故事多。閣下既以天下所宗，統兵到北。必轟然傳駭，千軍皆驚，以爲創舉，各爭覘視。泄泄沓沓之夫，接談咨諏，必一字一血，辭氣飛激。若天地昏黑，不可頃刻。出入酬應，憔悴慘怛。此非矯作，上勵諸道將帥，下示千乘萬騎。一人赤心，人人壯膽。如從容陛見天子，則萬萬不可一言時弊，但稽首嗚咽流涕，引罪萬死。如京師累卵，方在陸梁，則大鼓奇兵，出其不測。當此之時，奇謀異策，行機處變，舞軍躍卒，運用之妙，在乎一心。事在閣下，非小生所能預疏矣。

董仲舒曰：「君侯深觀往事，先思本仁義至誠。」小生儒者，無他智巧，今此皆至誠之説，期閣下誠心任事，無往不可。小生上觀古烈，下撫時事，終宵披衣，毒恨入髓。既困秀才，又無大力。徒傷駒日，但心如刀割耳。前拜教受翁，翁出張年伯老師之門，許其卓越，勉以大節，竊自奮勵。常懼蹉跌。幸遇閣下，慷興偉業，建鼓赴難。又恭賀翰撰金公，萬里長城，朝野鼎柱。同心協力，李、郭再世。蘊隆之忱，猶不粗攄左右，一朝溝壑，草木儒冠，西望長安，何以慰同硯之友？共切憤烈，酒酣耳熱，怒氣沖幘，提筆草檄，本欲以區區述作，上於宗鉅，時非平治，馬上爲先。敬節以擬代檄章二通，馳獻記室。抒發大義，未嘗雕飾舞文，引古遮拙。大約都望閣下實心實爲耳。孔章荀令，閣下固車斗。然小生氣之所至，詞之所充，隻字可採，亦望人之江海，書生於此良風馬。奈素心迂濶，計此時門下，獻策力者有，而進閣下以誠者必少。小生寧負頑狂之罪，不得不贅一言。閣下如果欲一言之裨者，則當不以小生之頑狂未面而麾之。不爾，則非小生之所知。

苦言 崇禎癸未 舊鈔本

里中趙、祝之事，幽有鬼神，明有王法，宿世有冤對，現世有報应，獨不肖以衰遲屏廢，一無干預之人，而彼此牽掣，左觸右磕，可笑亦可嘆也。

事之起也，趙曰：「汝世誼也，當爲我主張。」我無以应也。祝曰：「汝鄉老也，當爲我主張。」我無以应也。士民曰：「汝邑人之望也，當爲通國主張。」我無以应也。祝廣文身已縲矣，再有一身可縲乎？於此時爲趙而攻祝，毋乃太慘乎？然不爲趙而攻祝，則爲趙者羣嚚之曰：「此不顧世誼，偏爲祝樹赤幟也。」我雖有百口，不能解也。趙化州家已燼矣，再有一家可燼乎？於此時爲祝而攻趙，毋乃已甚乎？然不爲祝而攻趙，則爲祝者又羣嚚之曰：「此不顧天理，偏爲趙立左袒者也。」我雖有百口不能解也。

不寧惟是，兩家兩造方新，煩言未艾。假令祝氏再攻擊一人，被攻之人必曰：「此必錢某主張攻我也。」其怨恨不歸於祝而歸於我，我亦百口不能解也。假令趙氏又牽連一人，所牽之人亦必曰：「此錢某主張扯我也。」其怨恨不歸於趙而歸於我，我亦百口不能解也。

山盡水窮，進退維谷。欲逃何地？欲訴無門。無可奈何，只得焚香誓戒，昭告於城隍，此該受不語戒，作閉户觀。趙、祝之事，誓不口出片言，手出片紙。有渝其盟，鬼神當拔其舌，親朋咸唾其面。如是而趙可以貰我，祝可以捨我，通國士民亦可以諒我。如若趙終不貰我，祝終不捨我，通國士民終不諒我，則亦天也，命也，宿業也，亦終付之無可奈何而已矣。

汪水雲詩跋 汪元量水雲集

汪水雲詩，雜見於鄭明德遂昌雜録、陶九成輟耕録、瞿宗吉詩話及程克勤宋遺民録者，不過三四首。夏日晒書，理雲間人鈔詩舊册，得水雲詩二百二十餘首，録成一帙。然迺賢序水雲詩，以爲多記國亡時事，此帙多有之。而所謂與文丞相獄中倡和者，概未之見也。惟浮丘道人招魂歌擬杜少陵七歌體製者，今見文丞相集後。水雲詩集劉辰翁批點刊行者，藏書家必有全本，當更與好古者共購之。牧齋。

題草莽私乘 草莽私乘

余往輯桑海續録，訪問龔聖予文履善、陸君實二傳而不可得。從江上李如一，借得陶南村草莽私乘，則二傳及君實輓詩，儼然在焉。不獨二公鬚眉如在，亦如與龔孝予、吴立夫諸老執手接席，欷歔嘆噫於寒燈竹几之間也。萬曆庚申春日，謙益記。

題鈔本滏水文集後 楊紹和楹書隅録

元遺山中州集、劉祁歸潛志，均稱趙閒閒滏水集三十卷，或並外集計之耳。此本由金斲過録，篇次全備，乃完本也。牧翁記。

題二陳子英社詩集 英社詩集

吾邑以葩經冠三吴，瞿文懿而後，首推吾顧、邵暨陸、魏諸君子，互踵其盛。迄今流風餘韻，芬郁歯頰。而諸家子弟，起而繼之者，不無紹述少衰之感。司空陳旦融昆季，以詩先後起家，每津津此中，未嘗不以匡説解頤自負。今其子姓，愷悰輩走，鋭策精聚，通國專業者，共繼其聲焉。殆有闚見前賢，齊名追步之志，此余所樂觀厥成者也。牧齋老人謙益題。

題黄子久畫 張大鏞自怡悦齋書畫録

一峯老人遊屐徧宇内，顧獨愛虞山，結廬其下。朝雲夕煙，變幻百出，俱歸之老人筆底。此幅爲四明謝象三所貽，適以示檀園，檀園拊掌贊嘆，以爲是必子久在虞時所作，故能爲虞山寫照精妙入神至此。夫子久相去三百年，人得其片紙，輒珍如拱璧。今象三不遠千里，郵致此圖，而又遇檀園法眼鑒定，懸之草堂，頓令生色，故樂而書。辛巳二月望日，□□記。

題祝枝山書格古論卷 張大鏞自怡悅齋書畫録

允明真跡，江左亦不易購。仿之鐘、王、顔、柳，上下千古，如子美所云「伯仲之間見伊呂」也。余喜事收藏，得駿馬之骨，猶沾沾自喜，冀絶足不遠而自至，蓋亦愚矣。歲戊寅，漫遊廣陵，及門二三子，相隨杖履。因於貴戚家得閲此二三卷，種種具備，不覺目眩心馳，如入旃檀香林，見具足相，爲三生慶幸。遂諉誣我門商子，出所携舟中古彝宣爐二物，强爲易之以歸。延津之鍔，恐爲蛟龍攝去。榜人催促，倦遊就道。時三月既望，漏下二刻，翦燭爲之記云。

題程孟陽畫 鈔本周櫟園藏畫題記

孟陽最矜重其畫，不輕爲人點染。此幅真吉光片羽，人間不足見也。近有吴中畫家，僞作孟陽一册，屬予題識，予面斥之，不懌而去。今爲櫟園題此幅，孟陽當爲默舉矣。

丙申春三月，謙益書於報恩僧窗。

賴古堂寶畫記 鈔本周櫟園藏畫題記

古之高人勝流，蜚遯遺俗者，其神情興奇，必棲託於山水。或清齋燕處，未遑登涉，往往以圖畫代之。如淵明之詩所謂「泛覽周王傳，流觀山海圖」者是已。人生此世界，沈埋立濁惡世。市廛桎其身，名利梏其心，如蛣蜣轉丸，不能自出。惟是棲名山，臨大川，空靈秀發之氣，吸而取之，可以滌蕩塵俗，舒寫道心。若乃天外數峰，雲山一角，煙嵐雲物，湧現筆墨間者，化工妙韻，與方寸靈心，熏染映望，相逼而出。向子平之五嶽，宗少文之四壁，著屐非遥，卧遊非近，此可與解人道也。

櫟園好近代名士畫筆，藏□甚富。舟車南北，恒貯篋衍。予以爲櫟園非獨愛其畫而已，其棲託蓋有進於此者。道書言宇内洞天福地，皆仙真所治，如人間之宫府。而佛言人間深山曠野，諸何羅漢聖道場地，世間麁人所不能見。夫世之麁人，既不能見名山洞天聖道場地，則其於煙雲風月所變現之筆墨，玩之無聲色，而嚼之無滋味，固其宜也。

無始來，二氣與業識，和合成就人身。此心識所變之境一分，與心識和合成人一分，即是山河大地國邑。山河大地皆依第八業識變現，而畫家之靈心妙韻，湧現筆墨間者，由覺人觀之，比之於山河大地，不尤近乎？櫟園妙契唯識，試於此着眼。故知文字性離，即是般若。此畫册中，能熾然説法矣。丙申正月三日，虞山蒙叟錢謙益書於報恩僧舍。

蘇眉山書金剛經跋 墨跡

余久滯宦途，與稼軒遭湖州之難，桎梏邸舍，楚囚相對者經年。得邀天恩，赦歸閭里。盡謂餘生，誓念此身，日禮空王，懺悔宿業，終此殘年。弗意稼軒公綸音重召，移鎮西粤。不兩年間，四方瓦解，有破碎山河之嘆。余亦駐節江上，進退維谷，究作畫虎不成之舉。歸而謀遯湖山，葺紅豆村莊，瑟縮畏人，如秋末寒蠅。斂跡十年，得老農老圃之趣。偕故人程孟陽耦耕壠上，放縱徜徉，茶鐺酒盞，從事詩章，聯牀夜話，索句推敲，極人生之樂。不幾何而孟陽長别，捨我去矣。鏡花水月，真可寒心。從此究心内典，自宋、元法派禪宗律旨諸書，不惜朱提徧訪，彙成楞嚴經疏鈔、金剛心經注疏。

偶在苕溪僧舍，覓得蘇眉山所書彌勒下生經一卷。嗣後逢人説項，即片紙隻字，亦以白鏹易歸。數年間，所得全卷，十僅二三。徐孺安之長君聖禾，持眉山手書金剛經一卷授余，余以赤金一握贈之。喜而忘寐，日爲展誦，並道及興化李石麓之孫，藏坡公真跡法華經七卷，欲歸此，即爾裝褫成帙，以五百金購求兩年，究不可得。此志少衰。

坡公字蹟，自内府收藏外，世所罕見。獨於經典，徧書施捨，特現居士身而爲説法，實佛菩薩再世也。余平生所寶，惟北苑夏山、巨然聽瀑、摩詰春山雲樹、米南宫楚山晴曉並黄大癡、趙文敏卷册，同此經秘藏含暉閣中，皆希世之珍，而聚萃一堂，真人間之奇遇也。

病榻婆娑，繙經禪退，杜門謝客已久。奈文魔詩債不肯捨我，友生故舊四方請告者繹絡何？今且休矣，執筆如握石，看書如障綃，窮年老朽，如幻泡然，未知能圓滿此願否？後人克繼我志者，悉爲潢池完好，以此跋爲左券云。海印弟子八十一翁蒙叟錢謙益拜書。

屠隆重建破山寺碑跋 碑在破山寺

余兒時游破山，殘燈石壁，依稀如謝晝詩。常少府所稱禪房花木，幾成往刧事矣。先君子奉王母卞夫人命，延高僧無著，經營十餘年，稍還舊觀，而余家城南數頃亦日割。長卿碑云：「善女人罄産倡緣，幾似昔賢之捨宅。」蓋亦先君子志也。長卿文成三年而無著殁。鉢菴師弟，住持此山，亦相繼殁。余又奔先君喪以歸，藏舟日走，摶沙易離。樹静魚枯，俛仰增慟，不惟遠公墓木之悲而已。本石先生書長卿碑勒石，如子屬余志其後，不覺沾臆。嗟乎！本石書與長卿文，競爽千古，刧火洞然，恐不免眨眼陵谷，余乃猶興悲雪涕，惘惘作有情癡，祇令牛山笑人耳。萬曆壬子立冬日錢謙益跋。

按：如子，釋孚如；鉢菴禪師，乃遠公也。見龔立本志。

跋留題丁家水閣絶句 鈔本秋槐別集選

余澹心采詩，來索近作。余告之曰：「吾詩近有二種，長言放筆，漫興無稽，强半是靜軒先生有詩爲證。若乃應酬牽率，枯腸覓對，『子路乘肥馬，堯舜騎病猪』，取作今體詩□，自謂獨絶。」澹心爲撫掌大笑。此詩削稿，改罷長吟，自家意思，便多不曉，大率是前所云耳。書一通寄澹心，傳示白門諸友，共一哄堂耳。丙申仲春少三日，蒙叟書於燕子磯舟中。

書嚴武伯八新詩後 嚴熊白雲集

袁海叟作白燕詩，過於時大本。今武伯和袁八新詩，復過於袁。夫體物之作，在於若遠若近，離形而得神。坡公云：「作詩必此詩，定知非詩人。」爲粘皮綴肉者下一鍼也。武伯真得之矣。鐵崖復起，亦當遍書以示座客耳。牧翁蒙叟錢謙益書。

書嚴武伯秋日十詠後 嚴熊白雲集

余往作交蘆集，有悲秋二十章，通人覽之，以爲纏綿惻愴，一往情深。然余讀退之秋懷詩，「清曉卷書坐，南山見高稜。」及「歸愚識夷塗，汲古得修綆」，則又知退之之所謂秋懷，非猶夫人之坎壈失職、悲湮阨而歎窮愁已也。秋窗閒坐，白雲在天，木葉微脱。吟武伯和玄恭詩，風味蕭瑟，淒然有言外之致，信武伯之深於秋也。黄花將放，當與武伯掇英浮白，共詠退之秋懷之句，以交勉焉。蒙叟錢謙益。

案：有學集有遵王交蘆言怨集序，牧齋未聞有此集名，疑此跋有誤。

牧齋集再補

錢仲聯輯

余校勘牧齋詩文，於各種刊本及各種集外、補遺等鈔本外，尚有零星詩文，溢出於各本之外者。邃漢齋排印之何焯舊藏有學集補遺及淑照主人排印之佚叢甲集牧齋集外詩補兩種，黄孝紓所輯牧齋有學集佚稿，其中詩文，大都已見於今校刊之各種集中，今不收入，以避重複。但録其未見於各集諸篇，並鄙藏零散各篇，及瞿鳳起先生家藏鈔本合爲牧齋集再補，以附於丁輯牧齋集補後。

送趙秋屋遠遊〔一〕

萬里歸來〔二〕莽蒼休，空箱摺蹇便成遊。每探玉鏡過鶉尾，頻解金鈴繫虎頭。吹笛江山餘赤壁，推篷日月自神州。相期細酌餘杭酒，共詁蓬萊清淺流。輯録自邃本有學集補遺卷上、牧齋集外詩補。

【校記】

〔一〕牧齋集外詩補題有「送」字，邃本補遺無。

〔二〕邃本補遺作「來」，集外詩補作「如」。

王嬾髯五十〔一〕

高士牆東舊擅聲，君今避世擁書城。恥因人熱一氈冷，厭逐時趨四壁清。興至尋山忘曳屐，饑來看畫廢煨鐺。百年檢點應知過〔二〕，晏起科頭閱半生。輯自邃本有學集補遺卷上、佚叢本牧齋集外詩補。

【校記】

〔一〕邃本補遺作「五十」，集外詩補作「四十」。

〔二〕集外詩補作「過」，邃本補遺作「遇」。

題楊無補小像

卻掃焚香意，翛然輪窣邊。畫常疑失妙，詩欲到參禪。盤礴形骸外，風流吐納先。舊題團扇句，應任老夫傳。輯自邃本有學集補遺卷上、佚叢本牧齋集外詩補。

高孝子詩

純孝能令衆慕之，蕭然夏葛與冬絺。松楸漬淚澆醨酒，稻黍傷心供粉餈。賃屋但懸新署匾，講堂應廢舊歌詩。慈烏夜夜飛三匝，偏揀荒墳宿一枝。輯自遂本有學集補遺卷上、佚叢本牧齋集外詩補。

贈王子嘉四首

便畫風流柳市知，春心顧影問腰肢。緑沈漆管餘娥緑，漫與東家畫十眉。

蕙質蘭芳桃李年，裌衣迎臘未裝綿。儂家舊在天河上，不比牽牛會貰錢。

歐骨虞筋寫硬黄，白團黄扇墨痕香。笑他弱腕奴書子，簇簇簪花學女郎。

輕紅攬袴拂壚眠，蘆酒朝醺夜數錢。紙帳梅花檀板月，夢魂不到黑山邊。輯自佚叢本牧齋集外詩補。

漫興

滄海茫茫换劫塵，靈光無恙見遺民。少將楮葉供遊戲，老向蓮花潔浄因。杖底青山爲好友，窗前翠竹似閒身。堯年甲子應相並，何處桃源許卜鄰？輯自佚叢本牧齋集外詩補。

戲題吾炙集後

余於採詩之候，撰吾炙集一編，蓋唐人篋中之例，非敢以示人也。長干少年疑余復有雌黄，爰戲題其後。

杜陵矜重數篇詩，吾炙新編不汝欺。但恐旁人輕著眼，鍼師門有賣鍼兒。輯自吾炙集、遂本有學集補遺卷上。

甲辰立春日口占

立春日早誦金剛經一卷，適河東君以棗湯餉余，坐談鎮日。檢趙文敏金汁書蠅頭小楷楞嚴經示余。余兩眼如蒙霧，一字不見。腕中如有鬼，字多舛謬，歎筋力之衰也。口占一絶，並志跋後。甲辰立春日蒙叟題。

老眼模糊不耐看，繙經盡日坐蒲團。東君已漏春消息，猶覺攤書十指寒。輯自虞山瞿氏藏墨跡。

吴趨秋水張子以湘蘭舊扇倩河東君補其背書一絶以志

幽草化烟香在扇，柔條垂緑繫新絲。前生變相今生影，證與菩提喝棒時。録自易順鼎琴志樓詩録卷十八題蘭蘭柳柳合璧扇面四首自序。

漢武帝論上

前漢史譏切孝武[一]黷武[二]窮邊，襲跡亡秦。儒者以其言爲口實，至於今不變。遷、固皆漢臣[三]也，請以漢臣之論鑿鑿副名實者折之。

班史記建元七年，蚩尤旗長竟天。後遂命將畧取河南，置朔方。明年，戾太子生，與兵相終始。指陳事應以不戢自焚爲戒。虜數入上谷、漁陽、雁門，殺畧無算。收河南地，置朔方、五原郡，扼戍要害，此上策也。「天子命我，城彼朔方，」宣[四]王亦將爲黷武乎？長星見則天子征伐四[五]方，其所指則匈奴當之，何謂不戢自焚？延元中，陳忠論燉煌事曰：「孝武憤怒匈奴兇暴，浮河絶漠，窮追虜庭，遂開河西四郡，收三十六國，以斷匈奴右臂。是以單于孤特[六]，鼠竄遠藏。至於宣、元之世，遂備藩臣。」由此觀[七]之，甘露、竟寧，扶服入朝，皆武帝三十餘年窮兵遠畧，威稜所震疊也。竟寧中，侯應論保塞事曰：「自孝武出師征伐，斥奪陰山，匈奴不得依阻其中，治弓矢來寇。每過之，未嘗不哭也。」應以得陰山爲漢利，而固以收河南〔八〕爲漢病，異乎所論〔九〕矣。史言漢兩將軍大出，所殺虜八九萬。漢士物故亦數萬，馬死者十餘萬匹。府庫單竭，杼軸空虛。漢之疲耗，亦畧相當。建平中，揚雄論入朝事曰：「孝武深惟社稷之計，規恢萬載之策，豈樂傾無量之費，役〔一〇〕無罪之人，快心於狼望之北哉？以爲不一勞者不久佚，不暫費〔一一〕者不永寧。是以忍百萬之師，以摧餓虎之喙，運府庫之財，以填盧山之壑而不悔也。」雄可謂知大計矣。

中國與匈奴，疲耗相當，蓋承有之〔一二〕。獨不見九原、令居之役，兩將軍出塞千里，不見匈奴一人而還乎？獨不見宣、元之際，天子承襲餘威，南面受單于朝，龍駕帝服，傳鐘伐鼓於清渭之上乎？武帝末〔一三〕，匈奴遠遁，十四年不復出兵。幕南空庭，垂及三世。士馬休養蕃庶幾何？軍興之費，視舟車六畜訾省幾何？並邊士馬戍卒收保幾何？比前絜後，會計得失，奚翅相當而已哉！今盡没出車命將莫安方夏之成勞，而虛引禁暴止戈助順佑信之經義。六十餘年，入朝保塞，牛馬布野，策勳於後王〔一四〕；而三十餘年好大喜功，單極中國，録瑕於前世。知二五而不知十，非通人之識也。吾故謂論武帝者，以揚雄、侯應、陳忠三臣爲正。遷謗書也，固目論也，吾無取焉耳。輯自遼本有學集補遺卷下、黃孝紓輯牧齋有學集佚稿。以下三篇同。黃輯據南潯劉氏藏校本。

【校記】

〔一〕劉藏校本「武」下有「帝」字。邃印補遺無。〔二〕邃印補遺作「武」，劉藏校本作「貨」。〔三〕劉藏校本作「臣」，邃印補遺作「人」。〔四〕邃印補遺作「宣」，劉藏校本作「文」。〔五〕邃印補遺作「四」，劉藏校本作「朔」。〔六〕邃印補遺作「特」，劉藏校本作「持」。〔七〕邃印補遺作「觀」，劉藏校本作「言」。〔八〕邃印補遺作「南」，劉藏校本作「內」。〔九〕邃印補遺作「論」，劉藏校本作「聞」。〔一〇〕劉藏校本作「役」，邃印補遺作「殺」。〔一一〕劉藏校本作「費」，邃印補遺作「廢」。〔一二〕劉藏校本有此四字，邃印補遺無。〔一三〕劉藏校本作「末」，邃印補遺作「没」。〔一四〕邃印補遺作「王」，劉藏校本作「主」。

漢武帝論下

范曄南匈奴傳論，謂「孝武窮竭武力，殫用天財。宣帝值虜庭分爭，權納懷柔，罷關徼之警，息兵民之勞，南面朝單于，朔、易無匹馬之蹤六十餘年」。此襲班氏之餘論，而又失〔一〕焉者也。班史匈奴傳曰：「貳師没後，漢不復出兵三歲，武帝崩。前此者漢兵深入窮追二十餘年，匈奴孕重墮殰，罷極苦之。自單于以下，常有欲和親〔二〕計，單于欲求和親，會病死。衛律在時，常言和親之利。律死，兵數困，國益貧。單于弟左谷蠡王思律言，欲和親，而恐漢不聽。」又曰：「宣帝之世，承武帝奮擊之威，直匈奴百年之運。」由此觀之，匈奴之上書求朝，携國內附，皆武帝威力明矣。譬如穫稻，武帝耕之，宣帝食之。今盡絀耕耔之勞，而侈談庾積，不已傎乎？陳壽魏書曰：「孝武雖外事四夷，東平兩越、朝鮮，西討貳師、大宛，開邛竹、夜郎之道，然皆在荒服之外，不能爲中國輕重。而匈奴最逼於諸夏，胡騎南侵，則三邊受敵。是以屢遣衛、霍之將，深入北伐，窮追單于，奪其饒衍之地，後遂保塞稱臣，世以衰弱。」此深悉用兵要害方畧，非范曄所能知也。

三代以來，世患戎狄。玁狁戒其孔棘，薄伐止於太原。武帝雪耻百王，復仇九世。天子巡邊，親至朔方，勒兵十八萬騎，北登單于臺，虜不敢南嚮發一矢。易世而後，單于稱北藩臣，朝正月。上登長平坂，詔單于毋謁，左右當户、蠻夷君長，迎者數萬人。上登渭橋，咸稱萬歲。快矣哉！撻伐之勝事，開闢以來〔三〕所未有也。金行失紀，胡羯蔓延。拓拔主中國，耶律作天子。袞冕蹂踐於馬蹄，禋祼沉淪於魚服。信天之不悔禍，抑亦世無漢武，以至此極也。

孔子作春秋，大齊桓一匡之功，而仁管仲。大齊桓，有不大漢武矣乎？仁管仲，有不仁漢武矣乎？或曰：「孟、荀二子言仲尼之徒無道桓、文者何居？」曰：「此仲尼之徒之言也，非仲尼之言也。吾夫子受命於天，制春秋爲萬世法，立乎衰周，却觀後世。華夷〔四〕同貫，殺運增長，茫茫禹跡，有深恫〔五〕焉！故曰：『微管仲，吾其被髮左衽矣。』」非爲一世言之也。嗚呼！斯所謂百世可知者也。孟、荀二子，數世之知也。使二子者生乎

今之世，則其大齊桓、仁漢武也，亦必將有取於吾言矣。同上

【校記】

〔一〕邃印補遺作「失」，劉藏校本作「去」。　〔二〕劉藏校本作「常有欲和親」，邃印補遺祇有「嘗有」二字。

〔三〕劉藏校本作「來」，邃印補遺作「前」。　〔四〕邃印補遺作「夷」，劉藏校本作「戎」。　〔五〕邃印補遺作「恫」，劉藏校本作「痛」。

一匡辨上

孔子曰：「管仲相桓公，霸諸侯，一匡天下。」注家不詳著用兵始末。謹以春秋所書，及外傳、管子，參而考之。

按：春秋莊三十年冬，書齊人伐山戎。三十有〔一〕一年夏六月，齊侯來獻戎捷。三十二年，狄伐邢。閔元年，齊人救邢。二年，狄入衛。僖元年，再書救邢，邢遷於夷儀。二年春，城楚丘。四年正月，伐楚，次於陘，楚屈完來盟於師。此春秋書一匡之始末也。外傳齊語桓公曰：「吾欲北伐，何主？」管仲曰：「以燕爲主。」遂北伐山戎，刜令支，斬孤竹而南歸，西攘白翟之地，至於西河，乘桴濟河，縣車束馬，踰太行與辟耳之谿，拘秦夏。管子小匡篇曰：「禽狄王，敗胡貉，破〔二〕屠何，而騎寇始復。北伐山戎，刜泠支，斬孤竹而九

夷始聽。西征攘白狄之地，遂至於西河。」餘文並同外傳。桓公曰：「余九合諸侯，一匡天下，北至於孤竹、山戎、穢貉，拘秦夏，西至流沙，莫違寡人之命。」此桓公攘戎狄用兵之始末也。

自周室東遷，戎偪諸夏。山戎據孤竹故國，恃險與遠，病燕而偪周，故桓公北伐，首寘力焉。越千里之險〔三〕，孤軍辟地，老師失道，山戎逃避，出其冬葱〔四〕戎菽，而歸燕之職貢於王。此一匡之首功也。外傳、管子皆言攘白翟之地，至於西河。小匡篇又兼言穢貊、拘夏、騎寇及九夷皆服。而春秋獨書山戎，大之〔五〕也，舉其大者，其他可知也。山戎既服，戎夏震慴，餘狄之犯衛及邢者，兵至而風靡。然後興師以徵罪於楚，包茅再共，葵丘致胙，而一匡之成勞始畢。

公羊傳曰：「南夷與北狄交，中國不絕如〔六〕綫。桓公救中國而攘夷狄，卒帖荆，以此爲王者之事也。」公羊敘齊桓用兵之始末，審矣。其並列南夷北狄，則非也。采芑之詩曰：「蠢爾蠻荆，大邦爲仇。」毛氏傳曰：「蠻，荆州之蠻也。」范曄乃爲槃瓠之後，今長沙武陵蠻也。宣王命方叔南伐蠻方，詩人所謂「蠻荆來威」者也。「蠢爾蠻荆，大邦爲仇」，明其種類繁多，足以抗敵諸夏也。鄭語曰：「蠻，芊蠻也〔七〕。」唯荆實有昭德，楚武王時，蠻與羅子，共敗楚師。」蠻荆之與荆楚，區以別矣。孔子曰：「微管仲，吾其被髮左衽矣。」

蓋〔八〕指戎翟言之。南蠻之卉服〔九〕鏤體者，亦可以兼舉，而荊楚非其類也。最齊桓一匡之功，攘夷狄〔一〇〕爲大。最齊桓攘戎狄之功，伐山戎爲大。公羊子以南夷斥楚，美伐〔一一〕楚爲王者之事，而其貶伐山戎也，謂操之已蹙，賤而書之〔一二〕。殆亦何休所謂守文持論，敗績失據者與？同上

【校記】

〔一〕劉藏校本作「十有」，邃印補遺作「有十」。〔二〕邃印補遺作「破」，劉藏校本作「蒐」。〔三〕劉藏校本作「險」，邃印補遺作「際」。〔四〕劉藏校本作「苾」，邃印補遺作「蒽」。〔五〕劉藏校本作「大之」，邃印補遺作「之大」。〔六〕邃印補遺作「如」，劉藏校本作「若」。〔七〕邃印補遺作「也」，劉藏校本作「矣」。〔八〕劉藏校本「蓋」下有「尅」字，邃印補遺無。〔九〕邃印補遺作「服」，劉藏校本作「衣」。〔一〇〕劉藏校本作「夷狄」，邃印補遺作「戎夷」。〔一一〕邃印補遺作「伐」，劉藏校本作「帖」。〔一二〕劉藏校本作「之」，邃印補遺作「人」。

一匡辨下

山戎，東戎也。杜預謂之北狄，何居？案史匈奴列傳，匈奴曰淳維，唐、虞以上有山戎、獫狁、葷粥，居於北蠻，隨畜牧而轉移。武王營雒，放逐戎夷涇、洛之北。其後犬戎攻殺周幽王，平王東遷。是後六十有五年，山戎越燕而伐齊，齊釐公與戰於齊郊。其後四十

四年，山戎伐燕，齊桓公北伐山戎，山戎北走。是則犬戎、山戎，皆北狄也。戎狄偪處中國，種類繁多。翟有白翟、赤翟，戎有九姓八國，以及百戎。或東或西，各以所據地爲號，其實皆匈奴之別種。故杜氏正名之曰北狄也。北狄之種有二，玁狁、葷粥之屬，世居陰山幕北，爲中國患，是爲北匈奴。山戎自周末孤竹失國，竊居其地，故燕北有東胡山戎。服虔曰：在匈奴東，故曰東胡。胡之〔一〕有東北，猶單于之有南北二庭，其實一也。

案本朝分野志，古北燕，今北平也。古孤竹，今永平也。永平於商爲孤竹國，於周爲山戎。孤竹、白狄，肥子二〔二〕國地。漢遼西郡有令支肥如，即今永平。故知山戎、肥子並在此地。齊桓北伐山戎，西攘白狄，至於河。管子言北征山戎至卑耳，其非兩役明矣。韋昭注齊語曰：「山戎，今之鮮卑。」服虔曰：「烏桓，東胡之先，今爲鮮卑。」烏桓本東胡也，冒頓滅其國，餘類保烏桓山，其支胡亦依鮮卑山，因以爲號。魏武大破烏丸蹋頓於柳城。漢屬遼西郡。元大寧路興〔三〕中州之地，皆古山戎國，故曰山戎今之鮮卑也。春秋以前，肥子、無終、肅慎之屬，皆與山戎並國燕幽之域，而山戎最强。齊桓伐山戎而九夷皆服，貘貉聽命。則東方九夷，服役於山戎久矣。唐一行謂北戒自三危、積石，東循塞垣，至貘貊、朝鮮，是謂北紀，所以限戎狄也。故北戒爲胡門。今北平之東，自元之遼東、大寧盡遼水之陽，皆孤竹山戎之境，則知箕尾〔四〕之分，北戒所窮，天所以限戎狄者，以山戎爲之限也。

漢末匈奴北遁，鮮卑强盛，其別種爲庫莫奚、契丹。而阿保機〔五〕之興也，在白翟故地，今之大寧也。阿骨〔六〕打之興也，在肅愼故地，今之開元也。契丹爲鮮卑遺種，而金源又契丹雜種，並居山戎、挹婁故地，則皆東胡也。要而言之，自烏桓〔七〕、鮮卑以迄遼、金，皆東胡也，皆山戎也。其本部則北狄也。其元祖則匈奴也。開闢以來，匈奴爲中國禍者，玁狁、山戎兩種而已矣。玁狁之禍，至蒙古而極。山戎之禍，至黑水靺鞨而極。齊桓之伐山戎也，大矣哉！管仲之相齊桓也，遠矣哉！劉定公見河雒而歎曰：「微禹，吾其魚乎！」吾夫子之嘆微管仲也，媲於大禹矣。於乎！凡我華夏戴天履地之人，尚念之哉！ 同上

【校記】

〔一〕劉藏校本有「之」字，邃印補遺無。　〔二〕劉藏校本有「二」字，邃印補遺無。　〔三〕劉藏校本作「興」，邃印補遺作「與」。　〔四〕邃印補遺作「箕尾」，劉藏校本作「尾箕」。　〔五〕邃印補遺作「機」，劉藏校本作「基」。

〔六〕邃印補遺作「阿骨」，劉藏校本作「烏古」。　〔七〕劉藏校本作「桓」，邃印補遺作「丸」。

海右陳人集序

陶淵明南村詩云：「昔欲居南村，非爲卜其宅。聞多素心人，樂與數晨夕。奇文共

欣賞，疑義相與析。」德水以南村自號，而素心晨夕之友，則有魯瞻、正夫父子。栗里流風，於今再見，正不必企想桃源，流觀山海，以寄山河寥廓之思也。正夫英年望郎，以將父移病還里。爲歌詩汲古起雅，七言律三十章，清穩妙麗，德水爲之避席。余詠之，爲三歎，喜魯瞻之有子，幸藝圃之有人，尤羡南村之有友也。余往與程孟陽訂耦耕之約，歲運而往，孟陽久遊道山，而余墮落塵網中，謹而得歸，老病纏綿，於正夫重有感焉。書其後以示德水、魯瞻，共一慨也。丙戌中秋，蒙叟錢謙益書。 輯自影印康熙刻本程先貞海右陳人集卷首。

唱和初集序

盤根仙李，長庚新謫於人間；積慶璇源，張星舊駐於天上。媿茲嘉耦，嗣以徽音，思美人兮西方，降帝子兮北渚。陽律六陰律六，吹鳳管以參差；前唱於後唱喁，拊鸞歌而叶應。珊瑚筆格，綠沉之管交輝；玳瑁書籤，雲母之箋雙璧。花深綢户，每刻燭以分題；燕乳綺疏，或擲書而徵事。芙蓉秋水，筆花與臉際爭妍；楊柳春山，烟黛並眉間俱嫵。素琴明鏡，金閨傳隴西之篇；山陽雒濱，玉臺寫令嫻之什。珠林琪樹，洵彤管之美譚；金柯玉枝，實天潢之盛事。丹樓烟熠，朱邸巫飛，交語而腸斷白衣，登車則淚沾紅袖。猗欤燕婉，孌彼鴻休，在御之琴瑟依然，中庭之蘭玉滋長。雕軒文駟，驂玉馬以北朝；翟茀鞠衣，伴角巾而東下。水晶簾幕，鎮日焚香；雲母丹黄，千年辟蠹。輪依桂樹，無復月孤；矢激蓮花，惟應天笑。豈若敬通見詆，但對孺人；子美漂流，長隨妻子。又況衡陽飛雁，空約刀環；瀾滄鯉魚，難傳錦字。望日歸於六詔，怨其雨於三春者哉！伊余生稊之年，爰有齊牢之遇。絳雲東閣，緑窗禁扁之新題；紅雨西泠，紫陌夭桃之舊句。劳劳頳尾，依依白頭。茗椀薰籠，雜居烟爨；縹囊緗帙，夾注米鹽。笑十指於懸椎，嗟滿頭之蓬葆。憐此顑頷，視此芳華。託副墨以歸詒，俾殺青而傳寫。願借光明於東壁，敢希嚬蹙於西家。沉香小像，庶幾得染妙熏，刻玉芳名，聊以附垂墨會。輯自聽嚶堂四六新書卷二。

跋宋史四百九十六卷〔二〕明刊本

歲庚寅四月朔日閲始。卷首

積雨累月，兼天亡暑夜寒，今且六月十三日矣。天時人事，究當何如？讀是書五行志第十五卷，建炎二年六月寒。又紹熙元年三月留寒，至立夏不退。又慶元六年五月亡暑氣，凜如秋。嘉定六年六月亡暑夜寒。此覩記也，而身經之。月令云：「仲夏行冬令，則雹凍傷穀，道路不通，暴兵來至。」此語宋闕皆驗之矣。寒暑事之大者，闕賃居闕。卷九十

七後

六月二十，晨起如凛秋，熱筆點書，寒戰停筆，添衣飲熱。小雨傾注竟日。前兩日陰雲不雨，又前皆大雨，或有一日半日望見晴霽雲。

是夜極寒，睡加褥被，未能成寐。曉起冷氣侵肌，曙光照户，似初冬驟寒，負日迎暄時也。廿一日又識。卷一百四後

閲是卷終，稍知暑氣，時放日色雲。六月廿七午刻。卷一百二十一後

閲是卷畢，爲七月朔日也。先是狂風兩日，至此陰雲盡釋，天青日白，蓋纍月來未見此晴明也。卷一百二十八後

七月十三日，侵晨閲竟此卷。出門詣遵王，遇大雨，淹留竟日。是日新生送學，旗采争相耀跨多，一天風雨，莫不廢然，通國拍掌笑曰：此老蒼爲孤寒灑淚也。衆人之口，忽出高言，豈非公道尚在人心乎？是日甲子立秋第二日也。秋甲子雨，禾頭生。闕 卷一百五十四後

九月初八日，風雨留城，點竟此卷。先是浹旬來與王蘭陔議賃園居，往返□城間，陸陸無寧晷也。卷一百七十四後

十月初二日，夜半野堂火。時方雷電交作，大雨傾盆，後樓前堂，片刻煨燼，乃異災

也。讀隋經籍志，知書籍所聚，遑遑遭厄。宋、元之繕本，研精五十餘年，轉輾困厄，遭值兵燹，肆力靡休，告成書於望古稀之晨。而一旦爲火焚却，此爲何者也？傷哉！先是朔日午時，日食幾又既，晝晦星見。至次日。風雷雨雹，不減盛夏。海溢，漂溺人畜。崇明更甚，亦災異之不輕者矣。卷一百七十九後

辛卯十二月廿日，閲至此卷，因借宋版荀子對校，遂輟學。時新令公湯，諱家相，山西人，到任。前令瞿四達在邵獄。撫臺土國寶縊死。卷二百八十後

六月十一辛亥日，又舉一孫，外舅年七十五，爲名之曰台孫，壬辰、丁未、辛亥、己丑，其八字也。卷四百五十五後

六月十八日，侵曉，研硃，方舉筆點郃成章傳三行，驚見幼媳乳媪之變。此媪年四十七歲，素健無疾，偶過留宿黄昏，又善粥也，旦乃逝矣。書云：地箭觸之立死。其殆是乎？爰書之以志異。卷四百六十八後

【校記】

〔一〕本文及以下書跋共四題，瞿鳳起先生家藏，並由瞿先生提供。

跋草莽私乘一卷〔一〕 舊鈔本

陶南村輯草莽私乘手稿，在王弇州家，余訪之向伯文，則已化爲烏有矣。偶與江上李如一談及。如一云：家有鈔本。忻然見借。篝燈疾讀，不啻獲一真珠船。復手録文丞相、陸君實二傳，爲桑海續録發端，而爲之叙以識之。如一好古嗜書，收買圖籍，盡減先人之産。嘗從事三禮，從余假宋賢禮記集説，焚香肅拜，而後啓視，其鄭重如此。每得一遺書秘册，必貽書相聞。有所求假，則朝發而夕至。嘗曰：天下好書，當與天下讀書人共之。古人以匹夫懷璧爲罪，況書之爲寶，尤重於尺璧，敢懷之以賈罪乎？又嘗語其了弟，吾藏書經牧齋繙閲，覺卷帙上隱隱有光氣。余甚媿其意，然未嘗不嘆此達言，以爲美譚也。庚申中夏日，謙益再書於榮木樓之桐樹下。

【校記】

〔一〕此跋凡兩段，第一段見丁輯本。

跋新語二卷 明刊本

此書亦余十五時所收，用紫色點過。辨惑篇云：「衆口之毁譽，浮石沈木。」後爲文喜用此語。癸卯九月七日，東澗遺老書。

跋鹿門集二卷 舊鈔本

鹿門集從無刊本，即宋書經籍志，亦云「有目無詩」。此豐南禺家所藏宋鈔本，恐亦是宋人俞姓將諸書中所有詩，依詩目而爲之，非原有鹿門集本子也。按：彦謙係咸通進士，乾符末避亂漢南，王重榮辟爲河中從事，歷晉、絳二州刺史。後爲閬、壁二州刺史，卒於官。號鹿門先生，有集三卷。此只〔一〕止有上下二卷，豈別有文一卷耶？崇禎甲戌十二月，誠於榮木樓下，牧翁。

【校記】

〔一〕「只」字，疑爲「本」字之誤。

靈均先生傳

君諱均，字靈均，姓趙氏，世爲璜溪里人。父宧光，毀家葬父，偕其配陸卿子隱於寒山之丙舍，世所謂趙凡夫者是也。家世具凡夫志中。靈均娶於文，諱淑，字端容，其高祖爲衡山公徵明，曾祖爲文水公嘉，祖父爲虎丘公元善，父爲貢士從簡，字彦可。彦可以名行世其家。靈均少而受經，遂以女妻焉。靈均從其父傳六書之學，又從燕山貝林授大梵天字，並諸國字母，變體形聲譜韻之奥。指畫形音，分署部居，移日分夜，父子自相講習。端容明詩習禮，既饋，而公姑贊賀，謂靈均曰：「此吾之賢婦，而汝之逸妻也。寒山一片石，可以無恙矣。」

凡夫殁，家益落，賓客益進。其弛置自便，視流俗如糞溲日益甚。端容性明慧，所見幽花異卉，小蟲怪蝶，信筆渲染，皆能摹寫性情，鮮妍生動。圖得千種，名曰寒山草木昆蟲狀，摹内府本草千種，千日而就。又以其暇，畫湘君擣素、惜花美人圖，遠近購者填塞。貴姬季女，争來師事，相傳筆法。靈均入而翫，其妻施丹調粉，寫生落墨。畫成，手爲題署，以別真贋。日晏忘食，欣欣如也。出而與賓客蒐金石，論篆籀，問奇字，訪逸興。長日永夕，無所倚賴，間託於虞初、諸臯，以耗磨景光，陶陶款款如也。酒衾祇飭，旨蓄庀具，晨夕百需，靡不出端容十指間，靈均不知其所由辦也。以是得蕩滌情志，隱居放言者十餘年。崇禎甲戌，端容卒，年四十有一。又七年庚辰，六月，靈均亦卒，年五十。靈均無子，以從弟之子錕爲後。一女曰昭，歸平湖馬氏，撰其父母事狀，使錕來請傳。

予嘗讀李易安金石録序，嘆其伉儷之賢，才藻之美，而惜其不能終也。如靈均夫婦者，其才可以耦，其窮亦可以老。而天不與之壽，且斬其後，何耶？然而生同志，死同穴，視明誠所得，不已多乎？先趙氏之金石林，今獨其目在耳。小宛之堂，芸籤縹帶，亦如所謂連艫累舳，散爲雲煙者，不重可歎耶！凡夫之有靈均，許叔仲之有沖也。靈均之有昭，蔡中郎之有琰也。有女而能傳其父，其遂可謂之無子耶？嗚呼！其可悲也已！輯自寒山留緒。

題瞿氏家乘

虞山之有瞿氏，一宋處士礪齋諱萬十三者，居邑之五瞿；一元季孝子華卿諱嗣興者，居邑之貴涇。其後子孫滋大，以名行顯聞，代不乏人。余爲兒時，與星卿、元初兩先生友善，星卿則礪齋之後，元初則華卿之後也。兩先生同族同學，几席日接，篝燈刻燭，相勵以毋墮家聲。元初雖老於縫掖，文名噪天下。而星卿紹文懿公衣鉢，執耳文壇，先余登第十年，蔚爲名臣。其子稼軒，文章事業，彪炳海內，以藐然一孤臣，豎節於粵山桂水，而海虞瞿氏，遂與日月争光不朽。壬寅歲，稼軒長君伯申持其家乘，問序於余，且曰：「是書刻於崇禎十六年，恩綸志銘，皆先君子手編。錫承先志，罔敢或墜，纂輯而增補之，謹再拜泣血以請。」

余端坐雒誦，未及數行，淚漬紙背，輒掩卷罷去。當稼軒之編是書也，夫亦念數十世累積之貽，數十朝絲綸鼎鐘隆儒養賢之榮寵，期欲奮立於飈迴霧塞之時，爲社稷仔肩任難，所以報國恩而揚先德。乃半臂百身，回天枝柱。而時勢無可爲，使之有志不得伸，有氣不得吐，持忠入地，與山河俱灰燼。迴顧煌煌大典，載在史册，藏於家廟，而渝紙敝墨，發爲靈風，淋爲怪雨，隱隱露忠臣孝子勞人志士之苦心，似有殺身無補之恨。是可感也！憶余與星卿、元初交時，歷歷在目。一彈指間耳，爲元初志其祖，志其父，復爲星卿傳其兄洞觀先生，未幾哭星卿、元初，而兹又哭我稼軒。讀其家乘，以八十一年之贅世翁，視息人寰，摩娑枯眼，何異指銅駝於荆棘中曰：五百年見此。此尤可爲痛哭流涕，不知老淚之從何迸也！

今伯申肥遯田間，潛德弗耀。而其子壽朋，又能表表然文質兼備，有足觀者。夫亦緬懷祖宗之品行何如？勳業何如？碩德偉烈，贊休明而臨大節者何如？士行之運甓，與元亮之採菊，時異而志同。嗚呼！此稼軒刻家乘之旨也，此伯申重修家乘之旨也。康熙元年正月，契家老友蒙叟錢謙益書。

録自瞿氏家乘

附録

錢牧齋先生年譜

金鶴沖

錢牧齋先生，以明神宗萬曆十年壬午九月二十六日，生於常熟城中坊橋東故第。曾祖體仁，字長卿，吳越武肅王二十二世孫也。規言矩行，步武先民。勤學博聞，撰名臣巨儒言行録若干卷。祖順時，字道隆，嘉靖己未進士。博通典故，儲峙有用之學，舉凡古今物變，天人經紀，世務便宜，部州條次，勒成一書，名曰資世文鑰百餘卷，蓋通典、通考之流亞也。父世揚，字士興，又號景行，常熟縣增廣生員，萬曆辛卯乙榜。與無錫顧憲成、松江張尚友、同里瞿汝稷等友善，讀書尚志，師友千古。著春秋説十卷。見明史稿藝文志。憲成之文奇偉絶俗，而景行能追風躡影，與之馳騁上下，其博洽雄健，王元美、邢子愿咸稱爲良史才。晚讀二十一史，鉤摘其奇聞異事，撰古史談苑三十四卷。母顧氏，山東按察司副使顧玉柱女。

先生諱謙益，字受之，一字牧齋，後自稱牧齋老人、牧翁、虞山老民，或稱籛後人、聚沙居士，又自號蒙叟，偶稱絳雲老人，或敬他老人、聾騃道人、没口居士，最後號東澗遺老，天下知與不知，皆稱虞山先生。採自錢氏族譜、文集、蘇州府志、錢公別傳、葛氏牧齋年譜等書。

壬午：一歲。

丁亥：六歲。就傅，景行公請族兄繼科爲之師。先生云：「五六歲看演鳴鳳記，見孫立庭袍笏登場，遂終身不忘。」消寒詩自注。

辛卯：十歲。同邑李胤熙常至先生家，先生呼爲兄。景行公曰：「安得若能文如李家兄乎？」胤熙長先生三歲。

癸巳：十二歲。病痘疹危急，舉家啼哭，竟獲愈。族譜。

丙申：十五歲。先生喜讀吴越春秋，作伍子胥論，又作留侯論，盛談其神奇靈怪。文詞倜儻，見者吐舌擊賞。

丁酉：十六歲。先生叔祖順德，性恭謹，飲不過三爵。嘗把酒讀先生文，喜而沾醉，憑侍兄肩起舞。家人傳以爲奇。順德，隆慶戊辰進士也。族譜。

戊戌：十七歲。補蘇州府學生員。耀州王文肅公圖，得先生行卷，遍告南中諸公，以謂半千復出。其時已好陵獵爲古文，空同、弇山二集，瀾翻背誦，摇筆自喜，欲與驅駕，以爲莫己若也。族譜、文集。

己亥：十八歲。景行公命閱首楞嚴經，中秋之夕，讀衆生業果一章，忽發深省，即夜夢見世尊。先生嘗自謂遠公後身也。文集及崑山葛氏雜録。

庚子：十九歲。是年娶妻陳氏。

辛丑：二十歲。偕表兄何君實讀書虞山之興福寺。先生熟爛空同、弇州之文集，至能暗數行墨。文集。

壬寅：二十一歲。先生校春秋繁露，增改數百字，深以爲快。謂深察名號篇析理精妙，可以會通孟、荀二家之説，非有宋諸儒可幾及也。文集。

乙巳：二十四歲。瞿式耜從先生讀書拂水山莊。式耜時年十六。文集。又見詩註。

丙午：二十五歲。先生舉於鄉。縣志。

丁未：二十六歲。北上會試，不第。聞臨川湯若士盛稱宋潛溪之文。先生歸後，覃精研思，刻意學唐、宋古文，因以及元裕之、虞伯生及潛溪、震川諸家，得知古學所由來，與爲文之阡陌次第。蓋嘉靖末年，王、李盛行，先生獨能建立通經汲古之説，以排擊俗學。黄太沖謂先生一生訾毁太倉，誦法崑山，蓋始於此時。

己酉：二十八歲。作華山雪浪大師塔銘。文集。

庚戌：二十九歲。北上會試，高陽孫公得先生五策，示雷何思。首策訟言江陵之功，而詆諆紹述者。何思曰：「楚人不敢言，非楚人不能知。吴士有錢受之者，通博好持大議，得無是乎？」後高陽以語先生，歎何思能知人也。列朝詩集。廷試，以第三人授翰林院編修。先是先生以文望爲中外屬目，宰相葉向高，以先生置第一。小璫宫報，謂先生狀元，司禮監飛帖致意。臚傳前夕，賀者盈門。及榜發，狀元乃歸安韓敬。明史稿孫振基傳云：「拔韓敬第一，而以錢謙益置第三。」輿論頗不愜。蓋敬受業宣城湯賓尹。廷對，賓尹爲敬貪緣以得之。見明史李三才、孫振基、麻僖等傳。明年，敬以京察見黜。詳明史稿孫振基傳。乃疑先生不置。五月十六日，先生丁父憂歸里，杜門不出。

甲寅：三十三歲。有吴門送福清公還閩詩。先生之詩，於是年始。文集。

丙辰：三十五歲。有跋善繼上人血書華嚴經後、經在虎丘龍壽山房，此文已佚。及宋文憲公護法録序等文。

丁巳：三十六歲。夏，憨山大師東遊，沍虞山三峯寺，先生頗受記莂。大師曰：「我東遊得錢某，刹竿不憂倒却矣。」程孟陽自嘉定來，居拂水山莊，留連旬月，相與講論詩法，先生之詩遂大就。先生未第時，已駸駸爲東林黨魁矣。丁艱後，亓詩教、趙興邦、官應震輩用事，東林人紛紛去國，以故先生久不補官。而是歲內計，劉廷元等復修前嗛，思陷先生與繆當時，賴掌院學士劉一璟力持，俱得免。文集及妖亂志、繆公筆記等書。

庚申萬曆四十八年：改秋八月丙午朔爲泰昌元年。先生三十九歲。八月還朝，補翰林院編修原官。有還朝詩集。明史及文集。

辛酉天啓元年：先生四十歲。八月，爲浙江鄉試正考官。還朝，補右春坊右中允，知制誥，分撰神廟實録。程孟陽初學集序。初，先生奉浙江之命，韓敬與秀水沈德符等，思有以中之，使奸人金保元、徐時敏冒先生門客，授關節於士之有文譽者，約事成取償。士多墮術中。榜發，敬力請撫、按，將全場朱卷刻板，表章人文。說鈴談往。迨京省廣布，所取士錢千秋首場文，用俚俗詩「一朝平步上青天」之句，分置七篇結尾。敬等即使給事中顧其仁舉發，先生大駭。會千秋入京，先生召而詰之，得其情，即自具疏檢舉。保元、時敏、千秋俱下刑部獄。

壬戌：四十一歲。二月，千秋事白。府志、明史喬允升等傳及妖亂志。部議：千秋等三人皆遣戍。先生與本房鄭履祥失察，奪俸三月。冬，以太子中允移疾歸。

癸亥：四十二歲。二月，抵家。

甲子：四十三歲。秋，赴召，以太子諭德兼翰林院編修，充經筵日講官，歷詹事府少詹事，纂修神宗實録。別傳。

乙丑：四十四歲。兼侍讀學士。先生既與諸君子遊，與楊忠烈公誼尤篤，奄人側目。別傳。於是御史崔呈秀作東林黨人同志録，以先生爲黨魁。東林點將録指爲浪子燕青者也。尋爲御史陳以瑞所劾，五月，削籍歸。一路舟中，草開國功臣事畧。府志、文集、別傳。是後所作詩，爲歸田詩集。

丁卯：四十六歲。九月，撰憨山大師廬山五乳峯塔銘。

戊辰崇禎元年：四十七歲。有崇禎詩集。七月，應召赴闕。不數月，洊擢詹事，轉禮部右侍郎，兼翰林院侍讀學士，協理詹事府事。十月，會推閣臣。初，先生與錢龍錫、錢士昇、錢象坤，並負物望，有四錢之目。明史錢象坤傳。至是廷臣列成基命及先生等十　人名以進。周延儒、温體仁望輕不與。明史稿、明史周、温傳。而黨人乃誣先生授意給事中瞿式耜言於當事者而擯之。毅宗烈皇帝紀：「延儒以八萬銀賄宮府，以排東林。」王夫之瞿嚴列傳：「體仁結延儒，通宮禁，上疏自訟。」明史路振飛傳云：「周、温公論所棄，謙益、式耜無辜。」體仁引浙闈事爲詞，謂其結黨受賄。帝久疑廷臣植黨，聞體仁言，輒稱善。給事中章允儒力争之，謂千秋事已經問結，體仁資雖深，望甚輕，因會推不與，熱中缺望。如千秋關節果真，何不糾於未推之先。首輔李標等俱奏千秋關節，與謙益無涉。執政皆言謙益無罪。明史稿周延儒傳。體仁、延儒乃言滿朝多謙益之黨。帝果偏聽而不信公論。次日，先生奉命革職回籍聽勘。千秋法司提問。明史喬允昇等傳，云千秋荷校死者失實，蓋亦論贖。海鹽縣志：「千秋後辟爲歸德府推官，監軍河上云。」允儒革職爲民，瞿式耜、房可壯等，皆坐先生黨，降謫有差。既而御史毛九華、任贊化等先後疏劾體仁，體仁奏「臣通籍三十年，無一字挂入彈章，因參錢謙益，攻者四起。九華爲謙益之黨無疑。去秋任贊化特上薦相才一疏，蓋爲謙益而發，至稱謙益爲伊、周之班行，此贊化爲謙益死黨之證」云云。御史毛羽健、黄宗昌亦糾體仁。攻者愈多，而帝愈疑其植黨矣。明史周延儒及李標諸人傳。明史稿温體仁傳尤詳。

己巳：四十八歲。閣訟終結，先生坐杖論贖。上蒙恩昭雪恭伸辭謝微悃疏。六月，出都門南歸。

庚午：四十九歲。移家拂水山莊，招程孟陽同居唱和，築耦耕堂，爲文紀之。又建朝陽榭、秋水閣焉。文集。

癸酉：五十二歲。正月，喪母顧太淑人。先生初年讀蘇子瞻司馬温公行狀、富鄭公神道碑之類，平鋪直叙，以爲古今未有此體，茫然不見涯涘。茅坤疑東坡叙事不得太史公法門者以此。至是居喪，讀華嚴經，乃喟然而歎，以謂子瞻之文，從華嚴法界中流出，蓋非時世心眼所能窺測也。文集。

乙亥： 五十四歲。 撰繆公行狀等文。 自癸酉正月以來，居喪無詩。 是年始有吟詠。

丙子： 五十五歲。 黃太沖過虞山，訪先生，請撰忠端公墓志。 時上欲通下情，草茅上言，輒奉俞旨，或得官。 縣人張景良得顧仲恭名大韶，顧大章弟。所爲江南六大害疏草，甚喜，欲借以攻尚書陳必謙。縣人。 既入京，謀之陳履謙。縣人。 履謙謂不如言錢、瞿，當國者所忌也。 景良稱善，履謙集二三書生，捃拾錢、瞿事而周内之。 景良固非本懷，履謙去鄉久，不悉錢、瞿鄉居事，傳聞多失實也。 景良更名漢儒而上其疏。今有印本。 溫體仁果持之，擬旨逮錢、瞿，此崇禎丙子冬也。妖亂志。

丁丑： 五十六歲。 二月，先生與瞿公赴逮。 顧大韶等具呈於撫按衙門，今有印本。 請爲賢紳昭雪。而巡撫張國維、巡按路振飛合詞以白其冤，且曰：「怨家自有對頭，是非豈無公論。」體仁爲之慚恚氣奪。妖亂志、復社記事。 四月，先生過山東，登泰山。 閏月二十五日，下刑部獄嚴訊。 先生上平心剖質仰祈聖明洞鑒疏。 先生入獄後，尚書、侍郎暨臺諫、郎署相見者五十餘人，臨川傅朝佑、華州郭宗昌、商城段增輝等凡十餘輩，從先生於請室而受經焉。 劉尚書敬仲與先生倡和，尚書取所作爲錢劉倡和集。先生即在獄憂危，讀書吟詠，未嘗或輟。文集。

先生入獄時，又有王璠者，改名吳震，縣之支塘人，武舉。 小具揭於錦衣衛，訐先生賄周應璧爲撫寧侯朱國弼起草題參首揆云云。 體仁之私人董琨，方掌衛事，遂以上聞。 亦奉旨提問。 事急，高陽孫公子爲先生求解於司禮太監曹化淳。 體仁知之，奏帝請並罪化淳。 化淳懼，自請按治。 乃盡得漢儒等奸狀及體仁陰謀。 獄上，帝始悟體仁有黨。 六月，體仁佯引疾，得旨放歸。 獄漸解。明史及稗史多載之，烈皇小志、妖亂志尤詳。

戊寅：五十七歲。先生頌繫，踰冬涉春，卒業三史，反覆封禪、平準諸篇，恍然悟華嚴樓閣於世諦文字中。五月二十四日出獄，取蘇子瞻蒙恩責授詩語，以試拈名其集，志喜也。秋，得俞旨，着贖徒三年去。先生上剖明關節疏，乃出都門。文集。九月，謁高陽公於里第。謁孔陵，又謁先聖廟，有詩一百韻。鄭森執贄先生之門，先生字之曰大木，時年十五。日本宮崎來城鄭成功年譜。冬十二月，合葬二親於拂水山莊。

己卯：五十八歲。得高陽公殉國之報，作祭文二首及高陽公奏議序。文集。

庚辰：五十九歲。三月，移居半野堂。於是有移居詩集。冬十一月，河東君至止半野堂。先生取所贈詩句，名其集曰東山詩集。河東君姓楊名愛，後改姓名曰柳隱，居吴江盛澤鎮。聞虞山錢學士爲當代韓、杜，欲望見丰采，買棹至虞山，以詩篇投贈，自稱柳是。乃留連半野堂，與程孟陽輩文讌浹月，先生刻東山酬和集二卷。牧齋遺事、顧苓河東君傳。

辛巳：先生六十歲。正月，與河東君遊杭州西湖，遂别去。先生遊黄山旋里，河東君乃以六月七日來歸。先生取如是我聞之義，字之曰如是，築我聞室以居之。遂以倡隨風雅，聞於天下。原任刑部侍郎蔡奕琛疏誣先生爲復社黨魁，遥執朝權，黨同伐異。先生乃上遵旨回話疏。文集、復社記事。

壬午：六十一歲。撰黄山遊記及高陽孫氏闔門忠孝記。又撰孫公行狀三萬六千餘言。

癸未：先生六十二歲。淮撫史公可法倡義勤王，馳書相約。中翰沈公上疏，請以先生開府登、萊，肄水師，任搗剿之事。文集。先生爲高陽門人，好談兵，以經世自負，當世咸推爲知兵也。春間，李忠文公邦華北上，要先生至揚州，囑先生：東南根本地，有警當與寧南侯共事。先生病榻消寒雜詠自注「癸未與羣公謀王室事」，即指此。文集。先是，嘉禾司寇徐公石麒召對，上曰：錢某博通今古，學貫天人。咨嗟詢問者再。上命擇大帥，冢宰鄭公三俊以先生名列上，迄不見用。先生於是著嚮言三十首，蓋誠不能無意於斯世者。文集。秋九月，門人瞿式耜刻初學集告成。冬，絳雲樓落成，絳雲之義，蓋取真誥九華安妃語也。樓在半野堂之後，雖止五楹，而制度弘麗。三代、秦、漢之尊彝環璧，晉、唐、宋、元之書畫，官、哥、定州、宣、成之瓷，端溪、靈璧、大理之石，宣德之銅，宋剔果園廠之漆器，且以金石文字、宋刻書籍數萬卷，充仞其中。大江以南，藏書之富，必推絳雲爲第一。河東君傳。何焯讀書記云：「凡三千九百餘部。」

甲申崇禎十七年，即清順治元年：先生六十三。歲二月，爲萊陽姜氏一門忠孝記。皖督貴陽公疏薦先生開府江浙，控扼海道。先生乃於三月初十日賜環。文集。而十九日難作。四月初，帝凶問至南京，百僚議推戴討賊。五月己丑，福王監國。壬寅，即皇帝位，以明年爲弘光元年。六月六日，起先生爲禮部尚書。明史稿三王傳、鹿樵紀聞等書。

乙酉弘光元年：先生六十四歲。三月，以禮部尚書弘光實録、南疆繹史等，言二月顧錫疇罷，先生始爲禮部尚書者非，繼顧者蔡奕琛也。兼翰林院學士，掌部事，加太子太保。四月，先生力請援揚州，已而自請督師往救，有旨慰留而罷。都督陳弘範之使於北廷也，陰受北劄，招諭劉澤清等降附。明史稿左懋第傳及鹿樵紀聞。既賣左懋第，復給南都諸臣以南宋金人之約。至是朝命澤清救揚州，而澤清遂輸款。明史稿及清史劉澤清傳。先生不知弘範之陰謀，草議和書示總督京營戎政忻城伯趙之龍，之龍屏不用。黄公道周與先生書云：「五月廿七日（按：此指上年甲申），乃聞神京陸沈，鼎湖戰血。老先生輿望所歸，經心素熟。又當尺五之地，居高易呼。誠得三吴俊傑，數旅之卒，濯足江、淮，義旗所指，先討劉賊，次及李、張，山東遺黎，必共響應」云云。黄漳浦集。按：黄道周此札，金譜原印本列甲申年末。據金氏自校。移此。札中云劉賊，指時已降清之澤清。五月，北兵渡江，帝出奔。之龍即日縋城出見豫王，弘光實録、啓禎紀聞録、江南聞見録、錢公別傳。送降表。越三日，先生乃從之龍等及大學士王鐸迎降。清史趙之龍傳、王氏東華録、續幸存録及錢公別傳。諸臣致禮幣有至萬金者，先生獨致禮甚薄。牧齋遺事。豫王命先生入清宮禁，引北官二員，騎五百，自洪武門入。先生忽向闕四拜下淚，衆怪問之，先生曰：「太祖高皇帝三百年王業，一旦廢墜，能無痛心！」啓禎紀聞録、江南聞見録。及北兵刦上至南京，司禮監韓贊周令諸臣上謁。是日，獨先生見故主，伏地痛哭不能起。諸暨曾王佐爲扶出之。王佐時爲豫王記室。牧齋遺事。閏六月，唐王監國於福州，旋即帝位，改是年七月一日以後爲隆武元年。賜鄭森國姓，改名成功。明史稿唐王傳。八月，魯王監國於紹興。九月，清兵以弘光帝北行。明史稿。

丙戌隆武二年、魯監國元年：先生六十五歲。正月，清廷以先生爲禮部右侍郎，管祕書院事，充修明史副總裁。五月，弘光帝被害，潞王等亦見殺。六月，先生即引疾歸，作漢新城三老董公贊。先生自毅皇帝殉國後，廢吟詠者二年餘矣。是年稍有詩，名其集曰秋槐詩集，蓋取王維被拘菩提寺「秋槐葉落空宮裏」句，以王維自況也。　七夕有懷云：「閣道牆垣總罷休，天街無路限旌頭。生憎銀漢偏如舊，橫放天河隔女牛。」按：此詩在隆武帝即位後十日而作，女牛之隔，君臣之異地也。　先是，天啓初年，先生撰次列朝詩集，幾三十家，罷去。至是復從事焉。先生與周安期書云：「鼎革之後，恐明朝一代之詩，遂致淹没，欲仿元遺山中州集之例，選定爲一集，俾一代詩人精魂，留得紙上，亦晚年一樂事也」云云。　遣子應鄉試，中式。　十月，永明王監國於肇慶，十一月，正位於端州，以明年爲永曆元年。江陰黄毓祺自舟山起師。先生使河東君至海上犒師。江陰祝氏孤忠録。秋興詩所云：「閨閣心懸海宇棋，每於方罫繫歡悲。乍傳南國長馳日，正是西窗對局時。」蓋指此事。仁武伯姚志卓兵敗圖再起，先生助資。秋興詩注「姚神武他書作仁武。先裝五百羅漢，内子盡橐以資之，始成一軍」者是也。諸史稱姚平原將軍，或稱都督。　門人朱成功在廈門之鼓浪嶼起兵，仍以明年爲隆武三年。

丁亥：六十六歲。黄毓祺海上遇風，師船漂没。亦見陳瑚詩集。墮海救起，敝衣乞食而返。孤忠録。變姓名，避於泰州僧舍。小腆紀年「己丑，黄毓祺遣徐摩致書先生，提銀五千」云云。竊疑爲丁亥春間事。爲鳳陽巡撫陳之龍所擒。先生因曾宿毓祺於家，且許助資招兵，三月晦日，遂被逮。蔣氏東華録云戊子者，誤。祝氏孤忠録云：「戊子，毓祺下獄。」亦誤。山陽録：「戊子九月，聞黄子死。」則孤忠録、南天痕、南疆繹史等己丑獄成之説亦皆誤。行，誓上書代死，否則以身殉。先生下江寧獄，與二僕共梏拲者四十日，意氣浩然，未嘗畏死也。獨河東君傾家營救，不遺餘力。先生再蒙大難，思文明柔順之義，自號蒙叟。文集。

戊子：六十七歲。先生於鋃鐺隙日，採詩舊京，撰列朝詩集。在獄既久，而首告先生之盛名儒，逃匿不赴質，毓祺病死獄中。總督馬國柱疏言「謙益以内院大臣，歸老山林，子姪三人，新列科目，榮幸已極，必不喪心負恩」云云。獄乃解。貳臣傳。先生以洗眼方藥，寄舊輔新建姜公。時姜公正起兵江西，江西全省俱復。别傳、南疆繹史等書。重和盛集陶韻有云：「北徙鵬憂風力少，南飛鵲恨月明多。杞妻崩雉真憐汝，莒婦量城莫甚他。」此蓋憂南軍之力薄，而恨人才之少也。杞妻莒婦，共爲傷心之人。先生紀郭嫠婦贊曰：「茫茫宇宙，繫此長繩。忠臣壯夫，盍縋而登？」先生既釋南囚，志不可奪，所云「博浪之椎，一發不中，將百發而未已」者，蓋其愚爲不可及已。文集。後觀棋絶句有云：「一枰犖确競秋風，對局旁觀意不同。眼底三人皆國手，莫將鼎足笑英雄。」按：此蓋指時局，南北與海上，成鼎足之勢也。歲晚過林茂之有感云：「先祖豈知王氏臘，胡兒不解漢家春。」按：當時海上有二朔，皆與北曆不同也。又：「三秦駟驖先諸夏，九廟櫻桃及仲春。」又：「秦城北斗迴新臘，庚嶺南枝放早春。」按：是年姜瓖奉永曆年號，傳檄秦、晉。王永强據榆林，方窺西安。而江西、湖南等地，亦歸明也。故先生有喜而作云。劉湘客至粵中，爲左副都御史。先生所薦舉也。行朝録。

己丑：六十八歲。元日試筆：「春王正月史仍書」云云。按行朝録，此爲監國魯四年正月辛酉朔，永曆三年正月庚申朔也。先生自南都歸里，盡發所藏書，將撰明史，而門人毛子晉爲刻列朝詩集。粵中有詔，封國姓爲延平公，明史鄭芝龍傳。命以舟師進取南都。先生詩云「金陵要奠南朝鼎，鐵甕須争北固關」者也。國姓於是以取南都自任。七月，瞿氏家僮有桂林之行，先生寄書於留守云：「楸枰小技，可以喻大。有全着，有要着，有急着。今之急着，即要着也。今之要着，即全着也。夫要害必争之地，不過數四。中原根本，自在江南、長淮、汴京，莫非會都。則宜移楚南諸勳鎮重兵，全力以窺荆、襄，上扼漢、沔，下撼武昌。大江以南，在吾指顧之間。江南既定，財賦漸充，根本已固，然後移京、汴之鋒，掃清河朔。其次所謂要着，兩粵東有庾關之固，北有洞庭之險，道通滇、黔，壤鄰巴蜀。吴三桂方休兵漢中。三川各郡，數年來非熊在彼。巴縣王應熊，此時已卒。聯絡佈置，聲勢大振。宜以重兵由遵義入川，皇上則擇險固寬平富饒之地，若沅州、常德，爲駐蹕之所。三川既定，上可以控扼關、隴，下可以掇拾荆、襄。倘以芻言爲迂而無當，今惟急着是問，則斜飛横掠，苟可以救敗者，無所不用。今者燕京遣兵三路，進取兩粵，雖未即渡洞庭、過庾嶺，然其期不遠，豈非兩粵最急時乎？現在楚南之勁敵，惟辰、常馬蛟麟爲最。聞此舉將以蛟麟爲先鋒。蛟麟久有反正之心，與江浙提鎮張天禄、田雄、馬進寶、卜從善輩，皆有密約，各懷觀望。此真爲楚則楚勝，而爲漢則漢勝也。在皇上今日，當必不吝破格之庸，以鼓其忠義之氣。蛟麟果爲我用，則王師宜先下洞庭，别無反顧支絀。但得一入長江，處處必多響集。彼不能長驅直入，我得以完固根本，養精蓄鋭，恢楚恢江，克復京闕。謙益視息餘生，奄奄垂斃。惟忍死盼望鑾輿，拜見孝陵之後，槃水加劍，席藁自裁」云云。留守以此書告帝，謂「謙益身在虜中，未嘗須臾不念本朝。規畫形勢，瞭如指掌，綽有成算。而忠驅義感，溢於楮墨之間」云。此書載留守文集，當時無知者。

庚寅：六十九歲。黄太沖欲招婺中鎮將南援。前年十月，太沖副馮京第乞師日本，未得。是年三月，來見先生，欲因先生以招婺中鎮將。有事則遣使入海告警，令爲之備。太沖云：「館於絳雲樓下，因得繙其書籍，凡余之所欲見者，無不在焉。公約余爲老年讀書伴侶，任我太夫人菽水，無使分心。一夜，余將睡，公提燈至榻前，袖七金贈余曰：『此内人意也。』蓋恐余之不來耳。是年十月，絳雲樓燬，是余之無讀書緣也。」思舊録。　五月，先生自睦之婺，訪伏波將軍。按：馬進寶駐師金華。　憩於杭，往返匝月。於是名其詩曰夏五集，先生自序云：「春秋書夏五，傳疑也。疑之而曰夏五，不成乎其爲月也。不成乎其爲月，則亦不成乎其爲詩。繫詩於夏五，所以成乎其爲疑也。易曰：『或之者，疑之也。』作詩者其有憂患乎？」

西湖雜感序云：「侮食相矜，左言若性。」又詩云：「青山無復呼猿洞，緑水都爲飲馬池。普舞獮猴徒跳盪，能言鸚鵡學侏儺。」按浙江通志，順治五年戊子，遣固山額真金礪來杭駐防。蓋滿洲馬兵，集於湖上矣。　東歸漫興云：「據鞍老將三遺矢。」按清史逆臣傳，前年馬進寶被讒，故云。　十月，絳雲樓不戒於火，延及半野堂。凡宋、元精本，圖書玩好，及所裒輯明史稿一百卷，鄒式金云。論次昭代文集百餘卷，顧苓云。悉爲煨燼。惟佛像梵筴，如有神護，得不焚云。先生云：「甲申之亂，古今書肆圖籍一大刼也。庚寅之火，江左書肆圖籍一小刼也。」按：明史之火，非必先生之不幸也。莊氏、戴氏可鑑。　閏十一月，留守大學士瞿式耜殉難桂林。吴梅村云：「牧齋浩氣吟序，文詞伉烈可傳。稼軒在囚中，亦有頻夢牧師之作。蓋其師弟氣誼，出入患難數十年，雖末路頓殊，而初心不異。」

辛卯：七十歲。所作詩爲絳雲餘燼集。　春，遊武林。　先生楞嚴經疏解蒙鈔，亦造端於是時。　夏，哭稼軒留守相公一百十韻，識者謂情詞悱惻，接武少陵。先生云：「稼軒就義後，燈明月白，思其少年誦讀，聲音琅琅然，如在吾耳，不自知涕之無從也。」　有嘉禾之行。　爲黄晦木作書紹介，見馬進寶於金華。尺牘。　按查氏魯春秋，馬進寶使人密招蕩胡伯馬進，進欲與從子義英將軍馬駿俱去。駿不可，以告張名振。名振涕泣留進。於是殺使者以示不貳。蓋馬進寶之依違無定如此，所以卒及於難。

壬辰：七十一歲。安西將軍李定國，以六月克復桂林，承制以蠟書命先生及前兵部主事嚴栻大學士嚴訥之孫，北兵過江時，守常熟城抗拒者。聯絡東南。先生乃日夜結客，運籌部勒。而定國師不久又退。別傳。毛子晉刻列朝詩集成。九月，先生自爲之序，加印曰「鴻朗鑱齡」、「白頭蒙叟」。

癸巳：七十二歲。季春，遊武林，復往金華。先生伏波弄璋歌有「百萬婺民齊合掌，浴兒仍用五銖錢」等句。按：此蓋勸伏波復漢也。壬辰、癸巳，奔走國事，無詩。武林觀棋及伏波弄璋歌，當是癸巳所作，并入敬他老人集者。又按：定國退師，先生仍事聯絡，其志彌苦已。

甲午：七十三歲。所作詩曰敬他老人集。遵王云：「永樂六年，姚廣孝奉旨勒碑於乾清宮之左廡，末云『敬他老人頭似雪，汴梁城中造宮闕。從此天下皆太平，周朝八百人重説』云云。先生蓋有取於此。」投筆集箋注。正月六日，定西侯合國姓之師入長江，直抵金、焦。姚志卓及劉孔昭、劉永錫以衆至，戰敗而退，攻崇明不克，志卓憤而自刭。先生後秋興詩注：「乙未八月，神武血戰，死崇明城下。」蓋相差一年。魯春秋，趙氏張蒼水年譜。秋，遊武林。

乙未：七十四歲。先生云：「中秋棲虎丘石佛院，施偉長過訪。偉長頃謁臨海先廟，觀周成王享彭祖二事鼎，鼎足篆『東澗』二字，予老耄不忘先烈，遂號東澗遺老。」重九，先生遊震澤洞庭，登莫釐峯頂。自去年以來，先生常住吳門。蓋國姓有五大商在京師、山東、蘇、杭等省，經營財貨，以濟其用。廣陽雜記。此先生所以常往還蘇、杭也。清史黃梧傳：「五大商爲之行財射利，且爲其子弟營謀鄉舉邑庠，爲護身之符云。」

自乙未黄梧降清，五大商爲黄梧告訐而事敗。」秋，有郁離公五十壽詩，蓋爲劉孔昭作。定西侯卒。

丙申：正月庚辰朔，先生年七十五歲。有金陵之行，留別秦淮詩云：「要使世間知甲子，擁書先署丙申年。」按：是歲正月，始頒永曆十年大統曆，以前年有戎事故也。刦灰録。始撰吾炙集。移居白茆之芙蓉莊，即碧梧紅豆莊也。在常熟小東門外三十里，先生外家顧氏別業也。白茆爲長江口岸之鉅鎮，先生與同邑鄧起西、崑山陳蔚村、常主毛子晉。歸玄恭及松江、嘉定等諸遺民往還，探刺海上消息，故隱跡於此，一以避人耳目，一以與東人往還較便利也。八月，舟山失守，陳六御、阮駿死焉。劉永錫同時戰死。採魯春秋等書。先生悼郁離公子詩，爲劉永錫而作。秋興詩注「阮姑娘中流矢死」者，即指此英義伯也。張蒼水集稱阮季友者是也。別有參將阮姑娘，甲午死於京口，見航海紀聞。九月，有雲間之行。蓋馬進寶陞蘇松提督，江南通志：順治十三年陞。是歲移鎮松江。先生之往也，宋子建所謂效伏波之聚米者，先生詩注。豈徒與雲間多士詩酒酬酢而已哉！十月，致憨大師曹溪塔院住持諸上座書，啓請大師遺稾。十一月，又至吴門。

丁酉：七十六歲。秋冬遊南京，逼除乃歸。

戊戌：七十七歲。季春遊武林，訪黄太沖兄弟於昭慶寺。已而晦木來告：張蒼水妻董、子祺在仁和獄中且十年矣，今開贖，例得五十金，則二人可出也。先生慨然畀以五十金贖之。太沖等勸張氏母子他往，遷延不決，復見收捕，終及於難。太沖書淡齋事，參魯春秋。顧苓云：「先生於前後死國之臣，必經紀其家，大聲疾呼，罔所顧忌。」不獨贖蒼水妻、子而已。中秋日，孫佛日殤。佛日又名桂，先生作桂殤詩四十五首。　夫人陳氏卒。

己亥：　七十八歲。國姓有北伐之舉。四月，師抵寧波港。五月十八日，至崇明。十九日，夫山和尚熊魚山相國、張静涵司農訪先生於村居。先生嘗答静涵書云：「台示蒿目時艱，以度世之深心，兼經國之大手」云云。蓋與魚山等皆有心人也。國姓帥師二十三萬，戈船八千，抵崇明。先後遣劉澄、高綿祖等密書通松江提督馬進寶。進寶約降，要封王爵。見海上見聞録、東華録、貳臣傳、三岡志畧等書。密使往來，迄無定議。六月，取瓜洲，鎮江屬邑皆下。初，慈溪布衣魏耕，與國姓書，謂「海道甚易，南風三日可直抵京口」。國姓遂用其計，數入長江。先生秋興詩所云「戈船迅比追風騎」者也。七月一日，先生聞焦山師屢敗北兵，慨然有從戎之志，於是和杜甫秋興而以投筆名其集。發攄指斥，一無鯁避。其志彌苦，而其詞彌切矣。　賜姓始末云：「有北帥單騎東逃，飯於村店，問一嫗曰：『今日之事如何？』嫗不知其爲北帥也，合掌向天謝曰：『聞殺北人盡矣。』北帥不敢飯而去。」魯春秋云：「奉令專與滿師決戰。」先生秋興詩所云「殺盡羯奴纔斂手」者也。國姓攻江寧，而張侍郎先鋒取徽、寧諸路。秋興詩所云「雲漢新通博望槎」者也。國姓移檄遠近，即張蒼水恢復鎮江一路檄文。徽、寧及太平、池州等四府三州二十四縣，望風納款。維揚、常、蘇，旦夕待變。杭州、江西、九江等處，俱有密謀舉義，前來給札者。東南大震。秋興詩云「編户争傳歸漢籍」、「野老壺漿絜早秋」者也。　相持逾月，蘇州水師總兵梁化鳳赴救。國姓師少紀律，前鋒鎮余新無備。化鳳於二十三夜從街坊民舍中毁牆通道襲其營，而擒余新。中衝鎮蕭拱辰游泳而逸。秋興詩所云「戒備偶然疏壁下，偏師何竟潰城陰」者也。二十三、四日，再戰而敗，亡甘輝。國姓遂下舟而東。八月初一日，退至狼山。先生於初二日聞警作詩，有云：「最喜伏波能振旅，封侯印佩許雙垂。」先生自注：「是役惟伏波殿後，全軍而返。」按：馬信時爲左提督，與韓英以舟師堵江口。小腆紀年。而周全斌、黄昭、吴豪行朝録。及左衝鎮黄安，海上見聞録。皆爲後殿者。後秋興之三先生自注云：「八月初十日，小舟夜渡，惜别而作。」按：八月初八日國姓至崇明，海上見聞録。而某將軍有伏艦百餘，在常熟之白茆港。吴梅村梁宫保壯猷記、清史蔣國柱傳。先生蓋夜渡白茆港耳。十三日，蔣國柱、梁化鳳追師至，而某將軍去。先生詩：「皮骨久拚猶貫死。」蓋先生年逾八十，迄無成功，始云：「全軀喪亂有何功」、「苦恨孤臣一死遲」，則其志彌可憐矣。後秋興之四自注云：「中秋夜，江村無月而作。」按：先生自初十夜惜别之後，至十九日始回芙蓉莊。先是，初四日，國姓遣蔡政往見馬進寶。海上見聞録及馬逢知傳。而先生亦於初十後往松江晤蔡、馬。十一日後，國姓攻崇明城，而馬遣中軍官同蔡政至崇明，勸其退師，以待奏請，再議撫事。此時先生或偕蔡政往崇明，亦未可知。十八日，國姓回師至浙江，而先生亦以十九日抵家。海上見聞録等書，與先生所紀之日甚合也。秋興詩「蒼涼伍員蘆中客」，蓋指蔡政；「浩蕩張騫海上槎」，蓋指張侍郎也。侍郎敗績於銅陵，更姓名，從建德、祁門山中出天台以入海，故當時莫知其下落也。「孤燈削柹丸書夜，間道吹簫乞食時。」蓋指蔡等密使也。「石鼉懷海感崑山，二老因依板蕩間。」先生自注：「懷雲間許給事也。」按：許給事譽卿，字公實，明史有傳。南都亡後，削髮爲僧。先生丙申過雲間有詩云：「上座巍峨許給事，緇衣偏喜醉紅裙。」此行過雲間，不及相見，故憶及之。「最是三分明月夜，二分應不屬揚州。」先生自注：「是夕中秋無月，兼聞揚州空國避去。」按：海師圍江寧，揚州百姓，有以大明皇帝龍牌迎兵入城者。研堂見聞雜記。事後恐禍及，故多避去。後秋興之五「警蹕遥聞出楚山」云云，按：是歲五月，緬王具龍舟鼓樂，遣人迎上。永曆紀年。又先生自注：「本朝曆日，置閏在八月。今正是閏月。」按東華録，北曆是歲閏三月。張蒼水集中所紀魯曆，及黄太沖所紀粤中曆，皆是閏正月，先生所云，其明曆歟？九月二日，泛舟吴門作後秋興云：「腐儒未諳楸枰譜，三局深慚廑帝思。」按：此即指己丑與瞿留守書所論三局，留守入以告帝，壬辰之秋，帝命先生聯絡東南也。冬，爲路文貞公神道碑、廣西布政司參議王君墓志。先生與侯月鷺書云「文貞公墓隧之碑，表揚忠正，指斥奸回，定公案於一時，徵信史於後世」云云。

庚子：七十九歲。正月，登靈巖、天池諸山，夏，遊武林。心經小箋輟簡。撰次憨大師夢遊全集四十卷，付汲古閣鏤版。長至日，爲序文一首。先生自稱海印白衣弟子。其闡發佛學文字，識者謂宋潛溪以後一人而已。撰李忠文公、劉文端公碑志，先生自謂一字一句，流出心腑，足以徵信史傳。而識者亦謂文直事覈，不減蘇子瞻之於君實、景文也。先生雖窮居賣文，而於張撫公及余太尊母，便力辭不爲，足以見其立言之不苟。見尺牘。中秋作後秋興有云：「交脛百夷齊舉踵，貫胸萬國總傾心。」按：去年九月，緬人貢新穀於帝。永曆紀年。又「名王獻馘圖新繪，叛帥焚屍檄久移」。按：是年五月，北將軍達素、總督李率泰等出海，爲國姓所敗。高崎守將右虎衛陳鵬陰約施琅爲内應，國姓磔之。海上見聞録。先生詩蓋指此事歟？又云「薄海兒童知李令」者，殆指國姓也。先生書史記齊太公世家後云：「太公勤身苦志，八十而遇文王。蓋猶冀幸有鷹揚之日也。」嗚呼！先生之志則大矣。

鴻朗莊嚴辛丑：先生修譜，稱鴻朗莊嚴重光赤奮若之歲。先生歌云：「鴻朗八百應壽昌。」鴻朗，大明也。佛經以善美飾國土，名曰莊嚴。先生八十歲。二月初四夜，宴述古堂，酒罷，有詩云：「而今建女無顔色，奪盡燕支插柰花。」又云：「朝來嫠面枕尸悲。」又云：「旄頭摧滅豈人功，太白星占應月中。掃蕩沈灰元夕火，吹殘朔氣早春風。」云云。按：順治於正月初七夜亡。東華録。二月初一日，哀詔至蘇州。哭廟紀畧。此先生之所以不能無詩也。又：「辮髮胡姬學裹頭，朝歌夜獵不知秋。可憐青塚孤魂恨，也是幽蘭一燼愁。」按：此蓋指順治妃董鄂氏。康熙諭禮部所云「皇考上賓之日，感恩遇之素深，克盡哀痛，遂爾薨逝，追封爲貞妃」者也。東華録。三月，吕用晦過紅豆莊。用晦，名留良，兼子房之名與號而有之。先生爲更其字曰留侯，作字説以贈之。文集補遺。用晦請以數言爲壽，先生曰：「子休矣！」用晦謝曰：「願先生力自愛，以副海内之望。」吕用晦文集。歸玄恭爲文以壽先生云：「先生與族弟書：『杏壇之杖，久懸其脛。』用論語之事，蓋自罵爲賊矣。我以爲賊之名不必諱，曹魏以諸葛亮爲賊，拓拔以檀道濟爲賊也。先生近著太公考，則先生之心跡可知已。」按：玄恭以爲賊之名不必諱，則先生何妨入貳臣傳乎？

村居被盜，先生適在拂水山莊宴客，與李梅公書云：「胠篋之夕，山妻稚子，葡萄荒田。片紙寸絲，遂無餘剩。幸以扁舟早出，免於白刃。」謂賊意誠不在貨財也。尺牘。國姓移駐臺灣。先生訂金剛會箋及楞嚴蒙鈔，以此時付梓。楞嚴五削草，去冬重加刪定。先生與趙月潭書云：「寒燈午夜，雞鳴月落，揩摩老眼，鑽穴貝葉。人世有八十老書生，未了燈窗業債，如此矻矻不休者乎？」尺牘。五月，作角黍詞哀瞿臨桂。六月，黄太沖之子正義奉父叔之命，有咨於先生。先生爲文書於其扇，已而託鄧大臨往報。鄧起西，黃毓祺之門人。杜詩箋注脱稿，閻百詩云：「杜詩注，亦衹牧齋佳耳。」重訂吾炙集。

年杪，自芙蓉莊徙居城中絳雲餘燼處。冬，緬人執帝獻於師。遵王箋注。鴻朗莊嚴壬寅，族譜所稱。即清康熙元年：先生八十一歲。所作詩爲東澗集。正月五日，先生自拂水山莊與遵王書云：「明日有事於邑中，便欲過述古堂，了宿昔之約。但四海遏密，哀痛之餘，食不下咽，衹以器食共飯，勿費內廚，所深囑也。」按：永曆帝爲北兵所得，今已逾月，先生蓋知之矣。先生自三月二十三日以後，大臨無時，啜泣而作詩云：「廿年薪膽心猶壯，三局楸枰算已違。」三局蓋指與留守書。又云：「敗局真成萬古悲，而今人説國亡秋。」及「三軍縞素天容白」等語，蓋悉帝之被害故也。三藩本末記、行朝録、求野録、也是録、南天痕、行在陽秋、南疆繹史、清史吳三桂傳，月日皆不同。五月初八日，延平王招討大將軍朱成功殂於東寧，年三十九。臨終面目皆爪破，曰：「我無面目見先帝及思文帝也。」見廣陽雜記等書。秋日雜詩第十二首：「一夕醉成酒，封腸穴其頭」云云。按：李定國之克復桂林，與張名振之克復舟山，皆齊人之殲於遂也。第十三首：「田疇酹劉虞。」田疇蓋指國姓。「餘智滅烏桓。」烏桓其指臺灣歟？冬十一月，前監國魯王薨。史言成功沈魯王海中，實失之誣。航海紀聞謂十一月二十二日，魯春秋謂癸卯九月十七日，年五十四。未詳孰是？

癸卯：八十二歲。先生後秋興詩自注：「自壬寅七月，至癸卯五月，譌言繁興，鼠憂泣血，感動而作，猶冀其言之或誣也。」先生詩云「賊臣萬古無倫匹」、「逆臣送喜猖狂甚」，則吳三桂之倒行逆施也。云「龍姿虎步識俱違」，蓋史嘗言帝貌似神宗。廣陽雜記：「帝面如滿月，鬚長過膝，日角龍顏，顧盼偉如也。」云「君臣鰲背仍開國」，則錢肅樂答涂登華之説也。云「生死龍胡肯後時」，則當指國姓及李定國之薨逝也。云「事去終嗟浮海誤，身亡猶歎渡河遲」者，蓋張尚書嘗以書責國姓，謂軍有寸進無尺退，一入臺灣，則兩島恐並不可守，是孤天下之望也。國姓不能從。尚書頓足歎曰：「棄此十萬生靈，而與紅夷爭乎？」復以書促其乘機取閩南，終不能從，以至爪破面目，賫恨以没，不亦惜哉！先生至此，感憤無極，而投筆集遂於五月間終止。華嚴經注亦輟簡。殘冬苦上氣疾，門人歸玄恭來問疾。先生有病榻消寒雜詠四十六首。後二首爲甲辰元旦所作，先生之詩，於此終焉。

甲辰：八十三歲。春，玄恭再來問疾。五月，卧病於東城故第。其宅後改爲昭文縣治及城隍廟。自知不起。貧甚，爲身後慮。會鹽槎使者顧某求文三首，一爲莊子注序，一爲其父雲華墓志，一爲雲華詩序，潤筆千金。先生使陳式爲之，文成而先生弗善也。越日，黄太沖、吕用晦、吴孟舉偕來訪先生。先生自言貧困，以三文爲請。太沖請少稽時日，先生不可，閉太沖書室，自辰至亥，三文悉就。思舊録、柳南隨筆。南雷詩曆云：「囑筆完文抵債錢。」蓋紀實也。三文使人作大字，先生卧視稱善，叩首謝之。太沖云：「余將行，公特招余枕邊云：『惟兄知吾意，殁後文字，不託他人。』尋呼孫貽即孫愛。與聞斯言。其後孫貽別求於龔孝升云。」思舊録。太沖去後，越數日，先生遂卒，五月二十四日也。歸玄恭有祭文一首。

先生平生多難，或以貨免。晚歲破産餉義師，負債益重。公子孫愛，文弱不振，族黨以爲可侮，藉口責逋，攘銀六百兩，又覬其田六百，鬨於其室，勢洶洶莫解。孫愛不知爲計。柳夫人故有殉意，乃婉言謝衆曰：「明日合讌，其有所需，多寡惟命。」衆乃散。柳夫人中夜書訟詞，遣急足詣府縣告難。而自取束帛縊於榮木樓。後爲昭文縣治。是爲六月二十八日。明日，府縣聞柳夫人死，命捕諸惡少，則皆抱頭逃竄不復出。孫愛感柳夫人意，用匹禮殮之，從陳夫人、先生殯於拂水山莊丙舍之東軒。後十一年乙卯正月八日，葬先生於景行公之兆，銘志闕焉。柳夫人葬先生墓西數十步秋水閣之後。嘉慶中查揆爲河東君墓碣云：「在花園橋之北，中山路之南，東界小溝，西接園弄，即秋水閣之故址。」

牧齋有學集序

鄒式金

傳稱三不朽，太上立德，其次立功，其次立言。古之人三合爲一，今仁義道喪，事勳希微，獨有立言耳。而言亦難矣。剽竊之儒，繩規而矩步，得其象貌，失其精神。跅跎之士，恃聰而騁明，始乎離奇，終乎淺陋。兩者交譏，遞相勝負，而莫知所主。神而明之，存乎其人。牧齋先生産於明末，乃集大成。其爲詩也，擷江左之秀而不襲其言，並草堂之雄而不師其貌，間出入於中、晚、宋、元之間，而渾融流麗，別具罏錘，北地爲之降心，湘江爲之失色矣。其爲文也，仰觀雲霞之變，俯察山川之奇，中究人物品類之盛，本之六經以立其識，參之三史以練其才，遊之八大家以通其氣，極之諸子百氏稗官小說以窮其用，文不一篇，篇不一局，如化工之肖物，縱横變化而不出乎宗，又如景星卿雲，光怪陸離，世所希見，而不自知其所至。信藝苑之宗工、詞林之絶品也。

近世論文者，率云寧爲真布帛，勿爲僞綺羅。然才短則氣局不雄，境僻則章施不爛，若富有日新，從心不踰矩，不得不以此事相推矣。先生目下十行，老而好學。每手一編，終日不倦。尤留心於明史，博詢旁稽，纂成一百卷，惜燬於絳雲一炬，豈天喪斯文耶？或所論之人，爲造物忌而靳之耶？抑如龍門是非有謬於聖而不欲傳之耶？

幸初學集已經付梓，得留人間。晚年名益高，望益重，頽然應酬，亦自病其濫觴。易簀時，乃以手訂有學集授遵王。余子漪〔一〕爲及門，故得見而知之。合之而先生之文盡，千古之文亦盡於此。

或有以字句〔二〕過求先生者〔三〕，世祖嘗曰：「明臣而不思明者，即非忠臣。」大哉王言，聖朝不以文字錮人久矣。學者覽先生之文，即當諒先生之志。縱或訾先生之人，不能不服先生之文〔四〕。吾所謂不朽者立言耳，他何知焉。康熙甲寅〔五〕陽月梁溪〔六〕後學鄒式金〔七〕序。

【校記】

〔一〕「漪」，四部叢刊影印康熙鄒鎡序本作「弟」。〔二〕「以字句」，鄒鎡序本作「執尺寸」。〔三〕「者」，鄒鎡序本無。〔四〕「世祖曰」至「不能不服先生之文」五十八字，鄒鎡本無。可知四部叢刊影印之鄒本，實非初刻，而爲鄧之誠清詩紀事初編所云之「後來改本也」。遂本亦有鄒序，署名不同，且有此重要之五十八字，上文並著其子之名爲漪，漪爲清初著名之從事刻書者，可知遂本所據，乃鄒本之初刻，與四部叢刊影印之鄒鎡序本不同。〔五〕「寅」，鄒鎡序本作「辰」。按甲辰爲康熙三年，謙益卒於是年五月，決無十月即刻成此巨帙之理，當以「甲寅」爲是，蓋後於中辰十年矣。〔六〕「梁溪」，鄒鎡序本作「范陽」。〔七〕「式金」，鄒鎡序本作「鎡」。

牧齋有學集箋注序

凌鳳翔

錢遵王注其牧齋宗伯初學集詩二十卷，予爲序而版行之。既復卒業其有學集詩注而再序之如左。

余惟宗伯先生以文章通顯，歷神、熹、思三朝，名重天下。會熹廟時巨璫竊柄，摧陷正人，先生削籍歸里。及思皇登極，召起田間，未及柄用，旋復放歸。已而權姦下石，身幽囹圄，以垂白之老，苟延殘喘，甘受桎梏之辱而不辭者，以曾在史局，撰神宗實録，身任一代文獻之重，未藏名山而傳諸其人，如司馬子長所云，則一死所繫，豈等鴻毛哉！

翔〔一〕生後時，不獲見其所著史，今即就其詩而論。自天啓甲子後迄於本朝初年，有詩如干篇，時賢共稱其昌大宏肆，奇怪險絶，變幻不可測者，洵煌煌乎一代大著作手。采苓懷美人，風雨思君子，其憫時憂世，三致意焉，宜其可傳也夫！

當冀北龍去蒼梧之日，以及江東駿遊黄竹之年，石馬晨嘶，金鳧夜出，一二遺老，類皆沉淪竄伏，耄遜於荒。其他凋謝磨滅，墓木已拱，而文采弗彰，可勝道哉！可勝惜哉！

先生獨傷心抆淚，奮其筆舌，含垢忍恥，輒復苟活。既師契而匠心，不代斵以傷手。俾後之覽者，如登高臺以望雲物，上巢車而撫戰塵，莫不耳目張皇，心胸開拓。顧其時際滄桑，有難察察言者，非好學深思，心知其意，爲之詮解而闡幽發潛，亦孰知宗伯之詩，可以備漢三史，作唐一經，其關係重大有若此也哉！河東子有言：每思報國，惟以文章。此宗伯先生志也。故并序而梓之，以公同好云。苕南後學凌鳳翔謹序〔二〕。

【校記】

此爲有學集箋注本之序。春暉堂箋注本誤刊於初學集箋注之首。

〔一〕「翔」，春暉堂箋注本作「余」。

〔二〕「苕南」至「序」九字，春暉堂本無，顯係剜去。

投筆集跋

沈曾植

蒙叟投筆集二，凡詩一百八首。題爲後秋興，用杜韻者，十三叠一百四首。自題前後四首。前二叠國姓攻金陵時作，後七叠皆爲永明王作。中間三四五叠，作於國姓兵敗後。情詞隱約，似身在事中者。其書晚出，流佈市井，士大夫不樂觀，疑近人僞造。然以選詞用事察之，誠是叟筆，非他人所能爲也。

明季固多奇女子。沈雲英、畢著，武烈久著聞於世。黔有丁國祥，皖有黄夫人，浙海有阮姑娘。其事其人，皆卓犖可傳。而黄、阮皆與柳如是通聲氣。蒙叟通海，蓋若柳主之者，異哉！黄夫人見廣陽雜記，余別有考。阮姑娘見劫灰録，云甲午正月，張名振兵至京口，參將阮姑娘殁於陣。此第三叠「娘子繡旗營壘倒」，注云：「張定西謂阮姑娘：吾當使汝抱刀侍柳夫人，阮喜而受命。舟山之役，中流矢而殞，惜哉！」京口、舟山，殁地不同，當以詩爲得實。阮之官爲參將，正與沈雲英官遊擊同。其稱曰姑娘，蓋女子未嫁者，亦與沈、畢同。張定西與蕩湖伯阮進合兵，姑娘其阮家屬歟？

詩又云：「破除服珥裝羅漢。」注云：「姚神武有先裝五百羅漢之議，内子盡橐以資之，始成一軍。」又云：「將軍鐵矟鼓音違。」注云：「乙未八月，神武血戰死崇明城下。」考徐氏小腆紀年，順治癸巳三月，明定西侯張名振，以朱成功之師，入長江，破京口，截長江，駐崇明。平原將軍姚志倬、誠意伯劉孔昭，以衆來依。甲午正月，名振復以朱成功之師入長江，祭孝陵，敗於崇明。仁武伯平原將軍姚志倬戰死。詩注「神武」即「仁武」音譌。當時以姚、劉歸張，壯張軍勢，而姚軍藉柳如是橐資以成，如是所經營，不可謂小。定西欲令阮姑娘侍之，宜也。嘉興沈曾植跋。

牧齋晚年家乘文跋

王文濡

老友虞山金叔遠君，以抄本錢氏家乘文見示，云得之於其裔孫家，的係蒙叟晚年所作，爲全集所遺，而未經刊刻者。篇中自言叙述祖德，詳畧勸懲，義本於史。文境似絢爛之極，漸趨平淡。而妖嬌老女，一舉一止，自有餘態，仍不掩牧齋之本色者也。宣統三年閏六月下浣，歸安王文濡跋。

錢牧齋先生年譜序

張　鴻

吾友金子叔遠，沈静好讀書，一日語余曰：「昔欲作牧齋先生年譜，蒐輯未竟，今將成之。」余曰：「牧齋先生，身受黨禍，名列貳臣。然其苦心忍志，退藏晦密，詩文中隱約可見。若能采輯推闡，發揚隱痛，則此譜爲不虛作。若僅紀仕宦、編詩文，一如常例，則奚費此心力爲？」叔遠聞之，唯唯而去。

時踰一載，袖出一卷示余曰：「牧齋年譜成矣。」余讀而考之，當甲申之變，先生已六十三歲。明年，弘光亡。又明年正月，爲清禮部侍郎，至五月，引疾歸。其爲清官僅五月耳。如果輸心新朝，熱心富貴，亦當如洪承疇輩，握大權、獵高位，何至默默自甘爲二十年白髮老書生乎？況鄭成功爲先生門下士，海外消息，時通往來。時白茆江口，交通便捷。先生以外家顧氏之産，置紅豆山莊，託跡嘯詠，人不措意。實則密使往來，傳達消息，招募志士，調達軍食，東南海上，恃爲樞鑰。讀集中時有流露，否則呂用晦、黄太沖、歸玄恭、鄧起西、吴孟舉及松江、嘉定諸遺老，志節貞介，若稍異趣，必至割席。何肯往來親昵如家人兄弟然乎？

至六十六歲，先生寓書桂林，上陳「三局」。瞿忠宣以此書上奏，謂先生身在虜中，不忘本朝，忠驅義感，溢於楮墨。然則先生志節，歷久不渝。虜廷疑其携貳，草野諒其忠貞。羣流弁手，推尊壇坫。非特文章之冠冕詞林，抑亦志事之卓犖殷墟有以感召而致之者歟？

君子之立世也，不求萬衆之尊崇，而求一心之自安。不計一時之毁譽，而求後人之繼述。先生委曲求全，亦止盡其心，而不使復仇之機，自我而絶而已。成敗生死，置之度外，何論榮辱乎？

迨至乾隆朝，深宫樞廷，必有窺先生之心事者，乃相與汚辱之，使其耿耿孤忠，不傳於後，以消滅復國之機。故乾隆文字之獄最密，皆此志也。後人不察，從而吠影，亦徒見其蚍蜉撼樹而已。九原有知，亦不因此無識之譏彈，而爲之顰蹙者也。爰推闡金子之意，以書其端云。壬申十二月，後學張鴻謹撰。

錢牧齋先生年譜跋

金鶴沖

宣統辛亥之春，住金閶校讐牧齋詩文集，旁蒐諸書之關涉先生者爲年譜，未竟其功。其後再三蒐輯，而成此卷。

予觀范蠡之入宦於吳，李陵之欲得報漢，古今豪傑，志事昭然。先生入清廷，五閱月而後引退者，所以觀釁也。子姪應試，與郎廷佐、土國寶、梁化鳳周旋者，將以行其志也。乙酉以後，摇筆伸紙，多抑塞憤張之語，不知者謂其自掩投降之跡，貌爲忠憤之詞，然則先生於死國之臣，必經紀其家，輸餉義師，破産結客，舉出於僞乎？丁亥下獄，瀕死阽危，厪而獲免，而仍奔走湖海，奮髯揚袂，籌畫策畧，籠絡將帥，不惜以身家性命爲孤注者，亦可以僞爲之乎？嗚呼！先生之泣血椎心，太息痛恨於天之亡我者，且不爲死生禍福動摇其心，彼專制帝王之詔令，成敗論人之故習，豈足與語先生哉！

是故張定西、朱延平之早亡，皆天爲之。使得及乎三藩起兵之世，中原勝負，未可知也。延平有兵有地，不幸而賫志以殁。先生當危亡之際，將留身以有待，出奇以制勝，迄無所成，而爲腐儒所詬詈，亦先生之不幸也。夫姚孝錫嘗仕於金，元遺山不以爲金人，侯朝宗登順治之榜，黄梨洲仍以爲明人，原其心也。先生之不忘乎明也，姜新建、文夷陵、張静涵、蘗和尚、梨洲兄弟及歸玄恭、鄧起西等並世之賢豪君子，皆識其苦衷，而引爲同調，是誠不在乎降不降也。在先生行其所是，本無求於後人之知。而後之人讀史論世，則不可不求昔人意志之所在而揚扢之，無使其湮没不彰，此則後死者之責也。

嘗過拂水山莊，欲求耦耕堂、明發堂、朝陽榭、花信樓及張南垣之木石，久已蕩爲禾黍。而世所豔稱之半野堂、絳雲樓，則在今洙泗弄、椐樹弄間。桑海改觀，湖山如昨，而先生自有其千古，夫亦何恨矣哉？民國戊辰，常熟後學金鶴沖謹識。

錢牧齋先生年譜附東澗遺老錢公別傳

顧　苓

公諱謙益，字受之，中萬曆三十八年庚戌科進士第三人。先是，萬曆二十一年，奉並封三王之命。顧涇陽先生爲吏部主事，疏争甚切，又移内閣書，尋被謫。已而召還，復削籍歸，講學於東林書院。天下大夫士之進德修業，敦尚風節，及爲國本拜杖謫戍革職降調者，皆歸之。故時稱東宫爲大東，東林爲小東。我國家門户之分始於此。

貞皇帝即位，盡召還諸君子。公以遭憂還家，十年未出，出補翰林院編修，管理誥勅撰文。天啓元年，典浙江鄉試，既報命，尋以病乞假。四年，昇左春坊左諭德，兼翰林院編修，充經筵日講官，歷詹事府少詹事。纂修神宗皇帝實録。當奄人用事，凡當日之争國本、究梃擊、議紅丸、請移宫者，盡目爲東林黨人，各以他事考死禁錮，追家財而奪誥命。公既與諸君遊，於楊忠烈公誼尤篤，得除名。

烈皇帝即位，公與文文肅公、姚文毅公，同日賜環，除詹事府詹事、禮部右侍郎兼翰林院侍讀學士。上鋭意求治，注意閣員。會推及公，而温體仁、周延儒不得與。延儒嗾體仁追論公典浙江試事，廷辯不白，天下謂之閣訟。竟削籍。延儒、體仁相繼入閣，復相軋，延儒罷去。於是大夫士之尚風節、談經濟者，以及諸生老將，盡在公門矣。體仁慮公之復出也，與常熟姦民張漢儒比。漢儒以他事訐公及瞿文忠公於朝，逮繫刑部獄。已廠衛以蜚語聞，盡得漢儒輩姦狀，體仁罷去，公得解。

既而鳴鏑銅馬，騷動中外。江南士民，爲桑土計者，欲叩閽援豫、楚例，請以公備禦東南。上亦於甲申三月十一日賜環召公，而遇十九日之變。山東、河南各藩，先後南下。獨潞王已渡江，公議推戴討賊。而提督鳳陽僉都御史馬士英先會各路總兵官，移書南京部院，迎福王於江浦。福王即位，召公禮部尚書，協理詹事府事，充經筵講官。公疏言四事，曰嚴内治、定廟算、振紀綱、恤人才。而恤人才有三，曰資幹濟、雪冤滯、拯流移。前此異同藩棘，一旦破除，非得已也。以恩例加太子太保。

弘光元年二月，請修國史，疏曰：「臣壯歲登朝，留心史事，二十餘年，揚扢討論，差有端緒。昔宋臣司馬光編修歷代通鑑，乞就冗官，以書局自隨。臣願以先例，即家開局。」上命在任料理。尋改掌部事。四月癸酉，揚州告急。上召對百僚，公請收用都督陳洪範。上曰：「國家未嘗不收人，收來皆不得其用。」君臣默然而罷。時洪範使北歸，已受北劄，招諭江南，公不知也。上疏請自督師救揚州，不許。

五月初十辛卯夜，上出狩。洪範輩紿公以南宋金人之約，公信之。人多就公謀進止。公曰：「事至此，惟有作小朝廷以求活耳。」擬致書北軍前，移草於總督京營戎政忻城伯趙之龍，之龍屏不用，竟以降表去。公泣語其館賓沈明倫曰：「子憶朱勝非事乎？未知得爲朱勝非否？」洪武門開，慟哭而出。

北師入京，乃謬爲招諭，陰圖伺隙，不得已而行文種、范蠡之事。計復不售，北軍挾之去。以前資浮沈數月，自免歸。送公歸者，起兵山東被獲，因得公手書，並逮公。鋃鐺三匝，至北乃解。歸以隱語作楸枰三局寄廣西留守太保瞿公，以洗眼方藥寄舊輔新建姜公，帛書蠟丸，梯山航海。戊子五月，爲人牽引，有江寧之逮。頌繫踰年，復解。

會安西將軍李定國以永曆六年七月克復桂林，承制以蠟書命公及前兵部主事嚴栻聯絡東南。公乃日夜結客，運籌部勒，而定國師還。於是一意學佛，殫心教典，凡十年而卒。

公文章貫穿經史，蒐羅百家。地負海涵，不可窮詰。而周規折矩，不失程量。遠軌昌黎、眉山，近準潛溪、震川。指陳邊疆，則畫沙聚米；鉤考因革，則尺度權衡；甄别黨部，則絲分縷績；排纂箋注，如沐日月而鑿鴻濛。尤長於金石文字，鋪張揚厲，振動激昂。區明忠烈，而雹掣霜飛；洒恥發潛，而天愁鬼泣。乙酉以後，摇筆伸紙，輒旁皇彳亍，非杜甫北征之詩，即班彪王命之論，不特詠宫槐、歌彼稷已也。丙戌、己丑之間，蒐討國史，部居州次，起例發凡，以報乙酉二月之命。而祝融甚之，與所論次昭代文集百餘卷，蕩爲煨燼。獨初學集一百卷、有學集五十卷及列朝詩集、楞嚴蒙鈔諸書行世。

公與人交，有終始。會試出高陽孫文忠公之門。文忠殉難訃至，爲位於寢門之内，朝夕上奠，制喪服哭之。

與新安布衣程孟陽爲詩友，築耦耕堂與居。孟陽死，論詩必稱孟陽。於前後死國之臣，必經紀其家，大聲疾呼，罔所顧忌。激引後進，提耳加膝。然勤於好士，暗於知人，人或叛之，不以爲戒。崇禎庚辰、辛巳間，延儒再召，疑忌未消。公乃寄情聲伎，稍以自汙，近陳平之婦人，開馬融之絳帳。趙德甫校讎金石，不離易安之堂；蘇子瞻不合時宜，獨出朝雲之口。語在河東君傳。嗚呼！公不死，爲東林之門户羞；公死，而東林之門户絶。東林以國本爲終始，而公與東林爲終始者也。

初，諸君子之争國本也，顯皇帝原無易儲之心，而内閣之迎合有跡；孝皇帝實無紾兄之計，而羣小之集菀是謀。三十年中，諸君子拜杖謫戍，革職禁錮，之死不悔，非爲顯皇帝及孝皇帝争，而與羣小争也。貞皇帝賓天，羣小遂呈身奄寺，諸君子考死禁錮矣。烈皇帝登極，焚要典，定逆案，諸君子心事，炳於日星。及體仁以浙闈關節訐公，上始疑秉節不違之人，亦有背公營私之事。諸君子乃重足而立，或坐不温席，以至甲申三月。上雖悔之，已無及矣。

上既殉宗社，公與姜新建謀立潞王者，以各藩未定所在，而潞王先渡江，急欲承統系，鎮人心，號召海内，共圖討賊。因馬士英、李沾欲張皇定策之功，遂以奉潞王之議，爲回護當年爲争國本三案之人。舊輔之孫，訟言往時密揭之事，以自託於上，而上亦不納也。士英引阮大鋮爲出柙之虎，盡起羣姦，至欲悉神廟兩朝之法家拂士，拜杖謫戍，革職降調，考死禁錮者，舉爲孝皇帝及孝寧太皇太后之亂臣賊子。甲申十二月乙卯，原任通州副總兵王伯時疏言：「神宗皇帝時，諸臣借言國本，必欲傾陷恭皇帝及孝寧太后於不測。祖后受朋姦陷害，身處危疑攢簇之地者三十年。今皇上承統報復，當不在闖賊後。」幸上明聖，置不問。

恭皇帝者，孝皇帝初謚也。弘光元年三月十九日，上命百僚望祭烈皇帝、后於太平門外。阮大鋮後至，大言曰：「誤先帝者，東林諸臣也。不盡殺東林諸臣，不足以謝先帝。」小人將合算五朝，牽連大獄，以公爲射的。左良玉之反也，小人磨勵以須矣。故曰：東林以國本爲終始，而公與東林爲終始者也。使公於上出狩時，以死從烈皇帝在天之靈，先後與倪文正、李忠文諸公陟降左右，不爲東林增重乎？然公實欲爲所欲爲耳，欲爲朱勝非而不能，欲爲申包胥而不得，一誤再誤，三木囊頭，頻年貫索。其與當日之拜杖謫戍考死禁錮者，殊塗共歸。而不知者以爲歧路亡羊也，豈不悲哉！公死而後，誰復有楚、韓家世，思報仇而破産；邯鄲大姓，爲倡義而捐軀者乎？故曰：公不死爲東林之門户羞，公死而東林之門户絶也。

公出錢武肅王之後，天下知與不知，皆稱虞山先生。晚自號東澗遺老。

牧齋外集附祭虞山先生牧齋錢學士文

龔鼎孳

維康熙三年，歲在甲辰，五月二十四日，皇清嘉議大夫禮部右侍郎管内翰林秘書院學士事虞山牧齋錢先生，以疾終於里第。其遺孤遣使告哀，通家後學都察院左都御史龔鼎孳發函卒讀，則先生五月十一日手書，儼然在焉。鄭重諈託，叮嚀身後之事甚具。於是爲位而哭，悲不自勝，且遍告同朝之與先生遊者。而先以瓣香授使者，敬告於先生之靈曰：

於戲先生！其生也必有所自，其殁也必有所歸。蓋嘗曠觀天壤，賢愚同盡，鵬鷃一揆。厥有文章，獨弗祲蝕，振古如兹。余生也晚，余材也駑，其奚以哀？又奚以詞？惟先生之睠余也，爲温公之小友，而余之恃先生也，存碩果於高枝。平生讌遊，歷歷在目，最後則千里命駕，送余於燕子之磯。臨長江而執手，託感慨於將離。頻年契闊，輒念調飢。報書無恙，每慶愁遺。歲實龍蛇，斯文將喪，傳先生之病且篤也不一口，稔先生之溘焉遊也不一期。或有訝者而嘆者，使余若信而若疑。乃今之攝門屏衣縞素而來者，齎千里外之訃音，與十日前之治命，精神慘慘，託寄孜孜。擘郵筒而諦視，果蒙叟之緘題。於戲！手足未啓，木壞山頹。臨風雪涕，豈不知洟。

維三吴之間氣，孕千仞之鳳暉。先生爲文，海涵嶽負，靡不苞圍。或如龍掣，或如電炶，馬頰争奇。忽焉排蹙，忽焉渟寂，弗可端倪。而其鎔經鑄史，嚴潔精微，又若法吏斷獄，國門購賞，匪一字之可移。方其覃心於考證，幽遐必闡，芻蕘必咨。苟傳聞之齟齬，雖捐千金而不恡，訪四方而弗疲。至夫恪守指歸，則上下千載，惟昌黎與廬陵，抑震川而潛溪。乃若立交戟、領清流也，競以爲三君八俊，何異乎鸑鷟麒麟？希風望塵之士，咸若神仙而舉爲羽儀。有震天下之大節，濟天下之大志，而兼有收拾天下人才，挽回世道之大力與深思。其忠信篤厚，内用之於婣黨，而外用之於師友，蓋實欲以任名教之總持。是先生以其一身，繫天下之輕重，嘗四十餘年於斯。奈何始厄於奄禍，再厄於閣訟，三厄於刊章幽犴，牢脱虎吻，擲一官而敝屣之是爲。嗟乎！以斯人而不得宰相，終老列卿，誠爲數奇。已同展禽之三黜而欲去，縱有元崇之十事其焉施。

於是半野之堂，拂水之閣，彷東山而捉鼻，聊投閒以息機。鷸冠鶴氅，異香道書，恒參列乎高堂之絳帳，與玉管而金徽。稽厥生平，回翔清要之地者，曾不滿三載與兩期。洎坤軸拂翻，晚年一出，蓋欲化異同而歸大冶，曷嘗以黨魁自居。而景陽鐘歇，結綺冰澌。既矢志其弗遂，爰與時而委蛇。遘興朝之景運，登耆舊於禁闈。若李邕之衣冠，望之有異，抑任昉之門庭，坐客恒依。未幾何而善病，同疏傅之拂衣。拜賜金與擁傳，羨勇退而知幾。乃顧以後死之身，任三百年之是非。蒐裒庋閣，排擯見聞，蔡邕差慰，荀悦並追。史乘畢而列朝就，此豈後學之所管窺。故知者以爲欲用其未足，而不知者且滋議夫鳳德之衰。詎期蒼旻叢妒，牙籤道盡，絳雲一炬，灰劫烟飛。先生於焉冥志藝林，研精佛首，標新注釋，演徹宗資。然時而酒酣耳熱，發作高吟，往往在乎蒼梧之側，若水之湄。湘騷石闕，使聽之者猶足慷慨而歔欷。

於戲！以先生之年，固可以死，其死而如不死者，菁華在初學之貽。其未可以死者，類獲麟而掩袂，尚有莫竟之編垂。以先生之遇，亦可以數死，乃瀕死而未葬者，又類化鶴之歸遲。而其欲死而終死者，則觀其八十却壽之言，以商彭自況，而其志尤足以悲。於戲！先生之生也名高望大，豈天之豐此而嗇彼，難免乎仕路之迍邅，與夫衆口之謷訾。先生之死也，謗焉誹焉者，固當息喙於蓋棺，而尤不能掩抑，謂其非文苑之宗師。所可深痛者，斥産蕭然，幅巾待盡，顧以弱嗣孱息，不遠燕、吴，而見託於眇知。於戲！寧不爲之撫絃扣策，感泣嗟唏也邪？今孳所以誄先生者，固未能盡梗槩之萬一，徒望虞山而漠漠，尤觸朔草之凄凄。異時扁舟東下，訪遺書於履道之里，問遺孤於松門之廬。矢寸心之一諾，冀久要而弗渝。更招魂於哀些，及宿草之未萎。九原可作，庶其鑒之！

河東君記

沈　虬次雪

河東君柳如是者，吴中名妓也。名是，一字蘼蕪。美丰姿，性儇慧。知書善詩律，分題步韻，頃刻立就，使事諧對，老宿不如。四方名士，無不接席唱酬。崇禎戊寅間，年二十餘矣。昌言於人曰：「吾非才學如錢學士牧齋者不嫁。」牧齋聞之，大喜過望，曰：「今天下有憐才如此女子者乎？吾非能詩如柳如是者不娶。」有好事者，兩相傳致。庚辰冬，如是始過牧齋，即築我聞室居之，以迎其意。十日落成，留之度歲。辛巳六月，牧齋於茸城舟中，與如是結縭。吉服冠帶，皤髮學士，合巹花燭，儀禮備具。賦催妝詩前後八首。雲間縉紳，譁然攻討，以爲褻朝廷之名器，傷士大夫之體統，幾不免老拳，滿船載瓦礫而歸。牧齋怡然自得也，稱爲繼室，號河東君。建絳雲樓，窮極壯麗，上列國史，下設幃帳，以絳雲仙姥下降比之，褻甚矣。不數年，絳雲樓災，宜也。

但河東君所從來，人知者少，余獨悉之。我邑盛澤鎮，有名妓徐佛者，能詩善畫蘭，雖居鄉鎮，而士夫多有物色之者。丙子年間，婁東張西銘先生，慕其名，至垂虹亭，易小舟訪之。而佛已於前一日嫁蘭溪周侍御之弟金甫矣。院中惟留其婢楊愛。楊色美於徐，而詩、字亦過於徐，因携至垂虹。余於舟中見之，聽其音，禾中人也。及長，豪宕自負，有巾幗鬚眉之論，易姓名爲柳是。

歸錢之後，稍自斂束。在絳雲樓，校讐文史。牧齋臨文有所檢勘，河東君尋閱，雖牙籤萬軸，而某册某卷，立時翻點，百不失一。所用事或有誤舛，河東君從旁頗爲辨正。故牧齋重之，常衣儒服，飄巾大袖，間出與四方賓客談論，蹁躚若仙。故牧齋又呼爲「柳儒士」。

康熙某年，牧齋捐館。嗣君孝廉，弱不自振。而族黨囂悍，聚百人登堂爭鬨。河東君曰：「家有長嫡，義無坐受淩削。若未亡人奩内遺貲，留亦無益，當盡捐賂族兇，以紓家難。」出其箱籠千金，族人攫取以歸矣。明日，喧集如故。河東君邀入，問曰：「今將奚爲？」族人曰：「昨日所頒，夫人之長物耳，未足贍族。嗣君田房廩粟，獨不可分其半以給貧窶耶？」嗣君懼，匿不敢出。河東君乃密召戚故及門人素善者，又呼其僕人之能幹者，告之曰：「視族人之意，如宋人割地，不盡不休矣。計將安出？」咸曰：「嗣君懦，無策也。」河東君曰：「吾有一計，可以立解。全孤保家，在此一舉。然必爾等念府君舊德，并力相助，方可行。」咸曰：「願之。」河東君乃出廳事，見族人曰：「妾之衣囊盡矣，誠不足以贈。期以明日，置酒大會，多寡惟命。府君之貲産，在我不惜也。」衆唯唯而散。是夜，宰猪屠羊，酒醴畢具，邀朝將大醵者。又陰部署所約諸人於後室。衆莫測其意，筵席陳設，諸兇畢集，密令人鎖禁門户。河東君入内，若將持券簿以出者，而已投繯畢命矣。其家人驚視，見夫人已死，而房中聚繩索，大書壁上曰：「並力先縛飲酒者，而後報官。」衆如其言，出繩盡縛族人。門閉，無一得脱者。須臾，一令至門，驗視柳夫人。即於廳事窮治，諸兇具服，正厥辜，以上聞所司。柳夫人一死，而牧齋之家全，牧齋之孤保。柳夫人一死。而青樓之愆蓋，報夫君之大義昭，而品題風月之才爲不足論。夫人有一死，輕於鴻毛而重於泰山者，柳夫人之謂哉！賢於丈夫遠矣！

金匱山房訂定牧齋先生有學集偶述十則 康熙乙丑翻刻

先生是集之刻，屬稼軒瞿公手定，行世已久，傳誦海内。詩以年序，文以體分。其例本初集，故訂定而俱仍之。

先生留心史事，其詩文皆史也。自絳雲燼而青簡銷，往往借題撥悶。如序建文年譜，與初集史氏致身録考二篇，互相發明。劉文端、李忠毅、許石門諸公志銘，李忠文公碑，與初集楊、左、高、葉諸公墓文，一意連絡。與松陵二友書，與初集太祖實録辨證及開國羣雄事畧序等篇，互見異同。凡此類，須合二編參讀之。

先生覃精經學，如序刻十七史，而曰先經後史。與杜氏論文，而曰：六經史之宗統，六經之中，皆有史，不獨春秋三傳。序賴古堂文選，則又指陳經學三繆，而各舉其人以實之。非究極源流，何以得此？至與顧氏論三百篇，與嚴氏論春秋、歸氏論易圖説洪範，尤先儒所未發。

集中文多微辭，詩尤有隱語。如鵝籠四絶，非爲弔歎青樓。觀棋諸篇，詎止消磨白晝。在善讀者自得之而已。

先生論明文，前祖宋文憲，後宗歸太僕。蓋二公不爲顓家之學，各蓄經世之志，先生所竊自比也。故其行文，出入莊、騷，縱横儒、釋，變化之妙，不可端倪。讀是集者，先問津於是，思過半矣。

逃禪是先生末路，作宗門文字，幾當是集之什三。然運水擔柴之偈，固堪悟禪；吃飯屙屎之云，殊爲傷雅。故於此種，稍有删節。

先生兼通二教，博極羣書，故用字多奇僻，後生淺學，有未詳者。聞初刻急遽多誤，甚至脱謬錯簡，俾覽者不能成句讀，又何暇研求文字耶？會余兄弟避暑家園，醼談及此，遂相與施長案，展全篇，細加磨對。刻本有疑，則取正録本。别疑無正，則就己見質衆論而參正之。閲月而竣，庶幾一字無差。

諸題跋文，峥嶸蕭瑟，言短味長。方諸近賢，超董文敏而上之。況先生於詩友松圓，畫友檀園，書法友華亭及西田，相遇賞音，尤有一唱三歎者乎！集中惟題跋較多以此。所增詩文，分綴各卷之後，餘有題跋雜文，倣補遺法，另編卷目，此集分五十一卷。附諸末簡。從來贋本亂真，難欺有識。然王杯、繁露之製，本廣川外編，微雲疎雨之聯，非襄陽莫辨，亦何必盡出集中哉？是刻續録至一百二十餘篇，有取諸抄本者，取諸手澤者，更有取諸他刻者。如與梅村先生書，原刻梅村集前，贈吴門袁生詩，原刻文讌詩後，邵母九旬五代贈言序及壽詩，原刻梓里集中，故採入之。其他借銜盜姓氏之作，俱闕而不録也。歲在庚子，東倉宋賓王續録；梁谿金匱山房主人述併文。

錢牧齋先生年譜附記

東塘日劄云：「錢某率先降附，欲樹德東南以自解於吴人士。見豫王言吴民無煩用兵」云云。研堂見聞雜記謂「錢某勸太倉王介福獻户籍」云云。鶴沖按：保全民命，乃去邠之遺風，古今之正義。先生與常熟知縣曹元芳書。勸早降以保境安民，而常熟戕陳主簿，禍至屠城。鹿樵紀聞云：「豫王安撫東南，錢某啓使其客周荃同行，致書紳士。安撫使黄家鼐至蘇州。士民執香迎入，竟爲楊文驄所殺。豫王怒，乃以八萬兵下蘇、杭。」王峻蘇州府志：「剃髪令下，湖寇突入葑門，爲土國寶所敗，幾至屠城。國寶作勸民歌，招諭遠近，而周荃每進説，多所全活。」然則殺主簿與安撫使，以致屠戮之慘者，非先生意也。先生欲全民命，則誚其苟免。兵禍之至，又誣其陷害人民。天下尚有公論哉！

先生與常熟鄉紳書云：「吾邑物議，以不肖爲射的。標榜士論者，與挾持宿怨者，交口彈駁。薄德所招，亦宿業所積，朝夕向如來前發願懺悔。亦有情理違背，不甘忍受者，輒舉平生義氣，畧陳本末，以正告於桑梓之賢者。諸公以剃頭責我，以臣服誚我。僕俯仰慚愧，更復何言？若謂大兵入縣，由不肖主張，此實冤誣。大兵到京城外一日，僕挺身入營，創招撫四郡之議。蓋見大事已去，殺運方興，乃爲保全萬姓之計。分派差官，要王玄沖往郡，周子静往縣，惟恐招撫少後，本縣不得保全也。小腆紀年載南京文武諸臣趙之龍等爲大清傳檄四方，諭令降順，而先生則主張招撫四郡。世人乃謂先生爲檄招降四方，又有誤指爲即南京之降表者，蓋并三事爲一事矣。今乃謂不肖主意要殺害常熟，有是理乎？吳中變後，面啓豫王，懇求禁戢搶殺，別明順逆。高聲抗論，往復數四。王頗變色動容，以故令旨有志救生靈之語。服則舍之，叛則討之，不獨吳中爲然也。謂我邑之兵，由我力請，則江陰、崑山、嘉定之兵，又何人請之乎？小山雜著云：「嘉定、崑山、常熟，所屠不下二十萬，惜毛髮而輕生命。」海兵之入，常熟有主其謀議者，有受其聘幣者，有勾引居停者，有飛書走檄者，事後密報，絡繹不絶。若非此間有人力爲遮蓋，曲意斡全，恐諸公亦將交臂引頸，從管誠齋、楊升之之後，未必能高枕安眠有今日也。在僕宜默默不言，諸公亦何忍反加罪案乎？僕邇年得罪一二貴人巨族，搆成仇怨。反而思之，一一從百姓起見，從公論起見。天地鬼神，所共鑒也。倘得以殘年餘生，乞骸歸里，當請通國士民，集於大神之廟，與流言執詞之人，面相質對，使鄙人心跡本末，昭然明白，應殺則殺，應放則放，應赦則赦。幸得以一線弱息，投誠委命，一一聽桑梓高賢處分，惟死生之而已。更有一言，自附忠告。末刦中一切殺運，皆衆生惡業感召。諸公身出湯火之中，目睹屠戮之慘，願相與提醒良心，講求公

道。引生機，迎善氣。勿增長羅刹種子，勿再落湯火之中。此老人一腔熱血，不惜爲鄉曲傾灑者也。臨書死罪。」尺牘

金鶴沖曰：先生以初學、有學集詆謗清室，斥爲犬羊狗奴，雜種小醜，云誓滅逆奴，云上帝之所必誅。觸清高宗之怒，命銷毁其書籍。後又詔國史館撰貳臣傳，列入乙編。先生遂得惡傳。如枚卜，如錢千秋關節，明史稿及明史二書中，周延儒、温體仁、路振飛、毛羽健、黄宗昌、吴甡、李標等傳，都有公論，誠是千秋信史。而清史先生本傳，則乾隆三十四年以後，史官逢迎高宗之旨，故爲貶抑之詞，不顧其與明史之歧異矣。高宗能厄之於一時，而不能厄之於千古。史官之直與不直，夫又何足深論。

或謂清高宗於内府見太后下嫁攝政王儀注，爲先生所定，心所爲恥，乃恨之切齒。鶴沖按：先生以順治三年歸里，五年冬，加皇叔攝政王爲皇父攝政王。是太后下嫁事，在先生歸後二年也。張蒼水建夷宫詞：「春官昨進新儀注，大禮恭逢太后昏。」當時在禮部者爲王鐸，當與先生無涉。

歸玄恭云「先生殁後，小夫瑣才，輒以平生纖芥之嫌，妄加訾議。而時彦亦多惑之」云云。鶴沖按：先生一爲黨人所排，一爲采列朝詩集，結彈世之宗主，於是雜然欲殺。生前之謗，身後之毁，多由於此。不獨詬詈其出處，甚至非議其文章，不知天下自有公論也。

全謝山云：「謝三賓以贄列牧翁門下，其後争妓柳氏，遂成貿首之仇。南都時，牧齋復起，且大拜，三賓稱門下如故。」鶴沖按：河東擇壻，非三賓所能争。牧翁以宋本漢書歸三賓，在河東歸虞山後二年也。貿首之仇云云，殊不足信。

縣人記牧齋遺事一册，有云：「柳氏之歸牧翁也，適牧翁喪偶。」又云：「絳雲樓災，故第中書籍無恙，北宋本漢書存焉，入本朝，爲居要津者取去。」鶴沖按：此册繆誤頗多，彼固未見牧翁文集者也。有八十翁者，不知何人，以瞿式耜諸公爲羣醜，以張漢儒告訐爲不誣。黨私害公，一至於此！

王峻蘇州府志：「拂水山莊爲瞿純仁讀書之所。錢宗伯得之，建耦耕堂。既而斥山麓以爲墓，建明發堂及朝陽榭、秋水閣、花信樓、留仙館、玉蕊軒。又有碧梧紅豆莊。」云云。鶴沖按：留仙館、玉蕊軒蓋在城内半野堂之旁。碧梧紅豆莊即芙蓉莊，皆不在拂水山莊也。尤侗遊虞山記，遊錢氏紅豆莊云云，跡其所遊，實爲拂水山莊，世人往往誤稱之。曾氏縣志：「康熙中，拂水山莊售於王材任，半野堂售於蔣陳錫。」

先生所著，初學集、有學集之外，有補遺二卷，爲再傳弟子何焯所編。投筆集一卷，箋注本作二卷。吾炙集一卷，列朝詩集八十一卷，縣志云一百卷。開國功臣事畧若干卷，稿毁於火。開國羣雄事畧三十卷，明史稿藝文志云十五卷，今西泠印社有印本。內典文藏一百卷，杜詩箋注二十卷，楞嚴蒙鈔十卷，金剛心經蒙鈔四卷，先生手寫楞嚴蒙鈔，今藏本邑丁氏。華嚴會鈔若干卷，宗鏡提綱若干卷，北盟會編鈔三卷，見明史稿藝文。及桑海遺録、三史備言、記明末三朝事。明史斷畧，但見寫本。及族譜、筆記等若干卷。筆記嘗見於趙氏。又撰關壯繆集三卷，大方語範若干卷。

金鶴沖曰：先生之文，當時多假其名以爲之者，或刻於石，幸未濫入集中。其詩以箋注本爲善，間有避忌，爲遵王所未録者，亦無多也。後人乃以先生所删者增刻，未爲知言。

先生目下十行，老而好學，每手一編，終日不倦。鄒式金云。自登第後，顛頓仕途，立朝不及五載。讀書著述於林下者五十載，操海内文章之柄四十餘年。顧苓、宋琬云。出其門者，號有家法。没後百三十年，始遭乾隆之禁，著作沈埋。又百四十年清亡，而先生之書，復大行於世。

黄太沖云：「錢公主文章之壇坫，幾與弇州相上下。其敍事必兼議論，而惡夫勦襲；詞章貴乎鋪敍，而賤夫雕巧。可謂堂堂之陳，正正之旗。」

歸玄恭云：「先生之文似歐、蘇。」又云：「宗伯於詩，除榛莽，塞徑竇，然後詩家始知趨於正道，還之大雅。」

馮鈍吟云：「牧翁學元裕之而過之。每稱宋、元人，矯王、李之失也。」又云：「錢公極學唐。」閻百詩云：「牧齋和吳梅村豔體詩四首，神矣聖矣，義山復生，無以加之矣，七百年無此詩也。」

閻百詩曰：「吾從海内讀書者遊，博而能精，上下五百年，縱横一萬里，僅僅得三人焉，曰錢牧齋宗伯也，顧亭林處士及黄南雷而三。」又曰：「何嘗有第四人。」

半野堂，邑人張文麟所築。嚴澤得之。牧翁又得之嚴氏，增築絳雲樓、留仙館。順治庚寅，並毁於火。康熙中，半野堂故址歸蔣氏，今稱蔣家牌樓者是也。半野堂巷又名邵巷，今其地又稱含輝閣。

拂水山莊，在虞山拂水巖下，牧翁得之瞿氏而築耦耕堂。後徙耦耕於丙舍。其旁有聞詠亭，東南爲朝陽榭，極南爲花信樓，極北爲明發堂。明發東爲山樓，樓有東軒、西軒。明發西爲别館。有泉曰歸來。東軒者，牧翁與陳夫人、河東君皆嘗停柩焉。西南爲秋水閣，河東君葬秋水閣後，牧翁葬父墓旁，在明發堂前。吴梅村云：「拂水山莊，張南垣爲之疊石。」今則墓門之石馬，園中之曲水斜橋，皆泯焉無跡矣。

校印牧齋全集緣起

案：緣起及下一附録校印例言均亦刊載初學集附録中。

蒙叟爲一代文宗，與梅村、芝麓相伯仲，而蒙叟其尤也。著述宏富，流傳海内，幾於家置一編。至於今，吾人神往目想而不覩其集者久矣。蓋板銷於禁網，書亡於繳燬，江左士夫之家，所存亦僅。數十年來，京、津書估，日本行商，四出蒐求，不惜懸巨金以待。一書偶出，輒爲若輩挾之去，而所存乃益如星鳳。不惟初學、有學兩集不可得，即求其遵王箋注初學、有學集之詩，亦不可得；不惟其詩之原槧本不可見，即求其翻槧本，亦不易致。如余之無力，而能一旦盡得之，以慰數十年之飢渴，不可謂非意外之幸矣。去歲冬，遇一書賈，以鈔本之投筆集及有學集補遺二册求售，閱之，楷字整潔，紙墨古舊，固一完好之未刻本也。亟購歸，以示里中諸同志，争相傳閱，嘆爲未有，余亦頗自矜貴。然而初學、有學兩集，猶未見也。嗣過里中范氏書齋，獲見遵王箋注蒙叟詩之原槧本，喜不自勝，把玩不忍去。范君曰：「此猶非其全也。」乃啓舊篋，出初學、有學兩集數十巨册以示。展而閱之，當時各家之藏書圖記，纍纍卷首，益形踧踖。范君曰：「吾曾祖嗜書，此在爾時，已出巨金以得者。而至今珍秘，不輕示人。若以君得之鈔本合之，斯兩美矣。」諸同志胥韙其言，且慫恿印行，以公同好。范君慨然允，余亦樂爲贊成，出而付印，數月畢事。吾知世之愛蒙叟之文，恨未一覩如余者，至此可大慰其飢渴矣，乃於竣工之日，特書其緣起如此。至蒙叟之詩文，先輩早有定評，又何俟余之喋喋爲？宣統二年，歲次庚戌五月，吴江鳳昌氏識於遼漢齋。

校印例言

是書計初學集一百十卷，有學集五十卷，有學集補遺二卷，投筆集一卷，都爲一百六十三卷，蒙叟詩文盡於是矣，故以全集名之。

初學、有學集之詩，自以遵王箋注本爲善，蓋不獨詳其典實，而當時之朝章國故備焉。是刻悉依原本，而詩則加以遵王之箋注，較之原本，卷帙溢出不少。

原本之詩，與箋注本略有出入，詞句亦互有異同（有學集爲多）。兹特兩相對斠，或爲原本有而箋注本所無者，或箋注本有而原本所無者，概行增入，以蘄完備，並加按語，俾易區別。至詞句之同異，則主原本，而以箋注本列注中。

舊鈔本之有學集補遺，係何義門先生舊藏，朱墨燦然，並有圖記。間有與正集重出者，兹特删去，俾免重複。

投筆集之名，不見於正集，僅見於遵王箋注本之目中。遵王箋注有學集詩目，投筆集編次在第十二卷，下注「慎不敢鈔」四字。至翻槧本則以下二卷之東澗集分爲三卷，不列其目，當時止有鈔本也可知。兹特取舊鈔本附諸卷末，以爲全璧。　校印者識

甌北集	[清]趙翼著　李學穎、曹光甫校點
惜抱軒詩文集	[清]姚鼐著　劉季高標校
兩當軒集	[清]黄景仁著　李國章校點
惲敬集	[清]惲敬著　萬陸、謝珊珊、林振岳標校　林振岳集評
茗柯文編	[清]張惠言著　黄立新校點
瓶水齋詩集	[清]舒位著　曹光甫點校
龔自珍全集	[清]龔自珍著　王佩諍校點
龔自珍詩集編年校注	[清]龔自珍著　劉逸生、周錫䪖校注
水雲樓詩詞箋注	[清]蔣春霖著　劉勇剛箋注
人境廬詩草箋注	[清]黄遵憲著　錢仲聯箋注
嶺雲海日樓詩鈔	[清]丘逢甲著　丘鑄昌標點

牧齋初學集詩注彙校	[清]錢謙益著 [清]錢曾箋注 卿朝暉輯校
李玉戲曲集	[清]李玉著 陳古虞、陳多、馬聖貴點校
吴梅村全集	[清]吴偉業著 李學穎集評標校
歸莊集	[清]歸莊著
顧亭林詩集彙注	[清]顧炎武著 王蘧常輯注 吴丕績標校
安雅堂全集	[清]宋琬著 馬祖熙標校
吴嘉紀詩箋校	[清]吴嘉紀著 楊積慶箋校
陳維崧集	[清]陳維崧著 陳振鵬標點 李學穎校補
屈大均詩詞編年校箋	[清]屈大均著 陳永正等校箋
秋笳集	[清]吴兆騫撰 麻守中校點
漁洋精華録集釋	[清]王士禛著 李毓芙、牟通、李茂肅整理
聊齋志異會校會注會評本	[清]蒲松齡著 張友鶴輯校
敬業堂詩集	[清]查慎行著 周劭標點
納蘭詞箋注	[清]納蘭性德著 張草紉箋注
方苞集	[清]方苞著 劉季高校點
樊榭山房集	[清]厲鶚著 [清]董兆熊注 陳九思標校
劉大櫆集	[清]劉大櫆著 吴孟復標點
儒林外史彙校彙評	[清]吴敬梓著 李漢秋輯校
小倉山房詩文集	[清]袁枚著 周本淳標校
忠雅堂集校箋	[清]蔣士銓著 邵海清校 李夢生箋

揭傒斯全集	[元]揭傒斯著　李夢生標校
高青丘集	[明]高啓著　[清]金檀注 徐澄宇、沈北宗校點
唐寅集	[明]唐寅著　周道振、張月尊輯校
文徵明集(增訂本)	[明]文徵明著　周道振輯校
震川先生集	[明]歸有光著　周本淳校點
海浮山堂詞稿	[明]馮惟敏著 凌景埏、謝伯陽標校
滄溟先生集	[明]李攀龍著　包敬第標校
梁辰魚集	[明]梁辰魚著　吴書蔭編集校點
沈璟集	[明]沈璟著　徐朔方輯校
湯顯祖詩文集	[明]湯顯祖著　徐朔方箋校
湯顯祖戲曲集	[明]湯顯祖著　錢南揚校點
白蘇齋類集	[明]袁宗道著　錢伯城校點
袁宏道集箋校	[明]袁宏道著　錢伯城箋校
珂雪齋集	[明]袁中道著　錢伯城點校
隱秀軒集	[明]鍾惺著　李先耕、崔重慶標校
譚元春集	[明]譚元春著　陳杏珍標校
張岱詩文集(增訂本)	[明]張岱著　夏咸淳輯校
陳子龍詩集	[明]陳子龍著 施蟄存、馬祖熙標校
夏完淳集箋校(修訂本)	[明]夏完淳著　白堅箋校
牧齋初學集	[清]錢謙益著　[清]錢曾箋注 錢仲聯標校
牧齋有學集	[清]錢謙益著　[清]錢曾箋注 錢仲聯標校
牧齋雜著	[清]錢謙益著　[清]錢曾箋注 錢仲聯標校

東坡樂府箋	[宋]蘇軾著　[清]朱孝臧編年 龍榆生校箋
東坡詞傅幹注校證	[宋]蘇軾著　[宋]傅幹注 劉尚榮校證
欒城集	[宋]蘇轍著　曾棗莊、馬德富校點
山谷詩集注	[宋]黄庭堅著　[宋]任淵、史容、 史季温注　黄寶華點校
山谷詩注續補	[宋]黄庭堅著　陳永正、何澤棠注
山谷詞校注	[宋]黄庭堅著　馬興榮、祝振玉校注
淮海集箋注	[宋]秦觀撰　徐培均箋注
淮海居士長短句箋注	[宋]秦觀著　徐培均箋注
清真集箋注	[宋]周邦彦著　羅忼烈箋注
石林詞箋注	[宋]葉夢得著　蔣哲倫箋注
樵歌校注	[宋]朱敦儒著　鄧子勉校注
李清照集箋注(修訂本)	[宋]李清照著　徐培均箋注
陳與義集校箋	[宋]陳與義著　白敦仁校箋
蘆川詞箋注	[宋]張元幹著　曹濟平箋注
劍南詩稿校注	[宋]陸游著　錢仲聯校注
放翁詞編年箋注(增訂本)	[宋]陸游著　夏承燾、吴熊和箋注 陶然訂補
范石湖集	[宋]范成大撰　富壽蓀標校
于湖居士文集	[宋]張孝祥著　徐鵬校點
稼軒詞編年箋注(定本)	[宋]辛棄疾撰　鄧廣銘箋注
辛棄疾詞校箋	[宋]辛棄疾著　吴企明校箋
姜白石詞編年箋校	[宋]姜夔著　夏承燾箋校
後村詞箋注	[宋]劉克莊著　錢仲聯箋注
雁門集	[元]薩都拉著 殷孟倫、朱廣祁校點

長江集新校	[唐]賈島著　李嘉言新校
張祜詩集校注	[唐]張祜著　尹占華校注
三家評注李長吉歌詩	[唐]李賀著　[清]王琦等評注
樊川文集	[唐]杜牧著　陳允吉校點
樊川詩集注	[唐]杜牧著　[清]馮集梧注
温飛卿詩集箋注	[唐]温庭筠著　[清]曾益等箋注
玉谿生詩集箋注	[唐]李商隱著　[清]馮浩箋注 蔣凡校點
樊南文集	[唐]李商隱著　[清]馮浩詳注 錢振倫、錢振常箋注
皮子文藪	[唐]皮日休著　蕭滌非、鄭慶篤整理
鄭谷詩集箋注	[唐]鄭谷著 嚴壽澂、黄明、趙昌平箋注
韋莊集箋注	[五代]韋莊著　聶安福箋注
李璟李煜詞校注	[南唐]李璟、李煜著　詹安泰校注
張先集編年校注	[宋]張先著　吴熊和、沈松勤校注
二晏詞箋注	[宋]晏殊、晏幾道著　張草紉箋注
乐章集校箋	[宋]柳永著　陶然、姚逸超校箋
梅堯臣集編年校注	[宋]梅堯臣著　朱東潤編年校注
歐陽修詩文集校箋	[宋]歐陽修著　洪本健校箋
歐陽修詞校注	[宋]歐陽修著　胡可先、徐邁校注
蘇舜欽集	[宋]蘇舜欽著　沈文倬校點
嘉祐集箋注	[宋]蘇洵著　曾棗莊、金成禮箋注
王荆文公詩箋注	[宋]王安石著　[宋]李壁箋注 高克勤點校
王令集	[宋]王令著　沈文倬校點
蘇軾詩集合注	[宋]蘇軾著　[清]馮應榴注 黄任軻、朱懷春校點

玉臺新咏彙校	吴冠文、談蓓芳、章培恒彙校
王梵志詩集校注（增訂本）	[唐]王梵志著　項楚校注
盧照鄰集箋注	[唐]盧照鄰著　祝尚書箋注
駱臨海集箋注	[唐]駱賓王著　[清]陳熙晉箋注
王子安集注	[唐]王勃著　[清]蔣清翊注
陳子昂集（修訂本）	[唐]陳子昂撰　徐鵬校點
孟浩然詩集箋注（增訂本）	[唐]孟浩然著　佟培基箋注
王右丞集箋注	[唐]王維著　[清]趙殿成箋注
李白集校注	[唐]李白著　瞿蜕園、朱金城校注
高適集校注（修訂本）	[唐]高適著　孫欽善校注
杜詩趙次公先後解輯校	[唐]杜甫著　[宋]趙次公注 林繼中輯校
杜詩鏡銓	[唐]杜甫著　[清]楊倫箋注
錢注杜詩	[唐]杜甫著　[清]錢謙益箋注
杜甫集校注	[唐]杜甫著　謝思煒校注
岑參集校注	[唐]岑參著　陳鐵民、侯忠義校注
戴叔倫詩集校注	[唐]戴叔倫著　蔣寅校注
韋應物集校注（增訂本）	[唐]韋應物著　陶敏、王友勝校注
權德輿詩文集	[唐]權德輿撰　郭廣偉校點
王建詩集校注	[唐]王建著　尹占華校注
韓昌黎詩繫年集釋	[唐]韓愈著　錢仲聯集釋
韓昌黎文集校注	[唐]韓愈著　馬其昶校注 馬茂元整理
劉禹錫集箋證	[唐]劉禹錫著　瞿蜕園箋證
白居易集箋校	[唐]白居易著　朱金城箋校
柳宗元詩箋釋	[唐]柳宗元著　王國安箋釋
柳河東集	[唐]柳宗元著　[宋]廖瑩中輯注
元稹集校注	[唐]元稹著　周相録校注

《中國古典文學叢書》已出書目

詩經今注	高亨注
楚辭今注	湯炳正、李大明、李誠、熊良智注
司馬相如集校注	[漢]司馬相如著　金國永校注
揚雄集校注	[漢]揚雄著　張震澤校注
張衡詩文集校注	[漢]張衡著　張震澤校注
阮籍集	[魏]阮籍著　李志鈞等校點
陸機集校箋	[晉]陸機著　楊明校箋
陶淵明集校箋(修訂本)	[晉]陶潛著　龔斌校箋
世説新語箋疏(修訂本)	[南朝宋]劉義慶撰　余嘉錫箋疏　周祖譔等整理
世説新語校釋(增訂本)	[南朝宋]劉義慶撰　[南朝梁]劉孝標注　龔斌校釋
鮑參軍集注	[南朝宋]鮑照著　錢仲聯增補集説校
謝宣城集校注	[南朝齊]謝朓著　曹融南校注集説
江文通集校注	[南朝梁]江淹著　丁福林、楊勝朋校注
文心雕龍義證	[南朝梁]劉勰著　詹鍈義證
詩品集注(增訂本)	[梁]鍾嶸著　曹旭集注
文選	[梁]蕭統編　[唐]李善注
蕭繹集校注	[南朝梁]蕭繹著　陳志平、熊清元校注